Hans-J. Engelke

AutoDesk
Inventor 2025

Bauteile
Anwendungen

1. Auflage 2024

Verlag: BoD · Books on Demand GmbH, In de Tarpen 42, 22848 Norderstedt
Druck: Libri Plureos GmbH, Friedensallee 273, 22763 Hamburg

ISBN: 978-3-7693-1064-1

Alle in diesem Buch enthaltenen Informationen wurden nach bestem Wissen zusammengestellt und mit Sorgfalt getestet. Dennoch sind Fehler nicht ganz auszuschließen. Aus diesem Grund sind die im vorliegenden Buch enthaltenden Informationen mit keiner Verpflichtung oder Garantie irgendeiner Art verbunden. Autor und Verlag übernehmen infolgedessen keine Verantwortung und werden keine daraus folgenden, oder sonstige Haftung übernehmen, die auf irgendeine Art aus der Benutzung dieser Informationen, oder Teilen davon, entsteht, auch nicht für die Verletzung von Patentrechten, die daraus resultieren können.

Ebenso wenig übernehmen Autor und Verlag die Gewähr dafür, dass die beschriebenen Verfahren usw. frei von Schutzrechten Dritter sind. Die Wiedergabe von Gebrauchsnamen, Handelsnamen, Warenbezeichnungen usw. in diesem Werk berechtigt also auch ohne besondere Kennzeichnung nicht zu der Annahme, dass solche Namen im Sinne der Warenzeichen- und Markenschutz-Gesetzgebung als frei zu betrachten wären und daher von jedermann benutzt werden dürften.

Bibliografische Information der Deutschen Nationalbibliothek

Die Deutsche Nationalbibliothek verzeichnet diese Publikation in der Deutschen Nationalbibliografie; detaillierte bibliografische Daten sind im Internet über dnb.d-nb.de abrufbar.

Der Autor:

Hans- J. Engelke war als Lehrkraft für die Ausbildung Technischer Produktdesigner und Technischer Zeichner zuständig, außerdem als CAD-Dozent in der Erwachsenenbildung- und Weiterbildung tätig.

Hans-J. Engelke

AutoDesk
Inventor 2025

Bauteile
Anwendungen

Inhalt

Inhaltverzeichnis
Kapitel 1 bis 7

Die DVD zum Buch
Inhalt der Supportkapitel

Zeichnen ist eine Form des Nachdenkens
auf dem Papier"
- Saul Steinberg

„Die Kunst der Planung besteht darin, den
Schwierigkeiten der Ausführung zuvorzu-
kommen"
- Luc de Clapiers

Der Mensch, das Augenwesen, braucht das
Bild.
- Leonardo da Vinci

Das gute Gelingen ist zwar nichts Kleines,
fängt aber mit Kleinigkeiten an.
Sokrates

Ah, wenn es möglich ist, mit ultraviolet-
tem Licht, Plastik zu flicken, könnte ich
vielleicht dünne Schichten zu
3D-Bauteilen stapeln."
Chuck Hull, 3D-Systemes®

Vorwort

Dieses Buch stellt eine Sammlung von Anwendungen, in Bezug auf erstellte Bauteile, dar.

Die beiden Anfangskapitel zeigen, im Einzelnen, die technischen Grundlagen und die programmtechnische Basis von AUTODESK INVENTOR 2025.

Zeichnungsableitungen, CAD-Datenimport, Belastungsanalysen, 3D-Druck und CAD/CAM-CNC-Daten sind in Einzelkapiteln mit Programmschritten, Anpassungen und Befehlsfunktionen ausführlich Schritt für Schritt dargestellt und mit erläuternden Bildfolgen unterstützt, die Inhalte beziehen sich auf AUTODESK INVENTOR 2025 als Basis, sind aber im engen Maße versionsneutral.

Die Grundinstallation, die aufwendige Programmanpassung und die benötigten weiteren Anwendungs-Installationen finden einen breiten Raum im Kapitel 8 und 9 auf der Buch-DVD, weiterhin zeigt das Kapitel 10, ebenfalls auf der Buch-DVD, die Anwendung verschiedener Darstellungstechniken auf Basis einer fertigen Vorlage.

Ein Wort noch in persönlicher Sache, dies Buch erscheint wieder über BOD, da es für Fachbuchverlage nicht gewinnbringend ist, CAD Bücher in hoher Druckqualität und mit großer Seitenzahl, für einen kleineren Anwenderbereich zu verlegen.

Mit den Support-Kapiteln, die zur Erarbeitung der verschiedenen Möglichkeiten der Bauteilerstellung von AUTODESK INVENTOR 2025 unbedingt nötig sind, wird diese BOD-Seitengrenze bei Weitem überschritten, eine Reduktion, an dieser wichtigen Stelle, wollte ich nicht vornehmen, deshalb sind die zusätzlichen Seiten auf der Buch-DVD zu finden. Durch eine Umstrukturierung der Buchausgabe zu AUTODESK INVENTOR 2025, einige Kapitel gehen auf die Buch-DVD, konnte ich den Angebotspreis bei BOD deutlich senken.

Für die Käufer dieses Buches biete ich die Möglichkeit an, eine DVD gegen Vorlage der Kaufbestätigung, gratis zu bestellen.

Die Buch-DVD beinhaltet die, in den Kapiteln 3 bis 6 und Supportkapitel 11 bis 14, beschriebenen Arbeitsdateien.

Weiterhin sind das komplette Buch und die Support-Kapitel, in einer Farbausgabe im PDF-Format beigegeben, um die Nachteile der Graustufen-Ausgabe zu mildern.

Wer dem Autor einen Gefallen tun möchte, bestellt direkt bei dem BOD-Verlag:

https://www.bod.de/buchshop/

Ein besonderer Dank gilt meiner Frau Birgit, die sich wieder als Lektorin ausgezeichnet hat.

Hans- J. Engelke, im November 2024

1

AutoDesk
Inventor 2025

Bauteile
Anwendungen

Einführungen

1 Einführungen

1.1 Zeichnungsableitungen

Eine technische Zeichnung ist ein Kommunikationsmittel, das zum eindeutigen Informationsaustausch in unterschiedlichen Anwendungsbereichen dient. Deshalb ist das Ableiten von 2D-Zeichnungen im Zeitalter der 3D-CAD-Technik immer noch ein wichtiger Schritt.

Bei der Erstellung einer Zeichnung ist immer zu beachten, dass später sämtliche Funktionen und Eigenschaften des 3D-Modells erkennbar und eindeutig sind. Dementsprechend kann die normgerechte Zeichnungserstellung eine zeitaufwändige und mühsame Arbeit sein. Dies gilt vor allem für komplexe Geometrien oder Baugruppen.

Dennoch ist die korrekte und gewissenhaft erstellte Zeichnung unerlässlich, da in der Zeichnung nicht enthaltene Eigenschaften des Produktes unter Umständen nicht realisiert werden, bereits eine nicht korrekt eingetragene Passung oder eine fehlende Oberflächenangabe kann die gesamte Entwicklungsarbeit zunichtemachen, da die Maschine später gar nicht oder nur eingeschränkt funktioniert.

Die Bedeutung der technischen Zeichnungen geht allerdings zurück, mit der fortschreitenden Entwicklung der CAD-Systeme lassen sich immer mehr fertigungstechnische Angaben am 3DModell anbinden.

1.2 Bauteilimport

Im Rahmen der Globalisierung werden große Konstruktionsarbeiten von verschiedenen Anbietern zu einem Ganzen vereinigt, die Nutzung von CAD-Programmen ist aber häufig branchenabhängig.

Die aufgebaute Normung der Papierdarstellung einer Zeichnung ist seit vielen Jahren Wissen aller Konstrukteure, die Darstellung ist dadurch allgemein verständlich und ist über das Austauschformat DWG auch in allen CAD-Programmen, mit Abstrichen in der Normung, ladbar.

Die gilt leider nicht für die Erstellung dreidimensionaler Bauteile, hier wird seit langem versucht über Normierungen wie DIN 4000, DIN 32869, VDI 2221, VDI 2249, VDI 4953 usw. eine Einheit zu erzeugen, aber allein die verschiedenen internen 3D-Kerne der CAD-Programme lassen einen reibungsfreien Austausch nicht zu.

Ganz problematisch wird die Übertragung von Baugruppen mit den programmspezifischen Montageverknüpfungen und Animationszuweisungen, hier ist fast nie eine Übergabe in technisch einwandfreier Form zu erwarten, lediglich die maßliche Geometrie-Übertragung ist heute erreichbar, genormte Austauschformate wie STEP, IGES, und Parasolid vereinfachen diesen Import, sind aber nicht unproblematisch, auch vorhandene CAD-Programm-Translatoren arbeiten nicht fehlerfrei.

1.3   Belastungsanalyse

AutoDesk Inventor Belastungsanalyse ist ein vollständig im Programm integriertes System zur Konstruktionsanalyse. Der Bereich bietet Simulations-Lösungen für lineare und nicht lineare statische, Frequenz-, Knick-, thermische, Ermüdungs-, Druckbehälter-, Fallprüfungs-, lineare und nicht lineare dynamische sowie Optimierungsanalysen.

AutoDesk Inventor Belastungsanalyse wird durch schnelle und genaue Gleichungslöser unterstützt und ermöglicht Ihnen, umfassende Probleme während Ihres Designprozesses zu beheben.

Die Software verwendet die Finite-Elemente-Methode (FEM). FEM ist ein numerisches Verfahren für die Analyse von technischen Konstruktionen. FEM ist aufgrund der Allgemeingültigkeit und Eignung für die Computerimplementierung als Standard-Analysemethode anerkannt.

FEM unterteilt das Modell in viele kleine Teile mit einfachen Formen, die als Elemente bezeichnet werden, und ersetzt auf effektive Art und Weise ein komplexes Problem durch viele einfache Probleme, die simultan gelöst werden müssen.

Die Reaktion an jedem Punkt in einem Element wird ausgehend von der Reaktion der Elementknoten berechnet. Jeder Knoten ist in vollem Umfang durch eine Reihe von Parametern definiert, die von der Analyseart und dem verwendeten Element abhängig sind. So beschreibt beispielsweise die Temperatur eines Knotens in vollem Umfang dessen Reaktion bei einer thermischen Analyse.

Bei strukturellen Analysen wird die Reaktion eines Knotens im Allgemeinen durch drei Translationen und drei Rotationen beschrieben. Diese werden als Freiheitsgrade bezeichnet. Die Analyse wird **Finite-Elemente-Analyse** (FEA) genannt.

Die Software erstellt die Gleichungen, die das Verhalten der einzelnen Elemente regeln; dabei werden auch die Verbindungen der Elemente untereinander berücksichtigt.

Diese Gleichungen setzen die Reaktion mit bekannten Materialeigenschaften, Lager und Lasten in Verbindung, anschließend gliedert das Programm die Gleichungen in einen großen Satz simultaner algebraischer Gleichungen und ermittelt die Unbekannten.

Bei einer Spannungsanalyse ermittelt der Gleichungslöser die Verschiebungen an jedem Knoten, der als tetraedrisches Element verwendet wird. Das Programm errechnet anschließend daraus die entsprechenden Dehnungen und Spannungen.

1.4   3D-Druck

Rapid Prototyping, 3D-Druck, Additive Fertigung, Begriffe, die heute selbstverständlich genutzt werden als wären diese schon immer Teil unseres Alltags, doch die Herstellung von Bauteilen im 3D-Druckverfahren ist jünger, als es scheint, knapp 35 Jahre erst ist es her, dass der 3D-Druck erfunden wurde.

Der 3D-Druck verspricht seit Jahren wahre Wunder, viele Entwicklungen klingen nach Science-Fiction, sind aber Realität, so dass der 3D-Druck mit der Erfindung der Dampfmaschine verglichen werden kann, hier wird in der Fertigungstechnik die dritte industriellen Revolution eingeleitet.

Heute kann man Gegenstände präzise digital über CAD-Anwendungen oder über 3D-Scans abbilden und der 3D-Drucker kann diese Elemente genauso präzise analog nachdrucken. Im Gegensatz zu herkömmlichen Fertigungsverfahren wird das Produkt nicht gegossen, geschnitten oder gefräst, sondern Schicht für Schicht aufgetragen, dabei wird nicht nur weniger Material benötigt, es fällt auch weniger Abfall an.

Der 3D-Metalldruck bleibt eines der am schnellsten wachsenden Segmente im 3D-Druck, das wahres Potenzial noch nicht ansatzweise ausgeschöpft.

Komplexe Bauteile, früher zum Teil mit großem Materialverlust aus vollem Material gefräst, können nun per 3D-Druck aus unterschiedlichen Materialien hergestellt werden. Hohle Antriebswellen, zum Teil mit aufgesetzten Zahnräder, können in einem Stück, aus hochwertigen Stählen und in hoher Passgenauigkeit über Rapid Prototyping hergestellt werden.

Es wird dargestellt wie die 3D-Druck-Dateien an 3D-Druckern stationär und in den 3D-Online-Druckdienst übergeben werden können, eine Erweiterung, in diesem Buch, stellt die Druckdatei-Zuweisung an 3D-Gerätesoftware wie PrusaSlicer® und HP 3D Build Manager® dar, weiterhin wird auch die Druckdateierstellung über Mehrfach-Filamentextruder aufwendig erklärt und in einem eigenen Kapitel ist die Erstellung von Lösungen im Formenbau beschrieben.

2

AutoDesk
Inventor 2025

Bauteile
Anwendungen

Zeichnungsableitungen
CAD-Daten-Import
Belastungsanalyse
3D-Druck

2 Bauteile, Anwendungen

2.1 Zeichnungsableitungen, Kapitel 3 und 11 (Support-DVD)

2.1.1 Zeichnungsableitungen, Grundlagen

Die orthogonale Darstellung wird mit Hilfe von parallelen orthogonalen Projektionen mit Ebenen, zweidimensionalen Ansichten erreicht, die einander systematisch zugeordnet sind, hier gilt als Richtlinie die DIN ISO 128-34 und DIN ISO 5456-2.

Die Ansicht des darzustellenden Gegenstandes, die die meisten Informationen liefert wird üblicherweise als Hauptansicht gewählt (Vorderansicht). Dies ist die Ansicht A im Hinblick auf die Betrachtungsrichtung a, die im Allgemeinen den Gegenstand in der Funktions-Fertigungs- oder Zusammenbaulage zeigt. Die relative Lage anderer Ansichten in Hinblick auf die Hauptansicht auf der Zeichnung hängt von der gewählten Projektionsmethode ab, die gebräuchliche für den europäischen Bereich ist die Projektionsmethode 1. Die Projektionsmethode 1 ist eine orthogonale Darstellung, bei der der darzustellende Gegenstand zwischen dem Beobachter und den Koordinatenebenen zu liegen scheint, auf die der Gegenstand rechtwinklig projiziert ist. Die Lagen der verschiedenen Ansichten in Bezug auf die Hauptansicht (Vorderansicht) **A** werden durch Drehung ihrer Projektionsebenen um die Achsen bestimmt, die sich mit den Koordinatenachsen auf der Koordinatenebene (Zeichenebene), auf die Vorderansicht **A** projiziert ist, decken oder dazu parallel liegen.

Betrachtungsrichtung		Bezeichnung der Ansicht
Ansicht in Richtung	Ansicht von	
a	Vorn	A
b	Oben	B
c	Links	C
d	Rechts	D
e	Unten	E
f	hinten	F

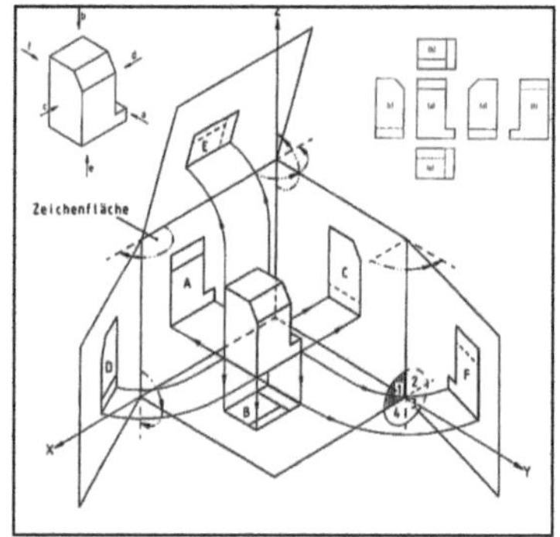

2.1.2 Die Zeichnungsumgebung, Desktop und Menüs

Nach der Modellierung eines Bauteils wird in der Regel eine Zeichnung erstellt, um das Bauteil zu dokumentieren. Innerhalb dieser Zeichnung können Ansichten platziert werden, welche Kombinationen aus Modellbemaßung, bauteilbezogen sowie bei Zeichnungsbemaßung zeichnungsbezogen beinhalten, Bemaßungen können in jeder Ansicht nach Bedarf hinzugefügt oder unterdrückt werden. Des Weiteren können Bemaßungen, Kommentare und Symbole in Übereinstimmung mit den Normen DIN und ISO platziert werden. Außerdem lassen sich benutzerdefinierte Normen erstellen. Die nachfolgende Beschreibung zeigt Bilder der Arbeitsfläche, dem Zeichnungsbrowser sowie die Schaltflächenleiste im Zeichnungsmodus. Ansichten, Befehle und die Funktionen zum Eintragen von Zeichnungskommentaren sind über die Schaltflächenleiste bzw. die Werkzeugkästen verfügbar. Die große Anzahl der darstellungsbestimmenden Normen für die Zeichnungserstellung macht die Auflistung dieser Arbeitsumgebung sehr aufwändig, so dass in diesem Kapitel nur eine Übersicht, keinesfalls eine komplette Dokumentation dargestellt wird.

2.1.3 Die orthogonale Zeichnungsdarstellung, Zeichnungsnormung

2.1.3.1 Zeichnungsnormen, DIN, ISO und EN, eine Zusammenfassung

Die orthogonale Darstellung wird mit Hilfe von parallelen orthogonalen Projektionen mit ebenen, zweidimensionalen Ansichten erreicht, die einander systematisch zugeordnet sind, hier gelten als Richtlinie folgende Normungen, eine Auswahl nach DIN, EN und ISO:

DIN ISO 128-20	Linien und Linienarten
DIN ISO 128-21	Ausführung von Linien in CAD-Systemen
DIN ISO 128-22	Hinweis- und Bezugslinien
DIN ISO 128-24	Linien der mechanischen Technik
DIN ISO 128-25	Linien in Schiffbauzeichnungen
DIN ISO 128-30	Orthogonale Darstellung
DIN ISO 128-34	Teilansichten
DIN ISO 128-40	Schnittdarstellung
DIN ISO 128-44	Sonderfälle der Schnittdarstellung
DIN ISO 128-50	Schraffurdarstellung, Beispiele unter DIN EN ISO 81714.
DIN EN ISO 216	Papier-Endformate
DIN 406	Bemaßungsregeln
-10, -11, -12	
DIN ISO 1101	Eintragen von Form- und Lagetoleranzen.
DIN ISO 1302	Oberflächenangaben in Zeichnungen.
DIN EN ISO 3098	Schriften
DIN ISO 5455	maßstäbliche Darstellung
DIN ISO 5456	Orthogonale Darstellung von Werkstücken in technischen
-2, -3	Zeichnungen, außerdem Projektionsmethoden axometrische Projektion, z.B. Isometrie.
DIN EN ISO 5457	Formate und Gestaltung von Zeichnungsvordrucken.
DIN ISO 6410	Gewindedarstellung
DIN ISO 6433	Positionsnummern
DIN 6771	Schriftfelder und Stücklisten, alt zurückgezogen.
DIN 6780	Vereinfachte Darstellung und Bemaßung von Löchern.
DIN EN ISO 7200	Gültiges Schriftfeld für Technische Zeichnungen ab 2004.

2.1.3.2 Normungsauflistung VDI, eine Auswahl:

VDI	**2209**	3D-Produktmodellierung
VDI	**2211**	Datenverarbeitung in der Konstruktion, Methoden und Hilfsmittel, Maschinelle Herstellung von Zeichnungen.
VDI	**2216**	Datenverarbeitung in der Konstruktion, Einführungsstrategien und Wirtschaftlichkeit von CAD-Systemen.
VDI	**2222**	Konstruktionsmethodik; Erstellung und Anwendung von 1 und 2 Konstruktionskatalogen.
VDI	**4426**	Anwendung von 3D-CAD im Rahmen der Entwicklung
VDI	**4500**	Technische Dokumentation, Begriffsdefinitionen und rechtliche Grundlagen.

2.1.4 Begriffe im Zeichnungs- und Stücklistenwesen, nach DIN 199

Anordnungsplan	Stellt die räumliche Lage von Gegenständen zueinander dar.
Zeichnung eines Einzelteils	Die Zeichnung enthält die benötigten Ansichten und Kommentare, für das Bauteil.
Diagramm	Zeigt Zahlenwerte oder funktionale Zusammenhänge in einem Koordinatensystem.
EDM-System	Managt das komplette Datenaufkommen, das während eines Projektes anfällt.
Einzelteilzeichnung	Enthält ein Einzelteil ohne die räumliche Zuordnung zu anderen Teilen.
Entwurfszeichnung	Bringt eine Darstellung, über deren endgültige Ausführung noch nicht entschieden wurde.
Fertigungszeichnung	Enthält die Darstellung eines Teiles mit weiteren Angaben für die Fertigung.
Fotozeichnung	Hat als wesentlichen Bestandteil fotografische Abbildungen.
Hauptzeichnung	Enthält eine Maschine, eine Anlage oder ein Gerät im zusammengebauten Zustand.
Variantenzeichnung	Ist eine Zeichnung von Gegenständen, die von einem anderen Gegenstand in bestimmten Maßen abweicht.
Zeichnungsnormen	Spezielle Richtlinien für Zeichnungsansichten, um eine einheitliche Darstellung zu erzielen.
Zusammenbau-Zeichnung	Dient zur Erläuterung von Zusammenbauvorgängen.
Gruppenzeichnung	Zeigt maßstabsgetreu die räumliche Lage und die Form zu einer Teilegruppe
Konstruktions-zeichnung	Stellt einen Gegenstand in seinem vorgesehenen Endzustand Zeichnung dar.
Maßbild	Enthält für ein Teil nur die wesentlichen Maße und Informationen.
Originalzeichnung	Zeigt eine für weitere Arbeitsschritte verbindliche Fassung.
Patentzeichnung	Entspricht den Vorschriften der Verordnung über die Anmeldung von Patenten.
Skizze	Ist eine nicht unbedingt maßstäbliche, vorwiegend freihändig erstellte Zeichnung.
Technische Unterlage	Dient durch ihren Informationsinhalt technischen Zwecken.
Technische Zeichnung	Ist eine Zeichnung, in der für technische Zwecke erforderlichen Art und Vollständigkeit durch Einhalten von Darstellungsregeln und Maßeintragung.
Teilzeichnung	Zeigt ein Teil ohne räumliche Zuordnung zu anderen Teilen.
Vordruck	Ist eine reproduzierte Standardzeichnung.
Zeichnungssatz	Ist die Gesamtheit aller Zeichnungen, für die vollständige Darstellung eines Gegenstandes.

2.1.4.1 Linienarten n. DIN EN ISO 128-20 und Anwendung nach DIN ISO 128-24

DIN EN ISO 128-20 enthält allgemein gültige Regeln für die Ausführung von Linien in der technischen Produktdokumentation. Anwendungen in Zeichnungen verschiedener technischer Bereiche werden in entsprechenden Teilen von DIN ISO 128 festgelegt, z.B. für die technische Mechanik Teil 24. Durch Übernahme von DIN EN ISO 128-20 und DIN ISO 128-24 für DIN 15-1 2 ergeben sich keine Änderungen in der Anwendung der Linienarten. Bisher wurden die Linienarten durch Kennbuchstaben und künftig werden diese durch Kennzahlen gekennzeichnet. Hierbei entspricht der erste Teil der Nummern denen der Grundarten von Linien nach Bild 1.

2.1.4.2 Das Verhältnis von Linienmaße zu Linienbreite

Die Breite **d** aller Linienarten ist in Abhängigkeit von der Art und Größe aus der folgenden Reihe auszuwählen, die im Verhältnis $1:\sqrt{2}$ (1:1,4)gestuft ist:
0,13 mm, **0,18** mm, **0,25** mm, **0,5** mm, **0,7** mm, **1,0** mm **1,4** mm, und **2** mm.
Das Verhältnis der Breiten von sehr breiten, breiten, und schmalen Linien ist 4:2:1.

2.1.4.3 Zeichnen von Linien

Der Abstand paralleler Linien muss mindestens **0,7** mm betragen, wenn in anderen internationalen Normen keine davon abweichenden Werte festgelegt sind. Beim Einsatz rechnerunterstützter Zeichenprogramme können die dargestellten Linienabstände in bestimmten Fällen davon abweichen. Bei Übernahme von DIN EN ISO 128-20 und DIN ISO 128-24 für DIN 15-1 und –2 ergeben sich keine Änderungen bei der Anwendung von Linienarten. Während die Linienarten nach DIN 15-2 durch Kennbuchstaben gekennzeichnet sind, werden diese nach DIN ISO 128-24 durch Kennzahlen festgelegt.

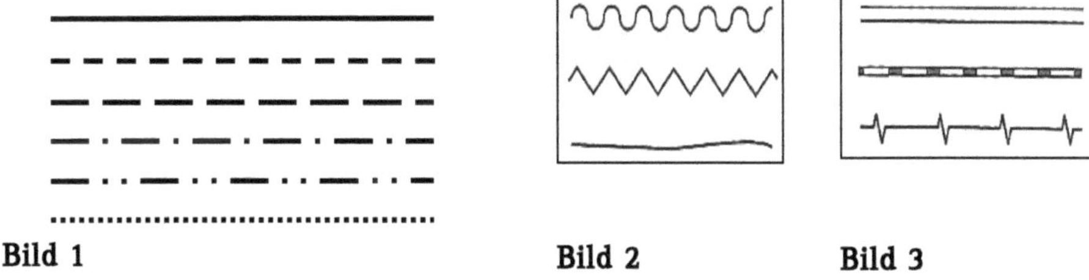

Bild 1   **Bild 2**   **Bild 3**

2.1.4.4 Kreuzungen und Anschlussstellen

Grundarten der Linien im folgenden Bild, sollen sich mit Strichen kreuzen und berühren.

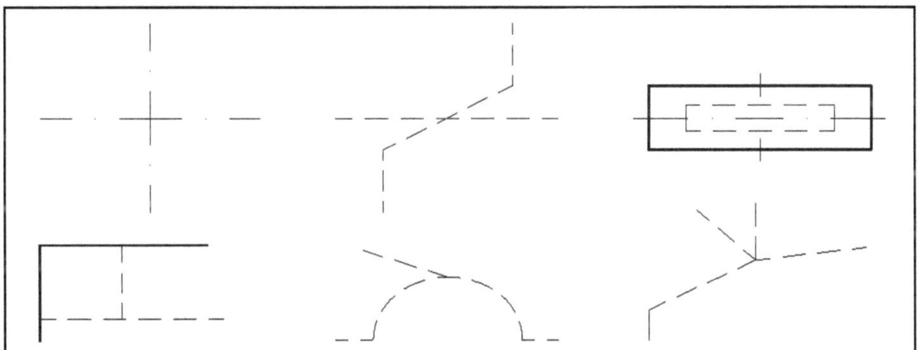

2.1.4.5 Linienanwendungen, eine Auswahl

Linie	Anwendung (Auswahl)

Nr. Benennung, Darstellung

01.1 Volllinie, schmal

- .1 Lichtkanten bei Durchdringung
- .2 Maßlinien
- .3 Maßhilfslinien
- .4 Hinweis-und Bezugsebenen
- .5 Schraffuren
- .6 Umrisse eingeklappter Schnitte
- .7 Kurze Mittellinien
- .8 Gewindegrund
- .9 Maßlinienbegrenzung
- .10 Diagonalkreuze zur Kennzeichnung ebener Flächen
- .11 Biegelinien an Roh-und bearbeiteten Teilen
- .12 Umrahmungen von Einzelheiten

Freihandlinie, schmal

- .18 Vorzugsweise manuell dargestellte Begrenzung von Teil oder unterbrochenen Ansichten und Schnitten, wenn die Begrenzung keine Symmetrie-oder Mittellinie ist.

Zickzacklinie, schmal

- .19 Vorzugsweise mit Zeichenautomaten dargestellte Begrenzung von Teil oder unterbrochenen Ansichten und Schnitten, wenn die Begrenzung keine Symmetrie-oder Mittellinie ist.

01.2 Volllinie, breit

- .1 Sichtbare Kanten
- .2 Sichtbare Umrisse
- .3 Gewindespitzen
- .4 Grenzen der nutzbaren Gewindelänge
- .5 Diagramme, Karten, Fließbildern
- .6 Systemlinien (Metallbau-Konstruktion)
- .7 Formteilungslinien in Ansichten

02.1 Strichlinie, schmal

- .1 Unsichtbare Kanten
- .2 Unsichtbare Umrisse

02.2 Strichlinie, breit

- .1 Oberflächenbehandlung

04.1 Strich-Punkt-Linie, (langer Strich), schmal

- .1 Mittellinien
- .2 Symmetrielinien
- .3 Teilkreise von Verzahnungen
- .4 Teilkreise für Löcher

04.2 Strich-Punkt-Linie (langer Strich), breit

- .1 Kennzeichnung begrenzter Bereiche
- .2 Kennzeichnung von Schnittebenen

05.1 Strich-Zweipunkt-Linie (langer Strich), schmal

- .1 Umrisse benachbarter Teile
- .2 Endstellung beweglicher Teile
- .3 Schwerpunktlinien

2.1.5 Zeichnungsableitungen, normgerechte Anpassungen

2.1.5.1 Normgerechte Anpassungen, Vorbemerkungen zur Normung

Auszug aus der europäischen Normungspolitik:

> *„Normen sind freiwillige technische und qualitätsbezogene Kriterien für Produkte, Dienstleistungen und Produktionsverfahren. Niemand ist zu ihrer Nutzung oder Anwendung verpflichtet, sie sind jedoch hilfreich für die Zusammenarbeit zwischen Unternehmen und bringen den Verbrauchern günstigere Preise."*

Die Europäische Union greift seit Mitte der 1980er Jahre zunehmend auf Normen zurück, um ihre Politik und Rechtsvorschriften zu unterstützen.

Auszug aus DIN 199:

> *„Eine Technische Zeichnung ist ein Dokument, das in grafischer und schriftlicher Form alle notwendigen Informationen für die Herstellung und zur Beschreibung der geforderten Funktionen und Eigenschaften eines Einzelteils, einer Baugruppe oder eines kompletten Produkts zeigt und als Teil der Technischen Produktdokumentation dient."*

Die in großen Schritten voranschreitende Globalisierung erzeugt aus diesem Kernsatz der DIN 199 eine weltweite genormte Lesbarkeit einer *Technischen Zeichnung* als Basis, hieran haben sich auch und vielleicht gerade die Softwarehersteller von CAD-Programmen zu halten, ISO-Normungen sind hier eine weltweit gültige Vorgabe.

2.1.5.2 Normgerechte Anpassungen, Vorbemerkungen zur ISO-Normung

Die **Internationale Organisation für Normung (ISO)** ist die internationale Vereinigung von Normungsorganisationen und erarbeitet internationale Normen in allen Bereichen mit Ausnahme der Elektrik und der Elektronik

166 Länder in der ISO vertreten, Stand Januar 2015, davon sind 119 Staaten Vollmitglieder. Jedes Mitglied vertritt ein Land, wobei es aus jedem Land auch nur ein Mitglied gibt. Das Deutsche Institut für Normung e.V. (DIN) ist seit 1951 Mitglied der ISO.

Die Entstehung einer ISO-Norm ist ein aufwändiger Prozess. Bevor ein Dokument zur ISO-Norm publiziert wird, führt sein Weg durch unzählige Arbeitsgruppen, Ausschüsse, Kommissionen und passiert mehrmals komplizierte Abstimmungen.

2.1.5.3 Normgerechte Anpassungen, ISO-Normungen im Zeichnungswesen

Entsprechend der Auflistung eines Auszugs der Normungen im Zeichnungswesen, unterliegen die Zeichnungsableitungen einem sehr aufwendigen Regelwerk, hier sind die CAD-Softwarehersteller gefragt, um den Änderungsaufwand so zu minimieren, das digitale Technische Zeichnung*en* endlich wieder wie Handgemachte aussehen.

Automatisierte Zeichnungsableitungen per Mausklick, die dann unendliche Zeit für die normgerechte Anpassung benötigen haben in der heutigen Zeit nichts mehr zu suchen.

2.1.6 Zeichnungsumgebung, genormte Ansichten

2.1.6.1 Erstansicht

Die erste in einer Zeichnung erstellte Ansicht. Die Erstansicht ist die Quelle für nachfolgende Ansichten und steuert deren Maßstab und Ausrichtung. Sie können eine oder mehrere Erstansichten in einem Zeichnungsblatt erstellen. Sie wählen die Ausrichtung der Ansicht bei deren Erstellung aus. Die Standardausrichtungen basieren auf dem Ursprung im digitalen Prototyp.

2.1.6.2 Parallele Ansicht

Eine orthographische oder isometrische Ansicht, die aus einer Erstansicht oder einer anderen vorhandenen Ansicht erstellt wird. Sie können in einem Vorgang mehrere projizierte Ansichten erstellen. Die Position des Cursors relativ zur übergeordneten Ansicht legt die Ausrichtung der projizierten Ansicht fest. Projizierte Ansichten erben die Maßstab-und die Anzeigeeinstellungen von der übergeordneten Ansicht. Orthographische projizierte Ansichten bleiben an der übergeordneten Ansicht ausgerichtet. Die aktive Zeichnungsnorm definiert die Projektion des ersten oder des dritten Winkels.

2.1.6.3 Schnittansicht

Diese Ansicht wird erstellt, wenn Sie eine Linie skizzieren, die eine Fläche definiert, mit der ein Bauteil oder eine Baugruppe durchschnitten wird. Sie zeichnen die Schnittlinie bei Erstellung der Ansicht oder wählen sie aus einer der übergeordneten Ansicht zugeordneten Skizze aus. Die Schnittlinie kann ein einzelnes gerades Segment oder mehrere Segmente sein. Die Pfeilspitzen der Schnittlinie in der Erstansicht werden automatisch so ausgerichtet, dass sie die Position der Schnittansicht relativ zur Erstansicht angeben.

2.1.6.4 Detailansicht

Ein bestimmter Ausschnitt einer anderen Zeichnungsansicht in vergrößerter Ansicht. Der Maßstab der Detailansicht ist vorgabegemäß doppelt so groß wie der Maßstab der Erstansicht. Sie können jedoch einen beliebigen anderen Maßstab angeben. Eine Detailansicht wird beim Erstellen nicht an der entsprechenden Erstansicht ausgerichtet. Autodesk Inventor werden die Detailansicht und der Bereich, aus dem sie abgeleitet wurde, mit Bezeichnungen versehen. Sie können entweder einen kreisförmigen oder einen rechteckigen Zaun für das Detail festlegen.

2.1.6.5 Ausschnittsansicht

Ein Vorgang, der einen definierten Bereich des Materials entfernt, um verdeckte Bauteile oder Elemente in einer vorhandenen Zeichnungsansicht zu exponieren. Der übergeordneten Ansicht muss eine Skizze zugeordnet sein, die das Profil zur Definition der Ausschnitts-Umgrenzung enthält.

2.1.6.6 Genormte Ansichten, orthogonale Darstellung

Die orthogonale Darstellung wird mit Hilfe von parallelen orthogonalen Projektionen mit ebenen, zweidimensionalen Ansichten erreicht, die einander systematisch zugeordnet sind, hier gilt als Richtlinie die DIN ISO **128-34** und DIN ISO **5456-2**. Die relative Lage anderer Ansichten in Hinblick auf die Hauptansicht, auf der Zeichnung, hängt von der gewählten Projektionsmethode ab, die gebräuchliche für den europäischen Bereich ist die Projektionsmethode 1.

2.1.6.7 Erstellen einer Schnittdarstellung, DIN ISO 128-40 und -50

Eine Schnittzeichnung, Schnittdarstellung oder auch kurz ein Schnitt ist eine Darstellungsform in Zeichnungen. Sie wird auch Risszeichnung oder kurz Riss genannt, wovon sich auch die Begriffe Grundriss und Aufriss (die Ansicht) ableiten. Je nach Schnittebene bezeichnet man die Zeichnungen als Längsschnitt oder Querschnitt. Eine Schnittzeichnung dient dazu, verdeckte innenliegende Konturen, Materialien und Strukturen eines Körpers zu zeigen. Gegebenenfalls müssen unterschiedliche Schnitte durch einen Körper gelegt werden, um alle relevanten Einzelheiten in mehreren Schnittflächen darstellen zu können. In einer Schnittdarstellung werden die Schnittkanten als Volllinien gezeichnet. Die Schnitt-Flächen der bzw. des durchschnittenen Körpers werden mit einer Schraffur ausgefüllt. Diese Schraffur wird in einem Winkel von 45° gezeichnet. Wenn in einer technischen Zeichnung zwei geschnittene Flächen zweier Bauteile aufeinander treffen, wird eine der Flächen entgegengesetzt unter 45° bzw. 135° schraffiert. Hohlräume werden bei Schnitten außerdem nicht schraffiert. Beim Vollschnitt wird die vordere Hälfte eines Werkstücks komplett weggeschnitten.

2.1.6.8 Erstellen einer Detailansicht, Einzelheit nach DIN EN ISO 128-34

Es kann beim technisch Zeichnen vorkommen, dass ein Bauteil Geometrien besitzt, die in der technischen Zeichnung im gewählten Zeichnungsmaßstab nicht gut erkannt werden können und nur schwer oder gar nicht bemaßt werden können. In diesem Fall hat man die Möglichkeit die entsprechenden Einzelheiten vergrößert darzustellen. Um Einzelheiten maßstäblich zu vergrößern rahmt man sie einfach in der Zeichnung ein bzw. man zeichnet einen Kreis um die betreffende Geometrie. Diese Markierung wird mit einem Buchstaben gekennzeichnet. Der gleiche Buchstabe wird auch über die vergrößerte Darstellung gesetzt, um die einwandfreie Zuordnung zu ermöglichen. Damit man die Detail-Vergrößerung nicht mit einem Schnitt verwechselt, ist empfehlenswert immer die letzten Buchstaben des Alphabetes zu verwenden und für Schnitte immer die ersten. Spätestens jetzt muss man entscheiden, welchen Maßstab man für die Vergrößerung der Einzelheit verwendet, um diese sinnvoll bemaßen zu können. Dann kann man die vergrößerte Einzelheit einfach an einem gewünschten Platz auf der technischen Zeichnung darstellen.

2.1.6.9 Teilschnitt nach DIN ISO 128-40 und -50

Beim Teilschnitt denkt man sich die vordere Werkstückhälfte herausgeschnitten und es wird nur die hintere Hälfte gezeichnet. Die Schnitte können beliebig gelegt werden, vorwiegend jedoch in Richtung der Längsachse oder senkrecht zu ihr. Der Teilschnitt hat als Begrenzungslinie die Freihandlinie oder eine Zickzacklinie. Diese Linien dürfen nicht mit Umrissen, Kanten oder Hilfslinien zusammenfallen. Der Teilschnitt dient zur Verdeutlichung eines Teiles am Werkstück. Eine Ausschnittsansicht (Teilschnitt) schneidet einen Teil einer Baugruppe in einer Zeichenansicht weg, um das Innere freizulegen. Auf den geschnittenen Flächen aller Komponenten wird automatisch eine Schraffur erzeugt. Ein Ausschnitt (Teilschnitt) ist keine separate Ansicht, sondern Teil einer vorhandenen Zeichenansicht. Ein geschlossenes Profil, normalerweise ein Spline, definiert den Ausbruch. Dabei wird Material bis zu einer bestimmten Tiefe entfernt, um innere Details freizulegen. Sie können die Tiefe bestimmen, indem Sie eine Zahl angeben oder Geometrie in einer Zeichenansicht auswählen.

2.1.7 Geometrische Produktspezifikation (GPS), DIN EN ISO 8015

2.1.7.1 Geometrische Produktspezifikation, Einführung

Die Normen-Matrix für die Geometrische Produktspezifikation und -prüfung (GPS) definiert Standards, die von der Spezifikation der Funktionsanforderungen eines Bauteils bis zum Nachweis seiner Konformität reichen. Als Voraussetzung für die weltweit geführte technische Verständigung ist eine allgemeingültige GPS-Sprache festgelegt, die sich ständig weiterentwickelt. Es zeigt sich, dass die Anwendung dieser Sprache in der technischen Zeichnung stattzufinden hat, damit ernsthafte Störungen in den Abläufen der Unternehmen: Mehrdeutigkeiten, Fehlinterpretationen, Missverständnisse nicht die Folge sind. Der international für diesen Bereich der Qualitätssicherung verwendete Begriff heißt **Geometrische Produktspezifikation**, kurz GPS. GPS definiert die Maße und die Form eines Werkstücks mitsamt der geforderten Fertigungspräzision. Diese Angaben werden beispielsweise durch eine technische Zeichnung vorgegeben. Es ist erforderlich, den Zusammenhang herzustellen zwischen dem Produktteil, wie es sich ein Konstrukteur vorstellt, dem gefertigten Werkstück und dem gemessenen Werkstück. Dies sind drei Ebenen, die in Beziehung zu bringen sind:

- die Spezifikationsebene, in der sich der Konstrukteur mehrere Darstellungen des künftigen Werkstücks vorstellt, die technische Zeichnung.
- die Ebene der physikalischen Verkörperung des Werkstücks, die Herstellung.
- die Ebene der Prüfung, in der eine Darstellung eines Werkstücks zur Untergliederung des Werkstücks durch Messgeräte verwendet wird, die Qualitätssicherung.

2.1.7.2 Vorgehensweise mit Hilfe der GPS-Matrix

Für eine systematische Spezifizierung der geometrischen Merkmale eines Werkstücks wird die Geometrie eines Produktes mit 18 verschiedenen Merkmalen charakterisiert. Dabei stehen die in Klammem gesetzten Zahlen für die Nummern der 18 geometrischen Eigenschaften des Werkstücks in der Tabelle der Normenübersicht, der so genannten GPS-Matrix:

- GPS Matrix, **Dimensionale Merkmale**:
  Maße (1) von Radien (3) und Winkeln (4) sowie Abstände (2), d.h. Höhen und Stufenabstände.

- GPS Matrix, **Geometrische Merkmale**:
  Formen [5 bis 8), die Richtung (9), die Lage und Position (10) eines Elementes und sein Lauf (11 und 12) z. B. bei Rotationselementen die Formeigenschaften der Achse die die Drehbewegung beeinflussen.

- GPS Matrix, **Bezüge** (13):
  Stellen oder Systeme im Werkstück, auf die sich unterschiedliche Elemente beziehen, beispielsweise eine Ebene, auf die sich weitere Ebenen oder Linien beziehen.

- GPS Matrix, **Oberflächenbeschaffenheit**:
  Rauheitsprofil (14) Welligkeitsprofil (15) Primärprofil (16), Oberflächenfehler (17), Werkstückkanten (18).

2.1.7.3 Geometrische Produktspezifikation (GPS), Maßeintragungen

Das Bemaßen von Bauteilen in technischen Zeichnungen ist einer der wichtigsten Grundbestandteile des technischen Zeichnens, da nur durch die Eintragung von Maßen die Bauteile reproduzierbar werden. Die Grundregeln für das Bemaßen von technischen Zeichnungen sind in der DIN **406-10** und DIN **406-11** beschrieben. Mit der Bemaßung beschreibt man die Abmessungen -also Länge, Höhe, Durchmesser usw. -und die Form von Bauteilen. Die Bemaßung besteht aus der Maßlinie, diese beschreibt die Abmessung, der Maßzahl, diese gibt die Größe der Abmessung an, der Maßhilfslinie, diese führt vom bemaßten Zeichnungselement bis zur Maßlinie und stellt die Begrenzung dar und den Maßpfeilen, diese zeigen die Endpunkte der Maßlinie an. Die Maßzahl wird in **mm** angegeben. Die Maßeinheit wird jedoch nicht dazugeschrieben, soweit die Angabe in Millimeter erfolgt.

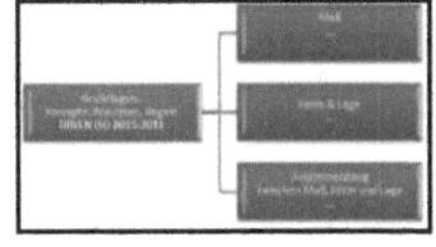

2.1.7.4 Durchmesser-Bemaßung entsprechend DIN 406, Präfix und Suffix

Da die Toleranzspezifikation für die ordnungsgemäße Zusammenpassung von Bohrungen und Wellen solch eine häufige und wichtige Rolle bei der Fertigung von Teilen spielt, haben die Gremien für internationale Normen ein regelbasiertes Grenz-und Passsystem für Bohrungen und Wellen eingerichtet. Unter den Begriffen Bohrung und Welle kann auch der Raum zwischen zwei parallelen Teilflächen eines beliebigen Teils verstanden werden, wie z.B. die Breite eines Schlitzes, die Stärke einer Passfeder usw. Die Standards gelten lediglich für Abstandsbemaßungen. Für Winkelbemaßungen sind die Standards nicht anwendbar. Bemaßungstypen steuern die Darstellung der Bemaßung. Der Typ kann vor oder nach der Platzierung der Bemaßung festgelegt werden.

2.1.7.5 Hinweis-Bemaßung, entsprechend DIN 406 antragen

Hinweislinien, nach DIN **406**, zum Eintragen von Maßen sind als schmale Volllinien schräg aus der Darstellung zu ziehen und enden mit einem Pfeil auf der Körperkante, mit einem Punkt auf einer Fläche und ohne Begrenzung an allen anderen Zeichnungselementen.

2.1.7.6 Geometrische Produktspezifikation (GPS), Oberflächensymbole

Oberflächenbeschaffenheit an Werkstücken nach DIN ISO **1302**:
Aus der Zeichnung eines Werkstückes muss auch die Beschaffenheit der Werkstückoberflächen im Endzustand des Teiles hervorgehen. In Konstruktionszeichnungen werden technische Oberflächen vorrangig funktionsgerecht beschrieben. Die Symbole mit den Angaben sind so anzuordnen, dass sie von unten oder von der rechten Seite zu lesen sind. Um diese Regel einzuhalten, kann das Symbol mit der Oberfläche auch durch eine Bezugslinie mit Maßpfeil verbunden werden. Symbol oder Maßpfeil müssen von außen entweder auf die Körperkante oder auf eine Maßhilfslinie als Verlängerung der Körperkante zeigen. Oberflächenzeichen sind für eine bestimmte Oberfläche nur einmal einzutragen. Oberflächenzeichen sind in der Ansicht einzutragen, in der die betreffende Fläche bemaßt ist.
Gegenüberliegende Oberflächen müssen nur einmal gekennzeichnet werden, wenn durch eine Mittellinie angegeben wird, dass dieselbe Oberflächenbeschaffenheit gefordert wird und es sich um dieselbe Fläche handelt. Bei anderen Formelementen muss die gegenüberliegende Fläche durch dasselbe Symbol gekennzeichnet werden. Tritt eine Oberflächenbeschaffenheit an einem Werkstück häufiger auf, werden das Symbol für die Hauptoberflächenbeschaffenheit in der Nähe des Schriftfeldes angeordnet.

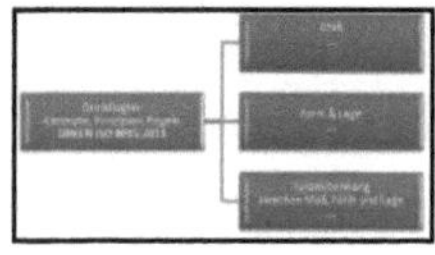

2.1.7.7 Geometrische Produktspezifikation (GPS), Form-und Lagesymbolik an Werkstücken nach DIN ISO 1101

Spezifische Formtoleranzen begrenzen die zulässige Abweichung eines spezifischen Elementes von seiner geometrisch idealen Form. Sie bestimmen die Toleranzen, in der das formtechnische Element liegen muss und beliebige Form haben darf und werden in der Zeichnung angegeben. Zu den Formtoleranzen gehören:
Geradheit, Ebenheit, Rundheit, Zylinderform, Linienform sowie die Flächenform.
Spezifische Lagetoleranzen sind Richtungs-, Orts-und Lauftoleranzen. Sie begrenzen die zulässigen Abweichungen von der idealen Lage zweier oder mehrerer spezifischere Elemente oder Ebenen zueinander, von denen meist eine als Bezug festgelegt wird und werden in der Zeichnung angegeben.
Lagetoleranzen sind:
Parallelität, Rechtwinkligkeit, Neigung, Position, Koaxialität, Konzentrizität, Symmetrie sowie die Lauftoleranzen: Rundlauf, Planlauf und die Gesamtlauftoleranzen: Gesamtrundlauf und Gesamtplanlauf.

2.1.7.8 Geometrische Produktspezifikation, Kantenzustände DIN ISO 13715

Die Kanten von Werkstücken können zum Beispiel nach einer spanenden Bearbeitung gratig oder scharfkantig sein, oder diese haben andere, nicht erwünschte, Geometrien. Aus diesem Grund kann man in technischen Zeichnungen Angaben für den Zustand von Innenkanten sowie Außenkanten machen. Hat man eine Außenkante kann diese entweder gratig oder gratfrei sein. Wenn eine Innenkante vorliegt, kann diese entweder als Übergang oder als Abtragung definiert werden. Die Definition erfolgt durch das Symbol für Kantenangaben. Sie können die Beschriftung zur Kantenbedingung verwenden, um Anweisungen für die besondere Endbearbeitung an Teilkanten zu bestimmen, an denen z.B. Materialien gefährliche Bedingungen bei der Handhabung verursachen oder eine spezielle Nachbearbeitung für eine genaue Passung erforderlich ist. Beispiele hierfür sind die Entfernung von Graten und Spänen, Schweißzunder-und -spritzern, die Blechebenheit, Materialausdünnung und ob eine Schnittfläche rechtwinklig abgeglichen werden soll Das Symbol für die Kantenangaben in technischen Zeichnungen wird noch durch eine Maßzahl ergänzt, die den Maximalwert des Grates, den Übergang bzw. der Abtragung angibt.

2.1.7.9 Die Bauteilstückliste oberhalb des Schriftfeldes

Die Stücklisten nach DIN **6771-2** sind das Verzeichnis der Einzelteile einer Baugruppe oder eines ganzen Erzeugnisses. Sie dienen zum Austausch von technischen Informationen innerhalb und außerhalb eines Betriebes, insbesondere für die Fertigungsvorbereitung. Stücklisten werden entweder in der Gruppen· oder Hauptzeichnung auf das Schriftfeld aufgesetzt oder wegen des besseren Verarbeiten der Daten innerhalb einer Datenbankverwaltung als getrennte (lose) Stücklisten auf A4-Format untergebracht. Nach DIN **6771-2** werden zwei Stücklistenformen unterschieden. Die Stückliste der Form A besteht aus dem Schriftfeld nach DIN EN ISO **7200** und dem darüber angeordneten Stücklistenfeld mit den Spalten: Pos, Menge, Einheit, Benennung, Sachnummer und Bemerkung. Diese Stückliste hat das Format A4 hoch nach DIN **476**.

Die Stückliste der Form B besteht ebenfalls aus dem Schriftfeld nach DIN EN ISO **7200** und dem darüber angeordneten Stücklistenfeld, das gegenüber der Stückliste der Form A um die Spalten Werkstoff und Gewicht erweitert ist. Diese Stückliste hat das Format A4 quer nach DIN EN ISO **216**. Der Heftrand beträgt mindestens **15** mm.

2.1.8 Zeichnungsableitung der Bauteile, Grundregeln für die Ausführung von Schriften DIN EN ISO 3098

Als wesentliche Merkmale für die Beschriftung technischer Zeichnungen gelten Lesbarkeit, Einheitlichkeit, Eignung für die Mikroverfilmung und sonstige fotografische Reproduktionsverfahren sowie für numerisch gesteuerte Zeichensysteme.

Um diese Anforderungen zu erreichen, sind folgende Regeln zu beachten:

Die Zeichen sollen sich klar voneinander abheben, um Verwechselungen zu vermeiden.

Für die Lesbarkeit ist es erforderlich, dass der Abstand zwischen zwei benachbarten Linien oder der Zwischenraum zwischen Buchstaben und Ziffern mindestens das Zweifache der Linienbreite beträgt.

Für Klein- und Großbuchstaben wird die gleiche Linienbreite angewandt.

Die Nenngröße der Schriftzeichen ist die Höhe h der Großbuchstaben.

Die Nenngrößeneinheit der Schrifthöhe h hat die Stufung $\sqrt{2}$ wie die Normreihe der Zeichnungsformate nach **DIN EN ISO 216** und lautet:

1,8; **2,5**; **3,5**; **5**; **7**; **10**; **14** und **20** mm.

Die Höhe **h** der Großbuchstoben und die Höhe **c** der Kleinbuchstoben sollen mindestens **2,5** mm betragen.

Bei gleichzeitiger Verwendung von Groß- und Kleinbuchstoben soll mindestens **c = 2,5** und **h = 3,5** mm sein.

Für das Beschriften von technischen Zeichnungen ist die vertikale Schriftform **B** zu bevorzugen.

Griechische Schriftzeichen nach **DIN EN ISO 3098-3** werden im Wesentlichen als Formelzeichen und bei Winkelangaben angewendet. Bei den Kleinbuchstaben **Theta** und **Phi** sind zwei verschiedene Formen zugelassen, wobei in einem Dokument nur eine Form anzuwenden ist.

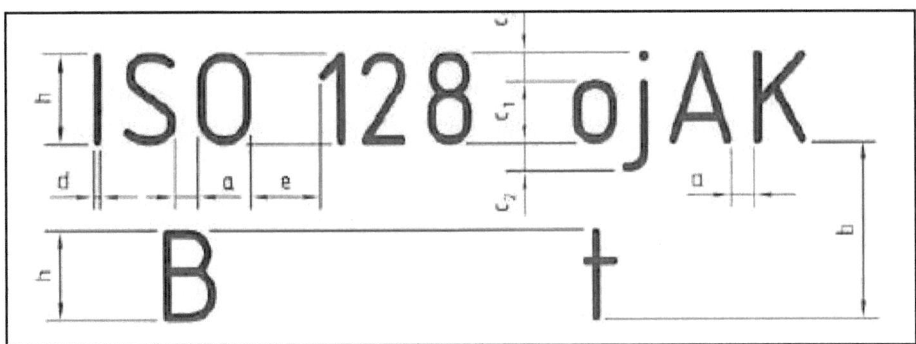

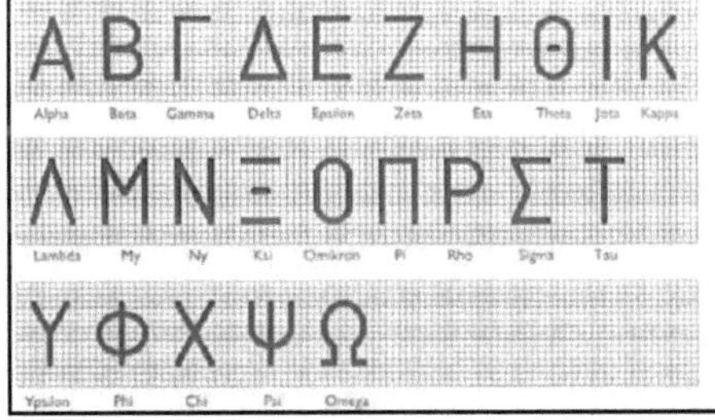

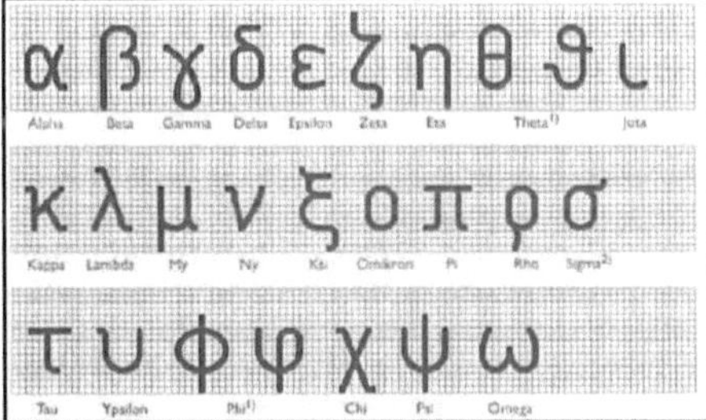

2.1.9 Zeichnungsableitungen für Bauteile, Dokumentverwaltung

2.1.9.1 Die Dokumentverwaltung, iProperties

Die Eigenschaften von Autodesk Inventor-Dateien werden als **iProperties** bezeichnet. Mithilfe von **iProperties** können Sie Dateien verfolgen und verwalten, Berichte erstellen und Stücklisten in Baugruppen, Teilelisten in Zeichnungen, Schriftfelder und andere Informationen automatisch aktualisieren.

Autor und Bauteilnummer der **iProperties** werden in neuen Modell-und Zeichnungsdateien automatisch festgelegt.

2.1.9.2 Die Optimierung der Darstellung

Die Optimierung der Darstellung ist entscheidend für die schnelle Bearbeitung einer Baugruppe. Die DIN-Norm **32869**, Dreidimensionale CAD-Modelle und VDA-Empfehlung **4953** T1 bis T3, Vereinfachte CAD-Zeichnung bildet eine gute Grundlage für die Baugruppenausführung. Der Kernsatz dieser Normen, **nur so genau wie nötig**, steht unausgesprochen über den abgebildeten Darstellungen.

Projizierte Ansichten werden erstellt, indem eine vorhandene Ansicht in einer von acht möglichen Projektionen entfaltet wird. Die resultierende Ansichtsausrichtung wird durch die Einstellung **Erster Winkel** oder **Dritter Winkel** für die Projektion beeinflusst, die unter den Eigenschaften des Zeichenblatts vorgenommen wurde.

Die verwendeten Ansichtsausrichtungen beruhen auf den Ausrichtungen (**Vorderseite, Rechts** oder **Oben**) im Teil oder in der Baugruppe. Die Ausrichtungen der Ansichten sind festgelegt und können nicht geändert werden.

Die Ausrichtung der Draufsicht und der Seitenansicht ist in Bezug auf die Vorderansicht fixiert. Die Draufsicht kann vertikal, die Seitenansicht horizontal verschoben werden.

Entsprechend der Schnittdarstellung nach DIN ISO **128-40** und DIN ISO **128-50** werden volle Werkstücke werden nicht im Längsschnitt gezeichnet, hierzu gehören Wellen, Bolzen, Niete, Stifte, Schrauben, Passfedern, Keile, Wälzlagerkörper sowie Rippen von Gussstücken und Arme von Handrädern.

Für die Darstellung der Normteile, Zylinderschraube mit Innensechskant, aus dem Inhaltscenter muss dazu entsprechend dieser Normvorgabe die Anzeige geändert werden.

2.1.9.3 Anordnen der ersten Ansicht über „Erstansicht"

Erstansicht

Der Befehl **Erstansicht** wählt vorgabegemäß das letzte aktive Modelldokument als Quelle für die platzierte Ansicht aus. Wenn das letzte aktive Modelldokument geschlossen wird, wird kein Modell automatisch ausgewählt.

- Verschieben Sie die Erstansicht an die gewünschte Position.
- Verwenden Sie den **ViewCube**, um die Ausrichtung des Modells und den Typ der Projektion anzugeben.
- Ziehen Sie eine Ecke des Erstansichtsrahmens, um den Ansichtsmaßstab zu ändern. Vorgabemäßig wird die Ansichtsgröße innerhalb des im aktuellen Normstil vordefinierten Maßstabsbereichs auf die voreingestellten Skalierwerte festgelegt. Halten Sie die **STRG**-Taste gedrückt, um freies Ziehen zu ermöglichen, und legen Sie einen beliebigen Ansichtsmaßstab fest.
- Wenn Sie den Maßstab durch freies Ziehen ändern, wird der Skalierwert als reelle Zahl im Dialogfeld Zeichnungsansicht angezeigt.

2.1.9.4 Anordnen weiterer Ansichten, „Parallele Ansicht", nach DIN ISO 128–30

Nachdem Sie mit Hilfe der Erstansicht die erste Zeichnungsansicht auf dem Zeichenblatt platziert haben, können Sie den Befehl **Parallele Ansicht** verwenden, um anhand einer vorhandenen Zeichnungsansicht weitere orthogonale Ansichten zu erstellen. Sie definieren die Ausrichtung der neuen Zeichnungsansicht mit dem Mauszeiger. Um beispielsweise anhand einer vorhandenen orthogonalen Ansicht eine neue Hauptansicht zu platzieren, müssen Sie zuerst die Ursprungsansicht auswählen, und anschließend den Mauszeiger rechts, links, oben oder unten positionieren, damit Sie eine neue orthogonale Ansicht platzieren können. Sie können den Mauszeiger auch diagonal positionieren, um eine neue isometrische Bildansicht zu platzieren.

Parallele Ansicht

2.1.9.5 Erstellen einer Schnittdarstellung, DIN ISO 128–40 und –50

Eine Schnittzeichnung, Schnittdarstellung oder auch kurz ein Schnitt ist eine Darstellungsform in Zeichnungen. Sie wird auch Risszeichnung oder kurz Riss genannt, wovon sich auch die Begriffe Grundriss und Aufriss (die Ansicht) ableiten. Je nach Schnittebene bezeichnet man die Zeichnungen als Längsschnitt oder Querschnitt. Eine Schnittzeichnung dient dazu, verdeckte innenliegende Konturen, Materialien und Strukturen eines Körpers zu zeigen. Gegebenenfalls müssen unterschiedliche Schnitte durch einen Körper gelegt werden, um alle relevanten Einzelheiten in mehreren Schnittflächen darstellen zu können. In einer Schnittdarstellung werden die Schnittkanten als Volllinien gezeichnet. Die Schnitt-Flächen der bzw. des durchschnittenen Körpers werden mit einer Schraffur ausgefüllt. Diese Schraffur wird in einem Winkel von 45° gezeichnet. Wenn in einer technischen Zeichnung zwei geschnittene Flächen zweier Bauteile aufeinandertreffen, wird eine der Flächen entgegengesetzt unter 45° bzw. 135° schraffiert. Hohlräume werden bei Schnitten außerdem nicht schraffiert. Beim Vollschnitt wird die vordere Hälfte eines Werkstücks komplett weggeschnitten. An welcher Stelle der Schnitt erfolgt ist dabei frei wählbar. Meistens erfolgt der Schnitt jedoch entlang der Längsachse oder senkrecht zur Längsachse. Eine **Schnittansicht** in einer Zeichnung wird durch Schneiden der Eltern-Ansicht mit einer Schnittlinie erstellt. Bei der Schnittansicht kann es sich um einen geradlinigen Schnitt oder um einen durch eine durchbrochene Linie definierten Offset-Schnitt handeln. Auch konzentrische Kreisbogen können für die Schnittlinien verwendet werden. Bei aktiviertem Werkzeug **Schnittansicht** können Sie den Schnittverlauf definieren oder Skizziergeometrie zum Verwenden für die Schnittverlaufslinie der Ansicht erstellen. Sie können auch die Tiefe einer vorhandenen Schnittansicht bearbeiten und Komponenten beim Aufschneiden der Ansicht ein- oder ausschließen. Wenn Sie Schnittansichten von Darstellungen mit Pfaden erstellen, ist der Pfad in der Zeichnungsansicht sichtbar. Klicken Sie ggf. mit der rechten Maustaste auf eine Ansicht oder einen einzelnen Pfad, und wählen Sie Pfade anzeigen, um die Darstellung von Pfaden zu aktivieren bzw. zu deaktivieren. Wenn Sie eine aus mehreren Segmenten bestehende Schnittlinie skizzieren oder eine Ansichtsskizze mit einer aus mehreren Segmenten bestehenden Schnittlinie auswählen, können Sie die Methode der Schnittansicht angeben:

Schnittansicht

Die Option **Projiziert** erstellt eine von der Skizzierlinie projizierte Ansicht. Diese Option wird als Vorgabeeinstellung festgelegt, wenn alle Segmente mit genau 90 Grad ausgerichtet sind.

Die Option **Ausgerichtet** erstellt eine lotrecht zur Projektionslinie ausgerichtete Schnittansicht. Körperschnittlinien werden in der resultierenden Ansicht nicht angezeigt.

Detailansicht

2.1.9.6 Erstellen einer Detailansicht, Einzelheit nach DIN ISO 128-34

Es kann bei der Erstellung einer technischen Zeichnung vorkommen, dass ein Bauteil Geometrien besitzt, die in der technischen Zeichnung im gewählten Zeichnungsmaßstab nicht gut erkannt werden können und nur schwer oder gar nicht bemaßt werden können.

In diesem Fall hat man die Möglichkeit die entsprechenden Einzelheiten vergrößert darzustellen. Um Einzelheiten maßstäblich zu vergrößern rahmt man sie einfach in der Zeichnung ein bzw. man zeichnet einen Kreis um die betreffende Geometrie.

Diese Markierung wird mit einem Buchstaben gekennzeichnet. Der gleiche Buchstabe wird auch über die vergrößerte Darstellung gesetzt, um die einwandfreie Zuordnung zu ermöglichen. Damit man die Detail-Vergrößerung nicht mit einem Schnitt verwechselt, ist empfehlenswert immer die letzten Buchstaben des Alphabetes zu verwenden und für Schnitte immer die ersten.

Spätestens jetzt muss man entscheiden, welchen Maßstab man für die Vergrößerung der Einzelheit verwendet, um diese sinnvoll bemaßen zu können. Dann kann man die vergrößerte Einzelheit einfach an einem gewünschten Platz auf der technischen Zeichnung darstellen. Sie können eine Detailansicht in einer Zeichnung erstellen, um ein Teil einer Ansicht, in der Regel in Vergrößerung, zu zeigen.

Diese Detailansicht kann von einer orthographischen Ansicht, einer nicht planaren (isometrischen) Ansicht, einer Schnittansicht, einem Bildausschnitt, einer aufgelösten Baugruppenansicht oder einer anderen Detailansicht stammen. Der vergrößerte Teil wird von einer Skizze eingeschlossen, gewöhnlich mit einem Kreis oder einer anderen geschlossenen Kontur.

Ausschnitt

2.1.9.7 Erstellen eines Teilschnitts nach DIN ISO 128-40 und -50

Beim **Teilschnitt** denkt man sich die vordere Werkstückhälfte herausgeschnitten und es wird nur die hintere Hälfte gezeichnet. Die Schnitte können beliebig gelegt werden, vorwiegend jedoch in Richtung der Längsachse oder senkrecht zu ihr. Der Teilschnitt hat als Begrenzungslinie die Freihandlinie oder eine Zickzacklinie.

Diese Linien dürfen nicht mit Umrissen, Kanten oder Hilfslinien zusammenfallen.
Der Teilschnitt dient zur Verdeutlichung eines Teiles am Werkstück.
Eine **Ausschnittsansicht** (Teilschnitt) schneidet einen Teil einer Baugruppe in einer Zeichenansicht weg, um das Innere freizulegen.

Auf den geschnittenen Flächen aller Komponenten wird automatisch eine Schraffur erzeugt. Ein Ausschnitt (Teilschnitt) ist keine separate Ansicht, sondern Teil einer vorhandenen Zeichenansicht. Ein geschlossenes Profil, normalerweise ein Spline, definiert den Ausbruch. Dabei wird Material bis zu einer bestimmten Tiefe entfernt, um innere Details freizulegen.

Sie können die Tiefe bestimmen, indem Sie eine Zahl angeben oder Geometrie in einer Zeichenansicht auswählen. Eine Ausbruchsansicht schneidet einen Teil einer Baugruppe in einer Zeichenansicht weg, um das Innere freizulegen. Auf den geschnittenen Flächen aller Komponenten wird automatisch eine Schraffur erzeugt.

2.1.10 Die Zeichnungsumgebung, Vorauswahl

Nach der Modellierung eines Bauteils wird in der Regel eine Zeichnung erstellt, um das Bauteil zu dokumentieren. Innerhalb dieser Zeichnung können Ansichten platziert werden, welche Kombinationen aus Modellbemaßung, bauteilbezogen sowie bei Zeichnungsbemaßung zeichnungsbezogen beinhalten, Bemaßungen können in jeder Ansicht nach Bedarf hinzugefügt oder unterdrückt werden.

Des Weiteren können Bemaßungen, Kommentare und Symbole in Übereinstimmung mit den Normen ANSI, BSI, DIN, GB, ISO und JIS platziert werden. Außerdem lassen sich benutzerdefinierte Normen erstellen. Die nachfolgende Beschreibung zeigt Bilder der Arbeitsfläche, dem Zeichnungsbrowser sowie die Schaltflächenleiste im Zeichnungsmodus. Ansichten, Befehle und die Funktionen zum Eintragen von Zeichnungskommentaren sind über die Schaltflächenleiste bzw. die Werkzeugkästen verfügbar. Die große Anzahl der darstellungsbestimmenden Normen für die Zeichnungserstellung macht die Auflistung dieser Arbeitsumgebung sehr aufwändig, so dass in diesem Kapitel nur eine Übersicht, keinesfalls eine komplette Dokumentation dargestellt wird.

2.1.11 Die benutzerspezifischen Vorlagen

2.1.11.1 Der Kopiervorgang

Für die Projekte benötigen Sie die Vorlagendatei von der Buch-DVD.

- Öffnen Sie über den **Arbeitsplatz** den Buchdatenträger
  unter **\Brenndaten DVD\Vorlagen INV 2025**.

- Markieren Sie alle Vorlagendateien.

- Klicken mit der rechten Maustaste und wählen **Kopieren**.

- Erstellen Sie einen eigenen Ordner für die neuen Vorlagendateien in den Programm-Unterordner
  C:\Users\Public\Documents\Autodesk\Inventor 2025\Templates\de-DE.

- Positionieren Sie diese Dateien in den neuen Programm-Unterordner über
  Einfügen.

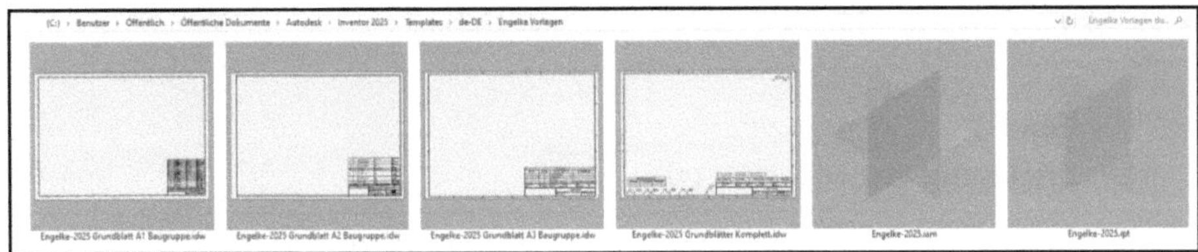

2.1.12 Aufruf der Zeichnungsumgebung, Bauteil-Umgebung

2.1.12.1 Aufruf der Zeichnungsumgebung für Bauteile, Vorbemerkungen

Der Aufruf der Zeichnungsumgebung ist in den AutoDesk Inventor integriert und nicht, wie bei verschiedenen anderen CAD-Programmen, ein eigenständiges Programm. Der Start erfolgt über den Aufruf einer neuen Datei und die Auswahl der Vorlagendatei mit der Dateiendung **.idw**. Da Normen die Darstellung beeinflussen, gibt es verschiedene Basisvorlagen, die entsprechend ausgewählt werden können.

- Die Datei **Zeichnung.idw** ist die Standardvorlagendatei mit einer Basisnormanpassung. Die Dateien **DIN.idw** und **ISO.idw** sind metrische Vorlagendateien mit Einstellungen gemäß den entsprechenden Basisnormungen.
- Die Vorlagendatei **Ansi.idw** hat Zollmaße als Basis.
- Die Vorlagendatei **Engelke-2025.idw** ist die Buchvorlagendatei mit einer Norm-und Blattanpassung.

2.1.13 Öffnen der unangepassten AutoDesk Inventor Vorlagendatei für Zeichnungsableitungen, mehrere Wege

2.1.13.1 Öffnen der Vorlagendatei über die „Start"-Ebene

- **Neu** über **Pfeil** erweitern (Dialogbox Start-Ebene) (1)
- **Zeichnung.idw** anklicken (2).

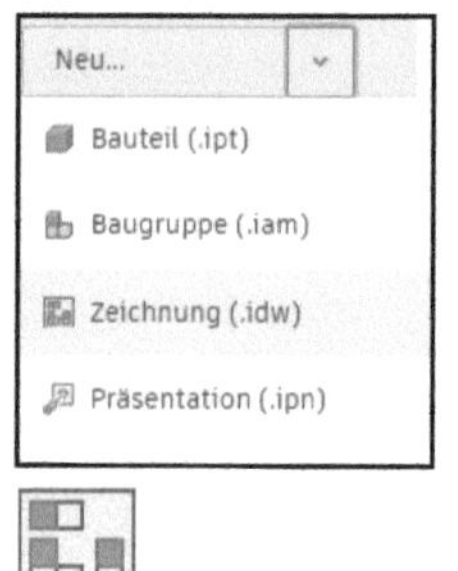

Norm.idw

2.1.13.2 Öffnen der Vorlagendatei über Menü-Browser „Datei"

- Aufruf über den **Menü-Browser**, Register **Datei**.

Neu (3)

Zeichnung.idw anklicken (4).

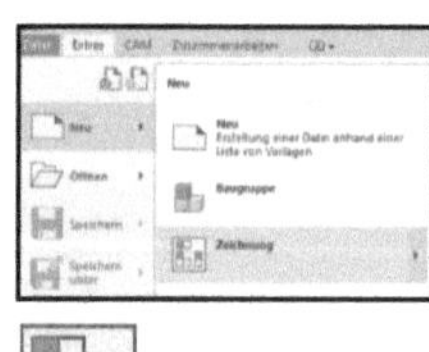

Norm.idw

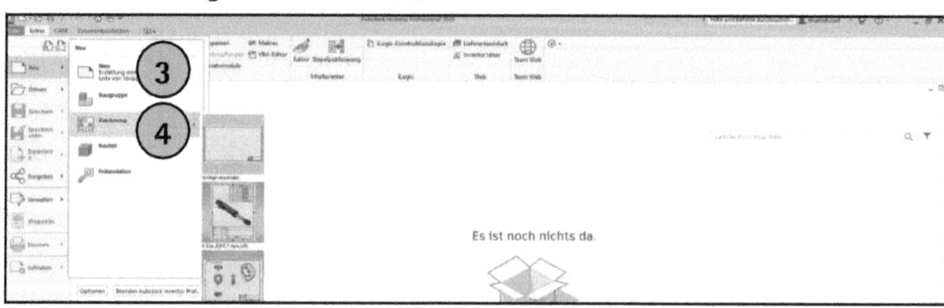

2.1.13.3 Öffnen der Vorlagedatei über „Schnellzugriff"-Werkzeugkasten

- Öffnen der Vorlagedatei über **Schnellzugriff**-Werkzeugkasten.

Neu (5)

Zeichnung.idw anklicken (6).

Neu

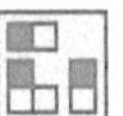

Zeichnung.idw

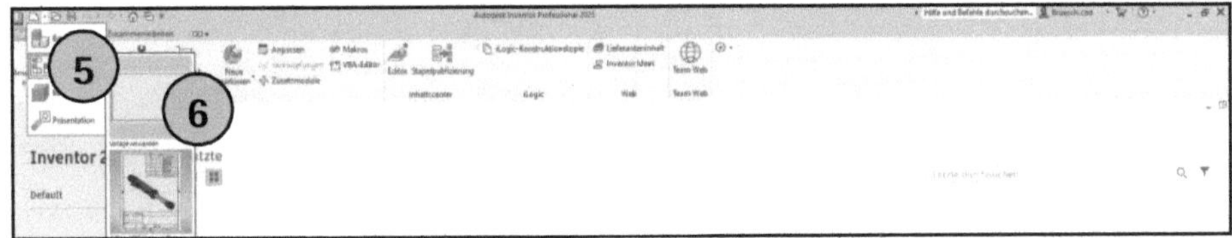

2.1.13.4 Öffnen der Vorlagedatei über „Vorlage durchsuchen"

- **Vorlage durchsuchen** (7)
- **Templates/de-DE** (8)
- **Standard.idw** (9, 10)

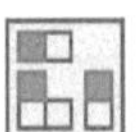

Standard.idw

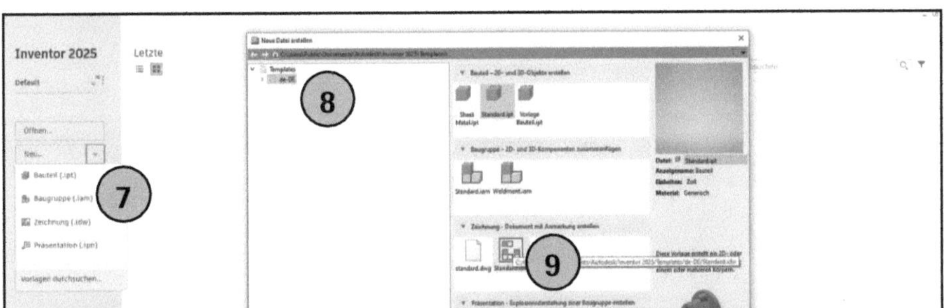

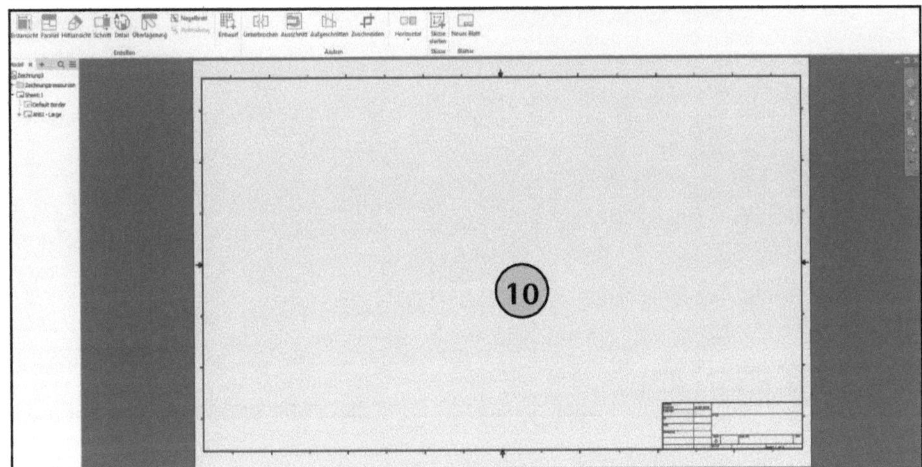

2.1.13.5 Öffnen der AutoDesk Inventor Vorlagendatei für Zeichnungsableitungen „Metric"

- **Vorlage durchsuchen / Templates/de-DE / Metric** (11)
- **ISO.idw** (12)

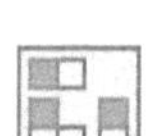
ISO.idw

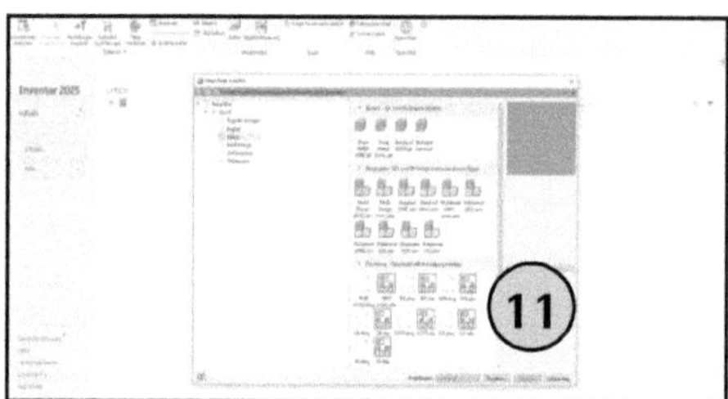

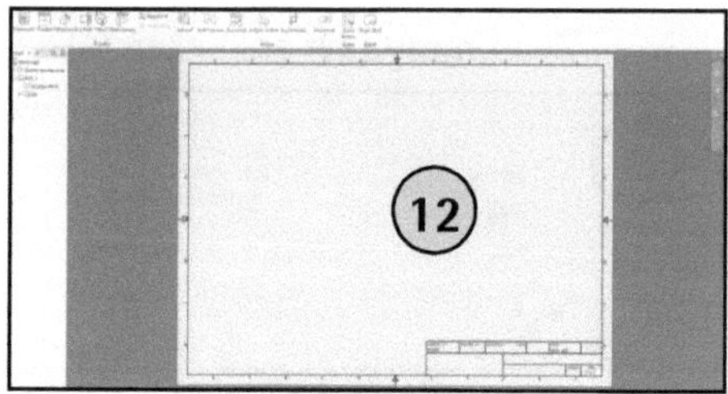

2.1.13.6 Öffnen der angepassten AutoDesk Inventor Vorlagendatei für Zeichnungsableitungen

- **Vorlage durchsuchen / Templates/de-DE / Engelke Vorlagen** (13)
- **Engelke.idw** (14, 15)

Engelke.idw

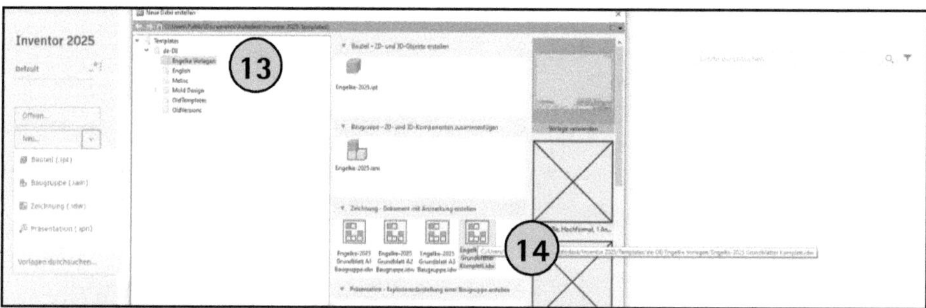

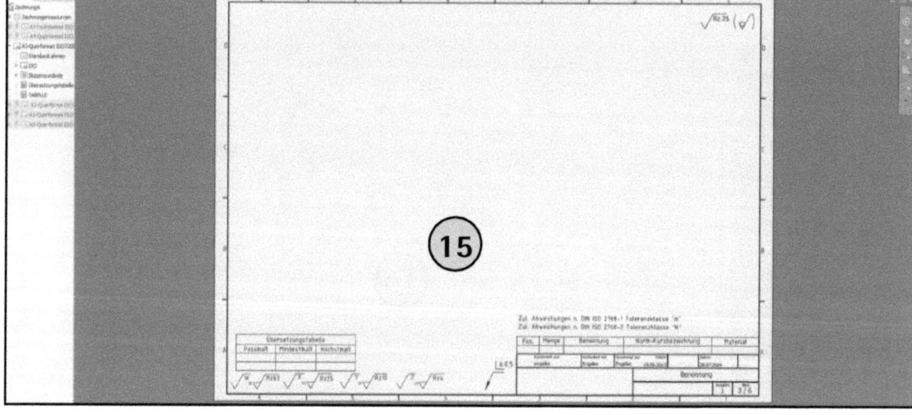

2.1.14 AutoDesk Inventor 2025, die Zeichnungsumgebung

2.1.14.1 Einrichten einer Projektumgebung, aus der Inventor-Ebene

- Aufruf über den **Menü-Browser**, Register **Datei**.

 **Verwalten** (1)

 **Projekte** (2)
Neu / Einzelbenutzer-Projekt anwählen / Weiter (3, 4)
Geben Sie den Projektnamen ein:
Start / Weiter (5)
Geben Sie den gewünschten Speicherort an (6).
Sie können auch für die Lerneinheiten eine eigene Ordnergruppe planen,
der Ordner kann vorher über den Explorer schon angelegt werden, Sie wür-
den dann diesen Ordner hier eintragen (7).
OK / Weiter / Fertig stellen (8)

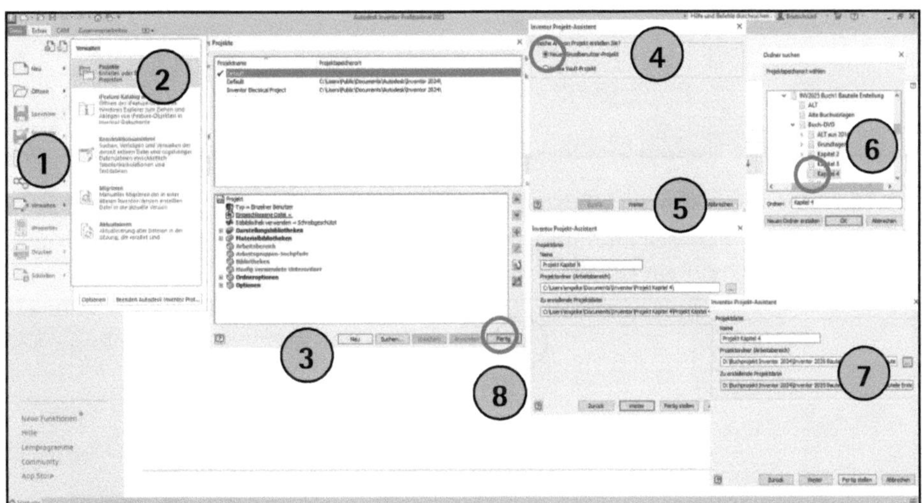

2.1.14.2 Projektumgebung über Menü-Browser „Datei" aktivieren

- Doppelklicken Sie das neue Projekt.
- **Start Anwenden / Fertig**
- Das aktuelle eingerichtete Projekt ist mit einem Häkchen versehen (9).

2.1.15 Die Zeichnungsumgebung, Arbeitsblätter

2.1.15.1 Der Startbildschirm

Vier Hauptbereiche kennzeichnen die Desktopdarstellung für die Zeichnungsumgebung:

Die **Multifunktionsleiste** (1), der **Zeichnungsblatt-Browser** (2),
die **Navigationsleiste** (3), **Arbeitsfläche**, ein vorbereites Zeichnungsformat (4).

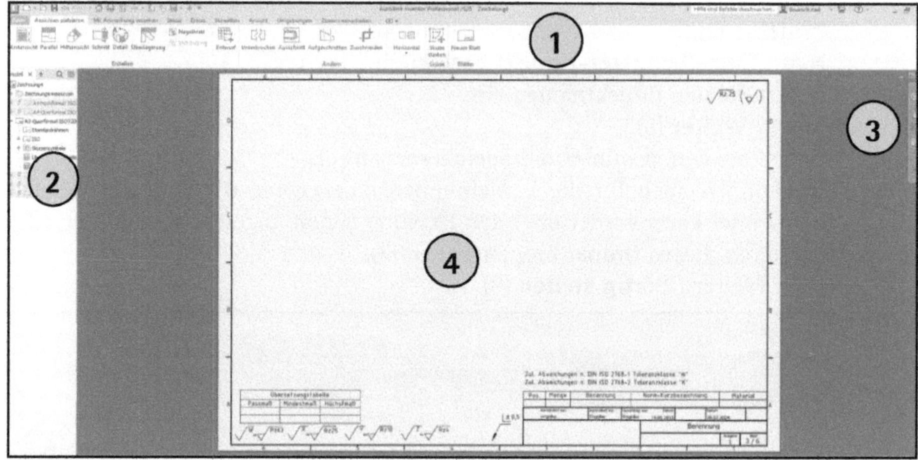

2.1.15.2 Die Kontextmenüs, Auszug

Die Darstellung des Zeichnungsblattes zeigt verschiedene Kontextmenüs, Aufruf durch Rechtsklick auf ein Objekt (5, 6, 7, 8)

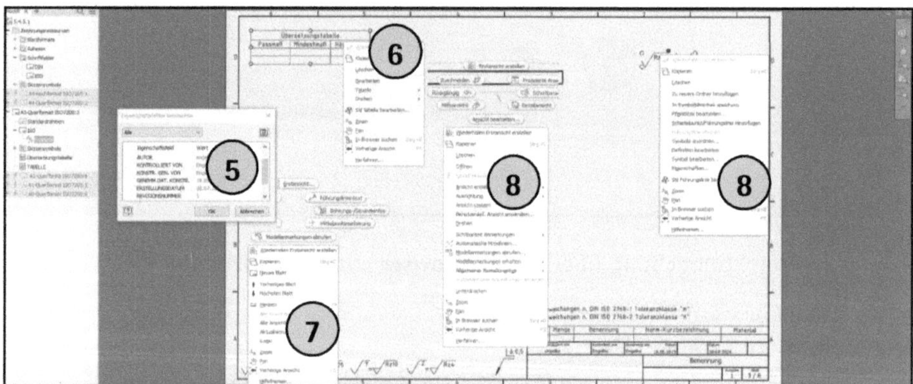

2.1.16 Die Arbeitsblätter für die Zeichnungsableitungen

Für die Darstellung des Schriftfeldbereichs gibt es seit 2004 die DIN EN ISO 7200, das Schriftfeld nach DIN 6771 soll nicht mehr für Neukonstruktionen verwendet werden.
Die Vorlagendatei hat die Zeichnungsformate **A4-Hochformat, A4-Querformat** und **A3- bis A0-Querformat** mit dem **Schriftfeld nach DIN EN ISO 7200** (1).

2.1.16.1 Die Arbeitsblatt-Aktivierung

- **Gewünschtes Arbeitsblatt** aus dem Zeichnungsbrowser klicken (2)
- Über die rechte Maustaste wird das Kontextmenü aufgerufen
- **Aktivieren** klicken (3).

2.1.16.2 Aufrufbare Vorlagenblätter mit Schriftkopf DIN EN ISO 7200

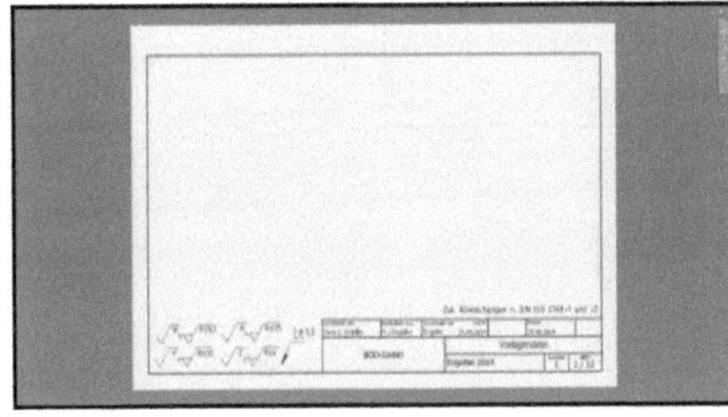

Vorlagenblatt DIN A4 Querformat

Vorlagenblatt DIN A4 Hochformat

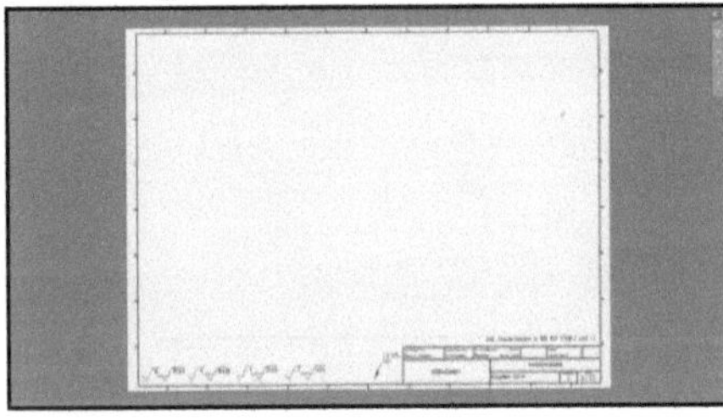

Vorlagenblatt DIN A3 Querformat

Vorlagenblatt DIN A2 Querformat

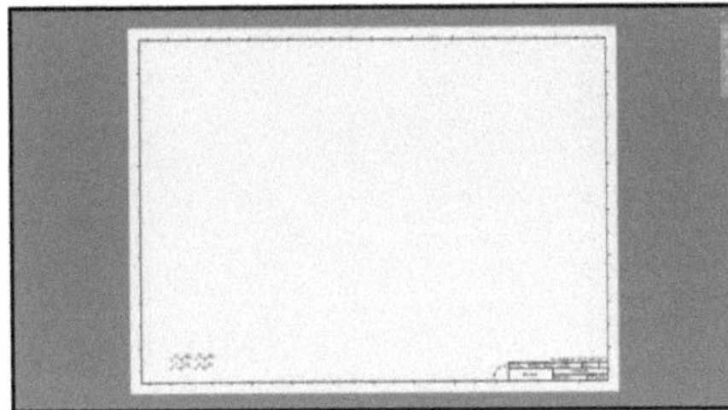

Vorlagenblatt DIN A1 Querformat

Vorlagenblatt DIN A0 Querformat

2.1.17 Die Multifunktionsleiste, Auszüge

Die Multifunktionsleiste ändert sich in Anpassung an die jeweils aktive Umgebung. Standard-Werkzeuge, die zu bestimmten Umgebungen gehören, sind in den folgenden Tabellen aufgeführt.

2.1.17.1 Multifunktionsleiste „Startseite"

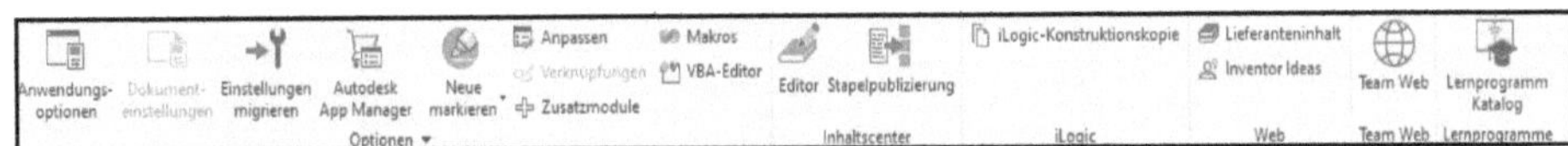

2.1.17.2 Multifunktionsleiste „Ansichten platzieren"

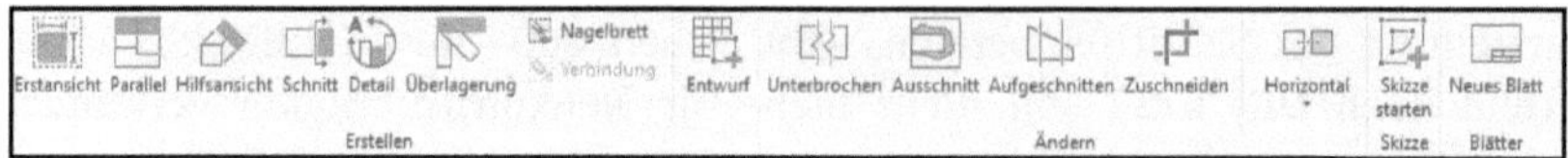

2.1.17.3 Multifunktionsleiste „Mit Anmerkungen versehen"

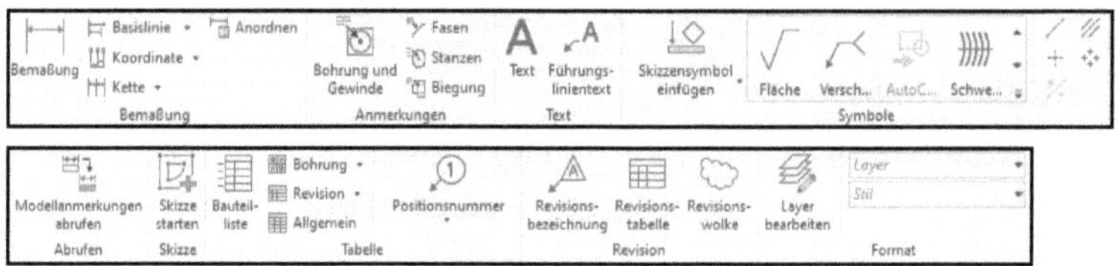

2.1.17.4 Multifunktionsleiste „Skizze"

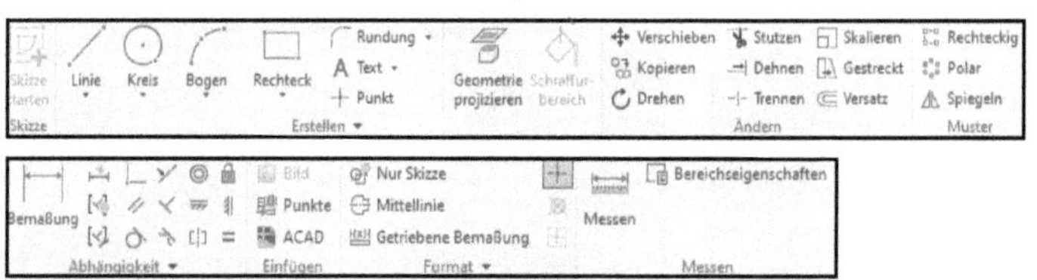

2.1.17.5 Multifunktionsleiste „Extras"

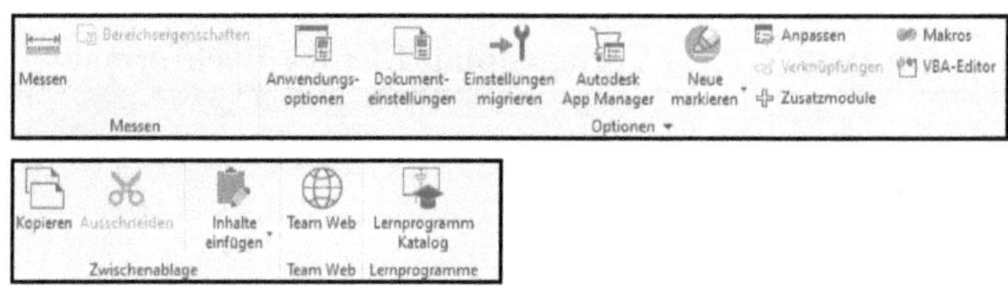

2.1.17.6 Multifunktionsleiste „Verwalten"

2.1.17.7 Multifunktionsleiste „Ansicht"

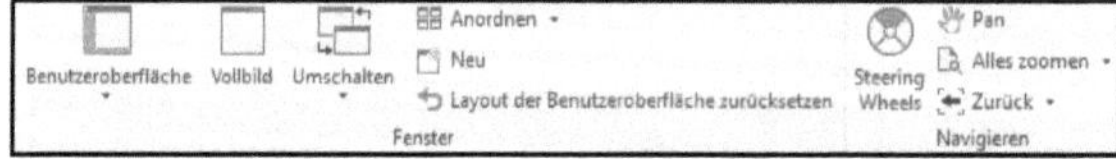

2.1.17.8 Multifunktionsleiste „Umgebung" und „Zusammenarbeiten"

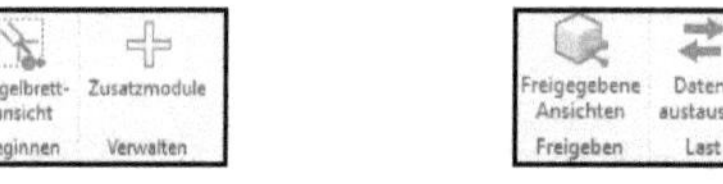

2.1.18 iProperties, die Dokumentverwaltung

2.1.18.1 Die Anwendung von iProperties, Vorbemerkungen

Jede Inventor-Datei weist eine Reihe von Attributen auf, die als **iProperties** bezeichnet werden. Verwenden Sie **iProperties** zum Klassifizieren, Verwalten und Suchen von Dateien, zum Erstellen von Berichten und zum automatischen Aktualisieren von Schriftfeldern und Bauteillisten in Zeichnungen und Stücklisten in Baugruppen. Die Suchfunktion verwendet iProperties zum Auffinden von Dateien.

Eine Reihe von Attributen für jede Inventor-Datei wie Teilenummer, Beschreibung und physisches Material. Sie können auch benutzerdefinierte iProperties erstellen.

Autodesk Inventor-Dateien verfügen über Eigenschaften, die als iProperties bezeichnet werden. Mithilfe von iProperties können Sie Dateien verfolgen und verwalten, Berichte erstellen und Stücklisten in Baugruppen, Teilelisten in Zeichnungen, Schriftfelder und andere Informationen automatisch aktualisieren. Autor- und Teilenummer-iProperties werden in neuen Modell- und Zeichnungsdateien automatisch festgelegt. Sie können weitere iProperties festlegen und anzeigen, wenn die Datei in Autodesk Inventor geöffnet ist. Sie können jedoch zur Anzeige der iProperties auch im Microsoft Windows-Explorer mit der rechten Maustaste auf die Datei klicken oder den Konstruktionsassistenten verwenden, um außerhalb von Autodesk Inventor mit Dateien zu arbeiten. Um den Verlust nicht gespeicherter Änderungen zu vermeiden, sollten Sie in Autodesk Inventor geöffnete Dateien immer speichern, bevor Sie den Konstruktionsassistenten zum Ändern von **iProperties** verwenden.

Im Dialogfeld **Eigenschaften** können Sie Ausdrücke für iProperties erstellen und bearbeiten. Da Ausdrücke nicht mathematisch ausgewertet werden, werden nur Ausdrücke für Texttyp-iProperties erstellt. Ein Ausdruck kann eine Kombination aus benutzerdefiniertem Text und Namen von Parametern und iProperties enthalten, die in Klammern gesetzt sind.

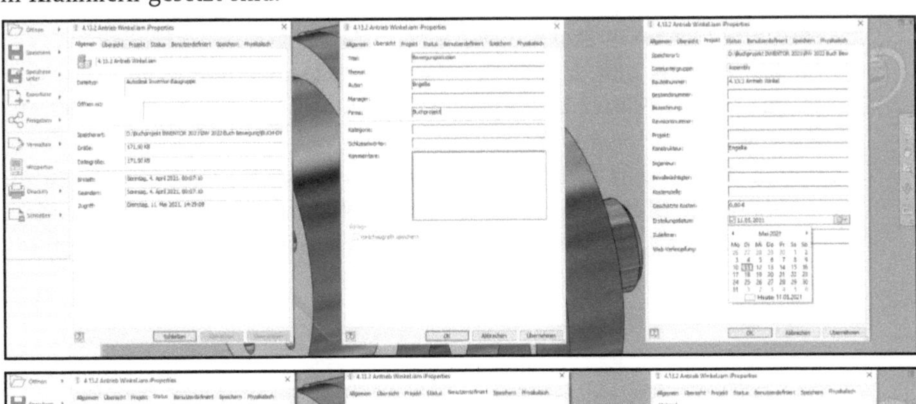

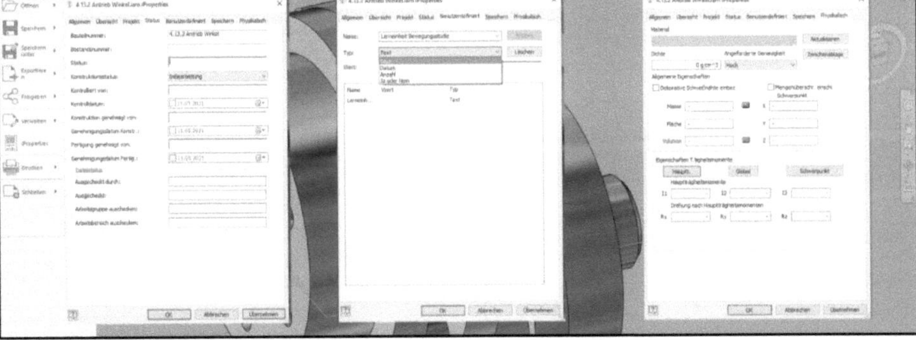

2.1.19 Zeichnungen drucken, Vorbemerkungen und Geräte-Voreinstellungen

Sie können ein ganzes Zeichenblatt oder auch nur einen ausgewählten Bereich des Blattes ausdrucken oder ausplotten, dies bezieht sich sowohl auf Zeichnungsableitungen als auch auf Bauteile. Sie können in Schwarzweiß (Standardeinstellung) oder in Farbe drucken. Sie können verschiedene Einstellungen für einzelne Zeichenblätter festlegen.

2.1.19.1 Druckerauswahl, Name

Legt den Drucker bzw. Plotter fest. Klicken Sie zum Ändern des Druckers bzw. Plotters auf den Pfeil, und treffen Sie anschließend eine Auswahl aus der Liste.

2.1.19.2 Druckerauswahl, Eigenschaften

Öffnet das Eigenschafts-Dialogfeld des gewählten Druckers, mit dem Sie die Druckeigenschaften wie Papierformat, Ausrichtung und weitere gerätespezifische Einstellungen festlegen können.

2.1.19.3 Zeichnungen drucken, Druckbereich

In der Druckbereichseinstellung wird festgelegt, welche Arbeitsblätter gedruckt werden.

Option **Aktuelles Blatt** druckt das aktive Blatt in der Zeichnung.

Option **Alle Blätter** druckt alle Blätter in der Zeichnung.
Um Arbeitsblätter zu drucken, für die im Dialogfeld **Blatt bearbeiten** die Option **Nicht drucken** aktiviert wurde, wählen Sie auch nicht druckbare Blätter.

Option **Blätter in Folge** druckt die Blätter in dem Bereich, der in den Feldern Von und Bis angegeben ist.

Option **Von/Bis** gibt den Bereich der zu druckenden Blätter an. Aktivieren Sie die Option **Blätter in Folge**, und geben Sie dann die Nummer des ersten und letzten Blatts im Bereich an.

Option **Auch nicht druckbare Blätter** druckt bei Auswahl Blätter, für die im Dialogfeld **Blatt bearbeiten** die Option **Nicht drucken** aktiviert wurde. Deaktivieren Sie das Kontrollkästchen, um die Blätter nicht zu drucken.

2.1.19.4 Zeichnungen drucken, Einstellungen

Im Einstellungsbereich werden Optionen wie Überschreibungen für Farbe, Schwarzweiß, Linienstärke und Drehung bestimmt. Diese Druckeinstellungen werden beim Drucken angewendet.

Option **Anzahl der Exemplare** legt die Anzahl der zu druckenden Kopien fest. Geben Sie die Anzahl in das Feld ein.

Option **Um 90 Grad drehen** ändert die Ausrichtung der Zeichnung auf dem Papier um 90 Grad.

Option **Alle Farben als Schwarz** druckt die Zeichnung in Schwarzweiß. Eingebettete Grafiken und schattierte Ansichten werden weiterhin in Farbe gedruckt.

Option **Objektlinienstärke entfernen** druckt alle Linien mit gleicher Stärke ungeachtet der Linienstärkeneinstellung in der Zeichnung

2.1.19.5 Zeichnungen drucken, Skalierung

In der Skalierungseinstellung wird der Maßstab zwischen der in der Zeichnung angegebenen Blattgröße und der Papiergröße im Drucker festgelegt.

Option **Modell 1:1** legt denselben Maßstab für Arbeitsblätter und Papier fest. Ist das Papier kleiner als die angegebene Blattgröße, wird ein Teil des Arbeitsblatts nicht gedruckt. Geben Sie an, ob eine Zeichnung für den Druckvorgang auf mehrere Seiten aufgeteilt werden kann.

Option **Teilung aktiviert** legt fest, dass große Zeichnungen zum Drucken auf mehrere Seiten verteilt werden. Druckt Registrierungszeichen in den Seitenecken für die Ausrichtung der gedruckten Seiten. Die Seiten-IDs enthalten den Namen der Zeichnung und des Blatts sowie eine Tabellenzellennummer, um die Seiten zu ordnen.

Option **Beste Einpassung** stimmt den Maßstab der Arbeitsblätter auf die Papiergröße ab.

Option **Benutzerdefiniert** (Modell: Papier) legt einen benutzerdefinierten Maßstab fest. Geben Sie den gewünschten Maßstab in das Feld ein, oder klicken Sie auf den Pfeil, um einen Maßstab aus der Liste auszuwählen.

Option **Aktuelles Fenster** passt die gesamte Zeichnung an die Größe des Papiers an.

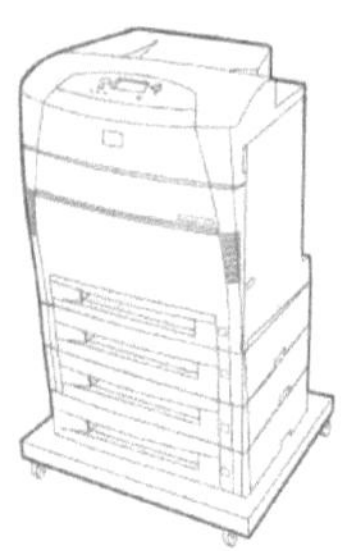

HP ColorLaserJet
5500HDN

2.1.20 Laserdrucker-Ausdruck über Inventor 2025
Systemdrucker HP ColorlaserJet 5500 HDN, Beispiel

Der **HP Color LaserJet 5550** ist ein Laserdrucker mit Vierfarbendruck, der bis zu 28 Seitenpro Minute auf Druckmedien im Format A4 bis zu 27 Seiten pro Minute auf Druckmedien druckt. Der Druckertreiber kann angeben, wie Papier in den Drucker eingezogen werden soll. Diese Funktion wird über drei Einstellungen gesteuert. Die Einstellungen **Quelle**, **Typ** und **Format** finden Sie im Dialogfeld **Seite einrichten**, **Drucken** oder **Eigenschaften von Drucker** der meisten Softwareprogramme. Wenn Sie diese Einstellungen nicht ändern, wählt der Drucker anhand der Standarddruckereinstellungen automatisch ein Fach aus. Wenn Sie mit der Einstellung **Quelle** drucken, wählen Sie ein bestimmtes Fach aus, aus dem der Drucker das Papier einziehen soll. Der Drucker versucht, Papier aus diesem Fach zum Drucken einzuziehen, unabhängig vom Typ oder Format des eingelegten Papiers, wenn Sie das Fach korrekt laden, beginnt der Drucker zu drucken.

- **Fach 1** ist ein Mehrzweckfach mit einem Fassungsvermögen von 100 Blatt verschiedener Druckmedien. **Fach 2** ist eine 500-Blatt-Papierzufuhr und unterstützt A4 In dieses Fach können auch benutzerdefinierte Medien eingelegt werden. Die **Fächer 3, 4** und **5** können 500 Blatt in unterschiedlichen Formaten wie A3 aufnehmen.

- Der Drucker bietet drei **EIO**-Steckplätze, einen **Jetlink**-Anschluss, eine **USB**-Verbindung und eine standardmäßige **parallele** Schnittstelle für Kabel. Der Drucker ist mit zwei 200-Pin-SODIMM-Steckplätzen ausgestattet, die jeweils 128 oder 256 MB Arbeitsspeicher unterstützen.

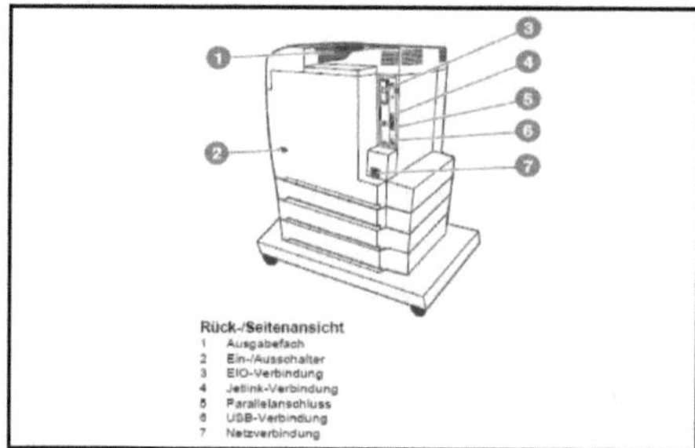

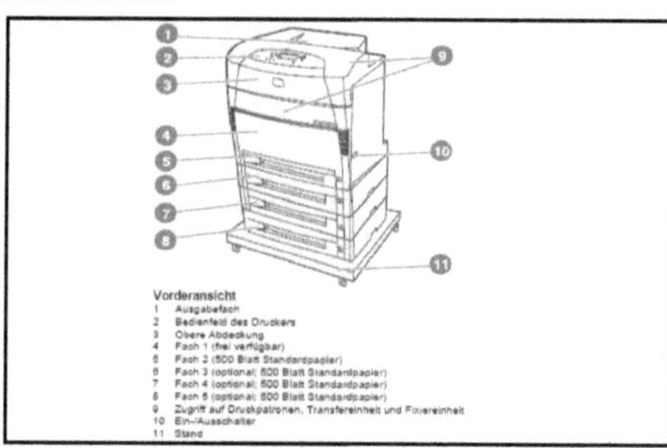

Drucken

2.1.20.1 Inventor 2025, Bauteil-Ausdruck, ColorLaser-Ausdruck auf A3-Papier

- Wählen Sie Drucken aus dem **Menü-Browser** oder dem Register **Datei**.
- Wählen Sie den entsprechenden **Drucker**.
- Aktivieren Sie die nötigen Inventor-Einstellungen und über **Eigenschaften** die druckerspezifischen Optionen.

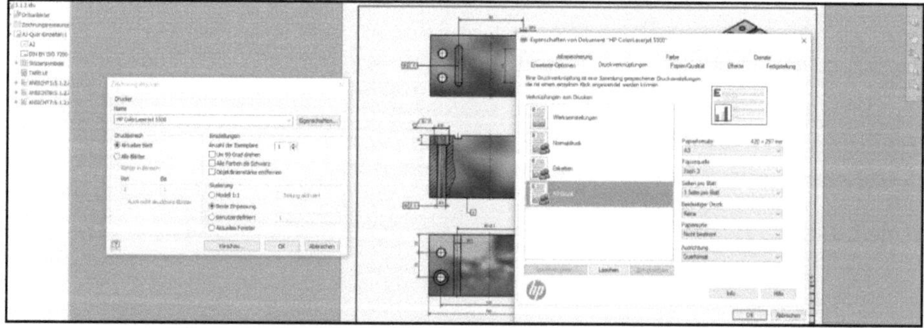

2.1.21 Großformatiger Ausdruck über Inventor 2025
Systemdrucker HP DesignJet T730

Hp DesignJet T730

2.1.21.1 Hauptfunktionen des Druckers HP DesignJet T730

Der Drucker ist ein Farbtintenstrahldrucker, der qualitativ hochwertige Bilder auf Papier mit bis zu 610 mm bzw. 914 mm drucken kann. Der T830 Multifunktionsdrucker verfügt darüber hinaus über einen integrierten Farbscanner, der Bilder scannen kann. Einige der wichtigsten Merkmale des Geräts sind nachfolgend aufgelistet:

- Druckauflösung von bis zu 2400 × 1200 dpi auf Fotopapier bei Verwendung der Druckqualitätsoption Beste und der Option Maximale Detailtreue.
- Scanauflösung von bis zu 600 dpi in RGB-Farbe mit 24 Bit pro Pixel, in Graustufen mit 8 Bit pro Pixel oder in Schwarzweiß mit 1 Bit pro Pixel.
- Sie können den Drucker über das Bedienfeld oder von einem Netzwerkcomputer aus über den integrierten Web-Server oder das HP Utility verwalten.
- Berührungsempfindliches, farbiges Bedienfeld mit intuitiver grafischer Benutzeroberfläche.
- Unterstützt Ethernet- oder WiFi-Verbindungen.
- High Speed USB-Hostanschluss zum Anschließen eines USB-Sticks.
- Mobiles Drucken und Scannen umfasst internetbasierte Funktionen wie z. B. automatische Firmware-Aktualisierungen und HP ePrint.
- Unterstützt Rollenpapier und Einzelblätter mit einem Papierfach.
- Economode-Druckmodus zur Tinteneinsparung.
- Abrufen von Informationen zu Tinten- und Druckmaterialverbrauch mit dem integrierten Web-Server.
- Das Bedienfeld ist eine berührungsempfindliche Anzeige mit einer grafischen Benutzeroberfläche. Es befindet sich auf der linken Vorderseite des Druckers. Hiermit können Sie den Drucker komplett steuern.

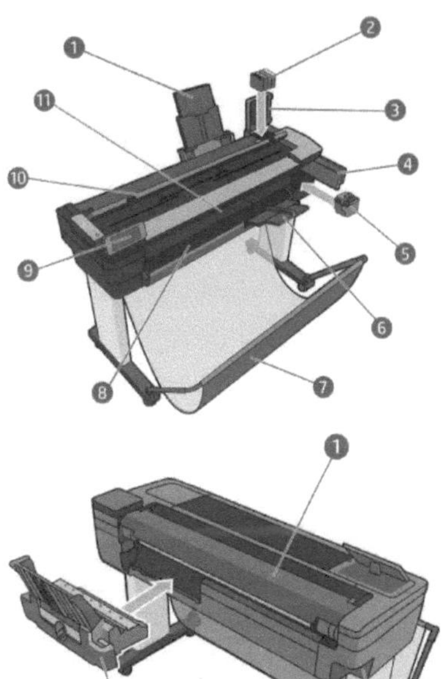

1	Papierfachverlängerungen
2	Tintenpatronen
3	Tintenpatronenabdeckung
4	Druckkopfklappe
5	Druckkopf
6	Verlängerungen
7	Papierfach
8	Ausgabeplatte
9	Bedienfeld
10	Scannerabdeckung
11	Vordere Klappe
1	Rollenabdeckung
2	Kommunikationsanschlüsse
3	Papierfach

Drucken

2.1.21.2 Inventor 2025, Bauteil-Ausdruck, Ausdruck auf A2-Papier

- Wählen Sie Drucken aus dem **Menü-Browser** oder dem Register **Datei**.
- Wählen Sie den entsprechenden **Drucker**.
- Aktivieren Sie die nötigen Inventor-Einstellungen und über **Eigenschaften** die druckerspezifischen Optionen.

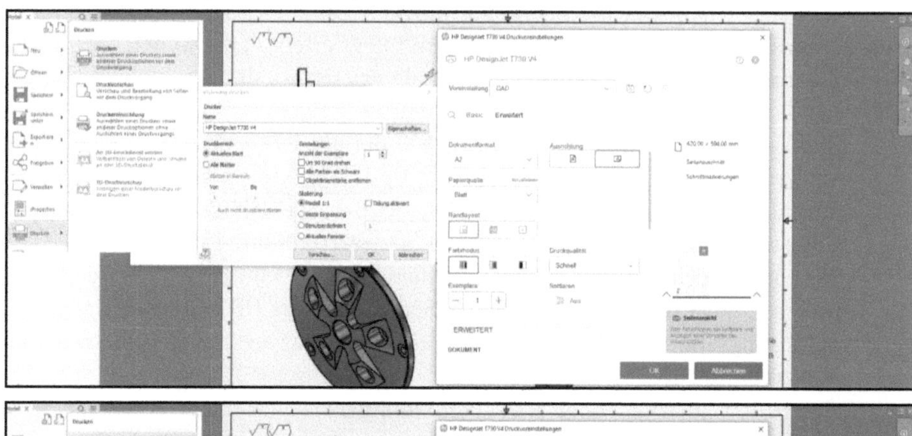

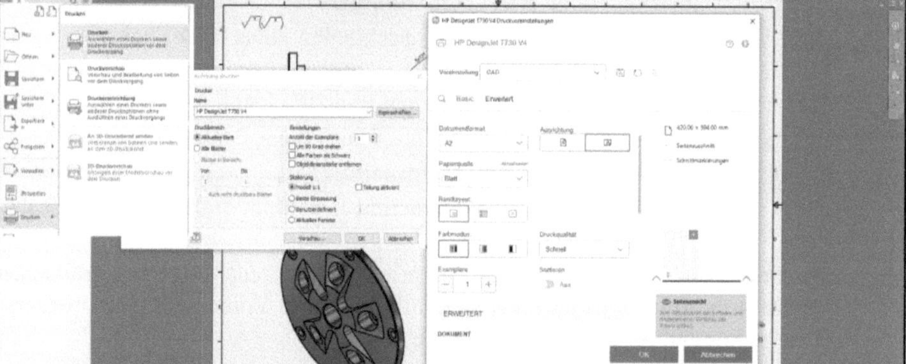

- Kontrollieren Sie den gewünschten Ausdruck über **Vorschau**.

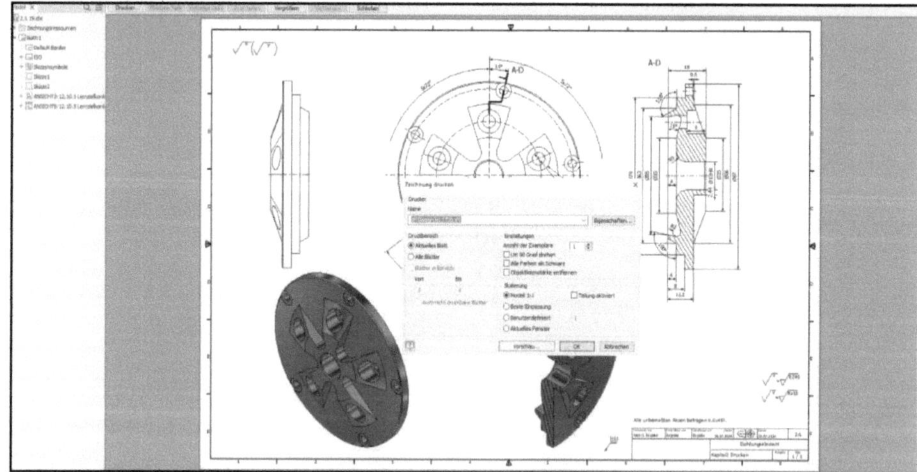

2.1.22 Laserdrucker-Ausdruck über Inventor 2025
System-Kopiereinheit Konica Minolta BizHub C224

2.1.22.1 Hauptfunktionen der System-Kopiereinheit Konica Minolta BizHub C224

Der BizHub C224 ist Nachfolger der europäischen Top-Seller und BLI-Gewinner BizHub C220, C280 und C360. Zusammen erfüllen die drei neuen Multifunktionssysteme (MFP) alle Ansprüche an umfassendes Outputmanagement und zielen sowohl auf kleine und mittlere Geschäftsvolumen als auch auf Arbeitsgruppen in größeren Geschäftsumgebungen ab.

Das neue Design mit optimierten Statusanzeigen am Gehäuse sowie dem kapazitiven Display ermöglichen eine komfortable Benutzerführung der Systeme. Zentrale Funktionen wie Kopieren, Drucken, Scannen und Faxen werden einheitlich über den 9-Zoll-Touchscreen gesteuert. Alle 3 MFPs nutzen die gleiche grafische Oberfläche (GUI) zur Drucksteuerung und für den PC-Druckertreiber. Individuell einstellbare Anzeigen auf dem Farb-Touchscreen und im Druckertreiber-Menü machen die Systeme äußerst flexibel.

Für tägliche Arbeitsaufgaben wie einfaches Scannen und Kopieren können die neuen BizHub-Systeme mit dem bekannten Reverse Automatic Document Feeder oder dem Dual-Scan ausgestattet werden. Der Dual-Scan ermöglicht den gleichzeitigen Scan von Vorder- und Rückseite eines Dokuments in nur einem Scanvorgang und ist damit die perfekte Wahl für Aufgaben mit hoher Scan-Performance, wie beispielsweise Dokumentenarchivierung. Scangeschwindigkeiten von bis zu 80 Seiten pro Minute, oder bis zu 160 Images pro Minute mit dem Dual-Scan runden das Profil der neuen Serie ab. Gleichermaßen wie die Vorgänger bieten der BizHub C224 Kopier- und Druckgeschwindigkeiten von jeweils 22 A4-Seiten pro Minute.

Die neuen Technologien, insbesondere im Bereich Umwelt, sorgen bei der gesamten Serie für einen geringen Energieverbrauch und reduzieren nachhaltig den ökologischen Fußabdruck. Die Fähigkeit der Systeme, ohne Aufwärmphase zu scannen, spart nicht nur Zeit sondern vor allem Geld. Die neueste Generation von Konica Minoltas Polymerisationstoner erzielt noch bessere Druckergebnisse und reduziert den Energieverbrauch durch eine niedrigere Fixiertemperatur. Unnötige Laufzeiten des Systems und damit Stromkosten verhindert der dynamische ECO Timer. Er analysiert automatisch Nutzungszeiträume und optimiert die Systemeinstellungen.

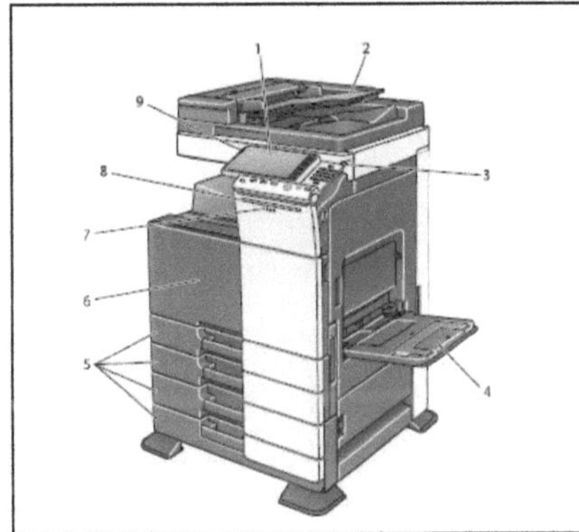

Nr.	Name	Beschreibung
1	Bedienfeld	Verwenden Sie das Touch Display oder die Bedienfeldtasten für die Bedienung dieses Systems.
2	Originalfach	Legen Sie das Original ein.
3	Stylus-Stift	Wird für die Bedienung des Touch Displays verwendet.
4	Stapelanlage/ Spezialeinzug	Wird zum Einlegen von Papier mit einem Benutzerformat oder von Spezialpapier verwendet.
5	Papierfach	Wird zum Einlegen von Papier im Standardformat verwendet.
6	Frontklappe	Öffnen Sie diese Klappe, um Verbrauchsartikel zu ersetzen oder das System zu warten.
7	LED "Daten"	Blinkt blau, während das System einen Auftrag empfängt. In der Zeit wo ein Auftrag gespoolt wird, leuchtet diese LED blau.
8	Statusanzeige (Druckanzeige)	Blinkt während des Druckens weiß.
9	Statusanzeige (Warn- oder Stoppanzeige)	Blinkt orange, wenn ein Warnereignis auftritt. Leuchtet orange, wenn dieses System auf Grund eines Fehlers angehalten wurde.

2.1.22.2 Inventor 2025, Bauteil-Ausdruck, Ausdruck angepasst auf A3-Papier

- Wählen Sie Drucken aus dem **Menü-Browser** oder dem Register **Datei**.
- Wählen Sie den entsprechenden **Drucker**.
- Aktivieren Sie die nötigen Inventor-Einstellungen und über **Eigenschaften** die druckerspezifischen Optionen.

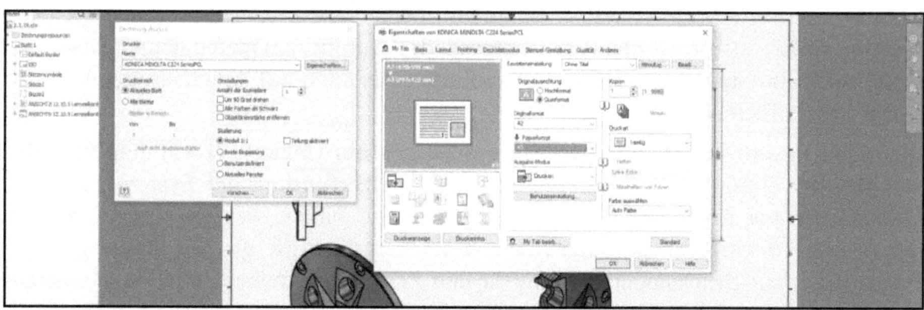

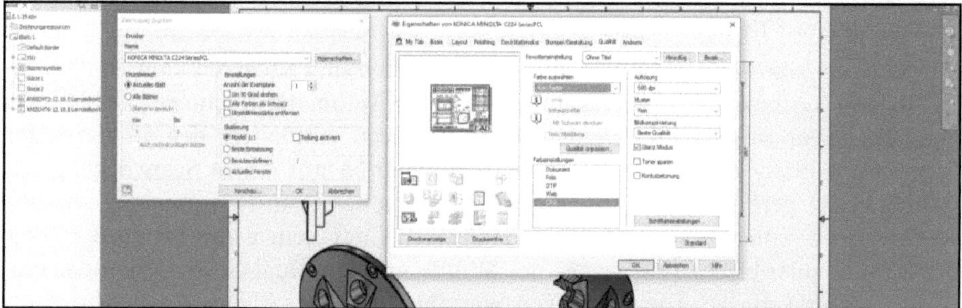

2.1.23 Großformatiger Ausdruck über Inventor 2025
Beispiel HP DesignJet 1055, von Inventor nicht unterstützt
Ausdruck über 3D-PDF

DesignJet-Drucker, die älter als 10 Jahre sind, werden von Autodesk nicht mehr als HDI-Treiber unterstützt, selbst wenn dieser Drucker noch unter Windows 10/64® funktionsfähig ist. Der dargestellte Weg zeigt die Druckfunktion über eine PDF-Datei.

HP DesignJet CM 1055

2.1.23.1 Hauptfunktionen des Druckers HP DesignJet CM 1055

Die Bei diesem Drucker handelt es sich um einen Farbtintenstrahldrucker für das E/A0-Format, mit dem qualitativ hochwertige, großformatige Strichzeichnungen, geographische Karten und Bilder erstellt werden können. Nachfolgend sind einige Hauptmerkmale des Druckers angegeben.

- Der Drucker druckt eine farbige A1/D-Strichzeichnung im Druckmodus Entwurf auf weißem Papier in weniger als 1 Minute.
- Der Drucker druckt in Farbe mit echten 600 dpi und Strichzeichnungen in Graustufen mit adressierbaren 1.200 dpi.
- Die Tintenpatronen mit hoher Kapazität, bis zu 350 ml, in Verbindung mit 91 m langen Rollen ermöglichen es, über wesentlich längere Zeiträume zu drucken ohne Tintenpatronen oder Papier austauschen zu müssen.
- Das neue duale Papierzufuhrsystem, das das Laden von Rollenpapier und Blatt Papier vereinfacht.

2.1.23.2 PDF-Export, Vorbemerkungen

Bauteile und Zeichnungen aus Inventor können in verschiedenen Formaten gespeichert werden. In Inventor können Sie Baugruppen, Präsentationen und Parameter je nach Daten auch in verschiedenen Formaten speichern oder exportieren.

Sie können die Pixelauflösung für Vektor- und Rastergrafiken der von Ihnen erstellten PDF-Dateien angeben. Je höher die Auflösung ist, desto größer ist die Genauigkeit, aber desto größer ist auch die Datei.

Wenn Sie PDF-Dateien zum Plotten erstellen, wählen Sie die Auslösung entsprechend Ihrem Plotter oder Drucker. Bei einer höheren Auflösung steigt die Qualität des Rasterbilds, die Druckgeschwindigkeit sinkt und der Speicherplatzbedarf steigt.

2.1.23.3 PDF-Export über „Datei" mit Inventor 2025

- Klicken Sie auf **Datei/Exportieren/PDF**.
- Wählen Sie die gewünschten Optionen.

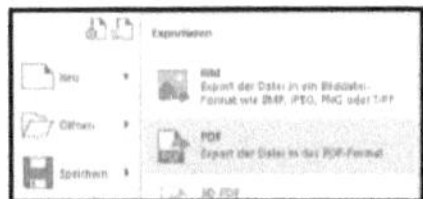

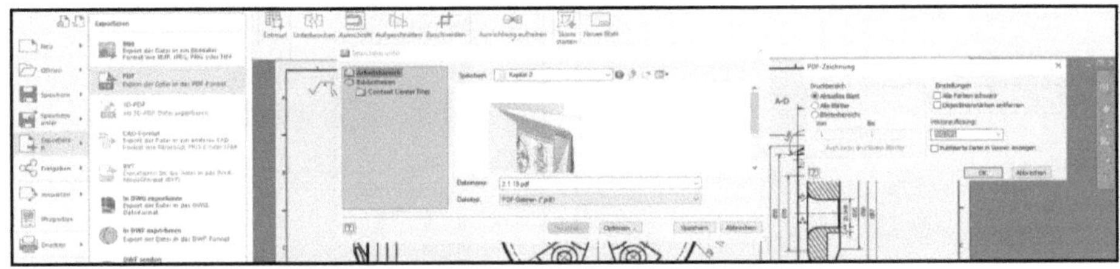

2.1.23.4 PDF-Export über „Kopie speichern" mit Inventor 2025

- Wählen Sie im Dialogfeld **Kopie speichern unter**.
- Wählen Sie aus der Dropdown-Liste den Eintrag **PDF-Dateien**.
- Wählen Sie die gewünschten Optionen.

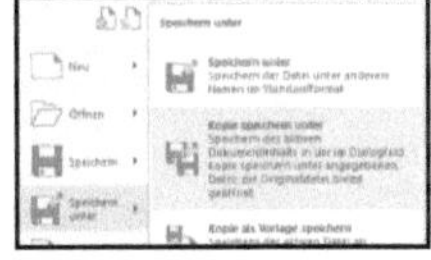

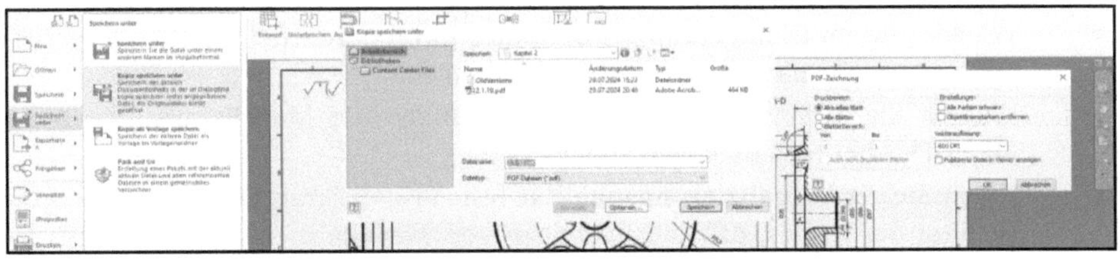

2.1.23.5 Drucken der PDF-Datei auf HP DesignJet 1055,
von Inventor nicht unterstützt

- Verwenden Sie beispielweise **Adobe Acrobat Reader** für die PDF-Datei.
- Wählen Sie **Drucken**, Auswahl Drucker **HP DesignJet 1055CM**.
- Tragen Sie die Druckoptionen nach Wahl ein.

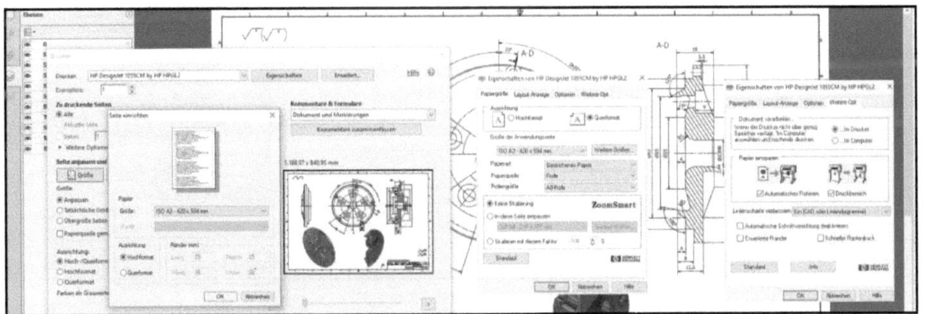

2.1.24 3D-PDF-Ausdruck über Inventor 2025

Sie können Ihre Modelle in das neues Format 3D-PDF exportieren. Neben dem PDF-Format enthält eine 3D-PDF-Datei 3D-Ansichten des Modells. Wenn Sie ein Inventor-Modell exportieren, werden ausgewählte Konstruktionsansichtsdarstellungen in Modellansichten konvertiert und in der 3D-PDF-Datei platziert. 3D-PDF-Dateien werden in Adobe Acrobat Reader angezeigt.

Verwenden Sie 3D-Navigationswerkzeuge zum Bearbeiten der Modellansichten. Zeigen Sie die Modellstruktur an, um Modellkomponenten und andere Daten anzuzeigen, die in der 3D-PDF-Datei enthalten sind. Eine 3D-PDF-Vorlagendatei gibt die Anordnung der exportierten Elemente an. Sie können benutzerdefinierte 3D-PDF-Vorlagen erstellen und diese zum Exportieren Ihrer Modelle verwenden.

2.1.24.1 3D-PDF-Datei erstellen

- **Öffnen** Sie eine Bauteildatei durch Doppelklick im **Zeichnungs-Browser**.

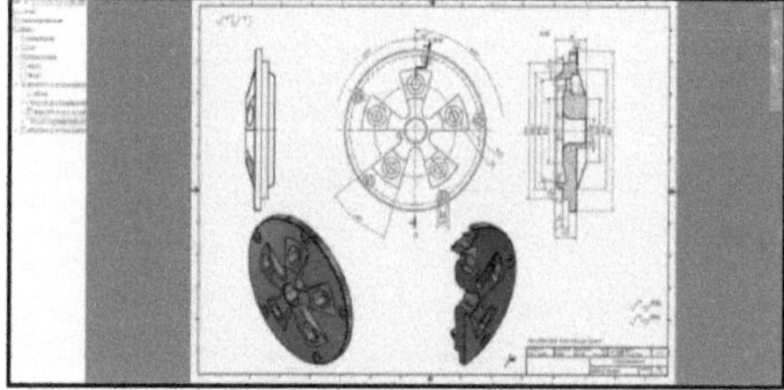

- Klicken Sie in der Bauteildatei auf **Datei/Exportieren/3D-PDF-Datei**.

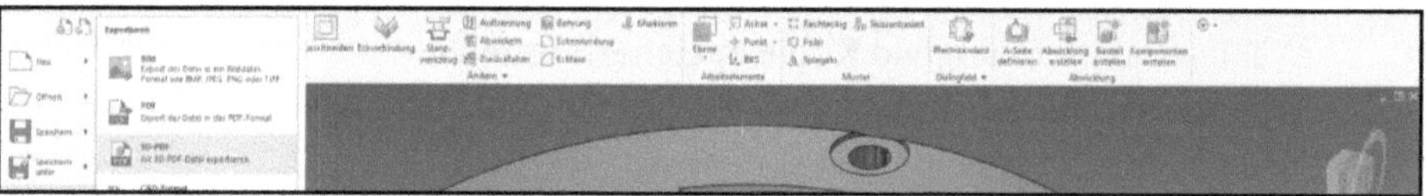

- Wählen Sie im Dialogfeld **3D-PDF-Datei publizieren** die Modelleigenschaften aus, welche die 3D-PDF-Datei enthalten soll.
- Wählen Sie Konstruktionsansichtsdarstellungen des Modells aus, die in der 3D-PDF-Datei enthalten sein sollen.
- Legen Sie die **Visualisierungsqualität** fest. Visualisierungsqualität steuert die Qualität des Netzes, das zum Anzeigen von Modellansichten in der ausgegebenen 3D-PDF-Datei verwendet wird.
- Legen Sie den Exportumfang fest.
- Geben Sie einen Ordner zum Speichern der ausgegebenen **3D-PDF**-Datei an.
- Wählen Sie **PDF-Datei nach Beenden anzeigen** aus, um die Ausgabedatei zu öffnen, wenn der Export abgeschlossen ist.

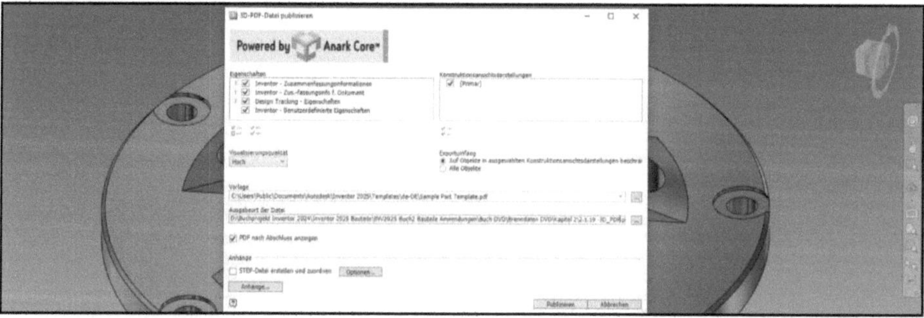

2.1.24.2 Arbeiten mit einer exportierten 3D-PDF-Datei

- Verwenden Sie Adobe Acrobat Reader zum Öffnen einer 3D-PDF-Datei.
- Verwenden Sie in **Adobe Acrobat Reader** die Befehle im Werkzeugkasten **3D-Navigation** zum Bearbeiten von Modellansichten.
- Zeigen Sie die Modellstruktur an, um Modellkomponenten und andere in der 3D-PDF-Datei enthaltene Objekte aufzulisten. Wählen Sie Elemente in der Modellstruktur aus, um die zugehörigen Eigenschaften und Werte anzuzeigen.

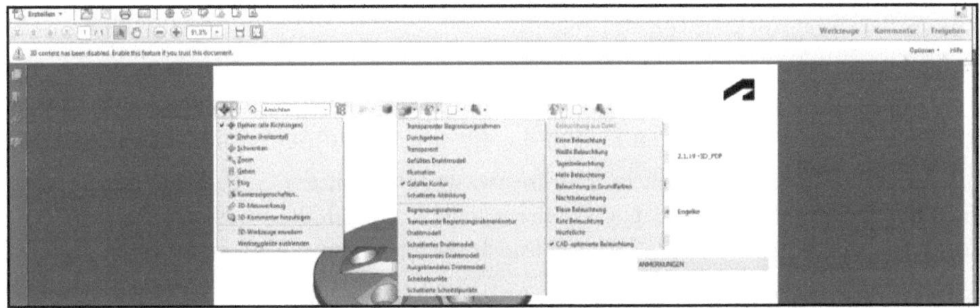

2.1.25 Ersetzen von Modellreferenzen in Bauteil-Zeichnungen

2.1.25.1 Modellreferenzen tauschen"
über die Funktion „Modellreferenz ersetzen", Vorbemerkungen

Mittels **Modellreferenz ersetzen** kann in einer fertigen Zeichnungsableitung ein Modell/Bauteil durch ein anderes ersetzt werden.

2.1.25.2 Funktion „Modellreferenz ersetzen", der Ablauf

- **Öffnen** Sie die Bauteil-Zeichnungsableitung.
- Klicken Sie in der Multifunktionsleiste auf Registerkarte **Verwalten**
  Gruppe **Ändern / Modellreferenz ersetzen**.
- Wählen Sie im Dialogfeld **Modellreferenz ersetzen** ein Modell aus, das ersetzt werden soll. Diese Funktion zeigt eine Liste aller im aktuellen Dokument referenzierten Modelle. Wählen Sie das ursprüngliche, zu ersetzende Modell aus, und suchen Sie dann ein neues Modell. Alle Referenzen zum alten Modell werden mit dem neuen Modell ersetzt. Das Ersatzmodell muss vom gleichen Typ wie das ursprüngliche Modell sein.
- Klicken Sie auf **Neues Modell** auswählen, und wählen Sie dann eine neue Modelldatei aus, klicken Sie anschließend auf **Öffnen** und **Ja**.

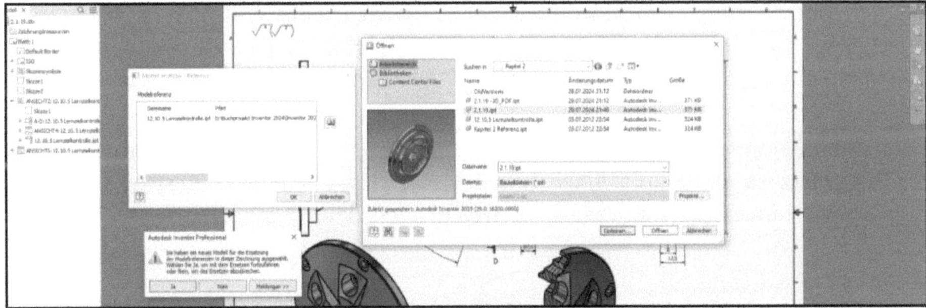

- **Speichern** Sie die neureferenzierte Zeichnungsableitung des Bauteils unter neuem Namen ab.

2.2 AutoDesk Inventor 2025, CAD-Daten-Import
Kapitel 4 und 12 (Support-DVD)

2.2.1 CAD-Daten-Import, Grundlagen

Der Austausch und die Konvertierung von 2D/3D CAD-Daten von einem Format in ein anderes Format sind in vielen Fällen problemlos. Abhängig von der Zielsetzung kann der CAD-Datenaustauch aber auch zu einer komplexen Angelegenheit werden. Ein strukturiertes Vorgehen sowie gute Kenntnisse der CAD-Datenformate sind bei Konvertierungsprojekten sehr hilfreich.

Jedes 3D-CAD-Programm erlaubt in der Regel das Laden und Speichern einer ganzen Reihe von Dateiformaten. Damit wird dem Anwender die Möglichkeit gegeben, abhängig von seinen weiteren Plänen das für ihn sinnvollste Format zu verwenden.

3D-Formate lassen sich nach ihrem Einsatzzweck und ihren Anforderungen in vier-Gruppen unterteilen: CAD / CAM / CAE-Formate, Modellierungs-und Animationsformate, Echtzeitgrafik / VR-Formate und Internet-basierte Formate.

CAD / CAM / CAE-Formate haben die exakte Modellierung von Produkten, Maschinen etc. sowie den einfachen Austausch der Modelle zwischen verschiedenen Programmen zum Ziel. Im Vordergrund steht nicht die realistische Darstellung, sondern die präzise und detaillierte Objektbeschreibung, die auch Grundlage für die Fertigung ist. Die gebräuchlichsten Formate sind DXF (Industrie-Standard), IGES (ANSI-Standard), VDAIS / VDAFS (DIN-Standard), SET (französischer Standard) und STEP (ISO-Standard.

2.2.1.1 CAD-Modellierungen

Die meisten industriellen Anwendungen konstruieren einen 3D-Datensatz mit Hilfe eines 3D-CAD-Programmes. Ein CAD-System nutzt Datenelemente und Datenstrukturen, um ein Bauteil zu beschreiben. Hierbei werden neben der Bauteilgeometrie u.a. auch die Werkstoffe, die Oberflächengüte und das Fertigungsverfahren erfasst.

Bei dem Volumenmodell ist die Orientierung des Volumens der dazugehörigen Flächen exakt definiert, was es ideal für die generative Fertigung macht. Volumenmodelle werden in Grundkörpermodelle, Flächenbegrenzungsmodelle und Hybridmodelle unterteilt.

Das Volumenmodell geht von der Verwendung voller Körper aus und ist somit die natürlichste Methode der Modelldarstellung. Das Volumen der Objekte wird direkt in der Datenstruktur repräsentiert, so dass es für im Volumenmodell erstellte Körper kein Problem ist, die richtige Sichtbarkeit zu ermitteln.

Bei der Modellierung wird jeder Gegenstand entweder aus einfachen Elementarobjekten wie Würfel, Kugel, Oktaeder, Pyramide, Kegel usw. aber auch aus komplexeren Elementarobjekten wie Spurkörper, Freiformkörper, Fraktale usw. zusammengesetzt.

Beim Volumenmodell handelt es sich um eine eindeutige Darstellungsform, bei der, im Gegensatz zu Draht-und Flächenmodell, die Objekte immer konsistent sind. Da die Objekte immer volle Körper sind, treten auch beim Schneiden keine Probleme auf.

2.2.1.2 CAD-Eingangsformate, eine Übersicht

- 2D Zeichnungsdaten, 2D CAD-Zeichnungen im DXF/DWG-Format, bzw. auch alte Papierzeichnungen oder Archive mit gescannten Zeichnungen.
- 3D Geometriedaten in gängigen 3D CAD-Formaten, z.B. IGES, STEP oder native Formate, z.B. Parasolid, Catia V5.
- Hybride Datenformate bestehend aus einer Mischung von Dreiecksdaten und exakten CAD-Daten im NURBS-Format. Häufig zu finden bei Dateien im JT-Formatoder 3D PDF Format.
- Punktewolken/Abtastdaten (Laser, CT, optische Streifenlichtscans)
- Mesh-Daten, z.B. STL-Daten oder andere Dreiecksformate.

2.2.1.3 CAD-Ausgangsformate, eine Übersicht

- Erstellen von 2D Zeichnungen in einem anderen Format als dem Ursprungsformat.
- 3D CAD-Daten in einem anderen Format als dem Ursprungsformat, manchmal auch unter Berücksichtigung nicht-geometrischer Attributinformationen (PMI).
- Abgespeckte, simplifizierte 3D CAD-Daten für nachgeschaltete Simulationsanwendungen, z.B. FEM, Arbeitsvorbereitung/CAM, Visualisierung.
- Viewer-Daten zur Verteilung von CAD-Daten via Web oder VR-Anwendungen.
- Bild- und Animationsdaten für Dokumentations- und Illustrationszwecke.
- STL-Daten für Reverse Engineering, Rapid Prototyping, Simulation, NC-Bearbeitung oder 3D Printing/AMF.

2.2.1.4 CAD-Konvertierung, Methoden und Verfahren, Auszug

Für die CAD-Konvertierung und dem CAD-Datenaustausch stehen verschiedene Methoden und Verfahren zur Wahl.

- Austausch mit Hilfe von gängigen Datenformaten wie Parasolid, IGES, STEP.
- Flächenrückführungs- und Reverse Engineering-Systeme für die Bearbeitung von Punktewolken und STL-Daten
- Integration von CAD-Datenkonverter in der entsprechenden CAD-Anwendung.
- Einsatz von kommerziellen Konvertern (Plug-ins, Peer-to-Peer Konverter oder Konverter-Systeme mit einem Geometrie-Zwischenmodell.

2.2.2 CAD-Konvertierung, Probleme im Datenaustausch

2.2.2.1 CAD-Konvertierung, grundsätzliche Probleme

- Die CAD-Ausgangsdaten sind korrupt und müssen bei einer Konvertierung repariert werden.
- Die CAD-Ausgangsdaten stammen von alten, nicht mehr gepflegten CAD-Systemen.
- Die CAD-Ausgangsdaten werden mit anderen Toleranzwerten erzeugt als die im Zielsystem erforderlichen Toleranzwerte.
- Die CAD-Daten sind unvollständig und werden durch mehrfache Konvertierungen mit verschiedenen Systemen verfälscht und erleiden schrittweise Qualitätseinbußen.

- Datenlieferanten sind nicht kooperativ und liefern statt nur relevanten Untermengen die Daten von kompletten Maschinen oder Autos. Der Empfänger muss die Daten aufwendig ausdünnen/filtern.

- Datenlieferanten weigern sich aus Policy-Gründen, Aufwandgründen oder mangels Know-how geeignete Formate für den Datenaustausch zu verwenden, wie bei der Verwendung von Catia V6, obwohl auch CAD-Daten im Catia V5-Format (CATPart, CATProduct) verfügbar sind.

- OEMs verlangen von Ihren Zulieferern die Handhabung von CAD-Daten, die mit allerneuesten In-house-Versionen erzeugt werden, z.B. NX12 bei Daimler.

- Die verwendeten Neutralkonverter, wie STEP oder IGES sind technisch mangelhaft, **STEP ist nicht gleich STEP**.

- Zeichnungsnormen, Fonts, Strichstärken in Zeichnungen müssen beim Einsatz von DXF-Daten aufwendig und manuell im Zielsystem angepasst werden.

2.2.3 CAD-Daten-Import, Beschreibung der einzelnen Austauschformate

2.2.3.1 CAD-Import, Vorbemerkungen

Aktuell gibt es zwei kommerzielle Modellierkerne, die an mehrere CAD-Hersteller lizenziert sind und in unterschiedlichen CAD-Systemen verwendet werden. ACIS mit der Dateiendung ist ***.sat**, sowie Parasolid von Shape Data, der heute in einem Geschäftsbereich von Siemens PLM Software weiter entwickelt wird und die Dateiendungen ***.x_t** oder ***.x_b** hat. Beide Kerne sind mit offener Systemarchitektur in C++ implementiert.

2.2.3.2 CAD-Import, ACIS-Kern, SOLIDWORKS

ACIS ist ein objektorientierter, in C++ programmierter dreidimensionaler Geometriekern in CAD-Anwendungen. ACIS steht als Kunstwort für die Vornamen der Entwickler Alan, Charles und Ian sowie für die Spatial Corporation, die den Kern 1986 entwickelt hat und seit Ende 2000 zu Dassault Systèmes gehört. Der ACIS-Kern ist Bestandteil eines CAD-Systems und verfügt über 3D-Funktionen für Drahtmodelle, Flächenmodelle und Volumenmodelle zum parametrischen, hierarchischen und assoziativen Modellieren und Dokumentieren. Jede CAD-Lösung mit ihrem eigenen Geometriekern auszurüsten, hätte erheblichen Entwicklungsaufwand und Kosten verursacht, zu denen nicht alle Hersteller bereit waren.

Sie bedienten sich stattdessen in entsprechenden Programmbibliotheken, die CAD-Modellierfunktionen bereithielten.

2.2.3.3 CAD-Import, Parasolid-Kern, Solid Edge

Parasolid ist ein Modellierkern für 3D-CAD-Systeme. Er wird von Siemens PLM Software entwickelt. Aufgabe des Parasolid ist es, dem aufsetzenden Programm Funktionen zur Verfügung zu stellen, mit denen Solids und/oder 3D-Flächenmodelle mathematisch beschrieben, verändert und auf dem Bildschirm dargestellt werden können. Parasolid stellt sich als robuster produktionserprobter Kernel heraus, welcher im Bereich komplexer Trimmungen, der Erzeugung von Hohlkörpern, schwieriger Oberflächen und komplexer Übergangradien mit variablem Auslauf bis R = 0 mm keine Wünsche offen lässt.

2.2.3.4 CAD-Import, Importformat „STEP"

STEP ist die verkürzte Textform von **ST**andard for the **E**xchange of **P**roduct model data und ist ein Normierung der Beschreibung von Produktdaten.

Das STEP-Format ist formal in der ISO-Norm **10303** definiert, in Deutschland wird für den Produktdatenaustausch im Bereich der Technischen Gebäudeausrüstung auch die VDI **3805** genutzt.

Eine Sprache zur Beschreibung der standardisierten Daten ist ebenfalls Bestandteil der Norm. Sie ist allgemein unter dem Namen Express bekannt.

Diese Sprache ermöglicht die Trennung von Inhalt und Beschreibungsmittel sowie die Trennung von logischer Beschreibung und Implementierung.

2.2.3.5 CAD-Import, Importformat „STL" und „OBJ"

Stereolithography ist ein dreidimensionaler Druckvorgang, bei dem ein Volumenobjekt von einem Computer-Bild erstellt wird. Bei dem Vorgang, der auch als Rapid Prototyping bezeichnet wird, werden Teile unter Verwendung einer facettierten Netzdarstellung in STL-Dateien erstellt. Sie können STL-Dateien im binären Format und im ASCII-Format importieren. Beim Import von STL-Dateien für Oberflächen und Volumenkörper werden Sie darauf aufmerksam gemacht, dass die Konvertierung einige Zeit in Anspruch nehmen kann, und erhalten die Möglichkeit, den Import abzubrechen. Sie können eine Maßeinheit für ein Modell für den Import und Export festlegen. Sie können Netzgeometrie importieren und exportieren, Arbeitselemente hinzufügen, Netzgeometrie abhängig machen, messen, Oberflächen erstellen und weitere Aufgaben ausführen. Netzmodelle können nicht als Referenzmodelle importiert werden, sondern nur als konvertierte Modelle. Sie sind nicht mit der ursprünglichen Datei verknüpft. Wenn das ursprüngliche Modell geändert wird, muss der Importvorgang wiederholt werden.

2.2.3.6 CAD-Import, Importformat „IGES"

Die Initial Graphics Exchange Specification (IGES) definiert ein neutrales, herstellerunabhängiges Datenformat, das dem digitalen Austausch von Informationen zwischen CAD-Programmen dient. Die Anwendung reicht von traditionellen, zweidimensionalen Zeichnungen bis hin zu dreidimensionalen Modellen für Simulationen oder Fertigung. Der IGES-Translator kann IGES-Oberflächen und BREP-Volumenkörper importieren und exportieren. Wenn in der importierten Datei Drahtdarstellungsgeometrie enthalten ist, liest das Programm die IGES-Daten und bildet Kurven für die IGES-Drahtdarstellungselemente.

2.2.3.7 CAD-Import, Punktwolken

Importieren und zeigen Sie Punktwolkendaten mit Autodesk ReCap an. Eine Punktwolke ist eine Menge von Scheitelpunkten in einem dreidimensionalen Koordinatensystem, das in der Regel durch die X-, Y- und Z-Koordinaten definiert wird. Die Scheitelpunkte dienen normalerweise zur Darstellung der Außenflächen eines Objekts. Punktwolken werden mithilfe von 3D-Scangeräten erstellt, die eine große Anzahl von Punkten auf der Oberfläche eines Objekts erfassen. Die Ausgabe des Scans ist eine Punktwolke, die in Form einer Datendatei gespeichert wird. Die Punktwolke stellt die Menge von Punkten dar, die das Gerät erfasst hat. Bevor eine Punktwolke einem Bauteil oder einer Baugruppe zugeordnet werden kann, muss diese mit Autodesk ReCap indiziert werden. Benutzer der **Autodesk Factory Design Suite** können Factory-Objekte direkt mit Punkten in der Punktwolke verbinden.

2.2.3.8 CAD-Import, Importformat „AutoCAD"

Müssen keine AutoCAD-Objekte in Inventor-Objekte umgewandelt werden, können Sie eine AutoCAD-DWG-Datei direkt in Inventor öffnen. Sie können den Dateiinhalt dann anzeigen, plotten und messen. Objekte werden genauso angezeigt wie in AutoCAD. Darüber hinaus können alle AutoCAD-2D-Daten zum Kopieren und Einfügen ausgewählt werden. Sie können eine AutoCAD-DWG-Datei in Inventor öffnen und anschließend AutoCAD-Elemente in eine beliebige Inventor-Skizze kopieren.

AutoCAD 3D-Volumenkörper werden in Autodesk-Volumenkörper übersetzt.

In einem Bauteil bzw. einer Zeichnung werden 2D-Daten in eine Skizze importiert. AutoCAD-3D-Volumenkörper werden als ACIS-Volumenkörper importiert.

Wenn Sie eine AutoCAD-DWG-Datei in Inventor importieren, werden die Auto-CAD-Daten gemäß Ihren Importeinstellungen in ein Inventor-Bauteil oder eine Inventor-Zeichnungsdatei konvertiert. Die ursprüngliche AutoCAD-Datei bleibt unverändert.

Wenn Sie eine Inventor-Datei in AutoCAD-DWG exportieren, werden die Inventor-Daten in AutoCAD-Objekte in einer neuen DWG-Datei konvertiert. Konvertierte AutoCAD-Daten sind nicht mit dem Inventor-Modell verknüpft. Jedoch können die AutoCAD-Daten in AutoCAD uneingeschränkt bearbeitet werden.

Verwenden Sie die Funktion Importieren oder Exportieren, wenn Sie in AutoCAD oder Inventor Daten benötigen, die uneingeschränkt bearbeitet werden können.

In Inventor werden Daten in mehreren Dateien mit verschiedenen Dateitypen gespeichert. Wenn Sie Daten aus AutoCAD konvertieren, wählen Sie den Zieldateityp auf Basis der zu übersetzenden Daten und der Art der Verwendung aus.

Zum Erstellen von Fertigungszeichnungen ohne zugeordnete 3D- bzw. Modelldatei konvertieren Sie die AutoCAD-Daten in eine Inventor-Zeichnungsdatei (.idw). Sie können eine Zeichnungsdatei erstellen oder die Daten einer Skizze in der aktiven Zeichnung hinzufügen.

Um 2D-Daten zum Erstellen eines Bauteilmodells zu verwenden, konvertieren Sie die AutoCAD-Datei in ein Inventor-Bauteilmodell (.ipt). Sie können eine Bauteildatei erstellen oder die Daten einer Skizze im aktiven Bauteil hinzufügen.

Beim Konvertieren von AutoCAD-3D-Volumenkörpern werden diese in einer Inventor-Modelldatei zu Volumenkörpern. Wenn mehrere Volumenkörper vorhanden sind, erstellt das Konversionsprogramm für jeden Körper eine Inventor-Bauteildatei (.ipt) sowie eine Baugruppendatei (.iam) mit Referenzen zu den einzelnen Bauteilen.

Um AutoCAD-Schriftfelder, -Rahmen oder -Blöcke zum Erstellen von Vorlagen in Inventor verwenden zu können, verwenden Sie die Importeinstellungen zum Platzieren der konvertierten Daten in eine neue Zeichnungsdatei (.idw).

2.2.4   Verwenden von Reparatur und Konstruktion

Sie können Daten aus anderen CAD-Systemen in Inventor importieren. Normalerweise können die Dateien als Volumenkörper in der Bauteilumgebung geöffnet werden.

Werden Flächen und Drahtkörper importiert, werden diese abhängig von den beim Import ausgewählten Optionen in der Bauteil-, Reparatur- oder Konstruktionsumgebung platziert. Es bestehen Unterschiede bei den Werkzeugen und beim Verhalten der Körper in der Reparatur- und in der Konstruktionsumgebung.

2.2.4.1 Inventor 2025, die Reparaturumgebung

Die Konstruktionsumgebung ist vorgabegemäß deaktiviert. Ziehen Sie die Verwendung der Reparaturumgebung in Betracht, um Geometrie zu prüfen und zu reparieren.

Zum Aktivieren der Konstruktionsumgebung klicken Sie im Dialogfeld Anwendungsoptionen auf die Registerkarte Bauteil.

* Verwendet erweiterte Diagnose- und Korrekturwerkzeuge
* Ist an Modellierungsoperationen und am Verlauf beteiligt
* Die Konstruktionsumgebung:
* Ist nicht am Modellverlauf beteiligt
* Ist nur dann an Modellierungsoperationen beteiligt, wenn Objekte in die Bauteilumgebung kopiert werden

2.2.4.2 Die Reparaturumgebung zur Analyse

Verwenden Sie die Reparaturumgebung zur Analyse der Qualität importierter Daten und zur Reparatur von Flächen oder Volumenkörpern zur Verwendung in der Bauteilmodellierung.

Nach dem Reparieren der Daten wird der reparierte Körper Teil des Modellverlaufs. Einige der Fehler treten während der Übersetzung auf oder sind das Ergebnis ungenauer Modellierungstechniken. Diese Fehler (Auszug) sind:

* Sich selbst schneidende Oberflächen oder Kurven.
* Überschneidende Flächen.
* Modellierungsunsicherheit (verschiedene Topologie- und Geometriefehler).
* Unregelmäßige Oberflächen.
* Falsche Normalen-Richtung der Fläche.
* Lücken zwischen Flächen.
* Löcher in Flächen.
* Überlappende Flächen.

2.2.4.3 Spezielles Werkzeug „Fehler finden" in der Reparaturumgebung

Sie können diese Fehler mit speziellen Werkzeugen in der Reparaturumgebung erkennen und beheben. **Fehler finden** untersucht die ausgewählten Körper auf Fehler in Topologie, Geometrie und Modellierung.

Wenn Sie eine Vorschau der mit dem angegebenen Toleranzwert behobenen Fehler anzeigen möchten, bevor Sie auf OK klicken, verwenden Sie die Option Ausgewählte Körper analysieren.

Verwenden Sie die Flächenwerkzeuge, um Daten zu reparieren, die mit dem Befehl Fehler korrigieren nicht korrigiert wurden.

2.2.4.4 Spezielles Werkzeug „Fehler finden", Symboldarstellung

Fehlerordner — Fehler sind im Reparaturknoten in einem Fehlerordner zusammengefasst.

Reparaturknoten — Der Reparaturknoten kennzeichnet die Daten im Browser mit einem der folgenden Symbole:

Geometrie — Geometrie ist fehlerfrei.

Geometrie erfordert weitere Prüfung — Die Geometrie kann topologische und geometrische Fehler aufweisen und in nachfolgenden Modellierungsoperationen Fehler verursachen.

Geometrie enthält Fehler — Import muss repariert werden.

2.2.4.5 Beispieldarstellung der Reparaturumgebung

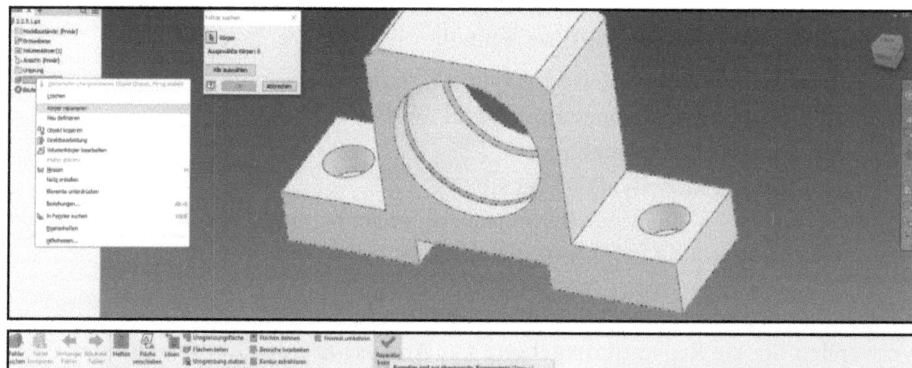

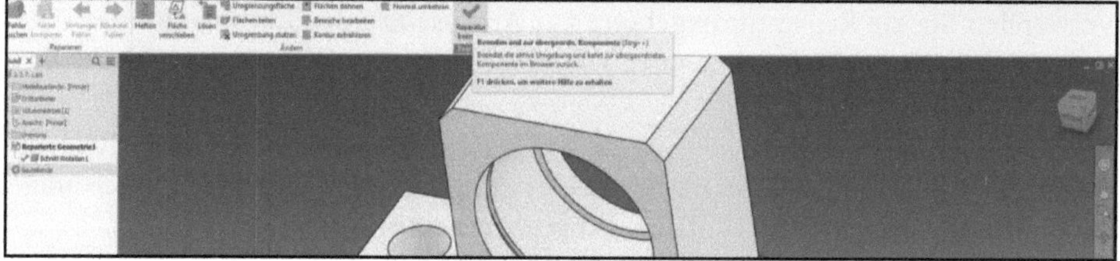

2.2.5 Geometrie- und Topologiefehler, Reparatur und Konstruktion

2.2.5.1 Geometriefehler

- **Sich selbst schneidende Flächen**

Eine Fläche, die eine Falte mit sich selbst bildet, ist eine sich selbst schneidende Fläche. Flächen müssen durchgehend und glatt sein, ohne die Richtung zu wechseln.

- **Sich selbst schneidende Kurven**

Kurvendaten umfassen Linien, Bogen oder Splines. Kurven müssen glatt verlaufen, ohne die Richtung zu ändern. Kurven dürfen nicht die Richtung wechseln, gedreht werden oder sich schneiden.

- **Modellierungsunbestimmtheit**

Die Volumenkörper oder Flächen weisen untergeordnete Fehler auf.

- **Überlappende Flächen**

Zwei oder mehr Flächen sind koplanar oder überlagern sich.

- **Überschneidende Flächen**

Zwei oder mehr Flächen konvergieren oder verlaufen durcheinander.

- **Unregelmäßige Oberflächen**

Die erstellte Oberfläche wurde bei der Konvertierung genähert und lag nicht innerhalb der Systemtoleranzen der ursprünglichen Oberfläche in der importierten Datei. Oder ein Punkt auf der Fläche zeigt nicht in dieselbe Richtung wie der Rest der Fläche. Diese Fehler können auftreten, wenn Flächen gedreht oder auf einen kleinen Bereich reduziert werden.

- **Unregelmäßige Kurve**

Mathematische Daten sind in der Kurvendefinition inkonsistent oder ein Vektor beträgt null. Dieser Fehler kann auftreten, wenn die annähernde Fläche nicht innerhalb der Systemtoleranz der definierenden Fläche in der neutralen Datei liegt.

- **Einzelfläche**

Ein Punkt auf dem Flächenvektor ist falsch definiert. Die Flächennormale kann nicht bestimmt werden.

- **Verzerrte Fläche**

Die Punkte, aus denen die Fläche besteht, befinden sich in einem zu kleinen Bereich.

- **Flächenunterbrechungen**

Die Normalen-Richtung oder Krümmung der Fläche wurde plötzlich geändert. Der Fehler kann auf eine unterbrochene Geometrie zurückzuführen sein. Flächen müssen glatt sein und dürfen nicht abrupt die Richtung wechseln.

- **Kurvenunterbrechungen**

Kurvendaten umfassen Linien, Bogen oder Splines. Kurven müssen glatt sein, d. h., sie dürfen nicht plötzlich die Richtung ändern. Außerdem darf zwischen Kurven kein abrupter Übergang erfolgen.

2.2.5.2 Topologiefehler

- **Konturausrichtung**

Die äußere Kontur verläuft im Vergleich zur Flächen-Normalen in eine falsche Richtung. Wenn die Fläche über Inseln (Konturen innerhalb der äußeren Kontur) verfügt, muss die Normalen-Richtung der Inseln in entgegengesetzter Richtung zur äußeren Kontur zeigen. Die Konturrichtung wird durch den Start- und Endpunkt sowie die Richtungsanzeige definiert. Abgesehen davon, dass die Kontur und die Inseln dieselbe Richtung aufweisen, verfügt eine Fläche über eine Normalen-Richtung, die mit der Konturrichtung übereinstimmen muss. Wenn eine der Richtungen entgegengesetzt verläuft, wird ein Fehler ausgegeben.

- **Flächenausrichtung**

Die Oberseite einer Fläche wird als Flächennormale bezeichnet. Angrenzende Flächen innerhalb eines Volumenkörpers müssen dieselbe Normalen-Richtung aufweisen. Beispielsweise müssen alle sechs Flächen einer Schachtel nach innen weisen, damit der Volumenkörper gültig ist. Die Konturrichtung ist mit der Normalen-Richtung der Fläche nicht konsistent oder die inneren Konturen passen nicht zusammen.

- **Konturenverbindung** (nur Konstruktionsumgebung)

Geometrie wie Linien, Bogen und Splines werden zu Strukturen kombiniert. Viele Kanten und Geometrieobjekte können zu Strukturen kombiniert werden, die als Konturen bezeichnet werden. Konturen werden als Begrenzungen von Flächen verwendet und stutzen eine potentiell unendliche Größe auf eine Fläche. Gelegentlich ist die Struktur der Kontur in der neutralen IGES- oder STEP-Datei falsch.

- **Doppelte Scheitelpunkte**

Bei den Start- und Endpunkten einer Kante handelt es sich um Scheitelpunkte. Bei der Konvertierung wird versucht, Scheitelpunkte zusammenzuführen, die innerhalb der Systemtoleranzen liegen. Doppelte Scheitelpunkte können entstehen, wenn kleine Kanten ein komplexes Objekt bilden.

- **Ungültige Fläche mit fehlenden Daten** (nur Konstruktionsumgebung)

Die Fläche verfügt über keine zugrunde liegende geometrische Definition und ist unvollständig. Normalerweise kann diese Fläche nicht zur Modellierung verwendet werden.

- **Ungültige Kante mit fehlenden Daten** (nur Konstruktionsumgebung)

Die Kante verfügt über keine zugrunde liegende geometrische Definition und ist unvollständig. Normalerweise kann diese Kante nicht zum Modellieren verwendet werden.

2.2.6 Importierte Bauteile verändern, Direktbearbeitung

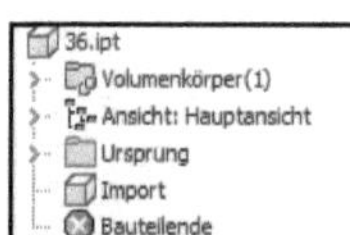

Grundproblem der importierten Bauteile ist ein völliges Fehlen der Erstellungsfeature im Bauteil-Browser. Um trotzdem Veränderungen vornehmen zu können gibt es eine Befehlssammlung um den Befehl **Direktbearbeitung**.

Direkt-
bearbeitung

Mithilfe der Funktion **Direktbearbeitung** können Sie die Größe, Form und / oder Position von Modellelementen anpassen, indem Sie die Geometrie direkt ändern.

Sie können die Änderungen der Direktbearbeitung zu einem späteren Zeitpunkt prüfen und entscheiden, ob Sie sie beibehalten, löschen oder auf den Verlauf des parametrischen Elements anwenden wollen.

2.2.6.1 Direktbearbeitung, Verwendungen

Direkt-
bearbeitung

Verwenden Sie die **Direktbearbeitung**, um:

3D-
Manipulator

ein komplexes Modell, das Sie möglicherweise nicht selbst erstellt haben, schnell zu ändern.

Importierte Basisbauteile zu ändern, das ursprüngliche Modell aber beizubehalten.

Änderungen auf einfache Weise nur an einer Auswahl vorzunehmen, ohne dabei unbeabsichtigte Änderungen aufgrund komplexer Beziehungen zu verursachen.

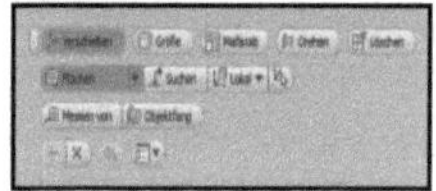

2.2.6.2 Direktbearbeitung, Anwendungsaufgaben

Beispiele für **Direktbearbeitung** wären:

Importierte Daten von Basisvolumenkörpern zu ändern.

In der Realität vorgenommene Veränderungen als einzelnes Element zu erfassen.

Mögliche Konstruktionsänderungen zu überprüfen, ohne diese zu übernehmen.

Schnell und genau die parametrische bzw. Elementbauteilgeometrie zu ändern.

2.2.6.3   Direktbearbeitung, 3D-Werkzeug / Manipulator

In vielen Befehlen in Inventor wird ein Manipulator verwendet. Je nach Befehl und ausgewähltem Objekt werden unterschiedliche Manipulatoren angezeigt.

Bei einem Manipulator handelt es sich um ein 3D-Werkzeug. Meist wird es als Pfeil, Kugel oder Ring angezeigt, während ein Befehl aktiv ist. Damit wird der Abstand, der Winkel oder die Richtung eines Vorgangs oder die Position bzw. Größe eines Elements festgelegt. Eine Art des Manipulators wird als Dreiergruppe bezeichnet.

Ein aktiver, ausgewählter Manipulator ist gelb. Wenn zwei oder mehr Manipulatoren angezeigt werden, wird der aktive Manipulator gelb dargestellt. Inaktive Manipulatoren werden rot dargestellt oder sind nicht verfügbar.

Bei Verwendung von Manipulatoren ist es nicht erforderlich, den Mauszeiger exakt auf dem 3D-Pfeil zu halten. Sie können mit dem Mauszeiger auf eine beliebige Stelle über eine leere Grafikfläche ziehen. Viele Manipulatoren können auch andere Geometrie auf einem Modell fangen. Während ein Manipulator aktiv ist, können Sie den Cursor über den Entwurf ziehen, um Eingabeaufforderungen für Geometrien anzuzeigen, die der Manipulator fangen kann.

2.2.6.4   Direktbearbeitung auf Flächen und Volumenkörper, Symbolik

Die **Direktbearbeitung** stellt einen Mini-Werkzeugkasten mit vier Bearbeitungsfunktionen **Verschieben**, **Größe ändern**, **Drehen** und **Löschen** und einem Dreiergruppen-Manipulator bereit, mit dem Sie das Modell ändern können.

Direkt-
bearbeitung

3D-
Manipulator

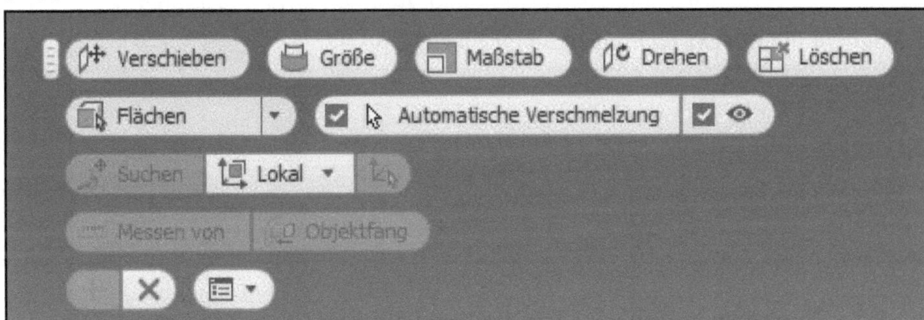

2.2.7   SOLIDWORKS-Bauteil, Direktbearbeitung, Importbeispiel

2.2.7.1   Import des SOLIDWORKS-Bauteil

- **Öffnen** Sie die Bauteildatei aus SOLIDWORKS.
- Über den Importvorgang wird das Bauteil in Inventor hochgeladen.
- **Speichern** Sie das importierte Bauteil.

Öffnen

Speichern
unter

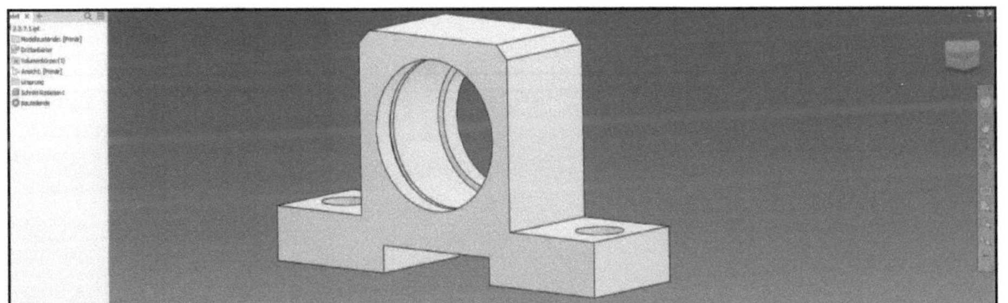

2.2.7.2 Direktbearbeitung auf Flächen und Volumenkörper, „Verschieben"

Aktiviert den Dreiergruppen-Manipulator zum **Verschieben**, positioniert die Auswahl neu und erweitert die angrenzende Geometrie.

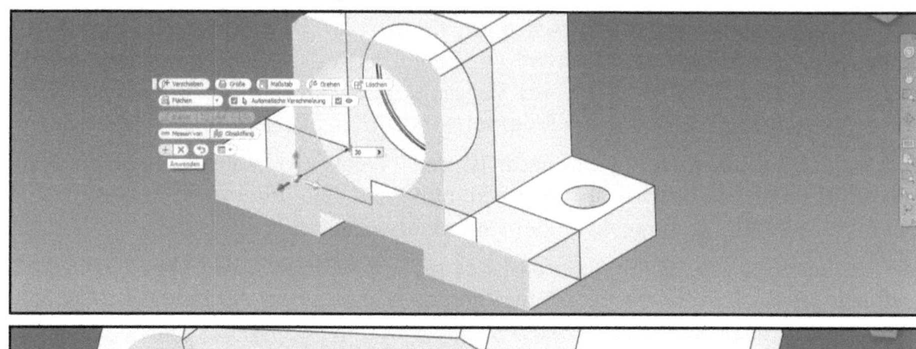

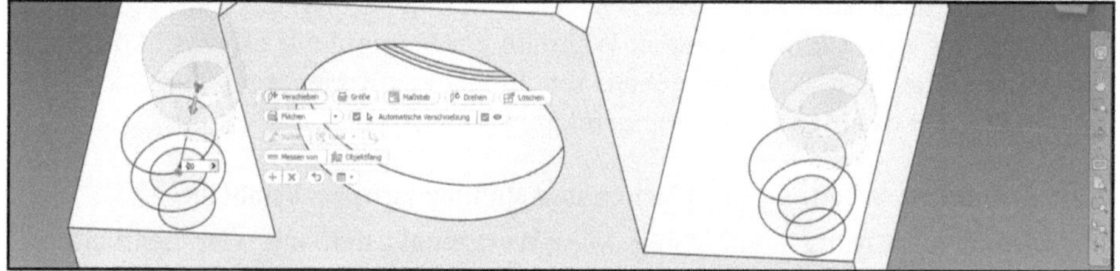

2.2.7.3 Direktbearbeitung auf Flächen und Volumenkörper, „Löschen"

Ermöglicht die **Löschung** eingebrachter Flächen.

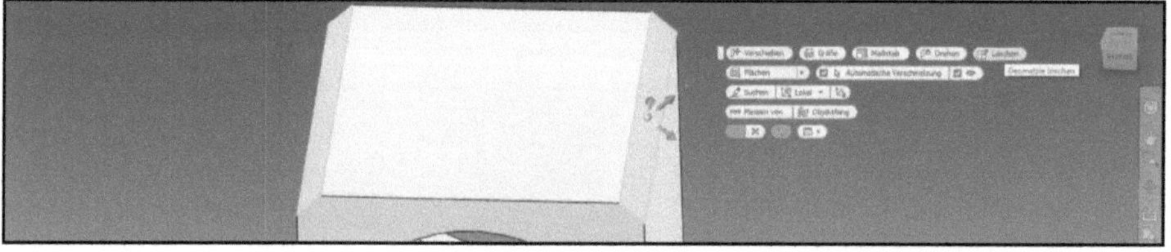

2.2.7.4 Direktbearbeitung auf Flächen und Volumenkörper, „Ändern"

Änderungen des Durchmessers von Bohrungen.

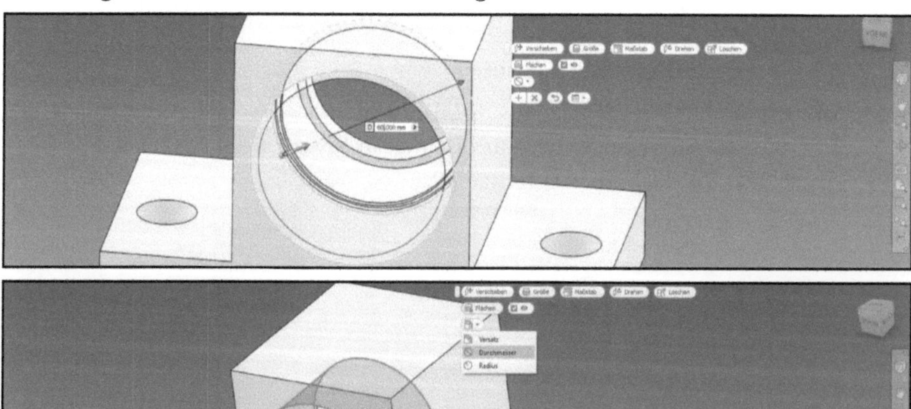

2.2.7.5 Direktbearbeitung auf Flächen und Volumenkörper, „Drehen"

Aktiviert den Dreiergruppe-Manipulator zum **Drehen**.

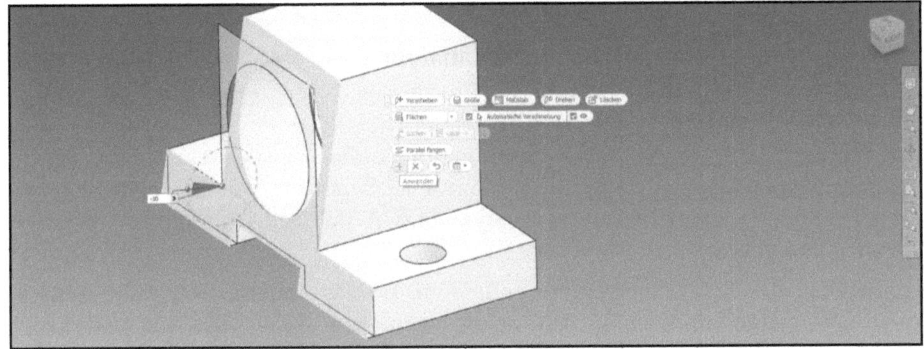

2.2.7.6 Direktbearbeitung auf Flächen und Volumenkörper, „Maßstab"

Vergrößert oder **verkleinert** das Bauteil.

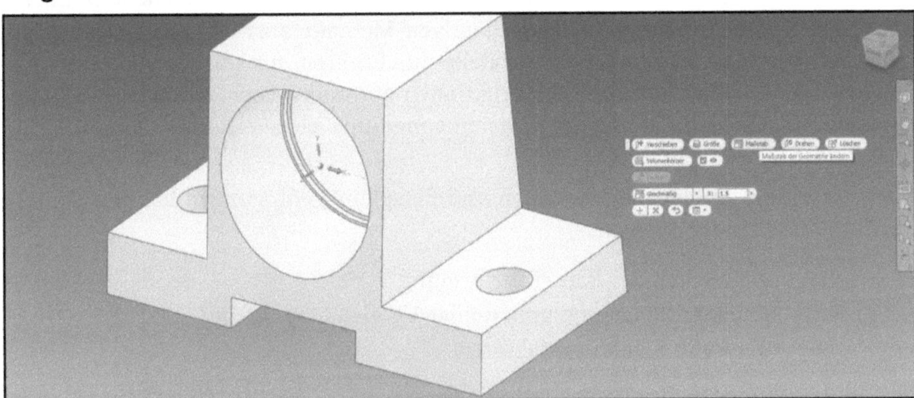

2.3 Belastungsanalysen, Erstellungsstudien
Kapitel 5 und 13 (Support-DVD)

2.3.1 Übersicht über die Belastungsanalyse

2.3.1.1 Belastungsanalyse, Grundlagen

Seit der Version 9 von Autodesk Inventor Professional existiert ein Modul, um innerhalb dieser CAD-Umgebung die mechanische Belastung von Bauteilen untersuchen zu können. Diese Belastungsanalyse basiert auf der Technologie des FEM-Programms ANSYS.

Im Rahmen der Belastungsanalyse definieren Sie das Material sowie die Begrenzungsbedingungen, bestehend aus Belastungen und Abhängigkeiten und geben Kontaktbedingungen und optional auch Netzeinstellungen an. Nachdem Sie diese Kriterien eingegeben haben, können Sie die Simulation ausführen und das Verhalten bezogen auf die definierten Bedingungen anzeigen.

Mit der Belastungsanalyse von Inventor können Sie schnell verschiedene Simulationen mithilfe der Durchbruch- oder adaptiven Methode ausführen. Sie können parametrische Bemaßungsstudien für Modelle durchführen, um die Auswirkungen geometrischer Variablen auf Ihre Konstruktionen zu untersuchen. Mithilfe von Simulationen können Sie Leistungsprobleme erkennen und bessere Konstruktionsalternativen finden.

Nach der Definition der Bauteil-Lasten und Einspann-Bedingungen hat man folgende Möglichkeiten der Analyse:

- Veranschaulichen der Bauteilverformung
- Analysieren der Belastung anhand der Vergleichsspannung
- Überprüfen von Sicherheitsfaktoren.

Mit der Belastungsanalyseumgebung können Sie das Verhalten eines Bauteils unter extern auferlegten Lasten und Frequenzen simulieren. Mit dem Werkzeug **Belastungsanalyse-Aktualisierung** wird eine Analyse zur Auswertung des Verhaltens des Bauteils auf die angewendeten Kräften und Abhängigkeiten durchgeführt. Bei der Belastungsanalyse können Sie die Begrenzungsbedingungen des Bauteils bestimmen sowie Kräfte und Abhängigkeiten anwenden. Die Belastungsanalyse simuliert dann das Verhalten unter Berücksichtigung der festgelegten Bedingung und erstellt eine Lösung.

2.3.1.2 Wichtige Funktionen der Belastungsanalyse, Auszug

- Strukturelle statische und modale Belastungsanalyse für eine oder mehrere Simulationsstudien.
- Automatische adaptive Elemente zur Steuerung der Genauigkeit von Ergebnissen.
- Umfangreiche Auswahlmöglichkeiten für Begrenzungsbedingungen (Belastungen und Abhängigkeiten).
- Erfassung von Baugruppe / Bauteil / Element / Bemaßung in Inventor-Modellen für eine bessere Visualisierung des Modells und parametrischer Fallanalysen Analysen.

- Modellierung verschiedener Kontaktbedingungen, einschließlich Federn, zwischen verschiedenen Baugruppenteilen.
- Auswertung und Vergleich zahlreicher Konstruktionsalternativen Darstellung der Auswirkungen von Geometrieänderungen auf das funktionale Produktverhalten.
- Optimierung mehrerer Kriterien und direkte Validierung von Konstruktionsalternativen.
- Einfache Definition der verschiedenen lokalen und globalen Abhängigkeiten vor und nach der Simulation.
- Lokale und globale Netzsteuerungen.
- Autodesk Material Library, zusätzlich können Sie weitere Materialien im Material-Editor definieren.
- Umfassende Nachverarbeitungsfunktionen für 3D-Anzeige, Prüfung der Ergebnisse und Publikation von Webberichten.

2.3.2 Umgebung für die Belastungsanalyse

Die Schnittstelle **Belastungsanalyse** ist in drei Hauptbereiche unterteilt: Simulations-Browser, Grafikbereich und parametrische Tabelle.
In diesen Bereichen wird Inhalt für die aktive Simulation angezeigt. Inaktive Simulationen erhalten einen grauen Hintergrund.

2.3.2.1 Simulations-Browser

Der Simulations-Browser zeigt die Simulationen mit Bauteil oder Baugruppe und Simulationsparametern in einer hierarchischen Ansicht mit verschachtelten Element- und Attributinformationsebenen an. Sie haben folgende Möglichkeiten:

Kopieren Sie die gesamten Simulation oder Simulationsobjekte zwischen Simulationen.

Klicken Sie mit der rechten Maustaste auf einen Knoten, um die Kontextmenüoptionen einzublenden.

Wenn Sie die Ordner erweitern und Knoten auswählen, wird die Auswahl gleichzeitig im Grafikbereich hervorgehoben.

2.3.2.2 Grafikbereich

Im Grafikbereich werden die Modellgeometrie und die Simulationsergebnisse angezeigt. Die Ansicht wird aktualisiert, um den aktuellen Status der Simulation wiederzugeben. Der Grafikbereich beinhaltet Werkzeuge zur Bearbeitung der Ansicht.

2.3.2.3 Parametrische Tabelle

Diese Tabelle bietet zwei Modi für die Anzeige von Konstruktionsabhängigkeitskriterien, einschließlich Werten und Grenzwerten, sowie von Parameterbereichen. Im Modellanzeigemodus werden die Konstruktionsabhängigkeiten aufgeführt. Nach einer Simulation werden Bereiche innerhalb und außerhalb des angegebenen Bereichs farbig gekennzeichnet. Sie können die angezeigten Ergebnisse ändern, indem Sie die Werte in der Tabelle anpassen. Die parametrische Tabelle zeigt parametrische Werte und Konstruktionsabhängigkeiten an, wenn ein Modell angezeigt wird. Sie können optimierte Werte sowohl in der Modell- als auch in der Ergebnisansicht abrufen. Ein weiterer Aspekt der parametrischen Tabelle sind die modusunabhängigen Dialogfelder zur bequemen Geometrieauswahl.

2.3.3 Grundsätzlicher Arbeitsablauf der Belastungsanalyse

Ein typischer Arbeitsablauf für eine Belastungsanalyse sieht allgemein betrachtet folgendermaßen aus:

- **Erwartungen festlegen:**

Einschätzen des physischen Verhaltens mithilfe eines Konzeptmodells.

- **Vorverarbeitung:**

Eingeben von physischen Daten in das digitale Modell und Definieren von auszuführenden Analysen.

- **Lösung:**

Lösen des mathematischen Modells.

- **Nachverarbeitung:**

Anzeigen und Auswerten der Ergebnisse.

- **Erwartungen überprüfen:**

Vergleichen der Ergebnisse mit den ursprünglichen Erwartungen.

2.3.4 Inventor-Belastungsanalyse, der Arbeitsablauf

Die Inventor-Belastungsanalyse umfasst die Phasen Vorverarbeitung, Problemlösung, Nachverarbeitung, Überprüfung und Verbesserung der Eingaben dieses Prozesses.

Sie können die Umgebung für die Belastungsanalyse nicht aufrufen, während Sie eine Bearbeitung eines Bauteils in der Baugruppe durchführen. Die Ausnahme ist hier die Erstellung einer Simulation der Bewegungsbelastungen, statische Analyse, im Kontext einer Baugruppe. Sie können ein einzelnes Bauteil auf Bewegungsbelastungen analysieren.

Die Belastungsanalyseeinstellungen werden auf Dokumentbasis zugewiesen. Mit diesen Einstellungen werden die Standardeinstellungen für alle neuen Simulationen definiert. Wenn Sie die Einstellungen während der Verwendung einer Simulation ändern, wirkt sich dies nicht auf die Simulation aus. Die Einstellungen wirken sich nur auf Simulationen aus, die Sie nach der Änderung erstellen.

2.3.4.1 Vorverarbeitung:

- Öffnen Sie eine Komponente, ein Bauteil oder eine Baugruppe.
- Rufen Sie die Umgebung für die Belastungsanalyse auf.
- Klicken Sie auf Simulation erstellen.
- Geben Sie die Simulationseigenschaften an.
- Schließen Sie Komponenten aus, die in der Simulation nicht berücksichtigt werden sollen.
- Geben Sie für alle an der Analyse beteiligten Bauteile ein Material an.
- Geben Sie die Abhängigkeiten an, und weisen Sie sie zu. Dieser Schritt ist für eine Modalanalyse nicht erforderlich.
- Geben Sie die Position und die Größe von Belastungen an. Dieser Schritt ist für eine Modelanalyse nicht erforderlich.
- Bewerten Sie die Kontakte, und machen Sie bei Bedarf weitere Angaben.
- Führen Sie die Simulation aus.

2.3.4.2 Nachverarbeitung

- Zeigen Sie die Ergebnisse an.
- Nehmen Sie die erforderlichen Änderungen vor, um eine Feinabstimmung für das Bauteil oder die Baugruppe durchzuführen. Änderungen können zum Beispiel das Hinzufügen von Elementen oder das Unterdrücken problematischer Elemente beinhalten.
- Führen Sie die Simulation erneut aus, um die Ergebnisse zu aktualisieren.
- Verwenden Sie Konvergenz berechnen und Auflösen, um sicherzustellen, dass die Ergebnisse so genau wie möglich sind. Konvergenz berechnen ist für die Unterstützung mehrerer Zeitschritte und vorgespannte Modalergebnisse gesperrt.
- Wiederholen Sie den Prozess, bis die Komponente optimiert ist.
- Erstellen Sie anschließend Berichte für die Ergebnisse.

2.3.5 Anwenden von Lasten

Bei allen Lasten können Sie die exponierte Anzeige und Griffe zum Eingeben von Werten verwenden. Einige komplexere Einstellungen stehen in den Dialogfeldern zur Verfügung. Wenn Sie im Dialogfeld **Einstellungen für Gestellanalysen** die Option **Exponierte Anzeige in Anwendung verwenden** aktivieren, wird die exponierte Anzeige vorgabegemäß als Eingabemethode verwendet.

Lasten sind Bestandteil der Begrenzungsbedingungen, die Sie für die Simulation definieren.

2.3.5.1 Anwenden von Lasten, Symbolik

Es gibt verschiedene Belastungstypen, die angewendet werden können. Folgende Belastungstypen stehen zur Verfügung:

Kraft	Weisen Sie dem ausgewählten Träger oder Knoten eine Kraft der angegebenen Größe zu.
Streckenlast, Druck	Weisen Sie eine Last der angegebenen Größe zu, die um die Achse und senkrecht zum Träger oder Knoten wirkt.
Lagerbelastung	Lagerbelastungen unterscheiden sich erheblich hinsichtlich der Größe und der Richtungen der Kräfte, die sie unterstützen können. Kräfte können überwiegend axial (Axiallager) oder radial sein
Moment	Weisen Sie eine Last der angegebenen Größe zu, die um die Achse und senkrecht zum Träger oder Knoten wirkt.
Axiales Moment	Weisen Sie eine Last der angegebenen Größe in der Ebene zu, die lotrecht zur Achse des Trägers verläuft.
Biegemoment	Weisen Sie eine Last der angegebenen Größe in der Ebene zu, die parallel zu der Achse des Trägers verläuft.
Schwerkraft	Gibt die Richtung für die Schwerkraftbelastung des Modells an. Wählen Sie zum Definieren der Richtung eine Fläche aus, oder verwenden Sie Vektorkomponenten, um die Richtung präzise zu steuern.

2.3.6 Anwenden von Abhängigkeiten

Durch strukturelle Abhängigkeiten wird die Verschiebung des Modells begrenzt oder eingeschränkt. Abhängigkeiten werden hinzugefügt, um Umgebungsbedingungen zu simulieren. Entfernen Sie für statische Simulationen alle starren Bauteilmodi wie freie Translations- und Drehbewegung der Körper. Dazu fixieren Sie eine Fläche oder kombinieren teilweise Abhängigkeiten auf Flächen, Kanten oder Scheitelpunkte. Nachdem Sie die Simulation ausgeführt haben, können Sie Abhängigkeiten bearbeiten oder unterdrücken und die Simulation erneut ausführen, um die Auswirkungen der Änderungen zu überprüfen.

2.3.6.1 Anwenden von Abhängigkeiten, Symbolik

	Fest	Anwendbar auf eine Fläche, eine Kante oder einen Scheitelpunkt. Entfernt alle Freiheitsgrade und verhindert, dass die Fläche, die Kante oder der Scheitelpunkt verschoben oder deformiert wird.
	Pin	Anwendbar auf zylindrische Flächen. Verhindert, dass zylindrische Flächen in Kombinationen aus Radial-, Axial- oder Tangentialrichtungen verschoben oder deformiert werden.
	Reibungslos	Anwendbar auf eine ebene oder zylindrische Fläche. Verhindert, dass die Oberfläche in die Normalenrichtung relativ zur Oberfläche verschoben oder deformiert wird.

2.3.7 Netzeinstellungen und Steuerelemente

Stellen Sie vor der Ausführung einer Simulation sicher, dass das Netz aktuell ist, und zeigen Sie es im Verhältnis zu den geometrischen Elementen des Modells an.

Integritätsfehler wie kleine Lücken, Überlappungen oder Überstände, die gelegentlich in Modellen übersehen werden, können Probleme bei der Netzerstellung verursachen. Erstellen oder ändern Sie in diesem Fall die problematischen geometrischen Elemente.

Für einige Federmodelle wird ein Netz erstellt, wenn die lange spiralförmige Fläche durch eine Schnittebene geteilt wird, die die Achse beinhaltet.

Wenn das Modell zu komplex ist und geometrische Einzigartigkeiten aufweist, unterteilen Sie es in weniger komplexe Bauteile, für die unabhängig Netze erstellt werden können. Fügen Sie zwischen ihnen einen Kontakt vom Typ Verbunden ein, damit sich diese Komponenten als ein Bauteil verhalten.

Verwenden Sie ein feineres Netz in problematischen Bereichen, die nicht vereinfacht werden können. Durch die Verringerung der globalen Netzgröße sowie der lokalen Netzgröße auf bestimmten Flächen und Kanten kann ein erfolgreiches Netz erstellt werden.

Das Netz wird als Überlagerung auf der Modellgeometrie erzeugt. Die Netzanzahl, -knoten und -elemente werden in der Ecke des Grafikfensters angezeigt. Wenn zudem Simulationsergebnisse angezeigt werden, wird die Sichtbarkeit der Knoten- und Elementanzahl zusammen mit den Informationen in der Farbleiste verwaltet. Werden Ergebnisse angezeigt und ist die Sichtbarkeit der Farbleiste deaktiviert, ist auch die Knoten- und Elementanzahl nicht zu sehen.

2.3.8 Anzeigen verschiedener Simulationsergebnisse

Nach der Ausführung einer Simulation wird im Grafikbereich ein Volumen-Plot mit einer Farbleiste angezeigt, die die Wertebereiche der Variablen farblich darstellt.

2.3.8.1 Festlegen der Farbleistenanzeige

Die Farbleiste zeigt an, wie die Konturfarben den in der Lösung berechneten Belastungswerten oder Verschiebungen entsprechen. Der Leistenbereich ist vorgabegemäß auf Automatisch gesetzt. Inventor weist den Wertebereich für die Anzeige zu. Die Einstellungen der Farbleistenanzeige gelten nur für die jeweilige Sitzung und bleiben nicht sitzungsübergreifend erhalten.

Rot dargestellte Ergebnisse stehen in den meisten Fällen für eine hohe Belastung oder Verformung bzw. für einen niedrigen Sicherheitsfaktor. Jeder Ergebnissatz liefert andere Informationen über die Auswirkungen einer Belastung Ihres Bauteils.

 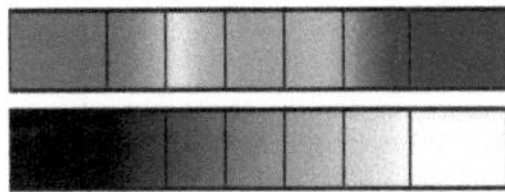 Zeigt die Leistenskala farbig an

Zeigt die Leistenskala einfarbig bzw. in Graustufen an

2.3.8.2 Von-Mises-Spannung

In den Ergebnissen werden die durch die Lösung berechneten Spannungen durch Farbkonturen angezeigt.

- **Hauptspannung**

Gibt den Wert der Spannung an, die zu der Ebene lotrecht ist, auf der die Scherspannung gleich Null ist. Überprüft die im Bauteil erzeugte maximale Zugspannung aufgrund der Belastungsbedingungen.

- **Verschiebung**

Die Ergebnisse zeigen die Art der Verformung des Modells nach Anwendung der Lösung an. Zeigt das Ausmaß der Verformung gegenüber der Originalform an.

- **Sicherheitsfaktor**

Zeigt die Bereiche des Modells, die bei Belastung wahrscheinlich zu Fehlern führen.

2.3.8.3 Schattierte Anzeige der Simulationsergebnisse

Glattschattierung — Die Farben gehen ineinander über. Dies ist die Vorgabedarstellung für alle Ergebnistypen, statische oder Modalanalyse.

Konturschatten — Die Farbtrennung ist deutlich zu erkennen. Stellt die Farben mit einer strengen Abgrenzungsmethode dar

Keine Schattierung — Ausschalten der Schattierungen.

2.3.9 Die Simulationsumgebung unter Inventor 2025

2.3.9.1 Start der Simulations-Umgebung

Öffnen

Speichern unter

- **Öffnen** Sie das gezeigte Bauteil von der Buch-DVD.
- **Speichern** Sie die Bauteil-Datei für die weitere Verarbeitung.
- Öffnen Sie das Register **Umgebung**.

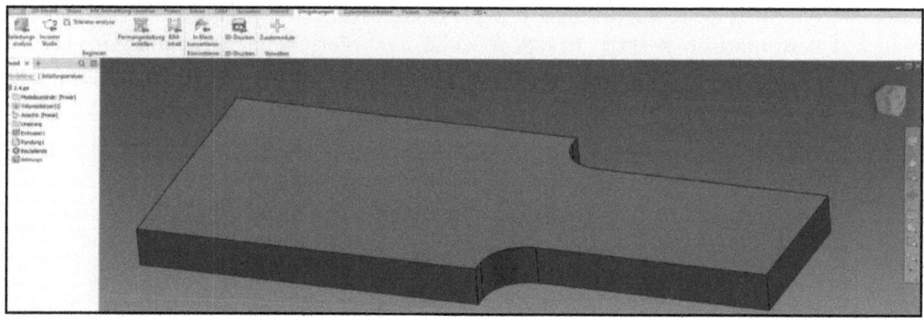

Belastungs-analyse

- Starten Sie die **Belastungsanalyse** über den Start-Button **Belastungsanalyse**.

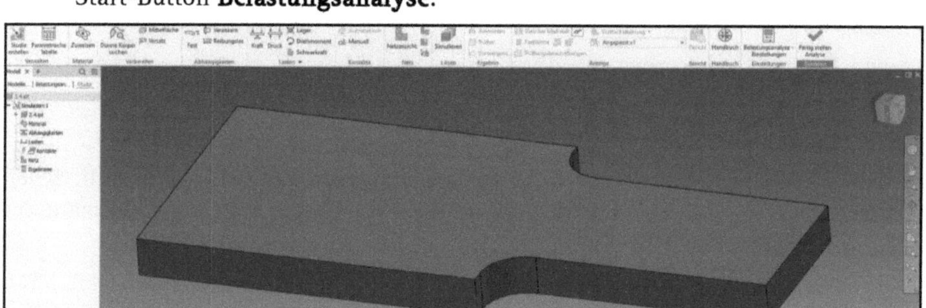

2.3.9.2 Der Simulations-Desktop

Bauteil-Browser/Belastungsanalyse　　　**Multifunktionsleiste**/Belastungsanalyse

Darstellungsfläche für Bauteil　　　　　　　**Materialien**-Liste

Aufruf für **Belastungshandbuch**　　　　　　**Einstellungen** für Belastungsanalyse

Parametrische Tabelle

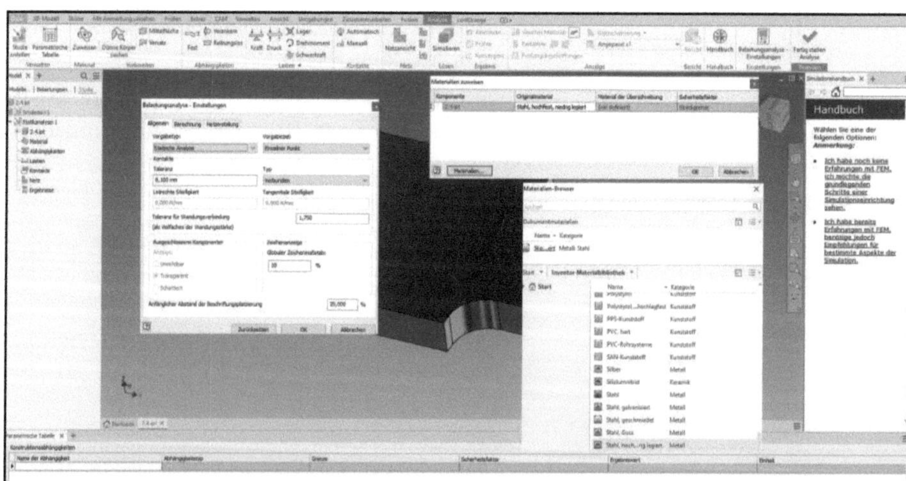

2.3.10 Arbeiten mit parametrischen Studien

Konfigurieren Sie parametrische Studien, führen Sie diese aus, und übertragen Sie die Endergebnisse zurück in das Modell.

Um die Auswirkungen geometrischer Variablen auf Ihre Konstruktionen zu untersuchen, führen Sie eine parametrische Bemaßungsstudie für das Modell durch. Sie können die Werte in der parametrischen Tabelle anpassen, um die angezeigten Ergebnisse zu ändern. Wenn Sie Parameter ändern, wird die Geometrie für alle entsprechenden Elemente aktualisiert, um die mit der Konstruktion verfolgte Zielsetzung beizubehalten.

In einer parametrischen Tabelle sind sowohl parametrische Bemaßungen als auch Konstruktionsabhängigkeiten aufgeführt. Konstruktionsabhängigkeiten sind die spezifischen Ergebniskomponenten, an denen Sie für diese Parameter interessiert sind. Es sind Optionen für alle Abhängigkeiten basierend auf Ihrer Auswahl vorhanden.

2.3.11 Arbeiten mit dem Simulationshandbuch

Simulatios-Handbuch

Hier erfahren Sie, wie Sie das Handbuch aktivieren und welche Möglichkeiten es gibt, das Handbuch zu schließen.

Das Simulationshandbuch unterstützt Sie bei der Vorbereitung eines Modells für die Simulation und der Interpretation der Ergebnisse sowie bei den Arbeitsabläufen der Simulation. Das Handbuch wird in einem neuen, andockbaren Fenster geöffnet. Während Ihrer Inventor-Sitzung kann immer nur ein Handbuchfenster geöffnet sein

2.3.11.1 Verwenden des Simulationshandbuchs

Die Informationen und Abfragen des Handbuchs werden in einer Entscheidungsstruktur angezeigt, die mögliche Simulationsarbeitsabläufe darstellen.

- Zum Anzeigen erweiterbarer Abschnitte im Inhalt klicken Sie auf Anmerkung.
- Zum Navigieren entlang der Entscheidungsstruktur des Arbeitsablaufs klicken Sie auf die entsprechende Verknüpfung.
- Zum Anzeigen der Hilfe und der Skill Builder klicken Sie auf die Verknüpfungen.
- Zum Aufrufen eines Befehls klicken Sie auf den schwarzen, fett gedruckten Befehlstext.

2.3.12 Belastungsanalyse-Einstellungen, Referenz

Belastungs analyse-Einstellungen

Die Belastungsanalyse-Einstellungen werden auf Dokumentbasis zugewiesen. Mit diesen Einstellungen werden die Standardeinstellungen für alle neuen Simulationen definiert. Wenn Sie die Einstellungen während der Verwendung einer Simulation ändern, wirkt sich dies nicht auf die Simulation aus. Die Einstellungen wirken sich nur auf Simulationen aus, die Sie nach der Änderung erstellen. Sie können die globalen Einstellungen in einer einzelnen Simulation überschreiben, indem Sie die Simulationseigenschaften ändern.

2.3.13 Zuweisen von Materialien für die Simulation

Materialeigenschaften definieren die strukturellen Eigenschaften der einzelnen Bauteile eines Modells für eine Simulation. Jeder Simulation kann ein anderer Materialsatz für beliebige Komponenten zugewiesen sein.

In jeder Simulation kann das zugewiesene Material für ein bestimmtes Bauteil oder eine bestimmte Baugruppe überschrieben werden. Die Überschreibung erfolgt ausschließlich für die jeweilige Simulation und hat keine Auswirkungen auf das Baugruppenmodell, es sei denn, Sie weisen dem Modell Änderungen zu. Wenn Sie bei der Modellierung von Komponenten beabsichtigen, eine Simulation durchzuführen, sollten Sie geeignete und bereits definierte Materialien verwenden.

Für alle Objekte gilt unabhängig vom verwendeten Material eine Belastungsgrenze, die als Materialfließgrenze oder letztendliche Stärke bezeichnet wird.

Sie können einen Sicherheitsfaktor aus dem Verhältnis der maximal zulässigen Spannung zur Vergleichsspannung von Mises, bei Verwendung der **Fließgrenzenstärke** berechnen. Er muss größer als 1 sein, damit die Konstruktion zulässig ist.

2.3.14 Die Multifunktionsleisten der Simulationsumgebung

2.3.14.1 Die Multifunktionsleiste „Umgebung"

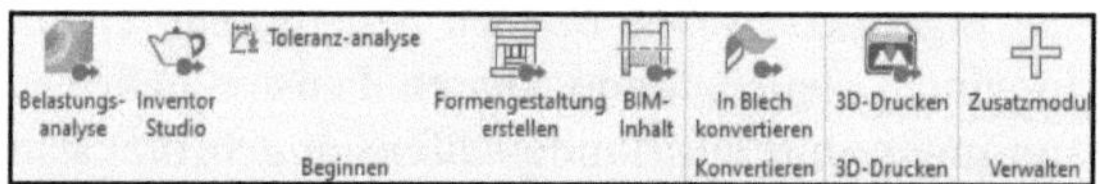

2.3.14.1 Die Multifunktionsleiste „Belastungsanalyse"

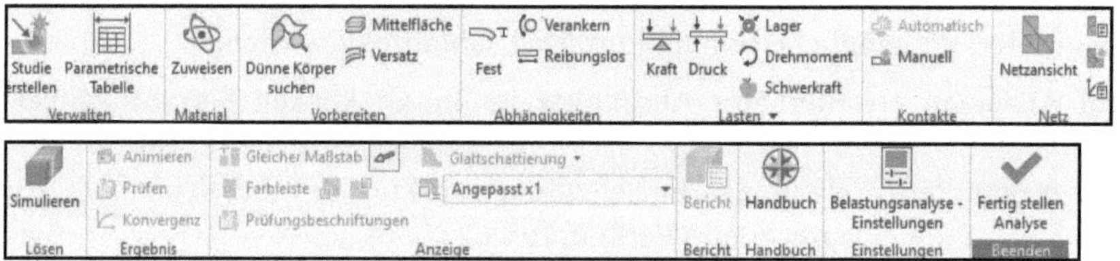

2.3.14.2 Die Multifunktionsleiste „Prüfen"

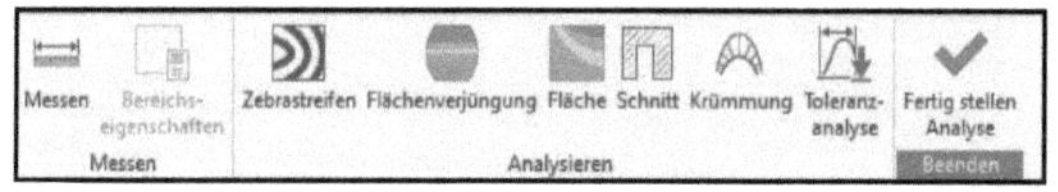

2.4 3D-Druck mit AutoDesk Inventor 2025
Kapitel 6 und 14 (Support-DVD)

2.4.1 3D-Druck mit AutoDesk Inventor 2025, Entwicklungen

Im Verlauf des letzten Jahrzehnts zeichnete sich beim Entwicklungszyklus ein deutlicher Trend hin zu virtuellen Werkzeugen ab. In Anbetracht der Situation war dieser Trend auch gerechtfertigt. Durch das Erstellen digitaler Prototypen ließen sich die Form, Passung und Funktion der Konstruktion schnell überprüfen. Es bietet gegenüber dem kostspieligen und zeitaufwändigen Erstellen physikalischer Prototypen deutliche Vorteile.

Zudem ermöglicht das virtuelle Prüfen der Performance von Konstruktionen schnellere Iterationen zu einem früheren Zeitpunkt im Konstruktionsprozess. Die Entwicklungszyklen haben sich beschleunigt. Dennoch zeichnet sich bei den Entwicklungszyklen in den letzten Jahren, aufgrund von neuen technologischen Errungenschaften, ein anderer Trend ab.

Der 3D-Druck, also das Prinzip des Übereinanderlegens von Materialschichten, zum Erstellen eines realen Produkts, ist deutlich schneller, günstiger und zugänglicher geworden, die Einführung dieser Technik wird als großer Innovationsdurchbruch gefeiert, damit kann ein Teil buchstäblich in Minuten oder Stunden erstellt werden. Der 3D-Druck wird in vielen Branchen eingesetzt, bringt aber gerade für die Konstruktion und die Produktentwicklung große Vorteile. Er kann zur Ergänzung virtueller Prototyping-Werkzeuge eingesetzt werden oder sie vielleicht sogar als technisch einfache Alternative ablösen, der 3D-Druck hat erhebliche Auswirkungen auf die Konzeptgestaltung, die detaillierte Konstruktion und das Erstellen und Testen von Prototypen.

2.4.2 3D-Druck, Grundlagen

Der 3D-Druck ist eine Hardware-Technologie, die mithilfe von additiven Fertigungsmethoden physikalische Komponenten erstellt. Eine nach der anderen werden einzelne Materialschichten übereinandergelegt, bis ein vollständiges Teil entsteht. Beim 3D-Druck können eine Reihe von Materialien, einschließlich Kunststoff und Metall, verwendet werden.

3D-Druckmaterialien eröffnen ganz neue Möglichkeiten bei der Konstruktion, da Konstrukteure nicht mehr auf herkömmliche Bearbeitungsvorgänge und die damit verbundenen Einschränkungen angewiesen sind. Das bedeutet, dass Konstrukteure beispielsweise hohle oder gitterartige Komponenten entwerfen können, die mit Fräs- und Dreh- Bearbeitungsmethoden unmöglich gefertigt werden könnten.

Zudem werden neue Methoden entwickelt, die additive und herkömmliche subtraktive Ansätze verbinden. Bei laufenden Forschungsarbeiten werden verschiedene Materialeigenschaften in räumlicher Hinsicht untersucht, damit Konstrukteure die Möglichkeit erhalten, Materialien und nicht nur Produkte zu entwickeln.

Ein weiterer Vorteil des 3D-Drucks ist seine Schnelligkeit und Handhabbarkeit. 3D-Drucker können genauso wie ein Standarddrucker mitten im Konstruktionsbüro stehen. Außerdem ist durch das schnelle Drucken von Teilen innerhalb von Stunden ein schnelles Erstellen von Prototyen möglich. Nun gibt es additive Fertigungsmethoden bereits seit einiger Zeit.

Aber Bedenken hinsichtlich ihrer sicheren Verwendung, allgemein hohe Kosten und Materialeinschränkungen haben die Technologie bisher daran gehindert, in der Konstruktion massentauglich zu werden. Durch die Entwicklungen der letzten Jahre konnten viele dieser Hemmnisse überwunden werden.

Aus Modellierungsperspektive müssen Konstrukteure in der Lage sein, ihre 3D-Modelle in ein Format umzuwandeln, das von der 3D-Drucker-Hardware gelesen werden kann, meistens eine STL-Datei. Dieses Modellformat und andere, die für den 3D-Druck verwendet werden, bestehen aus Facettenmodellen.

Viele Konstruktionsunternehmen setzen den 3D-Druck ein. Dennoch gibt es ein paar Punkte, die beachtet werden sollten. Als Eingabe benötigt diese neue Technologie Modelle, die sich aus einer Netzgeometrie zusammensetzen, die präzisen Facettengeometrien entsprechen. Leider können solche Geometrien mit den herkömmlichen Funktionen der parametrischen oder direkten Modellierung nicht bearbeitet werden. Dafür wird Facettenmodellierung benötigt.

Die meisten herkömmlichen CAD-Anwendungen bieten nur parametrische und direkte Modellierung, sodass Unternehmen dazu gezwungen sind, die Modelle mit einem zweiten Modellierungstool, das Facettenmodellierung ermöglicht, hin- und herzuschieben. Bei dieser Kompromisslösung muss die Geometrie, wenn sie während der Übertragung beschädigt wurde, oft aufwändig wiederhergestellt werden. Glücklicherweise vereint eine neue Reihe von CAD-Programmen eine Kombination aus parametrischer, direkter und facettenbasierter Modellierung in einer einzigen Anwendung. Damit lassen sich viele der zuvor genannten Probleme beheben.

2.4.3   3D-Druck und CAD

Bei der Konzeptentwicklung erarbeiten Konstrukteure eine Reihe von Ideen, die das Potenzial haben, die vorliegenden Anforderungen an Form, Passung und Funktion zu erfüllen. Zunächst suchen sie nach Konstruktionen, die diese Anforderungen grundsätzlich erfüllen. Abhängig von der Rolle, die die Konstruktion im Rahmen des gesamten Produkts oder Systems einnimmt, untersucht der Konstrukteur dann weitere Alternativen oder geht zu einer anderen Konstruktion über.

Der Einsatz des 3D-Drucks in der Konzeptentwicklung bietet hochinteressante Möglichkeiten. Konstrukteure und andere Personen, die an der Produktentwicklung beteiligt sind, können Konstruktionen jetzt materiell und nicht mehr nur visuell erfahren. Während Konstrukteuren vielleicht gute räumliche Visualisierungsmöglichkeiten zur Verfügung stehen, gilt dies nicht unbedingt für andere Positionen innerhalb der Konzeptentwicklung. Das einfache Ausdrucken eines Teils ermöglicht es den Beteiligten, das Modell physisch zu erleben, was deutlich wirkungsvoller sein kann, als das Modell nur auf dem Bildschirm zu sehen.

Auch aus Konstruktionsperspektive bieten sich nützliche Anwendungen, indem verschiedene potenzielle Entwürfe gedruckt werden, können Konstrukteure diese anhand einer Konstruktionsstudie vergleichen. Der 3D-Druck liefert Ergebnisse einer strukturellen Simulation, einschließlich Randfarbenplots, ermöglicht das genaue Visualisieren der Ergebnisse. Zudem kann die Zusammenarbeit durch das Drucken von verkleinerten Modellen eines ganzen Systems, die für eine einfachere Auswertung farbkodiert sind, stark vereinfacht werden. Sie können sogar im Laufe der Zeit durch neu gedruckte Teile aktualisiert werden, wodurch sich die Genauigkeit erhöhen lässt.

Die digitalen geometrischen Darstellungen dieser Konstruktionen variieren sehr stark. Manche verwenden Top-Down-Konstruktionstechniken, um Volumen und Räume für spezifische Komponenten abzutrennen. Andere konkretisieren diese Ideen mit 2D- oder 3D-Skizzen, die aus Kurven, Linien, Flächen und anderen einfachen Geometrien entwickelt wurden. Allerdings handelt es sich bei diesen Darstellungen zu diesem Zeitpunkt normalerweise nicht um detaillierte 3D-Modelle. Diese werden während der detaillierten Konstruktion erstellt.

Die Verwendung der Facettenmodellierung bei der Konzeptentwicklung ist eine Grundvoraussetzung für den 3D-Druck. Nachdem die Konzeptgeometrie in ein Format exportiert wurde, das der 3D-Drucker lesen kann, müssen Konstrukteure die Konstruktion eventuell ergänzen, entfernen oder ändern. Manchmal kann auch eine Verfeinerung der Qualität der Netzgeometrie erforderlich sein. Die Facettenmodellierung bietet diese Möglichkeit.

Vor vielen Jahren stützte man sich beim Überprüfen von Form, Passung und Funktion einer detaillierten Konstruktion größtenteils auf Prototypen, deren Entwicklung teuer und zeitaufwändig war. In jüngerer Zeit setzen Konstruktionsunternehmen in großem Maßstab virtuelle Prototypen zum Erreichen vieler dieser Validierungsziele ein. Mit der zunehmenden Verbreitung des 3D-Drucks haben Konstruktionsunternehmen die Möglichkeit, sowohl virtuelles Prototyping als auch den schnellen und kostengünstigen 3D-Druck zu verwenden.

Interessanterweise bietet der 3D-Druck eine Möglichkeit zum Überprüfen vieler Produkteigenschaften, die ein virtueller Prototyp nicht bietet. In manchen Branchen muss die Qualität eines Produkts anhand seines Gewichts und seiner Haptik beurteilt werden. Sowohl Ästhetik als auch Haptik lassen sich virtuell schwer beurteilen. Manche Produkte können sich nur durch eine bestimmte Textur oder Haptik von anderen Produkten abheben. Derartige materielle Untersuchungen lassen sich ohne den 3D-Druck nur schwer bewerkstelligen. In anderen Funktionsbereichen wiederum ist der 3D-Druck als Validierungsmöglichkeit leichter zugänglich als virtuelle Prototypen.

2.4.3.1 Geometrie und Modellierungstypen

Die herkömmliche Geometriemodellierung nimmt im Allgemeinen eine von zwei Formen an: Parametrisch oder direkt. Mit der parametrischen Modellierung kann ein Modell Formelement für Formelement erstellt werden, indem die Bemaßungen mit Parametern gesteuert werden. Die Direktmodellierung ermöglicht es, die vorhandene Geometrie durch Ziehen und Verschieben zu bearbeiten. Beide Modellierungsansätze arbeiten mit Begrenzungsflächen, in denen die Geometrie durch flache oder leicht gebogene Oberflächen dargestellt wird.

Die Netzgeometrie hingegen besteht aus einer Punktwolke, die die äußere Oberfläche einer Konstruktion darstellt. Einige CAD-Anwendungen wandeln diese in Volumenkörpergeometrie um, indem sie planare Dreiecke oder Trapeze erstellen und diese miteinander zu einem geschlossenen Volumenkörper verbinden. Mit der Facettenmodellierung können Konstrukteure die Qualität des entstehenden Netzes optimieren und die Geometrie durch Hinzufügen und Entfernen von Material bearbeiten. In vielen Fällen müssen Konstrukteure bei der Entwicklung parametrische, direkte und facettenbasierte Modellierung kombinieren. Facettenmodelle besitzen planare Flächen, die sich der genauen Geometrie annähern, die bei der parametrischen und direkten Modellierung erstellt werden, deren Einsatz im Konstruktionsprozess weit verbreitet ist.

2.4.4 Normen und Richtlinien für die Additive Fertigung, eine zeitliche Darstellung, Auszug

2003 Gründung des VDI Rapid Prototyping.

2009 SME (European DIGITAL SME Alliance) und ASTM (American Society for Testing and Materials) beginnen ihre Kooperation im Bereich Normung. Gründung des ASTM F42 Additive Manufacturing Technologies.

2010 DIN Arbeitsausschuss NA145-04-01AA Grundlagen und Prüfverfahren im Fachbereich Additive Fertigung gegründet.

2011 Gründung des ISO TC261 Additive Manufacturing. Kooperationsvereinbarung zwischen ASTM und ISO.

2012 Start des Europäischen SASAM-Projekts.

2013 ASTM und ISO intensivieren ihre Zusammenarbeit mit dem Joint Plan for AM Standards Development.

2015 Gründung des CEN/TC438 Additive Manufacturing, (European Committee for Standardization). Veröffentlichung der SASAM Standardization Roadmap. Gründung des 3MF-Consortium (3MFDateiformat).

2016 Gründung der America Makes & ANSI Additive Manufacturing Standardization Collaborative (AMSC). Veröffentlichung der AM-Standards Structure von ASTM und ISO.

2017 Veröffentlichung der Normungs-Roadmap von AMSC für die Additive Fertigung

2018 DIN gründet den Fachbereichsbeirat Additive Fertigungsverfahren im DIN-Normenausschuss Werkstofftechnologie

2.4.5 DIN-Normen und Richtlinien für die Additive Fertigung

DIN hat im Juli 2018 den Normenausschuss **Fachbereichsbeirat Additive Fertigungsverfahren** im DIN-Normenausschuss **Werkstofftechnologie** gegründet, um die bisherige Arbeit in internationalen Ausschüssen der ISO und ASTM International im Bereich **Additive Fertigung** zu stärken. So wurden bisher diverse internationale Normen ausgearbeitet, die sich mit dem Thema 3D-Druck befassen. Im November 2019 wurde mit der DIN SPEC 17071 ein Leitfaden für qualitätsgesicherte Prozesse erstellt, der einheitliche Anforderungen an die **Additive Fertigung** definiert. Dabei werden alle qualitätsrelevanten Punkte wie die Mitarbeiter, die Dokumentation der Arbeitsschritte, die Infrastruktur und die Qualifizierung von Anlagen, Materialien und Prozessen in die Betrachtung einbezogen. Dadurch soll es auch kleinen und mittleren Unternehmen ermöglicht werden, eine risikominimierte, industrielle Fertigungsreife aufzubauen.

Das Dokument soll die weltweiten Normungsaktivitäten in diesem Bereich anleiten und beflügeln, zur Kohäsion der Normen beitragen und die Anwendbarkeit sowie Akzeptanz der Normen unterstützen. Wichtige Elemente hierfür sind beispielsweise transparente Prozessabläufe, die Untergliederung der Additiven Fertigung in klar definierte Unterbereiche sowie einheitliche Terminologien.

2.4.6 3D-Druck, Druckverfahren
3D-Druck mit Pulver (3DP)

Ein sehr fortgeschrittenes Verfahren aus dem Bereich **Additive Layer Manufacturing** verwendet Pulver als Grundlage für den 3D-Druck. Ein solcher Printer verfügt über einen oder mehrere Druckköpfe, der ähnlich wie bei einem herkömmlichen Tintenstrahl Drucker funktioniert. Anstelle von Tinte, wird über diesen Druckkopf jedoch ein flüssiges Bindemittel auf eine Pulverschicht aufgetragen. Als Datengrundlage dienen auch hier, die einzelnen 2D-Layer eines zerlegten 3D-Modells. Beim 3D-Druck mit Pulver, wird der erste (unterste) Layer über einen beweglichen Druckkopf mit einem flüssigen Klebstoff auf eine Pulverschicht aufgetragen. Der 3D-Drucker zeichnet somit ein 2D-Bild der ersten Schicht auf das Pulverbett und verklebt die einzelnen Material-Partikel miteinander. Danach wird automatisch eine frische, hauchdünne Pulverschicht über das erste Bild gezogen und der Vorgang wiederholt sich mit dem 2D-Bild des zweiten Layers. Schicht für Schicht werden so die einzelnen Layer in das Pulverbett gezeichnet und ein 3D-Modell entsteht aus der Summe der zusammengeklebten Pulverteilchen. Damit das 3D-Objekt von unten nach oben wachsen kann, wandert das Pulverbett zwischen jedem Layer um die Hohe einer Pulverschicht um die Z-Achse nach unten. Die Materialmenge ist dabei so berechnet, dass sich die Schichten auch untereinander verkleben. Das Pulver und der Kleber können dabei aus unterschiedlichen Materialien bestehen. So wird zwar vorrangig mit Gips und Kunststoffpulver gedruckt, aber auch Keramik, Glas und andere pulverförmige Materalen wie Metalle können verarbeitet werden.

2.4.6.1 Elektronenstrahlschmelzen, Electron Beam Additive Manufacturing

Beim Elektronenstrahlschmelzen werden nach einem ähnlichen Prinzip, pulverförmige Metalle über einen gut steuerbaren Elektronenstrahl unter Vakuum verschmolzen. Das Vakuum verhindert einen Einschluss von Sauerstoff in das Objekt. Dadurch entstehen sehr feste metallische Objekte, die über einen komplexen Aufbau verfügen können. Das Verfahren ermöglicht auch das Verarbeiten von Metallen mit einem höheren Schmelzpunkt wie beispielsweise Titan. Zwar erreichen EBM Geräte üblicherweise eine schlechtere Auflösung als SLS Geräte, dafür ist der Druckvorgang um einiges schneller.

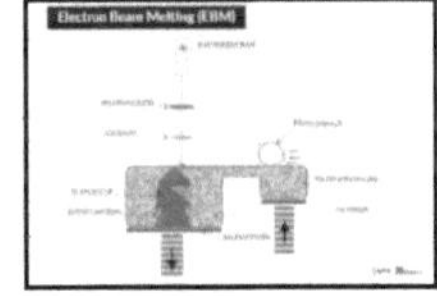

2.4.6.2 3D-Metall-Direktdruck, Laser-Sintern

Beim 3D-Druck-Verfahren, Laser-Sintern, kommt wie bei der Stereolithographie ein Laser zum Einsatz, diesmal aber kein UV-, sondern je nach Maschine ein CO2-, Yttrium-Aluminium -oder Faser-Laser. Im 3D-Drucker gibt es außerdem nicht eine, sondern zwei Arbeitsbühnen. Die eine arbeitet von unten nach oben und liefert das Rohmaterial, meist Polyamid-Pulver. Möglich sind als Ausgangsmaterial aber auch mit Kunststoff beschichteter Formsand sowie Metall-oder Keramikpulver.

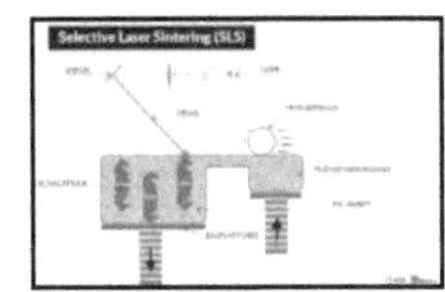

Die andere Hebebühne läuft in der Gegenrichtung, also von oben nach unten. Auf diesem sogenannten Drucktisch wird das 3D-Modell aufgebaut. Eine Rolle schiebt das Pulver vom Vorratsbehälter über den Drucktisch. Der Laser erhitzt die Stellen des späteren Objekts und schmilzt dort das Pulver zusammen. Ist die unterste Schicht gebaut, schiebt der Roller eine neue, hauchdünne Pulverschicht darüber, der Laser wird neu justiert und schmilzt die zweite Schicht Pulver ein. So entsteht auch beim Laser-Sintern das Objekt von unten nach oben.

In den VDI-Richtlinien **3405 Laser-Strahlschmelzen metallischer Bauteile** sind Materialkenndatenblätter für Nickellegierungen, Aluminiumlegierungen und Lasersintern von Kunststoffbauteilen neu aufgelegt und werden auch um weitere Materialien ergänzt.

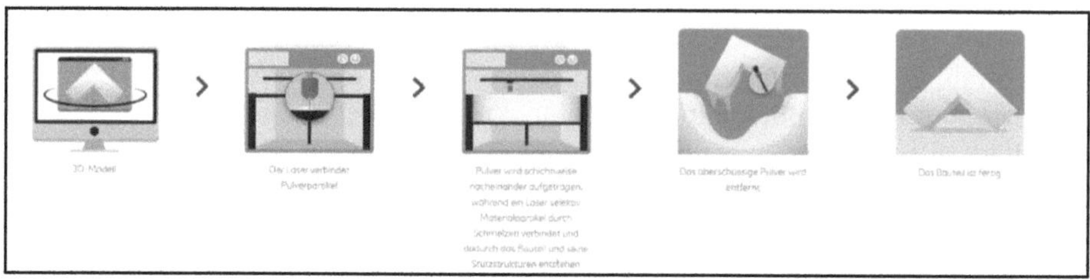

2.4.6.3 3D–Metall–Direktdruck, Vorbemerkungen

Der Direktmetalldruck (DMP) ist eine additive Fertigungstechnik, mit der Teile in einer Vielzahl von Metalllegierungen hergestellt werden können. Aus Metallpulver als Ausgangsmaterial wird das Produkt Schicht für Schicht hergestellt. Jede Schicht wird dann auf die vorhergehende aufgeschmolzen, wodurch ein festes und dichtes Teil (bis zu 99,9 %) entsteht, das mit den Ergebnissen konventioneller Herstellungsverfahren wie Fräsen und Gießen vergleichbar ist. Bei diesem Prozess entsteht fast kein Abfallmaterial, und es können komplexe Geometrien gebaut werden, die sonst nicht hergestellt werden könnten. Durch die Kombination mehrerer Teile zu einem einzigen Produkt entfallen Montageprozesse, z. B. das Schweißen, was für zusätzliche Funktionalität sorgt. Die Vorteile des 3D-Metall-Direktdruck in Auszug:

- Gewichtsreduzierung
  Durch Gitterstruktur- oder Topologie-Optimierung.

- Kundenspezifische Produkte
  Interne Strukturen wie konturnahe Kühlung, die auf herkömmliche Weise nicht herstellbar sind.

- Verbesserte Funktionalität der Teile
  Thermische, strömungstechnische, strukturelle Funktionalität oder Integration verschiedener Funktionen in einem Teil.

- Schnelle Produktion
  Keine Tools oder umfangreiche Programmierung erforderlich.

2.4.6.4 3D–Metall–Direktdruck, Druckvorgaben

Die Oberflächenqualität beim Direktmetalldruck ist abhängig von der Ausrichtung der Oberfläche. Der Treppenstufeneffekt, der allen additiven Schichtherstellungstechnologien eigen ist, kann durch den Aufbau von stärker vertikalen oder aber perfekt horizontal ausgerichteten Flächen verringert werden. Auf nach oben gerichteten Flächen ist dieser Effekt deutlich sichtbar und wichtig. Auf nach unten gerichteten Flächen ist der Schlackenbildungseffekt in den meisten Fällen größer als der Treppeneffekt. Schlacke ist die unerwünschte Menge an geschmolzenem Material und Teilchen als Folge des Schmelzens auf losem Pulver. Bei nach unten gerichteten Oberflächensackt die geschmolzene Schicht durch das darunter liegende lose Pulver, was zur Bildung von Schlacke führt. Nach unten gerichtete Flächen sind die schlechtesten Flächen mit einer hohen Rauheit des Teils. Ganz allgemein kann man sagen, dass die Qualität des Teils durch Verringerung der nach unten gerichteten Flächen erhöht wird.

Die Qualität von Druckmerkmalen wie Löcher, Taschen, Schraubengewinde usw. hängt von der Ausrichtung des Teils ab. Die höchste Qualität beim Drucken entsteht in Z-Richtung (senkrecht zur Bauplattform). Wenn diese Details in X/Y-Richtung (parallel zur Bauplattform) gedruckt werden, verschlechtert sich deren Qualität durch die Ausrichtung nach unten.

Bei der Ausrichtung der Teile sollen die thermischen Spannungen so gering wie möglich gehalten werden. Diese thermischen Spannungen werden durch eine erste lokale Erwärmung des Pulvers und eine schnelle Abkühlung nach dem Schmelzen des Pulvers erzeugt. Eine Möglichkeit, die Spannungen so gering wie möglich zu halten, besteht darin, die Querschnitte (also das, was tatsächlich in jeder Schicht gescannt wurde) so klein wie möglich zu halten.

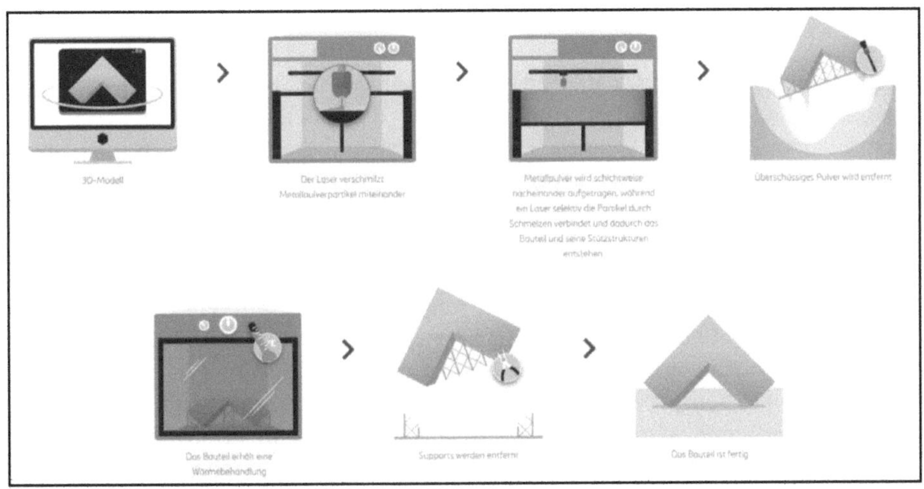

2.4.7 Fused Deposition Modelling

Bei der Rapid Prototyping-Technologie **Fused Deposition Modelling** (FDM) sind zahlreiche thermoplastische Materialien verarbeitbar, größtenteils Kunststoffe.

Fused Deposition Modeling (FDM, deutsche Bezeichnung **Schmelzschichtung**) oder **Fused Filament Fabrication** (FFF) bezeichnet ein Fertigungsverfahren aus dem Bereich des Rapid Prototyping, mit dem ein Werkstück schichtweise aus einem schmelzfähigen Kunststoff aufgebaut wird. Maschinen für das FDM gehören zur Maschinenklasse der 3D-Drucker.

Im Schmelzschicht-Verfahren wird zunächst, ähnlich wie bei einem normalen Drucker, ein Raster von Punkten auf eine Fläche aufgetragen. Erzeugt werden die Punkte dabei durch die Verflüssigung eines drahtförmigen Kunststoff-oder Wachsmaterials durch Erwärmung, der Aufbringung durch Extrudieren mittels einer Düse sowie einer anschließenden Erhärtung durch Abkühlung an der gewünschten Position in einem Raster der Arbeitsebene.

Der Aufbau eines Körpers erfolgt üblich indem wiederholt, jeweils zeilenweise eine Arbeitsebene abgefahren und dann die Arbeitsebene ‚stapelnd‘ nach oben verschoben wird, sodass eine Form schichtweise entsteht. Die Schichtdicken liegen je nach Anwendungsfall zwischen 0,025 und 1,25 mm. Üblicherweise können Vollkörper und Hohlkörper gefertigt werden. Die herstellbaren Wandstärken bei einem Hohlkörper sind jedoch verfahrensbedingt, je nach 3D-Drucker, beschränkt auf ca. mindestens 0,2 mm.

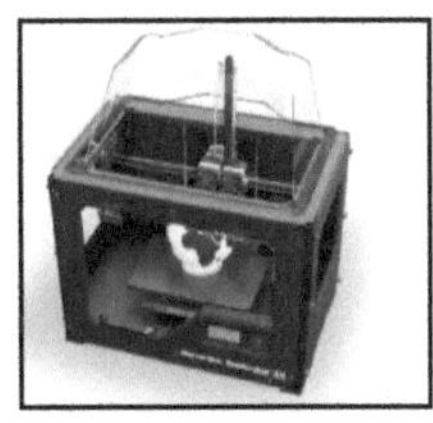

3D-Drucker
MakerBot Replicator 2

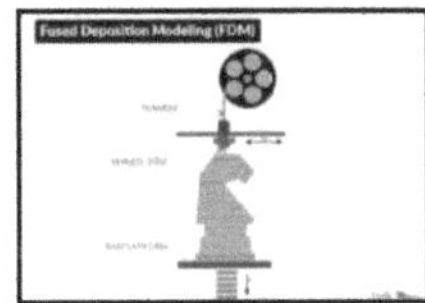

Bei der schichtweisen Modellherstellung verbinden sich damit die einzelnen Schichten zu einem komplexen Teil. Auskragende Bauteile können mit diesem Verfahren nur mit Stützkonstruktionen, die bei der Generierung der Druckdatei berechnet werden, erzeugt werden.

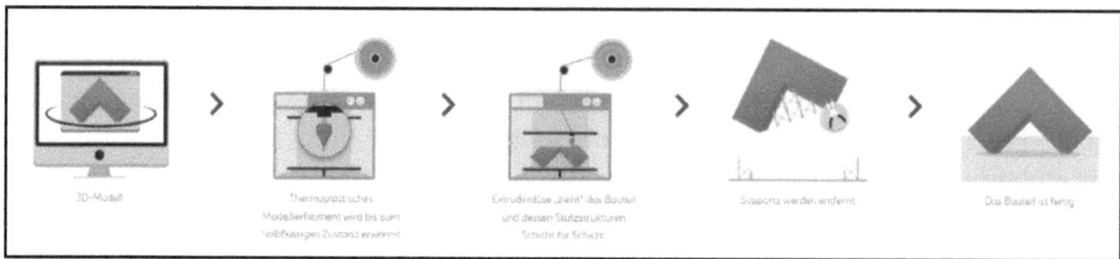

2.4.8 Stereolithographie

Stereolithographie
3D-Drucker Fa. Formlabs

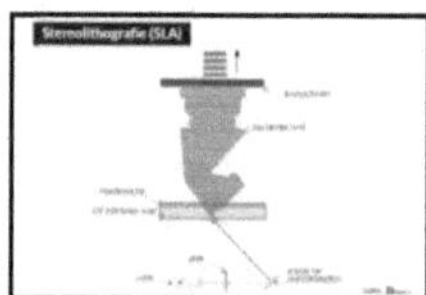

Bereits im Jahr 1983 wurde die Stereolithographie von Chuck Hull und Dr. Hideo Kodama erfunden. Chuck Hull gründete später 3D Systems, einen der weltgrößten Hersteller von 3D-Druck-Anlagen. Mit dem Stereolithografie-Verfahren ist es möglich, sehr filigrane Strukturen, präzise und glatte Oberflächen zu erzeugen. Hull beschrieb die Methode als das Herstellen von dreidimensionalen Modellen durch das aufeinanderfolgende Drucken dünner Schichten aus einem Material, das sich durch ultraviolettes Licht härten lässt.

Die Stereolithographie gehört zu einer Gruppe von additiven Fertigungstechniken, die auch als VAT-Photopolymerisation bezeichnet wird. Diese Geräte arbeiten alle nach demselben Prinzip, nämlich dem Einsatz einer Lichtquelle, UV-Laser oder Projektor, zur Aushärtung von flüssigem Kunstharz zu hartem Kunststoff. Beim Stereolithografie-Verfahren werden lichtaushärtende Kunststoffe in dünnen Schichten von einem Laser ausgehärtet. Diese Kunststoffe nennen sich Photopolymere. Das können zum Beispiel Kunst- oder Epoxidharze sein.

Das Bauteil entsteht in einem flüssigen Kunststoffbad, welches aus den Basismonomeren des zu verarbeitenden lichtempfindlichen Kunststoffs besteht. Der flüssige Kunststoff wird mit einem Wischer gleichmäßig über der vorherigen Schicht verteilt. Ein Laser, der über bewegliche Spiegel gesteuert ist, fährt anschließend auf der neuen Schicht über die Flächen, die ausgehärtet werden sollen. Ist die Schicht ausgehärtet, wird die Bauplattform um einige Millimeter abgesenkt und in eine Position zurückgefahren, welche um genau den Betrag einer Schichtstärke unter der Schichtstärke davor liegt.

Danach wird die nächste Schicht gedruckt. Schicht für Schicht wird so das Objekt aufgebaut. Bei der Stereolithographie ist das Ausgangsmaterial flüssig. Im Drucker befindet sich ein Becken mit Epoxidharz und einer Hebebühne, die etwa 0,05 Millimeter unter der Oberfläche steht. Oberhalb des Beckens ist ein UV-Laser angebracht. Für die erste Schicht nimmt der Laser die Flüssigkeit unter Beschuss und härtet den Kunststoff aus. Ist die erste Schicht fertig, senkt sich die Plattform minimal ab, meist nur um 0,05 bis 0,25 Millimeter. Von der Seite läuft dann eine neue Schicht Kunstharz ein und bedeckt die bereits ausgehärtete Schicht. Dann härtet der Laser die zweite Schicht aus.

2.4.9 TetraShell-Software für Feinguss, „Firma Materialise"

Wenn Feingussmodelle in einem Stück gebaut werden, führt dies zu einer besseren Bemaßungsgenauigkeit und Wiederholbarkeit und das Risiko von Oberflächenfehlern wie Einschlüssen wird reduziert. Die patentierten **Mammoth** Stereolithographie-Maschinen der Firma **Materialise** ermöglichen das Erstellen von Mustern mit einer Länge von bis zu 2,1 Metern und mit der besten Oberflächenbeschaffenheit dieser Klasse. Durch die Zusammenführung der **Somos TetraShell**-Software mit der Stereolithographie-Technologie entfällt die oft zeitaufwändige und teure Werkzeugproduktion. Mit 3D-Druck-Gießereimodellen erhält man eine schnelle, wirtschaftliche und flexible Lösung für Gießereiprojekte. Neben Prototyping eignen sich die Muster auch ideal für die Werkzeugvalidierung und das Gießen kleiner Serien von Metallkomponenten.

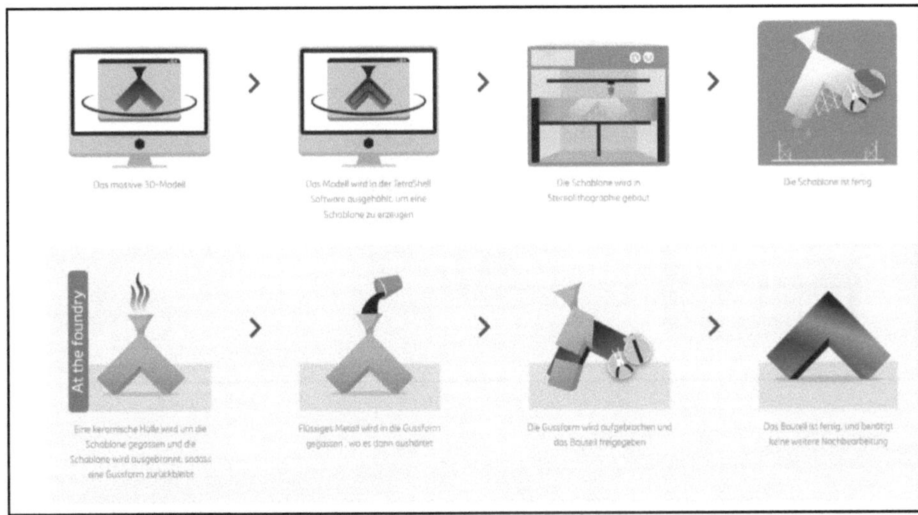

2.4.10 PolyJet-Technologie, Firma „Materialise"

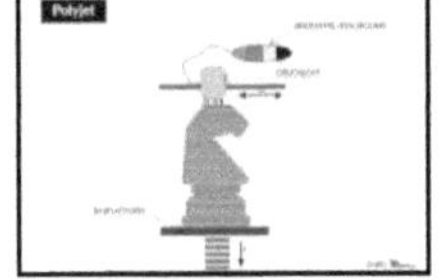

Die **PolyJet**-Technologie, wie auch **MultiJet-Modeling**, ermöglicht horizontale Schichten von gerade einmal 32 µm, deine Details und ultradünne Wände bis zu 0,6 mm, je nach Geometrie des Bauteils. Mit PolyJet können sehr präzise mechanische Komponenten gefertigt werden, sodass hochwertige Prototypen für eine kürzere Markteinführungszeit erstellt werden können.

PolyJet bietet die Möglichkeit, Bauteile und Baugruppen aus mehreren Materialien, Farben und Transparenz mit unterschiedlichen mechanischen und physischen Eigenschaften in einem Durchgang zu drucken. So können Sie problemlos Bauteile mit nie dagewesener Komplexität aus unterschiedlichen Materialien und Farben und mit der Nachbearbeitung hochwertiger Endprodukte bestellen.

2.4.11 MultiJet-Technologie, Firma „Materialise"

MultiJet Fusion verwendet ein feinkörniges PA 12-Material, das ultradünne Schichten von 80 Mikrometern ermöglicht. Dadurch entstehen Teile mit hoher Dichte und geringer Porosität im Vergleich zu PQ 12-Teilen, die mit Lasersintern gefertigt werden. Außerdem entsteht eine außergewöhnlich glatte Oberfläche und Funktionsteile erfordern nur minimale Endbearbeitung. So werden die Vorlaufzeiten verkürzt, was ideal ist für funktionale Prototypen und Kleinserien von einsatzfähigen Teilen.

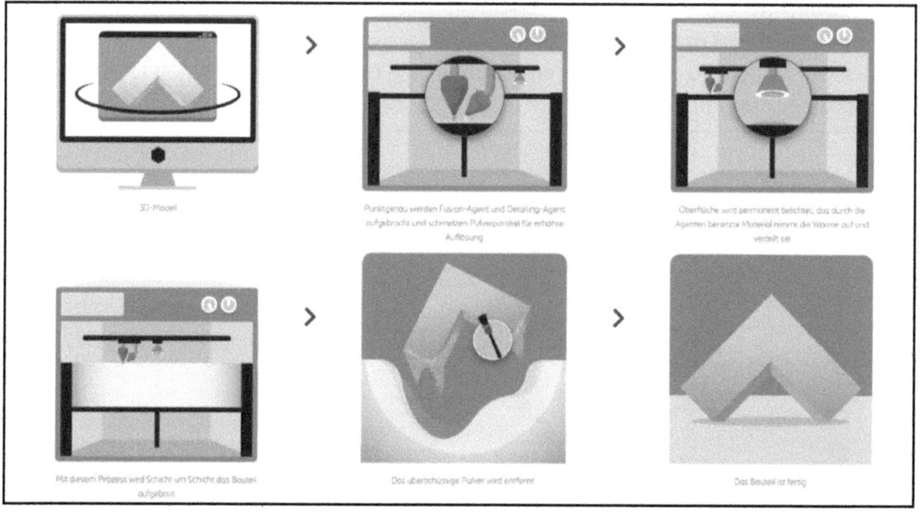

2.4.12 AutoDesk Inventor 2025, Drucken von 3D-Modellen

Inventor 2025 unterstützt das 3D-Drucken von Modellen, die Oberflächenkörper und Grafikkörper enthalten, nur dann wenn diese einen, wasserdicht verteilten Volumenkörper bilden. Sie können 3D-Druck für Oberflächen oder Grafikkörper verwenden, vorausgesetzt, sie bilden einen wasserdichten verteilten Volumenkörper. Körper, die keinen wasserdichten verteilten Volumenkörper bilden, werden vorübergehend ausgeblendet und Körper, bei denen dies der Fall ist, werden in 3D gedruckt.

Mit Inventor 2025 können Sie direkt auf 3D-Druckern drucken, so als ob Sie ein Dokument auf einem Bürodrucker ausdrucken würden. Obwohl Inventor 2025 **.STL**, ein weithin anerkanntes Format für den 3D-Druck, ausgeben kann, haben die Formate **.3MF** und **.AMF** keine Definition von Daten wie der Position Ihres Modells relativ zum ausgewählten 3D-Drucker, der Ausrichtung, Farbe, Materialien nötig.

2.4.12.1 Dateiformat STL

Die STL-Schnittstelle wurde von 3D-Systems, Ende der 1980iger entwickelt. Das Datenformat wurde damals für das erste generative Fertigungsverfahren Stereolithografie erschaffen, um die CAD-Daten für den 3D-Drucker aufzubereiten. Es hat sich dann als quasi Standard-Dateiformat für den 3D-Druck durchgesetzt und ist auch bei anderen 3D-Druckverfahren kaum mehr wegzudenken.

Das STL-Dateiformat ist ein weltweiter Standard, weil die meisten CAD-Programme damit arbeiten können. Auch die 3D-Drucker kommen mit dem Format gut zurecht, es gilt quasi als Universalsprache im 3D-Druck.

Einfach ausgedrückt, wandelt das STL-Dateiformat ihr 3D-Modell eine Vielzahl von winzigen Dreiecken um. Die meisten CAD-Programme ermöglichen es Ihnen, Ihr 3D-Modell in eine STL Datei zu verändern.

STL gilt zwar als Standarddateiformat für die additive Fertigung, dennoch kann es mit den STL-Dateien zu Komplikationen kommen. Zum einen ist nicht jedes 3D-Modell, das in diesem Format vorliegt, automatisch 3D-druckfähig. Manchmal sind Reparaturen an dem Modell vonnöten, um es druckfähig zu machen. Zum anderen transportiert das STL-Format nur Informationen über die äußere Oberfläche und Gestalt des Objektes. Daten über die innere Struktur, Farben und Texturen sowie andere Eigenschaften werden nicht mit aufgenommen. Für einen vollfarbigen 3D-Druck müssen die Farbinformationen/Texturen in einer gesonderten Datei gespeichert werden. Alternativ muss die Farbinformation manuell den Oberflächen zugeschrieben werden.

2.4.12.2 Dateiformat 3MF

3MF, auch **3D Manufacturing Format** genannt, ist ein **Open-Source-Projekt**, das von dem von Microsoft gegründeten 3MF-Konsortium entwickelt wurde.

Das Hauptziel des 3MF-Konsortiums ist es, eine XML-basierte Plattform zu schaffen, die ein 3D-Modell mit einem umfassenden Paket von Informationen enthalten kann, die nicht in einer einfachen STL-Datei gespeichert werden können.

Das 3MF-Dateiformat verwendet die gleiche Komprimierung wie ein ZIP-Archiv – Sie können die Erweiterung tatsächlich in .zip umbenennen, einfach entpacken und mit dem Inhalt arbeiten. Abgesehen vom 3D-Modell selbst, können 3MF-Dateien enthalten:

- Mehr als ein Objekt in der Szene.
- Komplette **PrusaSlicer**-Einrichtung einschließlich Druckerprofil.
- Manuell erstellte Stützen
- Variable Einstellungen der Schichthöhe
- Modifikatoren, Szeneneinheiten Farb- und Texturinformationen

Darüber hinaus bietet 3MF eine klare Definition von Mannigfaltigkeit, es ist unmöglich, eine 3MF-Datei mit nicht-mannigfaltigen Kanten zu erstellen, und es gibt keine Mehrdeutigkeit für Modelle mit Selbstüberschneidungen. Dies hilft, Fehler in gedruckten Modellen zu vermeiden.

Einzelne Objekte können referenziert oder verschoben werden, ohne das Netz zu verändern, und mehrere identische Objekte können mit Bezug auf dasselbe Netz platziert werden. Während die STL für jede Kopie eines Netzes eine Kopie jedes Dreiecks anfertigen würde, merkt 3MF einfach, dass dieses Objekt eine neue Instanz hat und speichert seine Position.

2.4.12.3 Dateiformat AMF

Sie können Teil-und Baugruppendateien auch mithilfe des **Additive Manufacturing File Format** (AMF) exportieren. Der auf XML-Basis bestehende offene Standard AMF, kann im Gegensatz zu seinem Vorgänger auch Farben berücksichtigen und ermöglicht einen größeren Spielraum bei der Manipulation der Grundstruktur.

So kann das Format nicht nur mit einem aus Dreiecken bestehenden Netz (mesh of triangles) sondern auch mit einer Mischung aus Mesh und Funktionen arbeiten. Die beiden Erweiterungen ermöglichen beim 3D-Druck mit Farbe und für Multi-Material-Drucker einen größeren Spielraum.

AMF wurde 2013 als Release DIN EN ISO **52915** verabschiedet, konnte sich jedoch nicht durchsetzen.

2.4.12.4 Dateiformat OBJ

OBJ ist ein offenes Dateiformat zum Speichern von dreidimensionalen geometrischen Formen. Das von **Wavefront Technologies** entwickelte Format wird von vielen 3D-Grafikprogrammen unterstützt und ist daher geeignet für die Programm- und plattformübergreifende Weitergabe von 3D-Modellen

Es wird von vielen Software-Programmen oft als Austauschformat verwendet, als Alternative zu **STL**-Dateien, wenn Informationen über Farben oder Materialien angegeben werden sollten.

Das OBJ-Dateiformat benutzt das **ASCII**-Format mit einer einfachen Syntax. Die wichtigsten Abschnitte der OBJ-Dateien enthalten Scheitellinien, Texturkoordinaten, Normalkoordinaten und Flächen.

2.4.13 3D-Druck, Probleme und Drucktipps

Die Probleme, die beim Druck entstehen können, sind komplexer Art. Viele verschiedene Faktoren nehmen Einfluss auf den Druck. Es dauert eine gewisse Zeit, insbesondere bei komplexen Druckmodellen, bevor man ein Gefühl für das Gerät und das verwendetet Material entwickelt. Für weitergehende Informationen und Hilfestellungen ist es sinnvoll, den Hersteller bzw. die Herstellerwebseite zu konsultieren.

2.4.13.1 Allgemeine 3D-Druck-Drucktipps

- Für den Einstieg ist es sinnvoll, nur mit einem Filament-Material zu arbeiten, da die Eigenschaften leicht variieren. Das betrifft die Art des Filaments (ABS/PLA), aber auch Filamentsorten verschiedener Hersteller oder sogar Farben einer Filamentsorte.
- Der Standort des Druckers sollte nicht gewechselt werden, um nötige Kalibrierungen nicht ständig vornehmen zu müssen. Auch die Umwelteinflüsse sollten konstant gehalten werden, damit sich das Filament in der Abkühlungsphase immer gleich verhält.
- Es empfiehlt sich, immer nur einzelne Werte wie Temperatur, Druckgeschwindigkeit, Materialdurchfluss usw. zu ändern, um das Druckergebnis zu optimieren.
- 3D-Druck ist zeitintensiv, der Drucker muss erst aufheizen, bevor der Druck startet und man das Ergebnis sieht. Sofern die ersten Lagen korrekt gedruckt wurden, ist die Wahrscheinlichkeit groß, dass der Druck korrekt durchläuft.
- Man sollte so wenig Masse wie möglich in dem Modell verwenden. Das reduziert die Druckzeit. Die Drucksoftware bietet Möglichkeiten, Hohlräume mit Stützmaterial zu füllen.

2.4.13.2 3D-Druckproblem „Warping"

Warping entsteht aufgrund von ungleichmäßig verteilten Eigenspannungen im Filament als Folge unterschiedlicher Abkühlgeschwindigkeiten und -temperaturen der einzelnen Schichten. Unter **Warping** versteht man ein Verziehen der Form, vor allem das Hochziehen/Wölben der Ecken, sofern das Filament zu schnell erkaltet.

2.4.13.3 3D-Druckproblem „Skipped Layer"

Unter **Skipped Layer** versteht man Lücken, die beim Drucken in der horizontalen Ebene entstehen können. Es sieht so aus, als hätte der Drucker eine Lage des Filaments teilweise oder ganz vergessen.

2.4.13.4 3D-Druckproblem „Bad Edges"

Bad Edges sind Löcher, die entstehen, wenn zwei Polygone keine gemeinsame Kante haben.

2.4.13.5 3D-Druckproblem „Non-manifold Geometrie"

Geometrie der Dicke Null (**Non-manifold-Geometrie**) entsteht, wenn Kanten oder Eckpunkte in einem Volumenkörpermodell nicht ordnungsgemäß mit angrenzender Geometrie verbunden sind. Jede Kante eines Volumenkörpers muss genau zwei angrenzende Flächen aufweisen.

2.4.14 3D-Druck, Druckaufbau eine Auswahl

2.4.14.1 Füllung

Alles, was weder Hüllen, noch Boden, noch Dach ist, wird mit einem inneren Gitterwerk, genannt Füllung, gefüllt. Die Füllung unterstützt Ihr Objekt mit einer internen Stützstruktur. Die Zahl, die Sie in dieses Feld eingeben, definiert die Dichte der Füllung des gedruckten Objekts.

Höhere Füllung-Prozentsätze führen zu mehr Strängen von Füllungs-Extrusion, die enger beieinander sind. Niedrigere Füllung-Prozentsätze führen zu weniger Strängen von Füllungs-Extrusion, die weiter voneinander entfernt sind.

2.4.14.2 Hüllen

Jedes Objekt, das Sie ausdrucken, muss mindestens eine Hülle haben. Sie können so viele Hüllen hinzufügen, wie Sie wollen, und sie werden als konzentrische Umrisse auf jede Schicht gedruckt werden. Wenn die Außenschicht die angegebene Anzahl von Hüllen nicht unterbringen kann, werden nur so viele wie möglich eingepasst.

2.4.14.3 Schichtstärke

Schichtstärke bestimmt die Feinheit der einzelnen gedruckten Schichten des Objekts. Sie wird oft als Maß für die Auflösung in 3D-Druck gesehen, aber sie wirkt sich nur auf die Auflösung der Z-Achse aus.

Dünnere Schichten werden zu einer glatteren Oberfläche führen, aber auch zu erhöhten Druckzeiten; Schichten brauchen die gleiche Zeit, unabhängig von ihrer Stärke, und dünnere Schichten erhöhen die Gesamtzahl der Schichten, die gedruckt werden.

2.4.14.4 Temperatur

Temperatur-Einstellungen für die Extruder und die Bauplatte sind unter der Registerkarte Temperatur aufgelistet. Extruder. Die Extruder müssen ungefähr auf 230 ° C erhitzt werden, um das Kunststoff-Filament bei normalen Betriebsgeschwindigkeiten zu schmelzen und zu extrudieren.

Die Extrusions-Temperatur ist sehr eng mit beiden Extrusionsgeschwindigkeiten und dem extrudierten Materials verbunden.

2.4.14.5 Geschwindigkeit

Höhere Extrusions-Geschwindigkeiten erfordern höhere Temperaturen. Während des Druckens gelangt Kunststoff-Filament in den Extruder, wo es geschmolzen wird bevor es auf die Bauplatte gepresst wird. Wenn der Kunststoff schmilzt, bewegt sich Wärme vom Wärmekern des Extruders in den Kunststoff, welcher dadurch erhitzt wird während der Extruder gleichzeitig gekühlt wird.

Das Heizelement sendet Hitze in den Extruder, um die erforderliche Temperatur für die Kunststoffschmelze zu halten, aber wenn sich der Kunststoff schneller bewegt, zieht er auch schneller Hitze aus dem Extruder ab.

2.4.15 Material

Verschiedene Arten von Kunststoff weisen unterschiedliche Schmelzpunkte auf. Zum Beispiel braucht ABS mehr Hitze als PLA, um zu schmelzen, und PVA braucht weniger. Bei höheren Geschwindigkeiten kann die Temperatur, die erforderlich ist, um den Extruder heiß zu halten, ausgeglichen werden, weshalb 230° C eine gute Extrudier-Temperatur sowohl für ABS und PLA ist.

2.4.15.1 Material ABS

ABS ist die Abkürzung für Acrylnitril-Butadien-Styrol. Es wird aus einer Kombination dieser drei Kunststoffe hergestellt. Die drei Kunststoffe können in unterschiedlichen Anteilen gemischt werden, um ABS für verschiedene Verwendungszwecke herzustellen.

ABS ist zäh und einigermaßen flexibel. ABS wird bei höheren Temperaturen weicher, aber bei den Extrusions-Temperaturen, die in einem MakerBot verwendet werden, bleibt es ziemlich zäh. Das bedeutet, dass ABS innerhalb des Extruders schnell schmilzt, aber während seiner Reise nicht tropft. ABS hält auch Wärme gut genug aus, sodass wir es verwenden, um die Kunststoffteile der Extruder des Replicator 2X herzustellen.

ABS besitzt eine hohe thermische Ausdehnungsrate, was bedeutet, dass es sich ausdehnt, wenn es erhitzt wird, und beim Abkühlen schrumpft, dies kann Probleme beim Drucken wie Verzerrung und Rissbildung hervorrufen.

2.4.15.2 Material PLA

PLA oder Poly-Milchsäure ist ein biologisch abbaubarer Kunststoff mit Eigenschaften, die es ideal für den 3D-Druck machen, es gibt keine schlecht riechenden Dämpfe ab und es hat eine niedrige thermische Ausdehnungsrate, so dass es sich nicht zu sehr verzieht.

PLA ist härter und etwas spröde. Es reißt eher als es sich verbiegt, aber das bedeutet nicht, dass PLA leicht zerbrechlich ist. PLA bleibt auch für eine kurze Weile flexibel, wenn es abkühlt.

PLA ist hitzeempfindlich. Bei Temperaturen über 55° C fangen Objekte aus PLA an, so weich zu werden, dass sie sich verformen könnten, wenn Druck auf sie ausgeübt wird. Bei Temperaturen über 150° C, könnten Objekte aus PLA beginnen, ihre Form zu verlieren.

2.4.16 Bauteile nach dem 3D-Druck manuell nacharbeiten

- Ein Objekt mit Grundierung und Schleifpapier veredeln.
  Diese Methode der Veredelung erfordert einen matt-grauen Grundierspray, leichte Maler-Spachtelmasse und feines Schleifpapier.

- **Retuschieren**
  Einen Brei aus Aceton und ABS herstellen in der gleichen Farbe, die Sie retuschieren möchten. Sie können den Brei dann auf die Stelle mit dem Schönheitsfehler auftragen.

- **Glätten**
  Um ein Objekt aus ABS-Kunststoff zu glätten, können Sie die Oberfläche mit einer kleinen Menge Aceton auf einem Tuch einreiben.

- **Bemalen**
  Sie können Objekte aus ABS mit Acrylfarben und Sprühfarben bemalen.

2.4.17 3D-Druck, Design-Richtlinien

2.4.17.1 Überhänge

Wenn der 3D-Drucker das Objekt ausdruckt, ruht jede Schicht aus Kunststoff auf
der unteren. Wenn ein Objekt gerade Seiten hat, wird eine neue Schicht vollständig
von der vorherigen Schicht gestützt. Aber wenn ein Objekt Teile hat, die sich nach
außen verbreitern (Überhänge), bleibt ein Teil der neuen Schicht ohne Stütze. Wenn
es nur ein schmaler Streifen des Umrisses ist, wird die Schicht noch ausreichend gestützt, aber wenn mehr als die Hälfte dieses äußeren Umrisses nichts zum Aufliegen
hat, kann es sein, dass Kunststofffäden herunterhängen oder -tropfen. Um sicherzustellen, dass mindestens die Hälfte der einzelnen äußeren Umrisse jeder Ebene abge-
stützt ist, vermeiden Sie die Gestaltung von Überhängen, die einen Winkel größer
als 45° von der Vertikalen bilden.

2.4.17.2 Überbrückung

Ein Faden extrudierten Kunststoffs, der von einem gestützten Bereich zu einem anderen gestützten Bereich über einen nicht gestützten Bereich führt, wird Brücke genannt. Da der Faden an beiden Enden gestützt wird, verursacht die nicht gestützte
Mitte keine Probleme. Aber wenn der nicht gestützte Abschnitt zu lang ist, kommt
es möglicherweise zu einem Durchhängen in der Mitte. Der 3D-Drucker sollte gut
mit Brücken von 10 mm umgehen können, aber bei Brücken von 20 mm kann es zu
einem Durchhängen kommen.

2.4.17.3 Detailgrösse

Schichtstärke wird als Maß für die Auflösung verwendet, aber es misst nur die Auflösung in der Z-Achse. Der MakerBot kann auf der Z-Achse kleinste Details erzeugen. Die Einstellung hohe Qualität verwendet 0.1 mm Schichten, und ist es sogar
möglich, noch dünnere Schichten zu produzieren.

2.4.17.4 Ausrichtung

Viele der Probleme, denen Sie bei dem Versuch, schwierige Modelle auszudrucken,
begegnen können, können durch die Änderung der Ausrichtung des Modells auf der
Bauplatte vermieden werden.

2.4.17.5 Trägermaterial minimieren

Sie können ein Objekt mithilfe von zerreißbaren Tragstrukturen beliebiger Form
bauen, die Entfernung der Abstützteile kann jedoch schwierig sein und Kunststoff
verbrauchen. Vergewissern Sie sich, dass Ihr Objekt eine flache Seite hat, um darauf
zu liegen. Richten Sie Ihr Objekt aus, um Überhänge und Brücken zu minimieren.

2.4.18 3D-Drucker, Beschreibungen, eine Auswahl

2.4.18.1 3D-Drucker „Makerbot Replicator 2"

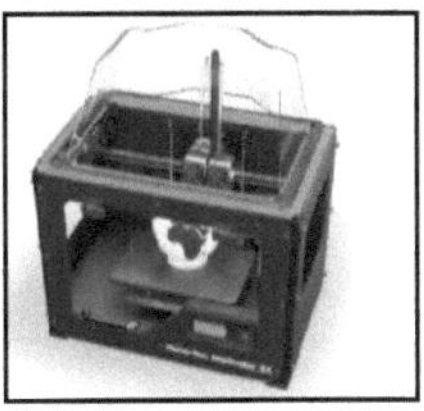

3D-Drucker
MakerBot Replicator 2

Der 3D-Druck eines Bauteils über den 3D-Drucker **Makerbot Replicator 2** ist sowohl von SD-Karte als auch über USB vom Rechner möglich. Im stabilen Stahlgehäuse sind die Schrittmotoren, die Bauplattform und der Extruder angebracht. An der Gerätevorderseite befindet sich das Display, über das der Drucker bedient wird. Die Menüführung ist auf Englisch. Das Unternehmen MakerBot ist seit einigen Jahren für ihre führende Rolle im Bereich der 3D-Drucktechnologien zu einer lukrativen Anlaufstelle geworden. Mit seiner einfachen Anwendung punktet der 3D-Drucker und macht das Herstellen von Objekten einfacher denn je.

Aus dem Hause **MakerBot** kommt mit dem **MakerBot Replicator 2** jetzt ein **3D-Drucker**, der nicht nur auf dem neusten Stand der Technik ist, sondern auch mittlerweile zu einem der Druckgeräte zählt, das auch für Privatverbraucher (z.B. Familien) bezahlbar ist. Bei dem Replicator 2 handelt es sich um ein Fertiggerät, kein Bausatz. Der 3D-Drucker verfügt über ein stabiles Gehäuse aus Stahl, ein Display zur einfachen Bedienung und Steuerung des Geräts sowie Extruder, Schrittmotor und Bauplattform. Seine Beliebtheit erlangt der **MakerBot Replicator 2** nicht nur aufgrund seines Markennamens. Der Replicator 2 charakterisiert sich mit seiner stabilen Bauweise, einfachen Bedienbarkeit und der Möglichkeit auf von Anfängern nahezu fehlerfrei genutzt werden zu können. Zu beachten ist, dass der Lüfter nicht immer ganz leise arbeitet. Auch Geruchsentwicklung ist beim 3D-Druck möglich, wirkt aber kaum störend. Der **MakerBot Replicator 2** stellt feste, dreidimensionale Objekte aus geschmolzenem Filament her. Ihre 3D-Design-Dateien werden in Befehle für den 3D-Drucker übersetzt und von der Maschine via SD-Karte gelesen. Der 3D-Drucker erhitzt in der Folge das Filament und drückt es durch eine Düse auf eine erhitzte Oberfläche, um Schicht für Schicht einen festen Gegenstand aufbauen. Diese Methode wird Fused Filament Fabrication (FFF) genannt. Der **Makerbot Replicator 2** ist auf PLA-Filament optimiert und kann über 2 Düsen Material zuführen.

2.4.18.2 3D-Drucker „Makerbot Replicator 2X (Dual)"

Makerbot Replicator 2X
(Dual)

Der **MakerBot Replicator 2X** (Dual) 3D Printer stellt feste, dreidimensionale Objekte aus geschmolzenem MakerBot Filament über zwei Zuführungsrollen her. Die 3D-Design-Dateien werden in Befehle für den MakerBot Replicator 2X übersetzt und von der Maschine via SD-Karte gelesen. Der MakerBot Replicator 2X erhitzt in der Folge das MakerBot Filament und drückt es durch die angewählte Düse auf eine erhitzte Oberfläche, um Schicht für Schichteinen festen Gegenstand aufbauen. Diese Methode wird **Fused Filament Fabrication** (FFF) genannt.
Doppelextrusionsmodelle werden aus zwei STL Dateien in eine einzige X3G Datei umgewandelt, wobei eine der STL-Dateien vom linken Extruder und die andere STL-Datei vom rechten Extruder gedruckt wird.

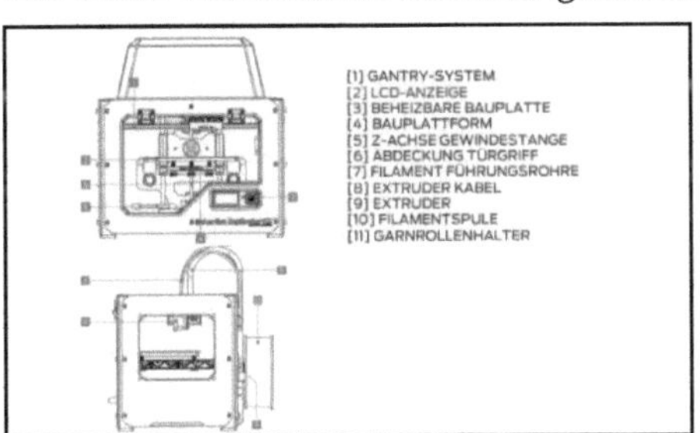

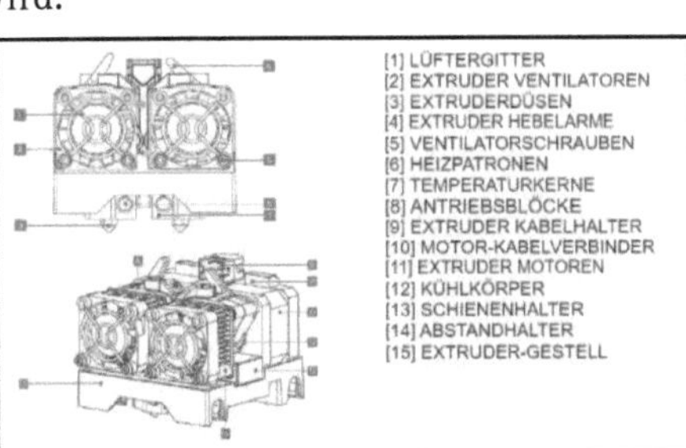

2.4.19 3D-Drucker „Gerätesoftware „MakerWare" für Dualextruder

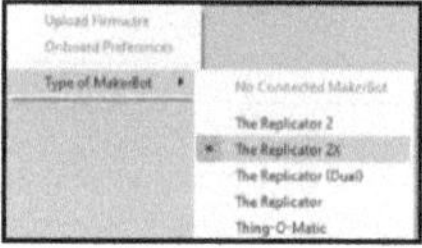

MakerWare
3D-Drucker-
Software

 **MakerWare©**

Starten Sie, mit Doppelklick, vom Windows-Desktop aus die 3D-Drucker-Software **MakerWare** (1).

- Weisen Sie der Software einen 3D-Drucker Typ **Replicator 2X Dual** zu (2).

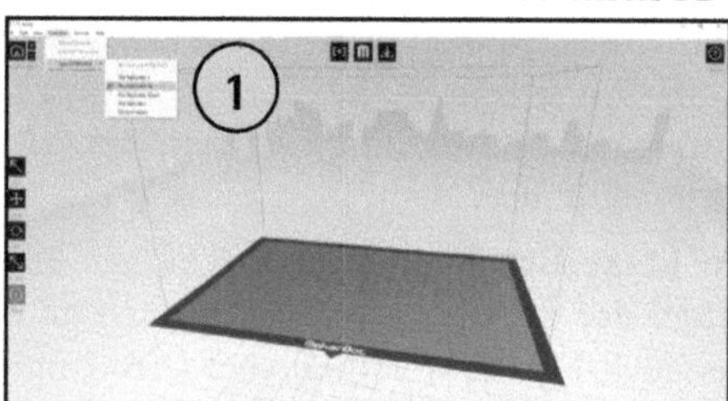

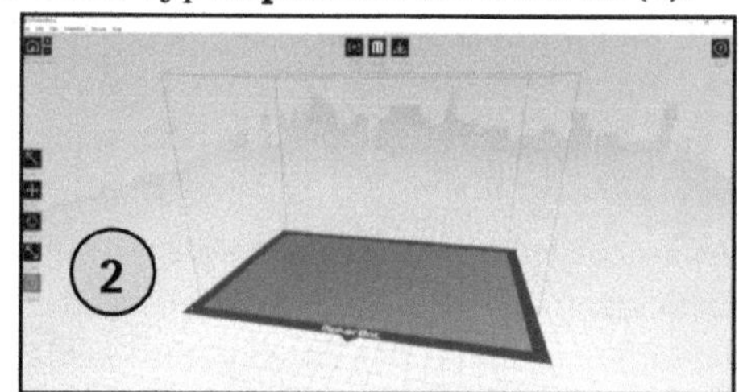

2.4.19.1 „MakerWare©", Schaltflächen und Menüs

 **HOME**

Klicken Sie auf diese Schaltfläche, um MakerWare auf die Standardansicht der Bau-Umgebung zurückzusetzen.

±

Klicken Sie auf diese Tasten, um hinein und hinaus zu zoomen. Sie können auch das Scrollrad auf Ihrer Maus zum hinein und hinaus zoomen verwenden.

 **Look**

Klicken Sie auf die Schaltfläche **Look** oder drücken Sie die **L**-Taste, um in den **Look**-Modus zu gelangen.

> Links klicken und die Maus bewegen um die Objektansicht zu rotieren.
>
> Halten Sie die **Umschalttaste** gedrückt, klicken Sie links, und ziehen Sie die Maus, um Ihre Ansicht des Objekts zu verändern.

 **Move**

Klicken Sie auf die Schaltfläche **Move** oder drücken Sie die **M**-Taste, um in den Move-Modus zu gelangen.

> Links klicken und die Maus bewegen, um das Objekt zu bewegen.
>
> Halten Sie die **Umschalttaste** gedrückt, klicken Sie links, und ziehen Sie die Maus nach oben und unten.

 **Turn**

Klicken Sie auf die Schaltfläche **Turn** oder drücken Sie die **T**-Taste, um zum Turn-Modus zu gelangen.

> Links klicken und die Maus bewegen, um das Objekt um den Basispunkt der X, Y, und Z-Achsen zu drehen.

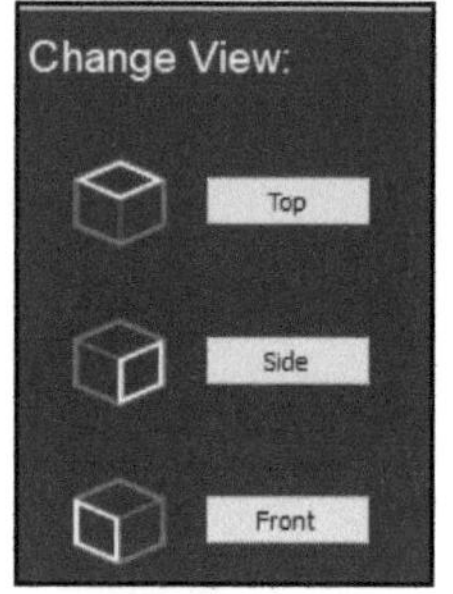

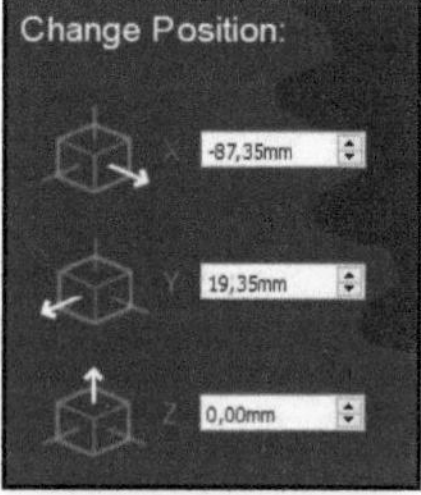

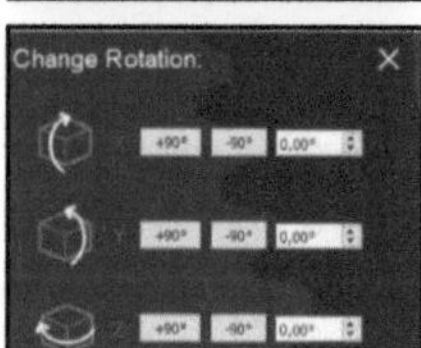

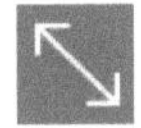

Scale

Klicken Sie auf die Schaltfläche **Scale** oder drücken Sie die **S**-Taste, um in den Skalieren-Modus zu gelangen.

Links klicken und die Maus bewegen, um den Maßstab des Objekts zu verändern.

Object

Doppelklicken Sie, um das Untermenü **Objektinformation** zu öffnen. Im Untermenü **Objektinformation** können Sie wählen, mit welchem Extruder jedes Objekt auf Ihrer Bauplatte gedruckt wird.

Make

Klicken Sie auf diese Schaltfläche, um den Make-Dialog zu öffnen, in dem Sie Druckauflösung und andere Druckoptionen festlegen, und Anweisungen für Ihren MakerBot Replicator 2X auf einer SD-Karte speichern können.

Save

Hier können Sie die aktuelle 3D-Druckdatei, mit den gesetzten Parametern, als Datei zur späteren Verwendung speichern.

2.4.19.1 „MakerWare©", Schaltflächen und Menüs, Quicktools

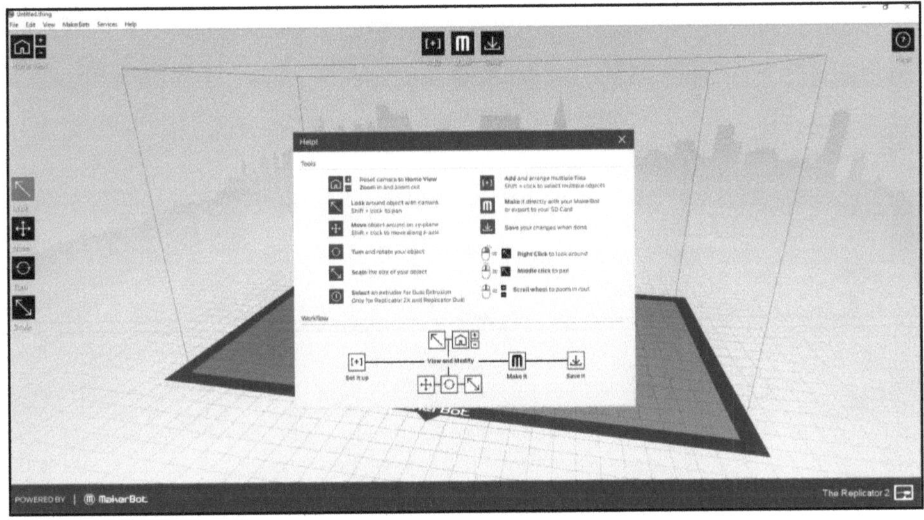

2.4.19.2 Dateiformate für 3D-Drucker-Software „Makerware©"

MakerWare kann die folgenden Dateitypen öffnen:

OBL, **STL** und **Thing**

MakerWare kann die folgenden Dateitypen speichern:

STL und **Thing**

MakerWare kann die folgenden Dateitypen exportieren:

GCode, **X3G** und **S3G**

2.4.20 3D-Drucker „Makerbot Replicator 2",
Gerätesoftware „Makerbot Print©"

MakerBot Print ist eine Desktop-Anwendung, mit der Sie 3D-Drucke vorbereiten, verwalten und überwachen können.

Mit **MakerBotPrint** können Sie eine in Scheiben geschnittene Version Ihres 3D-Modells anzeigen, anordnen, orientieren, skalieren und in der Vorschau anzeigen. Sie können auch mehrere Bauplatten verwenden und mit ihnen arbeiten, um mehrere 3D-Modelle anzuzeigen und zu bearbeiten.

Mit **MakerBotPrint** können Sie Designdateien importieren, und optimieren, um gute Ergebnisse beim Drucken zu erzielen.

Wenn Sie die **Druckvorschau** auswählen, wird eine Visualisierung angezeigt, wie das Modell auf dem Drucker gedruckt wird. Diese Vorschau zeigt, wo die Stützen gedruckt werden, außerdem zeig die Vorschau eine Druckzeitschätzung.

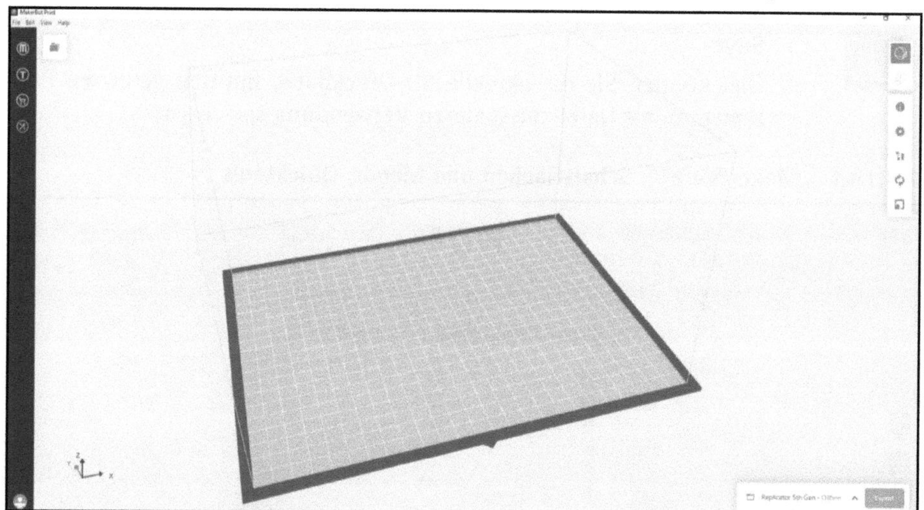

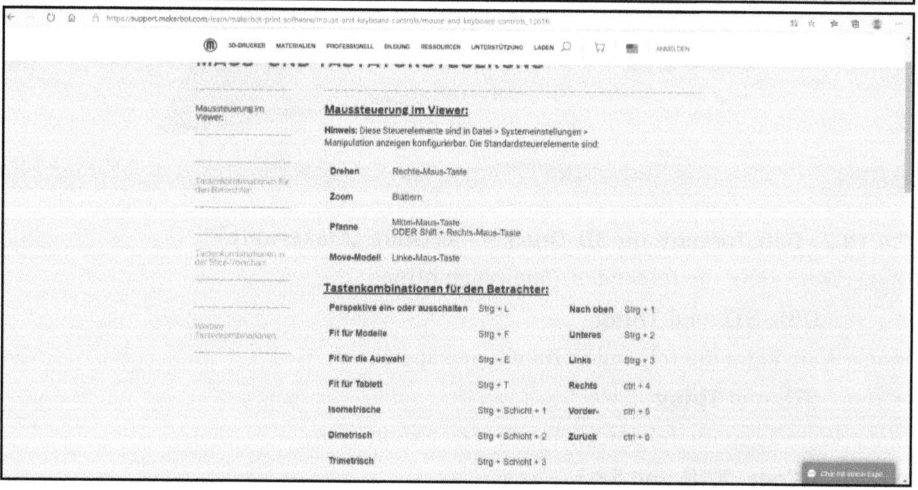

2.4.21 3D Drucker HP Jet Fusion 4200/3200/540

Neben den bereits verfügbaren industriellen Systemen Jet Fusion 3200, 4200 und 4210, die auf die wirtschaftliche Serienfertigung ausgerichtet sind, stellt HP mit der Jet Fusion 300 und 500 Serie kompaktere 3D-Drucker zu einem Preispunkt zwischen $ 50.000 und unter $ 100.000 vor. Mit der neuen Gerätereihe richtet sich HP vorwiegend an Produktentwickler, Designunternehmen, Universitäten und Forschungseinrichtungen, um ihnen den Zugang zur Multi Jet Fusion Technologie zu ermöglichen. Die erschwinglicheren 3D-Drucker sind für die Fertigung funktioneller Prototypen und Kleinserien in hoher Qualität geeignet und vervollständigen das Portfolio des Herstellers.

HP Jet Fusion 4200

HP Jet Fusion 3D Processing Station

Die insgesamt vier neuen 3D-Drucker unterscheiden sich in ihrer Bauraumgröße sowie der Möglichkeit Teile in Vollfarbe herzustellen. Während der HP Jet Fusion 340 und 540 Objekte in Schwarz und Weiß druckt, können mit dem HP Jet Fusion 380 und 580 Vollfarb-Teile erzeugt werden. Zudem sind Letztere durch die Kontrolle auf Voxel-Ebene bereits für die Zukunft gerüstet. Materialeigenschaften wie Flexibilität, Festigkeit oder auch unterschiedliche Oberflächenbeschaffenheit, können mit der Multi Jet Fusion Technologie auf Voxel-Ebene geändert werden.

Die HP Multi Jet Fusion-Technologie kann das volle Potenzial des 3D-Drucks durch die Produktion von hochfunktionellen Teilen verwirklichen. Die HP Multi Jet Fusion-Technologie bedient sich HP Thermal Inkjet arrays und basiert auf der technischen Kompetenz von HP, rasch und genau (auch auf die Minute genau) präzise Mengen verschiedener Flüssigkeiten zu platzieren. Dadurch erlangt die HP Multi Jet Fusion-Technologie eine Vielseitigkeit und ein Potential, welche von anderen 3D-Druckertechnologien unerreicht bleiben.

Mit der HP Multi Jet Fusion-Technologie können nicht nur Bindemittel und Trenner verwendet werden, sondern auch andere Mittel, um die Merkmale jedes volumetrischen Pixels, auch Voxel genannt, anzupassen. Mithilfe dieser Mittel zur Umwandlung, die Punkt für Punkt auf allen Schnittflächen platziert werden, kann die HP Multi Jet Fusion-Technologie Teile produzieren, wo andere Methoden versagen.

Die HP Multi Jet Fusion-Technologie bietet Geschwindigkeitsvorteile und Kontrolle über Teil- und Materialeigenschaften, die über die in anderen 3D-Druckverfahren hinausgehen.

Die HP Multi Jet Fusion-Technologie startet durch die Niederlegung einer dünnen Schicht des Materials im Arbeitsbereich. Als Nächstes fährt der Wagen mit einer Reihe des thermischen Tintenstrahldruckers von links nach rechts und druckt chemische Stoffe über den gesamten Arbeitsbereich. Die Schichtungs- und Energie-Prozesse werden in einem kontinuierlichen Durchlauf des zweiten Wagens von oben nach unten kombiniert. Der Vorgang wird Schicht für Schicht fortgesetzt, bis ein vollständiges Teil gebildet wird. Bei jeder Ebene ändern die Wagen die Richtung für eine optimale Produktivität.

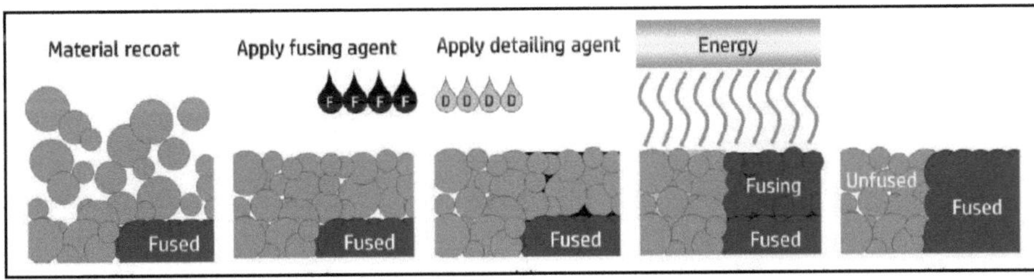

2.4.21.1 3D-Drucker „HP Jet Fusion©" Siemens Anwendungs-Software „HP SmartStream 3D Build Manager©"

Der intuitive und leistungsstarke **SmartStream 3D Build Manager** unterstützt Sie bei der Aufgabenvorbereitung für das Drucken und enthält wesentliche Funktionen, die für die Vorbereitung und das Senden an den Drucker erforderlich sind.

- Importieren von 3MF- und STL-Dateien
- Fügen Sie Bauteile hinzu, um den Druckauftrag vorzubereiten.
- Drehen Sie Teile auf der Ablage und stellen Sie Größe und Position ein, automatische 3D- Anordnung im Bauraum.
- Suchen Sie automatisch Fehler in der 3D-Geometrie und beheben Sie diese, passen Sie die Farben von Teilen an und höhlen Sie Teile aus, um weniger Material zu verwenden.
- Senden Sie eine zu druckende Datei an einen angeschlossenen 3D-Drucker oder speichern Sie diese Datei.

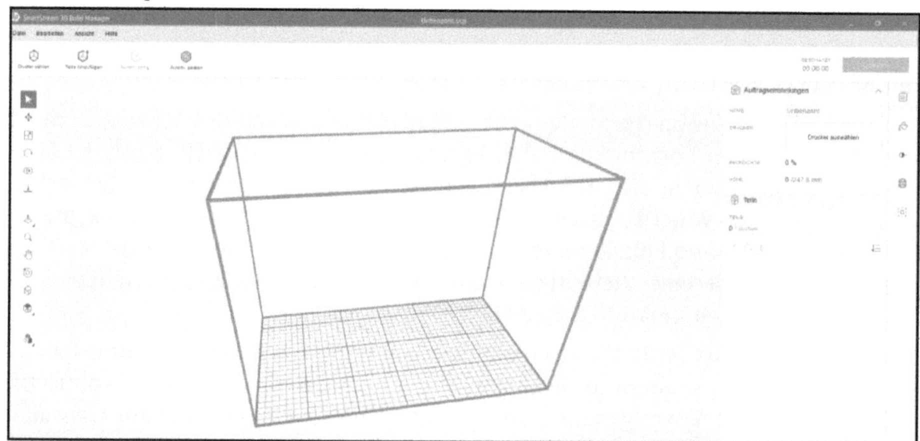

2.4.21.2 „HP PrintOS©", Lösungen für den Produktionsdruck

HP PrintOS ist ein Betriebssystem für den Produktionsdruck, mit Webanwendungen und mobilen Apps, die die Nutzung der HP Drucksysteme optimieren und die Produktion vereinfachen.

Zugang: **https://www.printos.com/start**

2.4.22 3D-Drucker von Josef Pruša

Josef Pruša wurde nach dem Kauf seines ersten 3D-Druckers Teil des Open-Source-Projekts RepRap und entwickelte 2010 eine optimierte Version des bestehenden Mendel 3D-Drucker-Designs. Die RepRap-Community nannte das Design Prusa Mendel und legte somit den Grundstein für den weiteren Erfolg dieser Marke. 2011 veröffentlichte Pruša eine überarbeitete Version des Mendels und schlussendlich 2012 den **Prusa i3**. Durch die vergleichsweise niedrigen Anschaffungskosten sowie die einfache Konstruktion entwickelte sich der **Prusa i3** zu einem der wichtigsten 3D-Drucker. 2015 begann Josef Pruša den 3D-Drucker unter den Namen **Original Prusa i3** auch selbst zu vermarkten. Er verkaufte den Open-Source-Drucker mit seiner eigenen Firma **Prusa Research**.

2.4.22.1 3D-Drucker PRUSA MINI+

Der **Original Prusa MINI+** Drucker ist Teil des **RepRap**-Projekts, dem ersten Open-Source-3D-Druckerprojekt, das unter einer GNU GPL v3-Lizenz kostenlos verwendet werden kann. Der **Original Prusa MINI+** ist der kompakte, intelligente und preisgünstiger 3D-Drucker, der als Arbeitstier für den 3D-Druck und als toller Einstiegsdrucker konzipiert wurde.

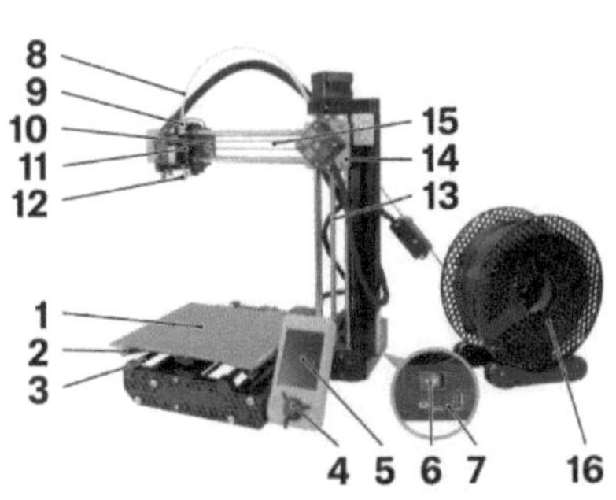

1-Federstahlblech
2-Heizbett
3-Y-Achse
4-Hauptsteuerung
5-LCD-Bildschirm
6-Netzschalter
7-USB-Anschluss
8-PTFE-Hauptschlauch
9-Schlauchfitting
10-Drucklüfter
11-Druckkopf
12-Düse
13-Z-Achse
14-Extruder
15-X-Achse
16-Spulenhalter

2.4.22.2 3D-Drucker PRUSA MINI+, Anwendungs-Software „PrusaSlicer©"

PrusaSlicer ist eine eigens entwickelte Slicer-Software, die auf dem Open-Source-Projekt Slic3r basiert und ist Open-Source. PrusaSlicer ist ein an Feature reiches, häufig aktualisiertes Tool, das alles enthält, was Sie benötigen, um die perfekten Druckdateien für Ihren Original Prusa 3D-Drucker zu exportieren

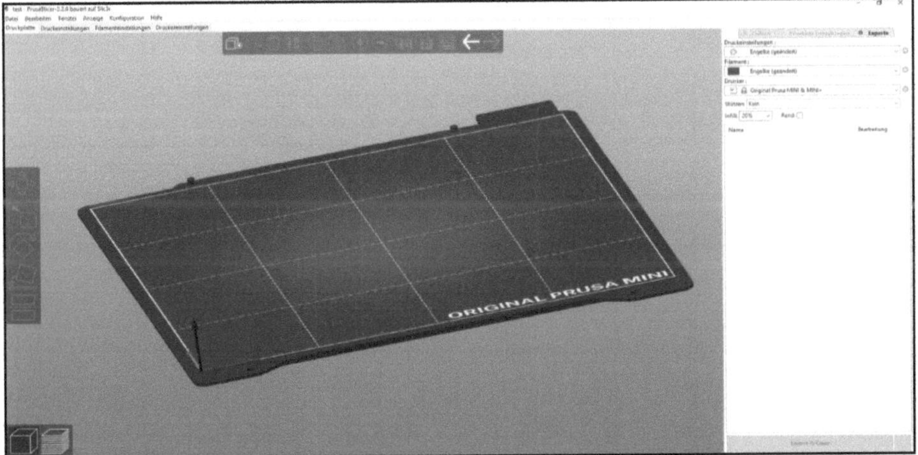

2.4.22.3 3D-Drucker ORIGINAL PRUSA i3 MKS3 2S

Die MK3S verfügt über einen umgebauten Extruder, zahlreiche Sensoren und verschiedene intelligente Funktionen. Außerdem ein neues magnetisches MK52-Heizbett mit austauschbarem PEI-Federstahldruckblech. Dutzende von verschiedenen Optimierungen und Upgrades verbessern die Zuverlässigkeit und Benutzerfreundlichkeit.

Die Funktionalität der MK3S kann mit dem Multi-Material Upgrade 2S Addon für den gleichzeitigen Druck mit bis zu 5 Materialien weiter ausgebaut werden.

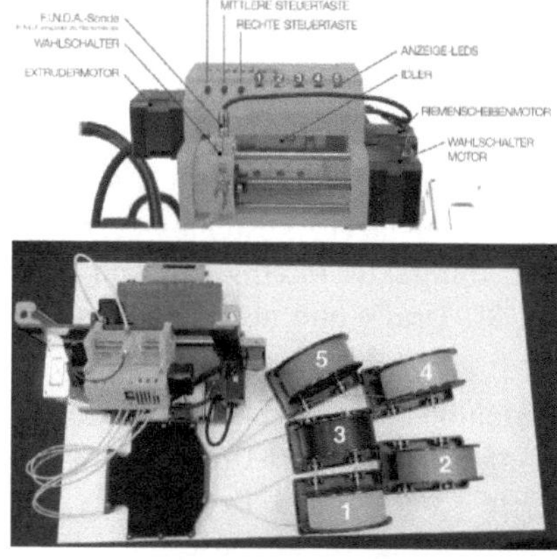

Die Multimaterial-Drucklösung ist nun mit den **Original Prusa i3 MK2.5S** 3D-Druckern kompatibel. Der Druckerextruder ist mit einem neuen Filament-Sensormechanismus ausgestattet, dank des neuen Typs und der Anordnung des Filamentsensors erhält die MMU2S-Einheit nun eine Rückmeldung vom Drucker, dass das Filament in Bondtech-Zahnräder eingelegt wird, wodurch die komplizierte Filament-Längenkalibrierung entfällt. Die MMU2S ermöglicht es, bis zu fünf Filamente gleichzeitig zu laden.

2.4.22.4 3D-Drucker ORIGINAL PRUSA i3 MKS3 2S, Gerätesoftware „PrucaSlicer©" für Mehrfach-Extruder

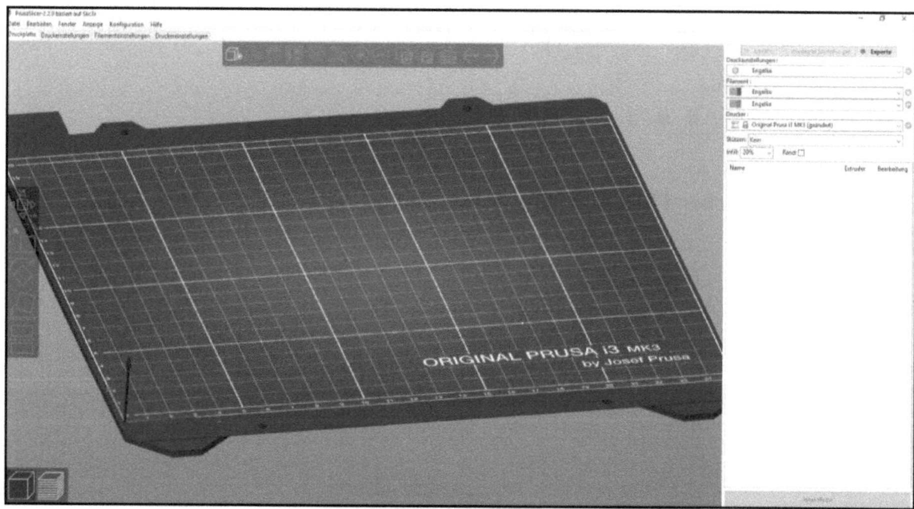

2.4.23 Drucklagendarstellungen, Stützstrukturen an Grundkörpern

2.4.23.1 Drucklagendarstellungen, Stützstrukturen an Grundkörpern, Vorbemerkungen

Versuchen Sie, den Bedarf an Stützen zu minimieren. 3D-Drucker können nicht in der Luft drucken, und massive Überhänge erfordern ebenfalls Unterstützung. Um Zeit und Material zu sparen und die Qualität der Oberfläche zu verbessern versuchen Sie, das Objekt so zu gestalten, dass der Bedarf an Stützen minimiert wird.

- Oberflächen die auf Stützen platziert werden, sind nicht so glatt wie Oberflächen die direkt auf dem Druckbett platziert werden.

- Der Druck hat in der Richtung parallel zu den gedruckten Schichten eine geringere Festigkeit als in der Richtung senkrecht zu den gedruckten Schichten.

- Die direkt auf das Druckbett gedruckte Oberfläche ist perfekt, die Oberfläche über den Stützen gedruckt ist ungleichmäßig und rau.

- Erwägen Sie, das Modell in mehrere Teile aufzuteilen und suchen Sie die optimale Position für diese geteilten Elemente auf dem Druckbett, da der Druck gerundeter Teile, als kompletter Druck, mit geringer Oberflächenqualität ist, Grund dafür ist, das die sehr kleine, erste Schicht, die das Druckbett berührt.

- Ein senkrecht gedrucktes kreisförmiges Loch ist nicht perfekt kreisförmig. Um ein besseres Ergebnis zu erzielen, drucken Sie kreisförmige Löcher horizontal.

Die Schichthöhe, manchmal auch **Z-Achsenauflösung** genannt, hat einen großen Einfluss auf die Druckzeiten und die Gesamtoberflächenbeschaffenheit des gedruckten Bauteils, meistens werden Schichthöhen von 0,15 mm bis 0,20 mm bevorzugt.

- Höhere Werte für die Schichthöhe führen zu schnelleren Drucken und sichtbareren Schichten auf der Oberfläche.

- Eine geringere Schichthöhe führt zu detaillierteren Bauteiloberflächen, die Druckzeit steigt aber extrem.

Die **Füllung** beeinflusst die Druckzeit, die Haltbarkeit des Bauteils und den Verbrauch des Druckmaterials. Die Füllung wird in Prozent angegeben, der Regeleintrag ist ca. 10-20%.

Die **Stützen** sind gerüstartige Konstruktionen, die Überhänge oder Teile, die in der Luft starten, tragen. Die Halterungen sind so konzipiert, dass diese leicht zu entfernen sind, hinterlassen leider Spuren auf dem Modell. Das Ziel ist es, die Anzahl der Stützen zu minimieren, indem das Bauteil gedreht oder für den 3D-Druck entsprechen konstruiert wird.

Bei dem **Rand** handelt sich um eine zusätzlich gedruckte Oberfläche, die verhindert, dass sich das Bauteil in der Mitte des Drucks verformt oder löst, das sich die Haftung des gedruckten Objekts auf dem Druckbett zu erhöht. Diese Schicht kann leicht entfernt werden, wenn der Druckauftrag abgeschlossen ist.

Wasserlösliches PVA-Filament wird vorwiegend als Stützmaterial beim 3-D-Druck mit zwei oder mehr Extrudern eingesetzt und ist geradezu ideal für Überhänge und komplizierte Konstruktionen. Ohne Stützung würde eine solche gedruckte Struktur sich verwerfen oder zusammenfallen. Nach dem Druck in das Wasser gelegt brauchen Sie nur warten, bis sich das PVA wieder vollständig aufgelöst hat. So bekommen Sie Ihr Objekt sauber gebadet ohne die Tragestruktur und ohne, dass Sie dafür noch weitere lästige Handarbeit anwenden müssen.

2.4.23.2 Drucklagendarstellungen, Stützstrukturen an Grundkörpern, liegender Quader, Auszug

- **3D-Druck-Parameter:**

  STL-3D-Druckformat, Einstellung **Fein**

  3D-Drucker-Einstellungen:

  3D-Drucker **Replicator 2X, Dualextruder, High Resolution, 15%** Füllung, **0,10** mm Schichtdicke, Temperatur und Geschwindigkeit entsprechend Filament, Extruder Left **Wasserlösliches PVA-Filament für Rand** (Raft) und Stützmaterial, Extruder Right **ABS** oder **PLA.**

- **3D-Druck-Parameter:**

  10% Füllung   **50%** Füllung

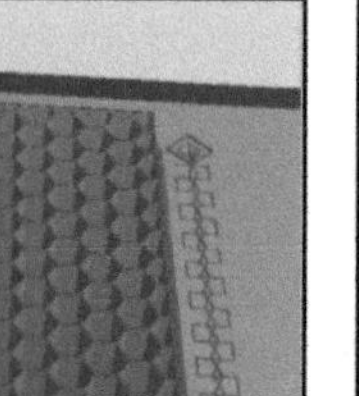
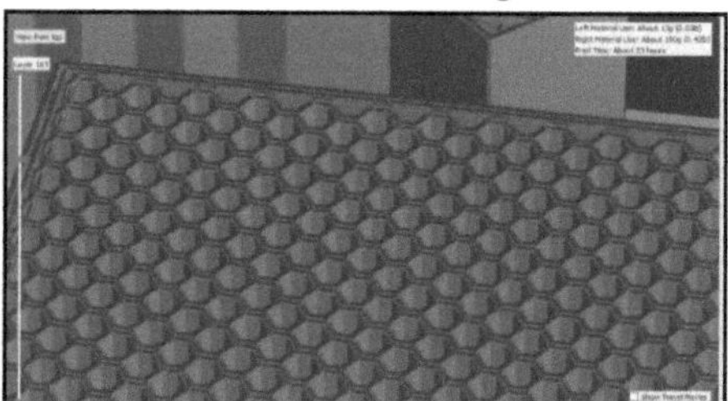

  75% Füllung

2.4.23.3 Drucklagendarstellungen, Stützstrukturen an Grundkörpern, stehender Quader

- **3D-Druck-Parameter:**

  STL-3D-Druckformat, Einstellung **Fein**.

  3D-Drucker-Einstellungen:

  3D-Drucker **Replicator 2X, Dualextruder, High Resolution, 15%** Füllung, **0,10** mm Schichtdicke, Temperatur und Geschwindigkeit entsprechend Filament, Extruder Left **Wasserlösliches PVA-Filament für Rand** (Raft) und Stützmaterial, Extruder Right **ABS** oder **PLA.**

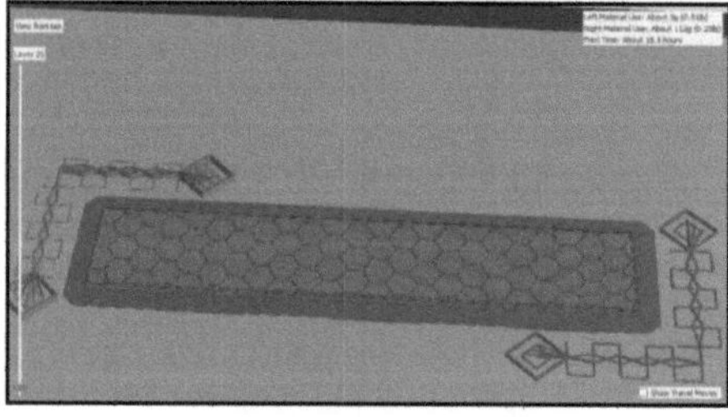
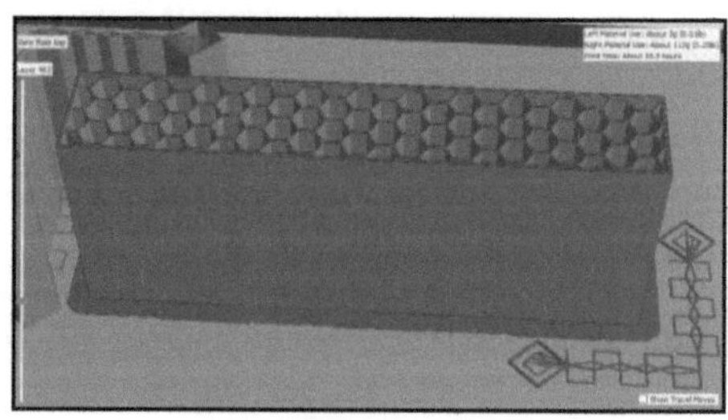

2.4.23.4 Drucklagendarstellungen, Stützstrukturen an Grundkörpern, stehender Zylinder

- Verfahren Sie mit der Einstellung der 3D-Druck-Parameter entsprechend.

 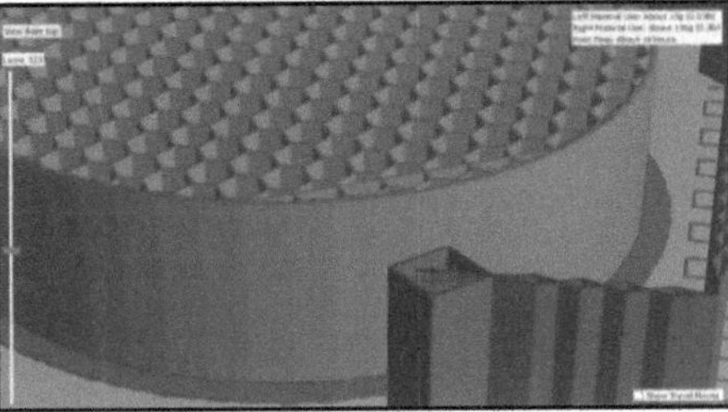

2.4.23.5 Drucklagendarstellungen, Stützstrukturen an Grundkörpern, liegender Zylinder

- Verfahren Sie mit der Einstellung der 3D-Druck-Parameter entsprechend.

 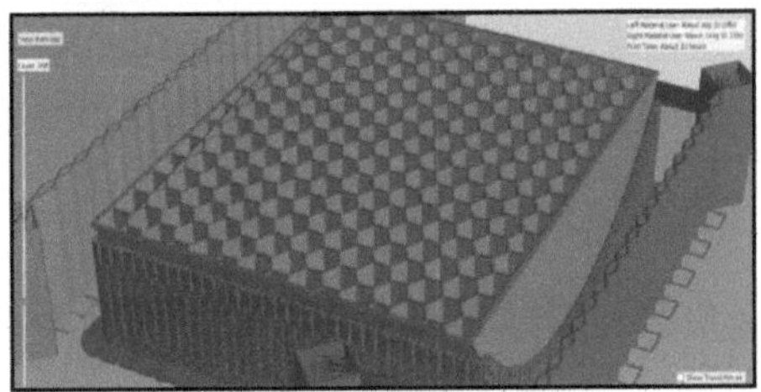

2.4.23.6 Drucklagendarstellungen, Stützstrukturen an Grundkörpern, liegender Drehkörper

- Verfahren Sie mit der Einstellung der 3D-Druck-Parameter entsprechend.

 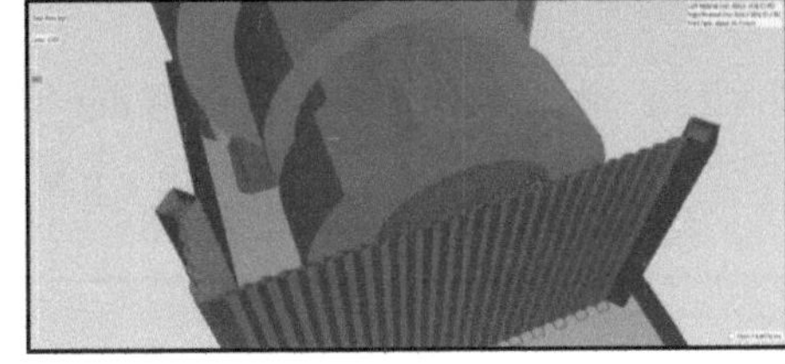

2.4.23.7 Drucklagendarstellungen, Stützstrukturen an Grundkörpern, liegender Ellipsoid

- Verfahren Sie mit der Einstellung der 3D-Druck-Parameter entsprechend.

 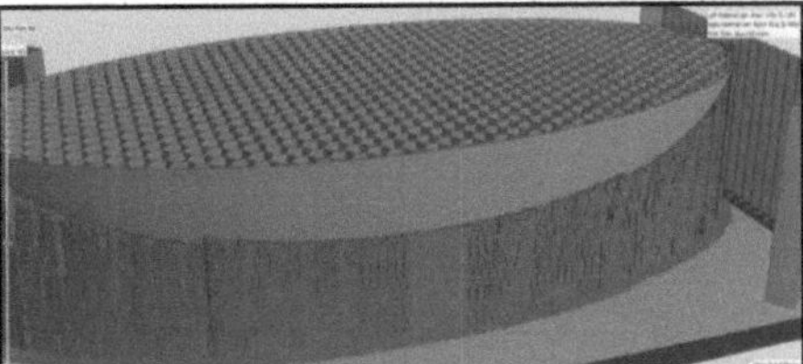

3D-Druck-
Umgebung

2.4.24 Drucken von 3D-Modellen über die 3D-Druck-Umgebung aus INVENTOR 2025, Vorbemerkungen

Die 3D-Druckumgebung bietet Werkzeuge für die additive Fertigung. Sie können Modelle je nach verwendetem 3D-Drucker als Ganzes oder in Teilen drucken. Diese Umgebung ist nur im Bauteildokument verfügbar. Verwenden Sie zum Drucken einer Baugruppe die gleiche Methode wie zuvor, d.h. speichern Sie die Baugruppe als STL-Datei, und senden Sie diese an einen 3D-Drucker oder an einen Druckdienstanbieter. Der 3D-Druck ist von der Komponenten-und Elementsichtbarkeit abhängig. Ändern Sie für Elemente, die nicht gedruckt werden sollen, den Sichtbarkeitsstatus, oder unterdrücken Sie das Element, wenn sich dies nicht auf andere Elemente auswirkt. Beim Aufrufen der 3D-Druckumgebung wird das Modell mit der Z-Achse nach oben zeigend ausgerichtet. Sie können die Ausrichtung und Position der Komponente ändern, die zu druckende Komponente ändern und die Komponente partitionieren. Partitionen können im gleichen Druckerstellungsbereich verschachtelt oder zur Verwendung in einer anderen Drucksitzung exportiert werden.
Viele Normbauteil-Modellierwerkzeuge und Skizzierwerkzeuge sind in der 3D-Druckumgebung verfügbar, sodass das Druckmodell geändert werden kann. Änderungen bei der Arbeit am 3D-Druck wirken sich nur auf das gedruckte Bauteil und nicht auf das Modell aus.

2.4.25 INVENTOR 2025, 3D-Druck-Umgebung, Druckablauf

3D-Druck-
Umgebung

2.4.25.1 INVENTOR 2025, Aufruf der 3D-Druck-Umgebung

*   Klicken Sie auf die Registerkarte **Umgebung**, Befehl **3D-Drucken** (1).

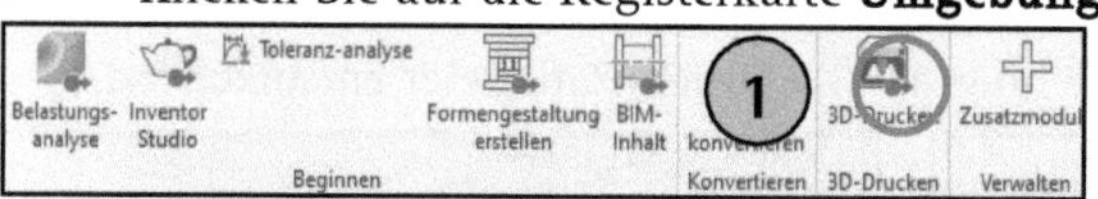

*   Die **3D-Druck-Umgebung** für Bauteile generiert eine eigene Multifunktionsleiste (2).

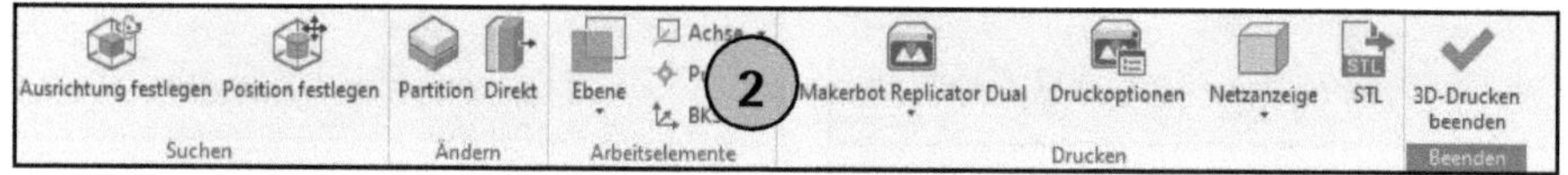

2.4.25.2 INVENTOR 2025, Aufruf der 3D-Druck-Umgebung, Druckerauswahl

*   Wählen Sie den 3D-Druckertyp **Makerbot Replicator Dual** wahlweise aus (3).

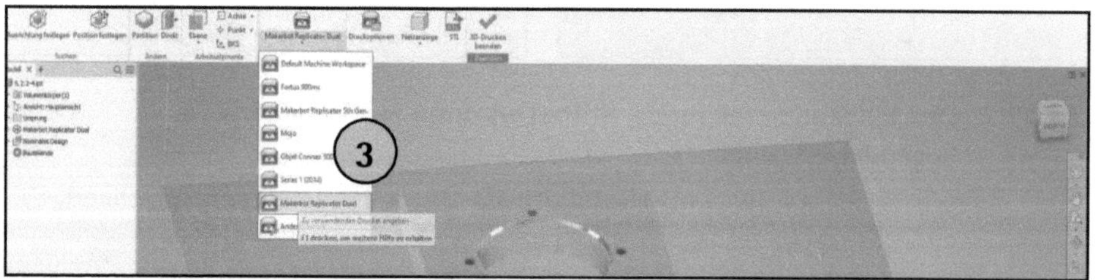

2.4.25.3 INVENTOR 2025, 3D-Druck-Umgebung, Netzanzeige

- Aktivieren Sie, aus der Befehlsleiste **Netzanzeige** Option **Netzkanten** (4).

Netzkanten
anzeigen

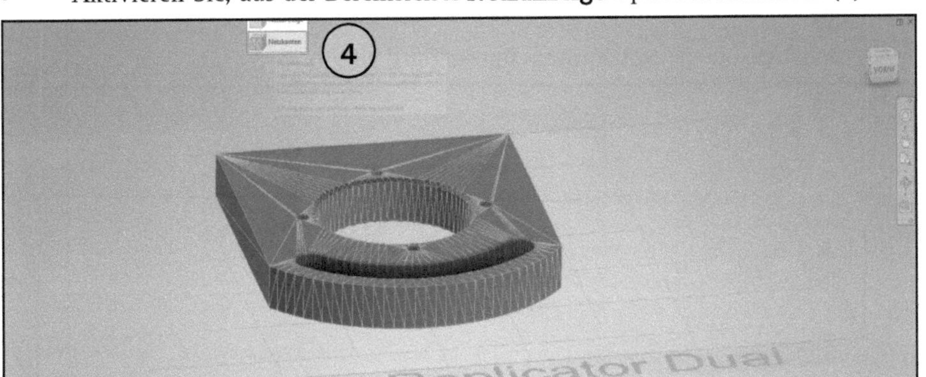

2.4.25.4 INVENTOR 2025, 3D-Druck-Umgebung, Ausrichtung festlegen

- Aktivieren Sie **Ausrichtung festlegen**.
- Wählen Sie die entsprechende Bauteilfläche (5) für die Lage zur Grundplatte (6).

Ausrichtung
festlegen

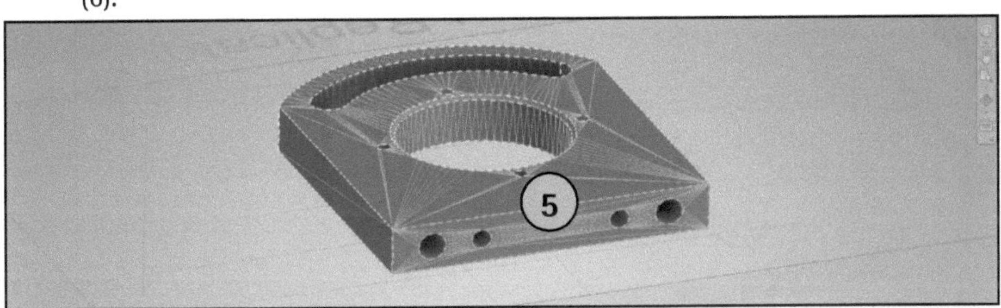

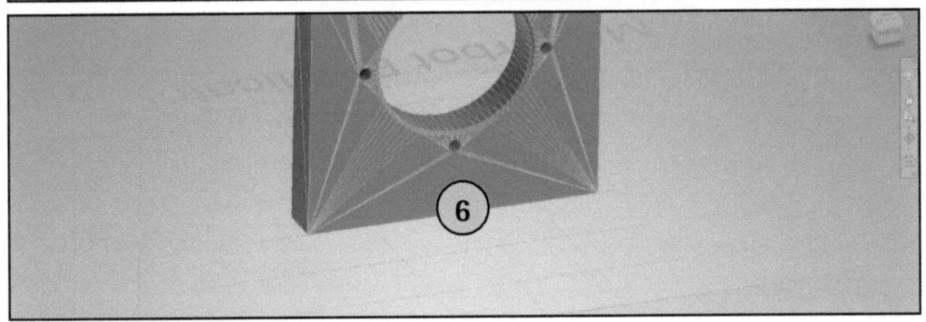

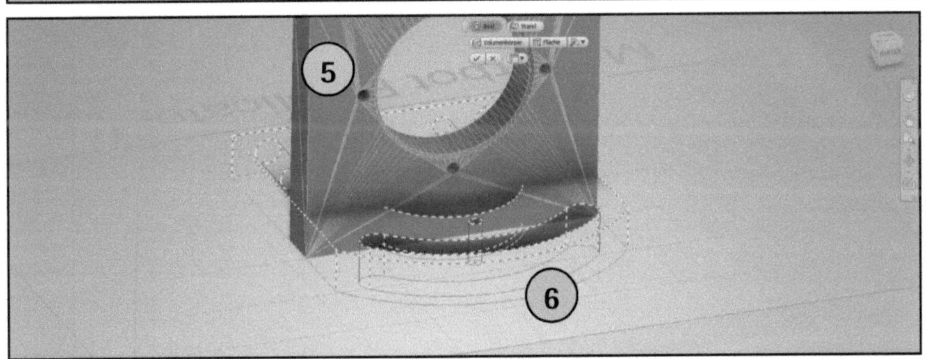

Druck-
Optionen

Netzkanten
EIN

2.4.25.5 INVENTOR 2025, 3D-Druck-Umgebung, generieren der STL-Druck-Datei

- Tragen Sie unter **Optionen** die Einheit **Millimeter**, (7) **Auflösung Hoch** ein (8).
- Schalten Sie die **Netzkanten-Darstellung** ein (9).

STL-Daten-
Generierung

Beenden

- Wählen Sie **Kopie speichern unter** zur **STL**-Datengenerierung.
- Wählen Sie den Exporttyp **.stl** (4)
- **Beenden** Sie die Generierung.

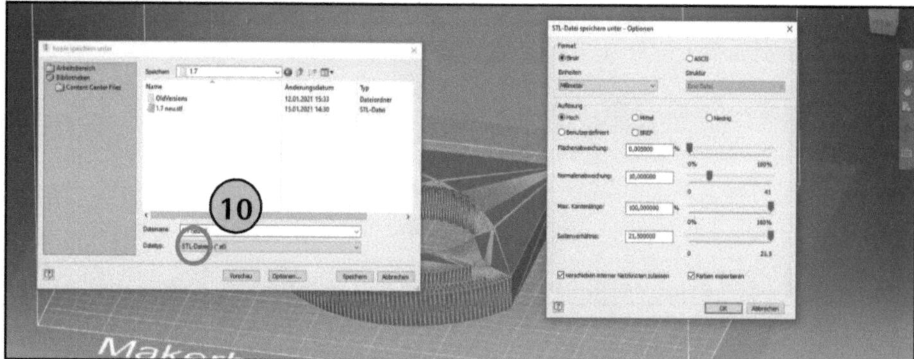

2.4.26   3D-Druckdienstanbieter

Autodesk ist zur Ausgabe von physischen Modellen aus 3D-Modellen Partnerschaften mit einigen Anbietern von 3D-Druckdienstleistungen eingegangen.

Beim Einsatz des Befehls **Druckdienstanbieter** geben Sie die 3D-Daten einer Bauteil-Datei ein, die dann in eine aus Dreiecken bestehende, facettierte Netz-Darstellung übersetzt werden. Diese Darstellung wird als binäre **STL**-Datei gespeichert, die dann vom 3D-Druckdienstanbieter zum Erstellen eines physischen Modells verwendet werden kann.

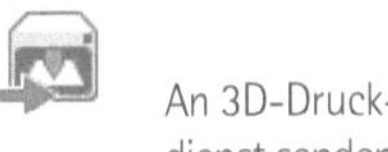

2.4.26.1   So erstellen Sie die 3D-Modelle für 3D-Druckdienstanbieter

Im folgenden Ablauf sind die wichtigsten Schritte zum Erstellen und Erwerben eines physischen Modells in der Reihenfolge des Ablaufs dargestellt:

- **Vorbereiten Ihres 3D-Modells:**
  Zum erfolgreichen Drucken Ihres 3D-Modells müssen Sie möglicherweise an Ihrer Zeichnung einige Anpassungen vornehmen.

- **Wählen Sie die 3D-Volumenkörper aus, die Sie drucken wollen:**
  Sie müssen die 3D-Volumenkörper auswählen, die Sie drucken wollen. Es werden nur die ausgewählten 3D-Volumenkörper gedruckt, auch wenn die Zeichnung noch weitere enthält.

- **Speichern Sie Ihre Zeichnung als STL-Datei:**
  Sie müssen Ihre Zeichnung als STL-Datei speichern. Für 3D-Druckdienstanbieter ist es erforderlich, dass Ihre Zeichnung in diesem Format gespeichert wird. Nachdem Sie dies abgeschlossen haben, werden keine weiteren Dialogfelder für den 3D-Druckprozess angezeigt.

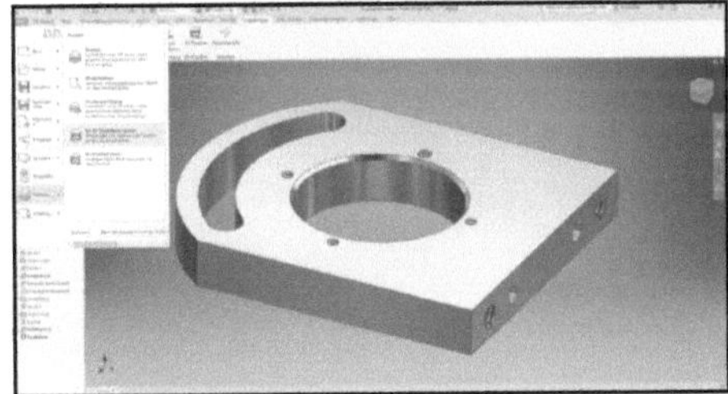
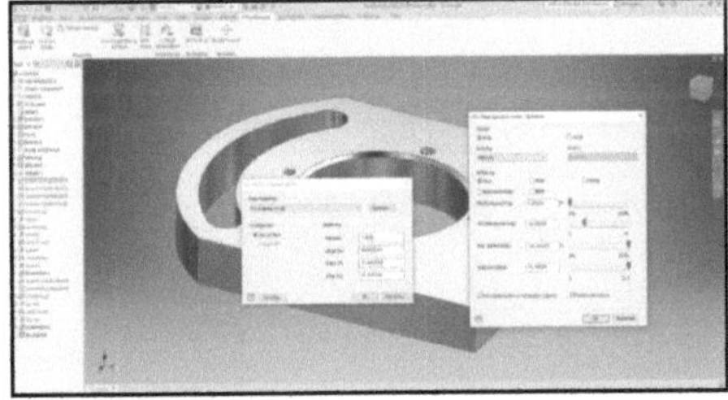

- **Wählen Sie einen Dienstanbieter aus, Beispiele:**
  Sie müssen einen 3D-Druckdienstanbieter auswählen. Lassen Sie sich bei Ihrer Entscheidung von Kriterien wie Kosten, Material und Mindestanforderungen leiten. Eine Liste der von Autodesk empfohlenen 3D-Druckdienstanbieter finden Sie auf der Autodesk-Website für 3D-Drucken Senden Sie die STL-Datei an Ihren Druckdienstanbieter. Wenn Sie einen 3D-Druckdienstanbieter ausgewählt haben, folgen Sie den Anweisungen auf der entsprechenden Website, um Ihr Modell zu erhalten.

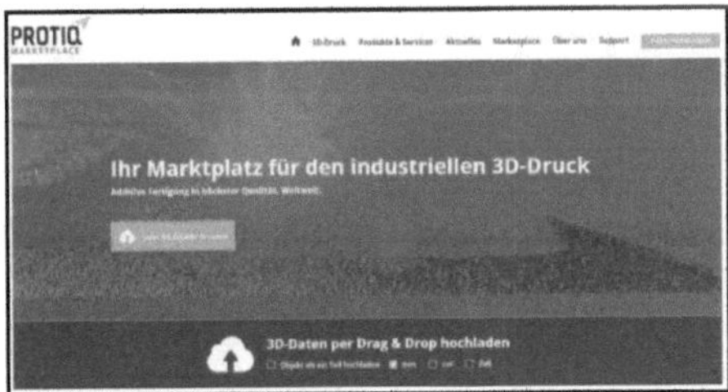

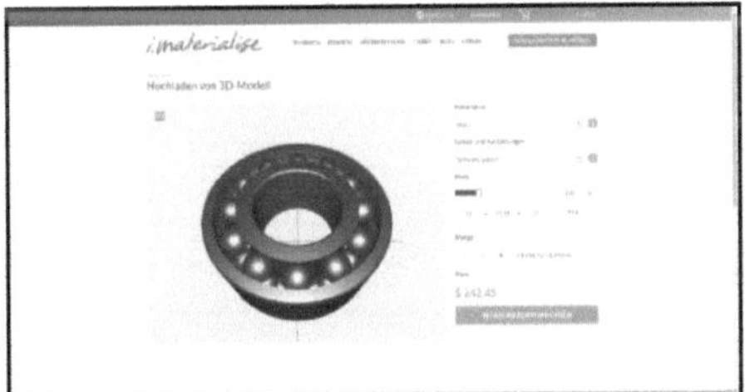

3

AutoDesk
Inventor 2025

Bauteile
Anwendungen

Zeichnungsableitungen
Ausdrucke

3 Zeichnungsableitungen, genormte Ansichten

3.1 Zeichnungsableitungen, Bauteile, Vorbemerkungen

Entsprechend der dargestellten Zeichnungsableitungen und den entsprechenden Bauteilen auf der Buch-DVD ist eine eigene Konstruktion der vorgegebenen Einheiten möglich.

Fehlende Maßeintragungen und für die Fertigung nötigen Einträge sind technisch sinnvoll zu ergänzen oder an dem entsprechenden Bauteil, nach dem Laden in Solid Edge, nachzusehen.

3.1.1 Zeichnungsableitung der Einzelteile

Legen Sie die Ansichten entsprechend der abgebildeten Darstellung fest, fertigen Sie Schnitte und Ausbrüche an, tragen Sie entsprechende Maße ein, vervollständigen Sie das Schriftfeld, ergänzen die, für die Fertigung, nötigen Anmerkungen, speichern die Zeichnung ab und drucken Sie die Zeichnung bei Bedarf aus.

Projekt I

Bauteile
Zeichnungsableitung
Grundlagen
Seite 95 bis 124

- Einfaches Drehteil

Projektdatei anlegen
DIN A3 Vorlagendatei als Basis
Zuweisen der Ansichten
Erstellen einer Schnittdarstellung
Erstellen einer Detailansicht
Erstellen eines Ausschnitt
Geometrische Produktspezifikation
Dokumentverwaltung über „iProperties"
Bauteilstückliste
Zeichnung drucken

3.2 Einfaches Drehteil, die Zeichnungsableitung

3.2.1 Einrichten einer Projektumgebung, aus der Inventor-Ebene

 Projekte

 Neu

 Engeke2025-
Grundblätter
.idw

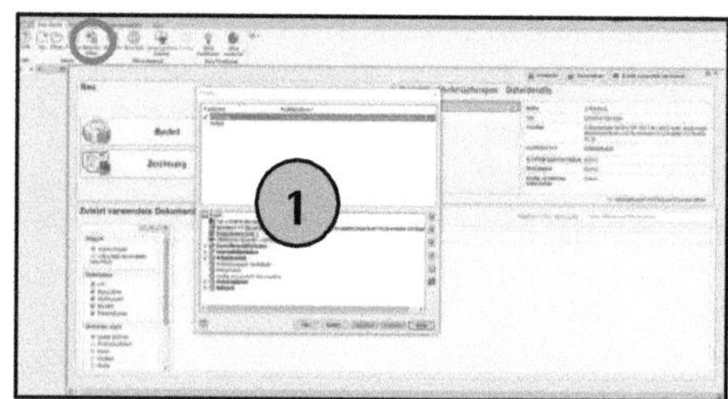

Projekte

Neu / Einzelbenutzer-Projekt anwählen / Weiter

Geben Sie den Projektnamen ein / **Weiter**

Geben Sie den Speicherort an.

OK / Weiter / Fertig stellen

Doppelklicken Sie das neue Projekt.

Zeichnungsableitungen / Anwenden / Fertig

Das aktuelle eingerichtete Projekt ist mit einem Häkchen versehen (1).

3.2.2 Laden des Arbeitsblattes aus der Vorlagendatei

Die Zeichnungsableitung erfolgt auf dem geöffneten Vorlagenblatt
DIN A4 Querformat Leerblatt mit **Schriftkopf nach DIN EN ISO 7200**.

3.2.2.1 Öffnen der angepassten Vorlagendatei

Neu (Multifunktionsleiste)

Engelke2025-Grundblätter.idw anklicken (2) / **OK**

Aktivieren Sie **A3-Querformat Leerblatt** (3)
aus dem Zeichnungs-Browser.

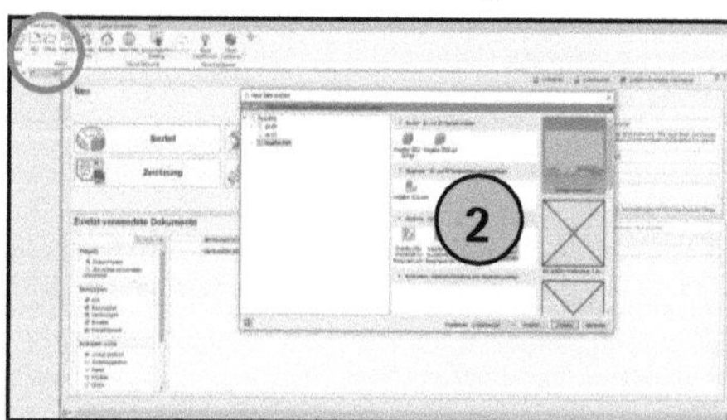

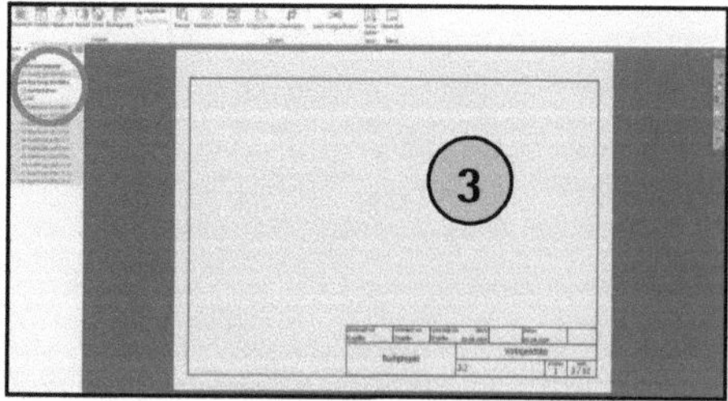

3.2.3 Zuweisen der Ansichten

3.2.3.1 Anordnung der Basisansicht über „Erstansicht"

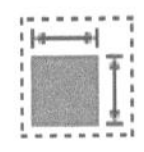

Erstansicht

Ausrichtung
Vorn

Erstansicht ist die erste erstellte Ansicht. Von dieser Ansicht werden alle weiteren Ansichten abgeleitet. Eine Erstansicht kann verwendet werden, um eine parallele Ansicht, eine Hilfsansicht, eine Schnittansicht und eine Detailansicht zu erstellen.

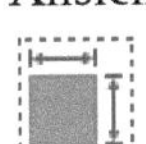

Erstansicht (Multifunktionsleiste **Ansichten platzieren**)

Bauteildatei von der Buch-DVD anwählen (4).

Stil **mit verdeckten Linien** (5), Maßstab **1:1** (6) **Öffnen** klicken.

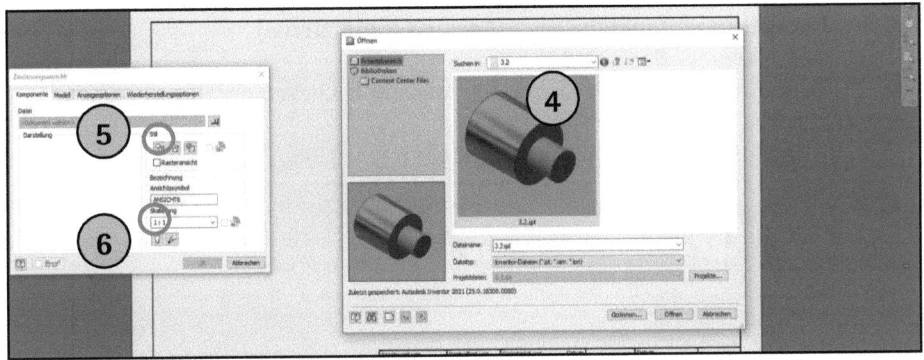

Ausrichtung **Vorn** (7)

Lage durch Schieben positionieren (8).

Fixieren durch Klicken / **OK** (9).

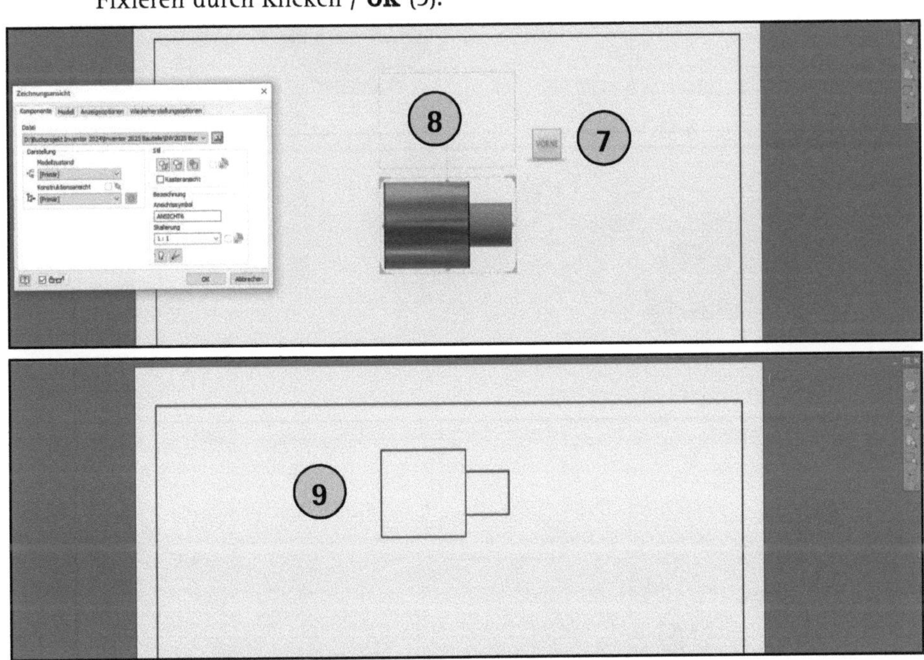

3.2.3.2   Anordnen weiterer Ansichten, parallele Ansichten

Nachdem Sie mit Hilfe der **Erstansicht** die erste Zeichnungsansicht auf dem Zeichenblatt platziert haben, können Sie den Befehl **Parallel** verwenden, um anhand einer vorhandenen Zeichnungsansicht weitere orthogonale Ansichten zu erstellen.

Sie definieren die Ausrichtung der neuen Zeichnungsansicht mit dem Mauszeiger. Um beispielsweise anhand einer vorhandenen orthogonalen Ansicht eine neue Hauptansicht zu platzieren, müssen Sie zuerst die Ursprungsansicht auswählen, und anschließend den Mauszeiger rechts, links, oben oder unten positionieren, damit Sie eine neue orthogonale Ansicht platzieren können. Sie können den Mauszeiger auch diagonal positionieren, um eine neue isometrische Bildansicht zu platzieren.

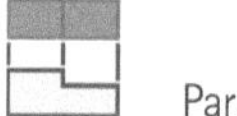 Parallel

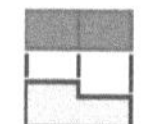

Parallel (Multifunktionsleiste **Ansichten platzieren**)
Anklicken der **Basis** (10).
Neue Ansichten durch Ziehen der Maus und Klicken der Positionen
(11, 12, 13)
Abschluss über Überlaufmenü **Erstellen** (14, 15).

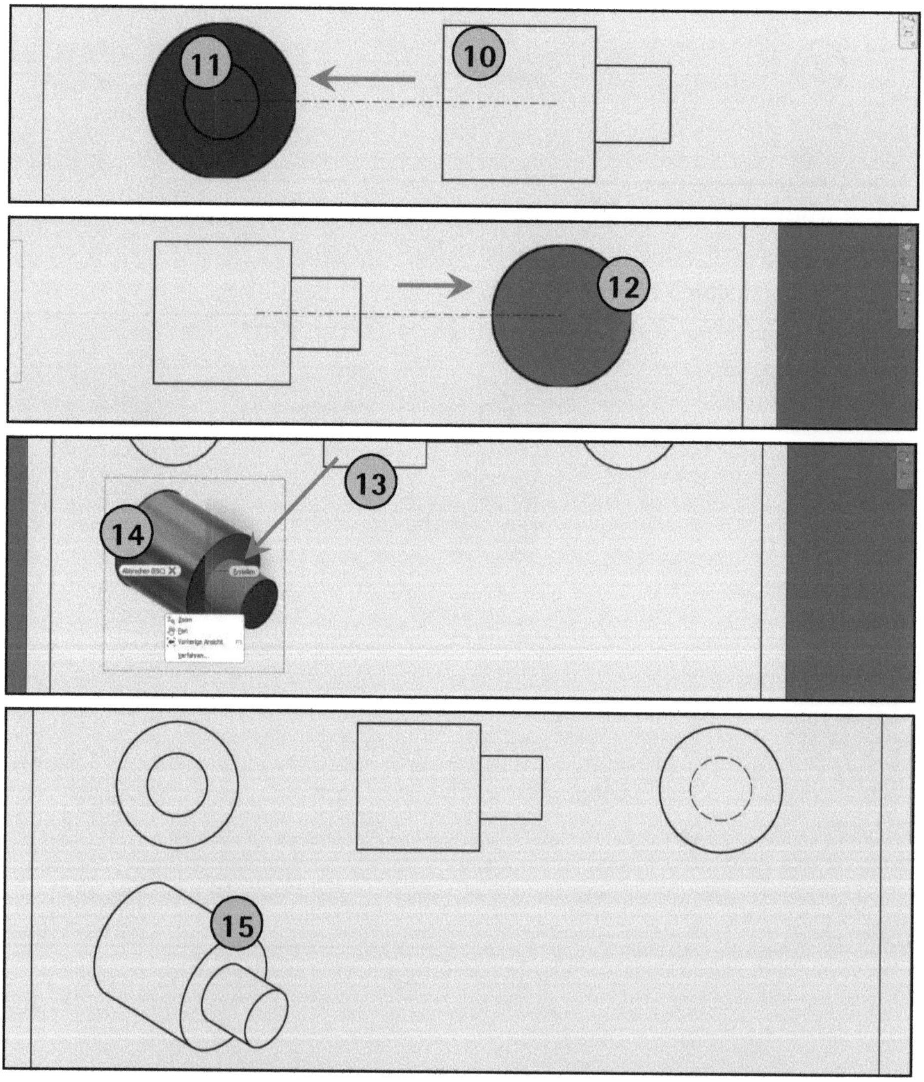

- Änderung der Darstellung über Rechtsklick auf die **ISO**-Ansicht (7).
- **Ansicht bearbeiten** aus dem Überlaufmenü, Stil: **Schattiert** (8).

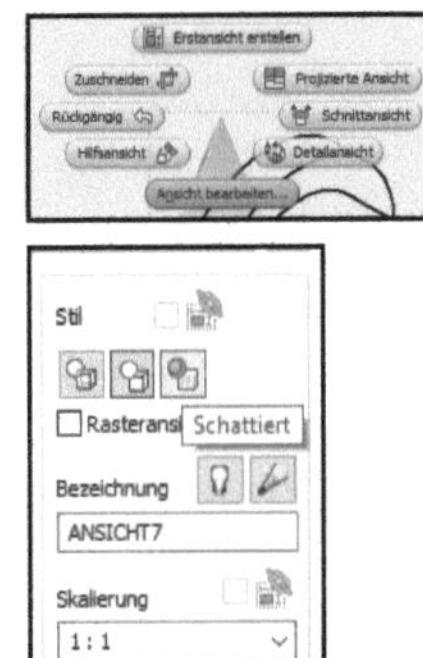

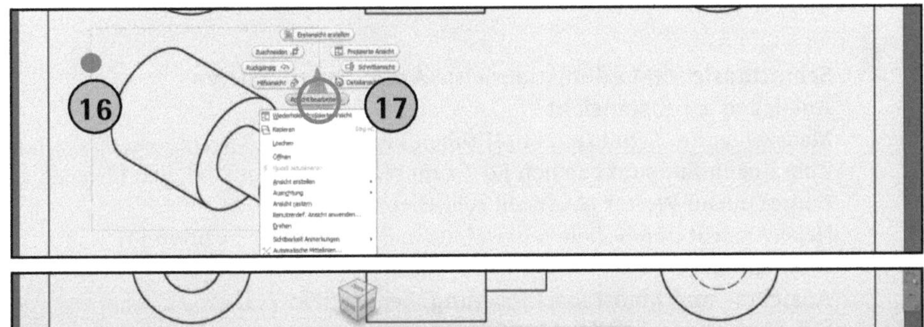

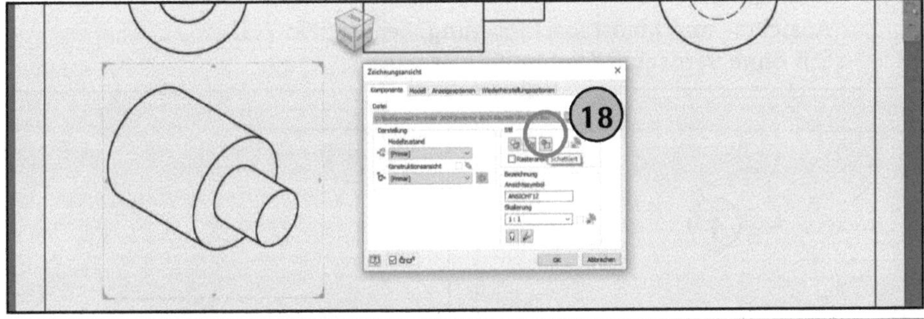

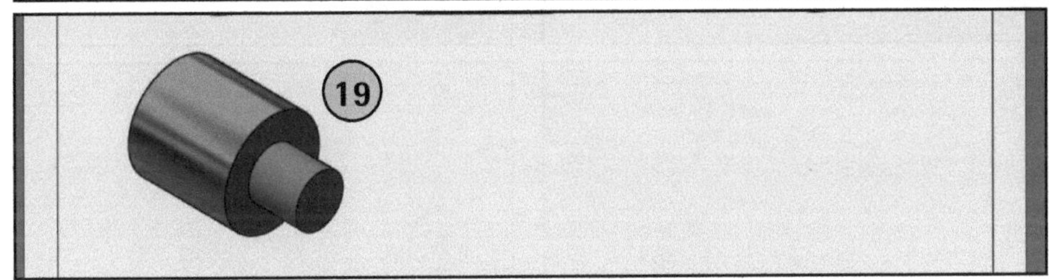

3.2.4   Erstellen einer Schnittdarstellung, DIN ISO 128-40 und -50

Eine Schnittzeichnung, Schnittdarstellung oder auch kurz ein Schnitt ist eine Darstellungsform in Zeichnungen. Sie wird auch Risszeichnung oder kurz Riss genannt, wovon sich auch die Begriffe Grundriss und Aufriss (die Ansicht) ableiten. Je nach Schnittebene bezeichnet man die Zeichnungen als Längsschnitt oder Querschnitt. Eine Schnittzeichnung dient dazu, verdeckte innenliegende Konturen, Materialien und Strukturen eines Körpers zu zeigen. Gegebenenfalls müssen unterschiedliche Schnitte durch einen Körper gelegt werden, um alle relevanten Einzelheiten in mehreren Schnittflächen darstellen zu können.

Schnittansicht

In einer Schnittdarstellung werden die Schnittkanten als Volllinien gezeichnet. Die Schnitt-Flächen der bzw. des durchschnittenen Körpers werden mit einer Schraffur ausgefüllt. Diese Schraffur wird in einem Winkel von 45° gezeichnet. Wenn in einer technischen Zeichnung zwei geschnittene Flächen zweier Bauteile aufeinander treffen, wird eine der Flächen entgegengesetzt unter 45° bzw. 135° schraffiert. Hohlräume werden bei Schnitten außerdem nicht schraffiert. Beim Vollschnitt wird die vordere Hälfte eines Werkstücks komplett weggeschnitten. An welcher Stelle der Schnitt erfolgt ist dabei frei wählbar. Meistens erfolgt der Schnitt jedoch entlang der Längsachse oder senkrecht zur Längsachse.

3.2.5 Erstellen und Anordnung der Schnittansicht, DIN ISO 128-40 und -50

3.2.5.1 Erstellen und Anordnung der Schnittansicht

 Schnittansicht

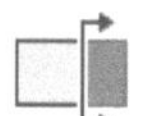

Schnittansicht (Multifunktionsleiste **Ansichten platzieren**
Anklicken der **Erstansicht**
Mauszeiger am Schnittpunkt (1) ruhen lassen,
Zum linken Endpunkt ziehen (2) / zum rechten Endpunkt ziehen (3)
Kontextmenü **Weiter** (Auswahl schließen)
Neue Ansicht durch Ziehen der Maus und Klicken der Position (4)
Einstellungen:
Ansichts- und Maßstabseintragung, Schnitttiefe **Voll**
Stil ohne verdeckte Kanten (5) / **OK**

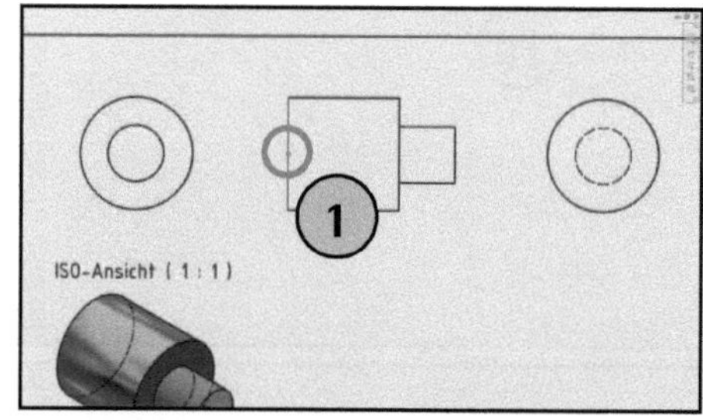

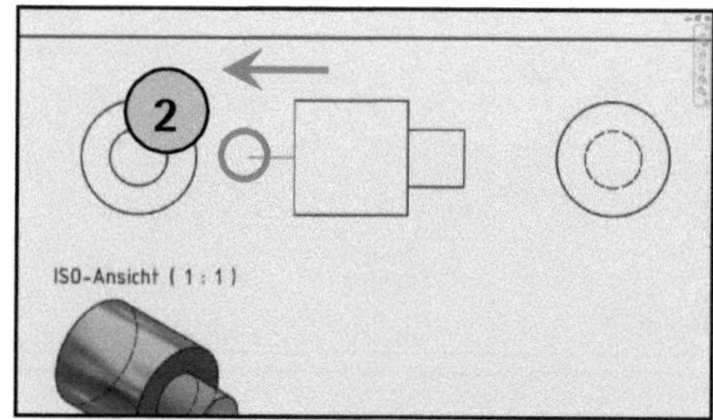

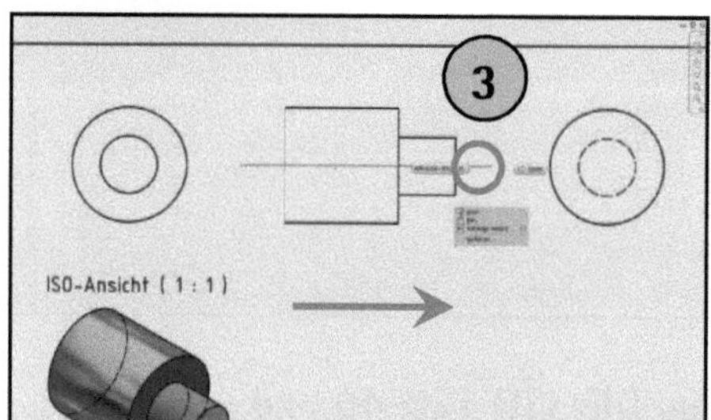

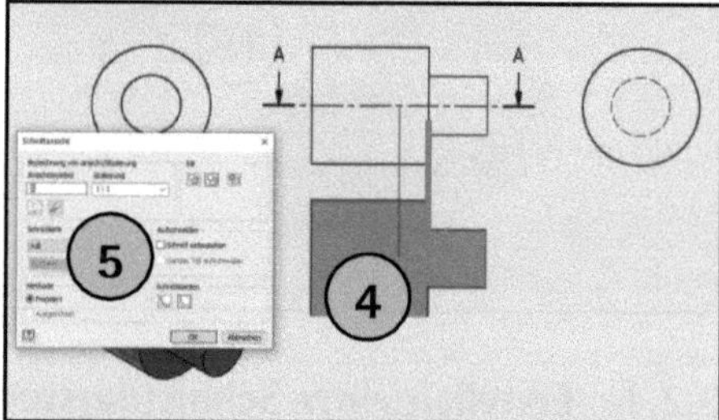

3.2.6 Erstellen einer Detailansicht, Einzelheit nach DIN EN ISO 128-34

Detailansicht

Es kann beim technisch Zeichnen vorkommen, dass ein Bauteil Geometrien besitzt, die in der technischen Zeichnung im gewählten Zeichnungsmaßstab nicht gut erkannt werden können und nur schwer oder gar nicht bemaßt werden können. In diesem Fall hat man die Möglichkeit die entsprechenden Einzelheiten vergrößert darzustellen. Um Einzelheiten maßstäblich zu vergrößern rahmt man sie einfach in der Zeichnung ein bzw. man zeichnet einen Kreis um die betreffende Geometrie. Diese Markierung wird mit einem Buchstaben gekennzeichnet. Der gleiche Buchstabe wird auch über die vergrößerte Darstellung gesetzt, um die einwandfreie Zuordnung zu ermöglichen. Damit man die Detail-Vergrößerung nicht mit einem Schnitt verwechselt, ist empfehlenswert immer die letzten Buchstaben des Alphabetes zu verwenden und für Schnitte immer die ersten. Spätestens jetzt muss man entscheiden, welchen Maßstab man für die Vergrößerung der Einzelheit verwendet, um diese sinnvoll bemaßen zu können. Dann kann man die vergrößerte Einzelheit einfach an einem gewünschten Platz auf der technischen Zeichnung darstellen.

3.2.6.1 Erstellen der Einzelheit, Grundlagen

Der Befehl **Detailansicht** erstellt eine vergrößerte Einzelheit in einer vorhandenen Zeichnungsansicht. Sie können eine kreisförmigen Einzelheit erstellen oder ein benutzerdefiniertes Profil in einer beliebigen geschlossenen Form zeichnen, um die Einzelheit zu erstellen. Vor dem Platzieren einer Einheit in einer Zeichnung können Sie mit Hilfe der Befehlsleiste Einzelheit angeben, ob eine abhängige Einzelheit oder eine unabhängige Einzelheit erstellt werden soll. Unabhängige Einzelheiten sind hilfreich, wenn die Einzelheit andere Anzeigeeigenschaften als die ursprüngliche Zeichnungsansicht aufweisen soll. Sie können beispielsweise in einer Baugruppenzeichnung festlegen, dass in einer unabhängigen Einzelheit Teile ausgeblendet sind, die in der Ursprungsansicht angezeigt werden. Nach Erstellung einer abhängigen Einzelheit können Sie sie in eine unabhängige Einzelheit umwandeln, indem Sie diese auswählen und anschließend den Befehl **In unabhängige Einzelheit konvertieren** im Kontextmenü ausführen.

Detailansicht

3.2.6.2 Erstellen einer Detailansicht, Einzelheit nach DIN EN ISO 128-34

Detailansicht (Multifunktionsleiste **Ansichten platzieren**)
Aktivieren Sie die Funktion **Detailansicht**.
Optionen: Begrenzungsmarke: **Kreis**, Ausschnittsform: **Gezackt**,
Maßstab **2:1** (1).
Wählen Sie die gewünschte Ansicht (2).
Startpunkt für den Kreis klicken / zweiten Punkt ziehen (3)
Neue Ansicht durch Ziehen der Maus und Klicken der Position (4).

Detailansicht

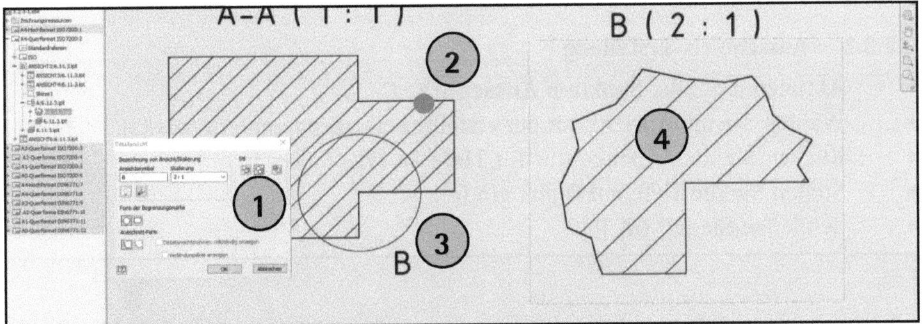

3.2.7 Teilschnitt nach DIN ISO 128-40 und -50

Beim Teilschnitt denkt man sich die vordere Werkstückhälfte herausgeschnitten und es wird nur die hintere Hälfte gezeichnet. Die Schnitte können beliebig gelegt werden, vorwiegend jedoch in Richtung der Längsachse oder senkrecht zu dieser.
Der Teilschnitt hat als Begrenzungslinie die Freihandlinie oder eine Zickzacklinie. Diese Linien dürfen nicht mit Umrissen, Kanten oder Hilfslinien zusammenfallen. Der Teilschnitt dient zur Verdeutlichung eines Teiles am Werkstück.
Eine Ausschnittsansicht (Teilschnitt) schneidet einen Teil einer Baugruppe in einer Zeichenansicht weg, um das Innere freizulegen. Auf den geschnittenen Flächen aller Komponenten wird automatisch eine Schraffur erzeugt. Ein Ausschnitt (Teilschnitt) ist keine separate Ansicht, sondern Teil einer vorhandenen Zeichenansicht. Ein geschlossenes Profil, normalerweise ein Spline, definiert den Ausbruch. Dabei wird Material bis zu einer bestimmten Tiefe entfernt, um innere Details freizulegen. Sie können die Tiefe bestimmen, indem Sie eine Zahl angeben oder Geometrie in einer Zeichenansicht auswählen.

Ausschnitt

3.2.8 Erstellen eines Ausschnitt nach DIN ISO 128-40 und -50

3.2.8.1 Erstellung eines Ausschnitts, Skizzenerstellung

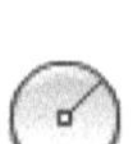
Skizze erstellen

- Klicken Sie die entsprechende Ansicht für den Ausschnitt im Bauteilbrowser.

2D-Skizze erstellen (Multifunktionsleiste **3D-Modellierung**)
Neue Skizze erstellen, der Skizzenhintergrund wird eingeblendet.

Kreis Mittelpunkt

Kreis Mittelpunkt (Multifunktionsleiste **Skizze**)
Setzen Sie einen Kreis auf den Linienschnittpunkt der Zylinderabsätze (1).
Skizze beenden (aus dem Überlaufmenü)

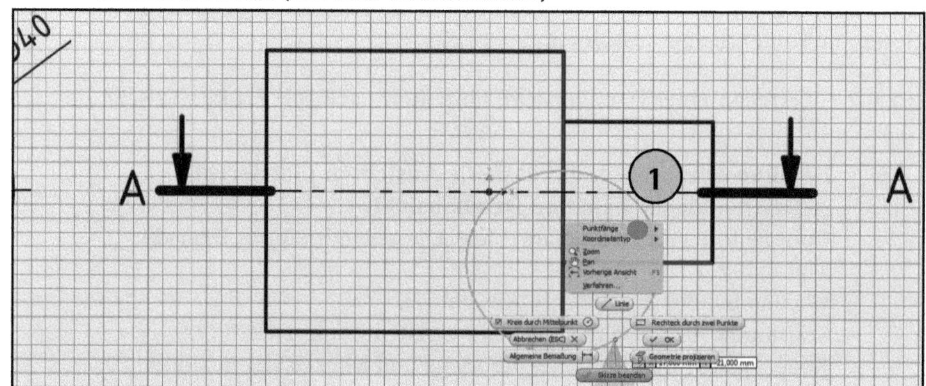

3.2.8.2 Ausschnitts-Erstellung

Ausschnitt

- Aktivieren Sie die Funktion **Ausschnitt**,
- Wählen Sie die Ansicht mit der erstellten Skizzengeometrie aus (2).
- Klicken Sie die Außenkontur für **Tiefe** an (3).
- Stellen Sie die Tiefe auf **0** mm ein (4).
- Schließen Sie mit **OK** (5).

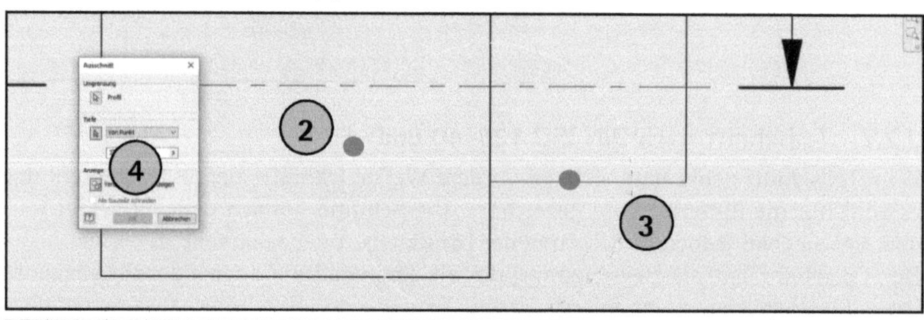

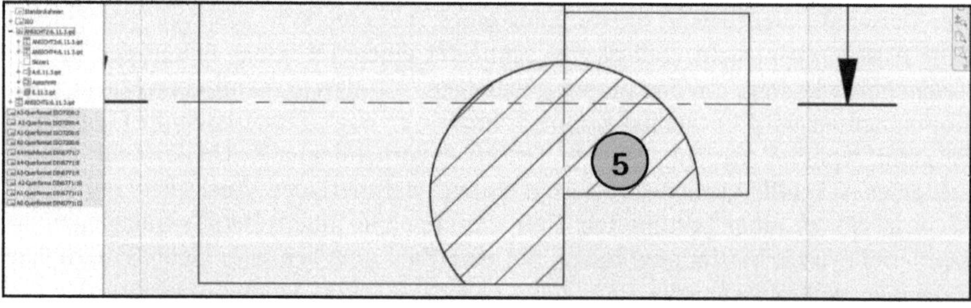

3.2.9 Die normgerechte Anpassung der Darstellung

3.2.9.1 Linienbereinigung

Verdeckte Linien gehören nicht in eine Schnittdarstellung.

* Wählen Sie die Linie an, Kontextmenü über Maus-Rechtsklick,
  Sichtbarkeit deaktivieren (6).

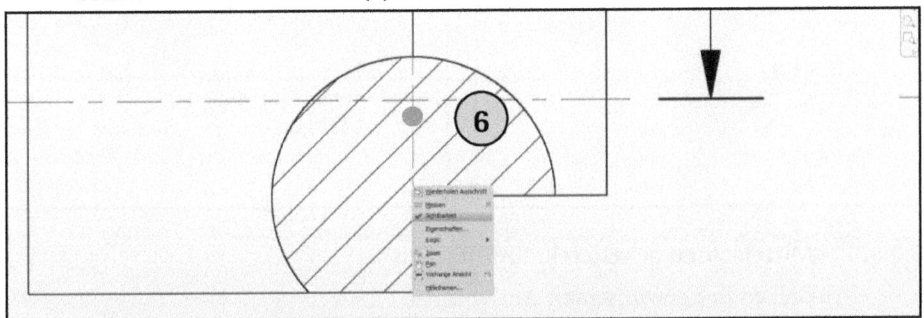

3.2.9.2 Kanteneigenschaften ändern

Teilschnitt-Bruchlinien sind schmale Voll-Linien.

* Wählen Sie die Linie an, Kontextmenü über Maus-Rechtsklick (7, 8),
  setzen Sie die Linienbreite auf **0,25 mm** (9) Abschluss über **OK**.

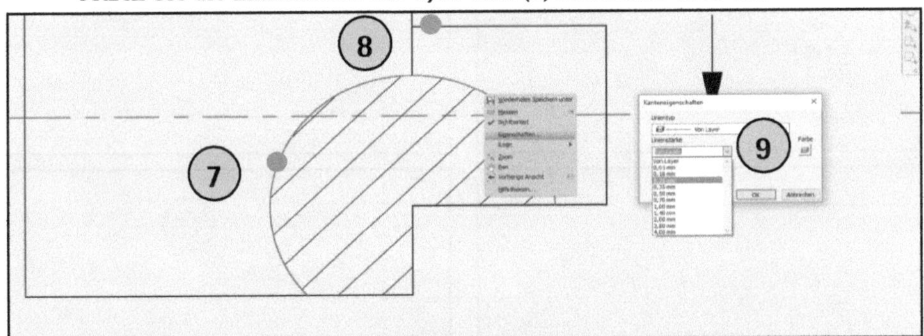

3.2.9.3 Unterdrücken störender Linien im Schnittverlauf

* Schnittlinie anklicken (10).
* **Ganze Linie anzeigen** deaktivieren im Kontextmenü (11).

Die Strich-Punkt-Linie im Bauteil wird ausgeblendet.

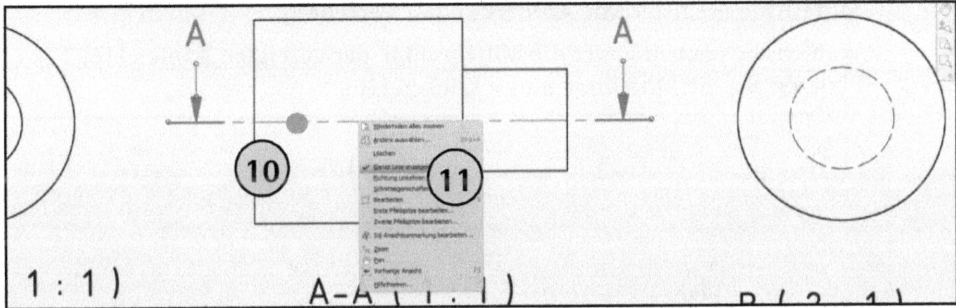

3.2.9.4   Mittelachsen generieren, Zylinder

Automatische Mittellinien

- Anklicken der gewünschten Ansicht.
  Aktivieren Sie **Automatische Mittellinienmarkierungen** im Kontextmenü.
  Anwenden auf:
  Zylindrische Elemente, Drehteile, Objekte in Ansicht (12, 13).

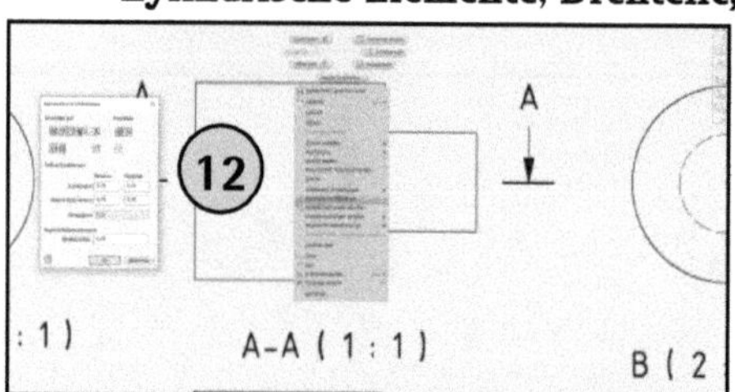
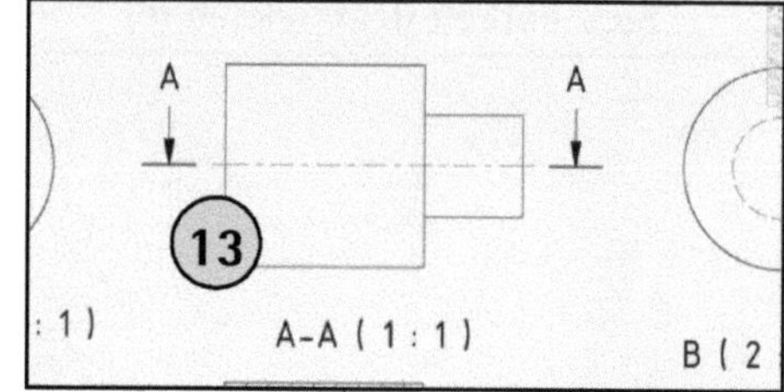

3.2.9.5   Mittelachsen generieren, Kreisflächen

Automatische Mittellinien

- Anklicken der gewünschten Ansicht.
  Aktivieren Sie **Automatische Mittellinienmarkierungen** im Kontextmenü.
  Anwenden auf:
  Zylindrische Elemente, Drehteile, Objekte in Ansicht (14, 15).

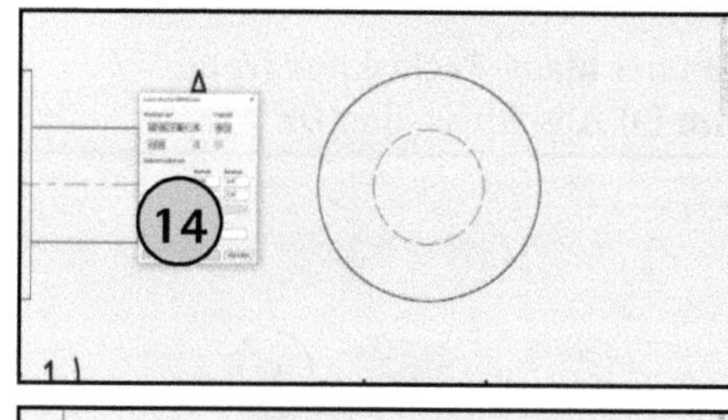
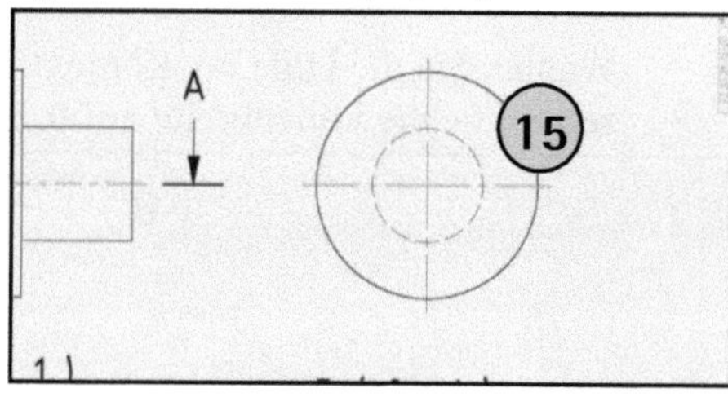

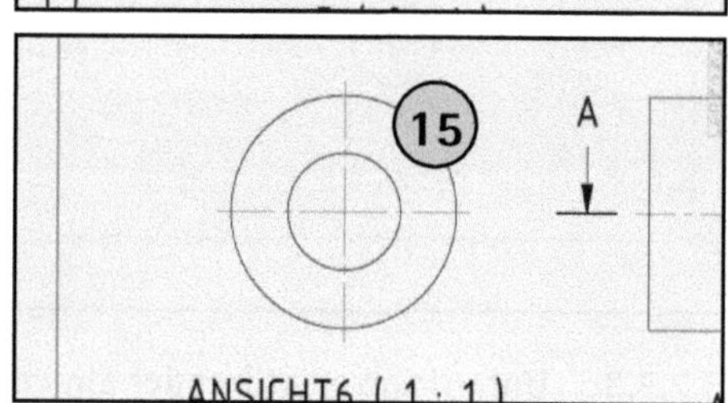

3.2.9.6   Mittelachsen generieren, Schnittansicht

Mittellinie

Mittellinie (Register **Mit Anmerkungen versehen**).

Wählen Sie nacheinander die Mittelpunkte der gezeigten Kanten (16, 17).
Fixieren Sie die Mittellinie durch Klicken (18).

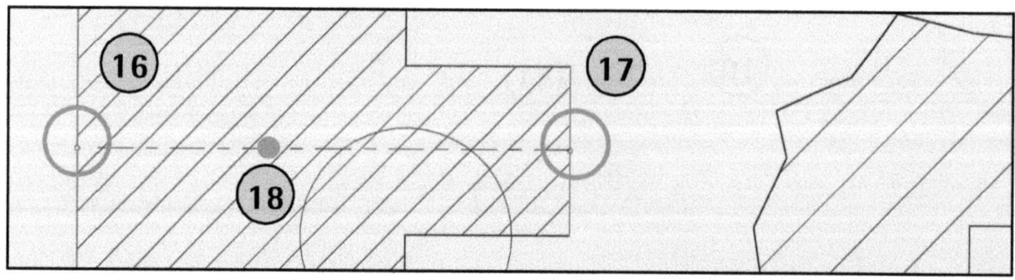

3.2.10 Schnittbezeichnungen entsprechend DIN ISO 128-40 und -50

3.2.10.1 Verschieben der Buchstabenkennung

- Klicken Sie den **Schnitt-Bezeichnungsbuchstaben** an (19).
- Schieben Sie den Buchstaben an die gezeigte **Schnittebene** (20).

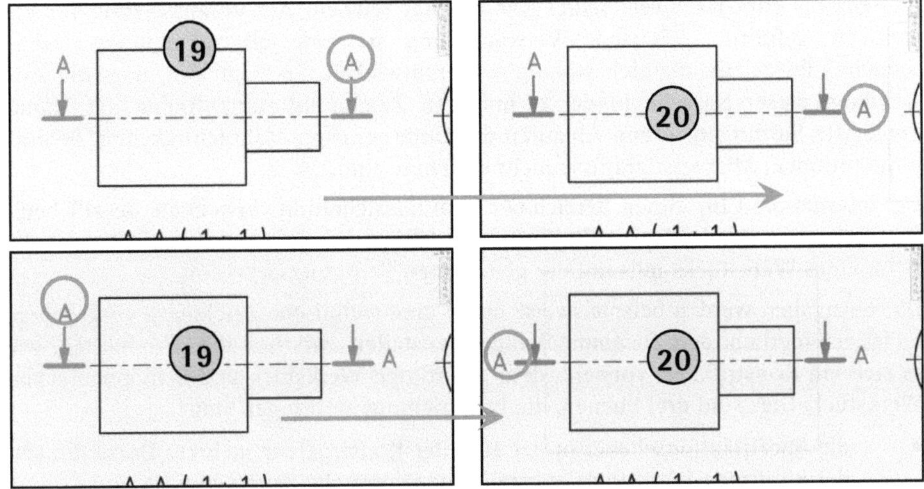

3.2.10.2 Anpassung der Ansichts- und Schnittbezeichnung

Schnittbezeichnung und Maßstabskennung können unterschiedliche Texthöhen haben.
Schnittbezeichnung Schrifthöhe **5** mm,
Maßstabsbezeichnung Schrifthöhe **3,5** mm.

- Aktivieren Sie die Textformatierung durch Doppelklick.
  Verändern Sie die **Textstellen** und die Schrifthöhe auf **3,5** mm (21, 22, 23).

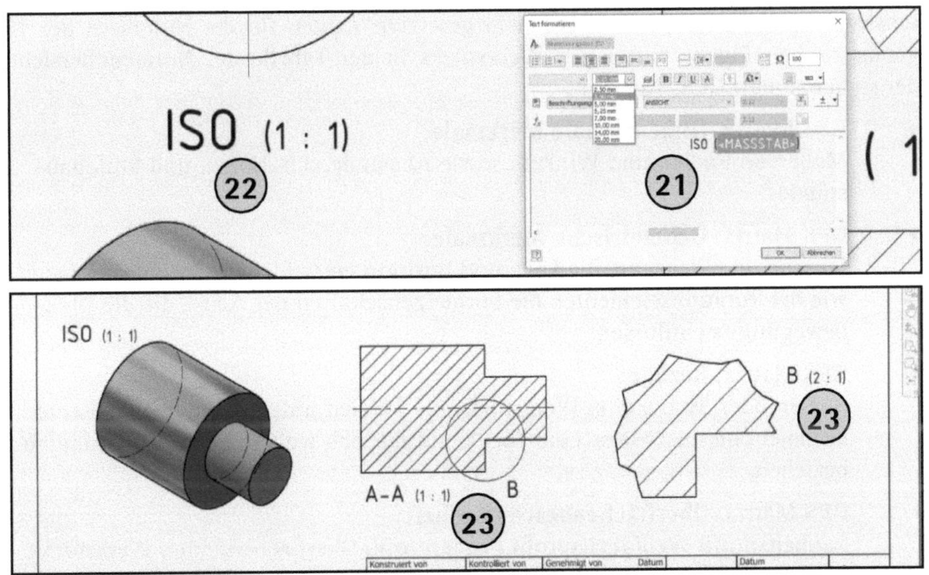

3.2.11 Geometrische Produktspezifikation

3.2.11.1 Geometrische Produktspezifikation, Einführung

Die Normen-Matrix für die Geometrische Produktspezifikation und -prüfung (GPS) definiert Standards, die von der Spezifikation der Funktionsanforderungen eines Bauteils bis zum Nachweis seiner Konformität reichen. Als Voraussetzung für die weltweit geführte technische Verständigung ist eine allgemeingültige "GPS-Sprache" festgelegt, die sich ständig weiterentwickelt. Es zeigt sich, dass die Anwendung dieser Sprache in der technischen Zeichnung stattzufinden hat, damit ernsthafte Störungen in den Abläufen der Unternehmen: Mehrdeutigkeiten, Fehlinterpretationen, Missverständnisse nicht die Folge sind.

Der international für diesen Bereich der Qualitätssicherung verwendete Begriff heißt **Geometrische Produktspezifikation**, kurz GPS. GPS definiert die Maße und die Form eines Werkstücks mitsamt der geforderten Fertigungspräzision.

Diese Angaben werden beispielsweise durch eine technische Zeichnung vorgegeben. Es ist erforderlich, den Zusammenhang herzustellen zwischen dem Produktteil, wie es sich ein Konstrukteur vorstellt, dem gefertigten Werkstück und dem gemessenen Werkstück. Dies sind drei Ebenen, die in Beziehung zu bringen sind:

- die Spezifikationsebene, in der sich der Konstrukteur mehrere Darstellungen des künftigen Werkstücks vorstellt, die technische Zeichnung.

- die Ebene der physikalischen Verkörperung des Werkstücks, die Herstellung.

- die Ebene der Prüfung, in der eine Darstellung eines Werkstücks zur Untergliederung des Werkstücks durch Messgeräte verwendet wird, die Qualitätssicherung.

3.2.11.2 Vorgehensweise mit Hilfe der GPS-Matrix

Für eine systematische Spezifizierung der geometrischen Merkmale eines Werkstücks wird die Geometrie eines Produktes mit 18 verschiedenen Merkmalen charakterisiert. Dabei stehen die in Klammem gesetzten Zahlen für die Nummern der 18 geometrischen Eigenschaften des Werkstücks in der Tabelle der Normenübersicht, der so genannten GPS- Matrix:

- GPS Matrix, **Dimensionale Merkmale**:
  Maße von Radien und Winkeln sowie Abstände, d.h. Höhen und Stufenabstände.

- GPS Matrix, **Geometrische Merkmale**:
  Formen, die Richtung, die Lage und Position eines Elementes und sein Lauf wie bei Rotationselementen die Formeigenschaften der Achse die die Drehbewegung beeinflussen.

- GPS Matrix, **Bezüge**:
  Stellen oder Systeme im Werkstück, auf die sich unterschiedliche Elemente beziehen, beispielsweise eine Ebene, auf die sich weitere Ebenen oder Linien beziehen.

- GPS Matrix, **Oberflächenbeschaffenheit**:
  Rauheitsprofil Welligkeitsprofil Primärprofil, Oberflächenfehler, Werkstückkanten.

3.2.12 Geometrische Produktspezifikation, Maßeintragungen

3.2.12.1 Geometrische Produktspezifikation, Maßeintragungen, Vorbemerkungen

Das Bemaßen von Bauteilen in technischen Zeichnungen ist einer der wichtigsten Grundbestandteile des technischen Zeichnens, da nur durch die Eintragung von Maßen die Bauteile reproduzierbar werden.

Die Grundregeln für das Bemaßen von technischen Zeichnungen sind in der DIN 406-10 und DIN 406-11 beschrieben. Mit der Bemaßung beschreibt man die Abmessungen, wie Länge, Höhe, Durchmesser und die Form von Bauteilen.

Die Bemaßung besteht aus der Maßlinie, diese beschreibt die Abmessung, der Maßzahl, diese gibt die Größe der Abmessung an, der Maßhilfslinie, diese führt vom bemaßten Zeichnungselement bis zur Maßlinie und stellt die Begrenzung dar und den Maßpfeilen, diese zeigen die Endpunkte der Maßlinie an.

Die Maßzahl wird in **mm** angegeben. Die Maßeinheit wird jedoch nicht dazugeschrieben, soweit die Angabe in Millimeter erfolgt.

3.2.12.2 Längen-Bemaßung, Kanten, entsprechend DIN 406

Bemaßung (Multifunktionsleiste **Mit Anmerkungen versehen**)

Kante (1) oder Linien klicken (2).

Maß auf Lage ziehen, Rasten der Maßlinie beachten (3, 4).

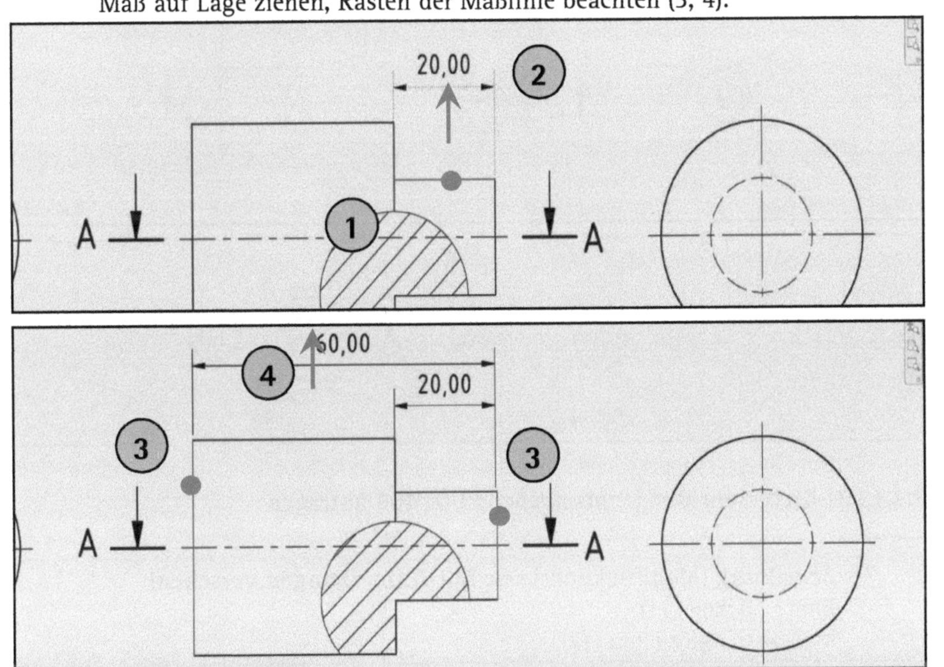

3.2.12.1 Basislinien-Bemaßung, entsprechend DIN 406

Die Längenmaße des Bauteils lassen sich auch über eine Basislinienbemaßung definieren.

Basislinie

Basislinie (Multifunktionsleiste **Mit Anmerkungen versehen**)
Kanten in der Reihenfolge klicken (5) / Rechtsklick **Weiter**.
Maße auf Lage ziehen, Rasten beachten (6).

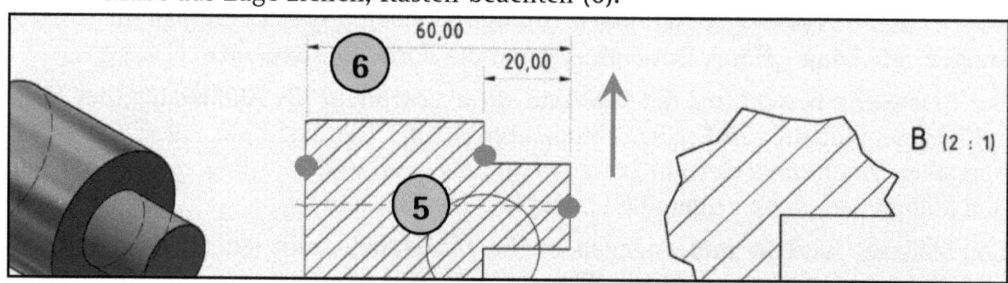

3.2.12.2 Durchmesser-Bemaßung, mit Radienbezugslinie, entsprechend DIN 406

Bemaßung

Bemaßung (Multifunktionsleiste **Mit Anmerkungen versehen**)
Kante (7) oder Linien klicken (8).
Maß auf Lage ziehen, Rasten der Maßlinie beachten (9, 10).

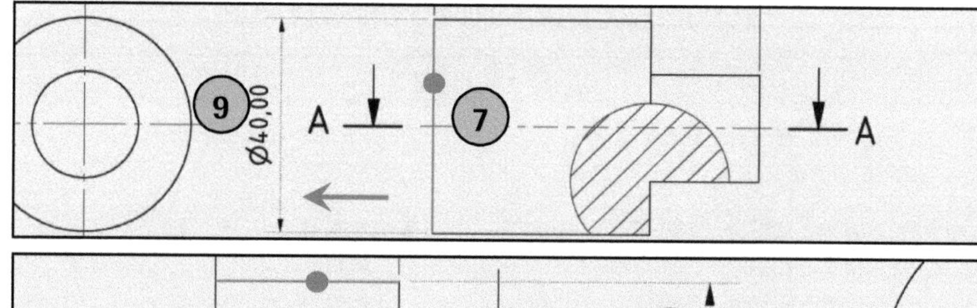

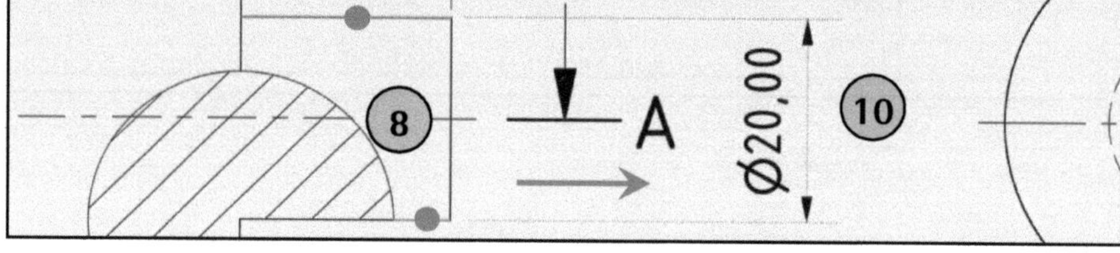

3.2.12.3 Kreis-Bemaßung, entsprechend DIN 406 antragen

Bemaßung

Bemaßung (Multifunktionsleiste **Mit Anmerkungen versehen**)
Kante klicken (11).
Maß auf Lage ziehen (12).

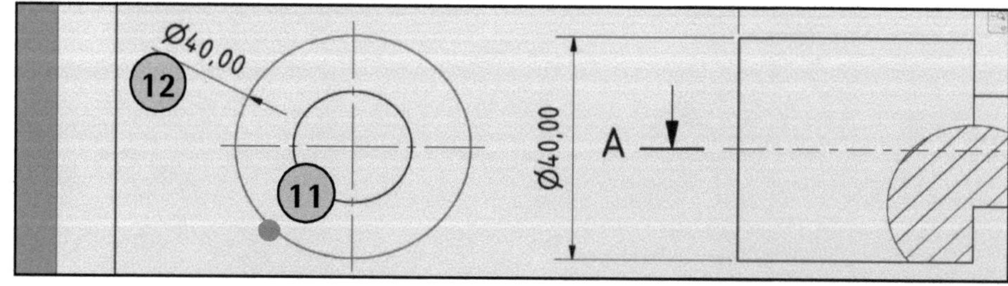

3.2.12.4 Kreis-Bemaßung, mit Durchmesser-Bezugslinie, entsprechend DIN 406

Bemaßung (Multifunktionsleiste **Mit Anmerkungen versehen**)
Kante klicken (13).
Option **Einfache Bemaßungslinie** deaktivieren (14).
Maß auf Lage ziehen (15).

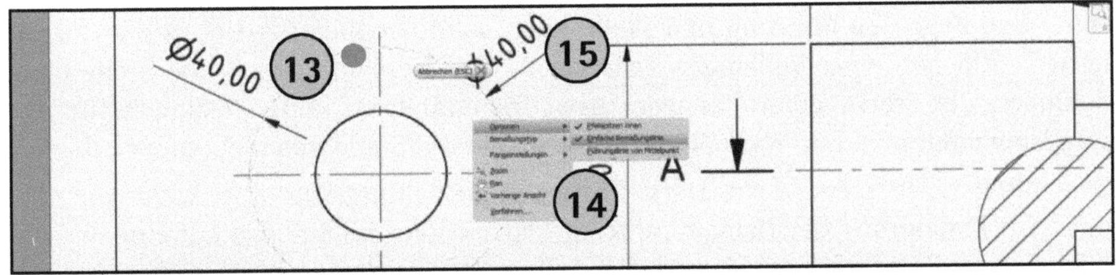

3.2.12.5 Durchmesser als Linear-Bemaßung, entsprechend DIN 406

Bemaßung (Multifunktionsleiste **Mit Anmerkungen versehen**)

Klicken Sie das Mittelachsenkreuz (16)
Wählen Sie den ersten Schnittpunkt (17)
Wählen Sie den zweiten Schnittpunkt (18)
Klicken die Position (19).

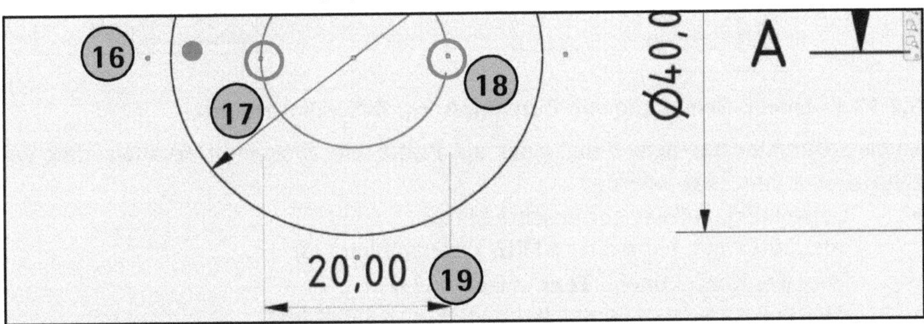

3.2.12.6 Dezimalstellen der Bemaßung auf Null setzen

- Gewünschte Maße mit gedrückter **STRG**-Taste wählen,
  grüne Farbänderung (20).
- Kontextmenü aufrufen, **Genauigkeit** klicken (21), auf **Null** setzen (22).
- Zur Übernahme der Änderungen in die Zeichnung klicken.

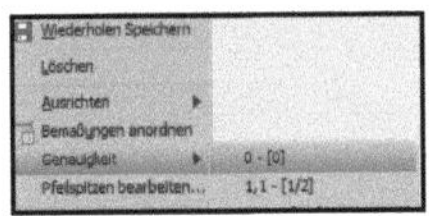

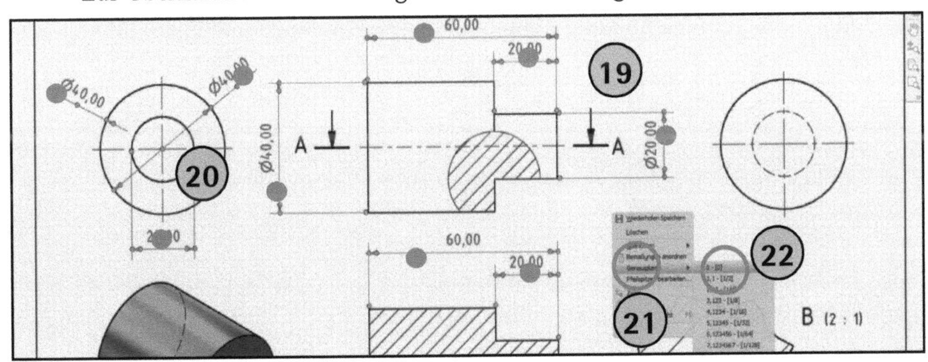

3.2.13 Durchmesser-Bemaßung entsprechend DIN 406, mit Präfix und Suffix, Vorbemerkungen

Da die Toleranzspezifikation für die ordnungsgemäße Zusammenpassung von Bohrungen und Wellen solch eine häufige und wichtige Rolle bei der Fertigung von Teilen spielt, haben die Gremien für internationale Normen ein regelbasiertes Grenz- und Passsystem für Bohrungen und Wellen eingerichtet.

Unter den Begriffen Bohrung und Welle kann auch der Raum zwischen zwei parallelen Teilflächen eines beliebigen Teils verstanden werden, wie z.B. die Breite eines Schlitzes, die Stärke einer Passfeder usw. Die Standards gelten lediglich für Abstandsbemaßungen. Für Winkelbemaßungen sind die Standards nicht anwendbar.

Bemaßungstypen steuern die Darstellung der Bemaßung. Der Typ kann vor oder nach der Platzierung der Bemaßung festgelegt werden. Klicken Sie auf eine der Optionen in der Liste mit Bemaßungstypen in der Befehlsleiste:

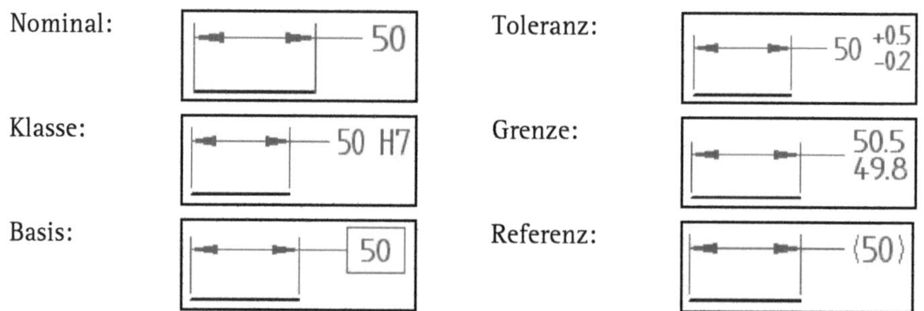

3.2.13.1 Linear-Bemaßung von Durchmessern, Ø-Symbol ergänzen

Lineare Durchmesser-Bemaßung muss als Präfix ein Ø-Symbol erhalten, dies geschieht über eine Textänderung.

- Doppelklick auf das gewünschte Maß,
  oder Maße mit gedrückter **STRG**-Taste wählen (23).
- Über das Kontextmenü **Text** aufrufen (24).
- Aus dem Symbolmenü das **Ø**-Symbol auswählen (25).
- Vor dem Text das **Ø**-Symbol einfügen (26).

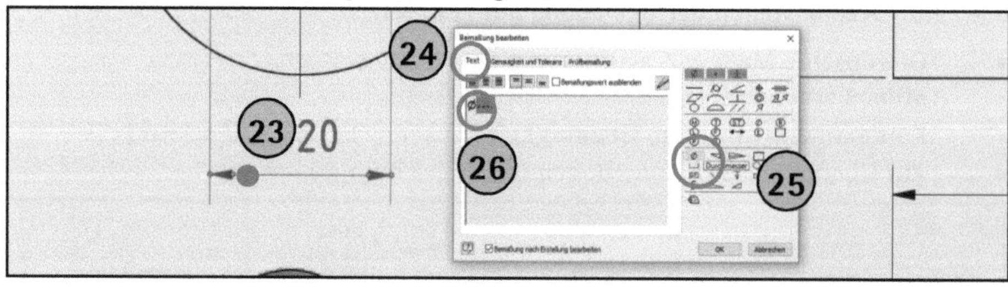

3.2.13.2 Passungs-Bemaßung entsprechend DIN 406 antragen

Passungs-Bemaßung muss als Suffix über eine Textänderung eingetragen werden.

- Doppelklick auf das gewünschte Durchmesser-Maß **40** (27).
  Das Kontextmenü **Text** erscheint.
- Tragen Sie am Ende die Passung ein **h8** ein (28).
  (für Blankstahlerzeugnis nach DIN EN 10278)

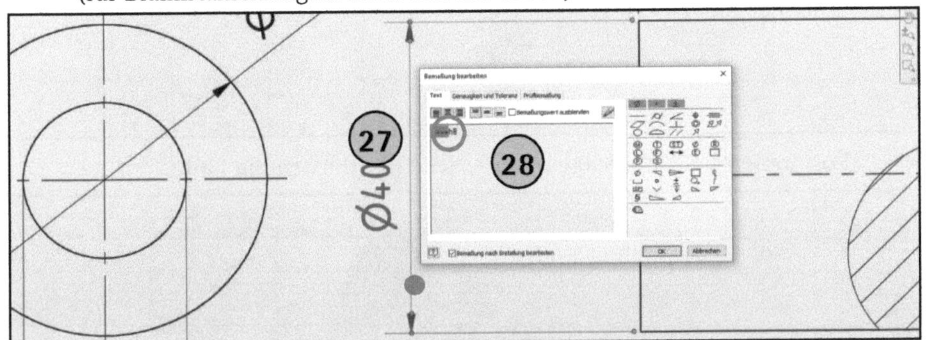

3.2.13.3 Isometrische Maßeintragungen, Einzelmaß

 **Bemaßung** (Multifunktionsleiste **Mit Anmerkungen versehen**)

- Punkte wählen (29) / Maß auf Lage ziehen (30)
- Mit **Leertaste** die Maßlage ändern (31).
- **Genauigkeit** klicken (32), auf **Null** setzen (33).

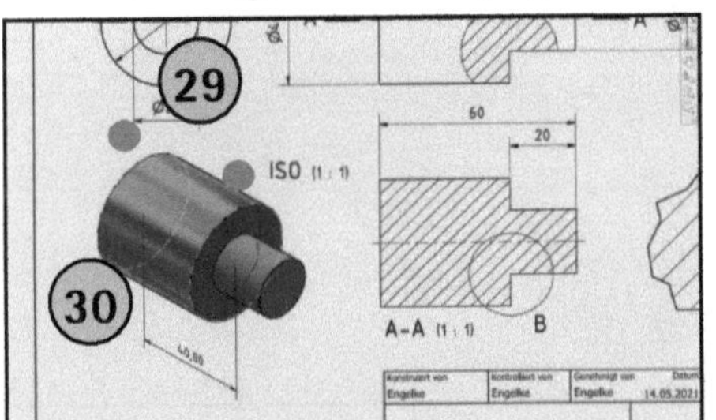

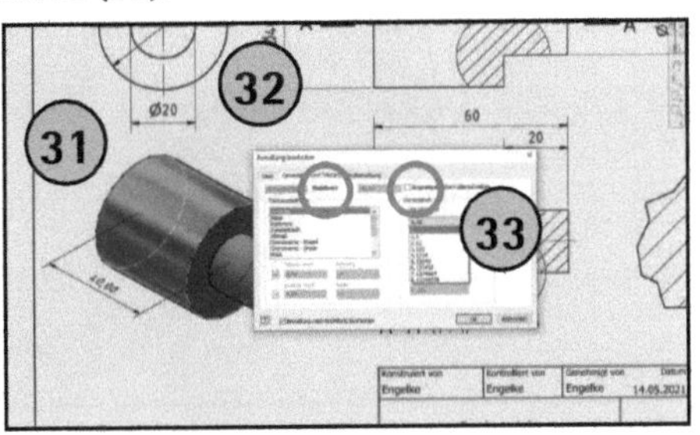

3.2.13.4 Isometrische Maßeintragungen, Modellanmerkungen

- Klicken Sie die Ansicht für die Zuweisung der Modellanmerkungen.
- Aktivieren Sie, im Kontextmenü **Modellanmerkungen abrufen** (34).

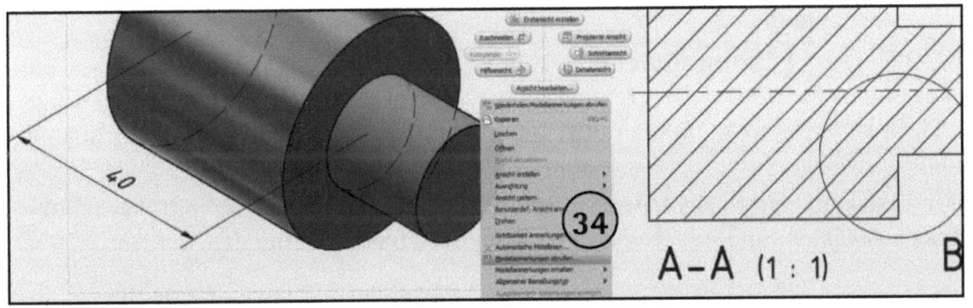

Modell-
Anmerkungen

- Die dargestellten Maße werden über diese Funktion zugewiesen (35).

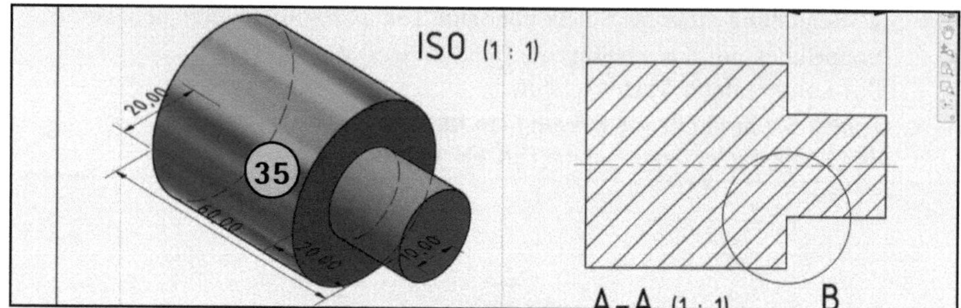

- Positionieren Sie die Maße entsprechend der Darstellung (36).

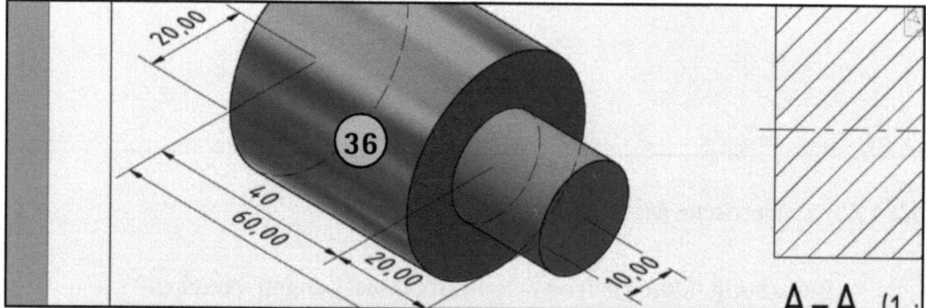

- **Genauigkeit** klicken, auf **Null** setzen (37, 38).

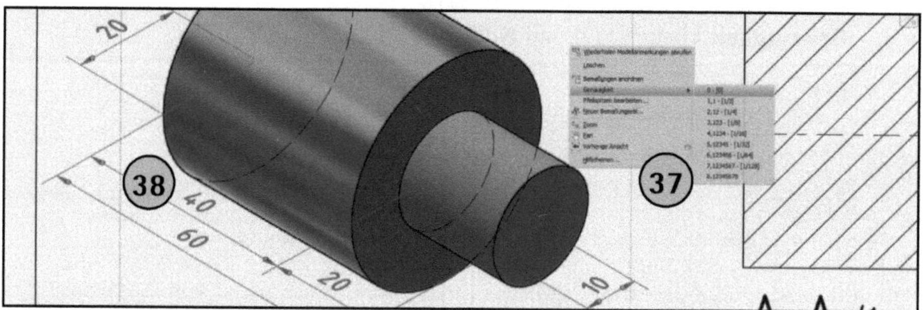

3.2.14 Hinweis-Bemaßung, entsprechend DIN 406 antragen

Hinweislinien, nach DIN 406, zum Eintragen von Maßen sind als schmale Volllinien schräg aus der Darstellung zu ziehen und enden mit einem Pfeil auf der Körperkante, mit einem Punkt auf einer Fläche und ohne Begrenzung an allen anderen Zeichnungselementen.

Im Dialogfeld **Führungslinientext** können Sie mehrere Textzeilen mit einer Führungslinie hinzufügen. Der Text verfügt nur über eingeschränkte Formatierungen, z. B. linke oder rechte Ausrichtung. Neue Textzeilen werden nacheinander hinzugefügt.

Der Text kann mit verschiedenen Eigenschaften, die Sie im Abschnitt **Assoziativer Text** auswählen, und mit technischen Voraussetzungen verbunden werden.

Führungslinientext (Multifunktionsleiste **Mit Anmerkungen versehen**)
Zum Erstellen einer Hilfslinie ziehen Sie den Verbindungspunkt der Führungslinie an der Kante entlang und fixieren Sie den Startpunkt durch Klicken (39, 40).

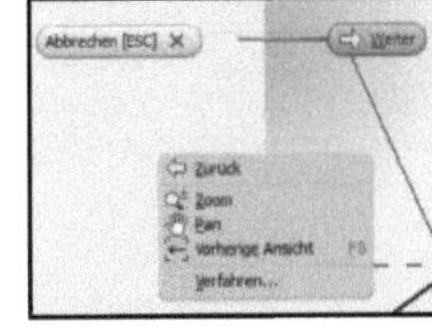

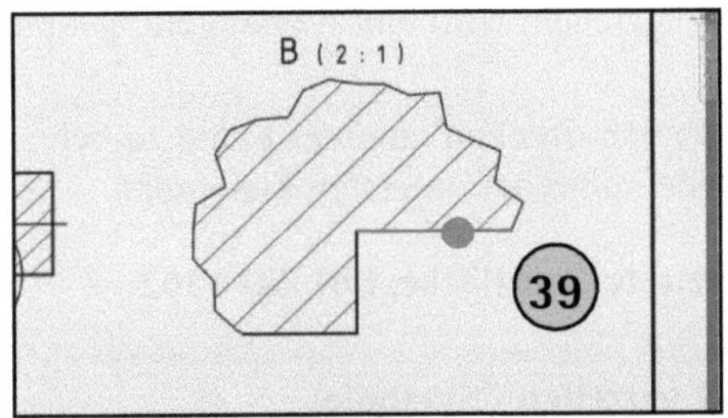

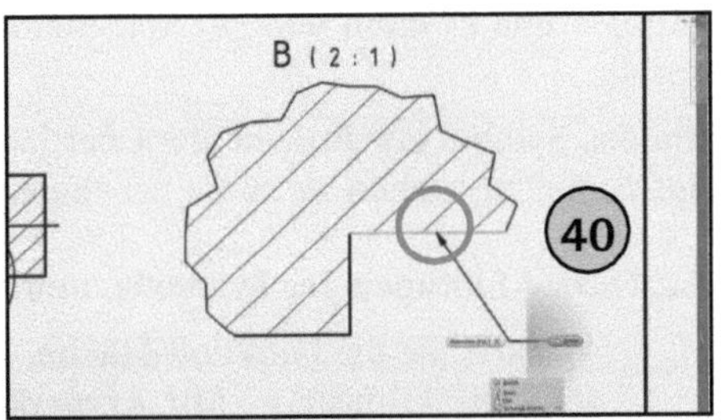

Ziehen Sie einen Linienabstand nach Wahl.
Geben Sie in den Abschnitt **Text** den Text ein (41, 42)

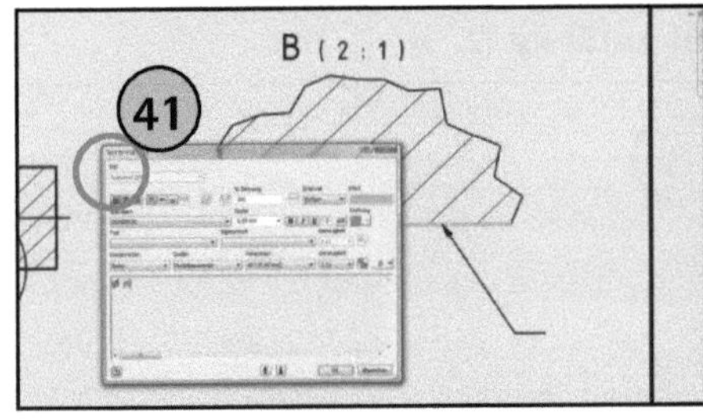

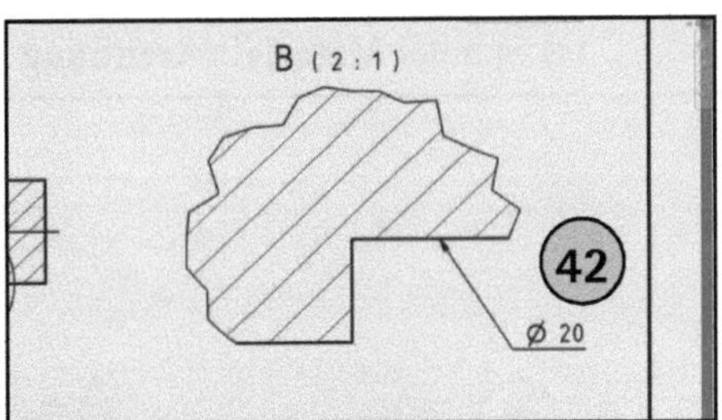

3.2.15 Geometrische Produktspezifikation, Oberflächensymbole

3.2.15.1 Einfügen der Symbolik, Möglichkeiten

Oberflächenbeschaffenheit an Werkstücken nach DIN ISO 1302:

Aus der Zeichnung eines Werkstückes muss auch die Beschaffenheit der Werkstückoberflächen im Endzustand des Teiles hervorgehen. In Konstruktionszeichnungen werden technische Oberflächen vorrangig funktionsgerecht beschrieben.

Die Symbole mit den Angaben sind so anzuordnen, dass sie von unten oder von der rechten Seite zu lesen sind. Um diese Regel einzuhalten, kann das Symbol mit der Oberfläche auch durch eine Bezugslinie mit Maßpfeil verbunden werden.

Symbol oder Maßpfeil müssen von außen entweder auf die Körperkante oder auf eine Maßhilfslinie als Verlängerung der Körperkante zeigen. Oberflächenzeichen sind für eine bestimmte Oberfläche nur einmal einzutragen.

Oberflächenzeichen sind in der Ansicht einzutragen, in der die betreffende Fläche bemaßt ist. Gegenüberliegende Oberflächen müssen nur einmal gekennzeichnet werden, wenn durch eine Mittellinie angegeben wird, dass dieselbe Oberflächenbeschaffenheit gefordert wird und es sich um dieselbe Fläche handelt.

Bei anderen Formelementen muss die gegenüberliegende Fläche durch dasselbe Symbol gekennzeichnet werden.

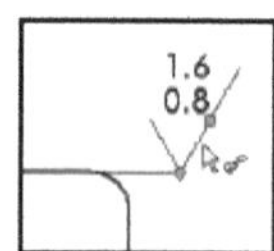

Maßlinien:

Wenn das Symbol über eine Hinweislinie verfügt, klicken Sie einmal, um die Hinweislinie zu platzieren. Klicken Sie dann ein zweites Mal, um das Symbol zu platzieren.

Sie können ein Symbol für die Oberflächenbeschaffenheit mit einer Hinweislinie an eine beliebige Stelle ziehen. Wenn Sie ein Symbol ohne Hinweislinie an eine Kante anfügen und es dann von der Modellkante wegziehen, wird eine Verlängerungslinie erstellt.

Um das Symbol zur Angabe der Oberflächenbeschaffenheit an einer Kante zu befestigt zu halten, ziehen sie es an beliebiger Stelle außer am untersten Ziehpunkt.

3.2.15.2 Einfügen der Symbolik, unbearbeitete Oberfläche, DIN ISO 1302

- Wählen Sie die Funktion **Fläche**
  (Multifunktionsleiste **Mit Anmerkung versehen / Symbole**).

- Klicken Sie auf die Position, um den Zielpunkt zu platzieren (1).

- Wählen Sie im Dialogfeld **Oberflächenbeschaffenheit**
  das Symbol **Materialabtrennung nicht zulässig** (2, 3).

Symbole
Fläche

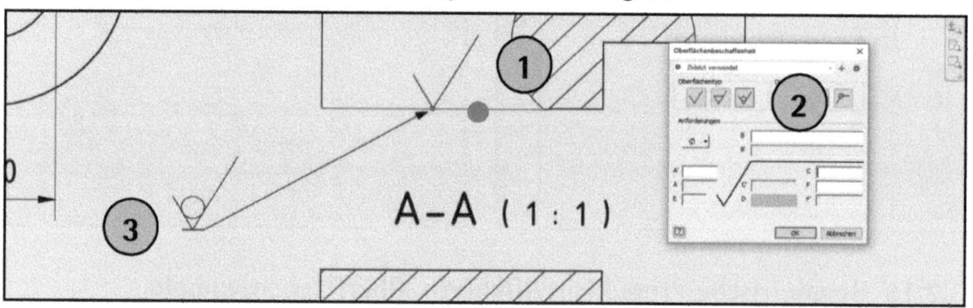

3.2.15.3 Einfügen der Symbolik, bearbeitete Oberfläche, DIN ISO 1302

- Wählen Sie die Funktion **Fläche**
  (Multifunktionsleiste **Mit Anmerkung versehen / Symbole**).

- Klicken Sie auf die Position, um den Zielpunkt zu platzieren (4).

- Wählen Sie im Dialogfeld **Oberflächenbeschaffenheit**
  das Symbol **Materialabtrennung erforderlich**, Text **Rz10** (5, 6).

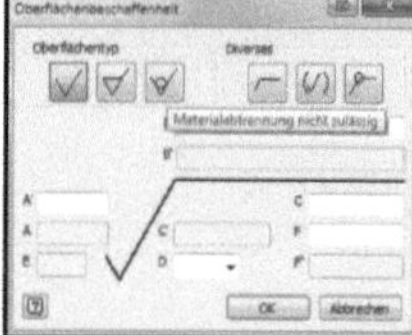

Symbole
Fläche

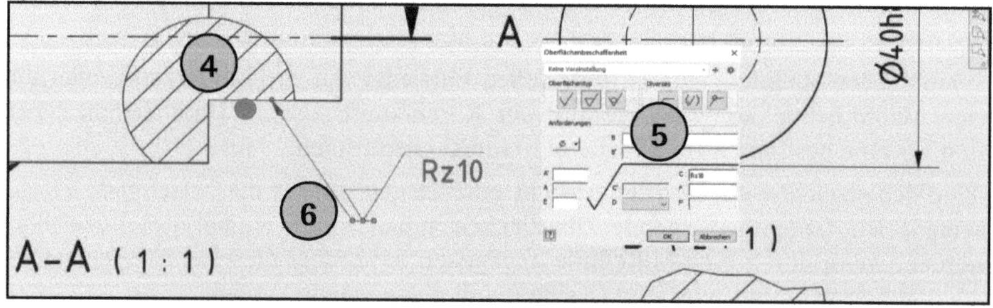

3.2.15.4 Einfügen der Symbolik, Oberflächen-Summenformel, DIN ISO 1302

Tritt eine Oberflächenbeschaffenheit an einem Werkstück häufiger, andere seltener auf, werden das Symbol für die Hauptoberflächenbeschaffenheit in der Nähe des Schriftfeldes und die wenig verwendeten Oberflächenbeschaffenheiten in Klammern dahinter angeordnet und an die betreffenden Flächen des Werkstückes gesetzt.

Die in Klammern gesetzten Oberflächensymbole dürfen durch ein Grundsymbol ersetzt werden.

Fläche (Multifunktionsleiste **Mit Anmerkung versehen / Symbole**)
Klicken Sie auf die Position, um den Zielpunkt zu platzieren (7).
Weiter (aus dem Überlaufmenü)
Wählen Sie im Dialogfeld **Oberflächenbeschaffenheit**
Symbol **Materialabtrennung nicht zulässig** (8)
Symbol **Allgemeine Oberflächengüte** (9) / **OK**

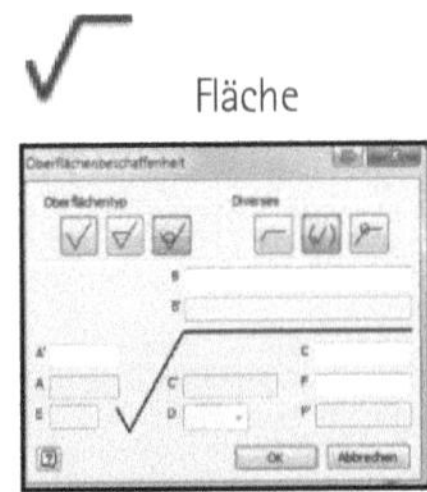
Fläche

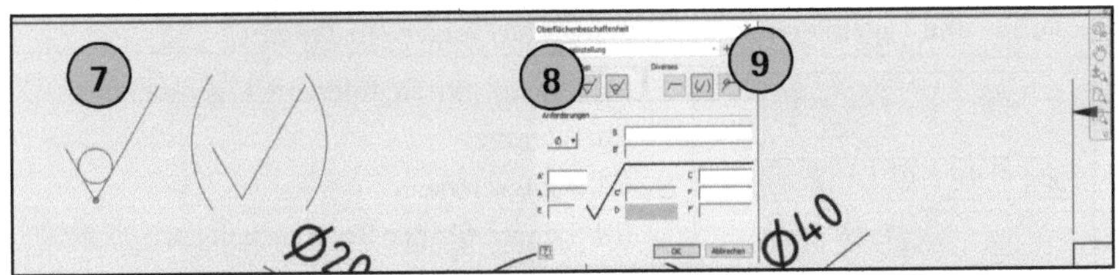

3.2.16 Geometrische Produktspezifikation, Form- und Lagesymbolik
Form- und Lagetoleranzen an Werkstücken nach DIN ISO 1101

Spezifische Formtoleranzen begrenzen die zulässige Abweichung eines spezifischen Elementes von seiner geometrisch idealen Form. Sie bestimmen die Toleranzen, in der das formtechnische Element liegen muss und beliebige Form haben darf und werden in der Zeichnung angegeben. Zu den **Formtoleranzen** gehören:

Geradheit, Ebenheit, Rundheit, Zylinderform, Linienform sowie die **Flächenform.**

Form- und
Lagetoleranz

Spezifische Lagetoleranzen sind Richtungs-, Orts- und Lauftoleranzen. Sie begrenzen die zulässigen Abweichungen von der idealen Lage zweier oder mehrerer spezifischere Elemente oder Ebenen zueinander, von denen meist eine als Bezug festgelegt wird und werden in der Zeichnung angegeben.

Lagetoleranzen sind:

Parallelität, Rechtwinkligkeit, Neigung, Position, Koaxialität, Konzentrizität, Symmetrie sowie die Lauftoleranzen: **Rundlauf, Planlauf** und die Gesamtlauftoleranzen: **Gesamtrundlauf** und **Gesamtplanlauf.**

3.2.16.1 Einfügen der Symbolik, Möglichkeiten

Eine geometrische Toleranz ist eine Beschriftung, mit der Sie zusätzliche Informationen über die Formelemente eines Teils geben können. Während Bemaßungen und ihre assoziierten Toleranzen Information über die zulässige Abweichung von Größe oder Positionierung eines Formelements geben, definieren Form- und Lagetoleranzen die Beziehungen zwischen den Formelementen eines Teils.

Form- und
Lagetoleranz

Der Befehl **Form- und Lagetoleranzrahmen** gibt die erforderlichen Toleranzen für ein Formelement in Bezug auf Referenzkurzzeichen anderer Formelemente eines Teils an, die als Bezugselement bezeichnet werden.

Der Befehl Form- und Lagetoleranzrahmen gibt die erforderlichen Toleranzen für ein Formelement in Bezug auf Referenzkurzzeichen anderer Formelemente eines Teils an, die als Bezugselement bezeichnet werden.

Ein Form- und Lagetoleranzrahmen besteht aus zwei oder mehreren rechteckigen Feldern, die Information über Toleranzen enthalten. Der erste Block enthält immer ein Symbol für die tolerierte Eigenschaft.

Nachfolgende Felder enthalten Toleranzwerte und Symbole, die Teilvariationen wie maximale Materialbedingungen enthalten.

Sie können den Toleranzrahmen erstellen, indem Sie Text eingeben und Symbole aus einem Dialogfeld wählen. Sie können bis zu vier Bezugselemente in einen Toleranzrahmen aufnehmen.

Ein Form- und Lagetoleranzrahmen besteht aus folgenden Teilen:

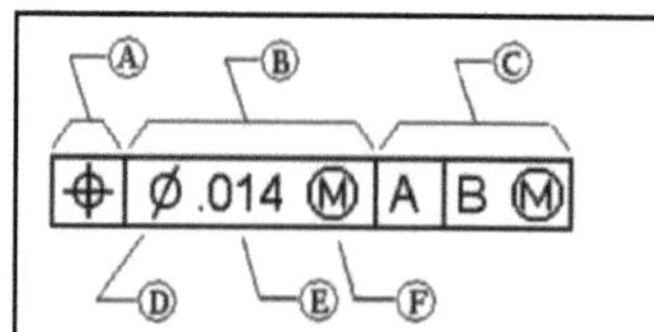

(A) Symbol für die tolerierte Eigenschaft

(B) Toleranz

(C) Bezugselement

(D) Symbol für den Toleranzbereich

(E) Toleranzwert

(F) Symbol für die Materialbedingungen

Bezugssymbol

3.2.16.2 Eintragen eines Bezugssymbols, DIN ISO 1101

Bezugssymbol (Multifunktionsleiste **Mit Anmerkung versehen/Symbole**)

Klicken Sie zum Platzieren des Symbols auf die Position an dem die Führungslinie beginnen soll (1).

Tragen Sie Bezug **A** (2) ein und schließen Sie die Textdialogbox.

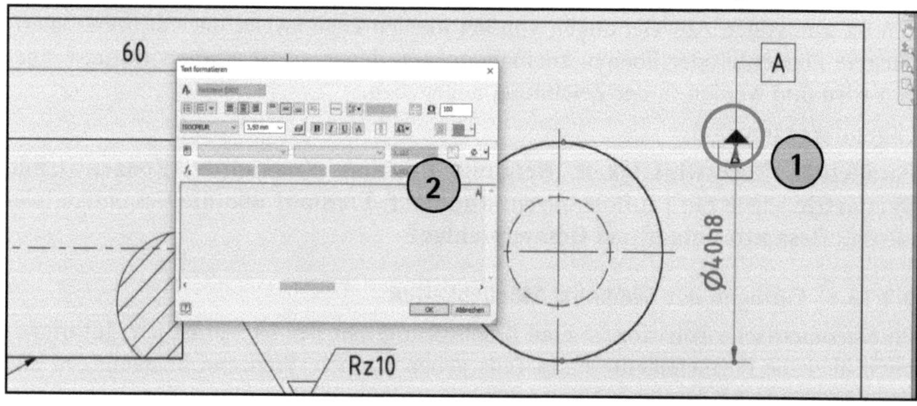

3.2.16.3 Symbol für Form -und Lagetoleranz einfügen, DIN ISO 1101

Form- und Lagetoleranzen
(Multifunktionsleiste **Mit Anmerkung versehen/Symbole**)

Um ein Symbol mit einer Führungslinie zu erstellen, klicken Sie auf die Stelle, die als Ausgangspunkt der Führungslinie verwendet werden soll (3). Dialogfeld **Form- und Lagetoleranzen** öffnen.
Symbol **Rundlauf** (4), Toleranz **0,05** (5) Bezugselement **A** (6) eingeben.

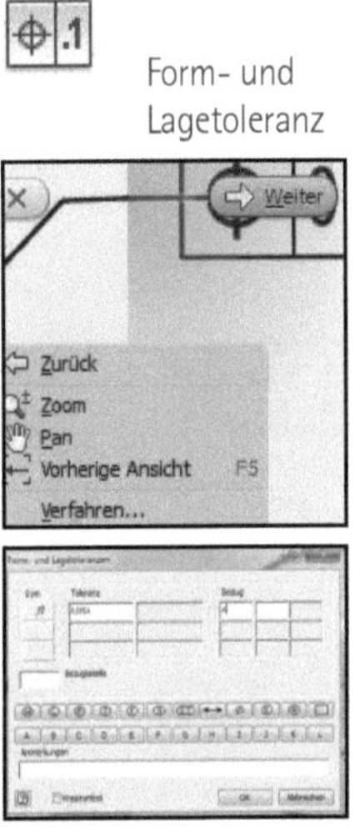

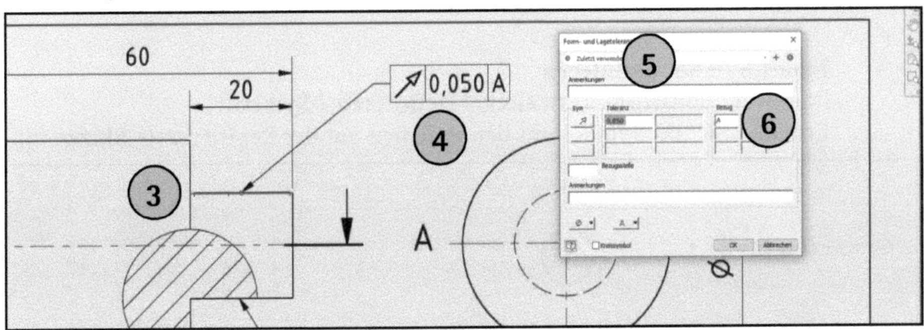

3.2.17 Geometrische Produktspezifikation, Kantenzustände DIN ISO 13715

Die Kanten von Werkstücken können zum Beispiel nach einer spanenden Bearbeitung gratig oder scharfkantig sein, oder diese haben andere, nicht erwünschte, Geometrien. Aus diesem Grund kann man in technischen Zeichnungen Angaben für den Zustand von Innenkanten sowie Außenkanten machen. Hat man eine Außenkante kann diese entweder gratig oder gratfrei sein.

Wenn eine Innenkante vorliegt, kann diese entweder als Übergang oder als Abtragung definiert werden. Die Definition erfolgt durch das Symbol für Kantenangaben. Sie können die Beschriftung zur Kantenbedingung verwenden, um Anweisungen für die besondere Endbearbeitung an Teilkanten zu bestimmen, an denen z.B. Materialien gefährliche Bedingungen bei der Handhabung verursachen oder eine spezielle Nachbearbeitung für eine genaue Passung erforderlich ist.

Beispiele hierfür sind die Entfernung von Graten und Spänen, Schweißzunder- und -spritzern, die Blechebenheit, Materialausdünnung und ob eine Schnittfläche rechtwinklig abgeglichen werden soll Das Symbol für die Kantenangaben in technischen Zeichnungen wird noch durch eine Maßzahl ergänzt, die den Maximalwert des Grates, den Übergang bzw. der Abtragung angibt. Vor der Maßzahl wird ein Vorzeichen gesetzt, das entweder **+, -**, oder **+/-** sein kann.

3.2.17.1 Zeichnungseintragung

Der Befehl platziert ein Symbol für Kantenbedingungen an einem Element. Die Kantenzustände sind links unten neben dem Schriftfeld schon in meinem Vorlagenblatt eingefügt, bei Bedarf können die Zahlenwerte durch Anklicken und Korrigieren angepasst werden.

3.2.17.2 Erstellen von skizzierten Symbolen

Da der Autodesk Inventor 2025 auch in dieser Version noch immer nicht über einen Symboleintrag **Kantenzustände** verfügt, kann hier auch einmal die Symbolerstellung über eine Skizzenebene dargestellt werden. Sie können skizzierte Symbole in einer Zeichnung oder einer Zeichnungsvorlage erstellen. In Zeichnungen erstellte Symbole sind nur in dem jeweiligen Dokument verfügbar, in Vorlagen erstellte Symbole hingegen in allen Zeichnungen, die auf der Vorlage basieren.

3.2.17.3 Erstellen von skizzierten Symbolen, Zeichnungserstellung

Neues Symbol definieren

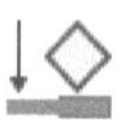

Neues Symbol definieren
(Multifunktionsleiste **Verwalten / Definieren / Symbole**)
Erstellen Sie das Symbol mit den Befehlen auf der Registerkarte **Skizze** (1).

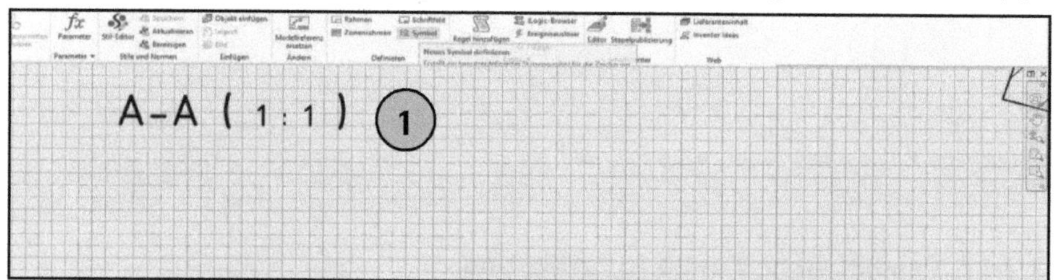

- Erstellen Sie das Symbol mit den Befehlen der Funktion **Skizze** (2, 3).

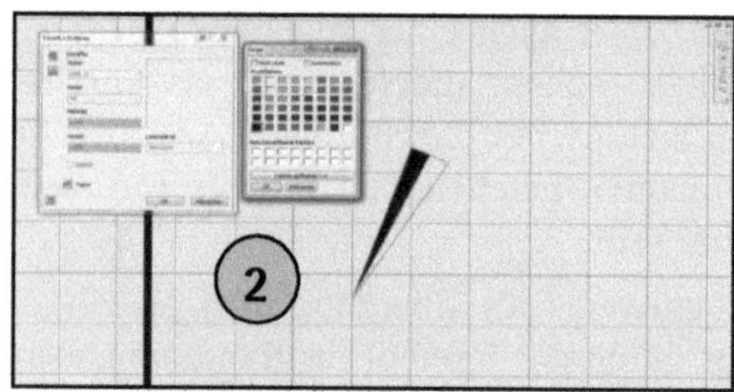

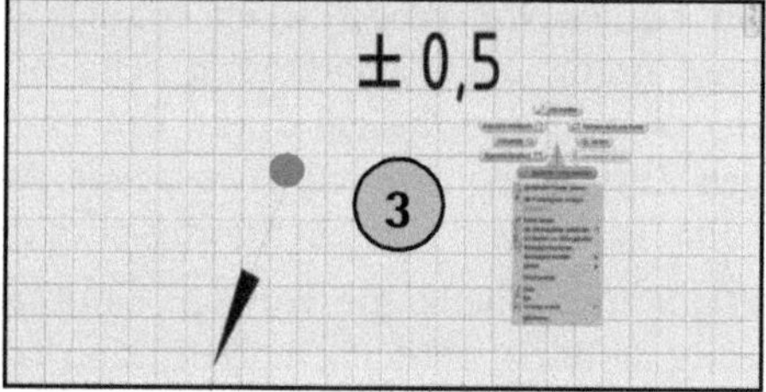

- Klicken Sie mit der rechten Maustaste,
  und wählen Sie **Skizziertes Symbol speichern** (4).
- Geben Sie den neuen Symbolnamen, Beispiel **Kantenzustand** in das Dialogfeld ein.
- **Schließen** Sie die Skizzenumgebung.

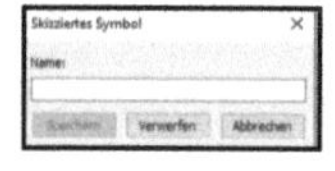

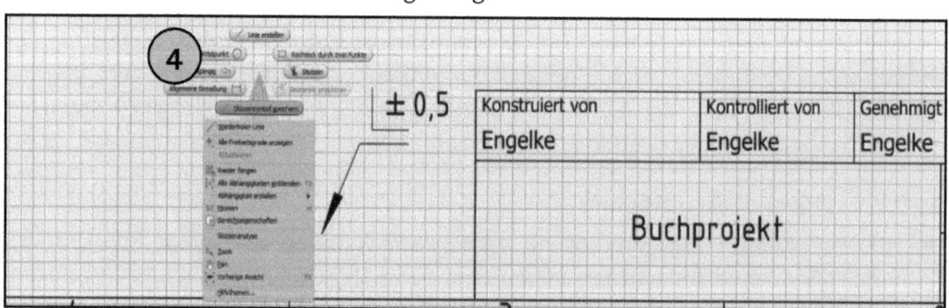

- Das Symbol wird zum Ordner **Skizzierte Symbole** im Browser hinzugefügt.
- Die verfügbaren Symbole werden im Dialogfeld **Symbole** aufgelistet (5).

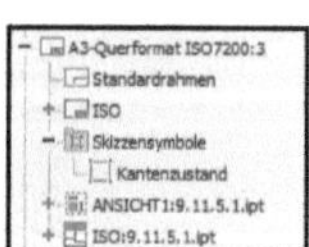

3.2.17.4 Geometrische Produktspezifikation, Kantenzustände DIN ISO 13715 zuweisen

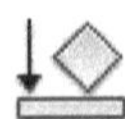 **Symbol einfügen**

(Multifunktionsleiste Mit **Anmerkungen**...../ **Symbole einfügen**)

Aktivieren Sie, aus der Dialogbox, das Symbol **Kantenzustand** (6).

Wählen Sie einen Einfügeort in der Nähe des Schriftfeldes und klicken Sie die gewählte Position (7).

Symbol einfügen

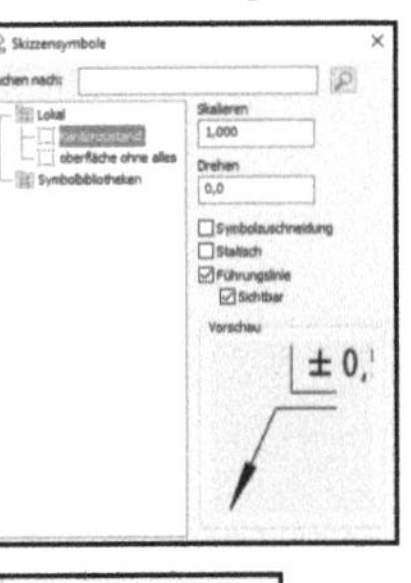

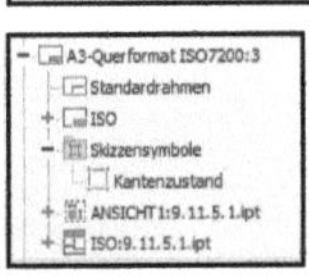

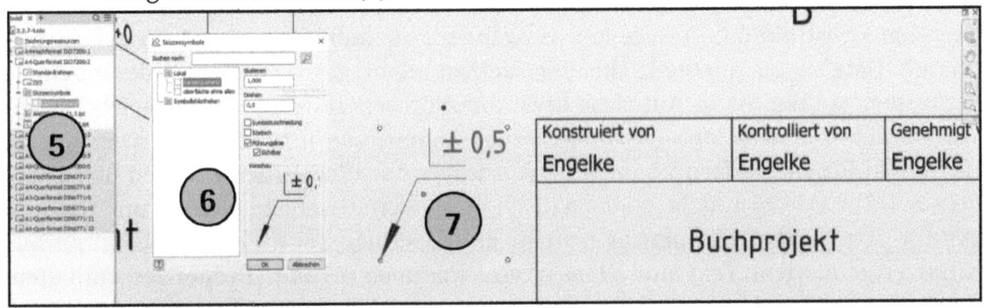

3.2.18 Fertigungsinformationen

Mit **Text** können Sie einer Zeichnung allgemeine Hinweise hinzufügen. Allgemeine Notizen sind nicht einer Ansicht, einem Symbol oder einem anderen Objekt in der Zeichnung zugeordnet.

 Text

Über einen Doppelklick auf das Objekt kann der Textinhalt geändert werden.

Typische Texteintragungen stehen in unmittelbare Nähe des Schriftfeldes, als Beispiel soll hier die Eintragung der Allgemeintoleranzen für die Fertigung gewählt werden.

3.2.18.1 Fertigungsinformationen über „Text" zuweisen

Text (Multifunktionsleiste **Mit Anmerkung versehen / Text**)

Text

Klicken Sie im Grafikfenster, um den Einfügepunkt für das Textfeld zu platzieren.

Geben Sie den Text in das Textfeld im Dialogfeld **Text formatieren** ein, Texthöhe **3,5** mm (8).

Zum Hinzufügen von Symbolen, benannten Parametern oder Ändern der Textformatierung, können Sie die Optionen im Dialogfeld verwenden (9).

Schließen Sie die Eingabe mit **OK** (10).

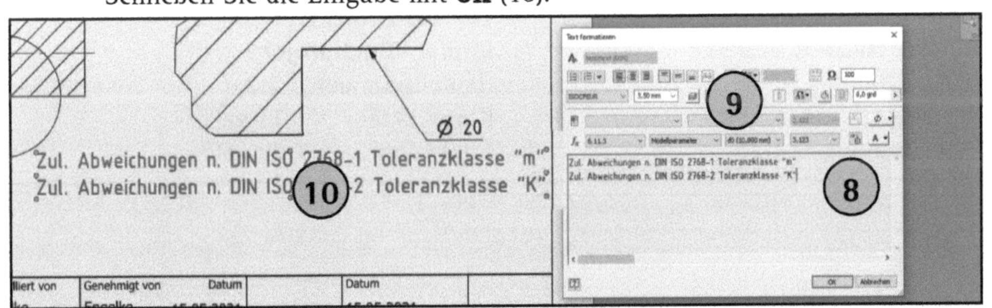

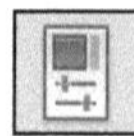
iProperties

3.2.19 Die Dokumentverwaltung über „iProperties"

Die Eigenschaften von Autodesk Inventor-Dateien werden als **iProperties** bezeichnet. Mithilfe von **iProperties** können Sie Dateien verfolgen und verwalten, Berichte erstellen und Stücklisten in Baugruppen, Teilelisten in Zeichnungen, Schriftfelder und andere Informationen automatisch aktualisieren. Autor und Bauteilnummer der **iProperties** werden in neuen Modell- und Zeichnungsdateien automatisch festgelegt. Sie können weitere **iProperties** festlegen und anzeigen, wenn die Datei in Autodesk Inventor geöffnet ist. Sie können jedoch zur Anzeige der **iProperties** auch im Microsoft Windows Explorer mit der rechten Maustaste auf die Datei klicken oder den Konstruktions-Assistenten verwenden, um außerhalb von Autodesk Inventor mit Dateien zu arbeiten. Um den Verlust nicht gespeicherter Änderungen zu vermeiden, sollten Sie in Autodesk Inventor geöffnete Dateien immer speichern, bevor Sie den Konstruktions-Assistenten zum Ändern von **iProperties** verwenden. Im Dialogfeld **Eigenschaften** können Sie Ausdrücke für **iProperties** erstellen und bearbeiten. Da Ausdrücke nicht mathematisch ausgewertet werden, werden nur Ausdrücke für den Texttyp **iProperties** erstellt. Ein Ausdruck kann eine Kombination aus benutzerdefiniertem Text und Namen von Parametern und **iProperties** enthalten, die in Klammern gesetzt sind. Die Parameter- und Namen werden beim Auswerten des Ausdrucks durch die entsprechenden Werte ersetzt.

3.2.19.1 Dokumentverwaltung über „iProperties" zuweisen

iProperties (Menü-Browser oder **Schnellzugriff-Werkzeugkasten)**
Tragen Sie entsprechend der gezeigten Tabellen die spezifischen Dokumentparameter nach Wahl ein (1-4).

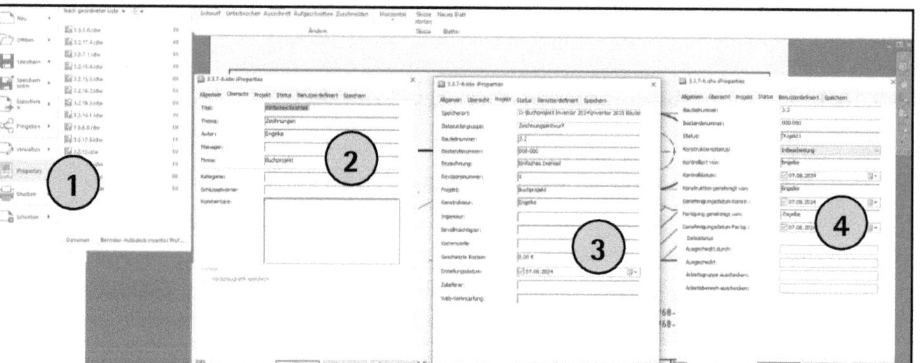

3.2.19.2 Beispieleintragungen im Schriftfeld über „iProperties"

Titel: **Einfaches Drehteil**	Thema: **Projekt 1**
Autor: **Hans-J. Engelke**	Firma: **Buchprojekt**
Speicherort:	Bauteilnummer : **3.2**
Revisions: **1**	Konstrukteur: **Engelke**
Bauteilnummer: **3.2**	Kontrolle: **Engelke**

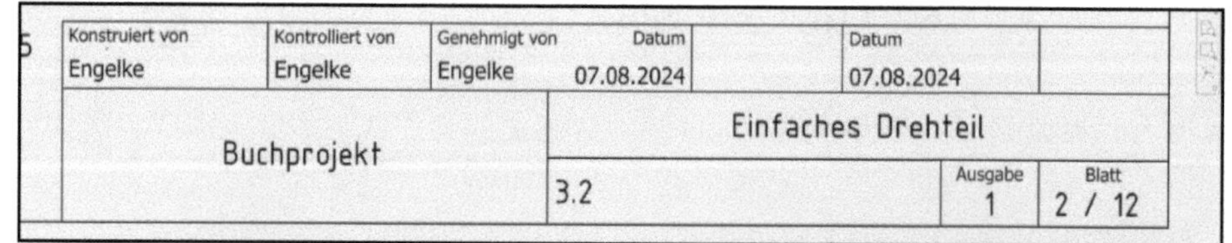

3.2.20 Die Bauteilstückliste oberhalb des Schriftfeldes, nach DIN 6771-2

Die Stücklisten nach DIN **6771-2** sind das Verzeichnis der Einzelteile einer Baugruppe oder eines ganzen Erzeugnisses. Sie dienen zum Austausch von technischen Informationen innerhalb und außerhalb eines Betriebes, insbesondere für die Fertigungsvorbereitung. Stücklisten werden entweder in der Gruppen· oder Hauptzeichnung auf das Schriftfeld aufgesetzt oder wegen des besseren Verarbeiten der Daten innerhalb einer Datenbankverwaltung als getrennte (lose) Stücklisten auf A4-Format untergebracht. Nach DIN **6771-2** werden zwei Stücklistenformen unterschieden. Die Stückliste der Form A besteht aus dem Schriftfeld noch DIN EN ISO **7200** und dem darüber angeordneten Stücklistenfeld mit den Spalten:

Pos, Menge, Einheit, Benennung, Sachnummer und **Bemerkung.**

Diese Stückliste hat das Format A4 hoch nach DIN **476**.Die Stückliste der Form B besteht ebenfalls aus dem Schriftfeld nach **DIN EN ISO 7200** und dem darüber angeordneten Stücklistenfeld, das gegenüber der Stückliste der Form A um die Spalten Werkstoff und Gewicht erweitert ist. Diese Stückliste hat das Format A4 quer noch DIN EN ISO **216**. Der Heftrand beträgt mindestens 15 mm.

3.2.20.1 Bauteileliste platzieren

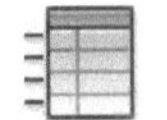

Bauteileliste (Multifunktionsleiste **Mit Anmerkung versehen / Tabelle**)
Wählen Sie im Grafikfenster die entsprechende Zeichnungsansicht.
Klicken Sie auf **OK**, um das Dialogfeld **Teileliste** zu schließen
Klicken Sie auf eine Stelle auf dem Zeichnungsblatt, um die Teileliste dort zu platzieren (1).
Sie können die Kanten oder Ecken des Arbeitsblatts oder das Schriftfeld fangen (2, 3).

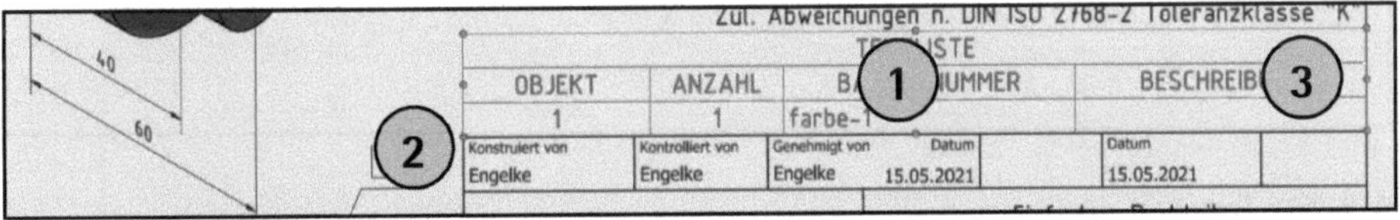

3.2.20.2 Bauteileliste ändern

Wenn eine Teileliste platziert wird, werden ihre Spalten, das Layout, die Header, Maßeinheiten und weitere Aufbaukomponenten durch die Einstellungen im Teilelistenstil bestimmt. Sie können die Einstellungen für eine Teileliste ändern, nachdem sie platziert wurde.

Um den Aufbau einer vorhandenen Teileliste zu ändern, wählen Sie diese aus, klicken Sie mit der rechten Maustaste, und wählen Sie dann **Teileliste bearbeiten**, oder doppelklicken Sie auf die Teileliste. Verwenden Sie die Optionen im Dialogfeld **Teileliste**, um die Änderungen vorzunehmen.

Klicken Sie im Dialogfeld **Teileliste bearbeiten** auf Spaltenauswahl und legen einige Spalten hinzu, korrigieren die Bezeichnungen entsprechend der vorgegebenen Norm und passen die Spaltenbreite entsprechend der Schriftfeldlänge an.

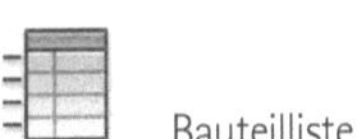
Bauteilliste

3.2.20.3 Titelliste entfernen

- Klicken Sie in dem Dialogfeld **Teileliste** auf **Tabellen-Layout**.

- Entfernen Sie das Häkchen für den Titel.

- Positionieren Sie die Teileliste bei Bedarf neu.

3.2.20.4 Spaltenanpassung

Für die Bauteilliste (Stückliste) auf der gezeigten Zeichnungsableitung erstellen Sie eine etwas angepasste Form der genormten Stückliste mit den Spalten (1):

> **Pos, Menge, Einheit, Benennung, Sachnummer/Norm, Werkstoff** und **Bemerkung.**

3.2.20.5 Spaltenauswahl, Anpassen der Überschrift, Spaltenbreite

- Erweitern Sie die Spalteneigenschaften mit **Hinzufügen**.

- Markieren Sie die gewünschte Spalte, rufen Sie das Kontextmenü auf und verändern Sie die Spaltenüberschrift mit **Spalte formatieren**.

- Tragen Sie die nötigen Daten in die Textspalte ein (2).

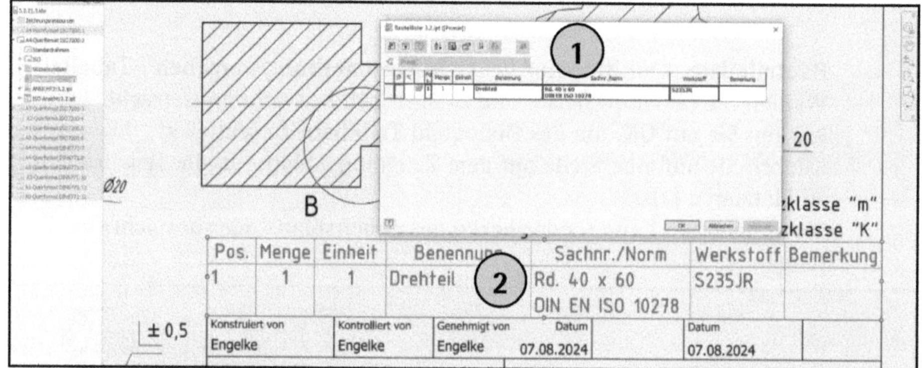

Pos.	Menge	Einheit	Benennung	Sachnr./Norm	Werkstoff	Bemerkung
1	1	1	Drehteil	Rd. 40 x 60 DIN EN ISO 10278	S235JR	

	Konstruiert von	Kontrolliert von	Genehmigt von	Datum		Datum	
	Engelke	Engelke	Engelke	07.08.2024		07.08.2024	

3.2.21 Bauteil speichern

- Aufruf über den **Menü-Browser**, Register **Datei**.

Speichern unter

Speichern unter
Das Dialogfeld **Speichern unter** wird eingeblendet.
Geben Sie einen Dateinamen Ihrer Wahl ein.

3.2.22 Zeichnung drucken

Sie können ein ganzes Zeichenblatt oder auch nur einen ausgewählten Bereich des Blattes ausdrucken oder ausplotten, dies bezieht sich sowohl auf Zeichnungsableitungen als auch auf Bauteile. Sie können in Schwarzweiß (Standardeinstellung) oder in Farbe drucken. Sie können verschiedene Einstellungen für einzelne Zeichenblätter festlegen.

3.2.22.1 Bauteil-Ausdruck, ColorLaser-Ausdruck auf A4-Papier Einstellungen

Drucken (Menü-Browser oder **Schnellzugriff-Werkzeugkasten)**
Wählen Sie den gewünschten Drucker aus der Auswahlliste (1)
(Eigenschaftseinstellungen nach Bedarf)
Stellen Sie ein:

Druckbereich
Legt fest, welche Arbeitsblätter gedruckt werden sollen.

Einstellungen
Bestimmt Überschreibungen für Farbe, Schwarzweiß, Linienstärke und Drehung. Druckeinstellungen werden beim Drucken angewendet (2).

Maßstab
Legt den Maßstab zwischen der in der Zeichnung angegebenen Blattgröße und der Papiergröße im Drucker bzw. Plotter fest. Aktivieren Sie eine Option, um den gewünschten Maßstab auszuwählen (3).

Bei Bedarf müssen entsprechend der Blattgröße und der Druckerauswahl die Seitenränder eingestellt werden, Auswahl hier Ränder entsprechend Drucker.

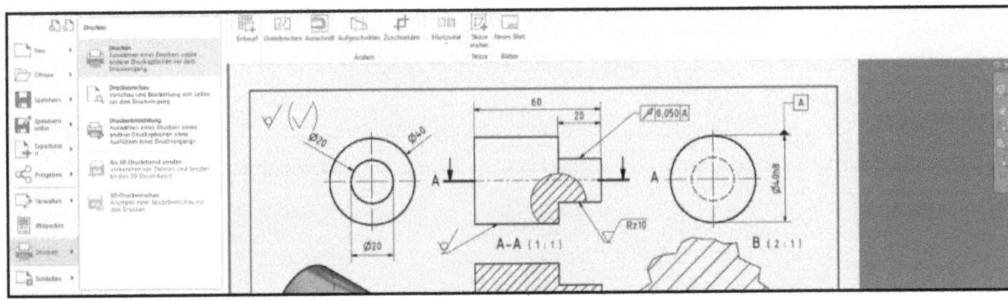

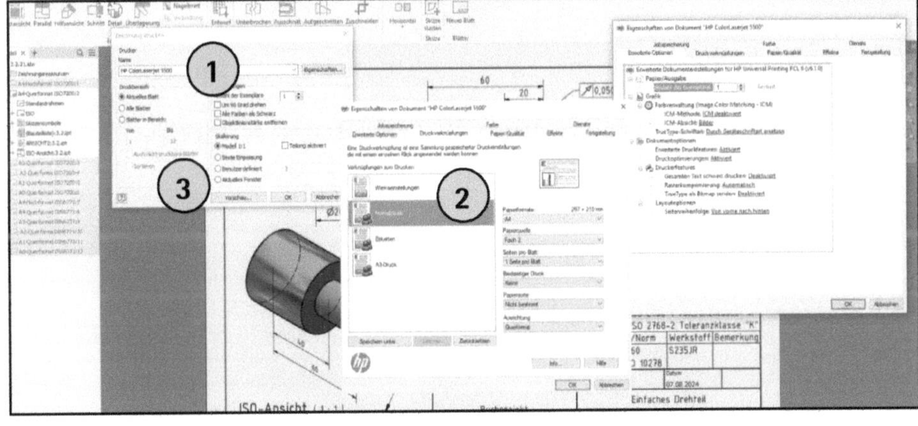

3.2.22.2 Bauteil-Ausdruck, ColorLaser-Ausdruck auf A4-Papier

- Zum Abschluss wählen Sie **Vorschau** (4).

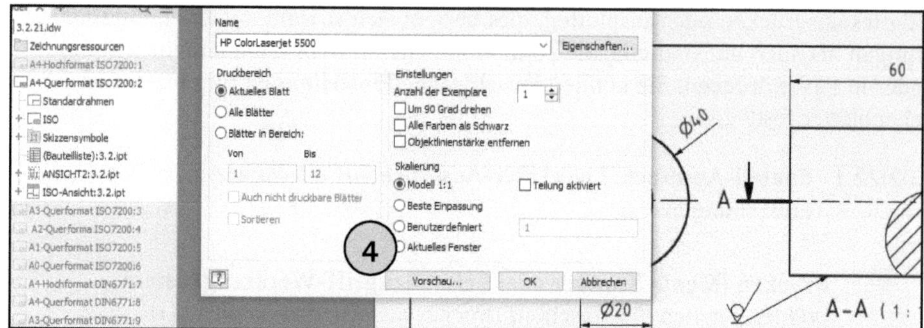

- Nach erfolgter Kontrolle Ausführung über **Drucken** (5).

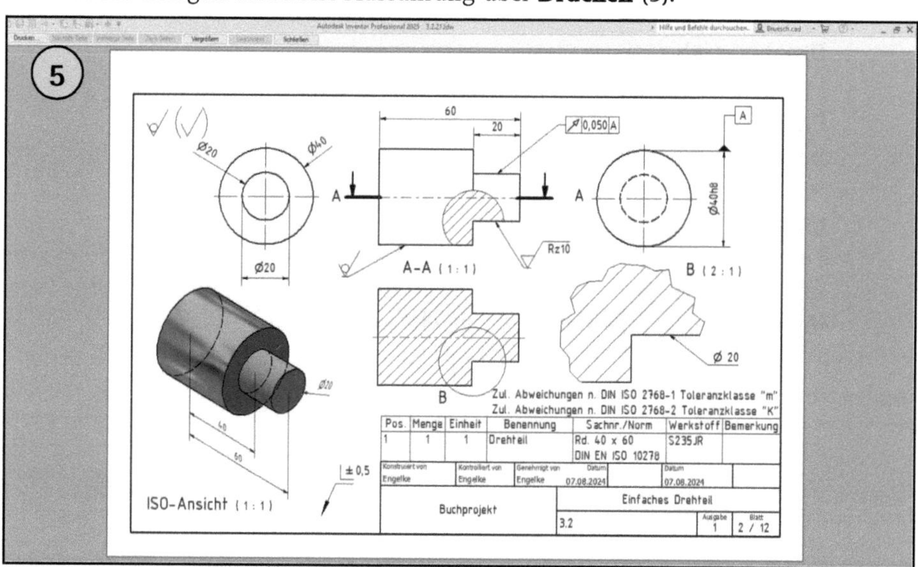

Projekt II

Bauteile
Erweiterte Zeichnungsableitung
Seite 126 bis 176

- **Abgesetzter Zylinder, gebohrt**
  Zeichnungsableitung, in Schritten dargestellt

- **Bohrplatte, mit echtem Gewinde**
  Zeichnungsableitung, in Schritten dargestellt

- **Getriebe-Gehäuse**
  Zeichnungsableitung, in Schritten dargestellt

- **Kegelrad**
  Zeichnungsableitung, in Schritten dargestellt

3.3　Abgesetztes Drehteil, die Zeichnungsableitung

3.3.1　Einrichten einer Projektumgebung, aus der Inventor-Ebene

Projekte

Projekte

Neu / Einzelbenutzer-Projekt anwählen / Weiter

Geben Sie den Projektnamen ein / **Weiter**

Geben Sie den Speicherort an.

OK / Weiter / Fertig stellen

Doppelklicken Sie das neue Projekt.

Zeichnungsableitungen / Anwenden / Fertig

Das aktuelle eingerichtete Projekt ist mit einem Häkchen versehen (1).

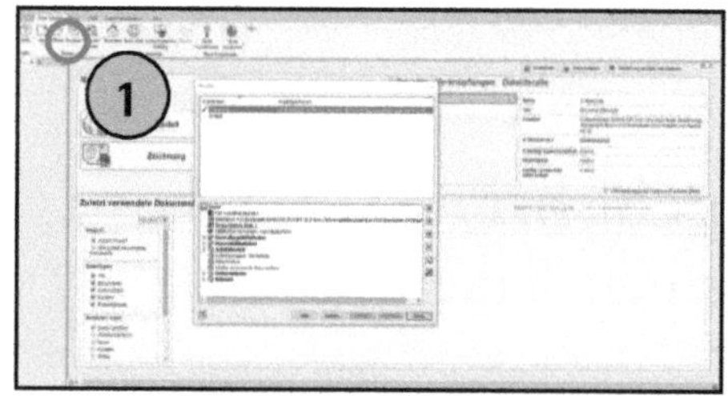

3.3.2　Laden des Arbeitsblattes aus der Vorlagendatei

*   Die Zeichnungsableitung erfolgt auf dem geöffneten Vorlagenblatt
    DIN A3 Querformat Leerblatt mit **Schriftkopf nach DIN EN ISO 7200**.

3.3.2.1　Öffnen der angepassten Vorlagendatei

Neu

Engeke2025-
Grundblätter
.idw

Neu (Multifunktionsleiste)

Engelke2025-Grundblätter.idw anklicken (2) / **OK**

Aktivieren Sie **A3-Querformat Leerblatt** (3)
aus dem Zeichnungs-Browser.

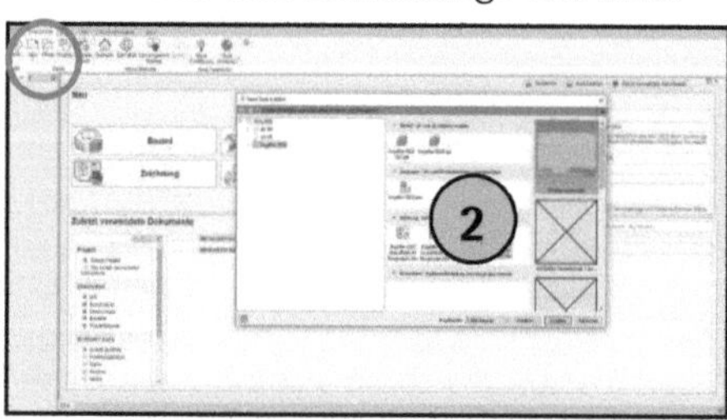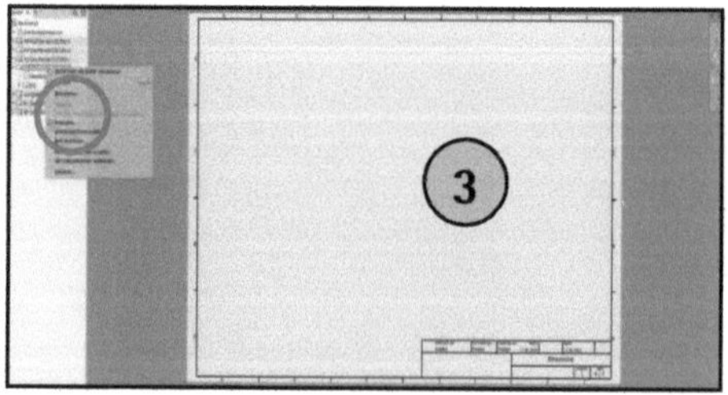

3.3.3 Zuweisen der Ansichten

3.3.3.1 Anordnung der Basisansicht

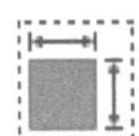

Erstansicht (Multifunktionsleiste **Ansichten platzieren**)

Bauteildatei von der Buch-DVD anwählen (4).

Stil **mit verdeckten Linien** (5), Maßstab **1:1** (6) **Öffnen** klicken.

Erstansicht

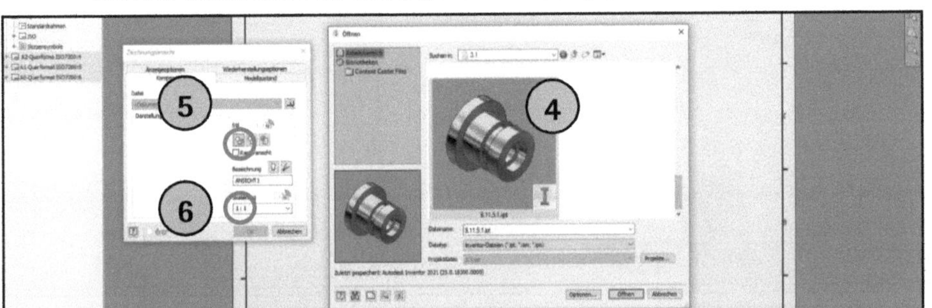

Ausrichtung **Vorn** (7)

Lage durch Schieben positionieren (8).

Fixieren durch Klicken / **OK** (9).

Ausrichtung
Vorn

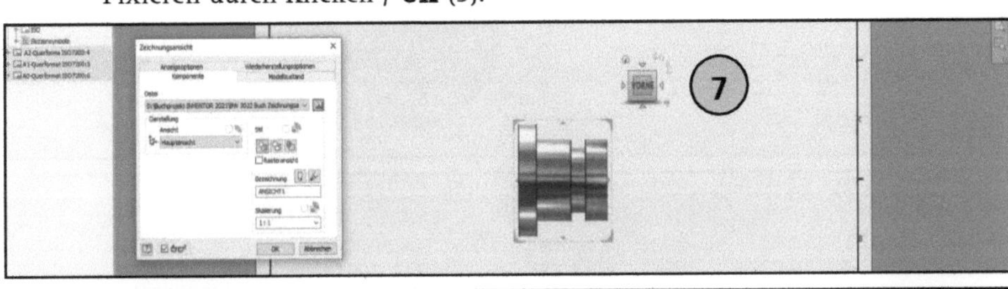

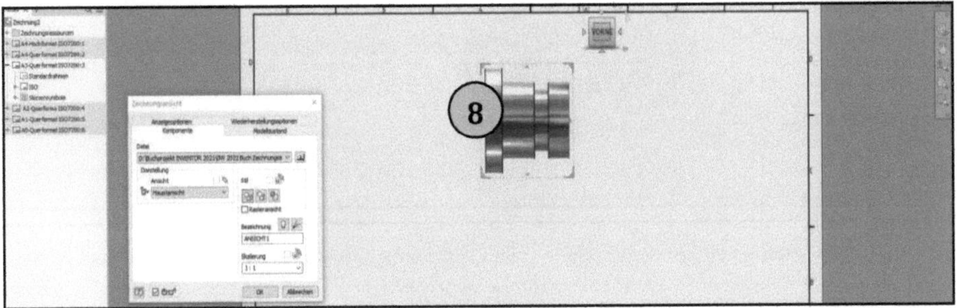

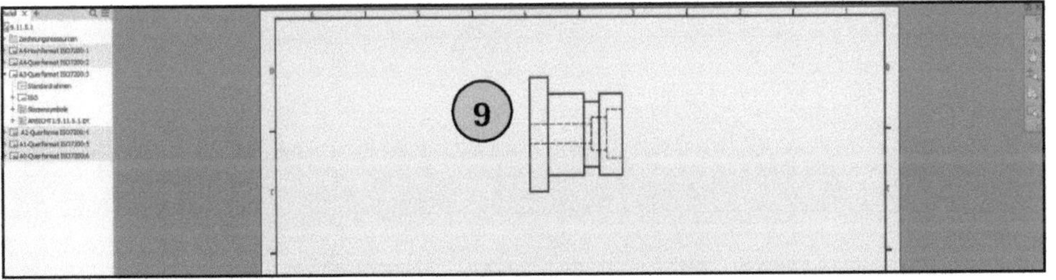

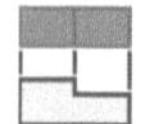 Parallel

3.3.3.2 Anordnen weiterer Ansichten, parallele Ansichten

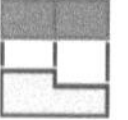 **Parallel** (Multifunktionsleiste **Ansichten platzieren**)

Anklicken der **Basis** (10).

Neue Ansichten durch Ziehen der Maus und Klicken der Positionen
(11, 12, 13)

Abschluss über Überlaufmenü **Erstellen** (14, 15).

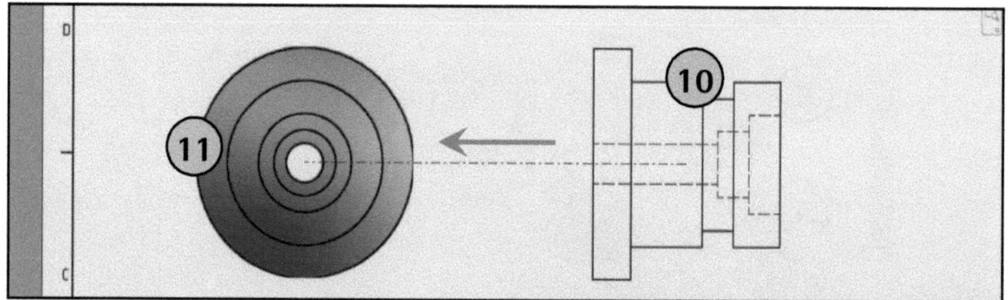

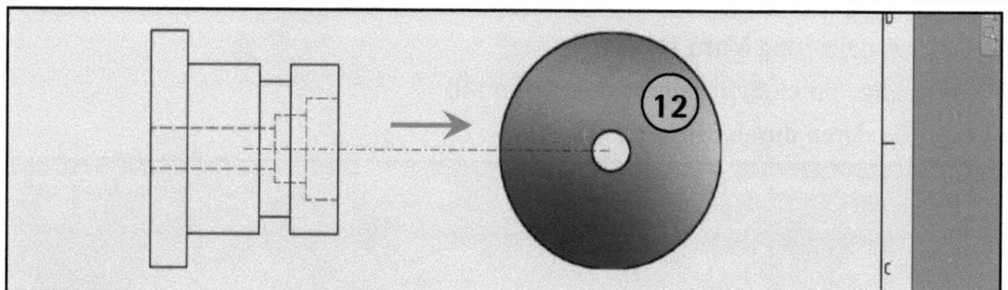

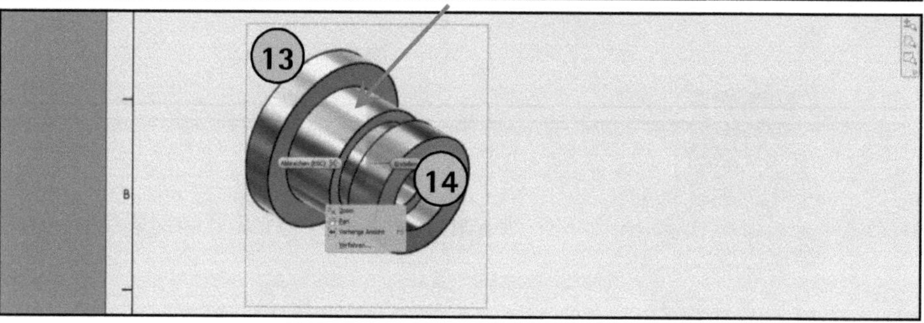

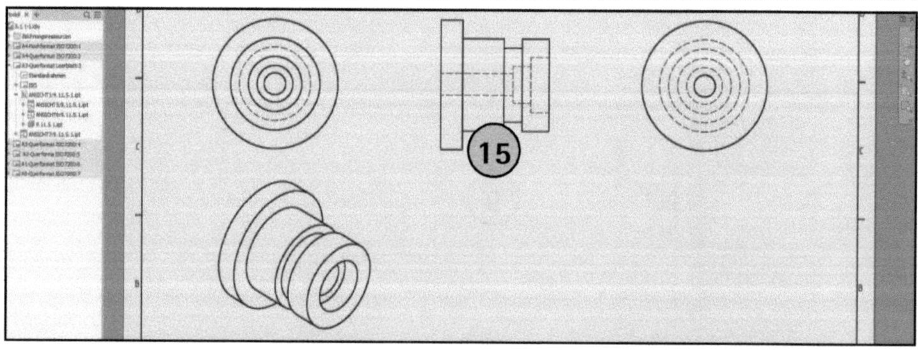

3.3.3.3 Darstellungsform der Ansichten ändern

* Änderung der Darstellung über Rechtsklick auf die **ISO**-Ansicht (16):
* **Ansicht bearbeiten** aus dem Überlaufmenü (17).

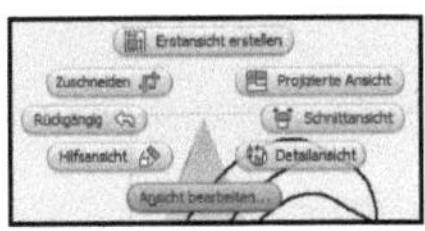

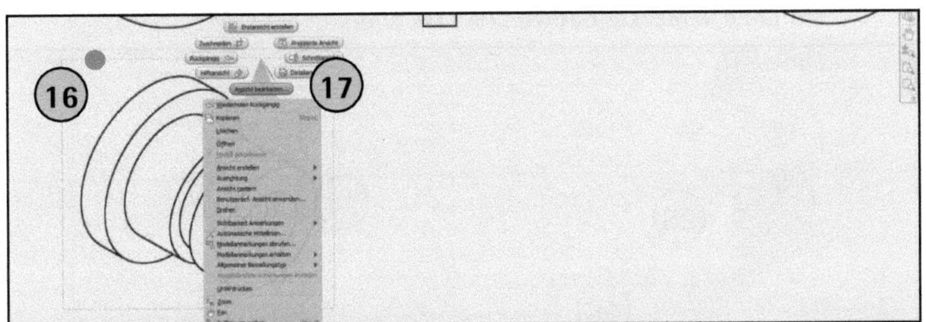

* Stil: **Schattiert** (18) / **OK** (19)

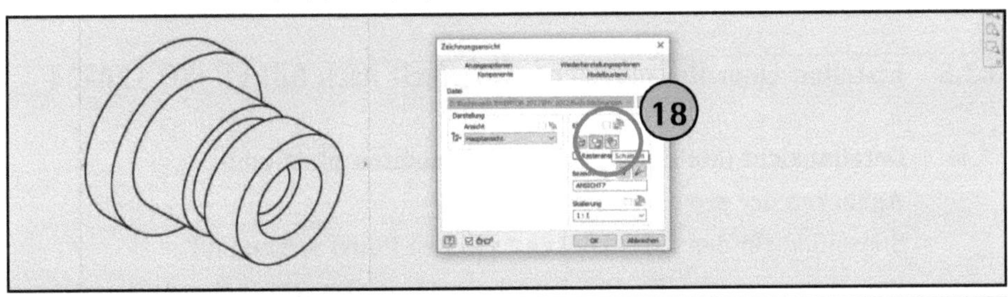

3.3.4 Erstellen und Anordnen einer Schnittdarstellung, DIN ISO 128-40 und -50

Schnittansicht (Multifunktionsleiste **Ansichten platzieren**
Anklicken der **Erstansicht**
Mauszeiger am Schnittpunkt (20) ruhen lassen,
Zum linken Endpunkt ziehen (21) / zum rechten Endpunkt ziehen (22)
Kontextmenü **Weiter** (Auswahl schließen) (23)

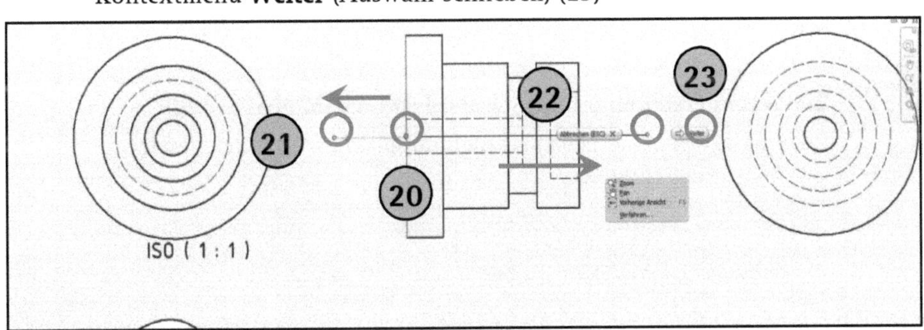

Neue Ansicht durch Ziehen der Maus und Klicken der Position (24)

Einstellungen:

Ansichts- und Maßstabseintragung, Schnitttiefe **Voll**

Stil ohne verdeckte Kanten (25) / **OK** (26)

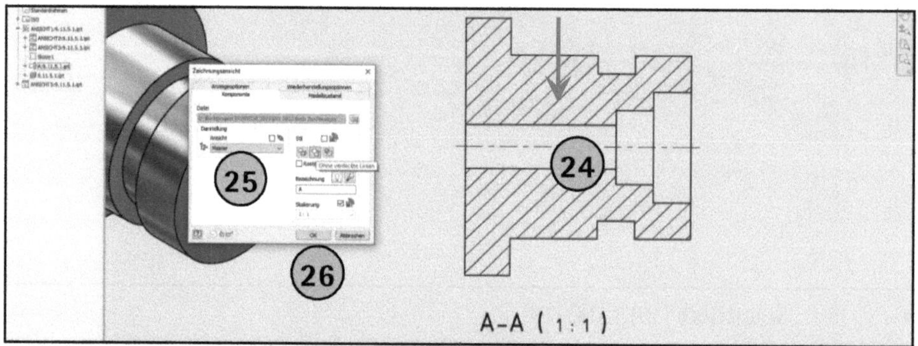

3.3.5 Erstellen einer Detailansicht, Einzelheit nach DIN EN ISO 128-34

Detailansicht

Detailansicht (Multifunktionsleiste **Ansichten platzieren**)

Anklicken der gewünschten Ansicht (27)

Startpunkt für den Kreis klicken / zweiten Punkt ziehen (28)

Begrenzungsmarke: **Kreis** / Ausschnittsform: **Gezackt** (29)

Maßstab **2:1** (30)

Neue Ansicht durch Ziehen der Maus und Klicken der Position (31).

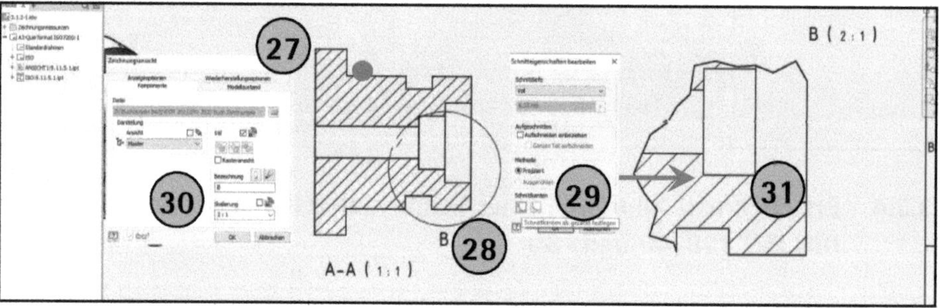

3.3.6 Teilschnitt nach DIN ISO 128-40 und -50

3.3.6.1 Erstellung eines Ausschnitts, Skizzenerstellung

- Klicken Sie die entsprechende Ansicht für den Ausschnitt im Bauteilbrowser.

Skizze
erstellen

2D-Skizze erstellen (Multifunktionsleiste **3D-Modellierung**)

Neue Skizze erstellen, der Skizzenhintergrund wird eingeblendet.

Kreis Mittelpunkt (Multifunktionsleiste **Skizze**)
Setzen Sie einen Kreis auf den Linienschnittpunkt der Zylinderabsätze (1).
Skizze beenden (aus dem Überlaufmenü)

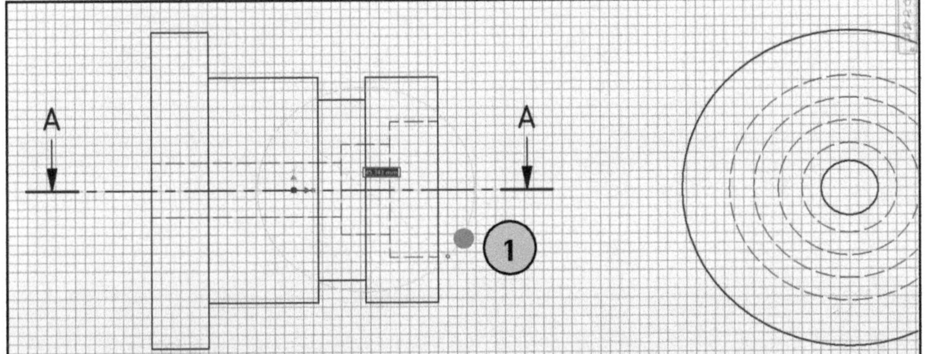

3.3.6.2 Ausschnitts-Erstellung

Ausschnitt (Multifunktionsleiste **Ansichten platzieren**)
Wählen Sie die Ansicht mit der erstellten Skizzengeometrie aus.
Klicken Sie die Außenkontur für **Tiefe** an (2).
Stellen Sie die Tiefe auf **0** mm ein (3) / schließen Sie mit **OK**.

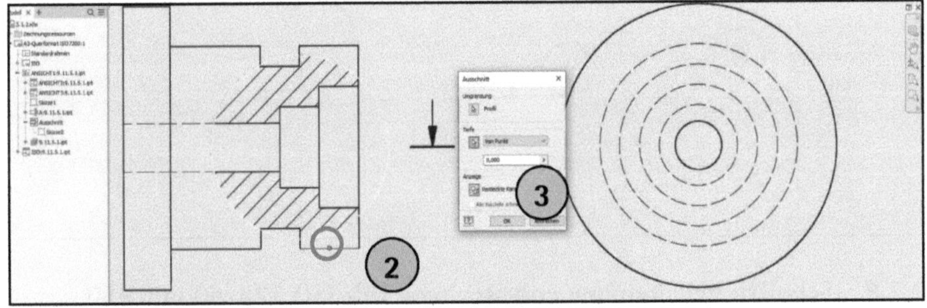

3.3.7 Die normgerechte Anpassung der Darstellung

3.3.7.1 Unterdrücken störender Linien im Schnittverlauf

* Schnittlinie anklicken (1)
* **Ganze Linie anzeigen** deaktivieren im Kontextmenü (2).
* Die Strich-Punkt-Linie im Bauteil wird ausgeblendet.

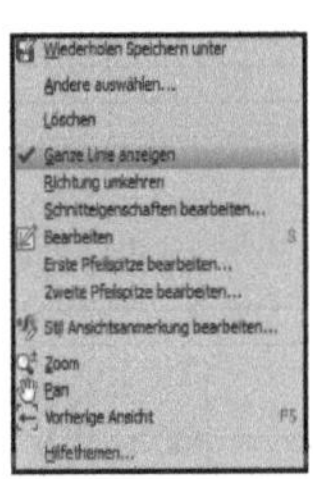

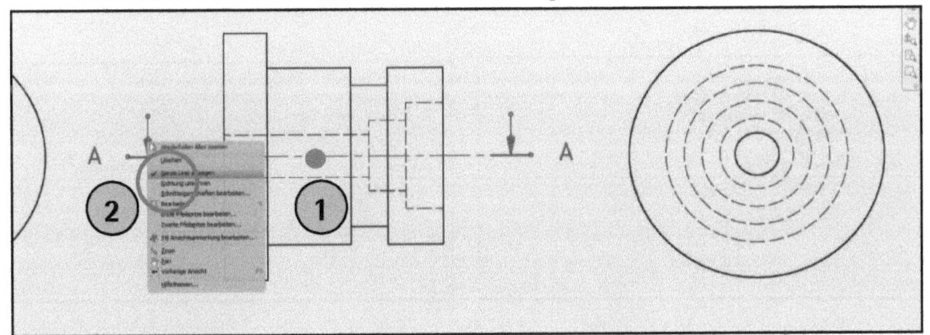

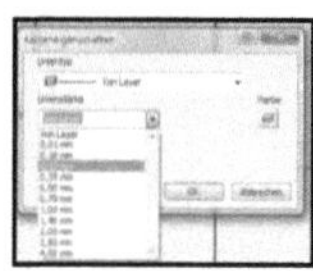

3.3.7.2 Kanteneigenschaften ändern

Teilschnitt-Bruchlinien sind schmale Volllinien.

Wählen Sie die Linien an, Kontextmenü über Maus-Rechtsklick (3),
Setzen Sie die Linienbreite auf **0,25** mm (4), Abschluss über **OK**.

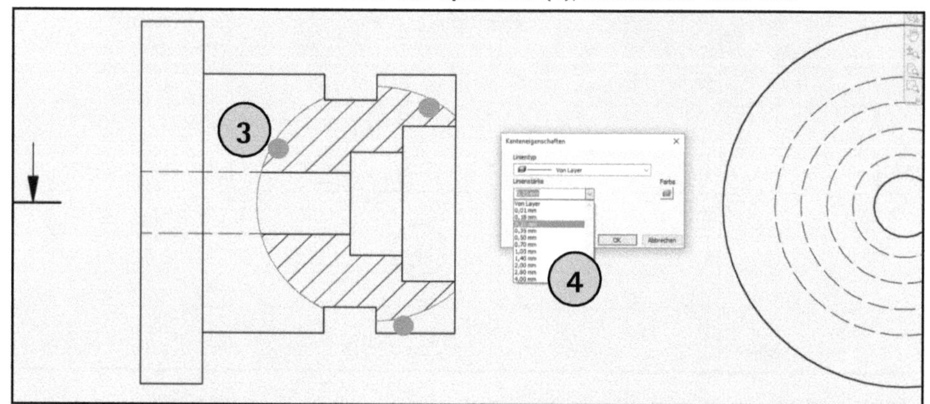

3.3.7.3 Linienbereinigung

Verdeckte Linien gehören nicht in eine Schnittdarstellung.

Wählen Sie die störenden Linien an (5).

Kontextmenü über Maus-Rechtsklick, **Sichtbarkeit** deaktivieren (6).

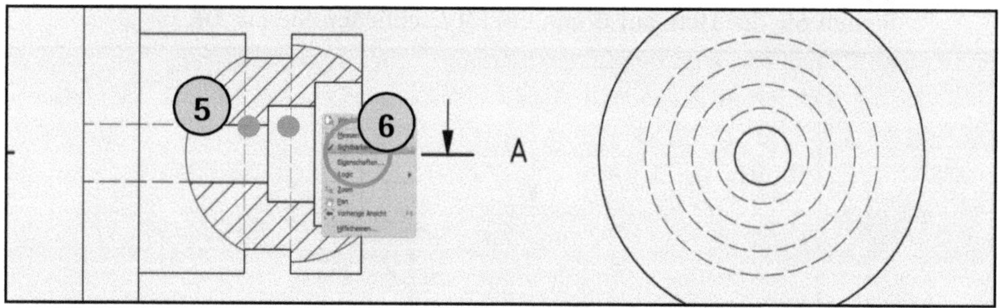

3.3.8 Schnittbezeichnungen entsprechend DIN ISO 128-40 und -50

3.3.8.1 Verschieben der Buchstabenkennung

Schnittbezeichnungen benennen nicht den Schnittrichtungspfeil, stehen also nicht am Pfeil sondern an der Schnittebene, dieser Darstellungsfehler ist leider auch im Inventor 2025 vorhanden.

Klicken Sie den Bezeichnungsbuchstaben an (7).

Schieben Sie den Buchstaben an die Schnittebene und klicken als Abschluss (8, 9).

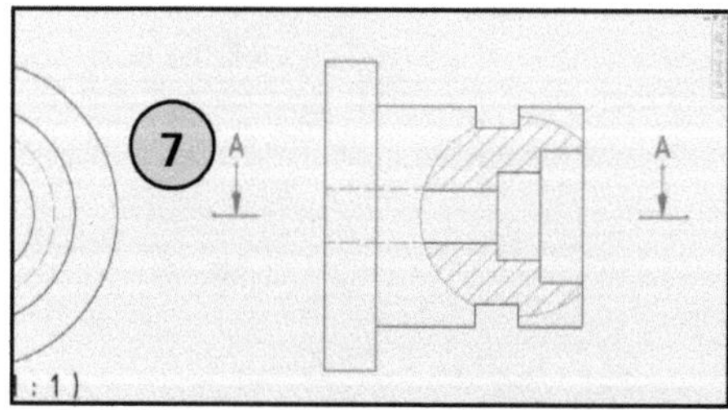

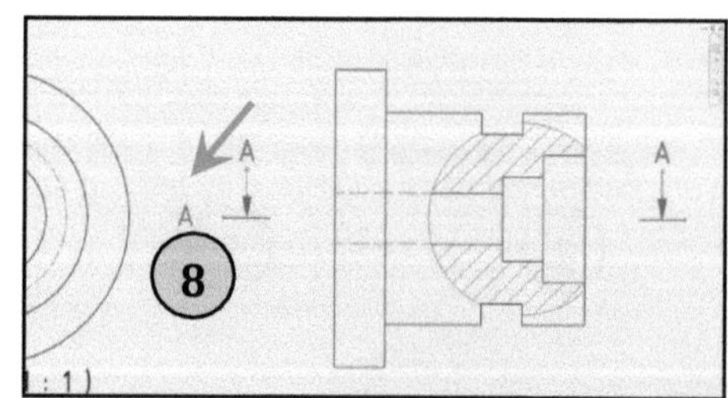

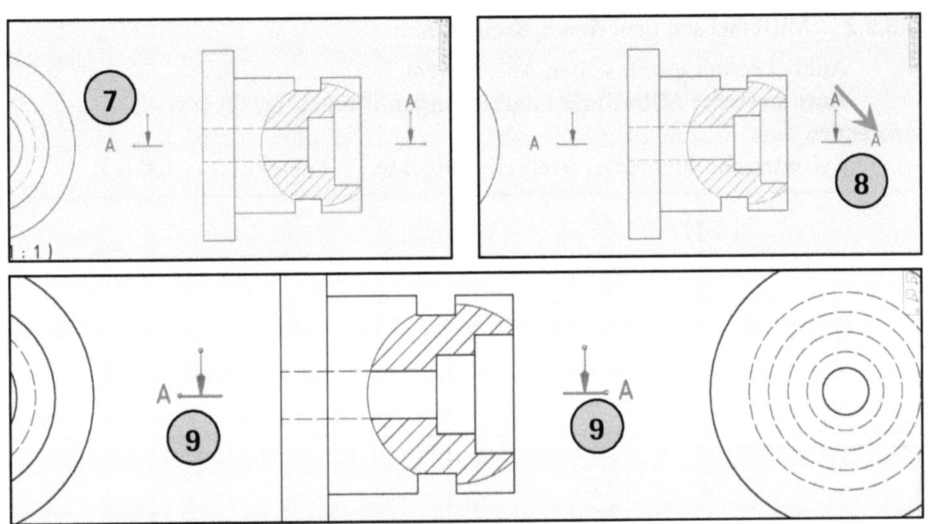

3.3.9 Mittelachsen generieren

3.3.9.1 Mittelachsen für Seitenansichten von Zylindern generieren

- Anklicken der gewünschten Ansicht (10)
  Automatische Mittellinienmarkierungen (Kontextmenü) (11)

Anwenden auf:
  Zylindrische Elemente, Drehteile Objekte in Ansicht (12) / **OK** (13)

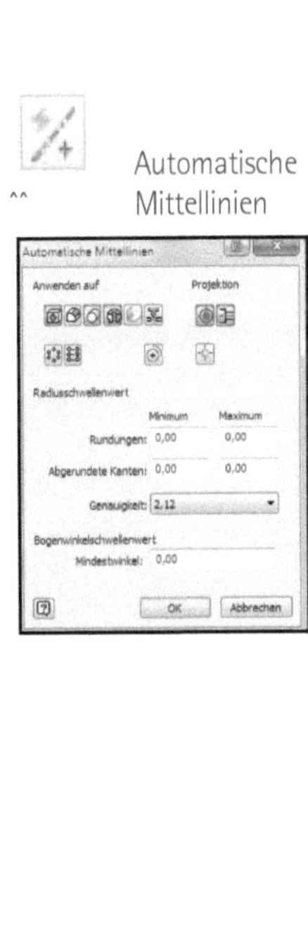

Automatische
Mittellinien

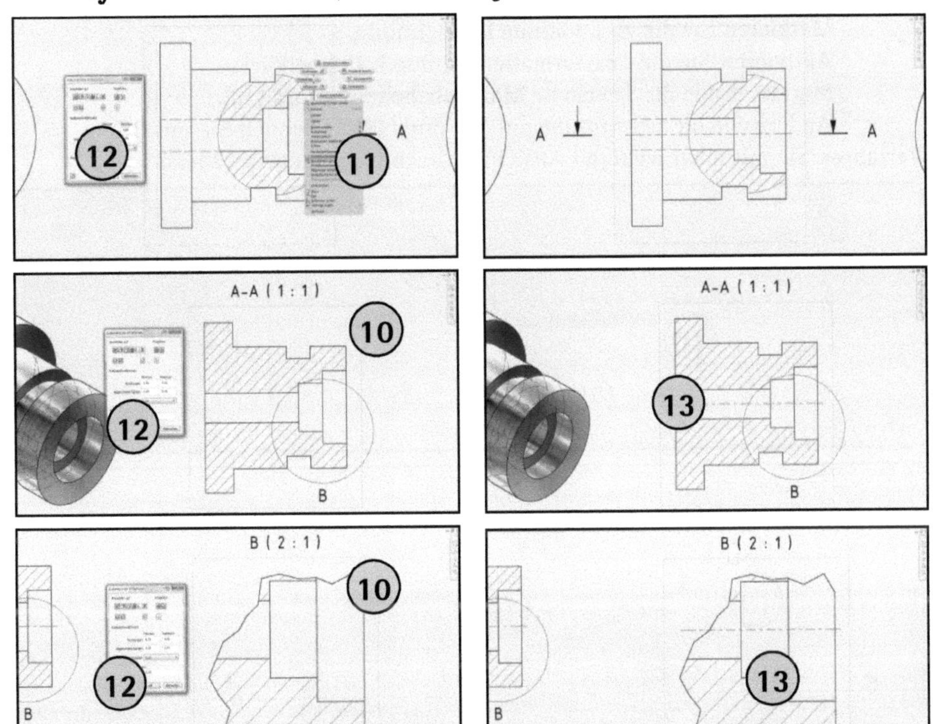

Automatische
Mittellinien

3.3.9.2 Mittelachsen generieren, Kreisflächen

* Anklicken der gewünschten Ansicht (14).

Automatische Mittellinienmarkierungen (Kontextmenü) (15)

Anwenden auf:

Zylindrische Elemente, Drehteile, Objekte in Ansicht (16) / **OK** (17)

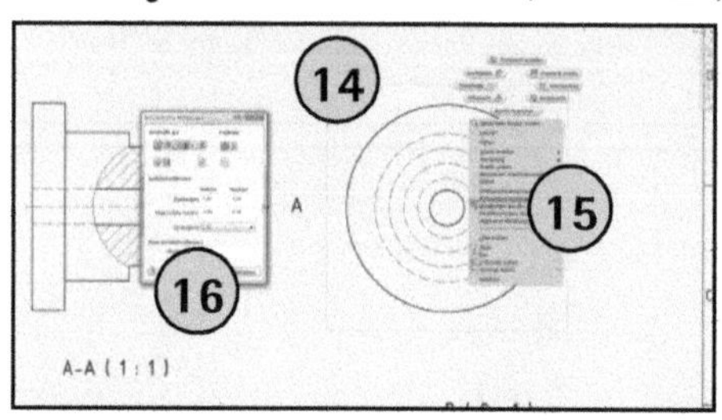
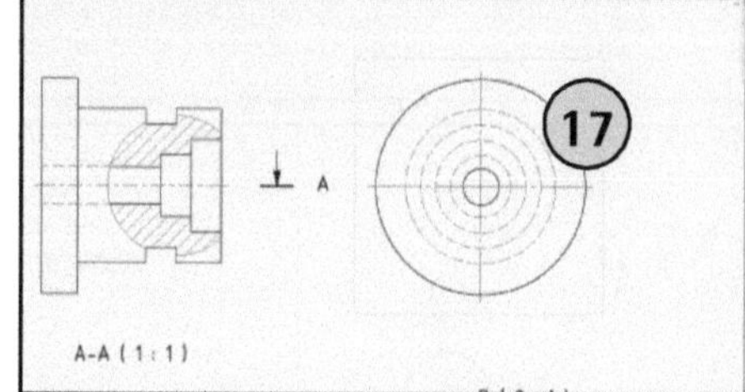
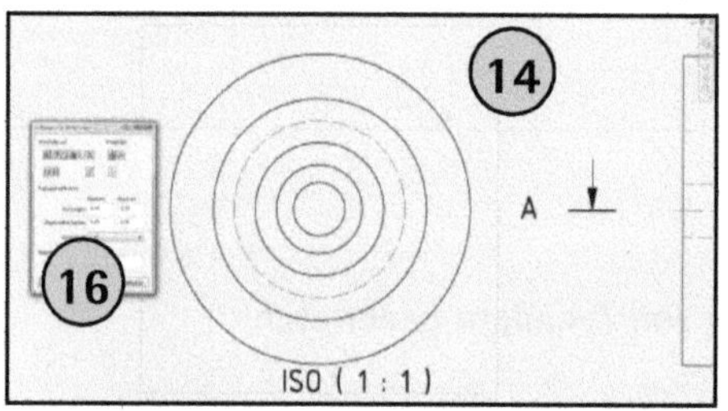
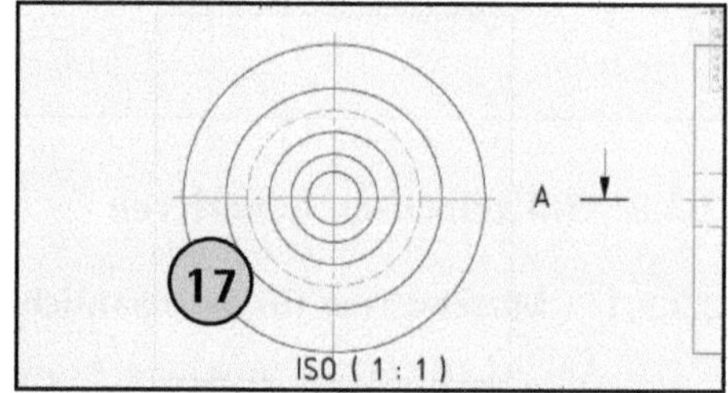

3.3.10 Anpassung der Schnittbezeichnung

Schnittbezeichnung Schrifthöhe **5** mm, Maßstabsbezeichnung Schrifthöhe **3,5** mm.

Markieren Sie die zu ändernde Bezeichnung.

Aktivieren Sie die Textformatierung durch Doppelklick.

Markieren Sie die Textstelle **Maßstabsbezeichnung** (18).

Ändern Sie die Schrifthöhe auf **3,5** mm (19) / Beenden Sie mit **OK**.

Verfahren Sie mit allen weiteren Ansichtsbezeichnungen entsprechend.

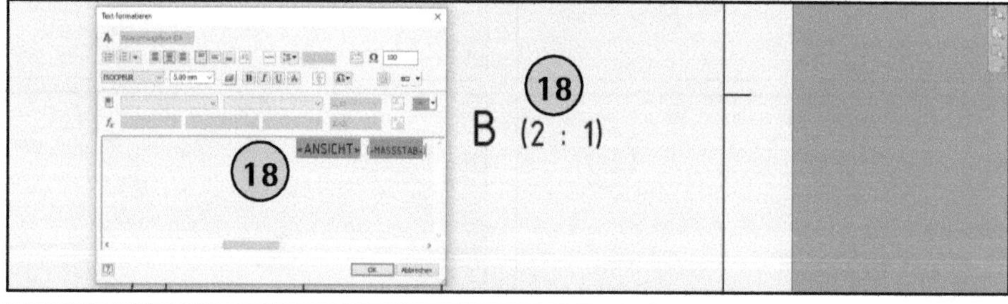
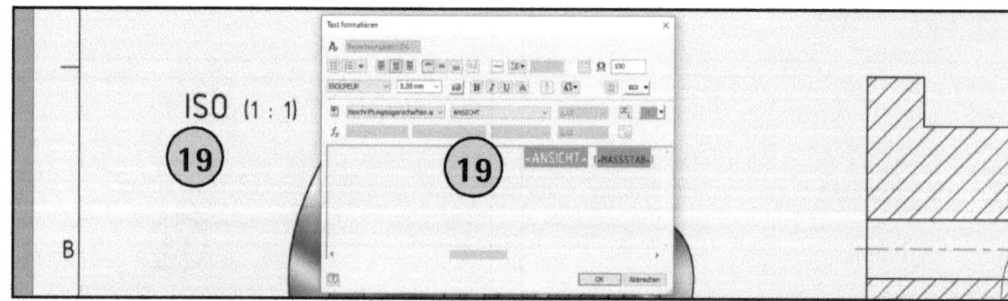

Speichern
unter

3.3.10.1 Dateisicherung

* **Speichern** Sie die Grunddarstellung der Zeichnungsableitung.

3.3.11 Geometrische Produktspezifikation, Maßeintragungen

3.3.11.1 Längen-Bemaßung, Kanten, entsprechend DIN 406 antragen

Bemaßung (Multifunktionsleiste **Mit Anmerkungen versehen**)
Kante klicken (1)
Maß auf Lage ziehen, (Rasten der Maßlinie beachten) (2) / Rechtsklick **OK**.

Bemaßung

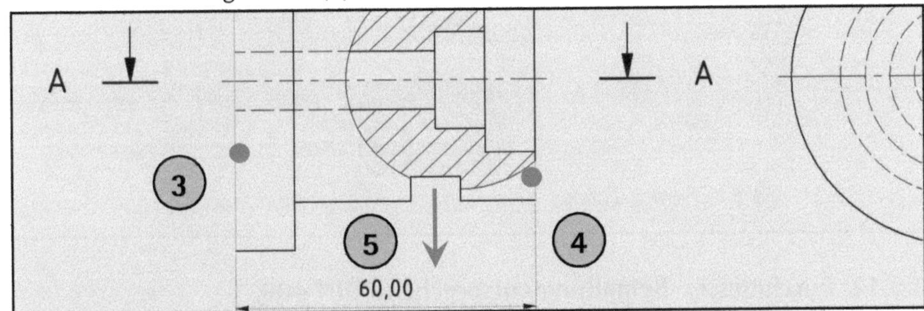

3.3.11.2 Längen-Bemaßung, Länge, entsprechend DIN 406 antragen

Bemaßung (Multifunktionsleiste **Mit Anmerkungen versehen**)
Abstandslänge klicken (3, 4)
Maß auf Lage ziehen, (Rasten der Maßlinie beachten) (5) / Rechtsklick **OK**.

Bemaßung

3.3.11.3 Längen-Bemaßung, Basislinien, entsprechend DIN 406 antragen

Basislinie Multifunktionsleiste (**Mit Anmerkungen versehen**)
Kanten in der Reihenfolge klicken (6) / Rechtsklick **Weiter** (7)
Maße auf Lage ziehen (Rasten beachten) (8) / **OK**

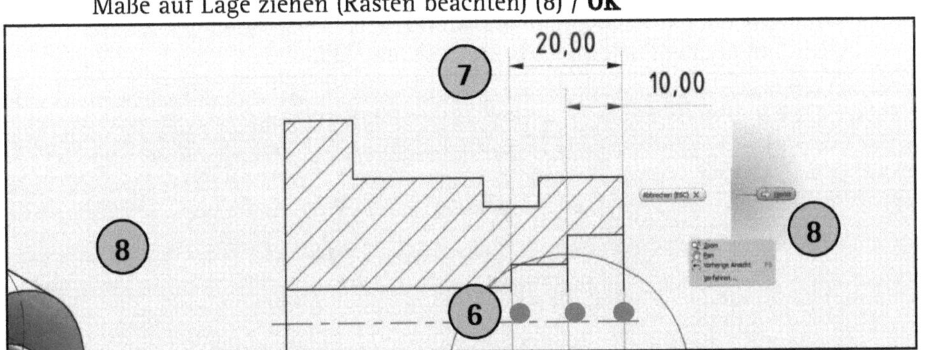
Basislinie

3.3.11.4 Durchmesser-Bemaßung, Kante, entsprechend DIN 406 antragen

Bemaßung

Bemaßung (Multifunktionsleiste **Mit Anmerkungen versehen**)
Klicken Sie die Durchmesser-Kante (9),
(das Ø-Symbol erscheint automatisch).
Klicken die Position (Rasten beachten) (10) / Rechtsklick **OK**.

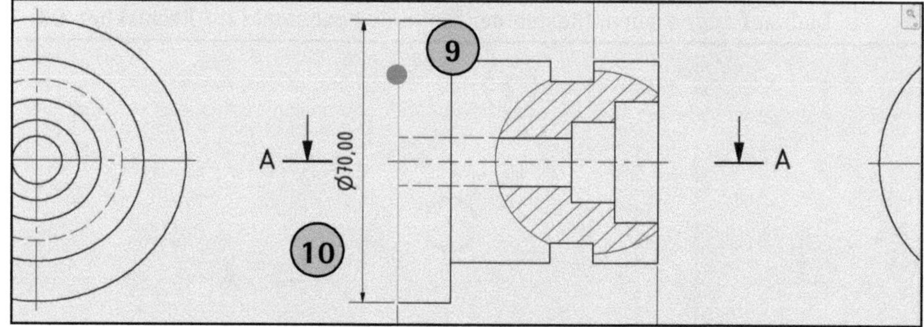

3.3.11.5 Durchmesser-Bemaßung, Kreis, entsprechend DIN 406 antragen

Bemaßung

Bemaßung (Multifunktionsleiste **Mit Anmerkungen versehen**)
Klicken Sie die Kreiskante (11), (das Ø-Symbol erscheint automatisch).
Klicken die Position (12, 13), Auswahl über Optionen (14) / Rechtsklick **OK**

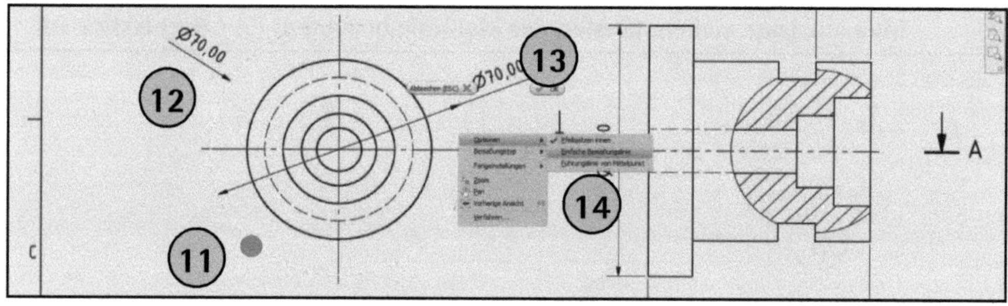

3.3.12 Durchmesser-Bemaßung entsprechend DIN 406, mit Präfix und Suffix

3.3.12.1 Durchmesser-Bemaßung, linearer Antrag, entsprechend DIN 406

Bemaßung

Bemaßung (Multifunktionsleiste **Mit Anmerkungen versehen**)
Wählen Sie die erste Kantenlinie (15).
Wählen Sie die zweite Kantenlinie (16).
Klicken Sie die Position (17) / Rechtsklick / **OK**

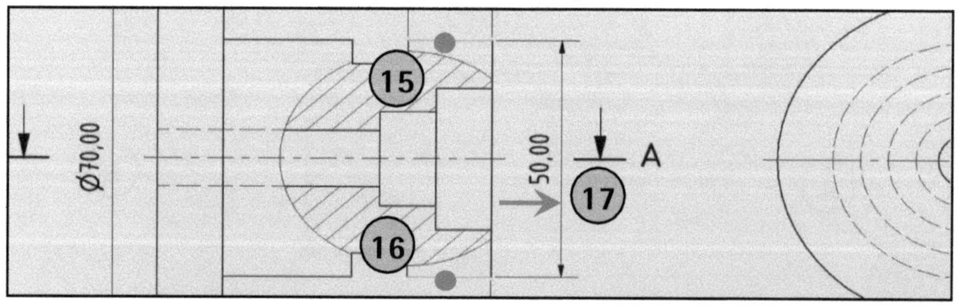

3.3.12.2 Linear-Bemaßung von Durchmessern, Ø-Symbol, entsprechend DIN 406

- Gewünschtes Maß mit Doppelklick wählen (17).
- Register **Text** aufrufen (18) / Symbolmenü öffnen (19).
- **Ø**-Symbol auswählen (20) / vor dem Text das **Ø**-Symbol einfügen (21) / **OK**

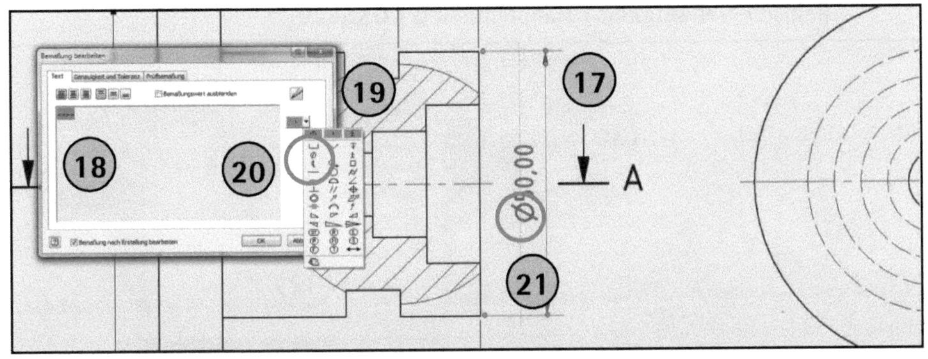

3.3.12.3 Passungs-Bemaßung entsprechend DIN 406 antragen

- Klicken Sie das Durchmesser-Maß **70** an (22).
- Über das Kontextmenü **Text** aufrufen (23).
- Tragen Sie am Ende die Passung ein **h8** ein (24, 25) / **OK**

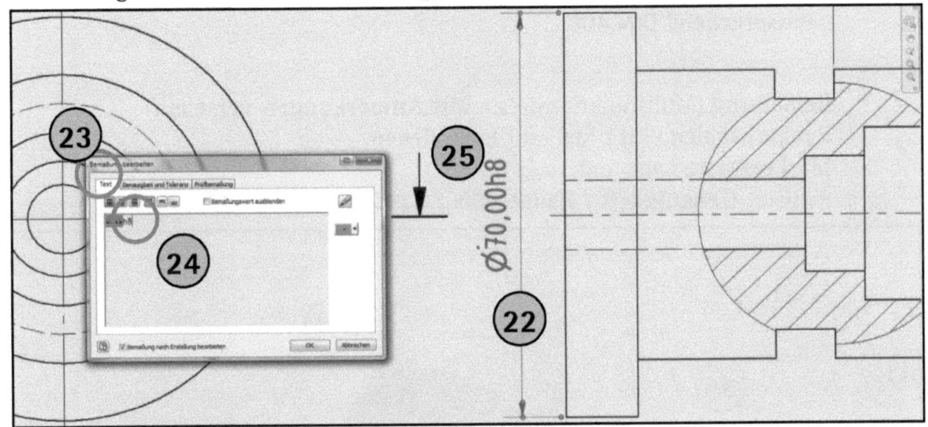

3.3.12.4 Dezimalstellen auf Null setzen

Gewünschte Maße mit gedrückter **STRG**-Taste wählen (26).
Über Kontextmenü **Genauigkeit** klicken (27) Wert **Null** setzen (28).
Zum Beenden in die Zeichnung klicken (29).

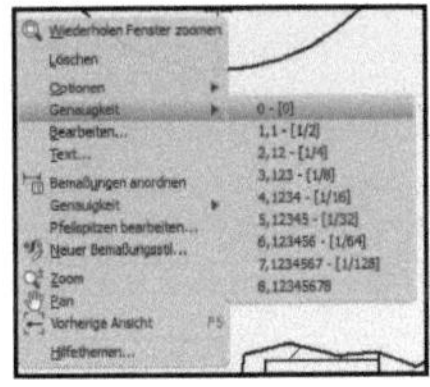

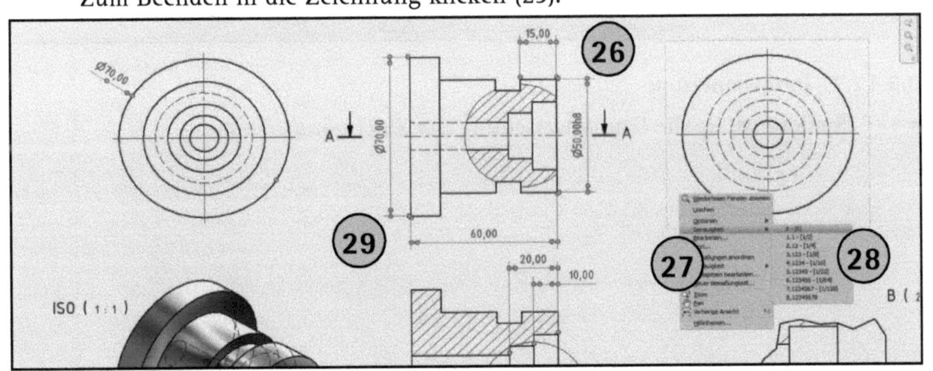

3.3.12.5 Isometrische Maßeintragungen, liegende Maße, entsprechend DIN 406

Bemaßung

Bemaßung (Multifunktionsleiste **Mit Anmerkungen versehen**)
Punkte wählen (30) / Maß auf Lage ziehen (31).
Register **Genauigkeit** / Haupteinheit **0** / **OK** (32)

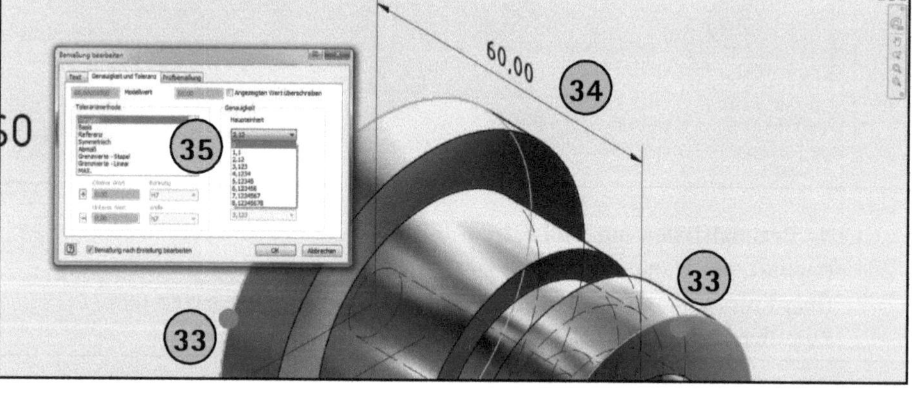

3.3.12.6 Isometrische Maßeintragungen, stehende Maße entsprechend DIN 406

Bemaßung

Bemaßung (Multifunktionsleiste **Mit Anmerkungen versehen**)
Punkte wählen (33) / Maß auf Lage ziehen.
Mit **Leertaste** Lage ändern (34).
Register **Genauigkeit** / Haupteinheit **0** (35) / **OK**

Speichern
unter

3.3.12.7 Dateisicherung

- **Speichern** Sie die Grunddarstellung der Zeichnungsableitung.

3.3.13 Hinweis-Bemaßung, entsprechend DIN 406 antragen

Führungslinientext (Multifunktionsleiste **Mit Anmerkung versehen**)
Zum Erstellen einer Hilfslinie ziehen Sie den Verbindungspunkt der Führungslinie an der Kante entlang und fixieren Sie den Startpunkt durch Klicken.
Ziehen Sie einen Linienabstand nach Wahl (1) / **Weiter.**
Geben Sie in den Abschnitt **Text** den Text ein (2) / **OK** (3).

Führungslinientext

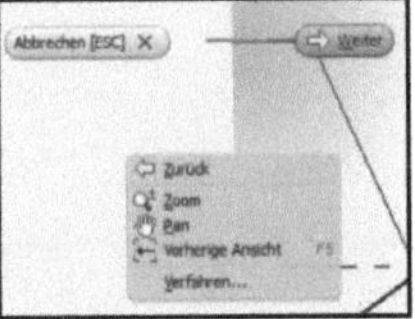

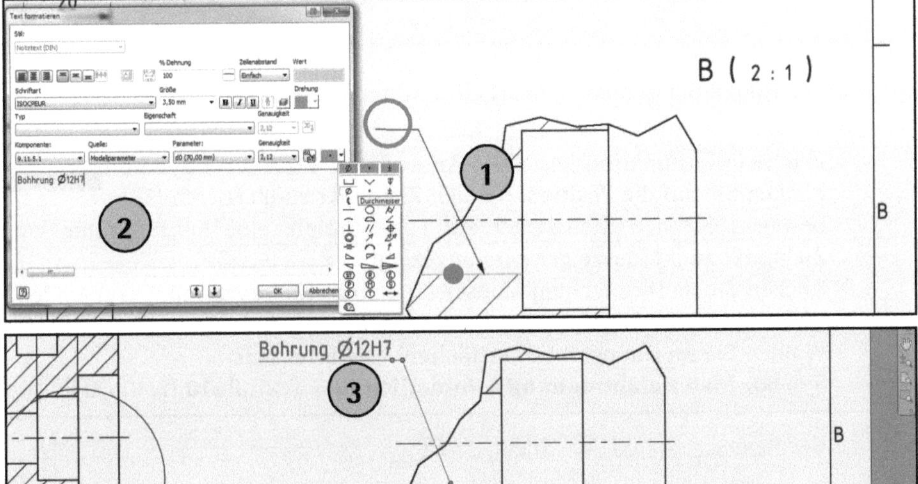

3.3.14 Geometrische Produktspezifikation, Oberflächensymbole

3.3.14.1 Einfügen der Symbolik, unbearbeitete Oberfläche, nach DIN ISO 1302

Fläche (Multifunktionsleiste **Mit Anmerkung versehen / Symbole**)
Klicken Sie auf die Position, um den Zielpunkt zu platzieren (1).
Bewegen Sie den Mauszeiger zur Lageposition, eine Führungslinie vom Zielpunkt zum Mauszeiger wird angezeigt (2), die Lage klicken.
Klicken Sie mit der rechten Maustaste, um das Kontextmenü einzublenden.
Weiter (aus dem Überlaufmenü)
Wählen Sie im Dialogfeld **Oberflächenbeschaffenheit**
das Symbol **Materialabtrennung nicht zulässig** (3) / **OK** (4)

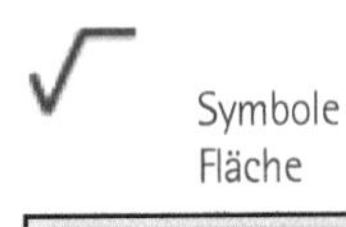
Symbole
Fläche

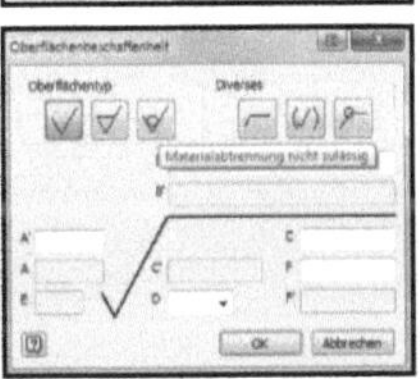

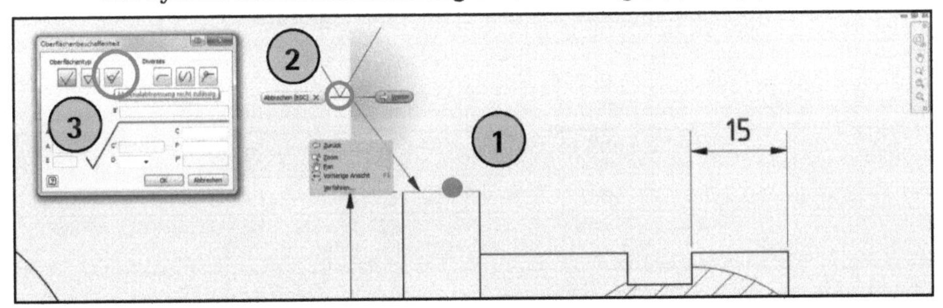

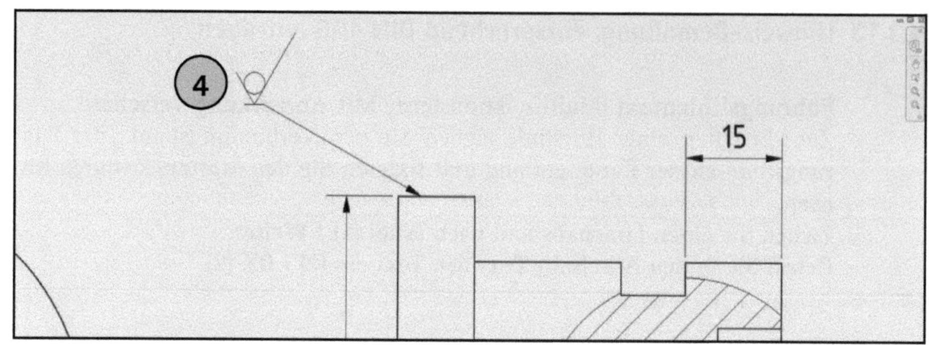

3.3.14.2 Einfügen der Symbolik, bearbeitete Oberfläche, nach DIN ISO 1302

Fläche (Multifunktionsleiste **Mit Anmerkung versehen / Symbole**)
Klicken Sie auf die Position, um den Zielpunkt zu platzieren (5).
Bewegen Sie den Mauszeiger zur Lageposition, eine Führungslinie vom Zielpunkt zum Mauszeiger wird angezeigt.
Klicken Sie mit der rechten Maustaste, um das Kontextmenü einzublenden.
Weiter (aus dem Überlaufmenü).
Wählen Sie im Dialogfeld **Oberflächenbeschaffenheit**
Symbol **Materialabtrennung erforderlich** (6) / Text: **Rz10** (7, 8) / **OK**

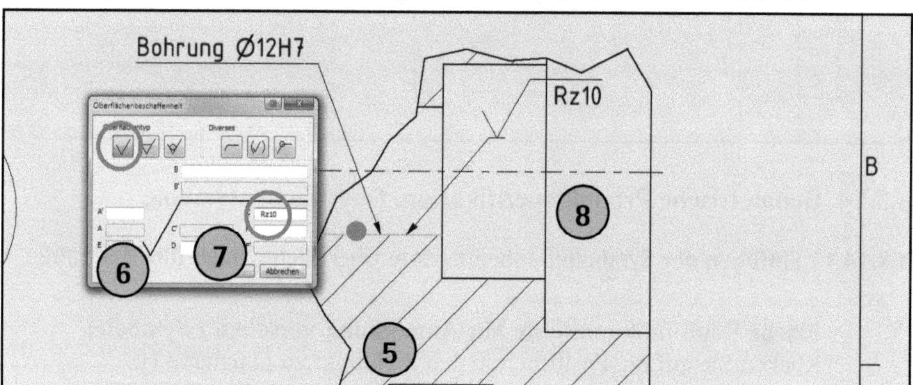

- Verfahren Sie mit den gezeigten Bauteilflächen entsprechend (9).

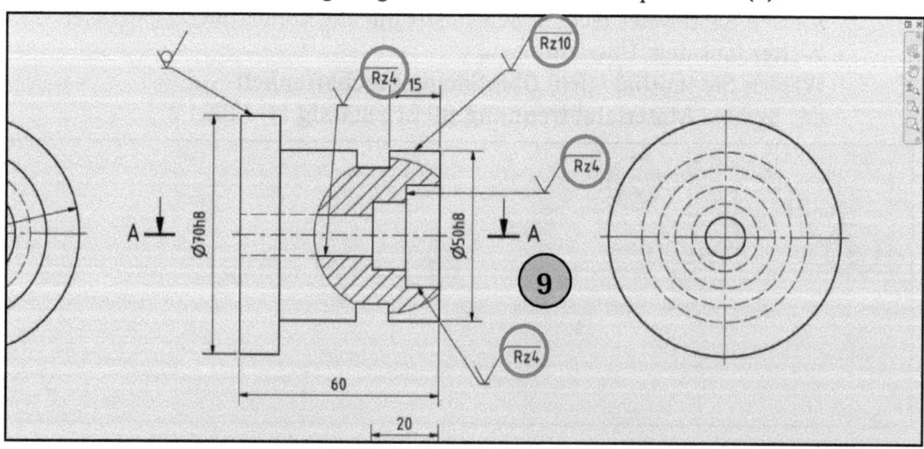

3.3.14.3 Einfügen der Symbolik, Oberflächen-Summenformel

Fläche (Multifunktionsleiste **Mit Anmerkung versehen / Symbole**)
Klicken Sie auf die Position, um den Zielpunkt zu platzieren (10).
Weiter (aus dem Überlaufmenü)
Wählen Sie im Dialogfeld **Oberflächenbeschaffenheit**
Symbol **Materialabtrennung nicht zulässig** (11)
Symbol **Allgemeine Oberflächengüte** (12) / **OK**

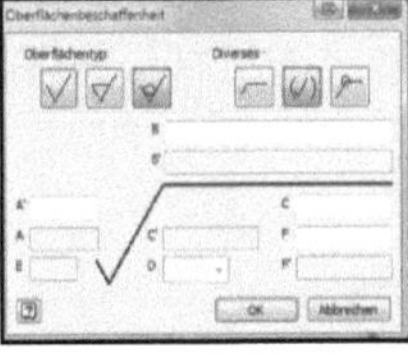

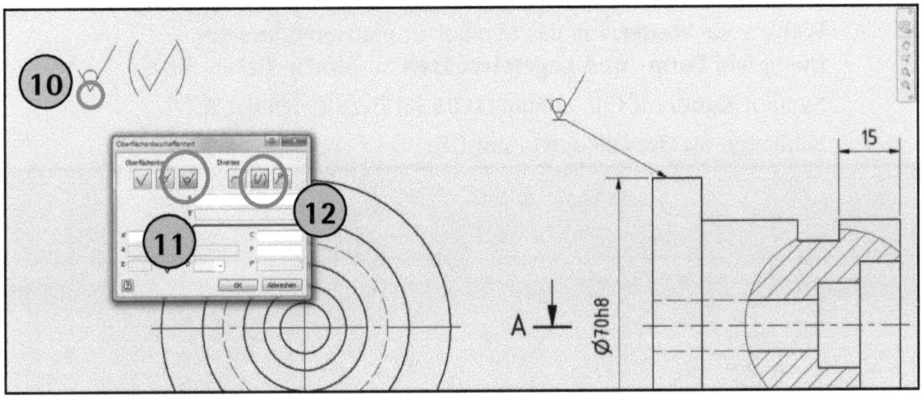

3.3.14.4 Dateisicherung

* **Speichern** Sie die Grunddarstellung der Zeichnungsableitung.

3.3.15 Geometrische Produktspezifikation, Form- und Lagesymbolik an Werkstücken nach DIN ISO 1101

3.3.15.1 Eintragen eines Bezugssymbols, nach DIN ISO 1101

Bezugssymbol (Multifunktionsleiste **Mit Anmerkung versehen / Symbole**)
Klicken Sie zum Platzieren des Symbols auf die Position an dem die Führungslinie beginnen soll (1).
Bewegen Sie den Mauszeiger zur gewünschten Position, und klicken Sie erneut bis die Linie eine gerade Verlängerung ergibt (2).
Tragen Sie Bezug **A** (3) ein und schließen Sie die Textdialogbox mit **OK**.

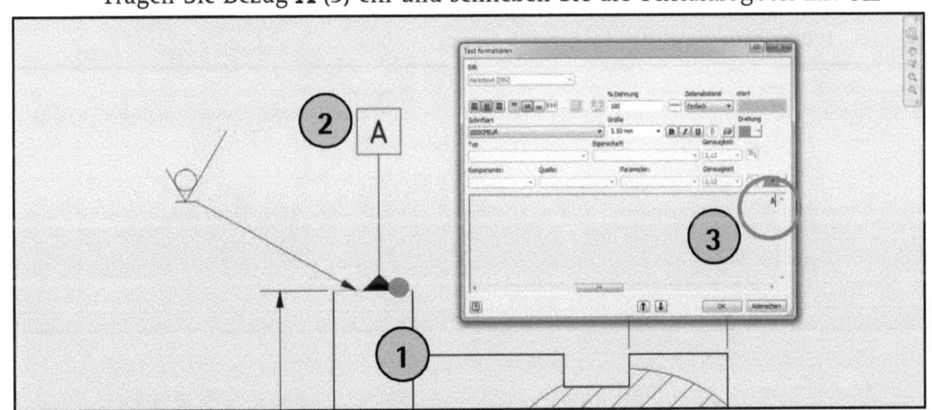

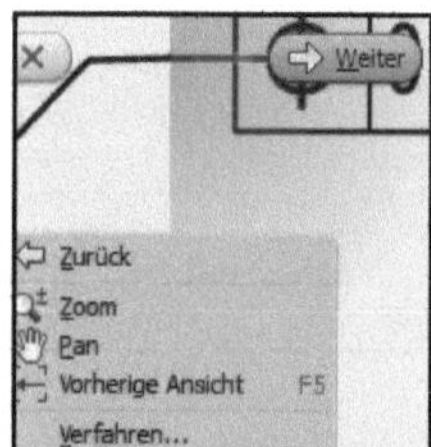

Form- und
Lagetoleranz

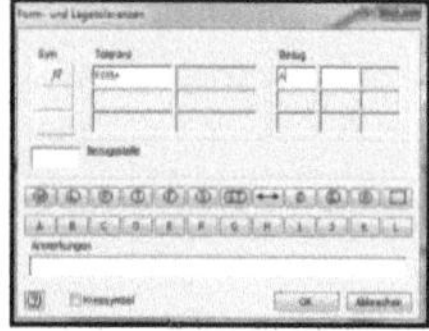

3.3.15.2 Symbol für Form –und Lagetoleranz einfügen, nach DIN ISO 1101

Form- und Lagetoleranzen
(Multifunktionsleiste **Mit Anmerkung versehen / Symbole**)

Um ein Symbol mit einer Führungslinie zu erstellen, klicken Sie auf die Stelle, die als Ausgangspunkt der Führungslinie verwendet werden soll.

Wenn sich die Symbolanzeige an der gewünschten Position befindet, klicken Sie mit der rechten Maustaste (4).

Wählen Sie **Weiter**, um das Symbol zu platzieren und das Dialogfeld **Form- und Lagetoleranzen** zu öffnen. Geben Sie ein:

Symbol **Rundlauf** (5), Toleranz **0,05** (6) Bezugselement **A** (7).

Schließen Sie das Dialogfeld mit **OK**.

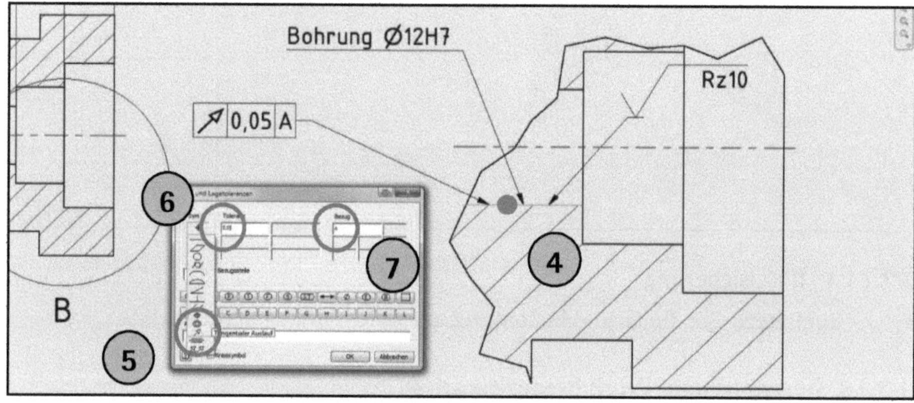

3.3.16 Geometrische Produktspezifikation, Kantenzustände DIN ISO 13715

3.3.16.1 Erstellen von skizzierten Symbolen, Zeichnungserstellung

Neues Symbol
definieren

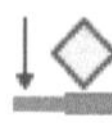

Neues Symbol definieren
(Multifunktionsleiste **Verwalten / Definieren / Symbole**)
Erstellen Sie das Symbol mit den Befehlen auf der Registerkarte **Skizze**.

Sehen Sie hierzu eine Bildfolge zur Erstellung eines Symbols für die Kantenzustände auf der folgenden Seite.

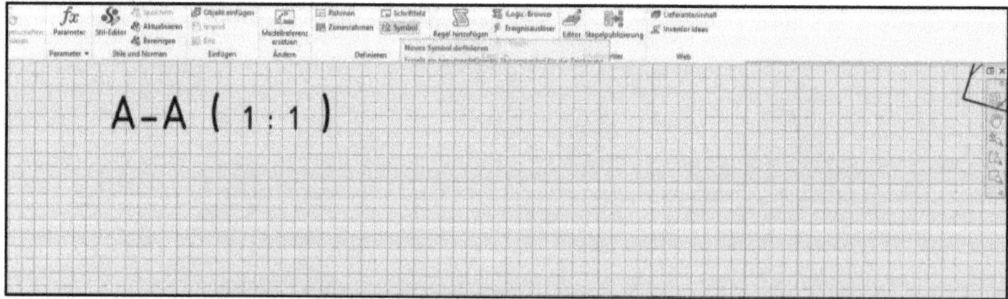

- Erstellen Sie das Symbol mit den Befehlen der Funktion **Skizze** (1, 2).

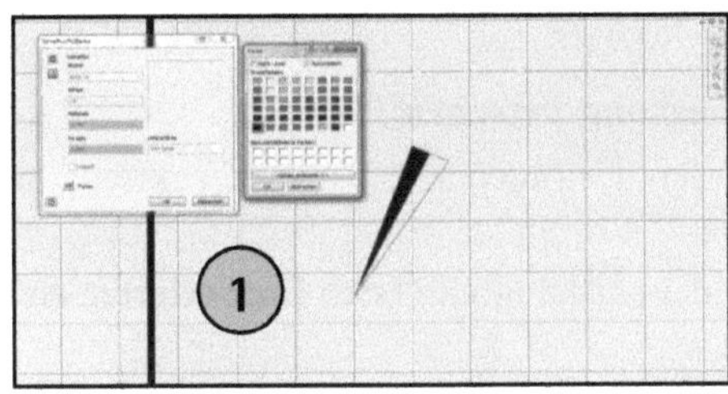
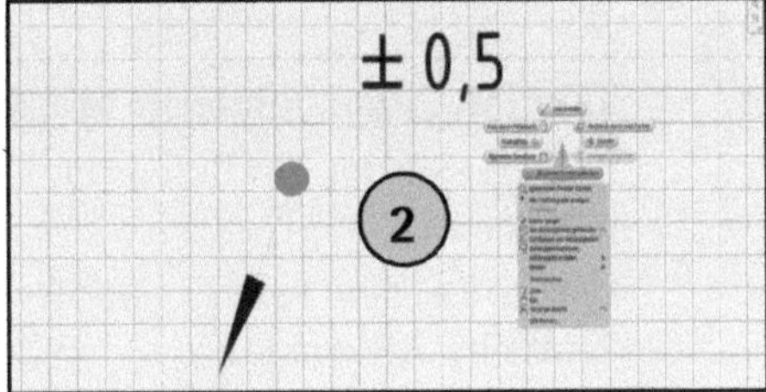

- Klicken Sie mit der rechten Maustaste,
  und wählen Sie **Skizziertes Symbol speichern** (3).

- Geben Sie den neuen Symbolnamen, Beispiel **Kantenzustand** in das Dialogfeld ein.

- Schließen Sie die Skizzenumgebung.

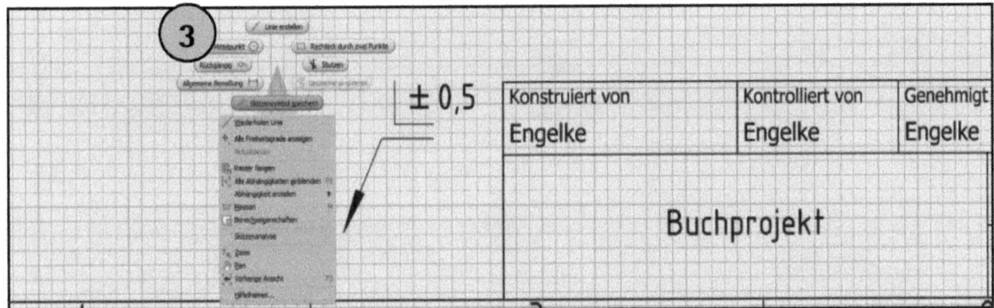

- Das Symbol wird zum Ordner **Skizzierte Symbole** im Browser hinzugefügt.
- Die verfügbaren Symbole werden im Dialogfeld **Symbole** aufgelistet (4).

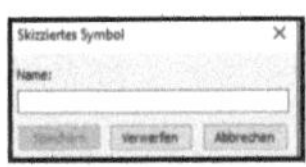

Symbol einfügen

(Multifunktionsleiste Mit **Anmerkungen……/ Symbole einfügen**)

Aktivieren Sie, aus der Dialogbox, das Symbol **Kantenzustand**.

Wählen Sie einen Einfügeort in der Nähe des Schriftfeldes und klicken Sie die gewählte Position (5).

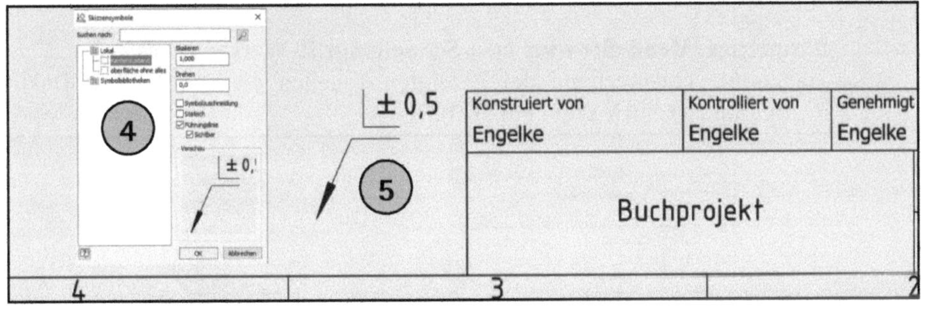

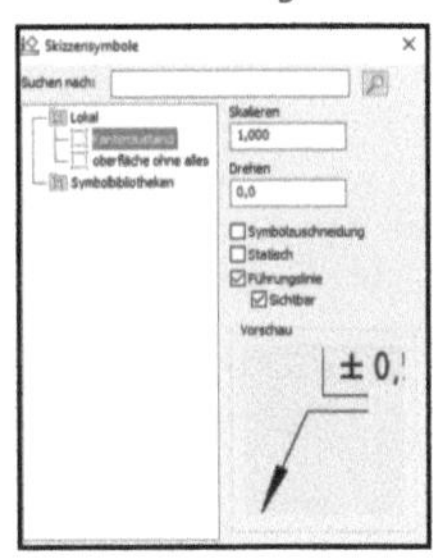

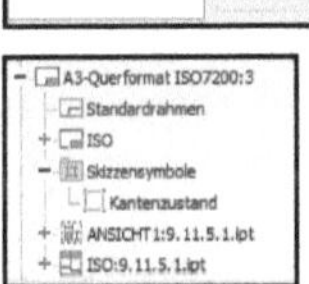

3.3.17 Fertigungsinformationen

 Text

Text (Multifunktionsleiste **Mit Anmerkung versehen / Text**)

Klicken Sie im Grafikfenster, um den Einfügepunkt für das Textfeld zu platzieren.

Geben Sie den Text in das Textfeld im Dialogfeld **Text formatieren** ein, Texthöhe **3,5** mm (1).

Zum Hinzufügen von Symbolen, benannten Parametern oder Ändern der Textformatierung, können Sie die Optionen im Dialogfeld verwenden (2).

Schließen Sie die Eingabe mit **OK** (3).

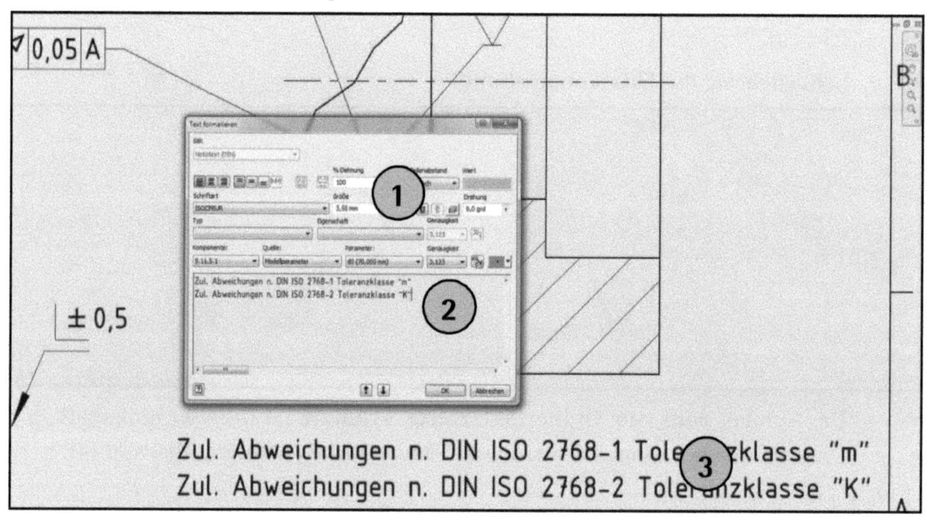

3.3.17.1 Dateisicherung

Speichern unter

*   **Speichern** Sie die Grunddarstellung der Zeichnungsableitung.

3.3.18 Die Dokumentverwaltung „iProperties"

iProperties

iProperties (Menü-Browser oder **Schnellzugriff-Werkzeugkasten)**

Tragen Sie entsprechend der gezeigten Tabellen die spezifischen Dokumentparameter nach Wahl ein (1-3).

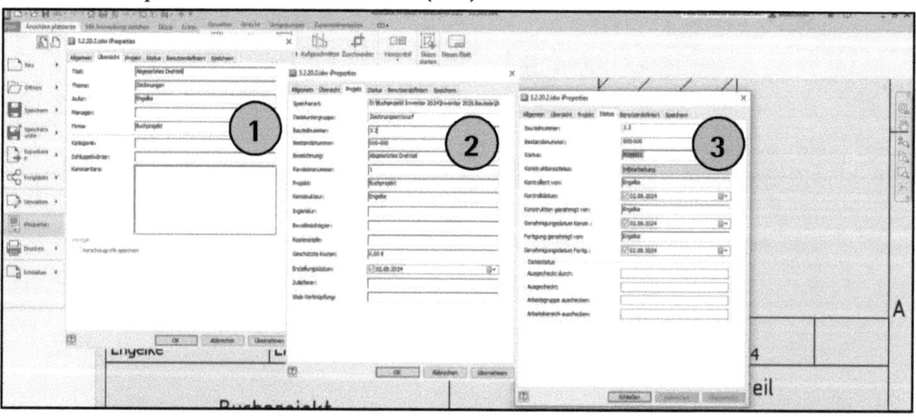

3.3.18.1 Beispieleintragungen im Schriftfeld über „iProperties"

Titel: **Abgesetztes Drehteil**   Thema: **Zeichnungsableitungen**

Autor: **Engelke**   Firma: **Buchprojekt**

Speicherort: Bauteilnummer : **3.2**

Revisions: **1**   Konstrukteur: **Engelke**

Bauteilnummer: **3.2**   Kontrolle: **Engelke**

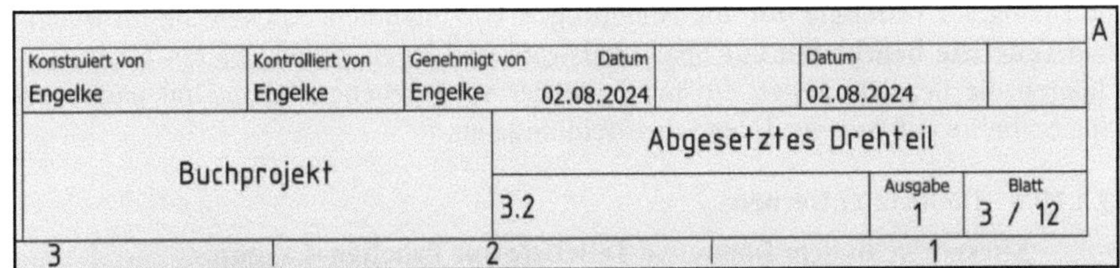

3.3.19 Die Bauteilstückliste oberhalb des Schriftfeldes, nach DIN 6771-2

3.3.19.1 Die Bauteileliste platzieren

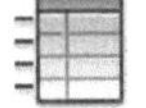

Bauteileliste (Multifunktionsleiste **Mit Anmerkung versehen / Tabelle**)

Wählen Sie im Grafikfenster die entsprechende Zeichnungsansicht (1).

Klicken Sie auf **OK**, um das Dialogfeld **Teileliste** zu schließen

Klicken Sie auf eine Stelle auf dem Zeichnungsblatt, um die Teileliste dort zu platzieren (2).

Sie können die Kanten oder Ecken des Arbeitsblatts oder das Schriftfeld fangen (3).

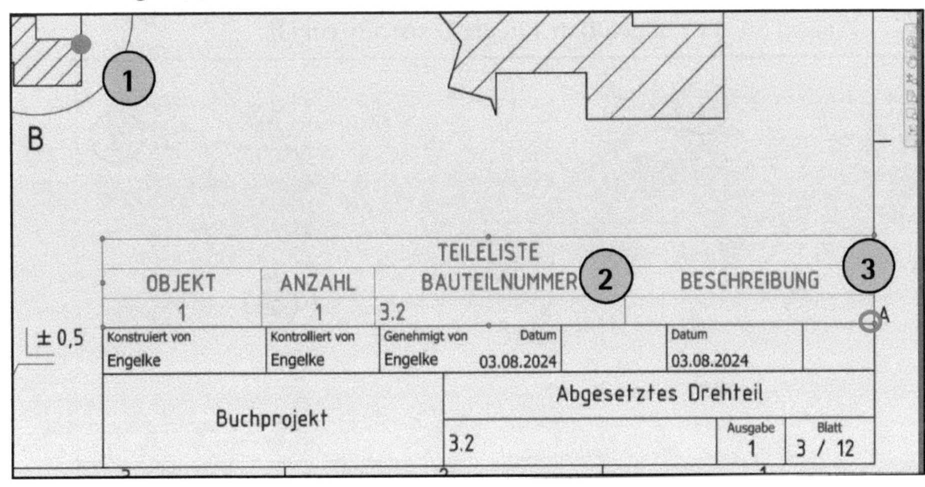

3.3.19.2 Teileliste ändern

Wenn eine Teileliste platziert wird, werden ihre Spalten, das Layout, die Header, Maßeinheiten und weitere Aufbaukomponenten durch die Einstellungen im Teilelistenstil bestimmt. Sie können die Einstellungen für eine Teileliste ändern, nachdem sie platziert wurde. Um den Aufbau einer vorhandenen Teileliste zu ändern, wählen Sie diese aus, klicken Sie mit der rechten Maustaste, und wählen Sie dann **Teileliste bearbeiten**, oder doppelklicken Sie auf die Teileliste. Verwenden Sie die Optionen im Dialogfeld **Teileliste**, um die Änderungen vorzunehmen. Klicken Sie im Dialogfeld **Teileliste bearbeiten** auf Spaltenauswahl und legen einige Spalten hinzu, korrigieren die Bezeichnungen entsprechend der vorgegebenen Norm und passen die Spaltenbreite entsprechend der Schriftfeldlänge an.

3.3.19.3 Titelliste entfernen

- Klicken Sie in dem Dialogfeld **Teileliste** auf **Tabellen-Layout**.
- Entfernen Sie das Häkchen für den Titel (1).
- Positionieren Sie die Teileliste bei Bedarf neu.

3.3.19.4 Spaltenanpassung

Für die Teileliste (Stückliste) auf der gezeigten Zeichnungsableitung erstellen Sie eine etwas angepasste Form der genormten Stückliste mit den Spalten:
Pos, Menge, Einheit, Benennung, Sachnummer/Norm,
Werkstoff und **Bemerkung.**

3.3.19.5 Spaltenauswahl, Anpassen der Überschrift, Spaltenbreite

- Erweitern Sie die Spalteneigenschaften mit **Hinzufügen** (2).
- Markieren Sie die gewünschte Spalte, rufen Sie das Kontextmenü auf und verändern Sie die Spaltenüberschrift mit **Spalte formatieren**.
- Tragen Sie die nötigen Daten in die Textspalte ein (3).

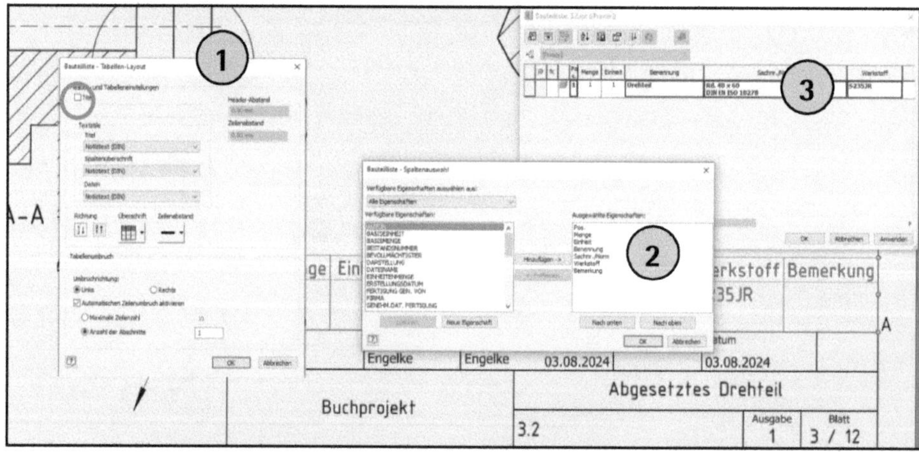

Pos.	Menge	Einheit	Benennung	Sachnr./Norm	Werkstoff	Bemerkung
1	1	1	Drehteil	Rd. 40 x 60 DIN EN ISO 10278	S235JR	

3.3.20 Benutzerdefinierte Tabellen, Übersetzungstabelle für Passmaße

Mit dem Befehl **Tabelle** können Sie eine Tabelle mit benutzerdefinierten Daten erstellen. Die Tabelle besteht aus einem Titel, einer Spaltenkopfzeile und aus Spaltendaten.

3.3.20.1 Tabelle platzieren

Tabelle (Multifunktionsleiste **Mit Anmerkung versehen** / **Tabelle**)
Wählen Sie im Dialogfeld Tabelle **Leere Tabelle** aus der Quellliste aus.
Legen Sie **3 Spalten** und **5 Zeilen** fest.
Klicken Sie auf **OK**, um das Dialogfeld **Tabelle** zu schließen.
Klicken Sie auf eine Stelle auf dem Zeichnungsblatt, um die Tabelle dort zu platzieren.

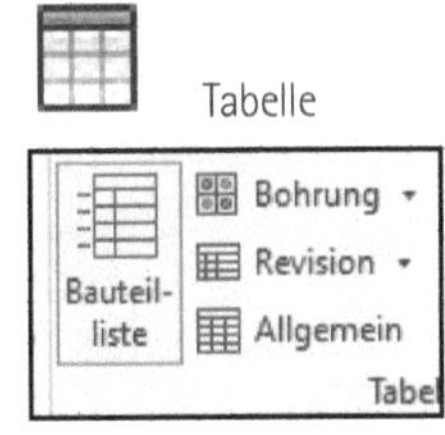

3.3.20.2 Spaltenanpassung

Für die Tabelle auf der gezeigten Zeichnungsableitung erstellen Sie eine etwas angepasste Form der Teileliste mit den Spalten:
Passmaß, Mindestmaß und **Höchstmaß.**

3.3.20.3 Spaltenauswahl, Anpassen der Überschrift, Spaltenbreite

- Markieren Sie die gewünschte Spalte, rufen Sie das Kontextmenü auf und verändern Sie die Spaltenüberschrift mit **Spalte formatieren.**
- Tragen Sie die genormte Tabellenüberschrift **Übersetzungstabelle** ein.
- Passen Sie die Spaltenbreite auf **30** mm an (1).
- Tragen Sie die nötigen Daten in die Textspalte ein (2).

Übersetzungstabelle		
Passmaß	Mindestmaß	Höchstmaß

3.3.20.4 Spalteneintragungen

- Wählen Sie die einzelnen Zellen an und tragen Sie in die leeren Zellen die Abmaßwerte entsprechen DIN **7157** ein (3).

TABELLE		
Passmaß	Mindestmaß	Höchstmaß
12H7	12,000	12,028
70h8	69,960	70,000

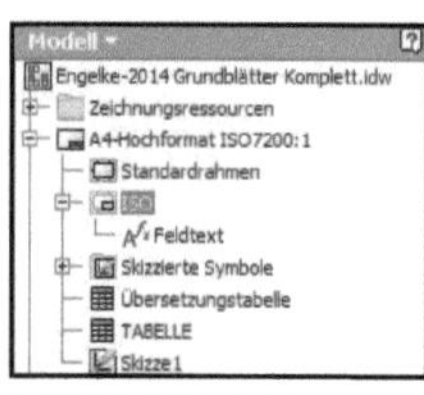

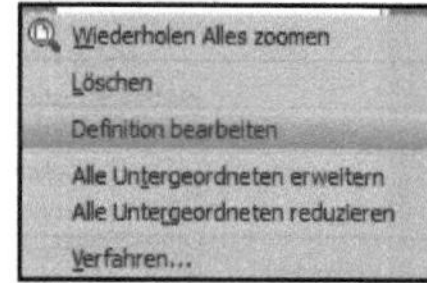

3.3.21 Firmenlogo als Bild in den Schriftkopf einfügen

Mit dem Befehl **Bild** können Sie Windows **Bitmap**-Bilddatei (**.bmp**), **JPEG**-Bilddatei (**.jpg**) und **TIFF**-Bilddatei (**.tif**) Bilddateien einfügen.

3.3.21.1 Schriftkopf bearbeiten

- Wählen Sie im Bauteilbrowser das Feld für den **ISO**-Schriftkopf an.
- Aktivieren Sie im Kontextmenü **Definition bearbeiten**.
  Der Schriftkopf wird im Skizziermodus geöffnet.
- Positionieren Sie die Abfrage **Firma** neu (1, 2).

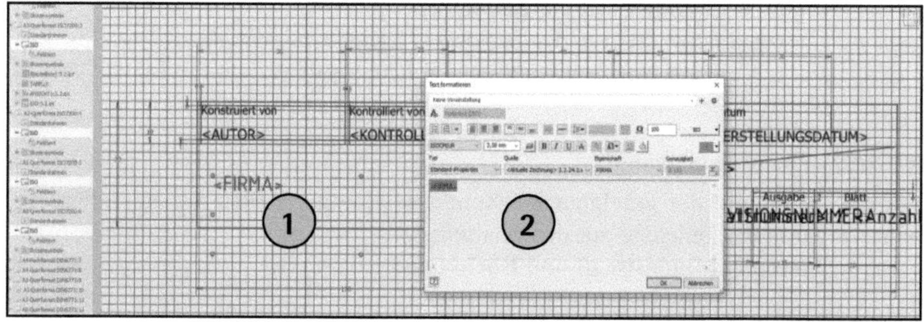

3.3.21.2 Schriftkopf bearbeiten, Bild einfügen

Bild

Bild (Register **Skizze**)
Wählen Sie im Dialogfeld **Öffnen** den Ordner, in dem sich das entsprechende Bild befindet, und klicken Sie auf **Öffnen** (3).
Der Cursor wird an der oberen, linken Bildecke fixiert. Klicken Sie in das Grafikfenster, um das Bild zu platzieren.
Passen Sie gegebenenfalls die Position des Bildes an (4).
Um das Bild horizontal bzw. vertikal zu verschieben, klicken Sie darauf und ziehen Sie. Zum Schwenken des Bilds verwenden Sie die Bildecken.
Zum Ändern der Größe klicken Sie auf eine Bildkante. Das ursprüngliche Seitenverhältnis wird beibehalten (5).

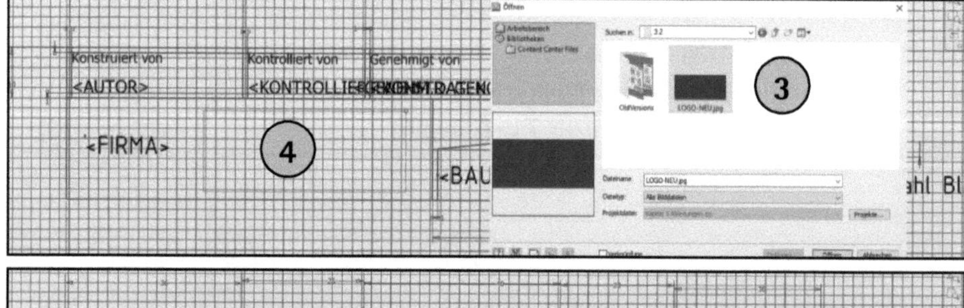

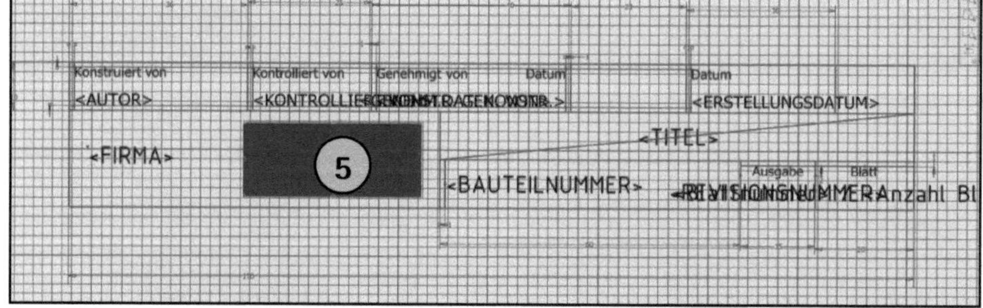

- Aktivieren Sie **Schriftfeld speichern / OK** (6, 7)

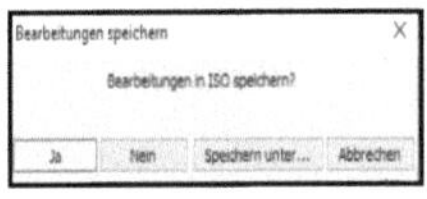

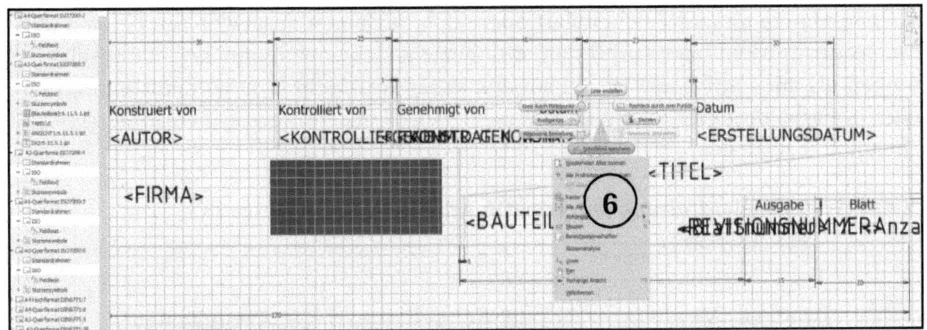

Pos.	Menge	Einheit	Benennung	Sachnr./Norm	Werkstoff	Bemerkung
1	1	1	Drehteil	Rd. 40 x 60	S235JR	
				DIN EN ISO 10278		

Konstruiert von	Kontrolliert von	Genehmigt von	Datum	Datum	
Engelke	Engelke	Engelke	03.08.2024	03.08.2024	

Zul. Abweichungen n. DIN ISO 2768-2 Toleranzklasse "K"

Abgesetztes Drehteil

Buchprojekt (7)   3.2   Ausgabe 1   Blatt 3 / 12

3.3.21.3 Bauteil speichern

- Aufruf über den **Menü-Browser**, Register **Datei**.

 **Speichern unter**
Das Dialogfeld **Speichern unter** wird eingeblendet.
Geben Sie einen Dateinamen Ihrer Wahl ein.

Speichern
unter

3.3.22 Zeichnungen drucken

Sie können ein ganzes Zeichenblatt oder auch nur einen ausgewählten Bereich des Blattes ausdrucken oder ausplotten, dies bezieht sich sowohl auf Zeichnungsableitungen als auch auf Bauteile. Sie können in Schwarzweiß (Standardeinstellung) oder in Farbe drucken. Sie können verschiedene Einstellungen für einzelne Zeichenblätter festlegen.

3.3.22.1 Bauteil-Ausdruck mit KONICA MINOLTA C224 Series PCL, auf A3-Papier

 Drucken

Drucken (Menü-Browser oder **Schnellzugriff-Werkzeugkasten)**
Wählen Sie den gewünschten Drucker aus der Auswahlliste (1)
(Eigenschaftseinstellungen nach Bedarf)
Stellen Sie ein:

Druckbereich
Legt fest, welche Arbeitsblätter gedruckt werden sollen.

Einstellungen
Bestimmt Überschreibungen für Farbe, Schwarzweiß, Linienstärke und Drehung. Druckeinstellungen werden beim Drucken angewendet (2, 3).

Maßstab
Legt den Maßstab zwischen der in der Zeichnung angegebenen Blattgröße und der Papiergröße im Drucker bzw. Plotter fest. Aktivieren Sie eine Option, um den gewünschten Maßstab auszuwählen (4).

Bei Bedarf müssen entsprechend der Blattgröße und der Druckerauswahl die Seitenränder eingestellt werden, Auswahl hier Ränder entsprechend Drucker.

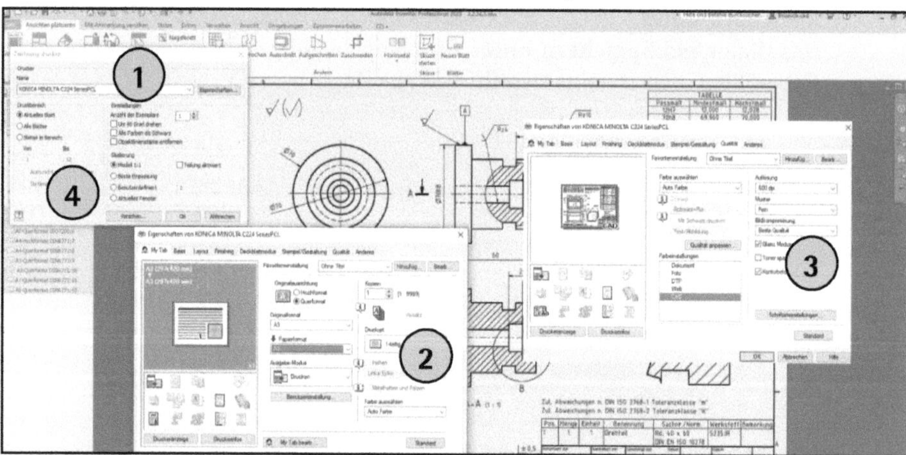

- Zum Abschluss wählen Sie **Vorschau**.
- Nach erfolgter Kontrolle **Drucken**.

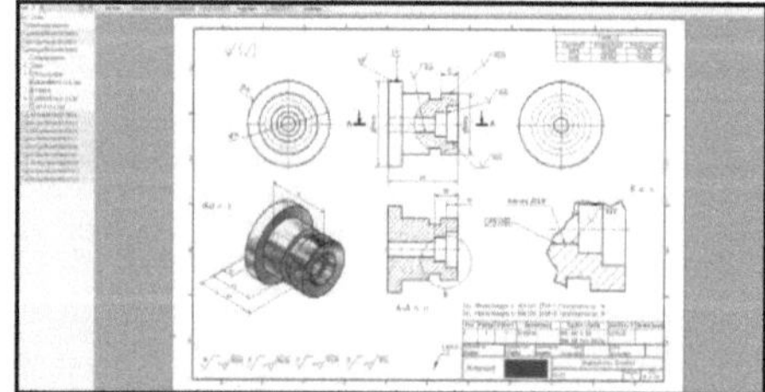

3.4 Bohrplatte mit echtem Gewinde, die Zeichnungsableitung

3.4.1 Basis-Einstellungen

- Legen Sie eine neue Projektdatei für Einzelbenutzer an.
  Das aktuelle eingerichtete Projekt ist mit einem Häkchen versehen (1).
- Die Zeichnungsableitung erfolgt auf dem aktivierten Vorlagenblatt
  DIN A3 Querformat Leerblatt mit Schriftkopf nach DIN EN ISO **7200**, auf
  der Basis des **Vorlagen-Grundblattes**. (2)

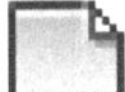

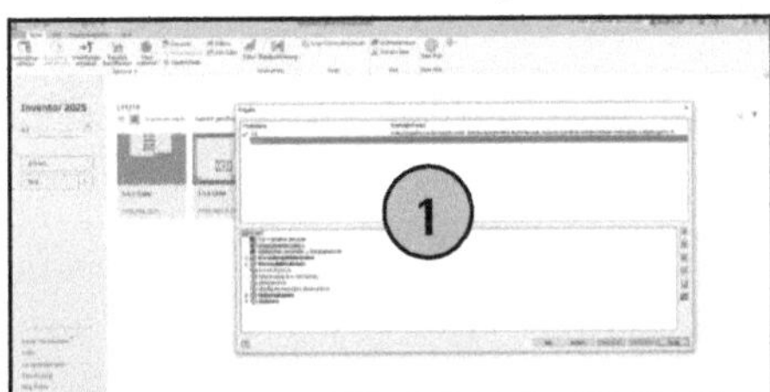

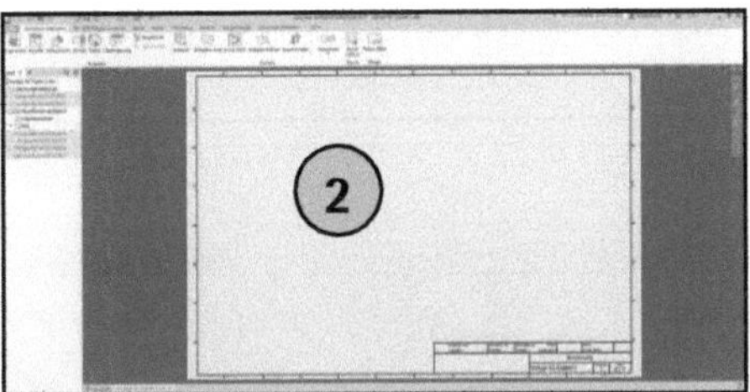

3.4.2 Zuweisen der Ansichten

3.4.2.1 Zuweisen der Ansichten, Erstansicht

- Weisen Sie über Funktion **Erstansicht** eine Ansicht mit Stil **mit verdeckten
  Linien**, Maßstab **1:1**, Ausrichtung **Vorn** zu, Basis ist die Bauteildatei von der
  Buch-DVD.
  Die Lage ist durch Schieben zu positionieren, Fixieren durch Klicken (3).

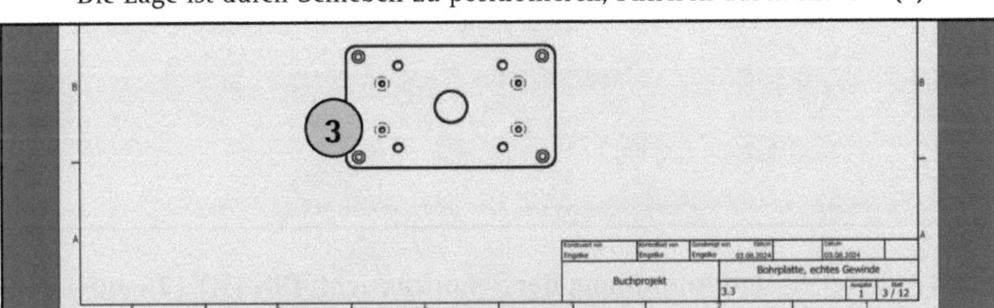

3.4.2.2 Zuweisen der Ansichten, Funktion „Parallel"

- Weisen Sie über Funktion **Parallel** die gezeigten Ansichten
  mit Stil **mit verdeckten Linien**, Maßstab **1:1**, zu (4, 5).

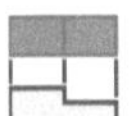

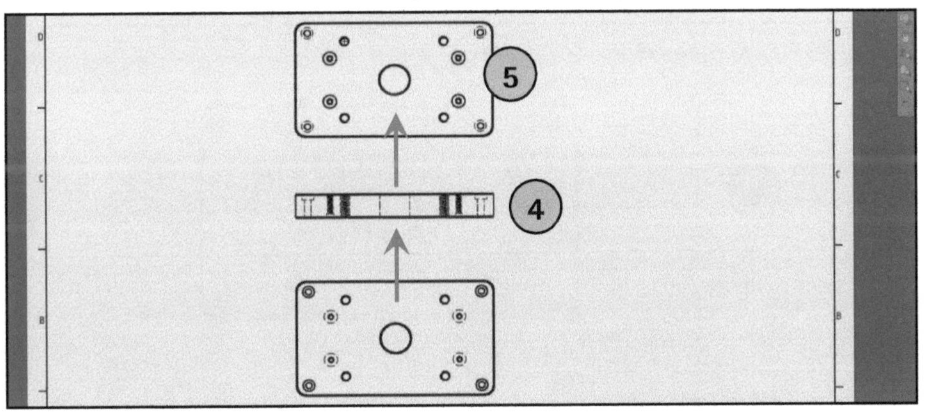

Automatische Mittellinien

3.4.3 Mittelachsen generieren

- Generieren Sie die Mittelachsen über **Automatische Mittellinien** (6, 7, 8).

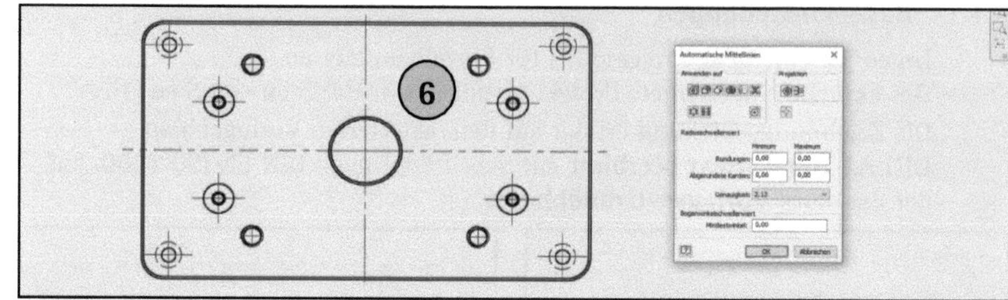

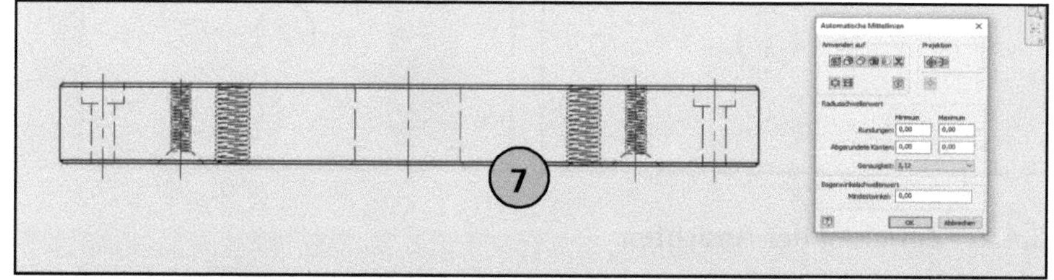

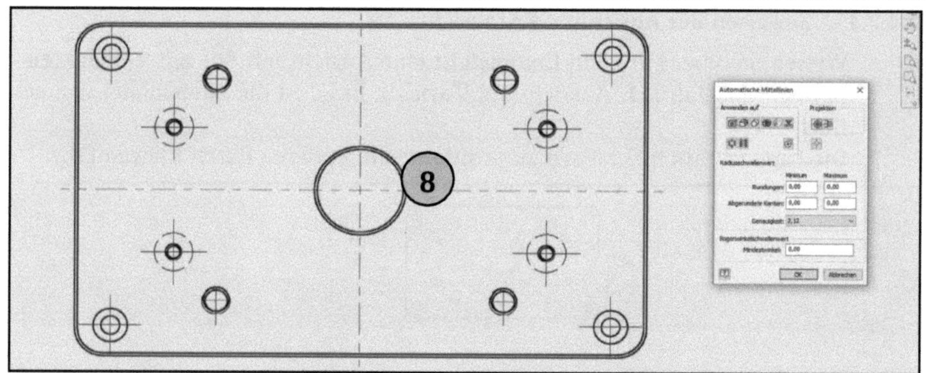

3.4.4 Erstellen und Anordnung der Schnittansicht, DIN ISO 128-40-50

3.4.4.1 Schnittansichten Links, durch die Bohrungen

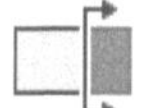
Schnittansicht

- Erstellen Sie über die Funktion **Schnittansicht** je eine **Schnittansicht Links** neben der Vorderansicht, Lage der Schnittansicht durch Ziehen und Klicken der Position (9), passen Sie den Eintrag der Schnittbezeichnung an (10).

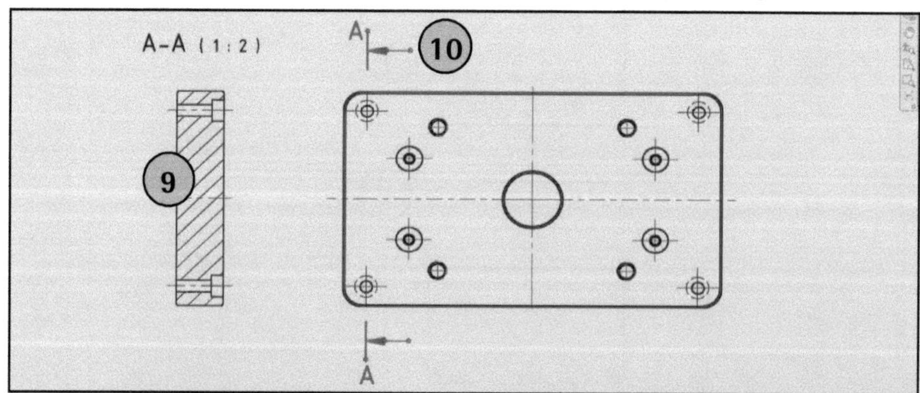

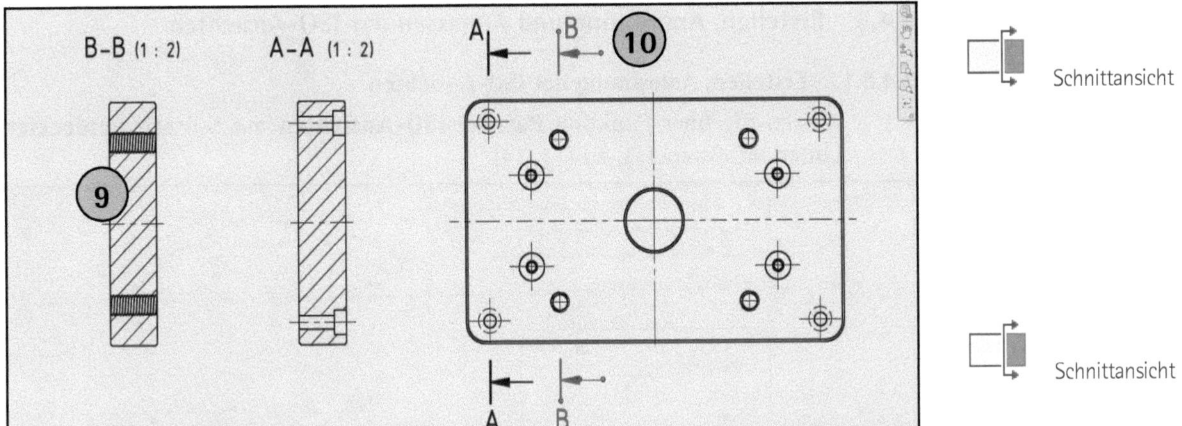

3.4.4.2 Schnittansicht Rechts, durch die Bohrungen

- Erstellen Sie über die Funktion **Schnittansicht** je eine **Schnittansicht Rechts** neben der Vorderansicht, Lage der Schnittansicht durch Ziehen und Klicken der Position (11),
- Passen Sie den Eintrag der Schnittbezeichnung an (12).

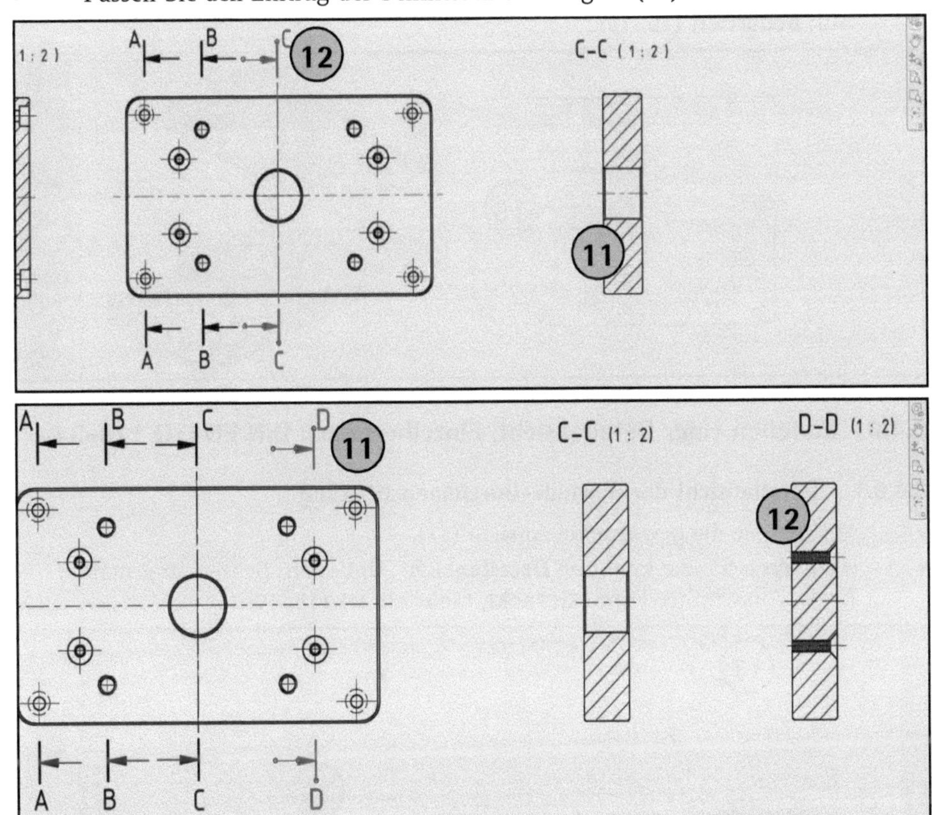

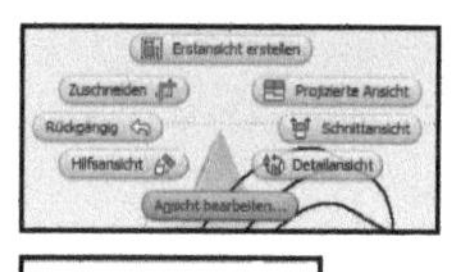

3.4.5 Erstellen, Anordnung und Anpassen der ISO-Ansichten

3.4.5.1 Erstellen, Anordnung der ISO-Ansichten

- Weisen Sie über Funktion **Parallel ISO-Ansichten** mit Stil **Mit verdeckten Linien**, Maßstab **1:1**, zu (13, 14).

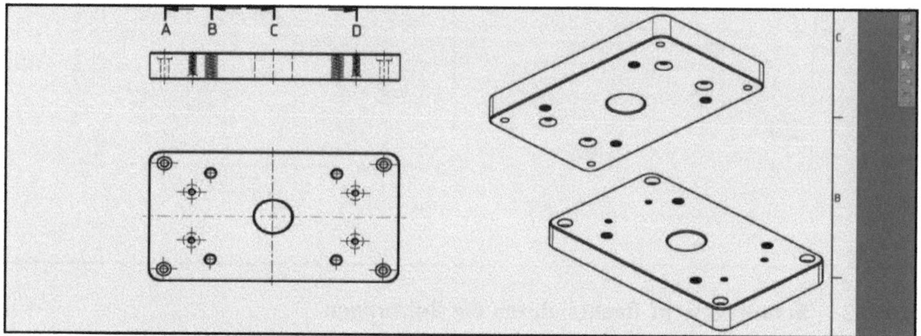

3.4.5.2 Anpassen der ISO-Ansichten

- Änderung der Darstellungen über Rechtsklick auf die Ansichten. Wählen Sie **Ansicht bearbeiten** aus dem Überlaufmenü, Stil: **Schattiert** (15, 16).

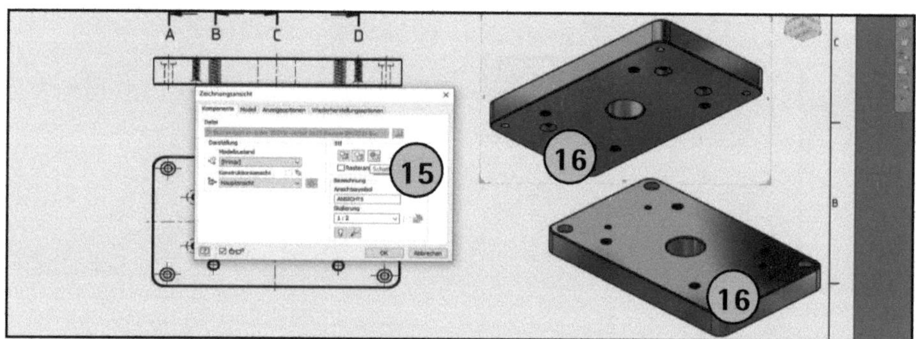

3.4.6 Erstellen einer Detailansicht, Einzelheit nach DIN EN ISO 128-34

3.4.6.1 Detailansicht der Gewinde-Durchgangsbohrung

- Wählen Sie die gewünschte Ansicht (17).
- Aktivieren Sie die Funktion **Detailansicht**, Optionen: Begrenzungsmarke: **Kreis**, Ausschnitts-Form: **Gezackt**, Maßstab **2:1** (18, 19).

Detailansicht

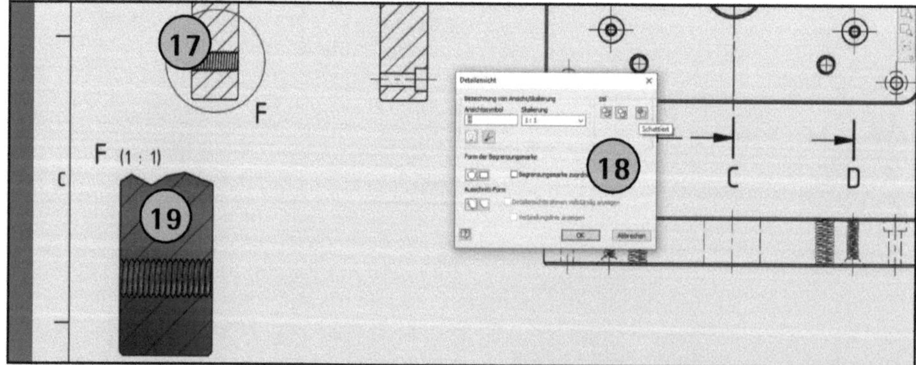

3.4.6.2 Detailansicht der Gewinde-Senkbohrung

- Wählen Sie die gewünschte Ansicht (17).
- Aktivieren Sie die Funktion **Detailansicht**, Optionen: Begrenzungsmarke:
  Kreis, Ausschnitts-Form: **Gezackt**, Maßstab **2:1** (18, 19).

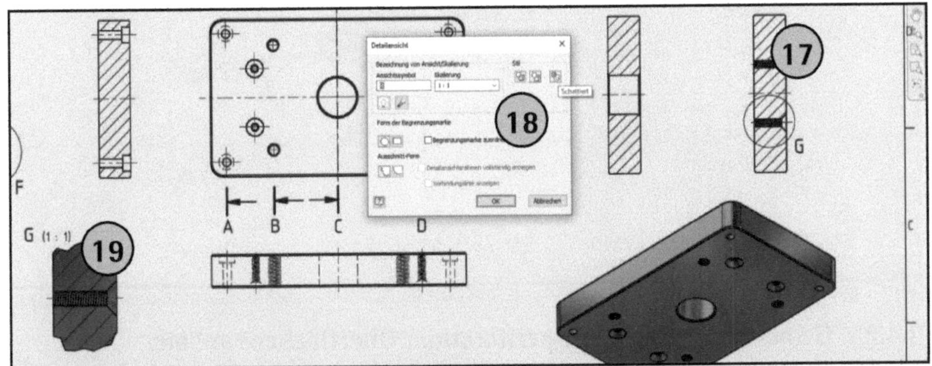

3.4.7 Geometrische Produktspezifikation, Maßeintragungen

3.4.7.1 Längen-Bemaßung

- **Längen**-Bemaßung, Kanten, entsprechend DIN **406** antragen (20).
- Dezimalstellen auf **Null** stellen.

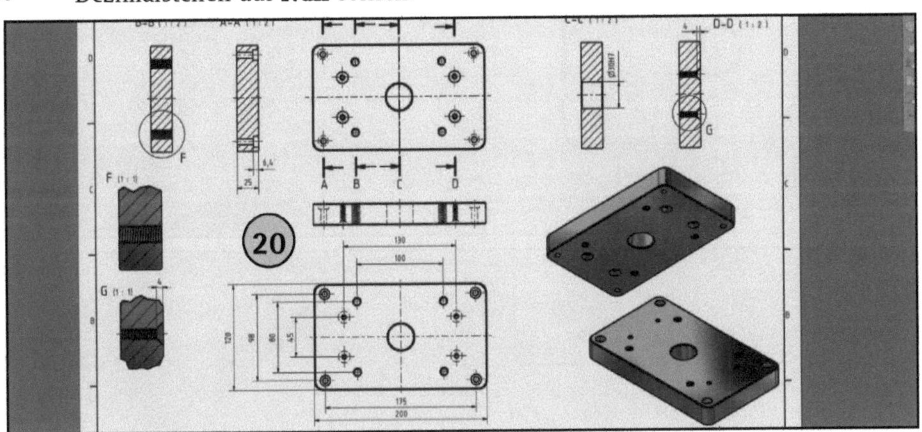

3.4.7.2 Bohrungs-Bemaßung, Gewinde-Bemaßung und Winkel-Bemaßung

- Bemaßung, entsprechend DIN **406** antragen (21).

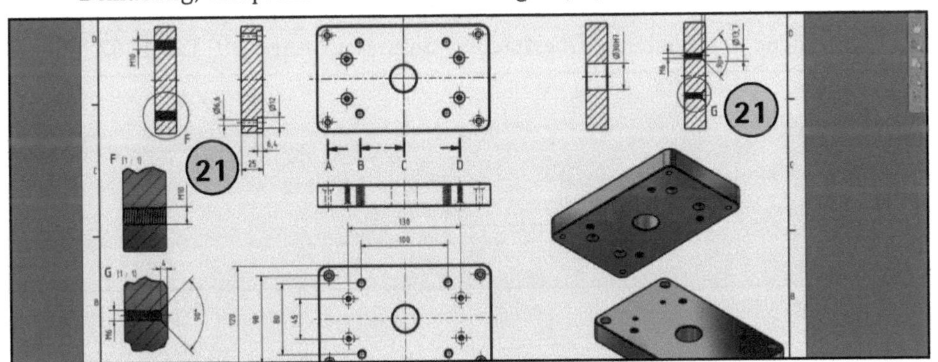

3.4.7.3 Passungs-Bemaßung

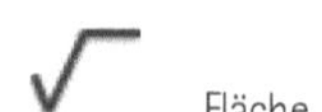

Bemaßung

- **Passungs**-Bemaßung entsprechend DIN **406** antragen (22).

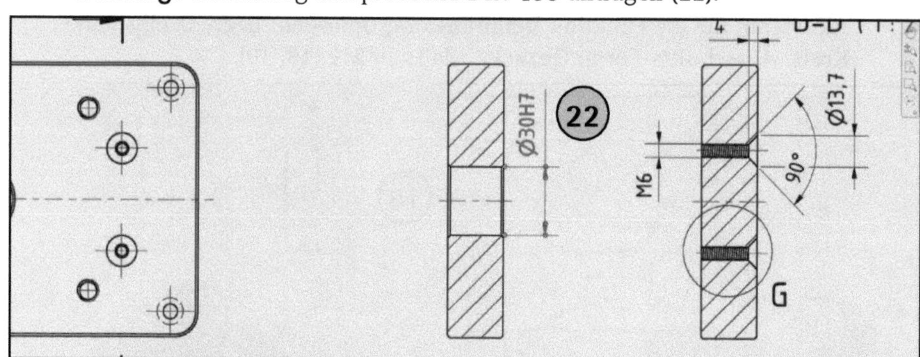

3.4.8 Geometrische Produktspezifikation, Oberflächensymbole, Oberflächenbeschaffenheit an Werkstücken DIN ISO 1302

3.4.8.1 Einfügen der Symbolik, bearbeitete Oberfläche

Fläche

- Einfügen der Symbolik, **bearbeitete Oberfläche**, DIN ISO **1302**, Text **Rz10** und **Rz25** (23, 24).

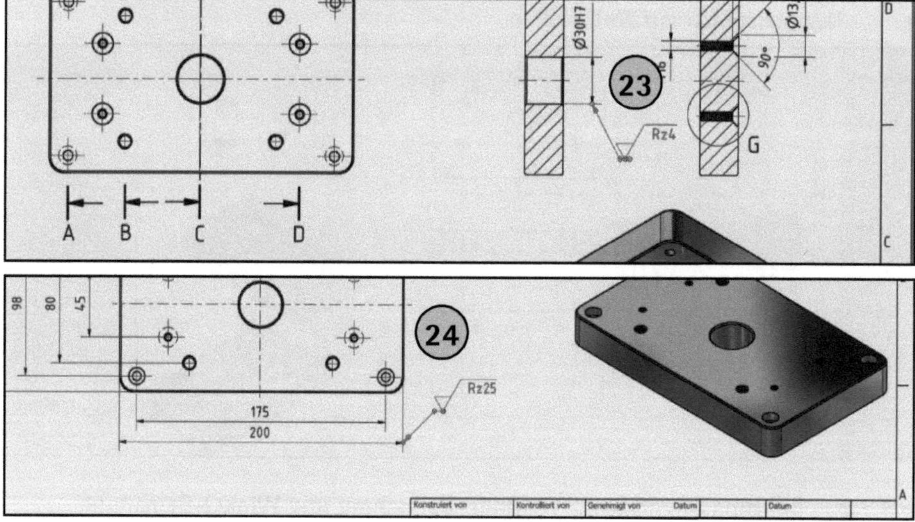

3.4.8.2 Einfügen der Symbolik, Oberflächen-Summenformel

- Einfügen der Symbolik, **Oberflächen-Summenformel**, DIN ISO **1302** (25).

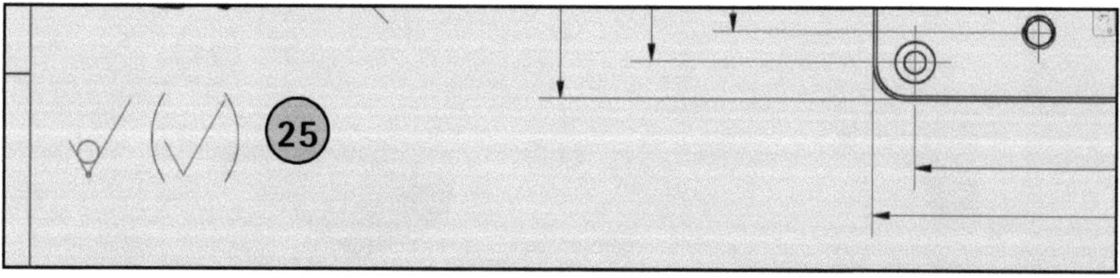

3.4.9 Geometrische Produktspezifikation, Form- und Lagesymbolik
Form- und Lagetoleranzen an Werkstücken nach DIN ISO 1101

3.4.9.1 Eintragen eines Bezugssymbols

- Eintragen eines **Bezugssymbols**, DIN ISO **1101**, Bezugstext **A** (26).

Bezugssymbol

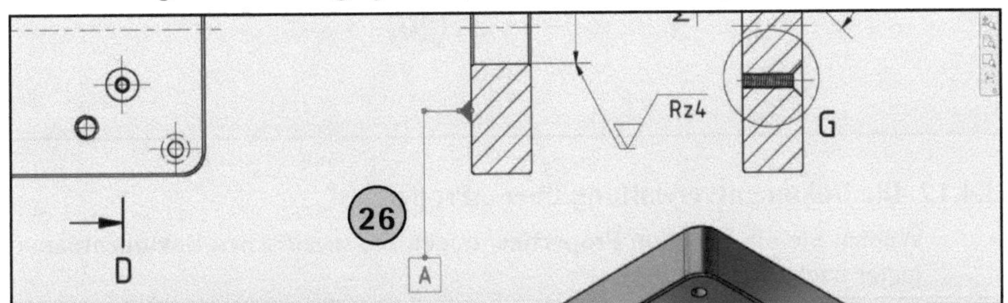

3.4.9.2 Symbol für Form -und Lagetoleranz einfügen

- **Symbol** für **Form -und Lagetoleranz** einfügen, DIN ISO **1101**,
  Symbol **Rechtwinklig**, Toleranz **0,05**, Bezugselement **A** eingeben (27).

Form- und
Lagetoleranz

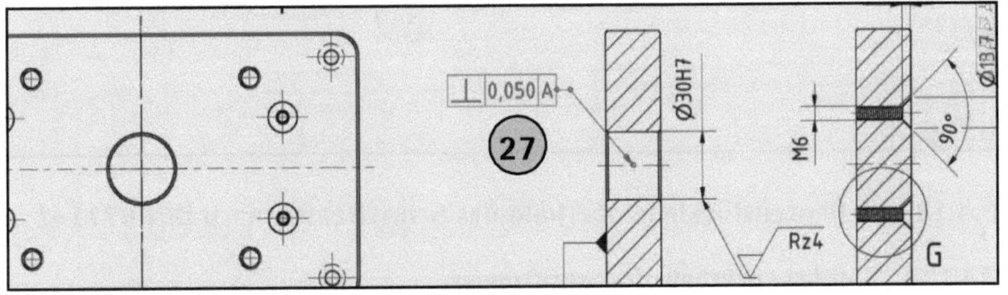

- **Symbol** für **Form -und Lagetoleranz** einfügen, DIN ISO **1101**,
  Symbol **Position**, Toleranz **0,05** (28).

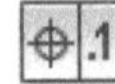

Form- und
Lagetoleranz

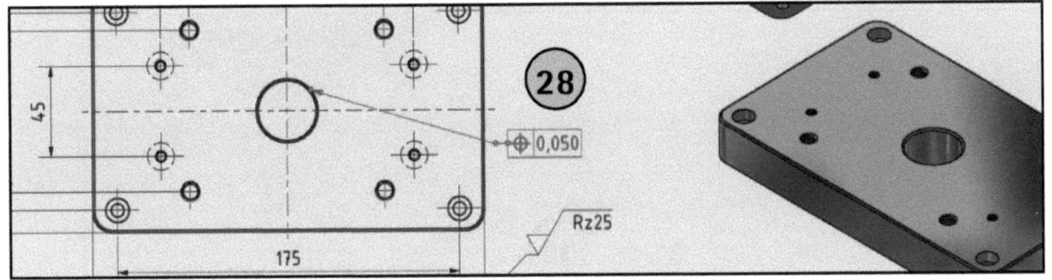

3.4.10 Geometrische Produktspezifikation, Kantenzustände DIN ISO 13715

- Wählen Sie die Funktion **Symbol einfügen**, aktivieren Sie, aus der Dialogbox, das Symbol **Kantenzustand** (29).

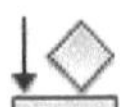

Symbol
einfügen

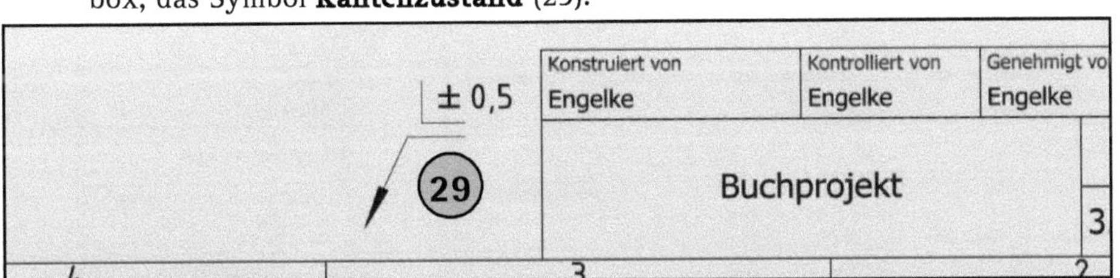

Text

3.4.11 Fertigungsinformationen

- Wählen Sie die Funktion **Text**, geben Sie den **Text** in das Textfeld im Dialogfeld **Text formatieren** ein (30).

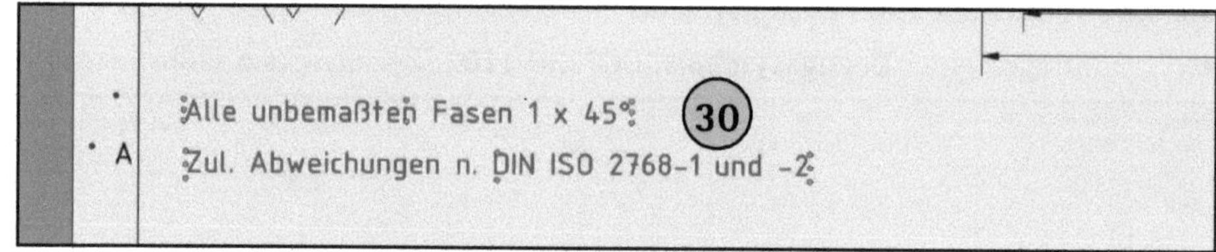

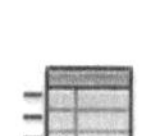
iProperties

3.4.12 Die Dokumentverwaltung über „iProperties"

- Wählen Sie die Funktion **Properties**, tragen Sie spezifischen Dokumentparameter nach Wahl ein (31).

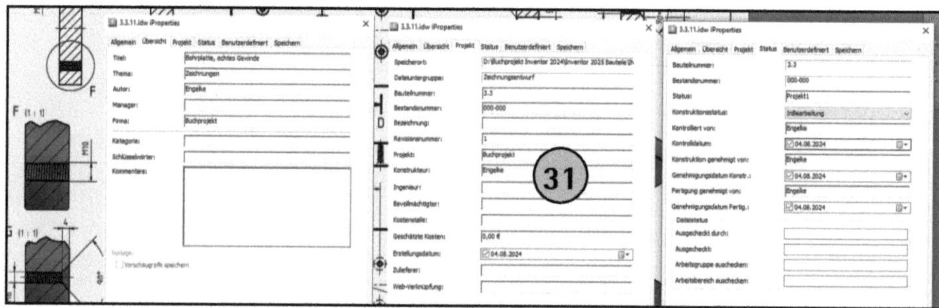

3.4.13 Die Bauteilstückliste oberhalb des Schriftfeldes, nach DIN 6771-2

3.4.13.1 Basisliste oberhalb des Schriftfeldes

- Teileliste platzieren, Titelliste entfernen, Spaltenanpassung, Spaltenauswahl, Anpassen der Überschrift, Spaltenbreite (32).

Bauteilliste

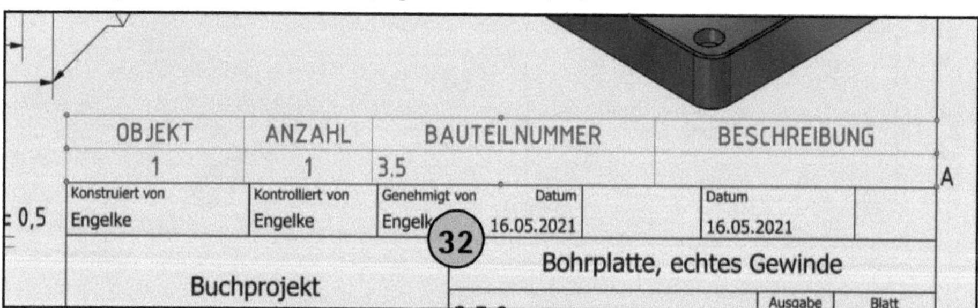

3.4.13.2 Bauteilstückliste oberhalb des Schriftfeldes ausgefüllt, Beispiel

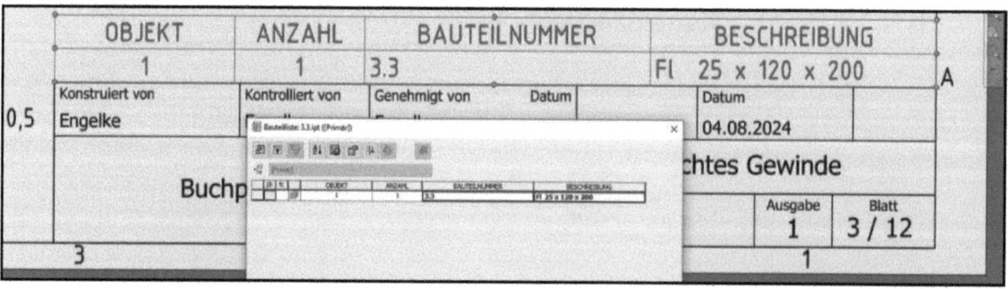

3.4.14 Dateisicherung und Ausdruck

3.4.14.1 Bauteil speichern

- Aufruf über den **Menü-Browser**, Register **Datei**.

Speichern unter
Das Dialogfeld **Speichern unter** wird eingeblendet.
Geben Sie einen Dateinamen Ihrer Wahl ein.

3.4.14.2 Ausdruck der Zeichnungsableitung

- Nach erfolgter Kontrolle der Darstellung erfolgt das **Drucken**.
- Bauteil-Ausdruck mit **KONICA MINOLTA C224 Series PCL**, auf A3-Papier

Speichern
unter

Drucken

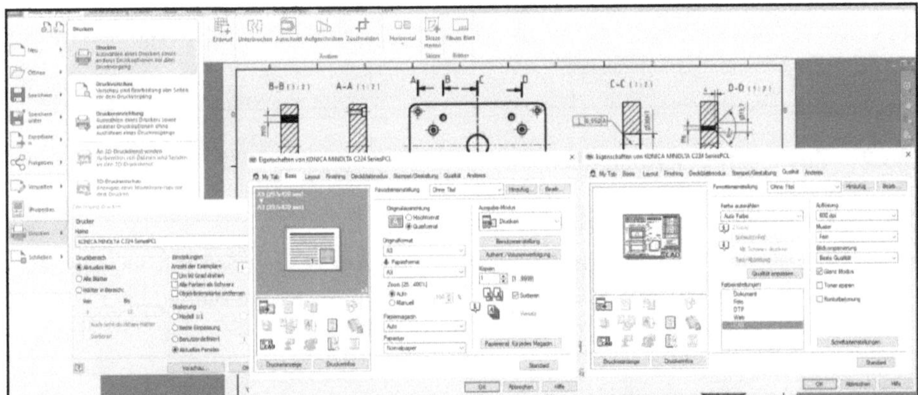

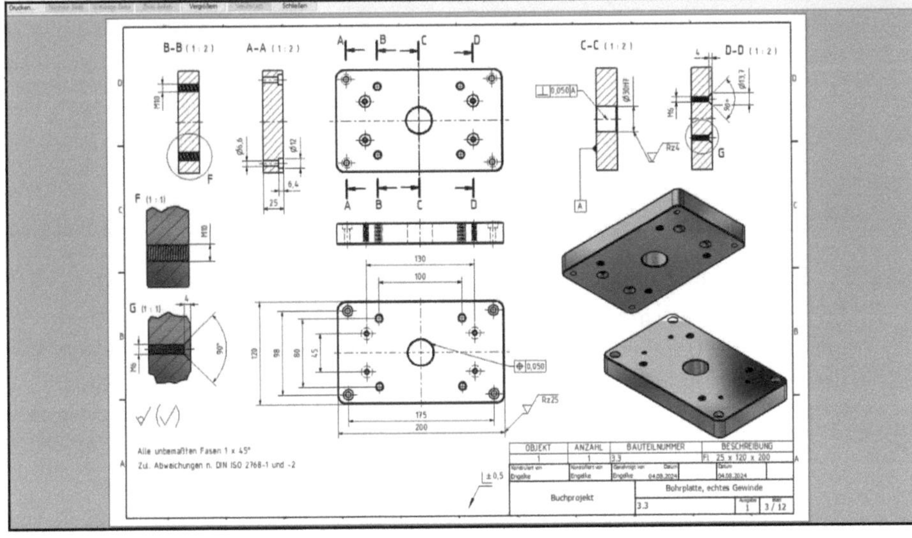

3.5 Getriebe-Gehäuse, die Zeichnungsableitung

3.5.1 Basis-Einstellungen

Projekte

Neu

Engeke2025-
Grundblätter
.idw

- Legen Sie eine neue Projektdatei für Einzelbenutzer an.
  Das aktuelle eingerichtete Projekt ist mit einem Häkchen versehen (1).
- Die Zeichnungsableitung erfolgt auf dem aktivierten Vorlagenblatt
  DIN A3 Querformat Leerblatt mit Schriftkopf nach DIN EN ISO **7200**, auf
  der Basis des **Vorlagen-Grundblattes**. (2)

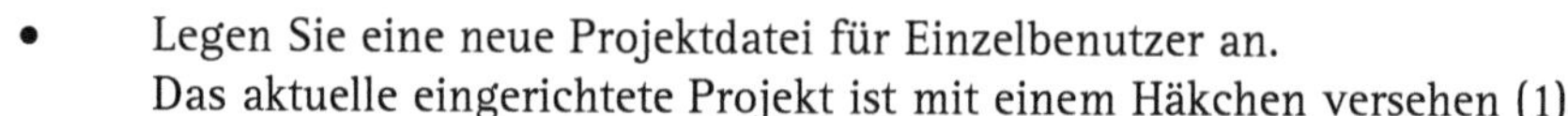
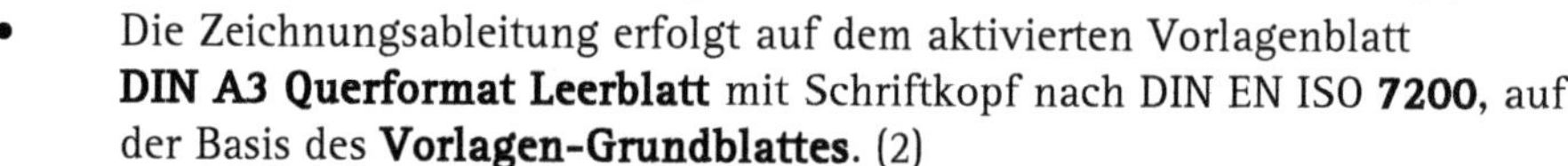

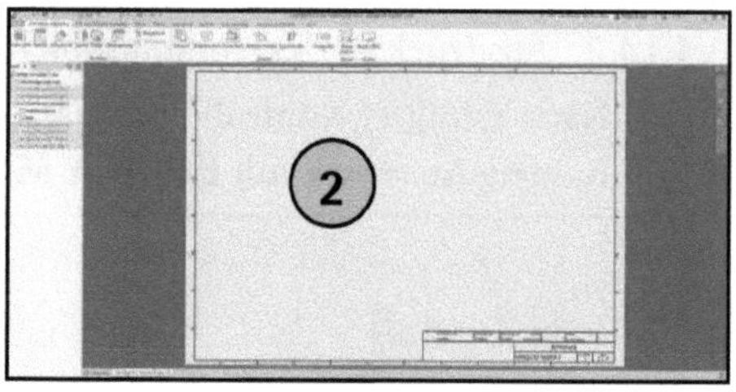

3.5.2 Zuweisen der Ansichten

3.5.2.1 Zuweisen der Ansichten, Erstansicht

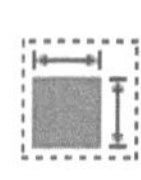
Erstansicht

- Weisen Sie über Funktion **Erstansicht** eine Ansicht mit Stil **mit verdeckten
  Linien**, Maßstab **1:1**, Ausrichtung **Vorn** zu, Basis ist die Bauteildatei von der
  Buch-DVD, Schieben und Fixieren durch Klicken (3).

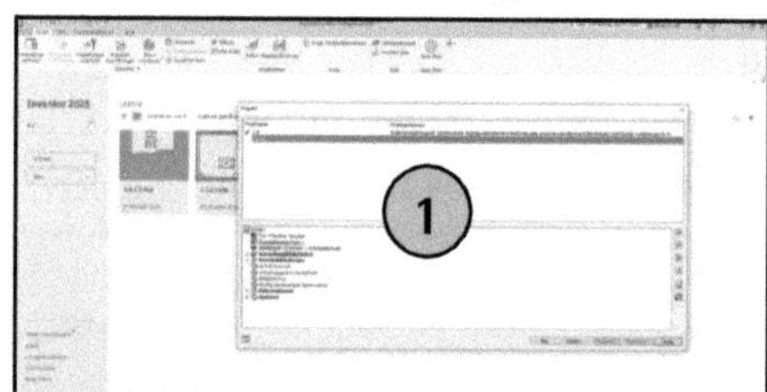

3.5.2.2 Erstellen und Anordnung der Schnittansicht, DIN ISO 128-40-50

Schnittansicht

- Erstellen Sie über die Funktion **Schnittansicht** eine **Schnittansicht Vorn**
  oberhalb der Draufsicht, Lage der Schnittansicht durch Ziehen und Klicken
  der Position (4), passen Sie den Eintrag der Schnittbezeichnung an (5).

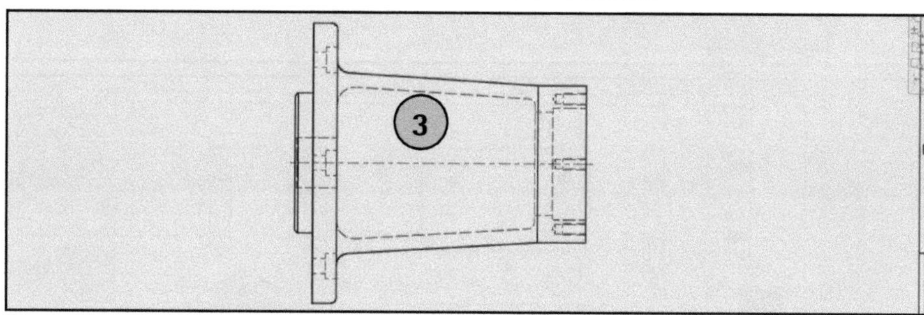

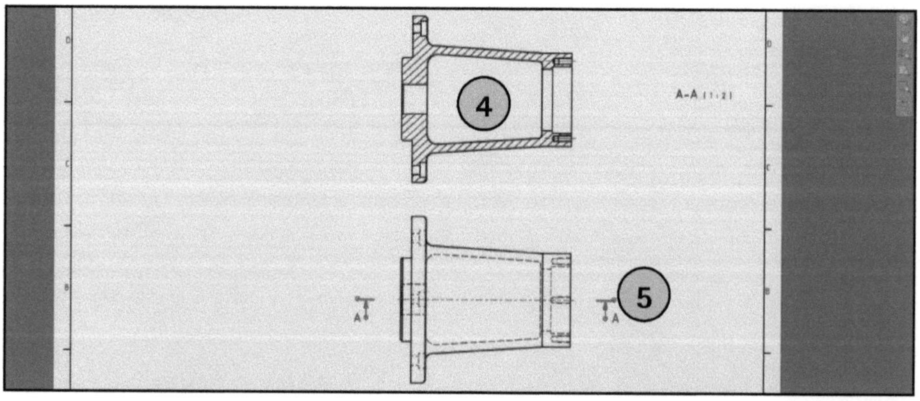

3.5.2.3 Zuweisen der Ansichten, Funktion „Parallel"

*   Weisen Sie über Funktion **Parallel** die gezeigte Ansicht
    mit Stil **ohne verdeckte Linien**, Maßstab **1:1**, zu (4, 5).

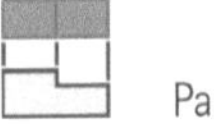
Parallel

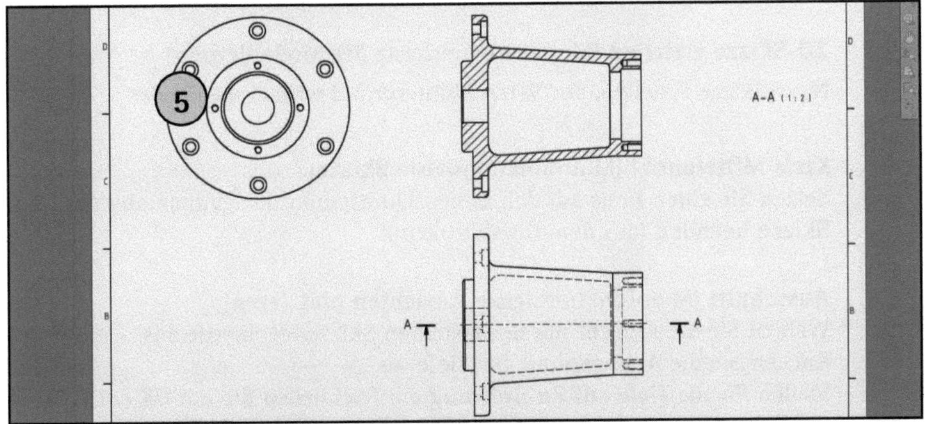

3.5.2.4 Erstellen und Anordnen der ISO-Ansichten

*   Weisen Sie über Funktion **Parallel** ISO-Ansichten
    mit Stil **Ohne verdeckte Linien**, Maßstab **1:1**, zu (6).

Parallel

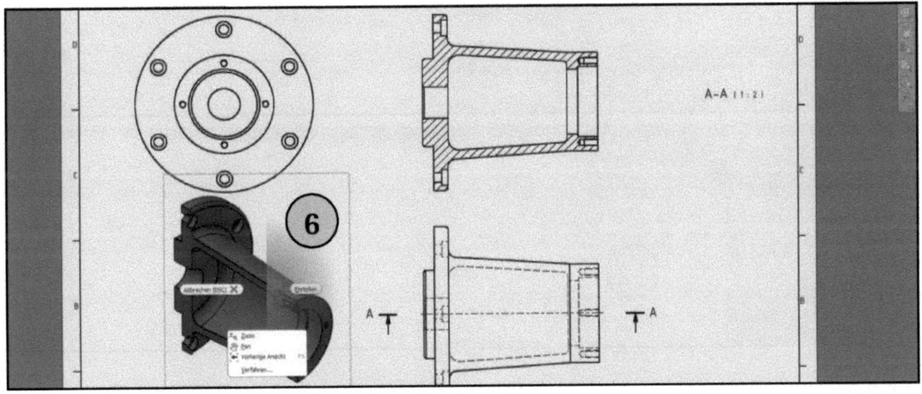

3.5.2.5 Ansichts-Anpassung der Ansichten

*   Änderung der Darstellungen über Rechtsklick auf die Ansichten.
    Wählen Sie **Ansicht bearbeiten** aus dem Überlaufmenü (7),
    Stil: **Schattiert** (8, 9, 10).

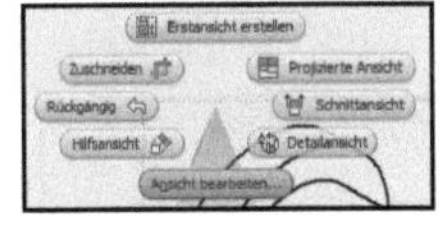

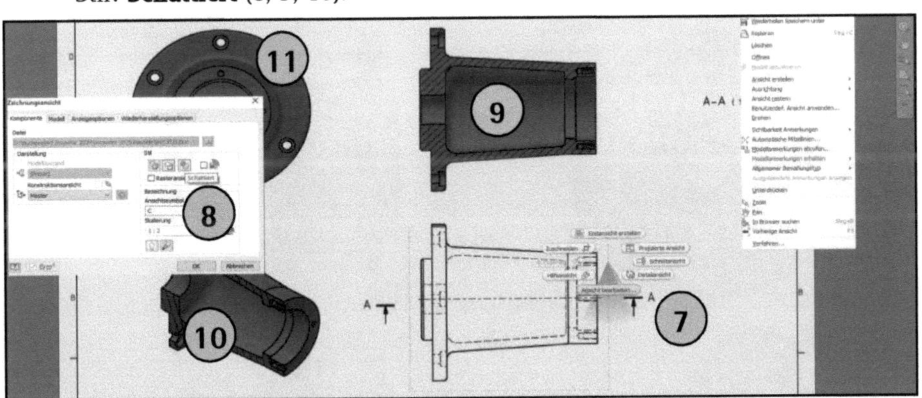

3.5.2.6   Erstellung eines Ausschnitts

*   Klicken Sie die entsprechende Ansicht für den Ausschnitt im Bauteilbrowser.

 Skizze erstellen

 Kreis Mittelpunkt

 Ausschnitt

2D-Skizze erstellen (Multifunktionsleiste **3D-Modellierung**)
Neue Skizze erstellen, der Skizzenhintergrund wird eingeblendet.

Kreis Mittelpunkt (Multifunktionsleiste **Skizze**)
Setzen Sie einen Kreis auf den Linienschnittpunkt der Zylinderabsätze.
Skizze beenden (aus dem Überlaufmenü)

Ausschnitt (Multifunktionsleiste **Ansichten platzieren**)
Wählen Sie die Ansicht mit der erstellten Skizzengeometrie aus.
Klicken Sie die Außenkontur für **Tiefe** an.
Stellen Sie die Tiefe auf **Zu Bohrung** ein / schließen Sie mit **OK** (11, 12).

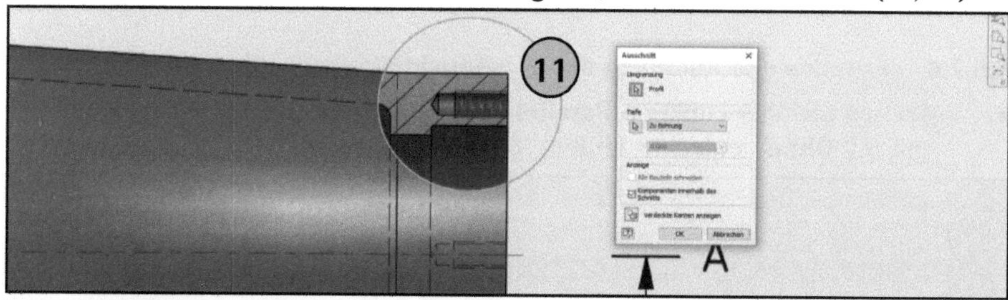

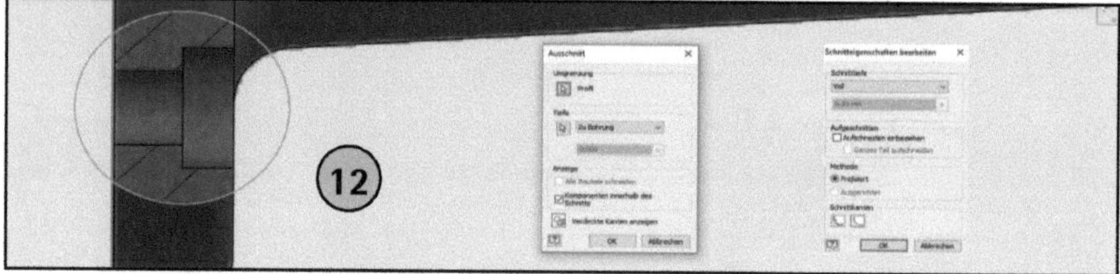

3.5.2.7   Mittelachsen generieren

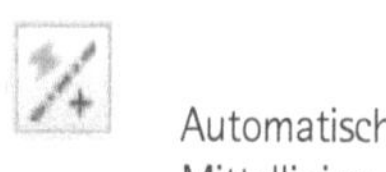 Automatische Mittellinien

*   Anklicken der gewünschten Ansicht.
    Automatische Mittellinienmarkierungen (Kontextmenü)
Anwenden auf:
    Zylindrische Elemente, Drehteile Objekte in Ansicht / OK (13, 14, 15)

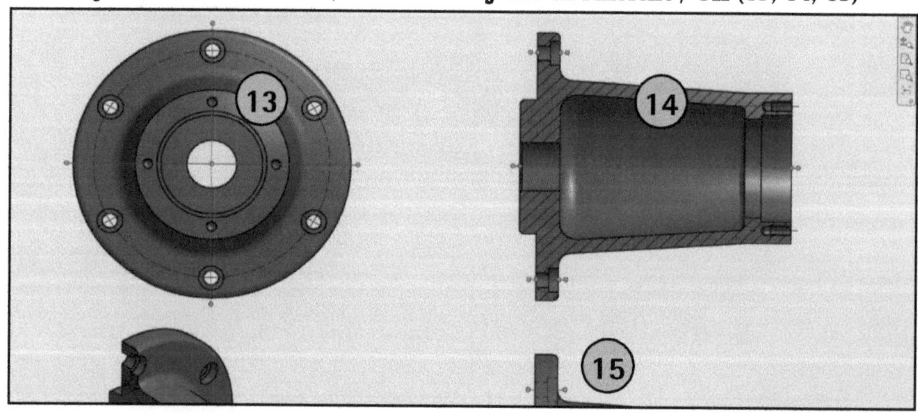

3.5.3 Geometrische Produktspezifikation, Maßeintragungen

3.5.3.1 Bemaßung entsprechend DIN 406 antragen

- Längen-Bemaßung, Kanten, entsprechend DIN 406 antragen.
- Längen-Bemaßung, Länge, entsprechend DIN 406 antragen.
- Durchmesser-Bemaßung, Kante, entsprechend DIN 406 antragen (16).
- Durchmesser-Bemaßung, linearer Antrag, entsprechend DIN 406.
- Linear-Bemaßung von Durchmessern, Ø-Symbol, entsprechend DIN 406.
- Passungs-Bemaßung entsprechend DIN 406 antragen (17, 18).
- Dezimalstellen auf Null setzen (19).

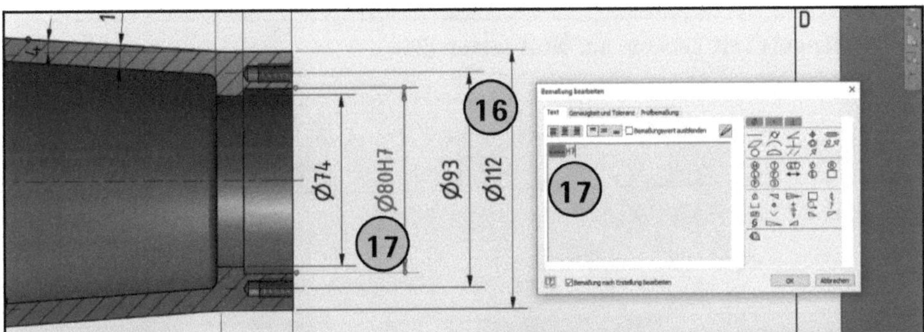

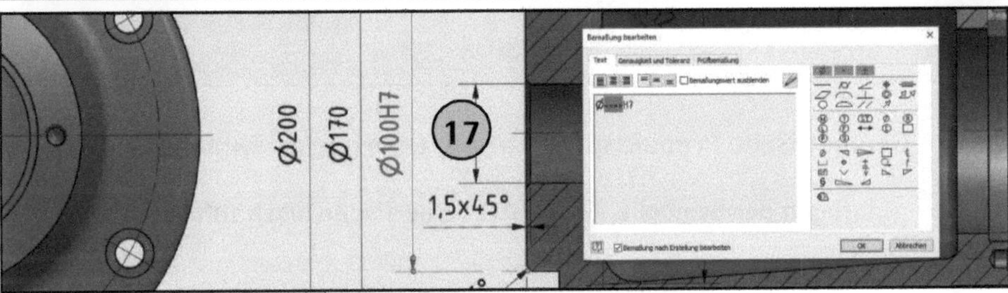

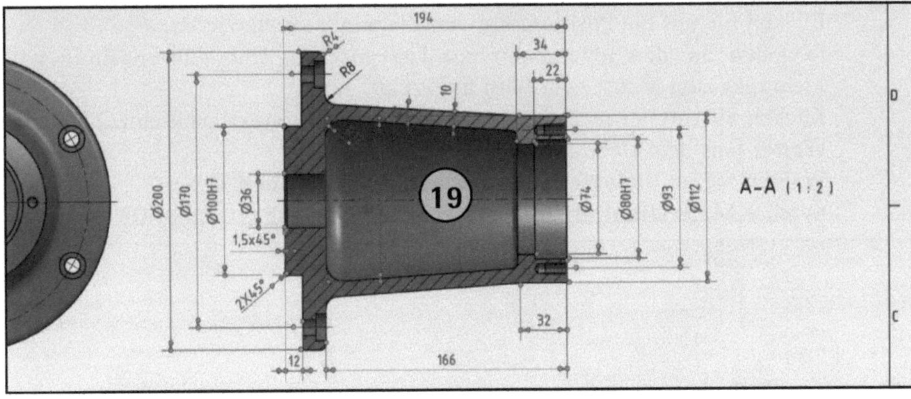

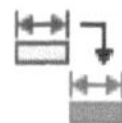

Modell-
Anmerkungen

3.5.3.2 Isometrische Maßeintragungen, Modellanmerkungen

* Klicken Sie die Ansicht für die Zuweisung der Modellanmerkungen.
* Aktivieren Sie, im Kontextmenü **Modellanmerkungen abrufen** (20).

* **Genauigkeit** klicken, auf **Null** setzen (21).

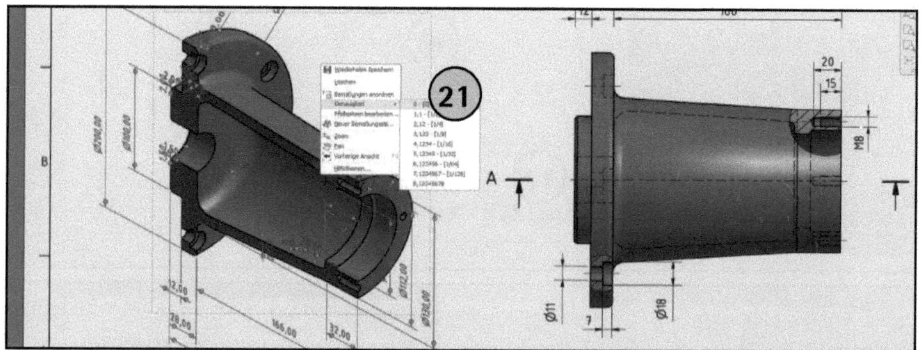

3.5.4 Geometrische Produktspezifikation, Oberflächensymbole

3.5.4.1 Einfügen der Symbolik, bearbeitete Oberfläche, nach DIN ISO 1302

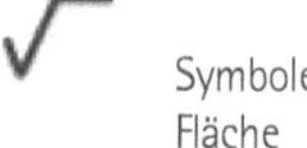

Symbole
Fläche

Fläche (Multifunktionsleiste **Mit Anmerkung versehen / Symbole**)
Klicken Sie auf die Position, um den Zielpunkt zu platzieren.
Bewegen Sie den Mauszeiger zur Lageposition, eine Führungslinie vom
Zielpunkt zum Mauszeiger wird angezeigt.
Klicken Sie mit der rechten Maustaste, um das Kontextmenü einzublenden.
Weiter (aus dem Überlaufmenü).
Wählen Sie im Dialogfeld **Oberflächenbeschaffenheit**
Symbol **Materialabtrennung erforderlich** / Text: **Rz10** (22) / **OK**

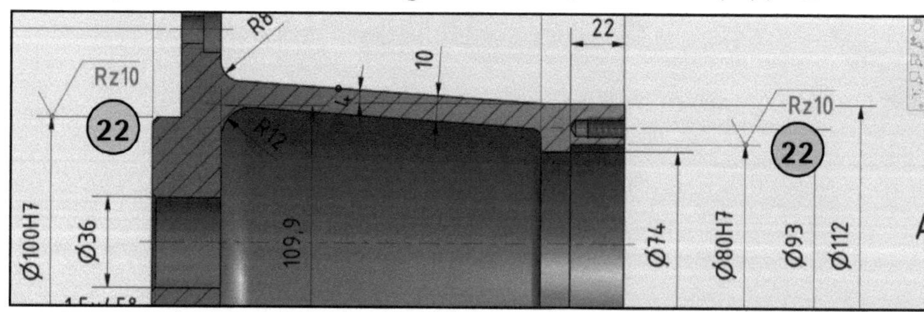

Fläche (Multifunktionsleiste **Mit Anmerkung versehen / Symbole**)

Klicken Sie auf die Position, um den Zielpunkt zu platzieren.

Weiter (aus dem Überlaufmenü)

Wählen Sie im Dialogfeld **Oberflächenbeschaffenheit**

Symbol **Materialabtrennung nicht zulässig**

Symbol **Allgemeine Oberflächengüte / OK** (23, 24).

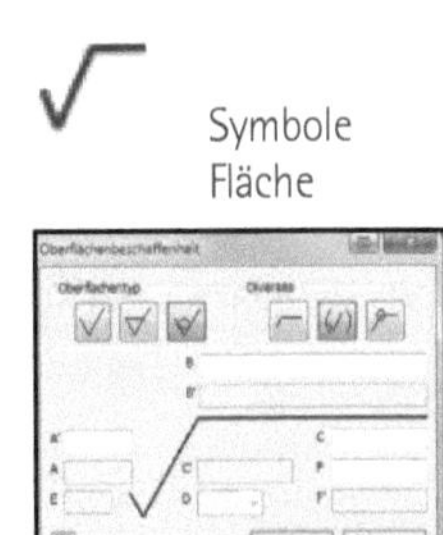
Symbole
Fläche

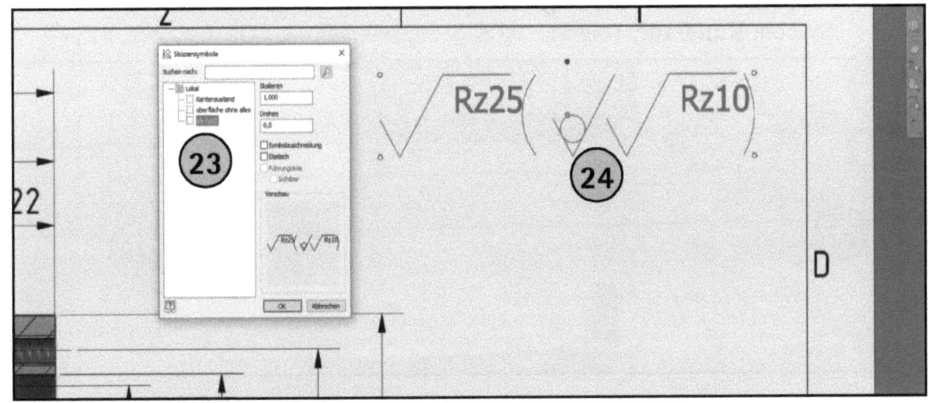

3.5.5   Geometrische Produktspezifikation, Form- und Lagesymbolik an Werkstücken nach DIN ISO 1101

3.5.5.1   Eintragen eines Bezugssymbols, nach DIN ISO 1101

Bezugssymbol (Multifunktionsleiste **Mit Anmerkung versehen / Symbole**)

Klicken Sie zum Platzieren des Symbols auf die Position an dem die Führungslinie beginnen soll (25).

Bewegen Sie den Mauszeiger zur gewünschten Position, und klicken Sie erneut bis die Linie eine gerade Verlängerung ergibt.

Tragen Sie Bezug **A** (26) ein und schließen Sie die Textdialogbox mit **OK**.

Bezugssymbol

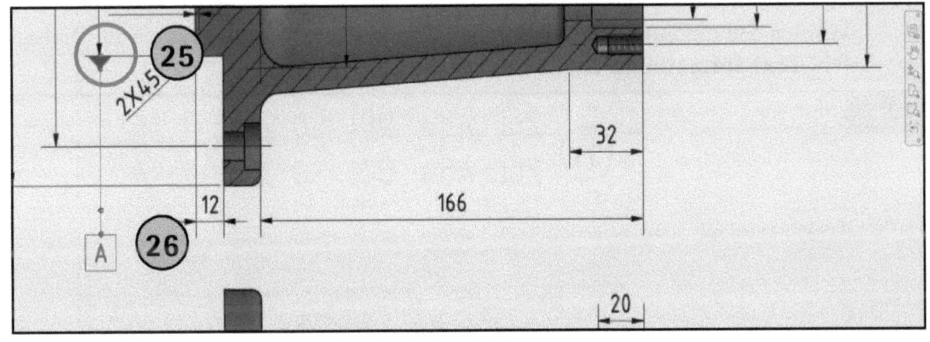

Form- und
Lagetoleranz

3.5.5.2 Symbol für Form -und Lagetoleranz einfügen, nach DIN ISO 1101

Form- und Lagetoleranzen
(Multifunktionsleiste **Mit Anmerkung versehen / Symbole**)
Um ein Symbol mit einer Führungslinie zu erstellen, klicken Sie auf die
Stelle, die als Ausgangspunkt der Führungslinie verwendet werden soll.
Wenn sich die Symbolanzeige an der gewünschten Position befindet, kli-
cken Sie mit der rechten Maustaste.
Wählen Sie **Weiter**, um das Symbol zu platzieren und das
Dialogfeld **Form- und Lagetoleranzen** zu öffnen. Geben Sie ein:
Symbol **Rundlauf**, Toleranz **0,05** Bezugselement **A / OK** (27, 28).

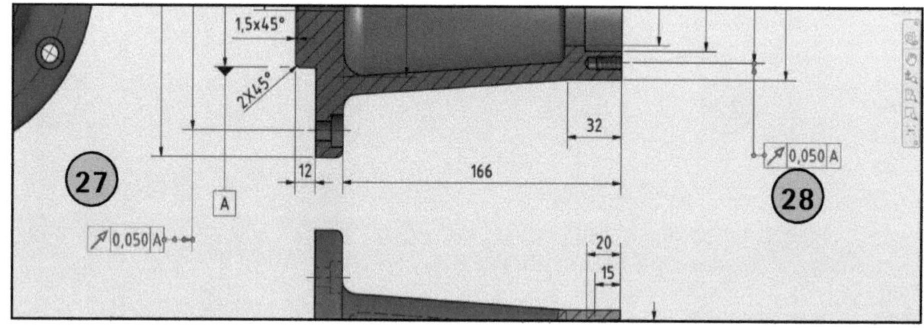

3.5.6 Geometrische Produktspezifikation, Kantenzustände DIN ISO 13715

- Wählen Sie die Funktion **Symbol einfügen**, aktivieren Sie, aus der Dialogbox, das Symbol **Kantenzustand** (29).

Symbol
einfügen

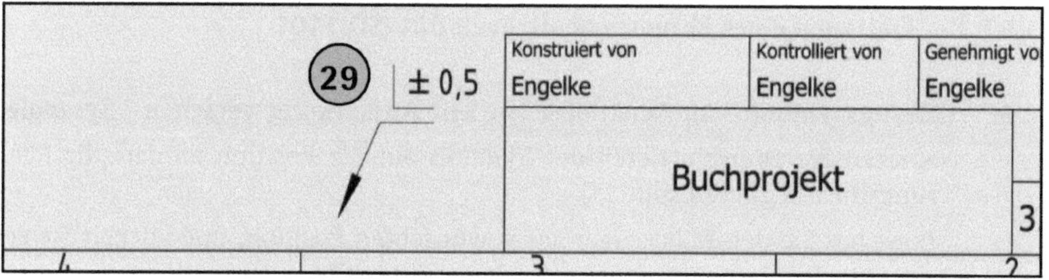

3.5.7 Fertigungsinformationen

- Wählen Sie die Funktion **Text**, geben Sie den **Text** in das Textfeld im Dialogfeld **Text formatieren** ein (30, 31).

Text

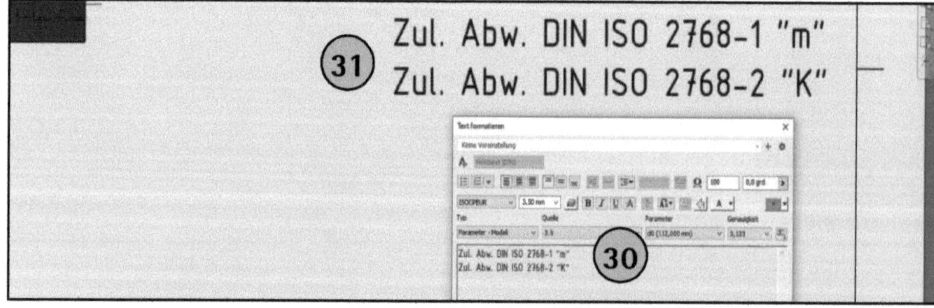

3.5.8 Die Dokumentverwaltung über „iProperties"

* Wählen Sie die Funktion **Properties**, tragen Sie spezifischen Dokumentparameter nach Wahl ein (32).

iProperties

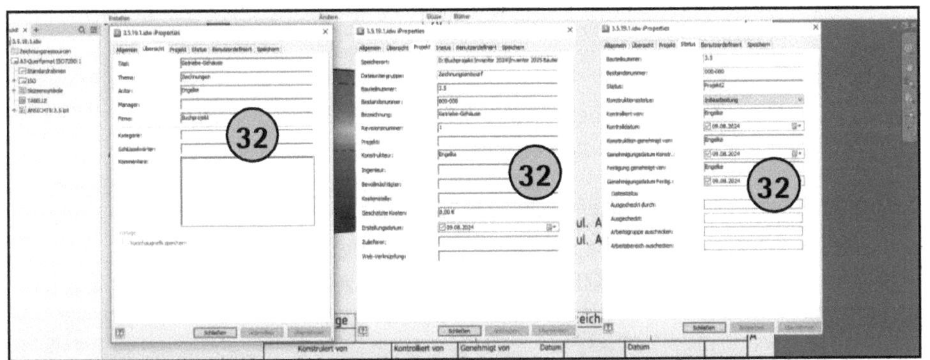

3.5.9 Basisliste oberhalb des Schriftfeldes, nach DIN 6771-2

* Bauteileliste platzieren, Titelliste entfernen, Spaltenanpassung, Spaltenauswahl, Anpassen der Überschrift, Spaltenbreite.
* Bauteilstückliste oberhalb des Schriftfeldes ausgefüllt, Beispiel (33, 34).

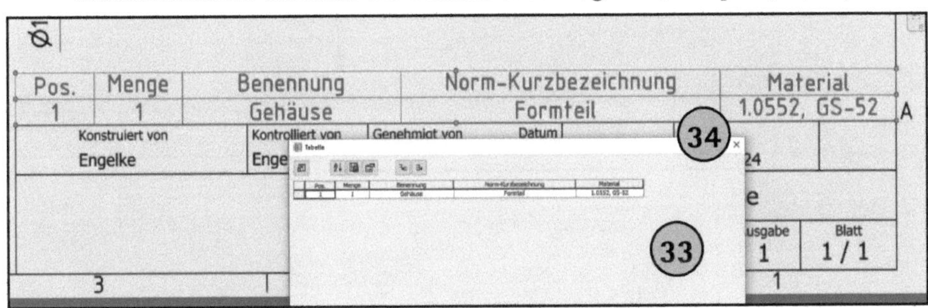

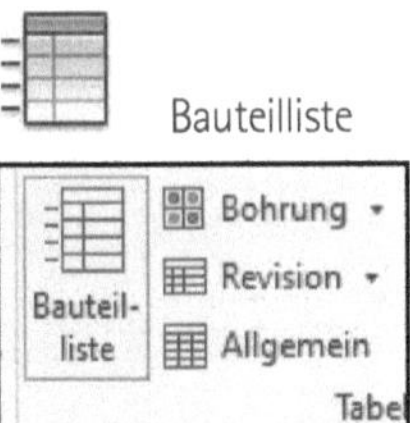

Bauteilliste

3.5.10 Benutzerdefinierte Tabellen, Übersetzungstabelle für Passmaße

* Tabelle platzieren
* Spaltenanpassung
* Spaltenauswahl, Anpassen der Überschrift, Spaltenbreite
* Spalteneintragungen

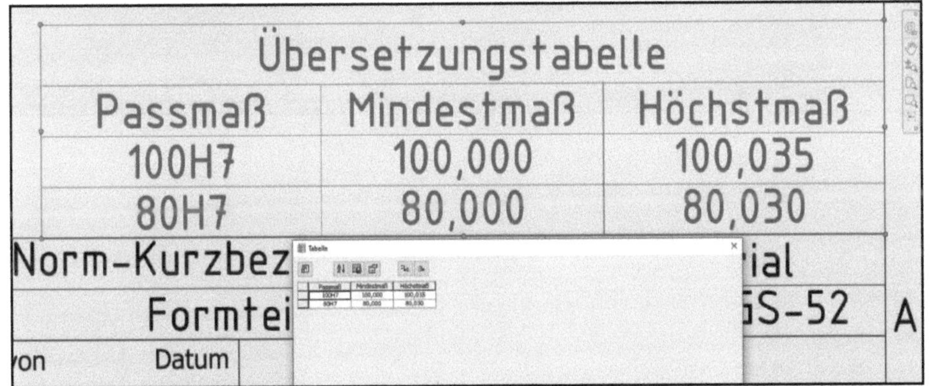

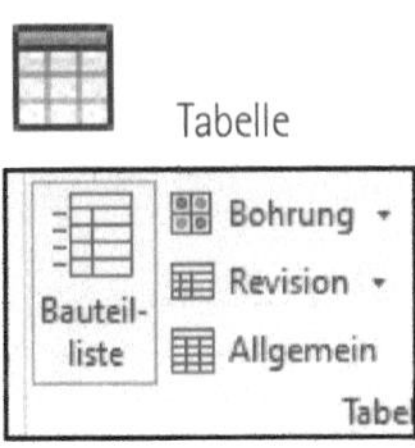

Tabelle

Speichern
unter

Drucken

3.5.11 Dateisicherung und Ausdruck

3.5.11.1 Bauteil speichern

- Aufruf über den **Menü-Browser**, Register **Datei**.

Speichern unter
Das Dialogfeld **Speichern unter** wird eingeblendet.
Geben Sie einen Dateinamen Ihrer Wahl ein.

3.5.11.2 Ausdruck der Zeichnungsableitung

- Nach erfolgter Kontrolle der Darstellung erfolgt das **Drucken**.
- Bauteil-Ausdruck mit **KONICA MINOLTA C224 Series PCL**, auf A3-Papier

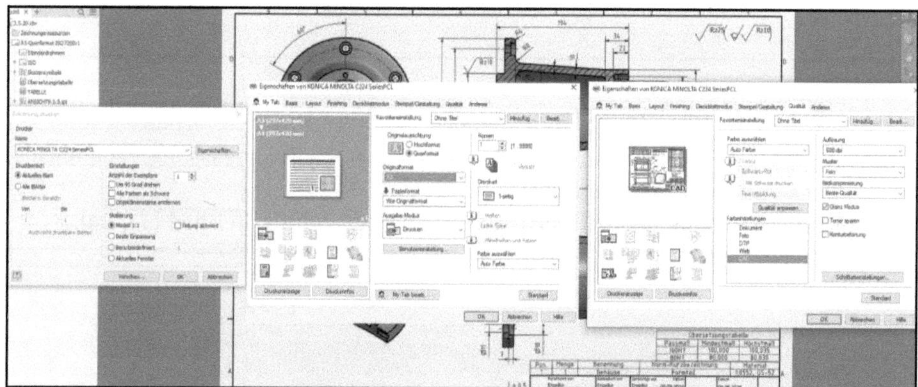

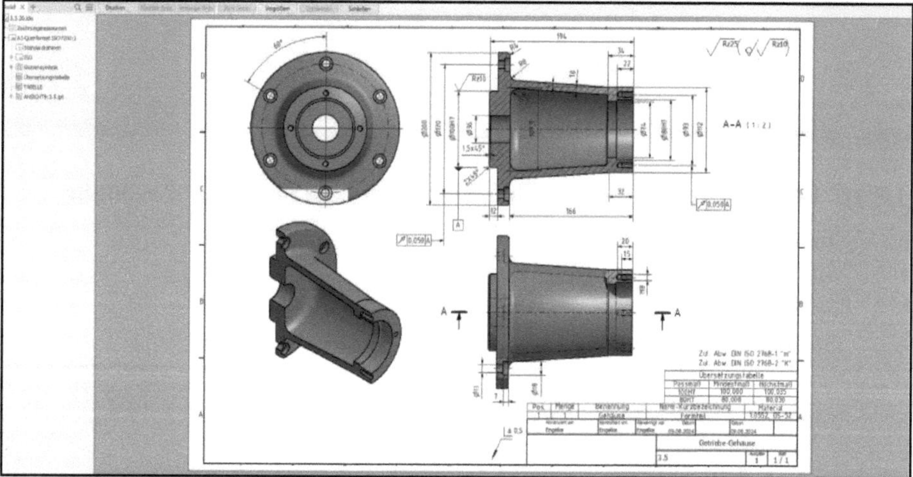

3.6 Kegelrad, die Zeichnungsableitung

3.6.1 Basis-Einstellungen

* Legen Sie eine neue Projektdatei für Einzelbenutzer an.
  Das aktuelle eingerichtete Projekt ist mit einem Häkchen versehen (1).
* Die Zeichnungsableitung erfolgt auf dem aktivierten Vorlagenblatt
  DIN A3 Querformat Leerblatt mit Schriftkopf nach DIN EN ISO **7200**, auf
  der Basis des **Vorlagen-Grundblattes**. (2)

Projekte

Neu

Engeke2025-
Grundblätter
.idw

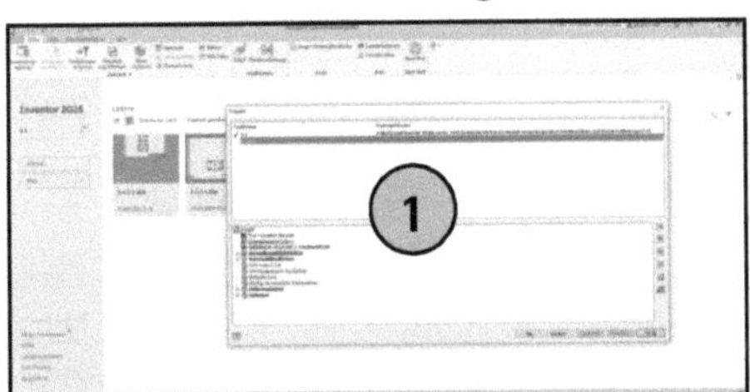

3.6.2 Zuweisen der Ansichten

3.6.2.1 Zuweisen der Ansichten, Erstansicht

* Weisen Sie über Funktion **Erstansicht** eine Ansicht mit Stil **mit verdeckten
  Linien**, Maßstab **1:1**, Ausrichtung **Vorn** zu, Basis ist die Bauteildatei von der
  Buch-DVD, Schieben und Fixieren durch Klicken (3).

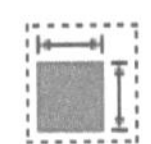

Erstansicht

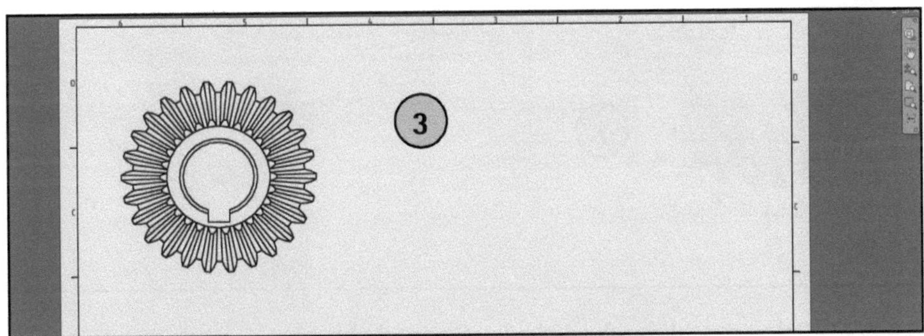

3.6.2.2 Erstellen und Anordnung der Schnittansicht, DIN ISO 128-40-50

* Erstellen Sie über die Funktion **Schnittansicht** eine **Schnittansicht Vorn**
  oberhalb der Draufsicht, Lage der Schnittansicht durch Ziehen und Klicken
  der Position (4), passen Sie den Eintrag der Schnittbezeichnung an (5).

Schnittansicht

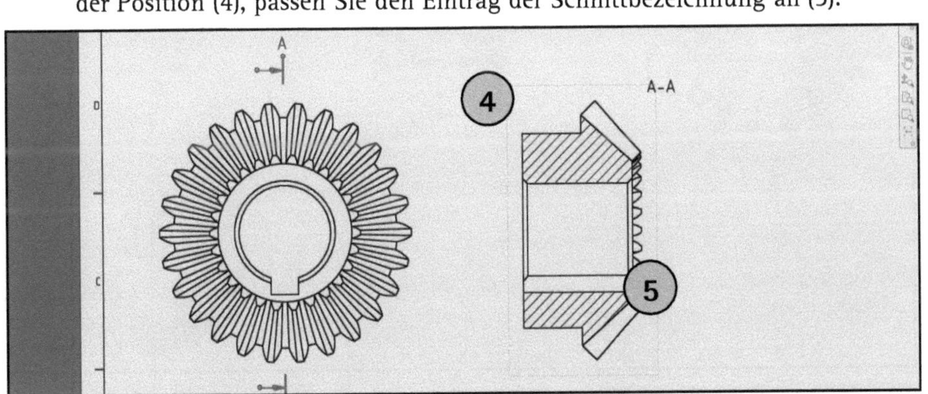

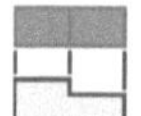

Parallel

3.6.2.3 Erstellen, Anordnung der ISO-Ansichten

- Weisen Sie über Funktion **Parallel ISO-Ansichten**
  mit Stil **Ohne verdeckte Linien**, Maßstab **1:1**, zu (6).

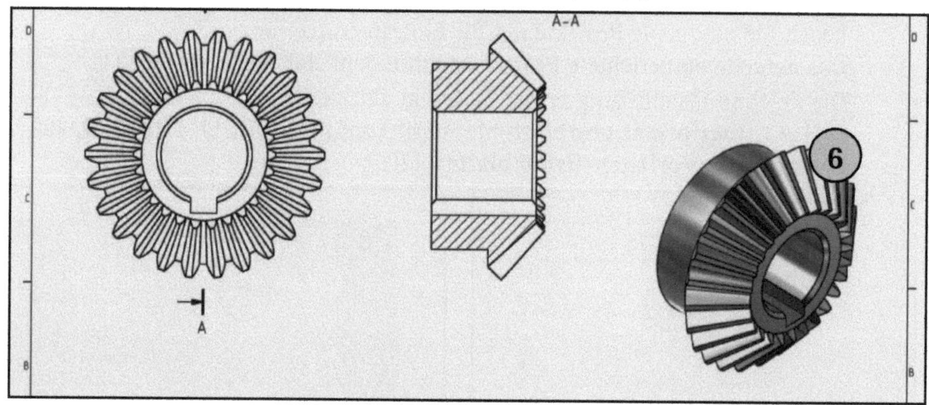

3.6.2.4 Ansichts-Anpassung der Ansichten

- Änderung der Darstellungen über Rechtsklick auf die Ansichten.
  Wählen Sie **Ansicht bearbeiten** aus dem Überlaufmenü (7),
  Stil: **Schattiert** (8.

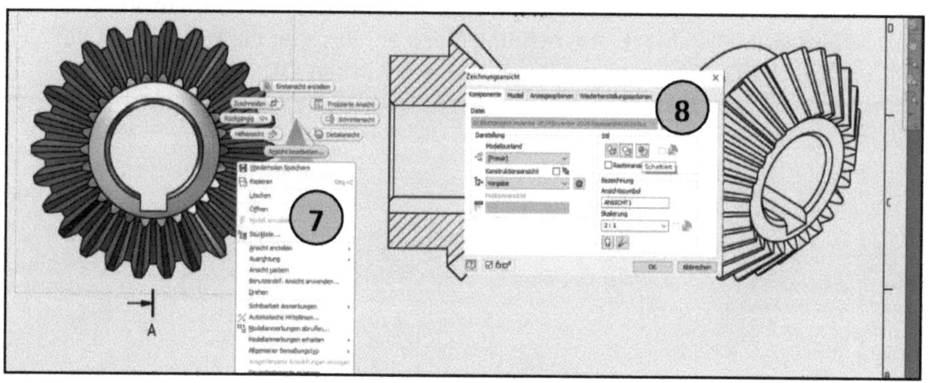

3.6.2.5 Detailansicht der Gewinde-Durchgangsbohrung

- Wählen Sie die gewünschte Ansicht (9).
- Aktivieren Sie die Funktion **Detailansicht**, Optionen: Begrenzungsmarke:
  Kreis, Ausschnitts-Form: **Gezackt**, Maßstab **2:1** (10, 11).

Detailansicht

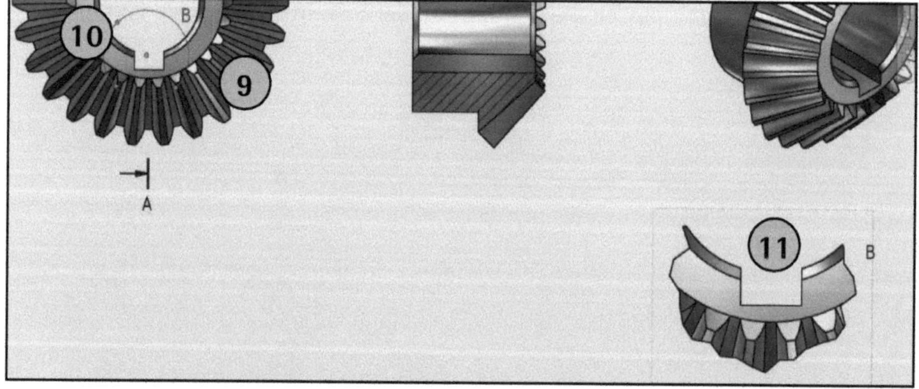

3.6.2.6   Mittelachsen generieren

* Anklicken der gewünschten Ansicht.
  Automatische Mittellinienmarkierungen (Kontextmenü)

Anwenden auf:

  Zylindrische Elemente, Drehteile Objekte in Ansicht / OK (12, 13, 14)

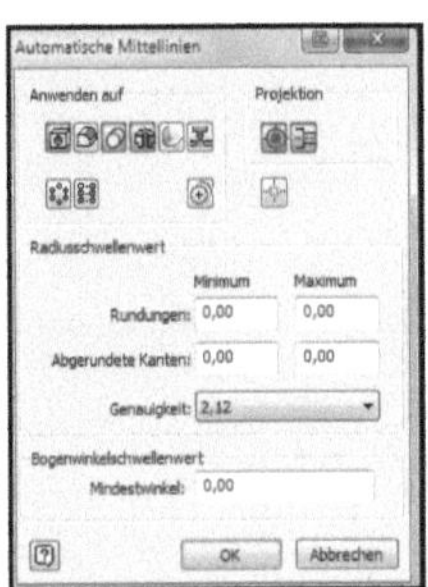

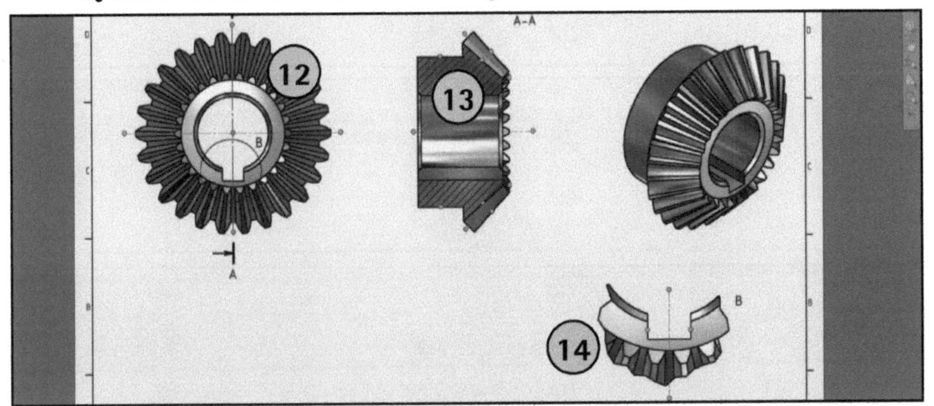

3.6.3   Geometrische Produktspezifikation, Maßeintragungen

3.6.3.1   Bemaßung entsprechend DIN 406 antragen

* Längen-Bemaßung, Kanten, entsprechend DIN 406 antragen.
* Längen-Bemaßung, Länge, entsprechend DIN 406 antragen.
* Durchmesser-Bemaßung, Kante, entsprechend DIN 406 antragen.
* Durchmesser-Bemaßung, linearer Antrag, entsprechend DIN 406.
* Linear-Bemaßung von Durchmessern, Ø-Symbol, entsprechend DIN 406 (15).
* Passungs-Bemaßung entsprechend DIN 406 antragen (16).
* Dezimalstellen auf Null setzen (17).

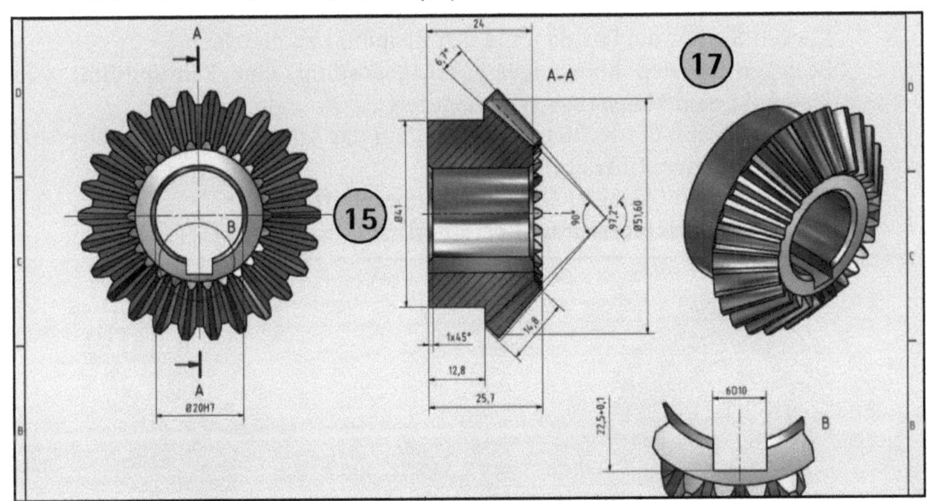

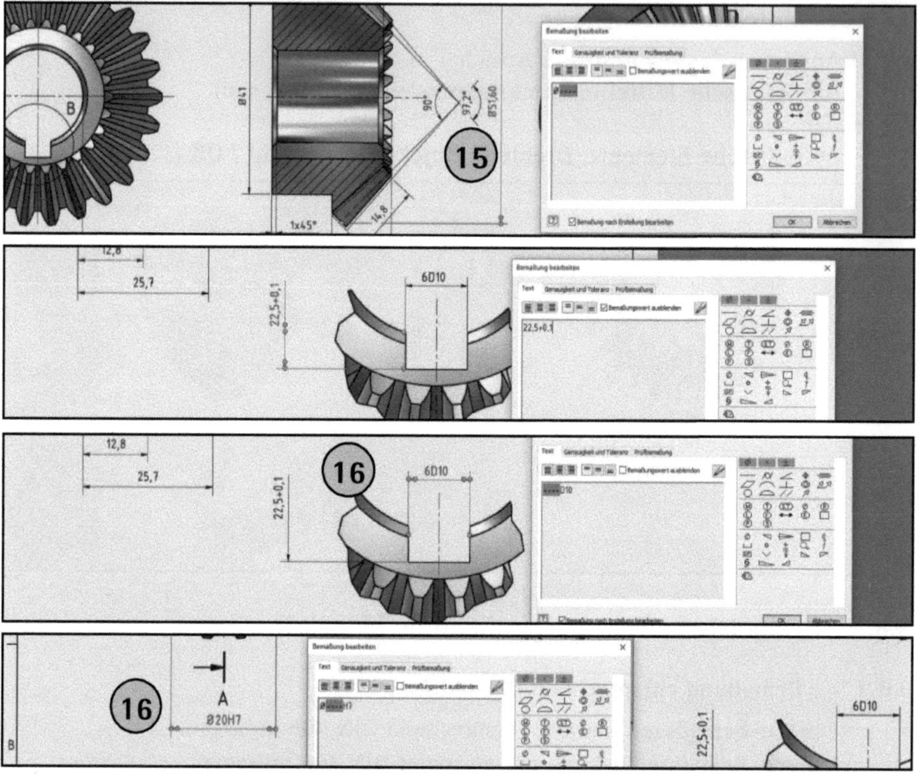

3.6.4 Geometrische Produktspezifikation, Oberflächensymbole

3.6.4.1 Einfügen der Symbolik, bearbeitete Oberfläche, nach DIN ISO 1302

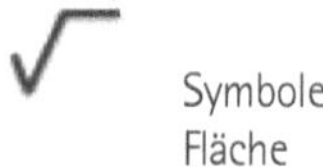

Symbole
Fläche

Fläche (Multifunktionsleiste **Mit Anmerkung versehen / Symbole**)
Klicken Sie auf die Position, um den Zielpunkt zu platzieren.
Bewegen Sie den Mauszeiger zur Lageposition, eine Führungslinie vom
Zielpunkt zum Mauszeiger wird angezeigt.
Klicken Sie mit der rechten Maustaste, um das Kontextmenü einzublenden.
Weiter (aus dem Überlaufmenü).
Wählen Sie im Dialogfeld **Oberflächenbeschaffenheit**
Symbol **Materialabtrennung erforderlich** / Text: **Rz10** (17) / **OK**

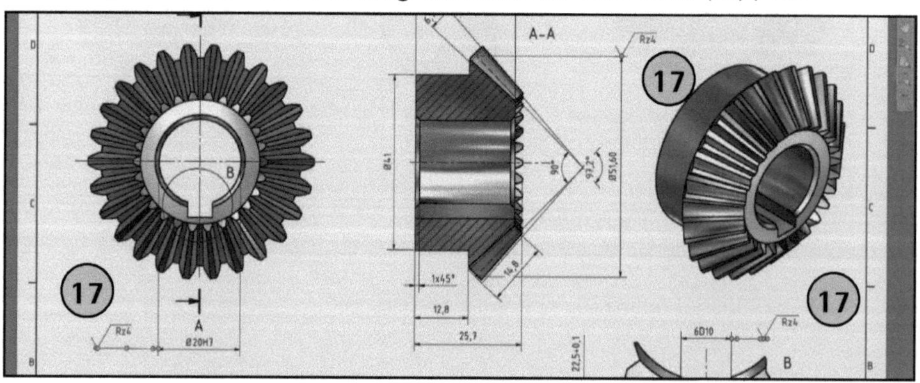

3.6.4.2 Einfügen der Symbolik, Oberflächen-Summenformel

Fläche (Multifunktionsleiste **Mit Anmerkung versehen / Symbole**)
Klicken Sie auf die Position, um den Zielpunkt zu platzieren.
Weiter (aus dem Überlaufmenü)
Wählen Sie im Dialogfeld **Oberflächenbeschaffenheit**
Symbol **Materialabtrennung nicht zulässig**
Symbol **Allgemeine Oberflächengüte / OK** (18).

Symbole
Fläche

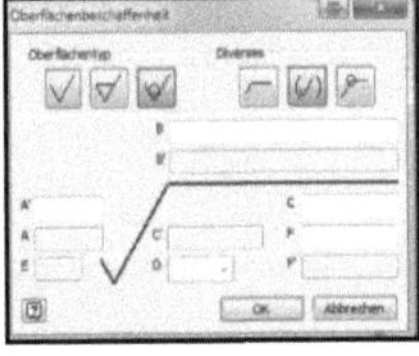

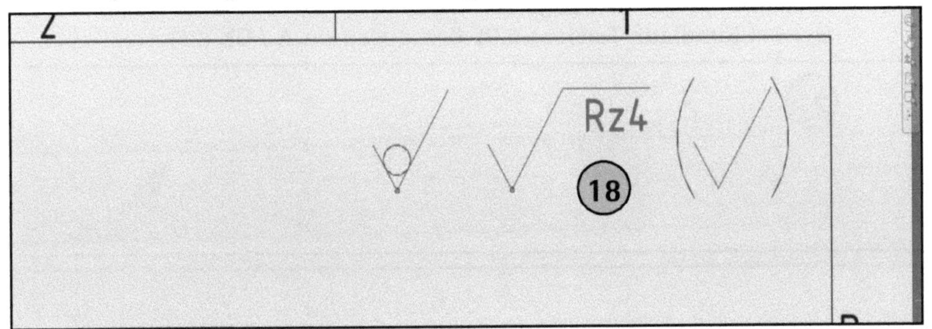

3.6.5 Geometrische Produktspezifikation, Form- und Lagesymbolik an Werkstücken nach DIN ISO 1101

3.6.5.1 Eintragen eines Bezugssymbols, nach DIN ISO 1101

Bezugssymbol (Multifunktionsleiste **Mit Anmerkung versehen / Symbole**)
Klicken Sie zum Platzieren des Symbols auf die Position an dem die Führungslinie beginnen soll (19).

Bewegen Sie den Mauszeiger zur gewünschten Position, und klicken Sie erneut bis die Linie eine gerade Verlängerung ergibt.

Tragen Sie Bezug **A** (20) ein und schließen Sie die Textdialogbox mit **OK**.

Bezugssymbol

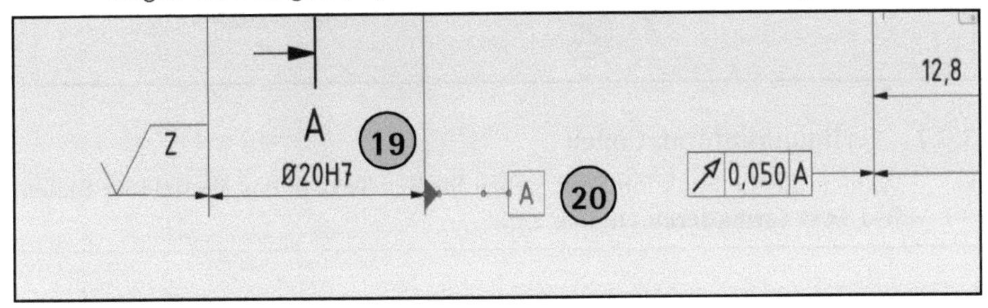

Form- und
Lagetoleranz

3.6.5.2 Symbol für Form -und Lagetoleranz einfügen, nach DIN ISO 1101

Form- und Lagetoleranzen
(Multifunktionsleiste **Mit Anmerkung versehen / Symbole**)
Um ein Symbol mit einer Führungslinie zu erstellen, klicken Sie auf die Stelle, die als Ausgangspunkt der Führungslinie verwendet werden soll.
Wenn sich die Symbolanzeige an der gewünschten Position befindet, klicken Sie mit der rechten Maustaste.
Wählen Sie **Weiter**, um das Symbol zu platzieren und das
Dialogfeld **Form- und Lagetoleranzen** zu öffnen. Geben Sie ein:
Symbol **Rundlauf**, Toleranz **0,05** Bezugselement **A / OK** (21).

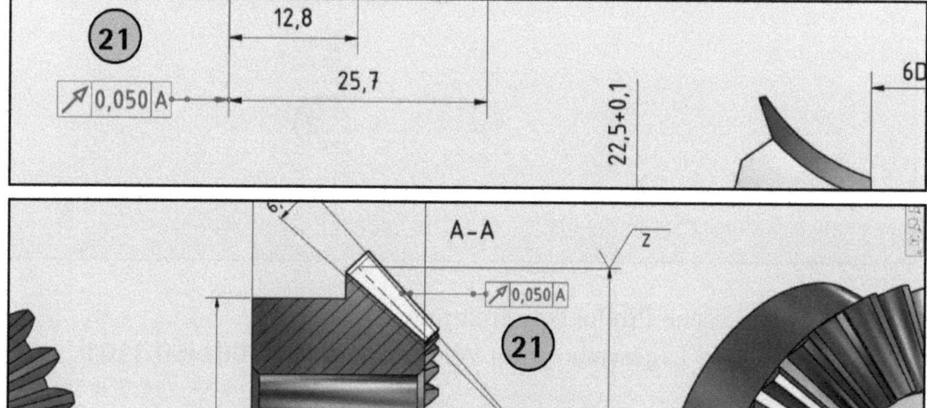

3.6.6 Geometrische Produktspezifikation, Kantenzustände DIN ISO 13715

- Wählen Sie die Funktion **Symbol einfügen**, aktivieren Sie, aus der Dialogbox, das Symbol **Kantenzustand** (22).

Symbol
einfügen

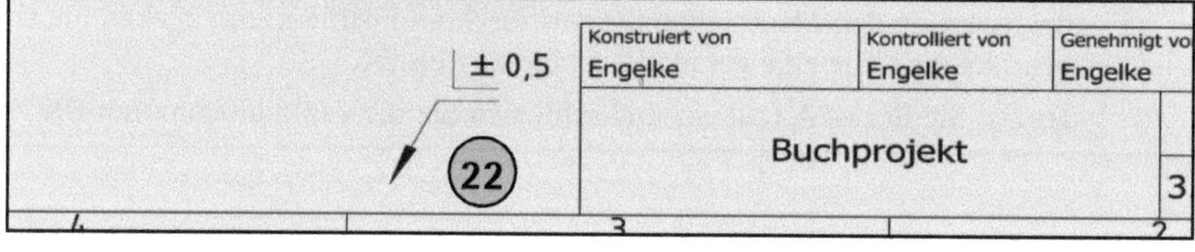

3.6.7 Fertigungsinformationen

- Wählen Sie die Funktion **Text**, geben Sie den **Text** in das Textfeld im Dialogfeld **Text formatieren** ein (23, 24).

A Text

3.6.8 Die Dokumentverwaltung über „iProperties"

iProperties

- Wählen Sie die Funktion **Properties**, tragen Sie spezifischen Dokumentparameter nach Wahl ein (25).

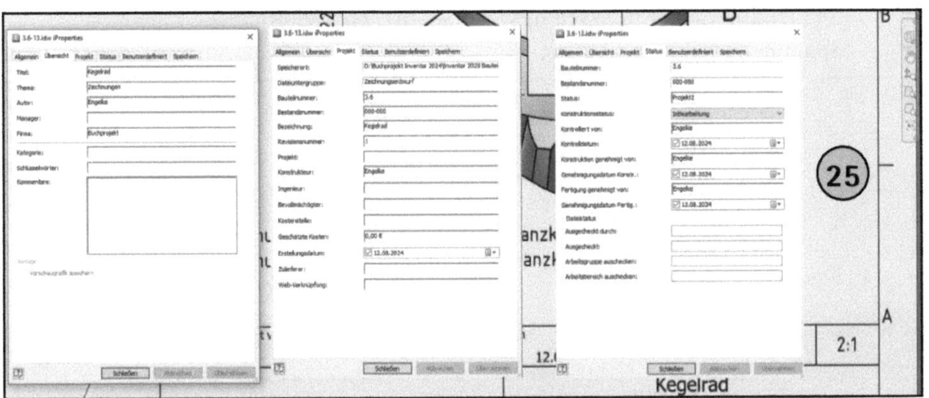

3.6.9 Basisliste oberhalb des Schriftfeldes, nach DIN 6771-2

- Bauteileliste platzieren, Titelliste entfernen, Spaltenanpassung, Spaltenauswahl, Anpassen der Überschrift, Spaltenbreite.
- Bauteilstückliste oberhalb des Schriftfeldes ausgefüllt, Beispiel (26).

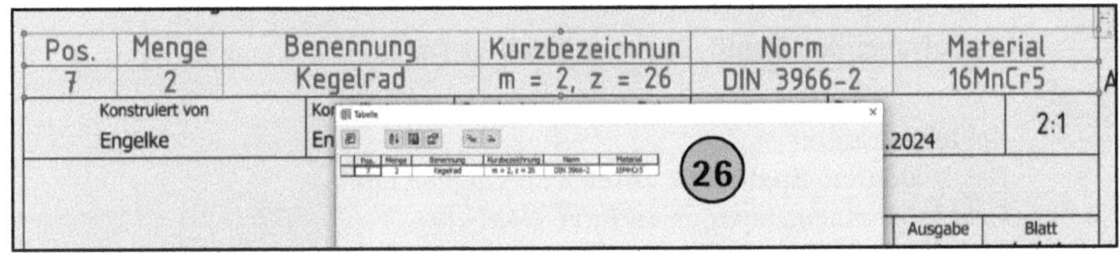

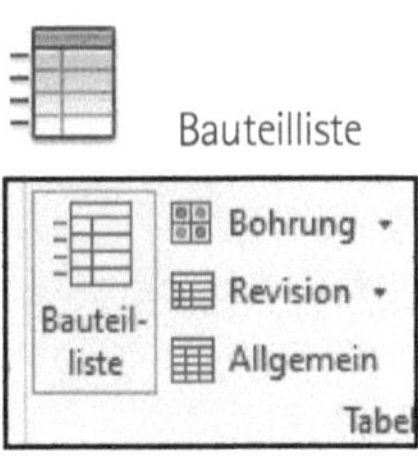

3.6.10 Benutzerdefinierte Tabellen

3.6.10.1 Übersetzungstabelle für Passmaße

- Tabelle platzieren
- Spaltenanpassung
- Spaltenauswahl, Anpassen der Überschrift, Spaltenbreite
- Spalteneintragungen (27)

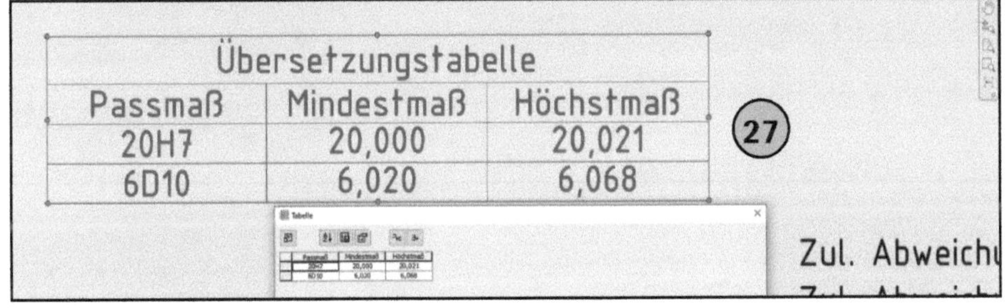

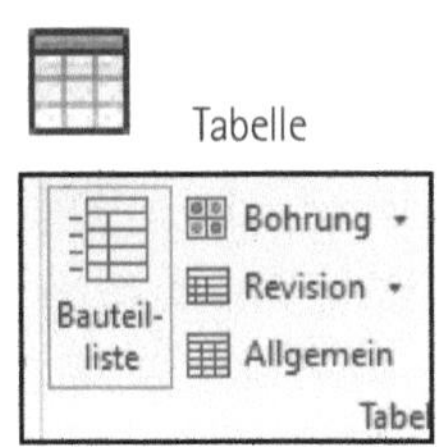

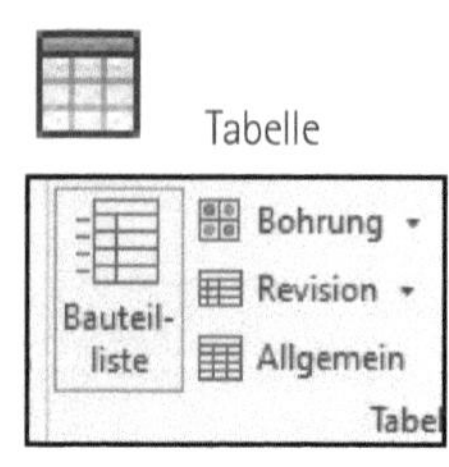

3.6.10.2 Übersetzungstabelle für die Kegelrad-Verzahnung

- Tabelle platzieren
- Spaltenanpassung
- Spaltenauswahl, Anpassen der Überschrift, Spaltenbreite
- Spalteneintragungen (28)

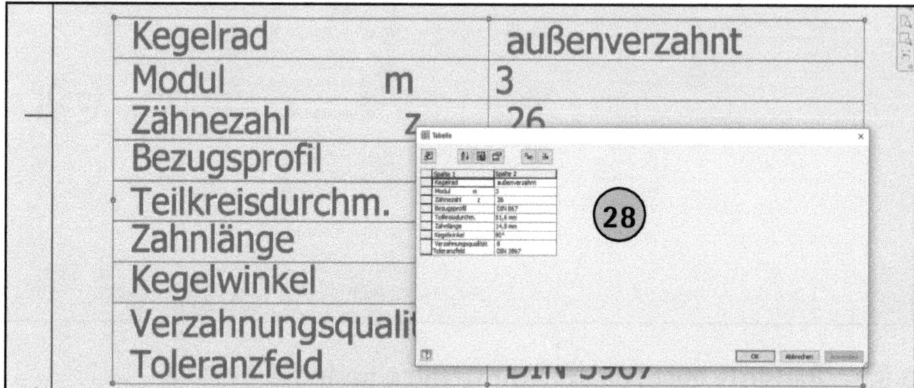

3.6.11 Dateisicherung und Ausdruck

3.6.11.1 Bauteil speichern

- Aufruf über den **Menü-Browser**, Register **Datei**.

Speichern unter
Das Dialogfeld **Speichern unter** wird eingeblendet.
Geben Sie einen Dateinamen Ihrer Wahl ein.

3.6.11.2 Ausdruck der Zeichnungsableitung

- Nach erfolgter Kontrolle der Darstellung erfolgt das **Drucken**.
- Bauteil-Ausdruck mit **KONICA MINOLTA C224 Series PCL**, auf A3-Papier

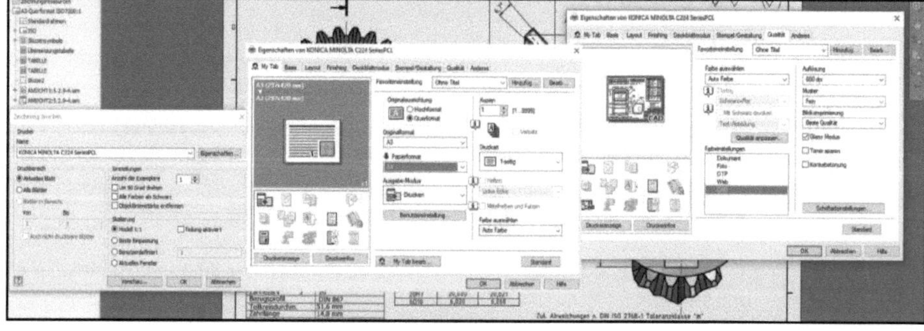

4

AutoDesk
Inventor 2025

Bauteile
Anwendungen

CAD-Daten-Formate
AutoDesk Inventor-Import

4 CAD-Daten-Formate, AutoDesk Inventor Import

Projekt III

Bauteile
Daten-Import
Bearbeitung und Anpassung
Seite 180 bis 236

- **Importformat SOLIDWORKS©**
  Fundamentplatte
- **Importformat Solid Edge©**
  Lagerungsgehäuse
- **Importformat Autodesk AutoCAD©**
  Antriebsflansch
- **Importformat Parasolid**
  Schneckenrad
- **Importformat Siemens NX©**
  Schwungrad
- **Importformat STEP**
  Zahnradwelle
- **Importformat IGES**
  Lagerdeckel
- **Importformat STL**
  Flanschgelenk
- **Importformat OBJ**
  Filterblech
- **Importformat OBJ**
  Montageflansch, fehlerhafte Bauteilreparatur

4.1 SOLIDWORKS®-Bauteil „Fundamentplatte" importieren

4.1.1 SOLIDWORKS-Bauteil „Fundamentplatte"
Zeichnungsableitung als Kontrollvorlage

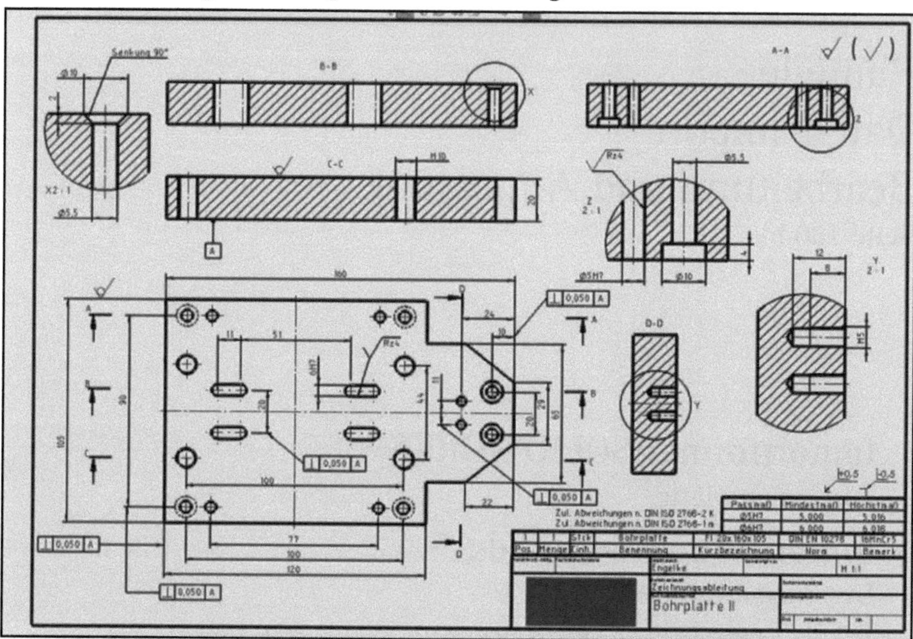

4.1.2 SOLIDWORKS®-Bauteil „Fundamentplatte", Importablauf

4.1.2.1 Einrichten einer Projektumgebung, aus der Inventor-Ebene

Projekte

Projekte

Neu / Einzelbenutzer-Projekt anwählen / Weiter

Geben Sie den Projektnamen ein / **Weiter**

Geben Sie den Speicherort an.

OK / Weiter / Fertig stellen

Doppelklicken Sie das neue Projekt.

Zeichnungsableitungen / Anwenden / Fertig

Das aktuelle eingerichtete Projekt ist mit einem Häkchen versehen (1).

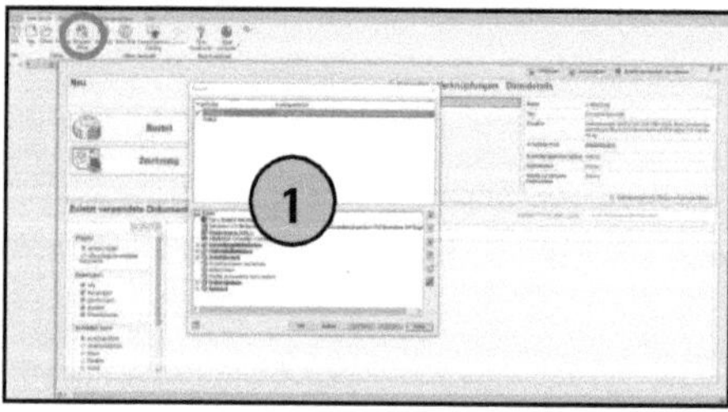

4.1.2.2 Öffnen der SOLIDWORKS-Bauteildatei über AutoDesk Inventor

* **Öffnen** der Bauteildatei von der Buch-DVD über den
  Schnellzugriff-Werkzeugkasten (2).

Öffnen (Schnellzugriff-Werkzeugkasten)

Aktivieren Sie unter Dateityp den Eintrag **SOLIDWORKS-Dateien**.

Wählen Sie die Datei von der Buch-DVD / **OK** (3, 4).

Öffnen

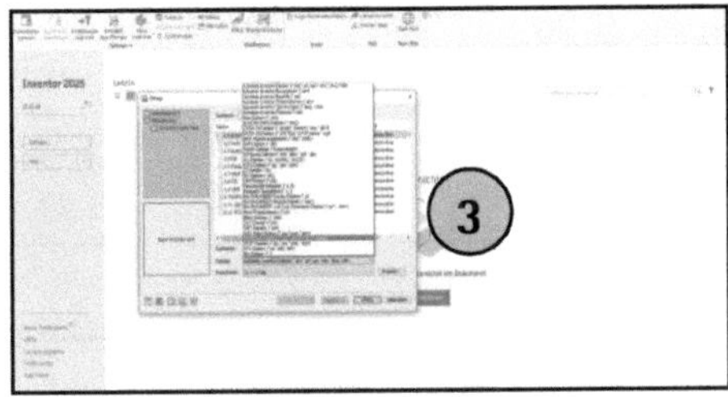

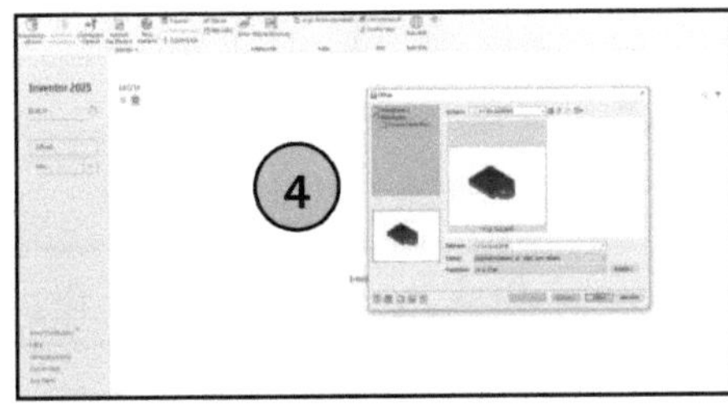

* Eine Veränderung der Einträge über **Option** ist nicht nötig,
  wenn die SOLIDWORKS-Datei die Einheit **Metrisch** und **mm** hat.

* Passen Sie die Einträge unter **Eigenschaftszuordnung** nach Bedarf an,
  die Einträge werden unter **iProperties** verwaltet (5).

* Über den Importvorgang wird das Bauteil in Inventor hochgeladen (6, 7).

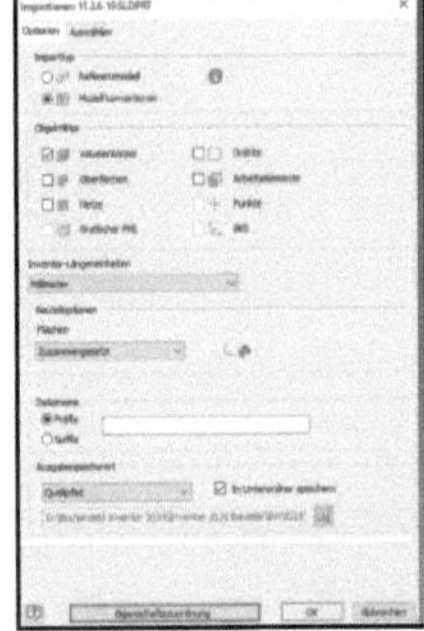

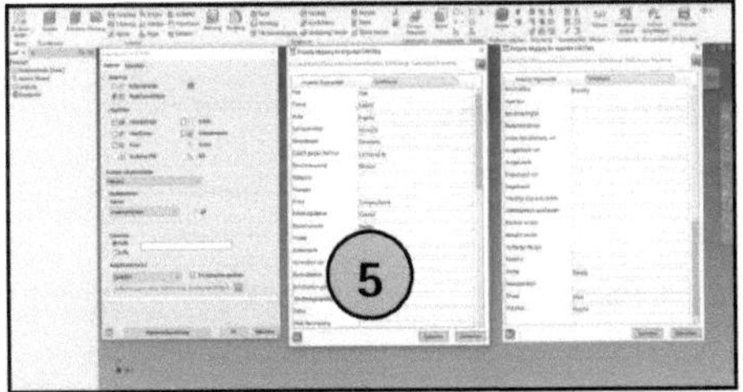

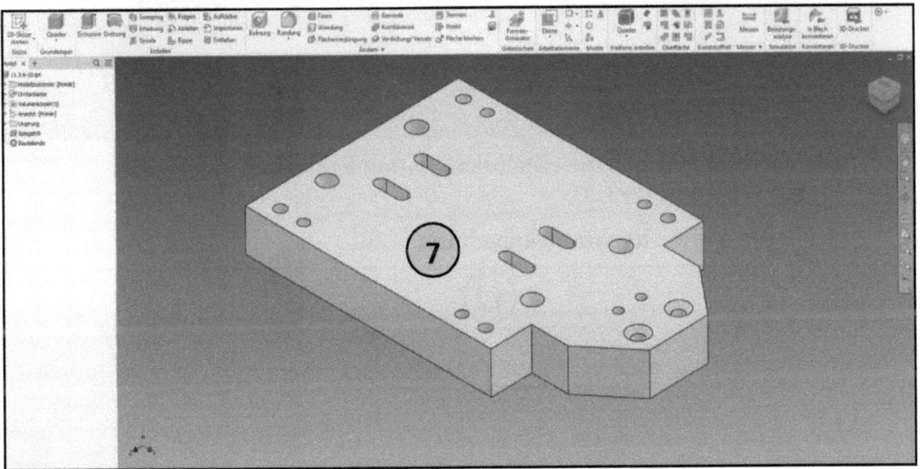

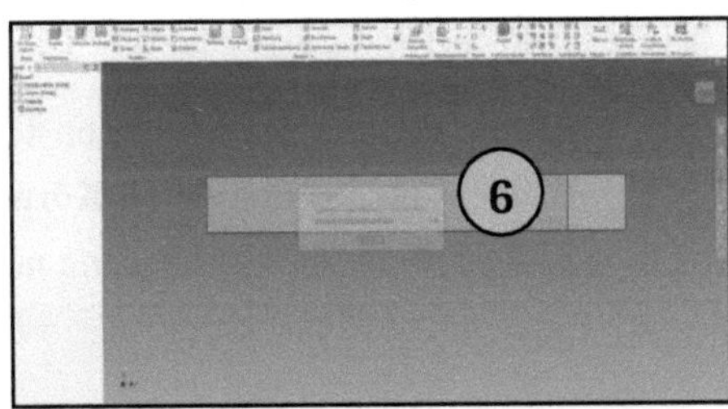

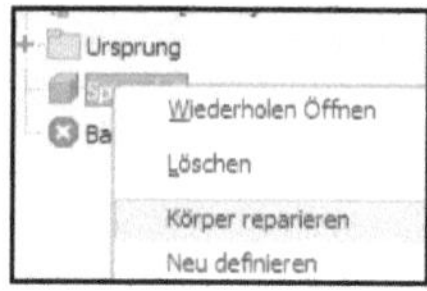

4.1.3 SOLIDWORKS®-Bauteil „Fundamentplatte", Inventor-Bauteilanpassung

4.1.3.1 Bauteilreparatur

- Aktivieren Sie das Bauteilelement unterhalb des Eintrags **Ursprung** im **Bauteil-Browser**.
- Wählen Sie den Eintrag **Körper reparieren** aus dem Kontextmenü (8).

- AutoDesk Inventor öffnet die **Reparaturumgebung** (9).

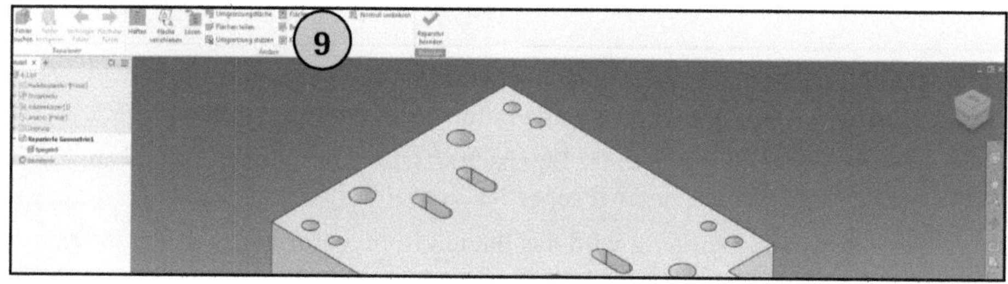

Fehler suchen

Fehler suchen (Multifunktionsleiste **Reparaturumgebung**)

Wählen Sie das Bauteil als **Körper** an (3).

Schließen Sie die Fehlersuche mit **OK**.

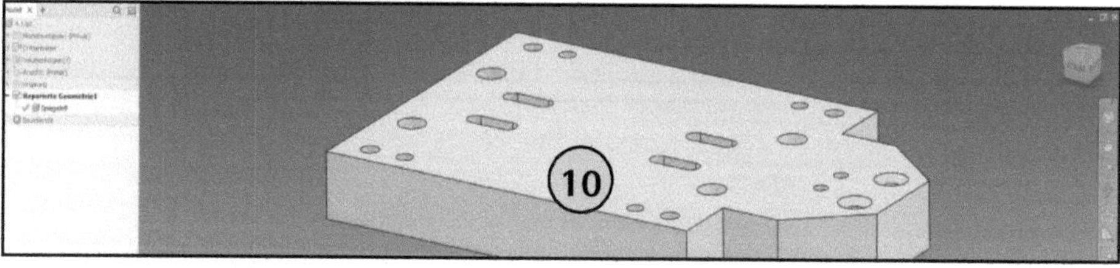

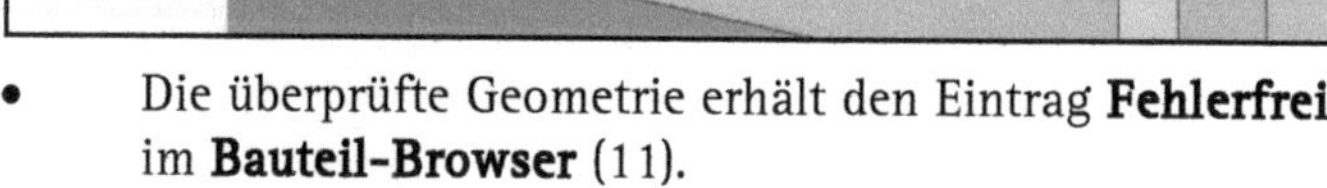

- Die überprüfte Geometrie erhält den Eintrag **Fehlerfrei** im **Bauteil-Browser** (11).
- Schließen Sie die **Reparaturumgebung** (12).

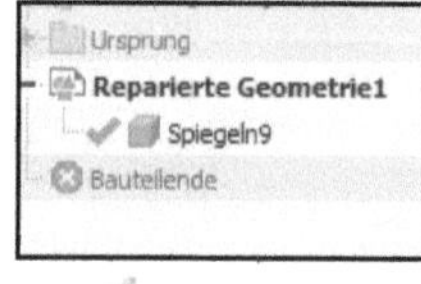

Reparatur beenden

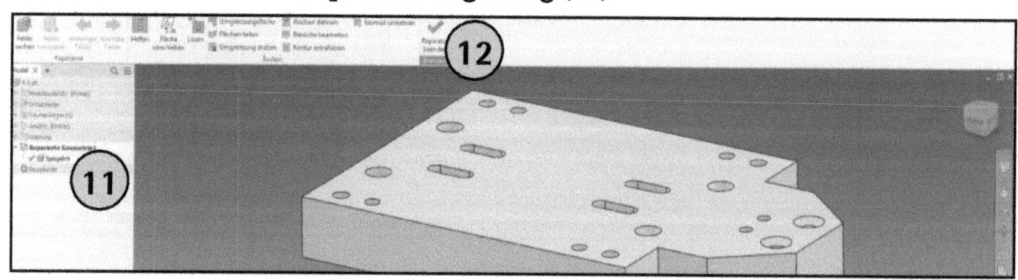

4.1.4 Bauteil-Basisanpassung

4.1.4.1 Bauteil-Basisanpassung, Materialkontrolle

- Wählen Sie die Schnellzugriff-Werkzeugleiste **Vorgabe** Kontrolle der Materialzuweisung aus dem importierten SOLIDWORKS-Bauteil,
  hier **Stahl rostfrei, 1.4301, X5CrNi18-10** (12).

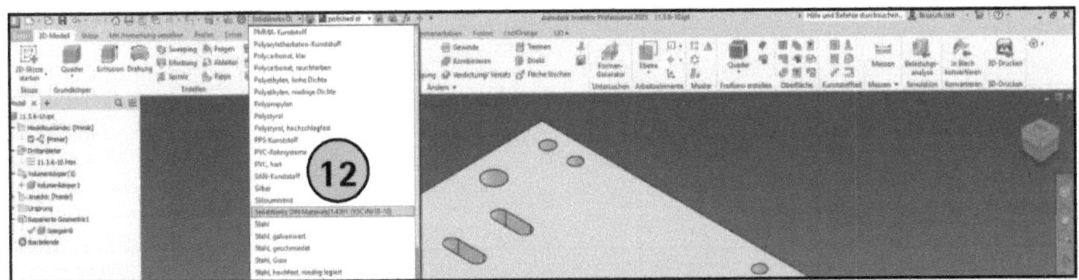

- Wählen Sie die Schnellzugriff-Werkzeugleiste **Anpassen** zur Kontrolle der Oberflächenangabe aus dem importierten SOLIDWORKS-Bauteil,
  hier **polished steel** (13).

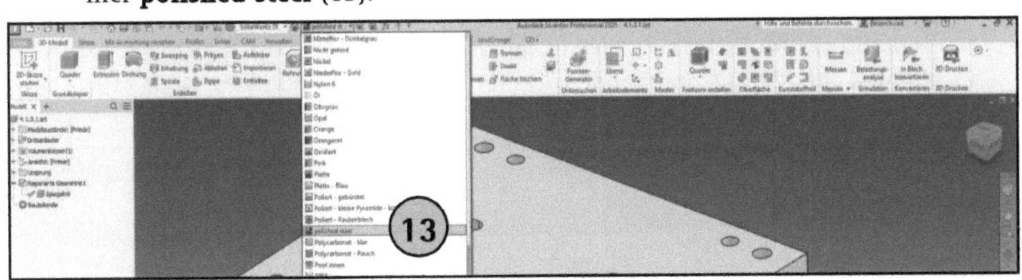

4.1.4.2 Bauteil-Basisanpassung, Ansichtsanpassung

- **Beleuchtungsstil** (Multifunktionsleiste **Ansicht**)
  Setzen Sie den Beleuchtungsstil **Zwei Leuchten** (wahlweise) (14).

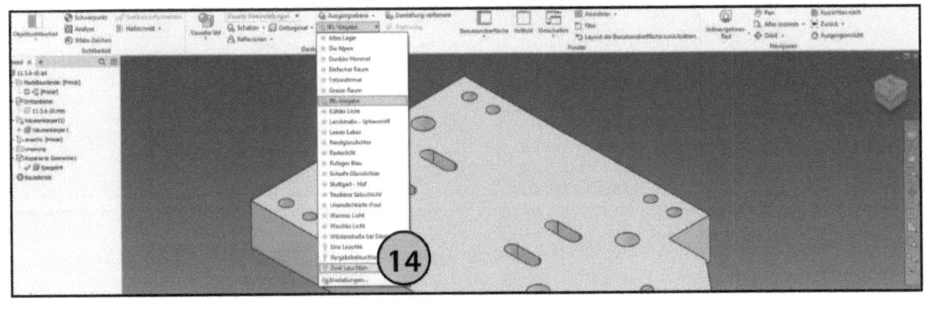
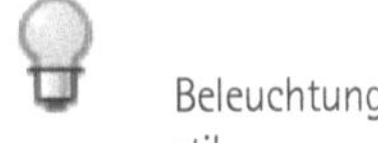

Beleuchtungsstil

- **Visueller Stil** (Multifunktionsleiste **Ansicht**)
  Setzen Sie den visuellen Stil **Schattiert mit Kanten** (wahlweise) (15).

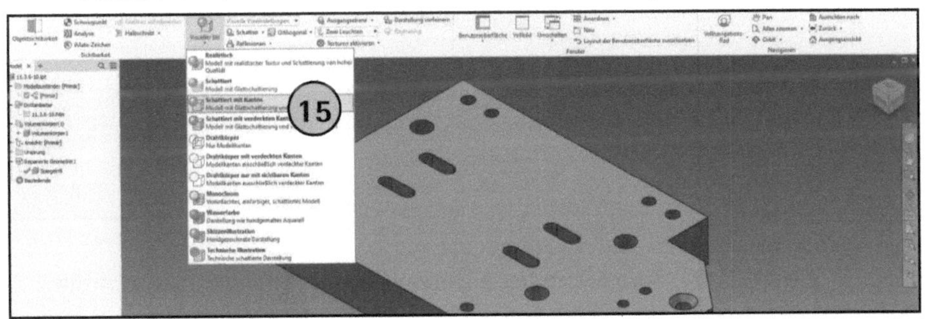

Schattiert mit Kanten

Dokument-
Einstellungen

4.1.4.3 Bauteil-Basisanpassung, Dokumenteinstellungen

- **Dokumenteinstellungen** (Multifunktionsleiste **Extras**)
  Aktivieren Sie **ISO** als **Aktive Norm** (16).
  Aktivieren Sie **Genauigkeit** auf **Eine Stelle** (17).

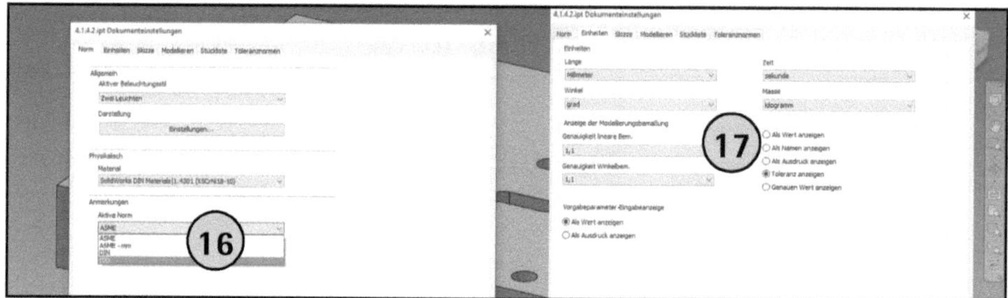

4.1.5   Maßliche Kontrolle

Tragen Sie, zur maßlichen Kontrolle des aus SOLIDWORKS importierten Bauteils, die entsprechenden Maße aus der Kontrollzeichnung an.

Bemaßung

- **Bemaßung** (Multifunktionsleiste **Mit Anmerkungen versehen**)
  Wählen Sie die entsprechenden Kanten (18) oder Durchmesser aus (19).

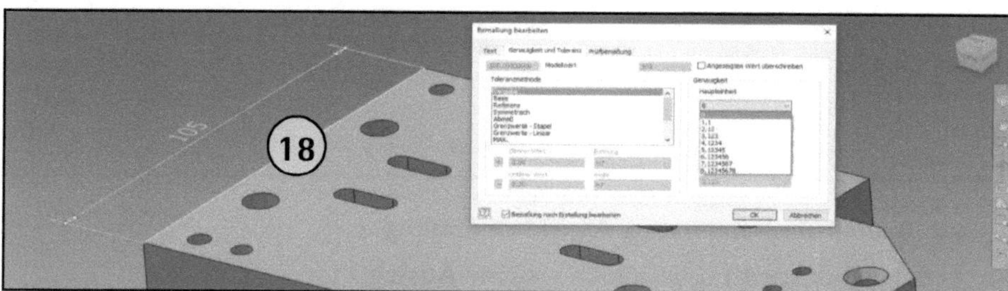

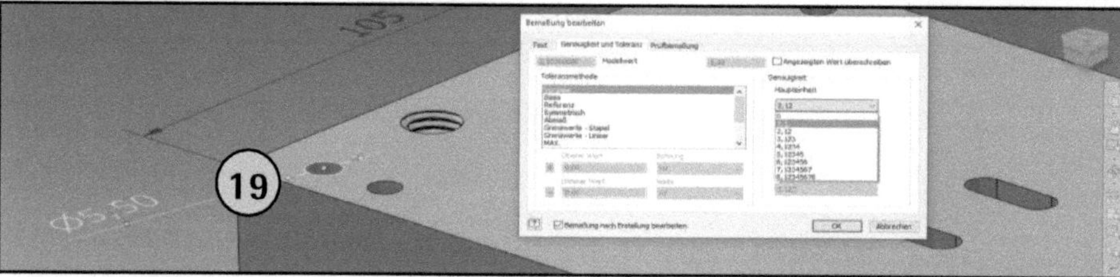

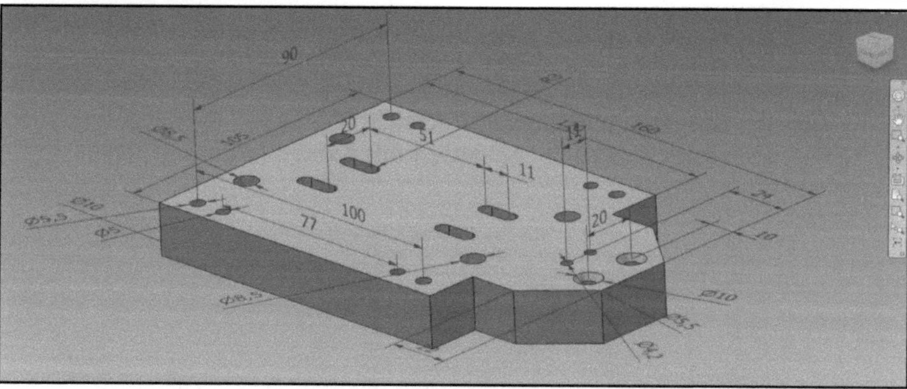

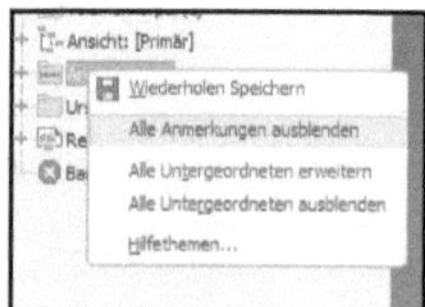

- Aktivieren Sie den Eintrag **Anmerkungen** im **Bauteil-Browser**.
- Wählen Sie **Alle Anmerkungen ausblenden** nach erfolgter Maßkontrolle.

4.1.6 Bauteil, Geometrieanpassungen, Korrektur der vorderen Gewinde-Bohrungen

Die maßliche Kontrolle macht eine Korrekturmaßnahme für die **Gewindebohrungen** nötig.

4.1.6.1 Maßliche Korrektur der vorderen Bohrungen über „Direktbearbeitung"

Direktbearbeitung (Multifunktionsleiste **3D-Model/Ändern**)
Aktivieren Sie, im **Mini-Werkzeugkasten** die Option **Größe**.
Wählen Sie die Option **Durchmesser** (20).

Direkt-
bearbeitung

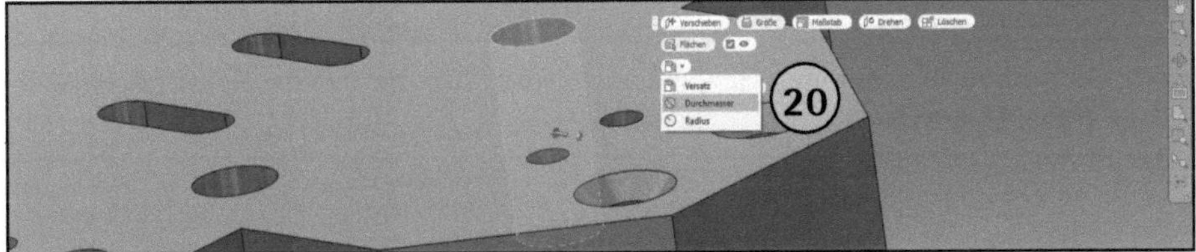

- Setzen Sie den Durchmesser-Wert auf **10** mm (21).

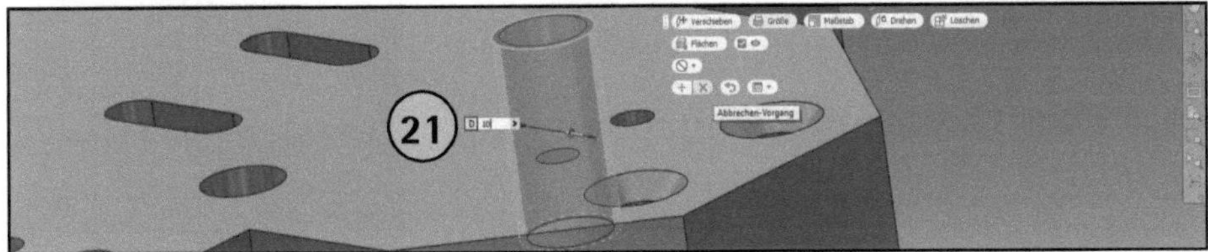

- Verfahren Sie mit der maßlichen Änderung der zweiten Bohrung entsprechend (22).

Direkt-
bearbeitung

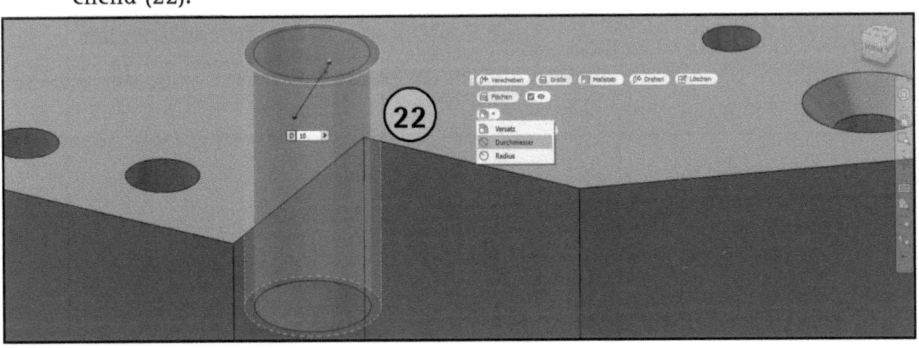

4.1.6.2 Gewinde-Zuweisung

Gewinde (Multifunktionsleiste **3D-Modell/Ändern**)
Wählen Sie die geänderte Bohrung (23).

Gewinde

- Weisen Sie der Innenfläche der Bohrung ein **Gewinde** Größe **M10, ISO-Metrisches Profil** zu (24, 25).

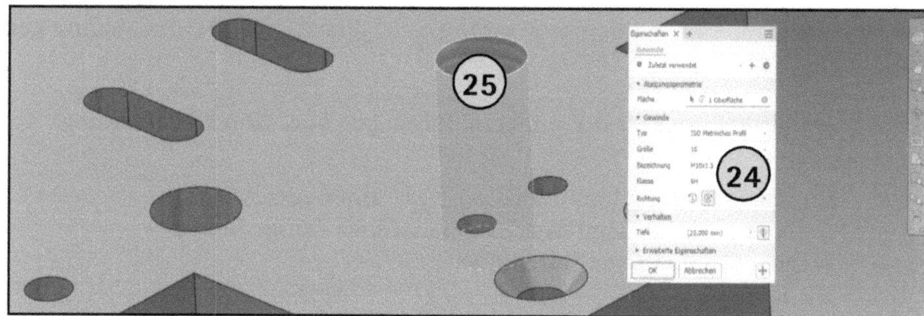

Gewinde

- Verfahren Sie mit der Gewindezuweisung für die zweite Bohrung entsprechend (26, 27).

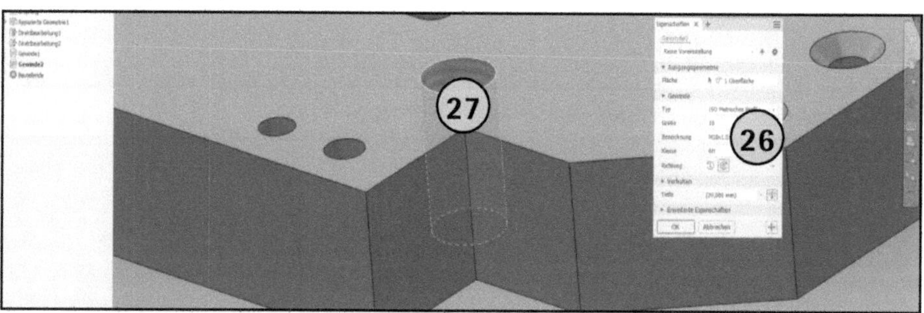

4.1.6.3 Umwandlung in physikalisches (echtes) Gewinde mit dem „ThreadModeler"-Tool

- Klicken Sie auf die Registerkarte **CoolOrange**, Befehl **ThreadModeller**.

ThreadModeler

- Wählen Sie die Gewinde-Einträge im **Bauteil-Browser** (28), die Auswahl wird in die Dialogbox übernommen (29).

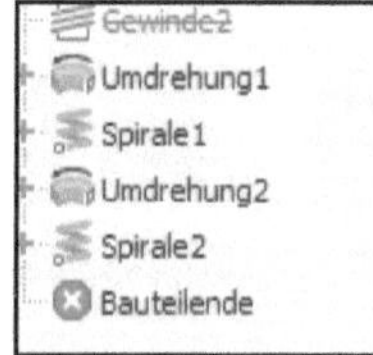

- Mit **OK** werden die **Gewinde** gesetzt (30), diese Gewinde werden automatisch aus der Funktion **Spirale** und **Umdrehung** gebildet (31).

- Bilden Sie eine Volumen-Addition des Basisbauteils mit dem gebildeten Gewinde über **Kombinieren**, Option **Verbinden** (32, 33).

Kombinieren

- Verfahren Sie mit der **Volumen-Addition** des Basisbauteils für die zweite Bohrung entsprechend (34).

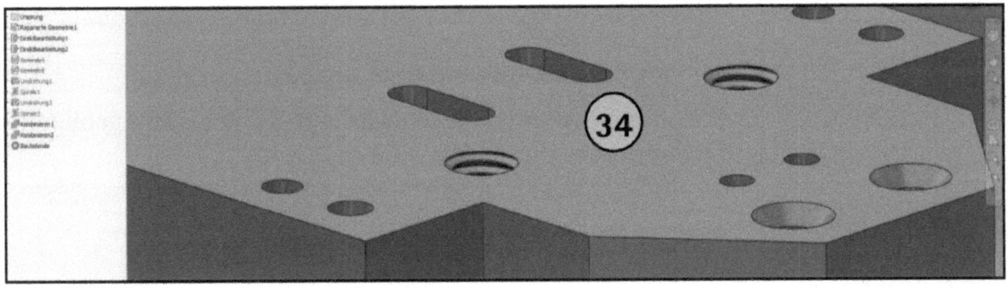

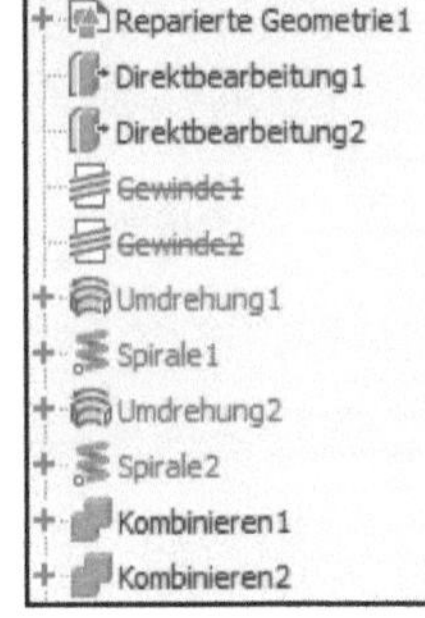
Kombinieren

4.1.7 Bauteil, Geometrieanpassungen, Korrektur der hinteren Gewinde-Bohrungen

4.1.7.1 Maßliche Korrektur der hinteren Bohrungen über „Direktbearbeitung"

- Verfahren Sie mit der maßliche Korrektur der hinteren Bohrungen auf Ø10 mm, über **Direktbearbeitung** entsprechend (35, 36).

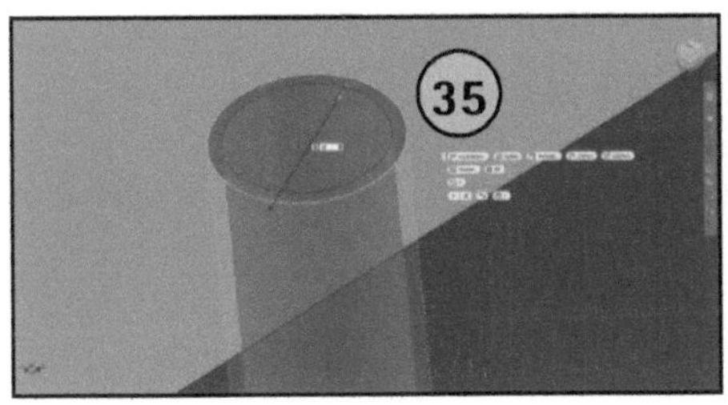

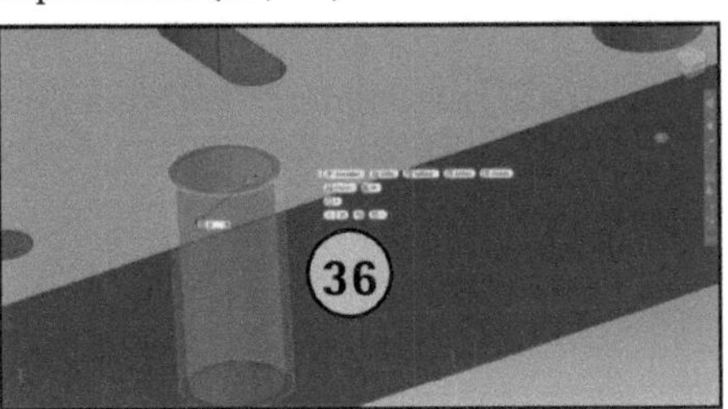

Direkt-
bearbeitung

4.1.7.2 Gewinde-Zuweisung

- Weisen Sie der Innenfläche der Bohrung ein **Gewinde** Größe **M10**, **ISO-Metrisches Profil** zu (37, 38).

Gewinde

ThreadModeler

4.1.7.3 Umwandlung in physikalisches (echtes) Gewinde mit dem „ThreadModeler"-Tool

- Klicken Sie auf die Registerkarte **CoolOrange**, Befehl **ThreadModeler**.
- Wählen Sie die Gewinde-Einträge im **Bauteil-Browser** (39), die Auswahl wird in die Dialogbox übernommen (40).
- Mit **OK** werden die **Gewinde** gesetzt, diese Gewinde werden automatisch aus der Funktion **Spirale** und **Umdrehung** gebildet.

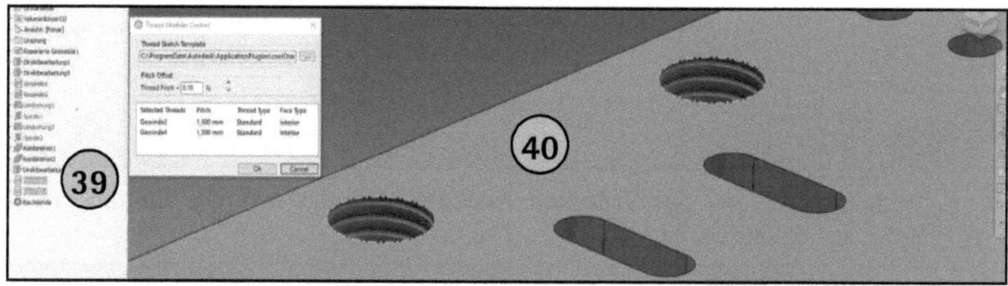

4.1.7.4 Volumen-Addition des Basisbauteils mit dem gebildeten Gewinde

- Bilden Sie eine Volumen-Addition des Basisbauteils mit dem gebildeten Gewinde über **Kombinieren**, Option **Verbinden** (41,42).

Kombinieren

4.1.8 Gewinde-Grundlöcher anpassen

4.1.8.1 Basisskizze für Gewinde-Grundlöcher erstellen

- **2D-Skizze starten** (Multifunktionsleiste **3D-Modell**)
- Wählen Sie die gezeigte Bauteilfläche (43).

2D-Skizze
starten

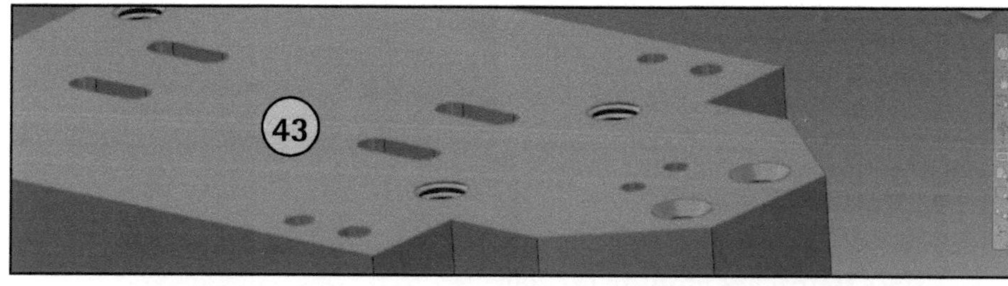

Punkt

- Setzen Sie je einen Punkt auf die Mitte der vorhandenen Geometrie (44).

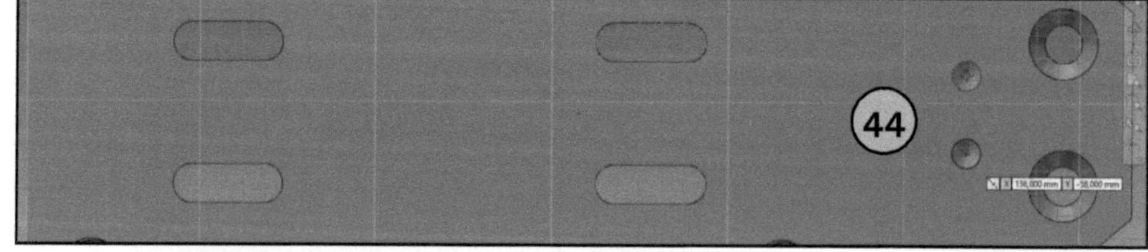

4.1.8.2 Vorhandene Zylindergeometrie über „Direktbearbeitung" löschen

Direktbearbeitung (Multifunktionsleiste **3D-Model/Ändern**)

Aktivieren Sie, im **Mini-Werkzeugkasten** die Option **Löschen**.

Wählen Sie die gezeigte Zylindergeometrie (45).

Direkt-
bearbeitung

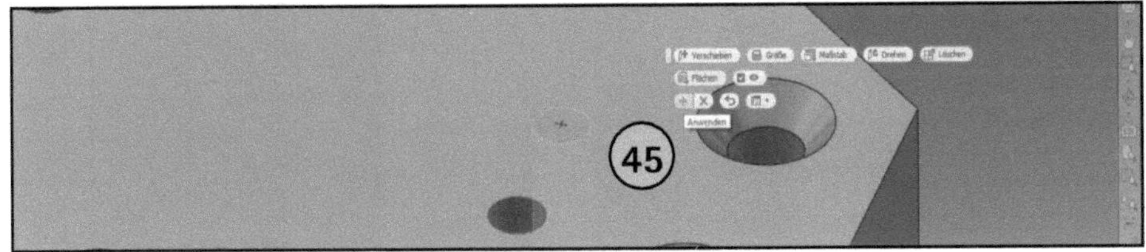

- Verfahren Sie mit der **Löschung** der zweiten Zylindergeometrie entsprechend (46).

Direkt-
bearbeitung

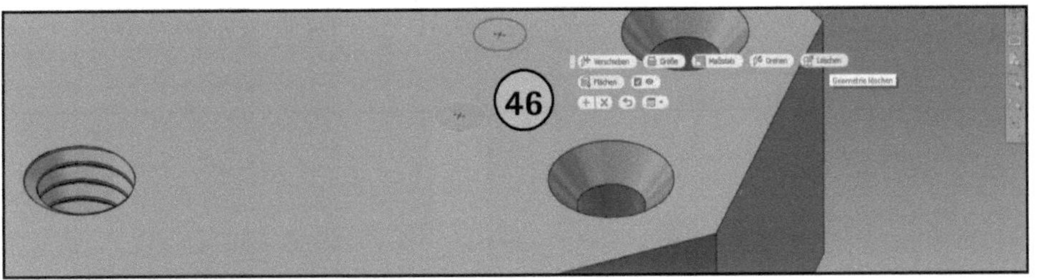

4.1.8.3 Setzen der neuen Gewinde-Grundbohrungen

Bohrung (Multifunktionsleiste **3D-Modellierung**)

Erstellung von Mittelpunkt ist **Aktiviert**

Die Mittelpunkte werden automatisch gefunden.

Bohrungsparameter:

Gewindebohrung, Typ: **ISO-Metrisches Profil**

Größe **5**, Bezeichnung: **M5** x **0,8**, Gewindetiefe: **8** mm,

Ausführungstyp: **Abstand** / Grundbohrung: **12** mm (47).

Schließen Sie die Bearbeitung mit **OK** ab (48)

Bohrung

4.1.9 Bauteil speichern

Speichern unter

- Aufruf über den **Menü-Browser**, Register **Datei**.

Speichern unter

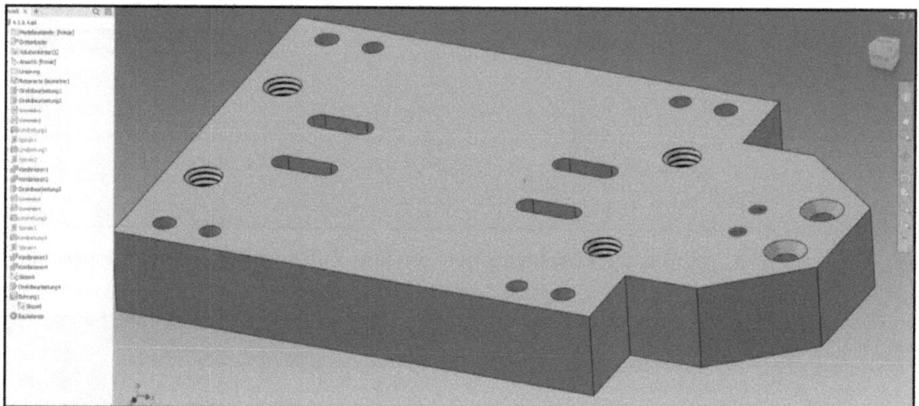

4.2 Solid Edge©-Bauteil „Lagerungsgehäuse" importieren

4.2.1 Solid Edge©-Bauteil „Lagerungsgehäuse", Vorgaben

4.2.1.1 Solid Edge-Bauteil© „Lagerungsgehäuse"
Zeichnungsableitung als Kontrollvorlage

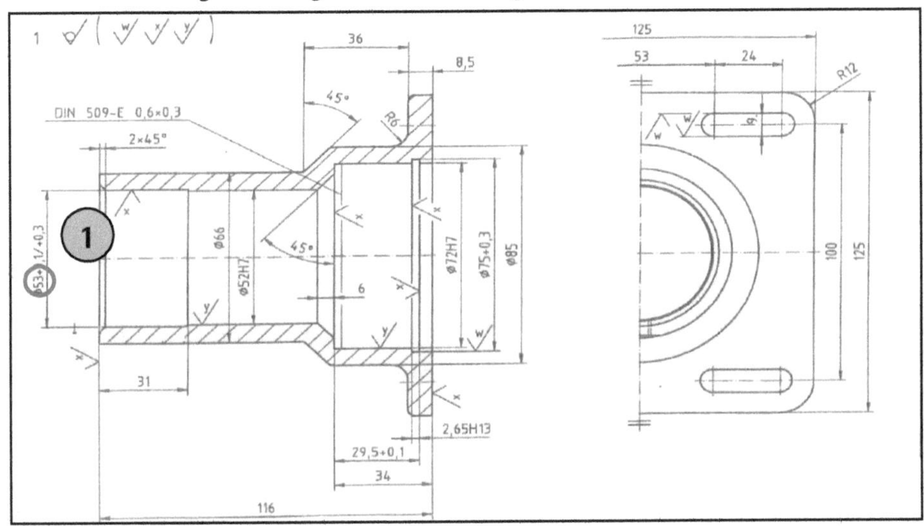

4.2.1.2 Solid Edge®-Bauteil „Lagerungsgehäuse" Änderungsvorgabe

* Änderung des Innen-Gewinde auf **M55** x **1,5** mm Bohrtiefe **28** mm (1).

4.2.2 Solid Edge®-Bauteil „Lagerungsgehäuse", Basis-Importablauf

* Einrichten einer Projektumgebung, aus der Inventor-Ebene.
* **Öffnen** der Solid Edge-Bauteildatei über AutoDesk Inventor.
* Eine Veränderung der Einträge über **Option** ist nicht nötig,
  wenn die Solid Edge-Datei die Einheit **Metrisch** und **mm** hat (2).
* Passen Sie die Einträge unter **Eigenschaftszuordnung** nach Bedarf an,
  die Einträge werden unter **iProperties** verwaltet (3).
* Über den Importvorgang wird das Bauteil in Inventor hochgeladen (4).

Projekte

Öffnen

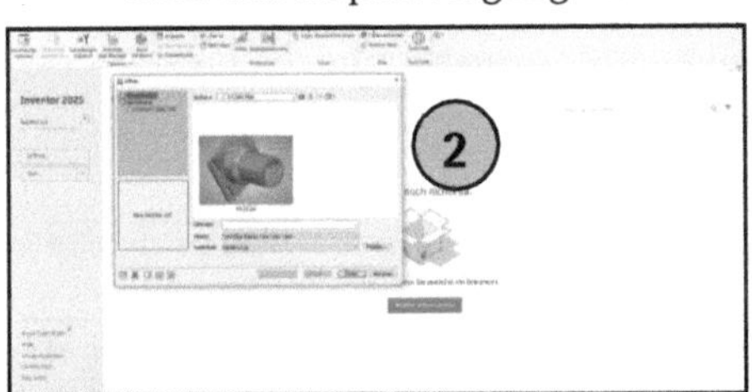

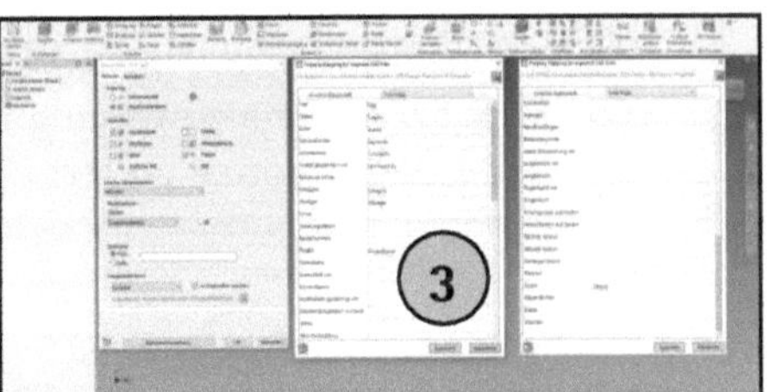

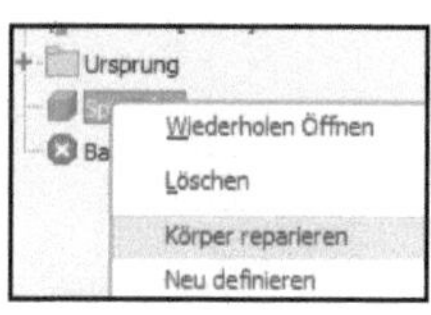

Fehler suchen

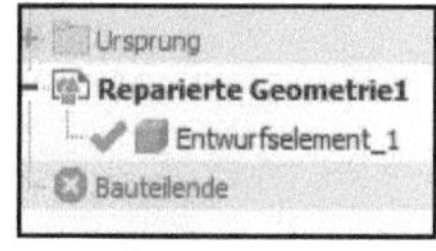

Reparatur beenden

- Aktivieren Sie das Bauteilelement unterhalb des Eintrags **Ursprung** im **Bauteil-Browser**.
- Wählen Sie den Eintrag **Körper reparieren** aus dem Kontextmenü (5).
- AutoDesk Inventor öffnet die **Reparaturumgebung**.
- **Fehler suchen** (Multifunktionsleiste **Reparaturumgebung**)
- Wählen Sie das Bauteil als **Körper** an (6).
- Schließen Sie die Fehlersuche mit **OK**.
- Die überprüfte Geometrie erhält den Eintrag **Fehlerfrei** im **Bauteil-Browser**.
- Schließen Sie die **Reparaturumgebung**.

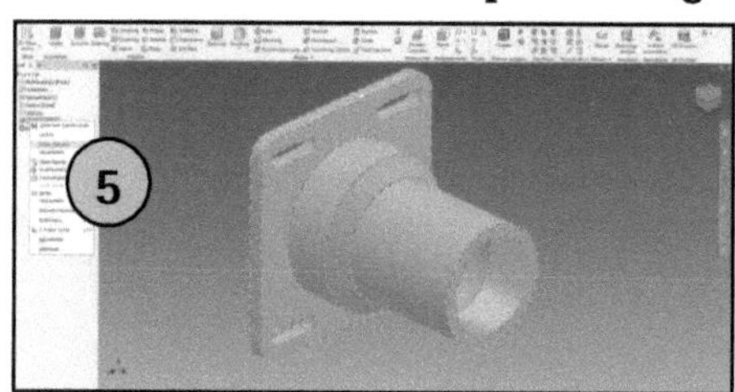
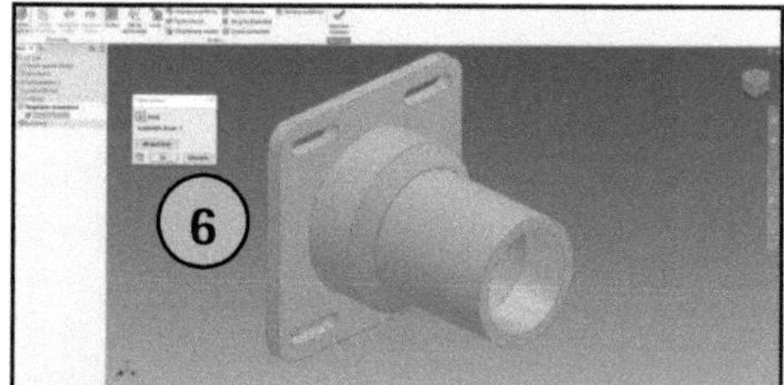

4.2.3 Bauteil-Basisanpassung

4.2.3.1 Bauteil-Basisanpassung, Ansichtsanpassung

Beleuchtungs-
stil

Schattiert
mit Kanten

- Setzen Sie den visuellen Stil **Schattiert mit Kanten** (wahlweise) (7).
- Setzen Sie den Beleuchtungsstil **Zwei Leuchten** (wahlweise) (8).

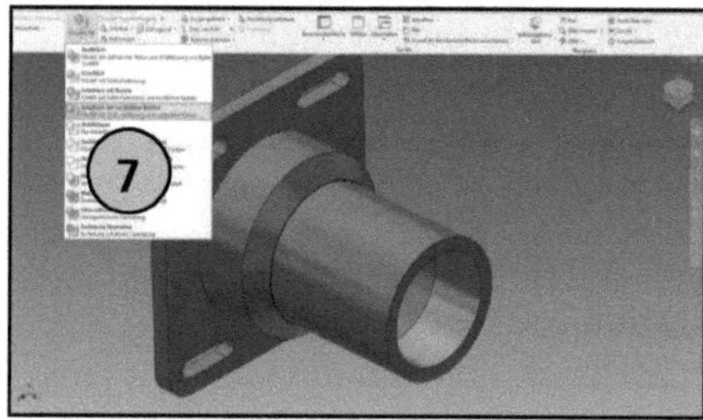
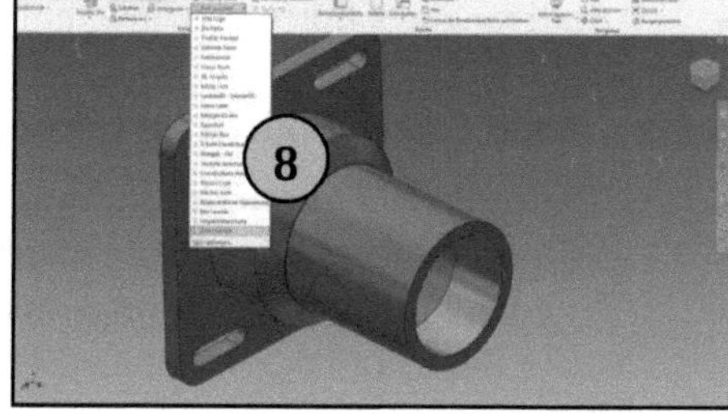

4.2.3.2 Bauteil-Basisanpassung, Materialkontrolle

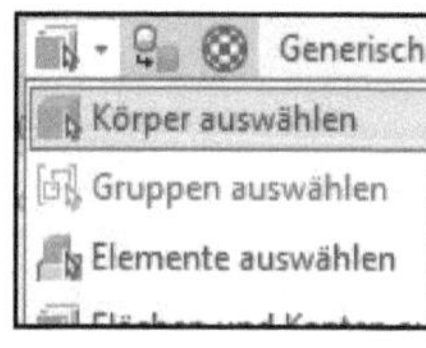

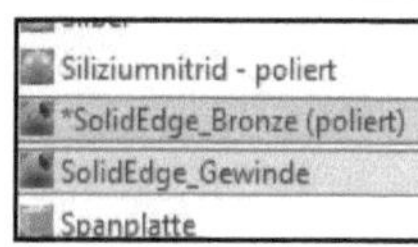

- Aktivieren Sie die Auswahl **Körper auswählen**.
- Wählen Sie die Schnellzugriff-Werkzeugleiste **Vorgabe**.
- Kontrolle der Materialzuweisung aus dem importierten **Solid Edge**-Bauteil, hier **Solid Edge Bronze poliert** (9).

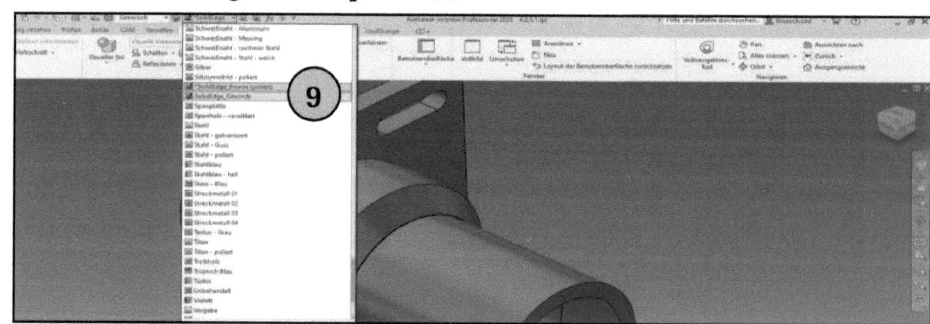

4.2.3.3 Bauteil-Basisanpassung, Dokumenteinstellungen

* **Dokumenteinstellungen** (Multifunktionsleiste **Extras**)
  Aktivieren Sie **ISO** als **Aktive Norm** (10).
  Aktivieren Sie **Genauigkeit** auf **Eine Stelle** (11).

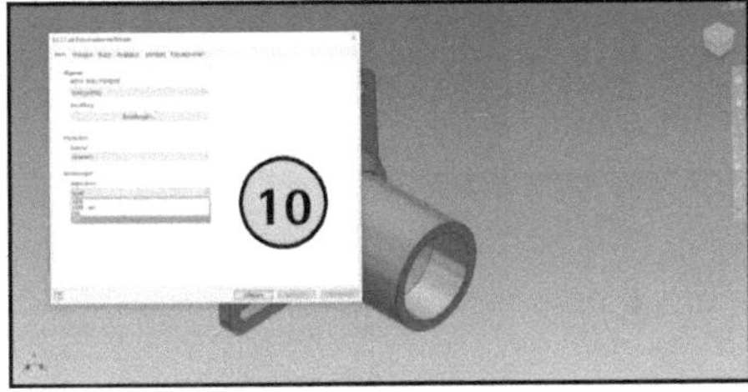
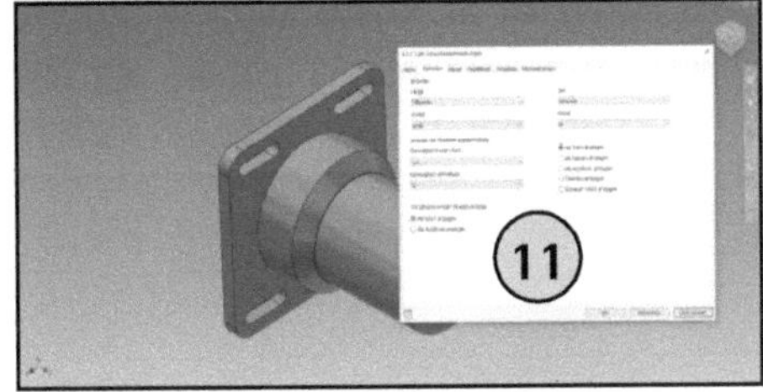

4.2.4 Maßliche Kontrolle

Tragen Sie, zur maßlichen Kontrolle des aus Solid Edge importierten Bauteils, die entsprechenden Maße aus der Kontrollzeichnung an.

* **Bemaßung** (Multifunktionsleiste **Mit Anmerkungen versehen**)
  Wählen Sie die entsprechenden Kanten oder Durchmesser aus (12).

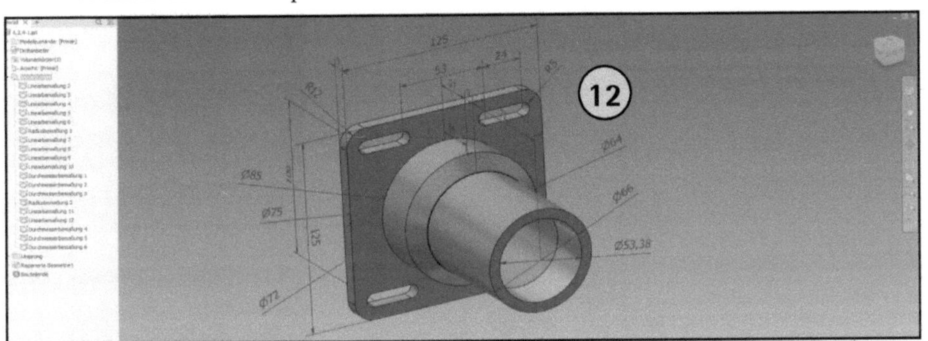

* Aktivieren Sie den Eintrag **Anmerkungen** im **Bauteil-Browser.**
* Wählen Sie **Alle Anmerkungen ausblenden** nach erfolgter Maßkontrolle.

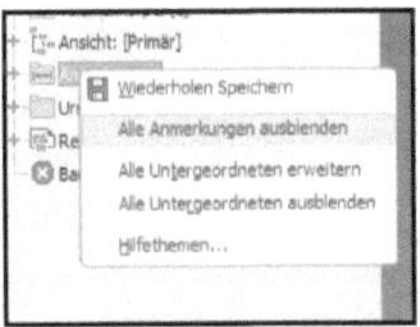

4.2.5 Innengewinde-Zuweisung

Gewinde (Multifunktionsleiste **3D-Modell/Ändern**)
Wählen Sie die gezeigte Bohrungsfläche.
Weisen Sie der Innenfläche der Bohrung ein **Gewinde** Größe **M55 x 1,5**,
ISO-Metrisches Profil zu (13, 14).

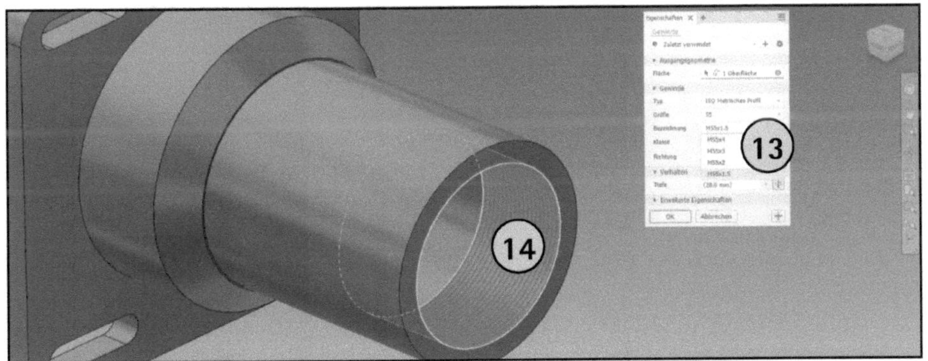

4.2.6 Innengeometriekontrolle über „Halbschnitt"

4.2.6.1 Schnittansicht auf Ebene, halbe Ansicht

Halbe
Schnittansicht

Halbe Schnittansicht (Multifunktionsleiste **Ansicht**)

Wählen Sie die planaren **XY-Arbeitsebene** aus, um die Schnittebene zu definieren, beenden Sie mit **OK** (15).

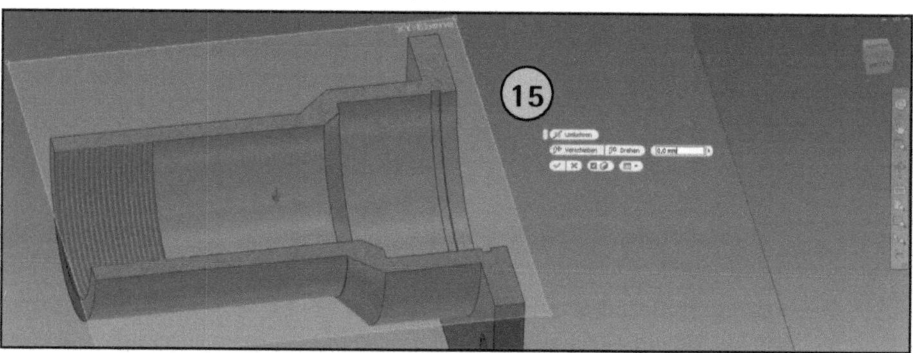

4.2.6.2 Nochmalige Maßkontrolle

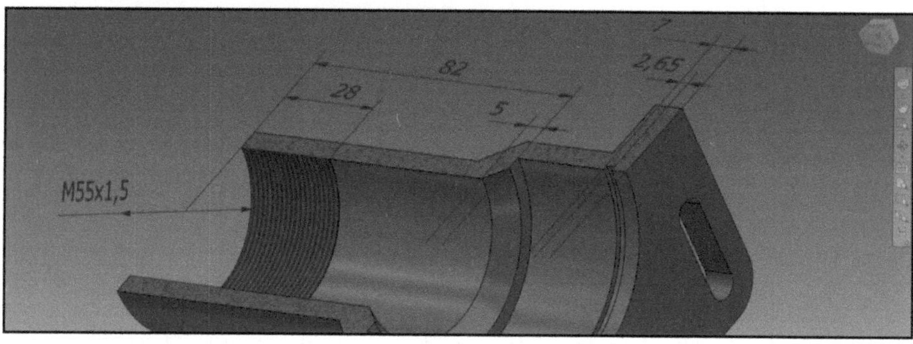

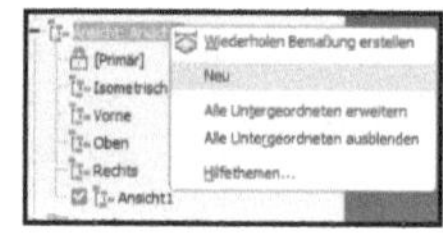

- **Speichern** Sie die neue Ansicht über **Ansicht Neu** im **Bauteil-Browser** ab.

4.2.7 Bauteil speichern

- Aufruf über den **Menü-Browser**, Register **Datei**.

Speichern
unter

Speichern unter

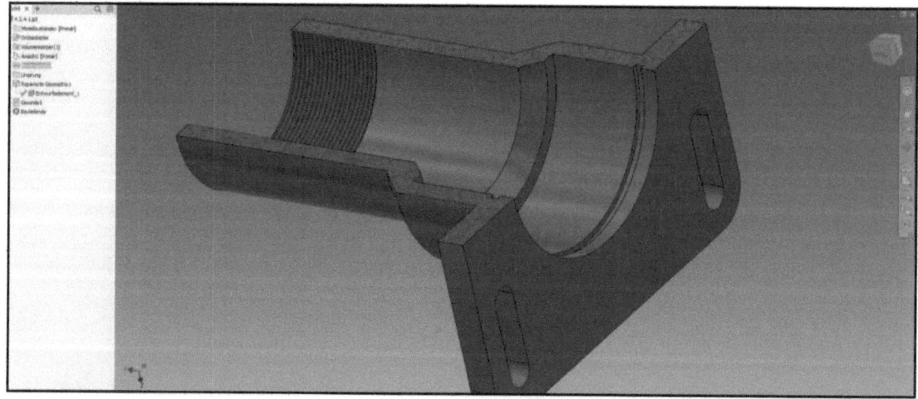

4.3 AutoDesk AutoCAD© DWG-Bauteil „Antriebsflansch" importieren

4.3.1 AutoDesk AutoCAD© DWG-Bauteil „Antriebsflansch", Vorgaben

4.3.1.1 AutoDesk AutoCAD© DWG-Bauteil „Antriebsflansch" Zeichnungsableitung als Kontrollvorlage

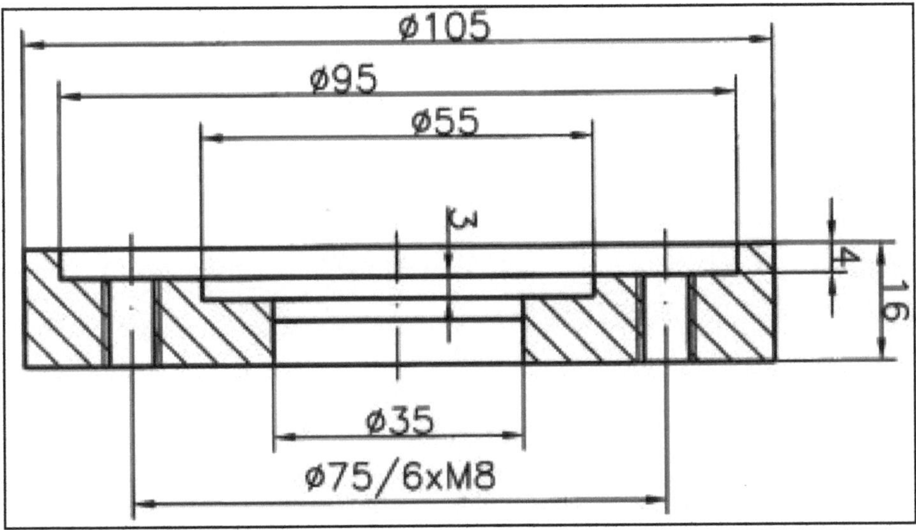

4.3.2 AutoDesk AutoCAD® DWG-Bauteil „Antriebsflansch", Basis-Importablauf

- Einrichten einer Projektumgebung, aus der Inventor-Ebene.
- **Öffnen** der AutoDesk AutoCAD© **DWG**-Bauteil über AutoDesk Inventor.
- Wählen Sie **Optionen**.
- Aktivieren Sie **Importieren**.
- Weiterer Import-Ablauf über **OK** (1).

Projekte

Öffnen

- Weiterer Import-Ablauf im **DWG-/DXF-Dateiassistent** über **Weiter** (2, 3).

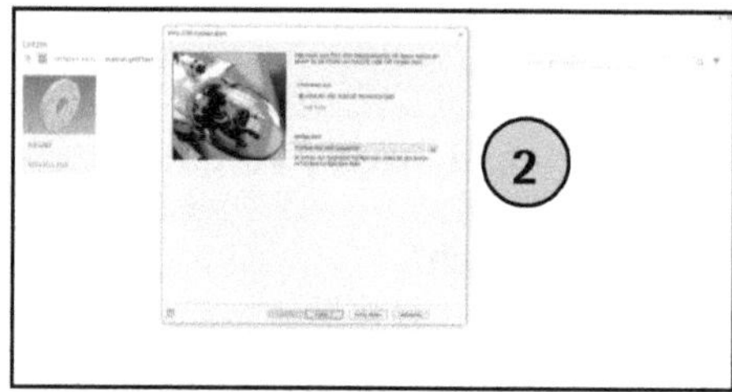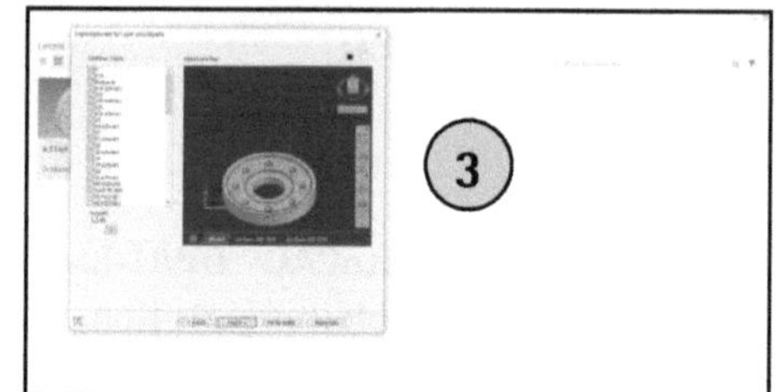

Wählen Sie die Importeinträge entsprechend der gezeigten Auswahl, um ein richtigen Bauteil-Import sicher zu stellen.

- Optionen für 3D-Volumenkörper: Nur Auswahl **3D-Volumenkörper** (4).
- Geben Sie den **Zielordner** nach Wahl an (5).
- Ziel für 2D-Daten: Nur Auswahl **Neues Bauteil** (6).

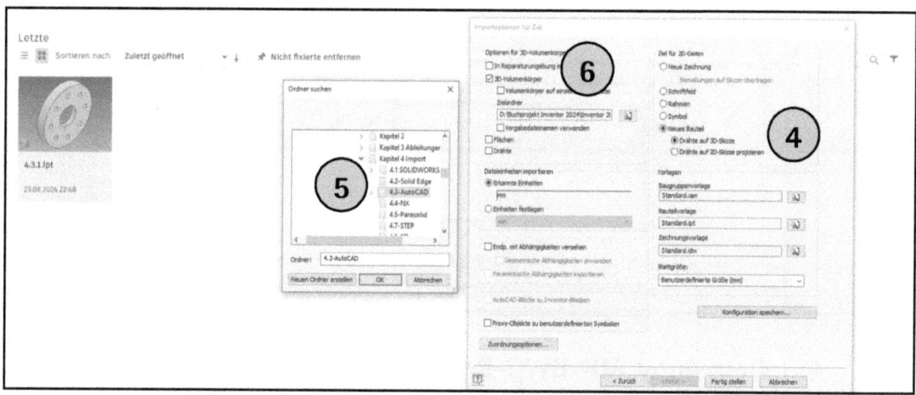

Der Importablauf generiert zwei Inventor-Dateien:

Die erste Inventor-Datei enthält eine generierte Basisskizze (7).

Die zweite Inventor-Datei enthält das Bauteil, die Darstellung wird über **Alles zoomen** auf die Arbeitsebene gezogen (8, 9)
Lagedrehung in **ISO**-Lage (10).

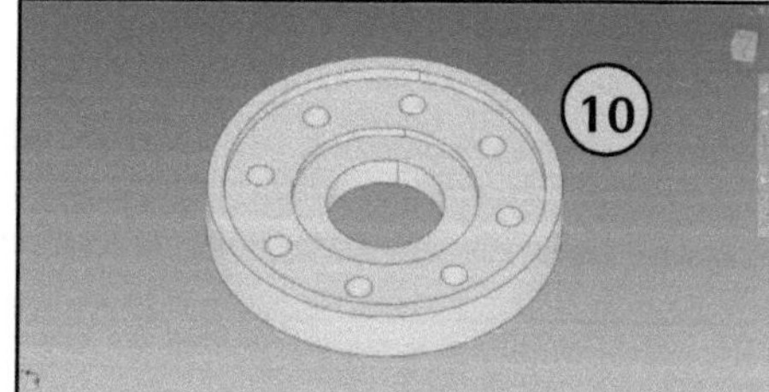

4.3.3 Bauteil über die „Reparaturumgebung" bearbeiten

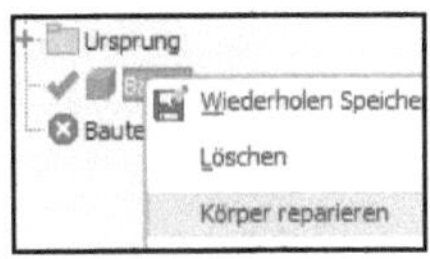

* Aktivieren Sie das Bauteilelement unterhalb des Eintrags **Ursprung**
  im **Bauteil-Browser**.
* Wählen Sie den Eintrag **Körper reparieren** aus dem Kontextmenü (11).
* AutoDesk Inventor öffnet die **Reparaturumgebung**.
* **Fehler suchen** (Multifunktionsleiste **Reparaturumgebung**)

Fehler suchen

* Wählen Sie das Bauteil als **Körper** an (12, 13).
* Schließen Sie die Fehlersuche mit **OK**.
* Die überprüfte Geometrie erhält den Eintrag **Fehlerfrei**
  im **Bauteil-Browser** (14).

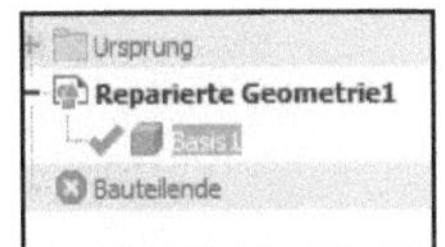

* Schließen Sie die **Reparaturumgebung** (15).

Reparatur
beenden

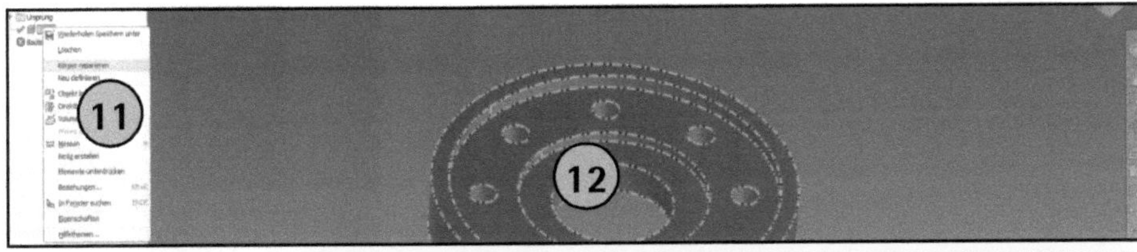

4.3.4 Bauteil-Basisanpassung

4.3.4.1 Bauteil-Basisanpassung, Ansichtsanpassung

* Setzen Sie den visuellen Stil **Schattiert mit Kanten** (wahlweise) (16).
* Setzen Sie den Beleuchtungsstil **Zwei Leuchten** (wahlweise) (17).

Beleuchtungs-
stil

Schattiert
mit Kanten

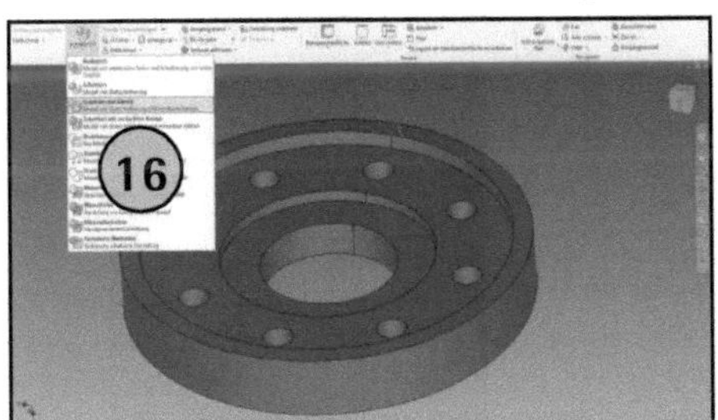

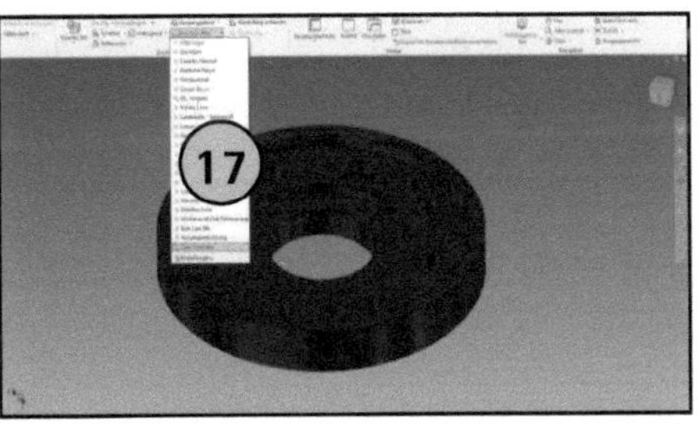

4.3.4.2 Bauteil-Basisanpassung, Materialzuweisung

* Wählen Sie die Schnellzugriff-Werkzeugleiste **Vorgabe**.
* Materialzuweisung **Stahl poliert** (18).

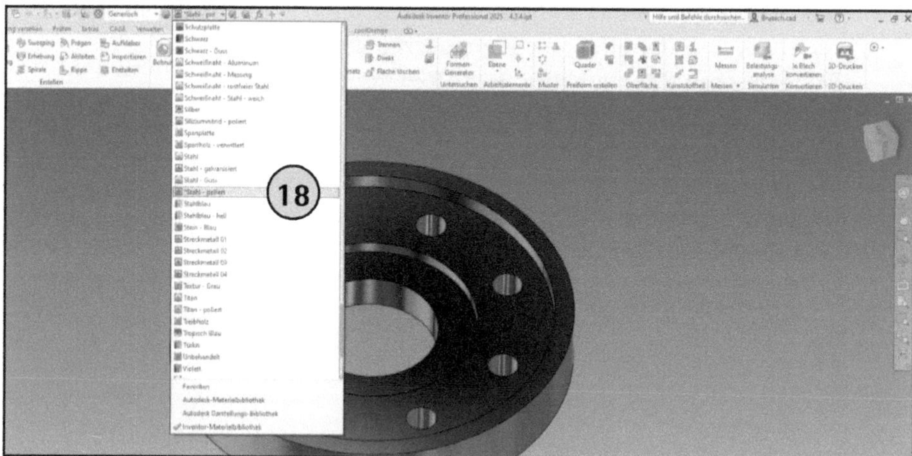

4.3.4.3 Bauteil-Basisanpassung, Dokumenteinstellungen

Dokument-
Einstellungen

* **Dokumenteinstellungen** (Multifunktionsleiste **Extras**)
* Aktivieren Sie **ISO** als **Aktive Norm** (19).

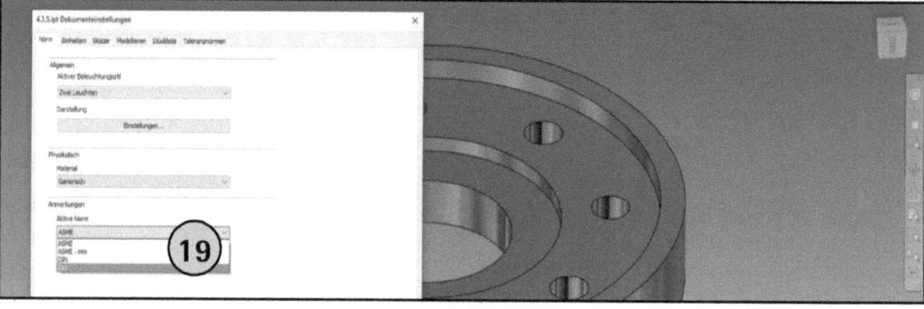

* Aktivieren Sie Längeneinheit **Millimeter** (20).
* Aktivieren Sie Masse **Kilogramm** (21).
* Aktivieren Sie **Genauigkeit** auf **Eine Stelle** (22).

4.3.5 Maßliche Kontrolle

Tragen Sie, zur maßlichen Kontrolle des importierten AutoCAD-DWG-Bauteils, die entsprechenden Maße aus der Kontrollzeichnung an.

- **Bemaßung** (Multifunktionsleiste **Mit Anmerkungen versehen**)

  Wählen Sie die entsprechenden Kanten oder Durchmesser aus (23).

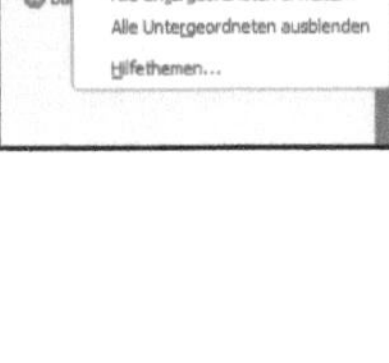

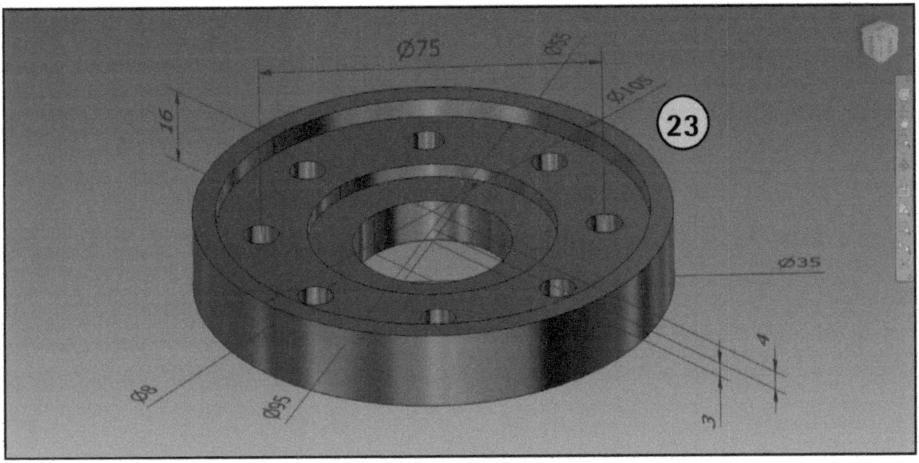

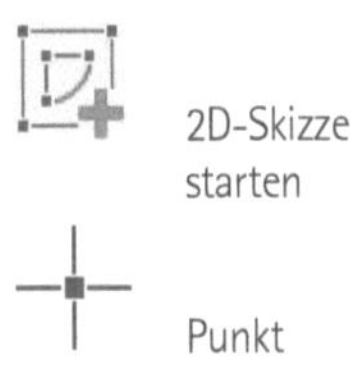

- Aktivieren Sie den Eintrag **Anmerkungen** im **Bauteil-Browser**.
- Wählen Sie **Alle Anmerkungen ausblenden** nach erfolgter Maßkontrolle.

4.3.6 Gewinde-Grundlöcher anpassen

4.3.6.1 Basisskizze für Gewinde-Grundlöcher erstellen

- **2D-Skizze starten** (Multifunktionsleiste **3D-Modell**)
- Wählen Sie die gezeigte Bauteilfläche (24).

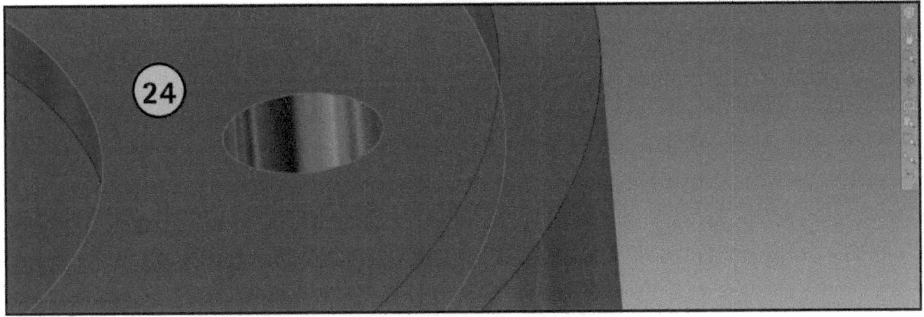

- Setzen Sie einen Punkt auf die Mitte der vorhandenen Geometrie (25).

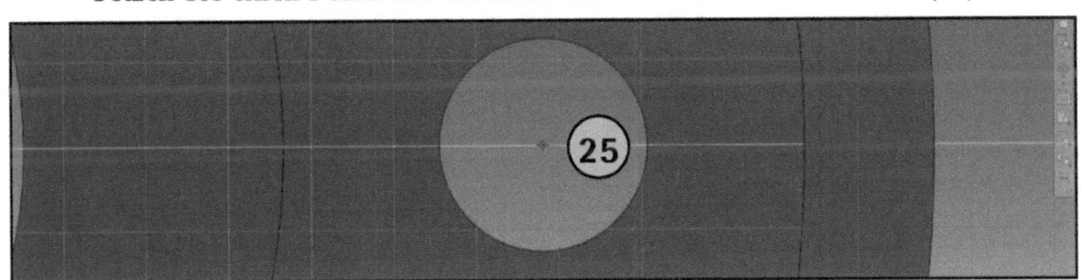

Direkt-
bearbeitung

4.3.6.2 Vorhandene Zylindergeometrie über „Direktbearbeitung" löschen

Direktbearbeitung (Multifunktionsleiste **3D-Model/Ändern**)
Aktivieren Sie, im **Mini-Werkzeugkasten** die Option **Löschen** (26).
Wählen Sie die gezeigten Zylindergeometrien (27, 28).

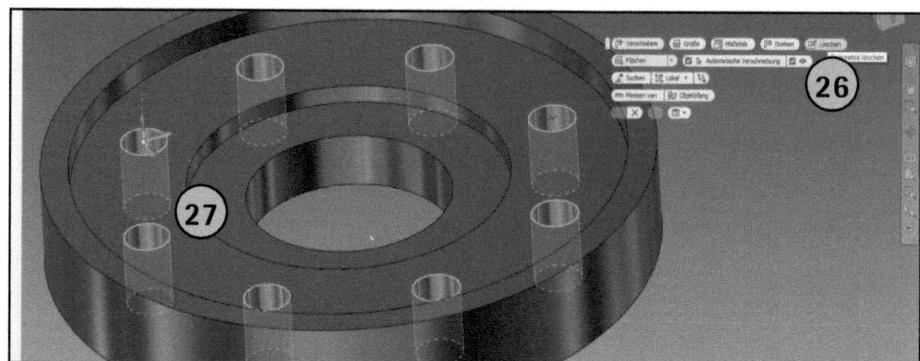

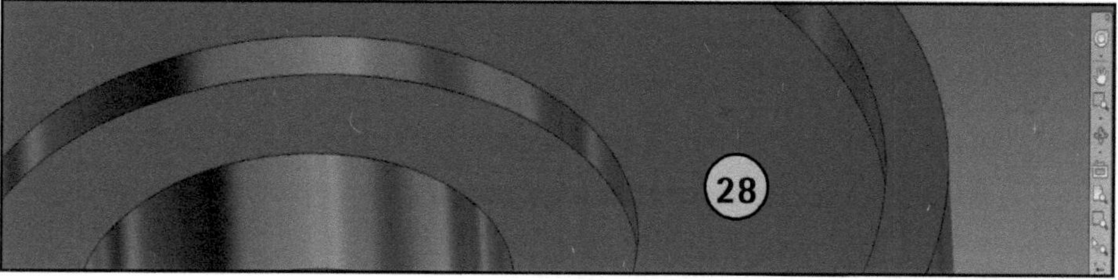

4.3.6.3 Setzen der neuen Gewindebohrung

Bohrung

Bohrung (Multifunktionsleiste **3D-Modellierung**)
Erstellung von Mittelpunkt ist **Aktiviert**
Bohrungsparameter:
Gewindebohrung, Typ: **ISO-Metrisches Profil**
Größe **5**, Bezeichnung: **M8 x 1,25**, Gewindetiefe: **Durch alles** (29).
Schließen Sie die Bearbeitung mit **OK** ab (30)

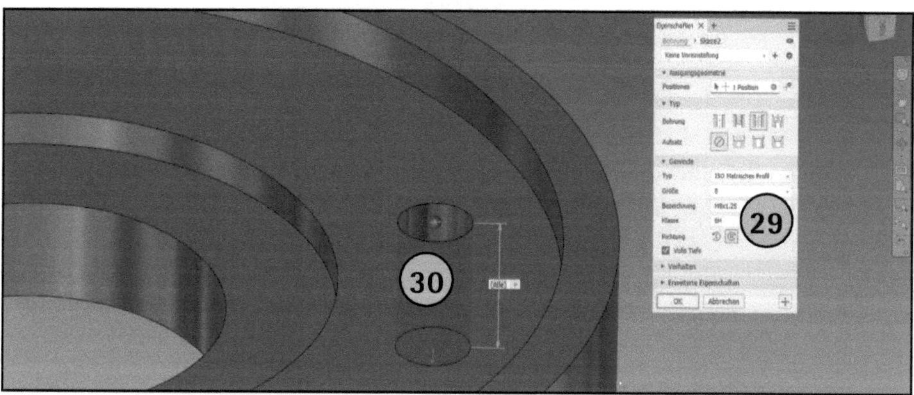

4.3.6.4 Die runde Anordnung der Bohrungen

Runde Anordnung (Multifunktionsleiste **3D-Modellierung**)
Einzelne Elemente / Platzierung **6 Stück** / **360** grd (31)
Elemente Bohrung anwählen (32) / **Drehachse** wählen (33).
Schließen Sie die Bearbeitung mit **OK** ab.

4.3.7 Bauteil speichern

* Aufruf über den **Menü-Browser**, Register **Datei**.

Speichern unter

4.4 Parasolid-Bauteil „Schneckenrad" importieren Datenformat *.x_b

4.4.1 Parasolid-Bauteil „Schneckenrad", Vorgaben

4.4.1.1 Parasolid-Bauteil „Schneckenrad" Zeichnungsableitung als Kontrollvorlage

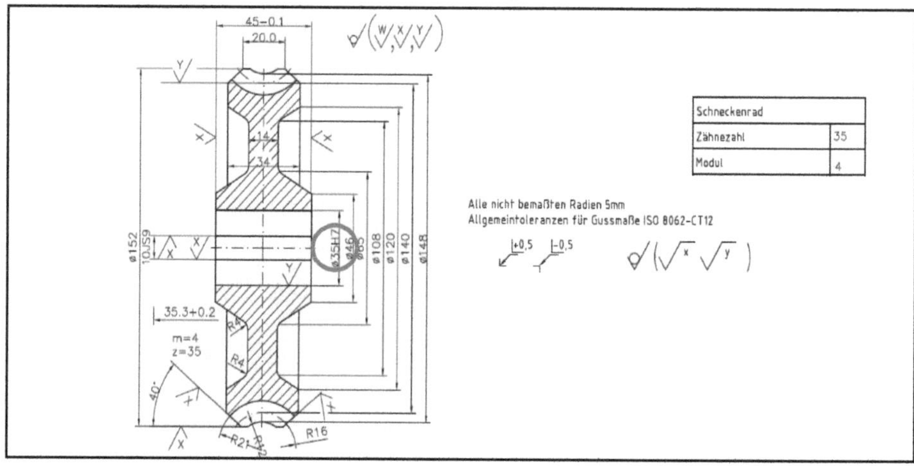

4.4.2 Parasolid-Bauteil „Schneckenrad", Basis-Importablauf

4.4.2.1 Parasolid-Bauteil „Schneckenrad" öffnen

Projekte

Öffnen

- Einrichten einer Projektumgebung, aus der Inventor-Ebene.

- **Öffnen** der Parasolid-Bauteildatei über AutoDesk Inventor (1).

- Eine Veränderung der Einträge über **Option** ist nicht nötig, wenn die Parasolid-Bauteildatei die Einheit **Metrisch** und **mm** hat (2).

- Über den Importvorgang wird das Bauteil in Inventor hochgeladen (3, 4).

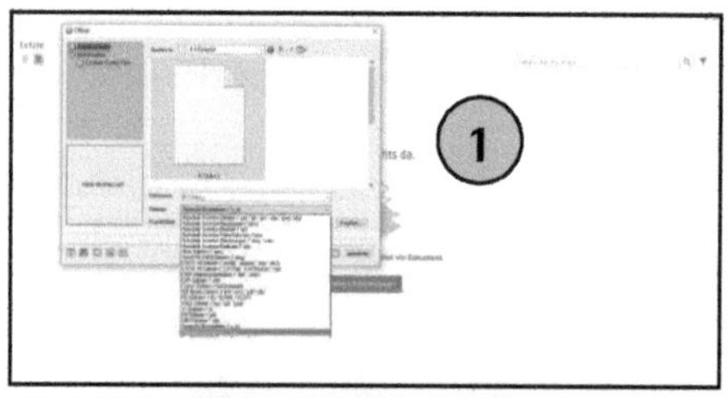

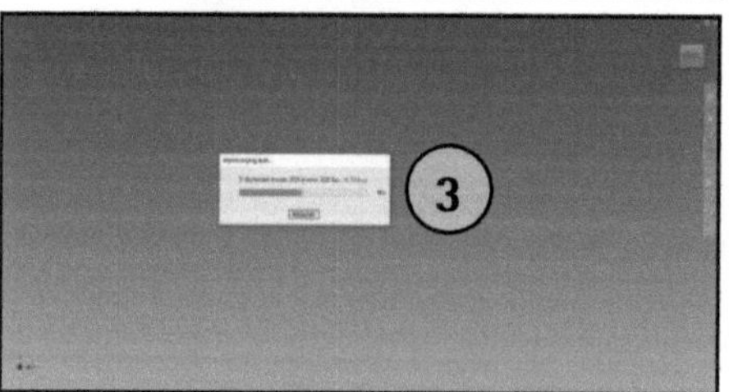
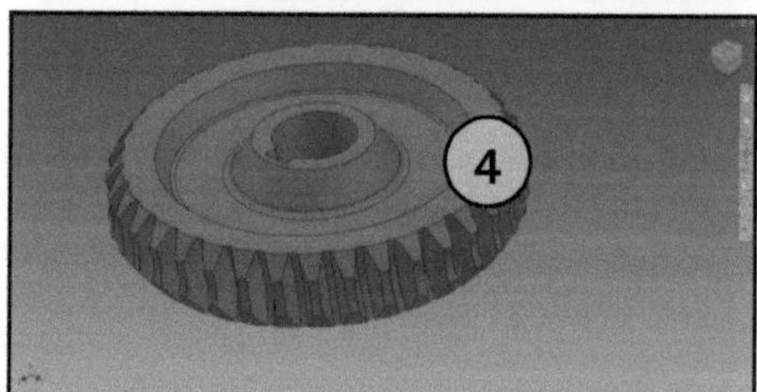

4.4.2.2 Bauteilkontrolle über die „Reparaturumgebung"

- Aktivieren Sie das Bauteilelement unterhalb des Eintrags **Ursprung** im **Bauteil-Browser**, wählen Sie **Körper reparieren** im Kontextmenü.
- AutoDesk Inventor öffnet die **Reparaturumgebung** (5).
- **Fehler suchen** (Multifunktionsleiste **Reparaturumgebung**)
- Wählen Sie das Bauteil als **Körper** an (6), Abschluss mit **OK**.
- Die überprüfte Geometrie erhält den Eintrag **Fehlerfrei** im **Bauteil-Browser** (7), schließen Sie die **Reparaturumgebung** (8).

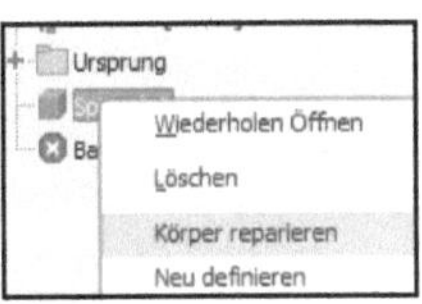

Fehler suchen

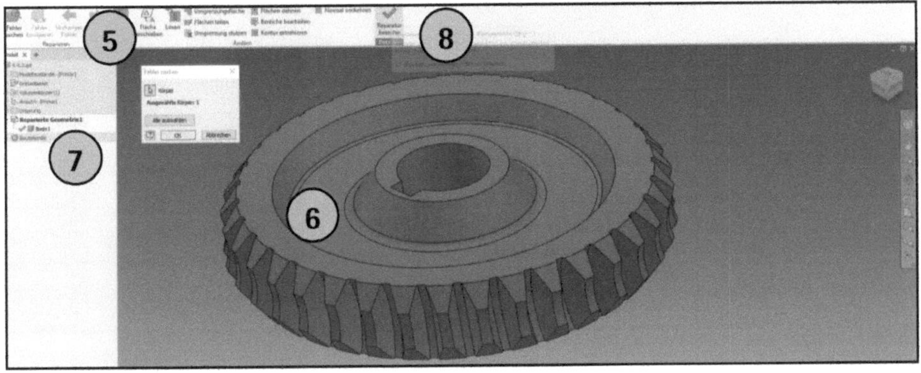

4.4.3 Bauteil-Basisanpassung

4.4.3.1 Bauteil-Basisanpassung, Ansichtsanpassung

- Setzen Sie den visuellen Stil **Schattiert mit Kanten** (wahlweise) (9).
- Setzen Sie den Beleuchtungsstil **Zwei Leuchten** (wahlweise) (10).

Beleuchtungsstil

Schattiert mit Kanten

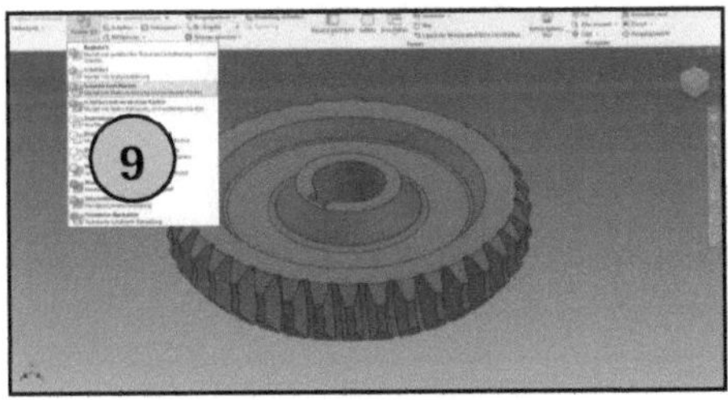
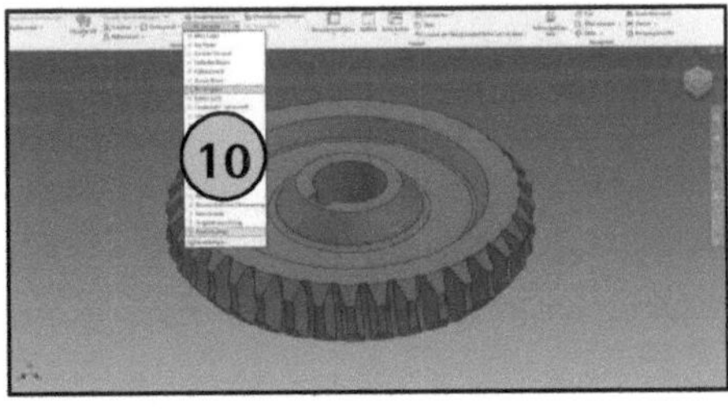

4.4.3.2 Bauteil-Basisanpassung, Materialzuweisung

- Aktivieren Sie das importierte Bauteil.
- Der Material-Eintrag in der Schnellzugriff-Werkzeugleiste **Vorgabe** ist ein Farbeintrag **84,86,89** (11).
- Weisen Sie das Material **Stahl poliert** zu (12).

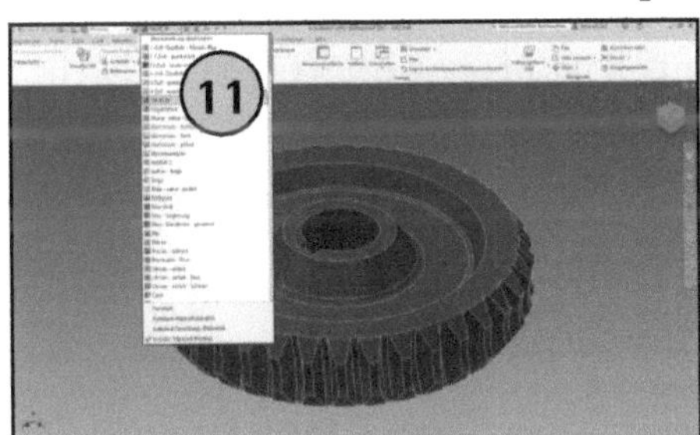
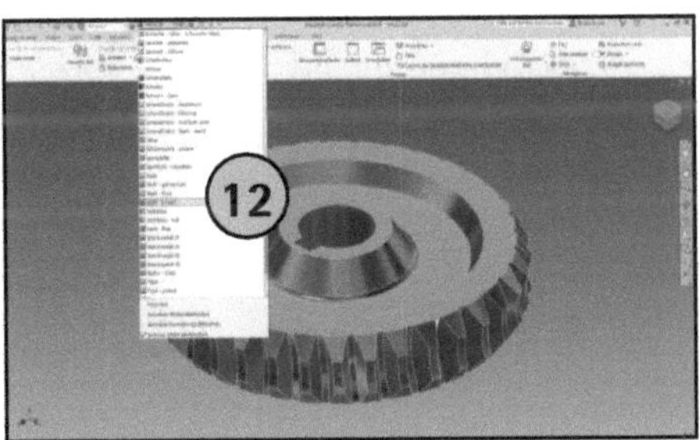

4.4.3.3 Bauteil-Basisanpassung, Dokumenteinstellungen

Dokument-
Einstellungen

- **Dokumenteinstellungen** (Multifunktionsleiste **Extras**)
- Aktivieren Sie **ISO** als **Aktive Norm** (13).
- Aktivieren Sie Längeneinheit **Millimeter**.
- Aktivieren Sie Masse **Kilogramm** (14).
- Aktivieren Sie **Genauigkeit** auf **Eine Stelle** (15).

4.4.4   Maßliche Kontrolle

Bemaßung

Tragen Sie, zur maßlichen Kontrolle des importierten Parasolid-Bauteils, die entsprechenden Maße aus der Kontrollzeichnung an.

- **Bemaßung** (Multifunktionsleiste **Mit Anmerkungen versehen**)

  Wählen Sie die entsprechenden Kanten oder Durchmesser aus (16).

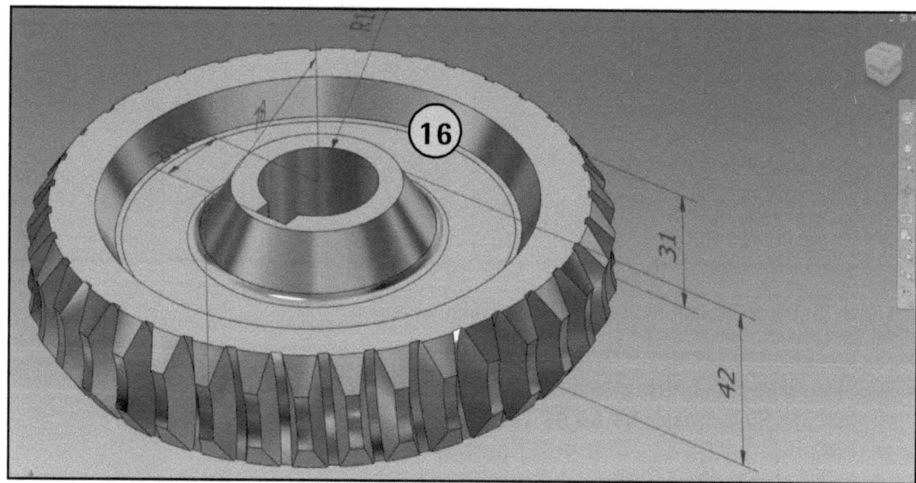

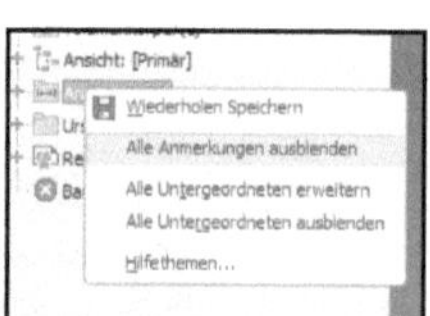

- Aktivieren Sie den Eintrag **Anmerkungen** im **Bauteil-Browser**.
- Wählen Sie **Alle Anmerkungen ausblenden** nach erfolgter Maßkontrolle.

4.4.5 Bauteil speichern

* Aufruf über den **Menü-Browser**, Register **Datei**.

 **Speichern unter**

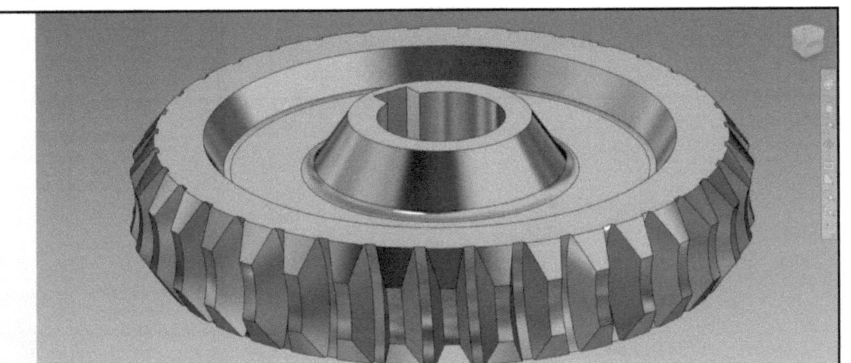

4.5 Siemens NX©-Bauteil „Schwungrad" importieren Datenformat *.prt

4.5.1 Siemens NX©-Bauteil „Schwungrad", Vorgaben

4.5.1.1 Siemens NX©-Bauteil „Schwungrad" Zeichnungsableitung als Kontrollvorlage

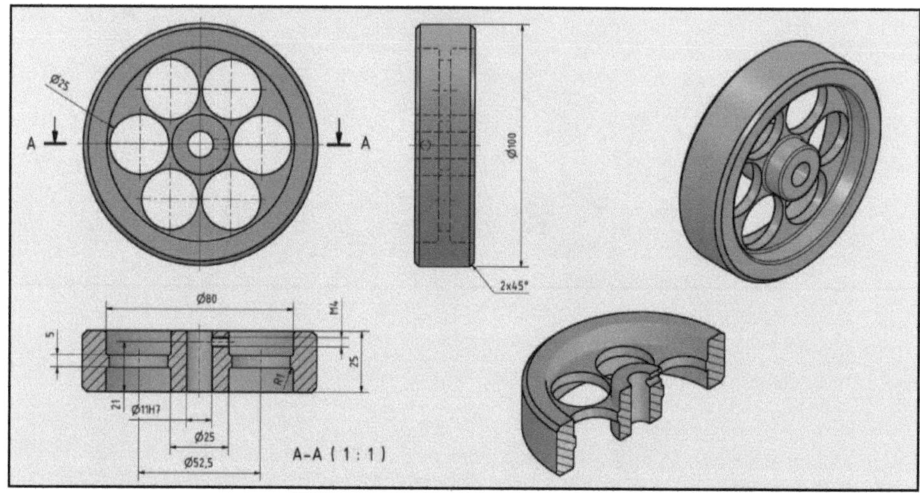

4.5.2 Siemens NX©-Bauteil „Schwungrad", Basis-Importablauf

4.5.2.1 Siemens NX©-Bauteil „Schwungrad" öffnen

Projekte

Öffnen

- Einrichten einer Projektumgebung, aus der Inventor-Ebene.
- **Öffnen** der Siemens NX®-Bauteildatei über AutoDesk Inventor.
- Eine Veränderung der Einträge über **Option** ist nicht nötig, wenn die Siemens NX®-Bauteil die Einheit **Metrisch** und **mm** hat (1).
- Passen Sie die Einträge unter **Eigenschaftszuordnung** nach Bedarf an, die Einträge werden unter **iProperties** verwaltet (2).
- Über den Importvorgang wird das Bauteil in Inventor hochgeladen (3).

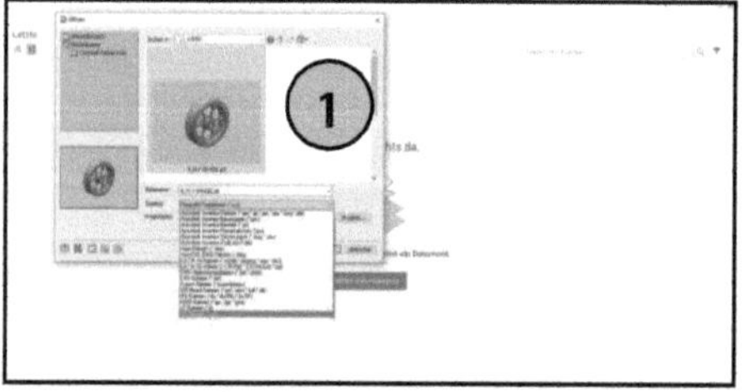

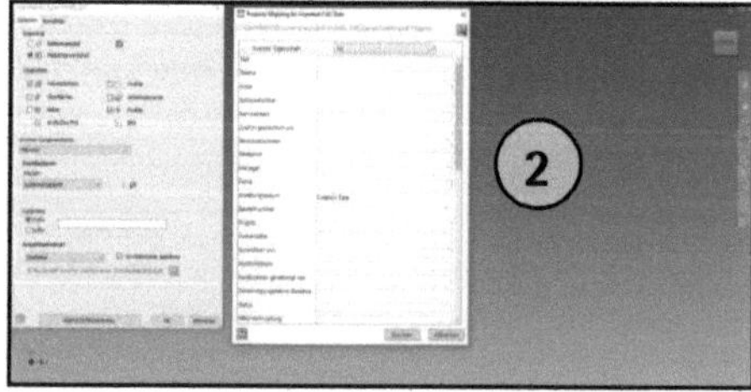

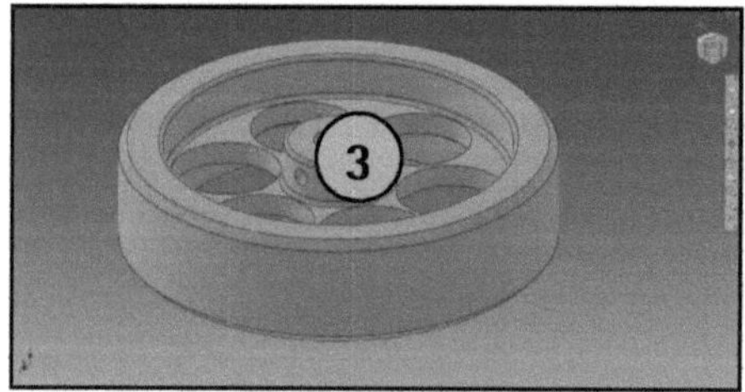

4.5.2.2 Bauteilkontrolle über die „Reparaturumgebung"

- Aktivieren Sie das Bauteilelement unterhalb des Eintrags **Ursprung**
  im **Bauteil-Browser**, wählen Sie **Körper reparieren** im Kontextmenü.

- AutoDesk Inventor öffnet die **Reparaturumgebung**.

- **Fehler suchen** (Multifunktionsleiste **Reparaturumgebung**)

- Wählen Sie das Bauteil als **Körper** an, Abschluss mit **OK**.

- Die überprüfte Geometrie erhält den Eintrag **Fehlerfrei**
  im **Bauteil-Browser** (4), schließen Sie die **Reparaturumgebung** (5).

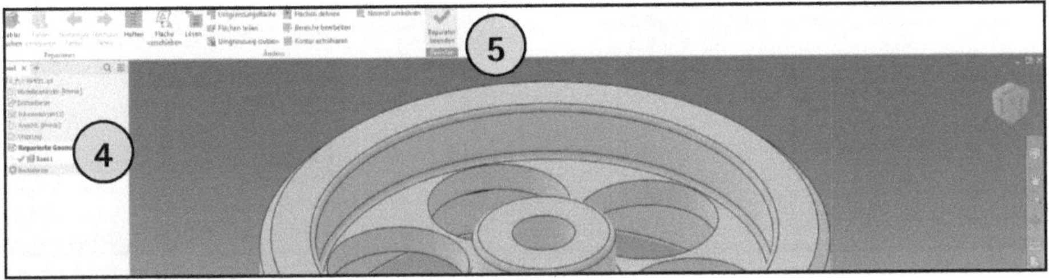

4.5.3 Bauteil-Basisanpassung

4.5.3.1 Bauteil-Basisanpassung, Ansichtsanpassung

- Setzen Sie den visuellen Stil **Schattiert mit Kanten** (wahlweise) (6).
- Setzen Sie den Beleuchtungsstil **Zwei Leuchten** (wahlweise) (7).

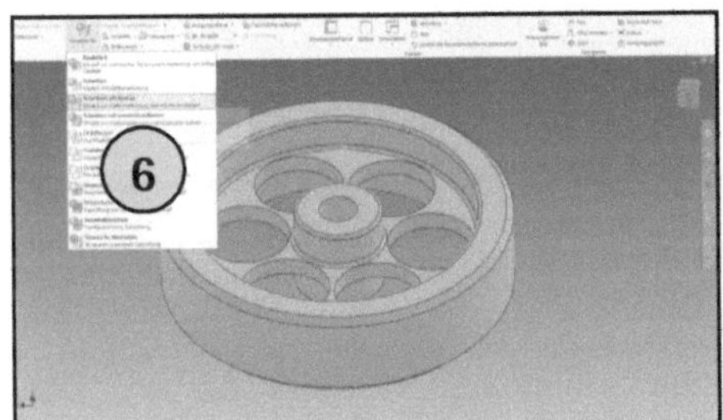
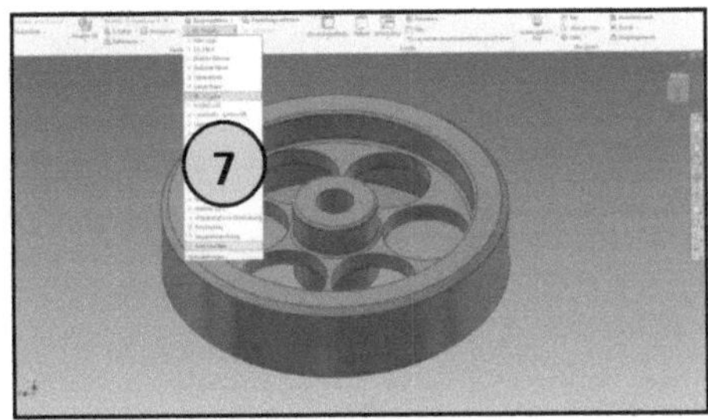

4.5.3.2 Bauteil-Basisanpassung, Materialzuweisung

- Aktivieren Sie das importierte Bauteil.

- Der Material-Eintrag in der Schnellzugriff-Werkzeugleiste **Vorgabe**
  ist ein Farbeintrag **84,86,89** (8).

- Weisen Sie das Material **Stahl poliert** zu (9, 10).

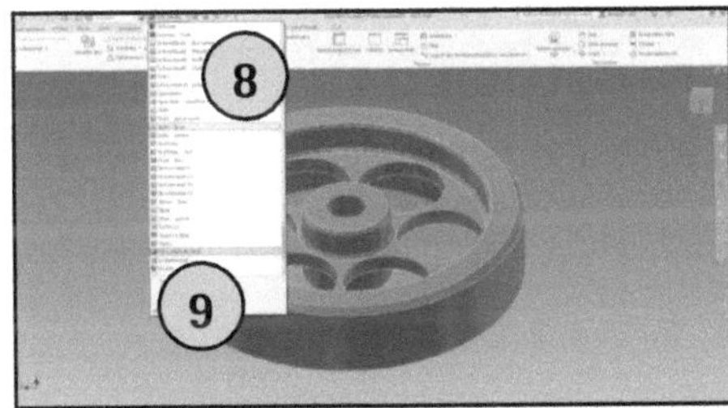
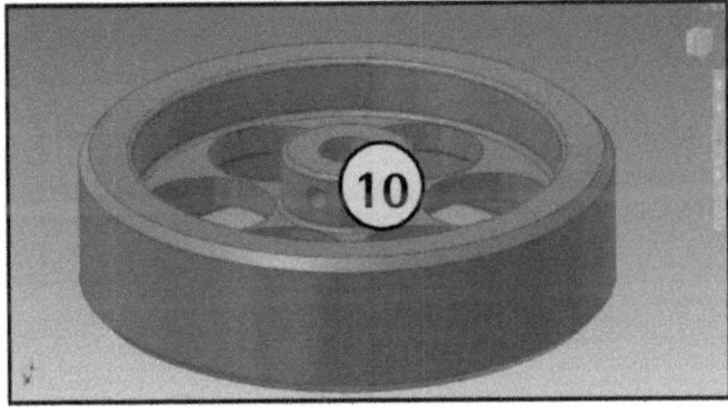

Dokument-
Einstellungen

4.5.3.3 Bauteil-Basisanpassung, Dokumenteinstellungen

- **Dokumenteinstellungen** (Multifunktionsleiste **Extras**)
- Aktivieren Sie **ISO** als **Aktive Norm** (11).
- Aktivieren Sie Längeneinheit **Millimeter**.
- Aktivieren Sie Masse **Kilogramm**.
- Aktivieren Sie **Genauigkeit** auf **Eine Stelle** (12).

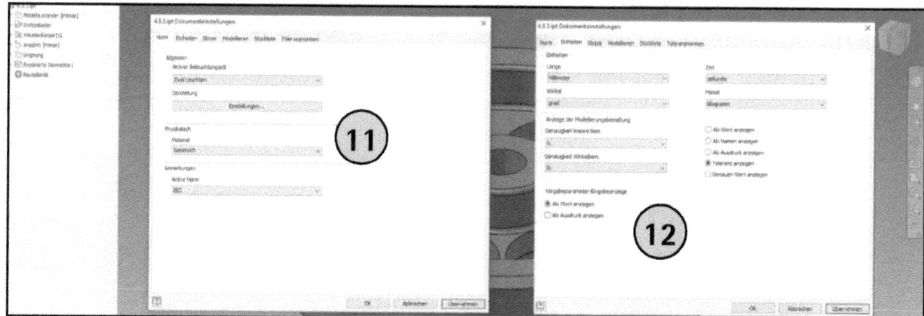

4.5.4 Maßliche Kontrolle

Bemaßung

Tragen Sie, zur maßlichen Kontrolle des importierten Siemens NX®-Bauteil, die entsprechenden Maße aus der Kontrollzeichnung an.

- **Bemaßung** (Multifunktionsleiste **Mit Anmerkungen versehen**)
  Wählen Sie die entsprechenden Kanten oder Durchmesser aus (13, 14).

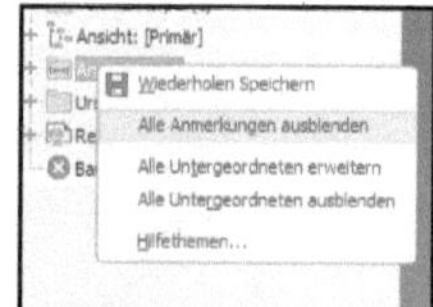

- Aktivieren Sie den Eintrag **Anmerkungen** im **Bauteil-Browser**.
- Wählen Sie **Alle Anmerkungen ausblenden** nach erfolgter Maßkontrolle.

4.5.5 Innengewinde-Zuweisung

Gewinde (Multifunktionsleiste **3D-Modell/Ändern**)

Wählen Sie die gezeigte Bohrungsfläche.

Weisen Sie der Innenfläche der Bohrung ein **Gewinde** Größe **M4x0,7**,
ISO-Metrisches Profil zu (15, 16).

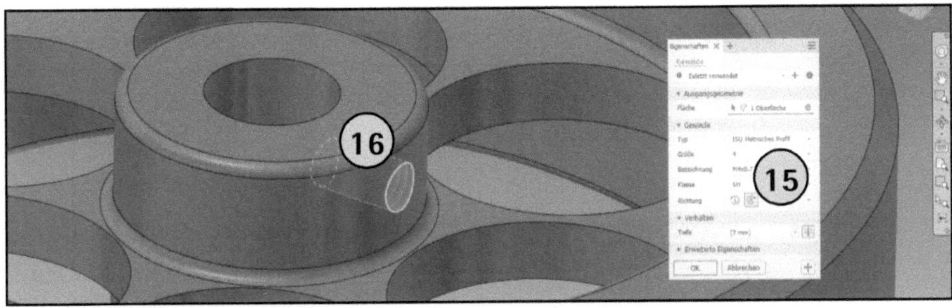

4.5.6 Bauteil speichern

* Aufruf über den **Menü-Browser**, Register **Datei**.

Speichern unter

4.6 STEP-Bauteil „Zahnradwelle" importieren

4.6.1 STEP-Bauteil „Zahnradwelle"
Zeichnungsableitung als Kontrollvorlage

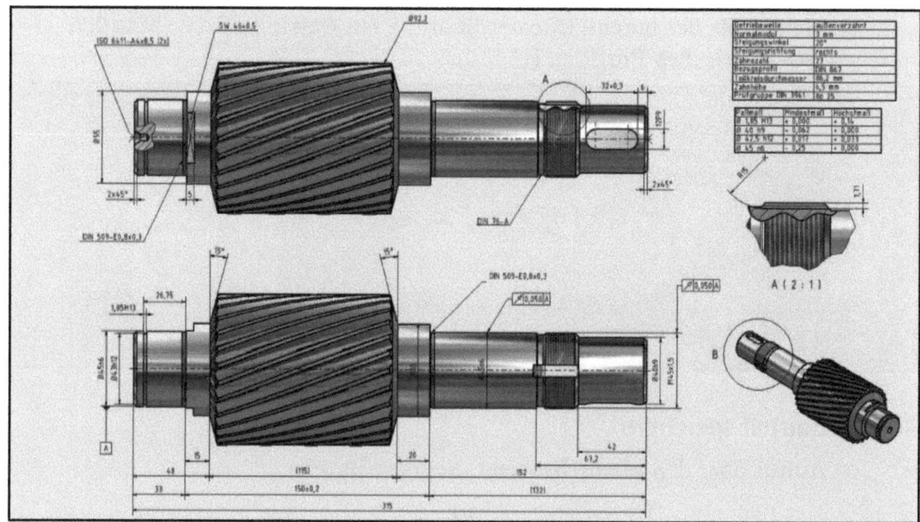

4.6.2 STEP-Bauteil „Zahnradwelle", Basis-Importablauf

4.6.2.1 STEP-Bauteil „Zahnradwelle" öffnen

Projekte

Öffnen

- Einrichten einer Projektumgebung, aus der Inventor-Ebene.
- **Öffnen** der STEP-Bauteildatei über AutoDesk Inventor (1).
- Eine Veränderung der Einträge über **Option** ist nicht nötig,
  wenn die STEP-Bauteildatei die Einheit **Metrisch** und **mm** hat (2).
- Über den Importvorgang wird das Bauteil in Inventor hochgeladen (3, 4).

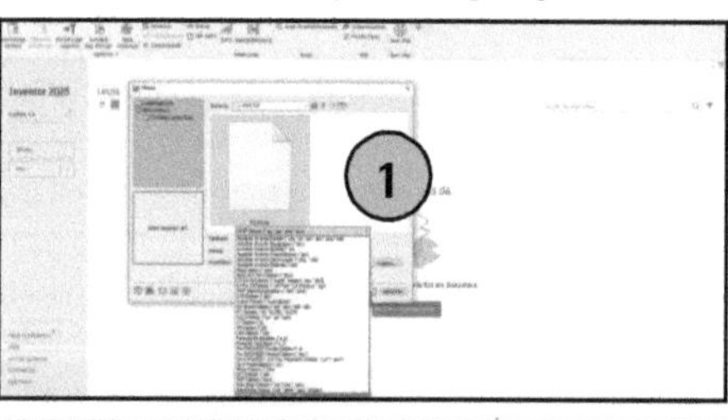

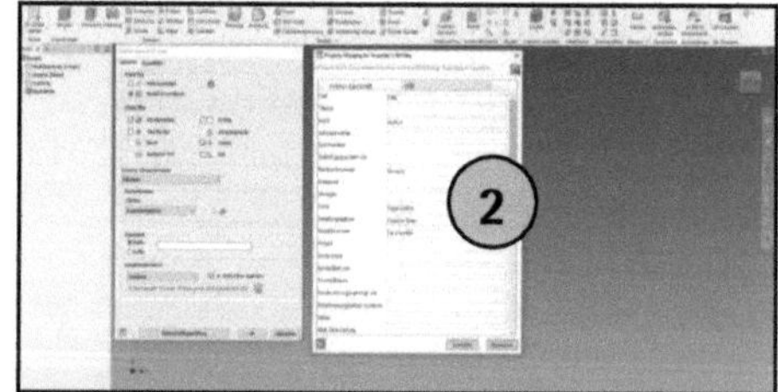

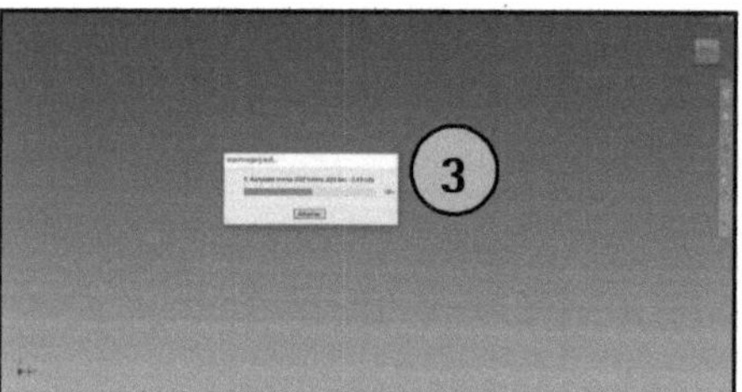

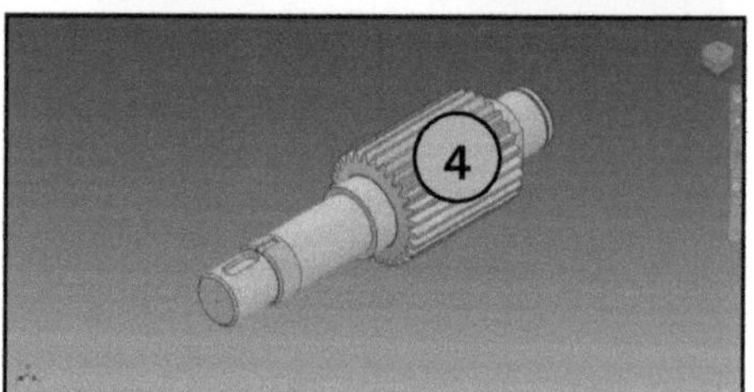

4.6.2.2 Bauteilkontrolle über die „Reparaturumgebung"

- Aktivieren Sie das Bauteilelement unterhalb des Eintrags **Ursprung**
  im **Bauteil-Browser**, wählen Sie **Körper reparieren** im Kontextmenü.

- AutoDesk Inventor öffnet die **Reparaturumgebung**.

- **Fehler suchen** (Multifunktionsleiste **Reparaturumgebung**)

- Wählen Sie das Bauteil als **Körper** an, Abschluss mit **OK**.

- Die überprüfte Geometrie erhält den Eintrag **Fehlerfrei**
  im **Bauteil-Browser**, schließen Sie die **Reparaturumgebung** (5, 6).

Fehler suchen

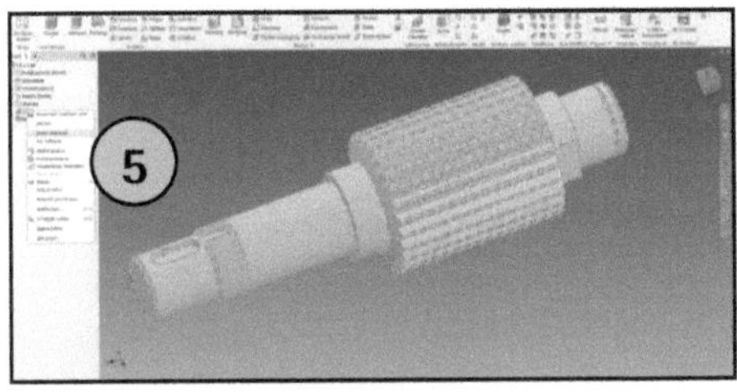

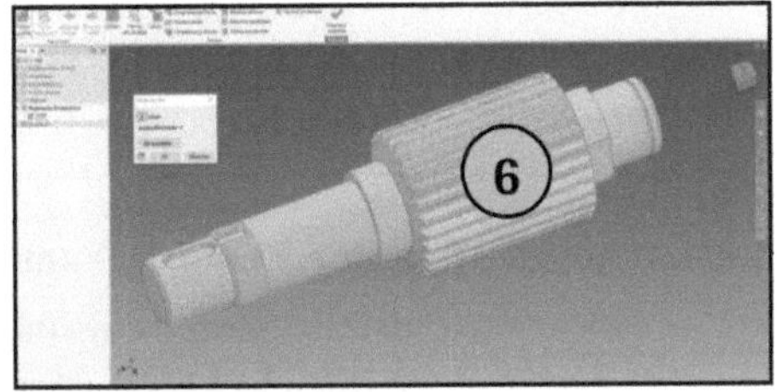

4.6.3 Bauteil-Basisanpassung

4.6.3.1 Bauteil-Basisanpassung, Ansichtsanpassung

- Setzen Sie den visuellen Stil **Schattiert mit Kanten** (wahlweise) (7).
- Setzen Sie den Beleuchtungsstil **Zwei Leuchten** (wahlweise) (8)

Beleuchtungs-
stil

Schattiert
mit Kanten

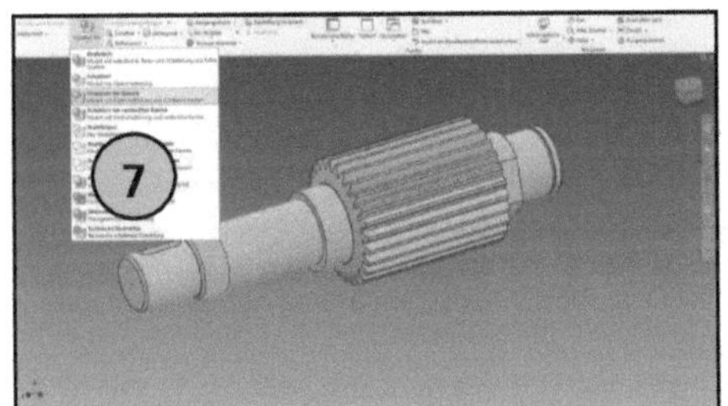

4.6.3.2 Bauteil-Basisanpassung, Materialzuweisung

- Aktivieren Sie das importierte Bauteil durch Auswahl mit **Fenster** (9).
  Lassen Sie den grüngefärbten Bereich für die Gewindefläche aus (10).

- Weisen Sie das Material **Stahl poliert** zu (11).

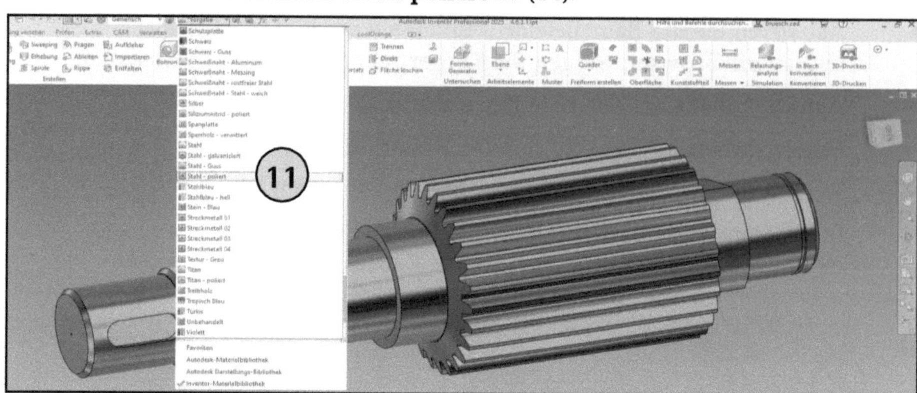

4.6.3.3 Bauteil-Basisanpassung, Dokumenteinstellungen

Dokument-
Einstellungen

- **Dokumenteinstellungen** (Multifunktionsleiste **Extras**)
- Aktivieren Sie **ISO** als **Aktive Norm** (12).
- Aktivieren Sie Längeneinheit **Millimeter**.
- Aktivieren Sie Masse **Kilogramm**.
- Aktivieren Sie **Genauigkeit** auf **Eine Stelle** (13).

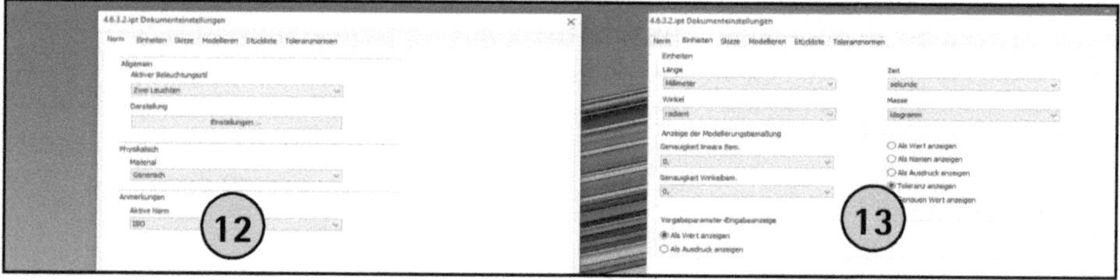

4.6.4   Maßliche Kontrolle

Tragen Sie, zur maßlichen Kontrolle des importierten STEP-Bauteils, die entsprechenden Maße aus der Kontrollzeichnung an.

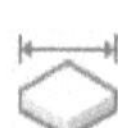

Bemaßung

- **Bemaßung** (Multifunktionsleiste **Mit Anmerkungen versehen**)
  Wählen Sie die entsprechenden Kanten oder Durchmesser aus (14).

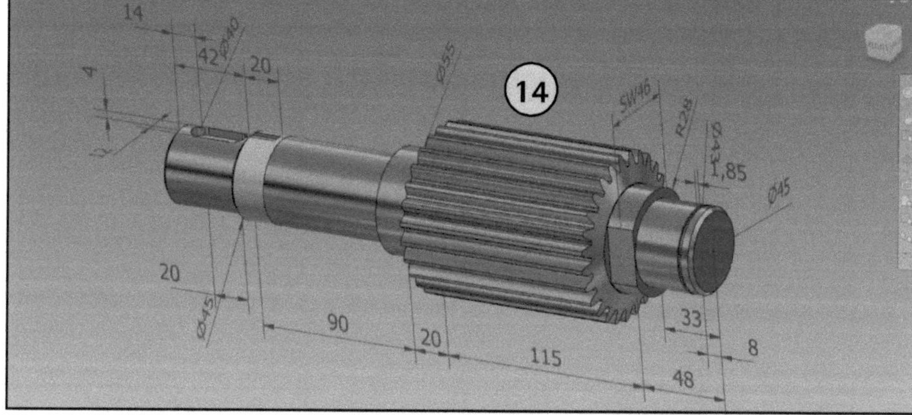

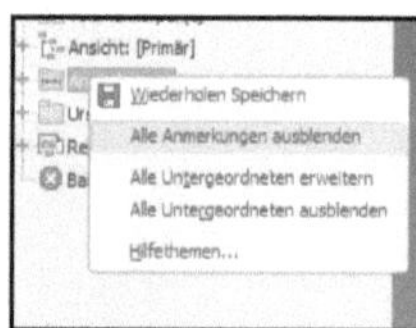

- Aktivieren Sie den Eintrag **Anmerkungen** im **Bauteil-Browser**.
- Wählen Sie **Alle Anmerkungen ausblenden** nach erfolgter Maßkontrolle.

4.6.5 Innengewinde-Zuweisung

Gewinde (Multifunktionsleiste **3D-Modell/Ändern**)
Wählen Sie die gezeigte Bohrungsfläche (15).
Weisen Sie der Innenfläche der Bohrung ein **Gewinde** Größe **M45x1,5**,
ISO-Metrisches Profil zu (16, 17, 18, 19).

4.6.6 Bauteil speichern

* Aufruf über den **Menü-Browser**, Register **Datei**.

Speichern unter

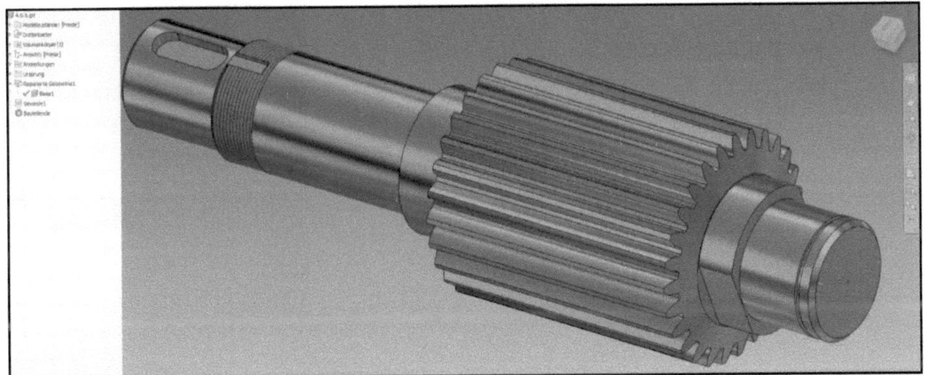

4.6.7 Zuweisung eines echten Gewindes

4.6.7.1 Umwandlung in physikalisches (echtes) Gewinde mit dem „ThreadModeler"-Tool

ThreadModeler

- Klicken Sie auf die Registerkarte **CoolOrange**, Befehl **ThreadModeller**.
- Wählen Sie den Gewinde-Eintrag im **Bauteil-Browser** (19), die Auswahl wird in die Dialogbox übernommen (20, 21).

Kombinieren

- Mit **OK** werden die **Gewinde** gesetzt, diese Gewinde werden automatisch aus der Funktion **Spirale** und **Umdrehung** gebildet.
- Bilden Sie eine **Volumen-Addition** des Basisbauteils mit dem gebildeten Gewinde über **Kombinieren**, Option **Verbinden** (22, 23).

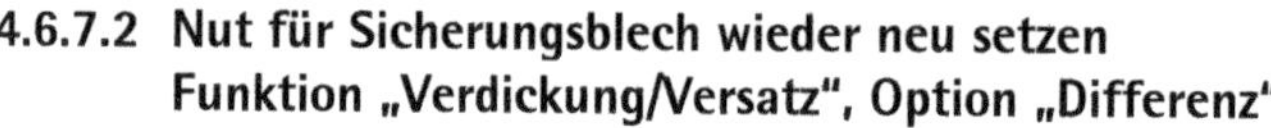
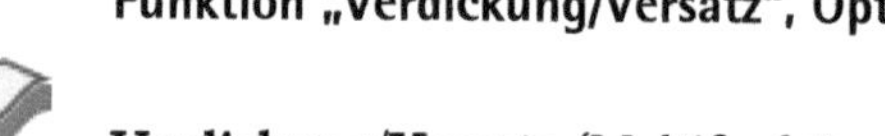

4.6.7.2 Nut für Sicherungsblech wieder neu setzen Funktion „Verdickung/Versatz", Option „Differenz"

Verdickung
/Versatz

Verdickung/Versatz (Multifunktionsleiste **3D-Modell**)

Wählen Sie die gezeigte Basisfläche der Nut für das Sicherungsblech (24).

Setzen Sie den Wert **10** mm für **Abstand** (25).

Wählen Sie die Option **Differenz** (26).

- Schließen Sie den Befehl mit **OK** (27).

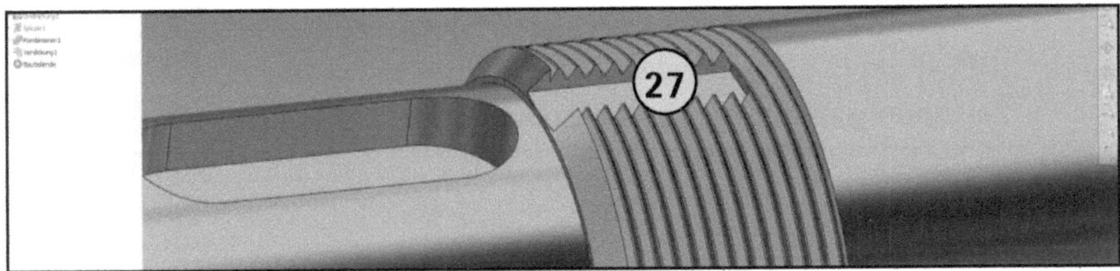

4.6.8   Bauteil speichern

- Aufruf über den **Menü-Browser**, Register **Datei**.

 **Speichern unter**

 Speichern
unter

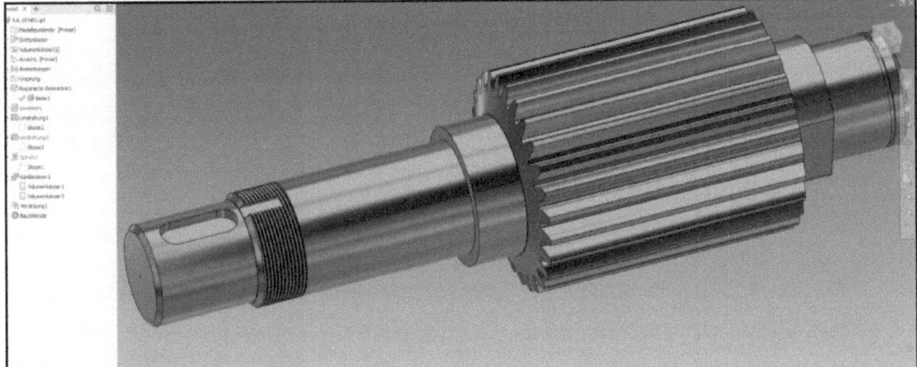

4.7 IGES-Bauteil „Lagerdeckel" importieren

4.7.1 IGES-Bauteil „Lagerdeckel"
Zeichnungsableitung als Kontrollvorlage

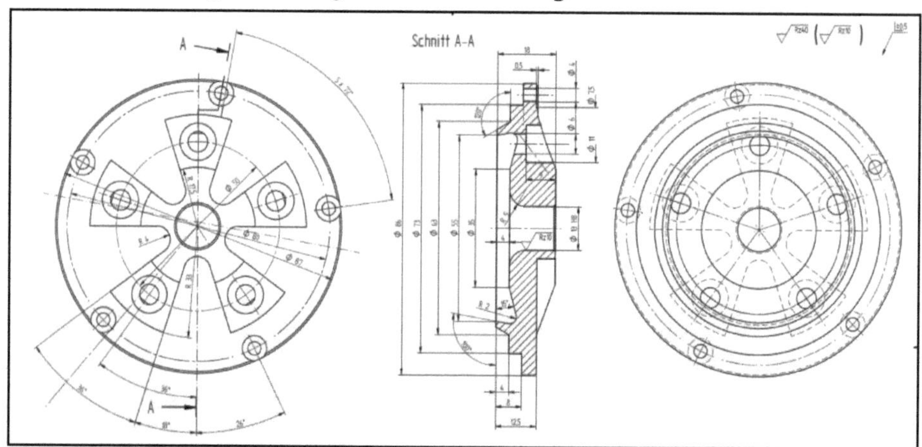

4.7.2 IGES-Bauteil „Lagerdeckel", Basis-Importablauf

4.7.2.1 IGES-Bauteil „Lagerdeckel" öffnen

Projekte

Öffnen

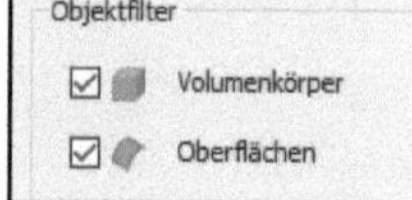

- Einrichten einer Projektumgebung, aus der Inventor-Ebene.

- **Öffnen** der IGES-Bauteildatei über AutoDesk Inventor (1).

- Setzen Sie den Eintrag **Oberflächen** aktiv (2).

- Für den Import ist die Wahl, der einzufügenden Objekte, über **Auswählen** zu treffen (3).

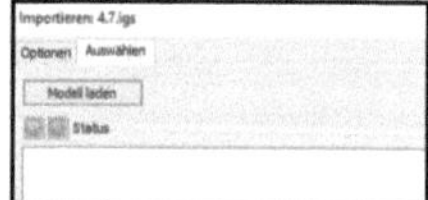

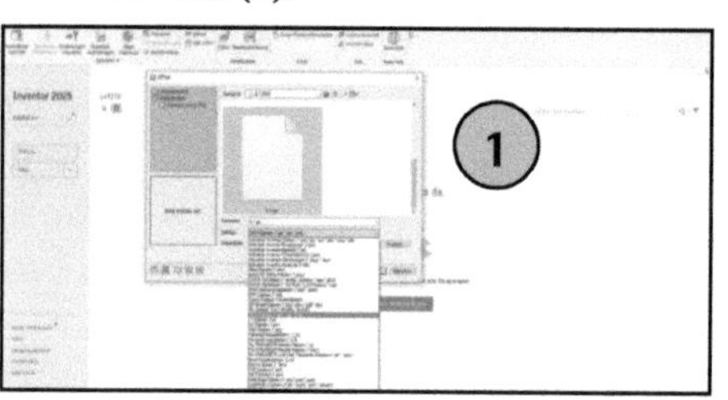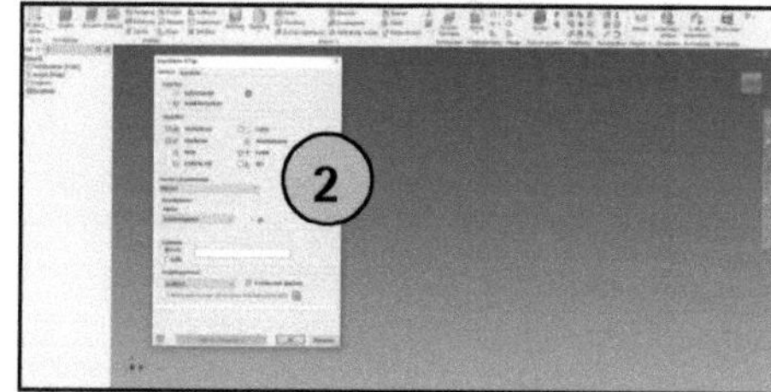

- Aktivieren Sie **Modell laden** (3).

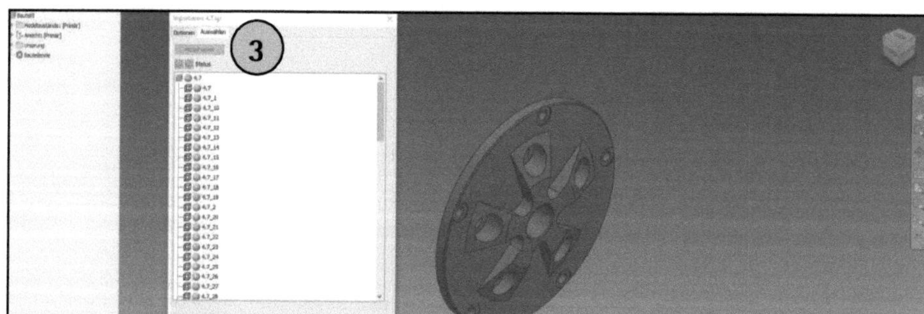

- Über den Importvorgang wird das Bauteil als Flächenmodell in Inventor
  hochgeladen (4).

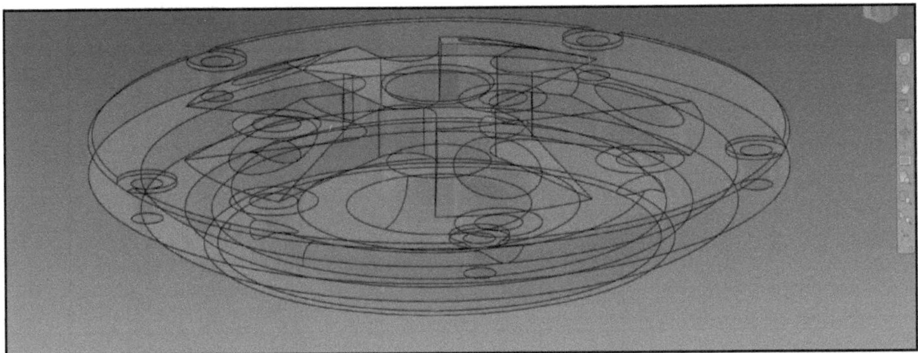

4.7.3 Bauteilkontrolle über die „Reparaturumgebung"

4.7.3.1 Durchsichtigkeit entfernen

- Deaktivieren Sie, im Bauteil-Browser, über das Kontextmenü,
  den Eintrag **Durchsichtig** (5, 6).

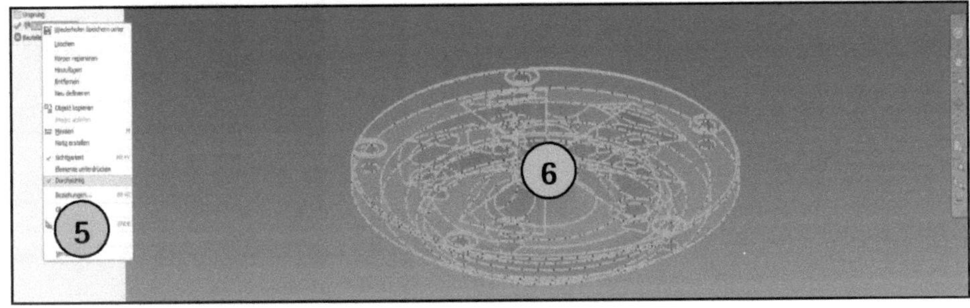

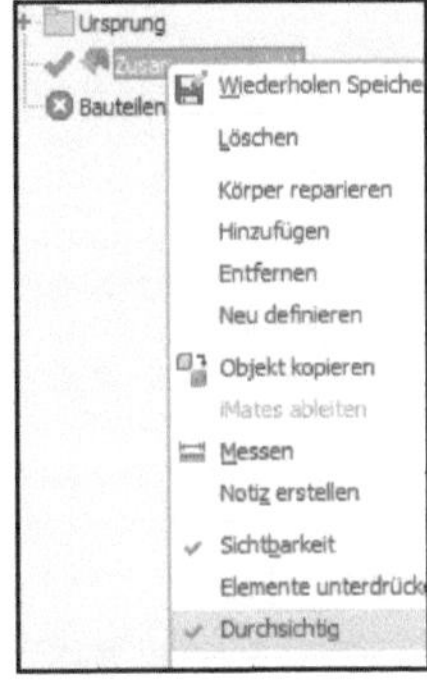

4.7.3.2 „Reparaturumgebung" öffnen

- Aktivieren Sie das Bauteilelement unterhalb des Eintrags **Ursprung**
  im **Bauteil-Browser**, wählen Sie **Körper reparieren** im Kontextmenü (7).

- AutoDesk Inventor öffnet die **Reparaturumgebung**.

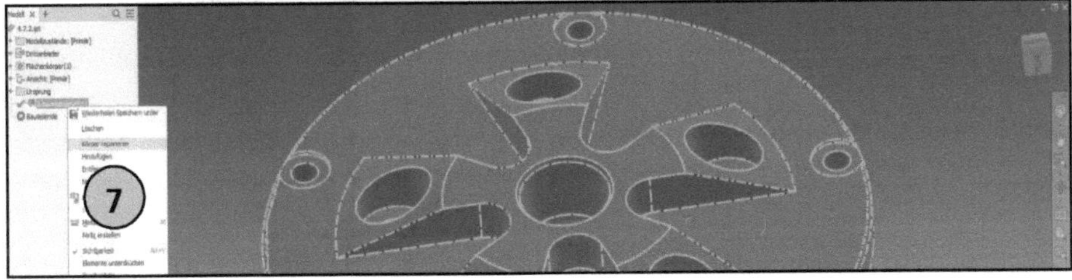

4.7.3.3 Bauteil über die „Reparaturumgebung" mit „Heften" bearbeiten

Verwenden Sie den Befehl **Heften**, um Lücken und offene Kanten zu ermitteln und
Flächen zu einem Flächenverbund oder einem Volumenkörper zusammenzuheften.

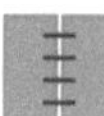

Heften

Heften (Multifunktionsleiste **3D-Modell/Fläche**)

Wählen Sie das ganze Bauteil über Auswahl mit **Fenster** (8, 9).

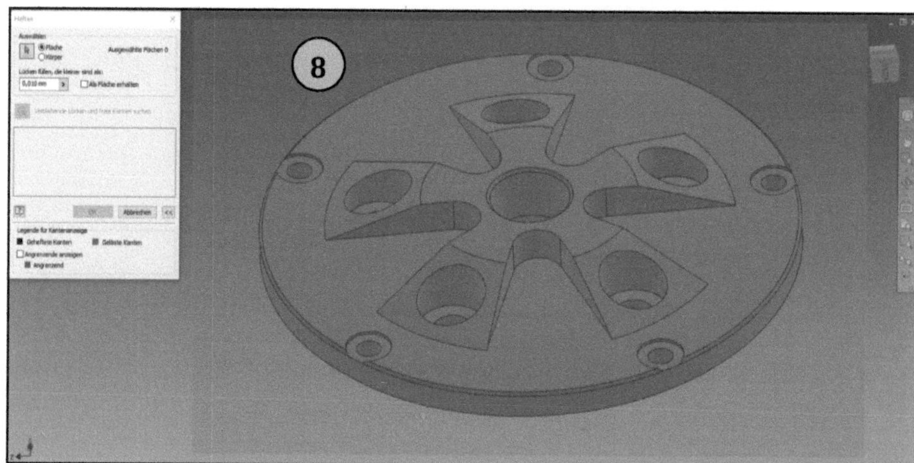

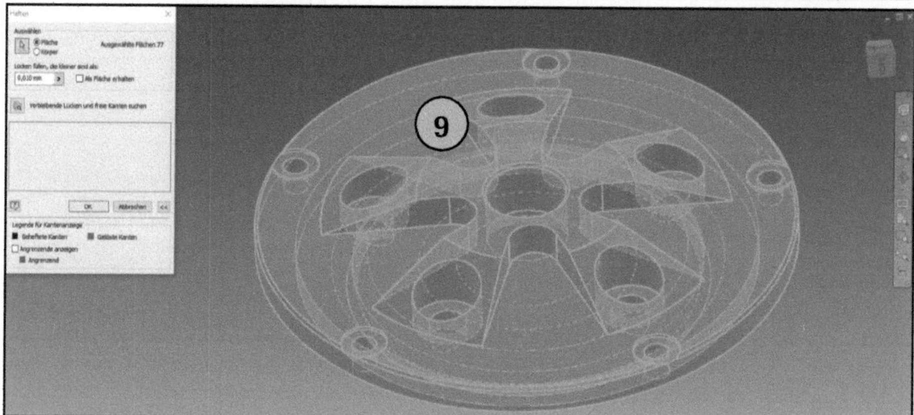

4.7.4 Bauteil-Basisanpassung

4.7.4.1 Bauteil-Basisanpassung, Ansichtsanpassung

Beleuchtungs-
stil

Schattiert
mit Kanten

- Setzen Sie den visuellen Stil **Schattiert mit Kanten** (wahlweise) (10).
- Setzen Sie den Beleuchtungsstil **Zwei Leuchten** (wahlweise) (11).

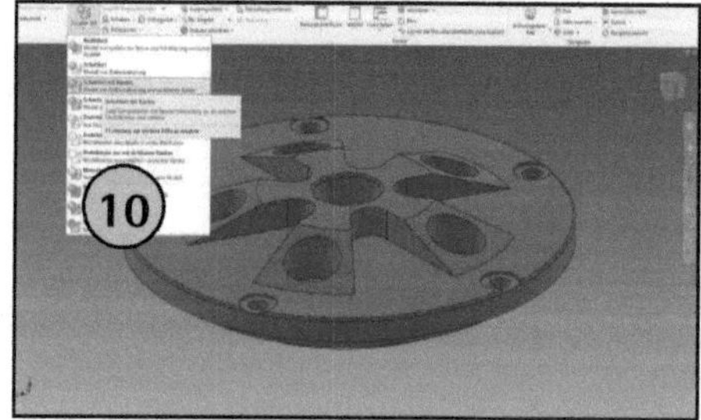

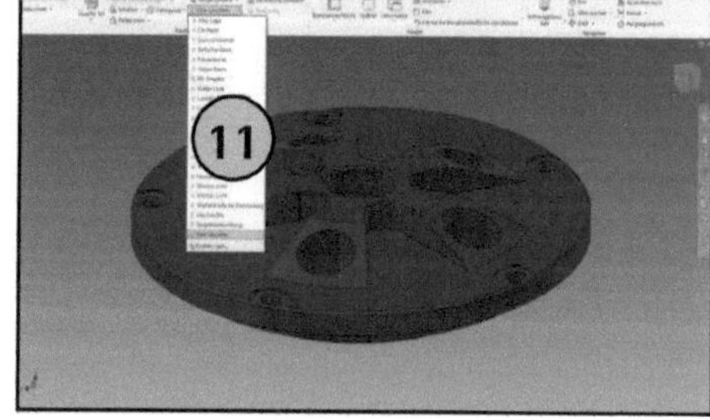

4.7.4.2 Bauteil-Basisanpassung, Materialzuweisung

- Wählen Sie, über das **Fenster** als Auswahl, das importierte Bauteil.
- Der Material-Eintrag in der Schnellzugriff-Werkzeugleiste **Vorgabe**
  ist ein Farbeintrag **Gussbronze glänzend** (12).

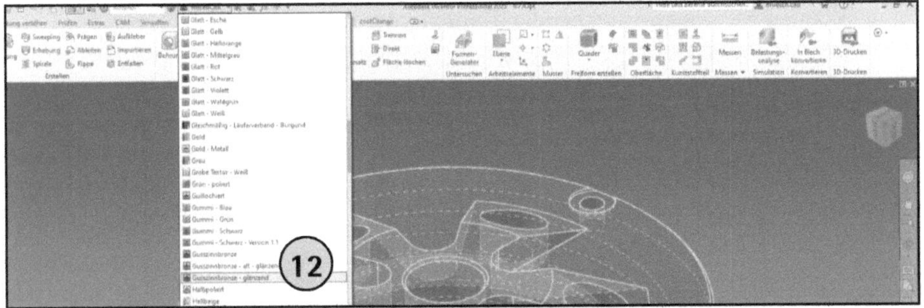

- Weisen Sie das Material **Aluminium poliert** neu zu (13, 14).

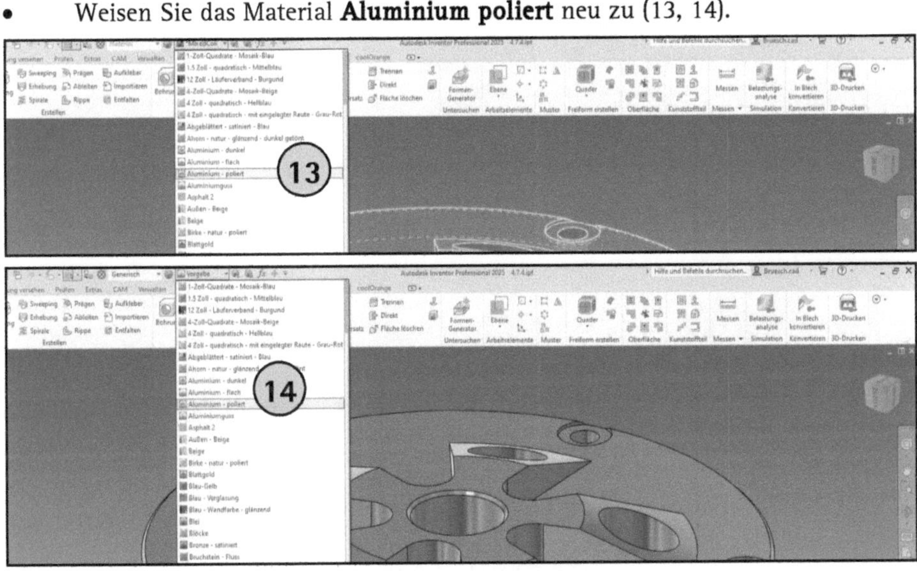

4.7.4.3 Bauteil-Basisanpassung, Dokumenteinstellungen

- **Dokumenteinstellungen** (Multifunktionsleiste **Extras**)
- Aktivieren Sie **ISO** als **Aktive Norm** (15).
- Aktivieren Sie Längeneinheit **Millimeter**.
- Aktivieren Sie Masse **Kilogramm**.
- Aktivieren Sie **Genauigkeit** auf **Eine Stelle** (16).

Dokument-
Einstellungen

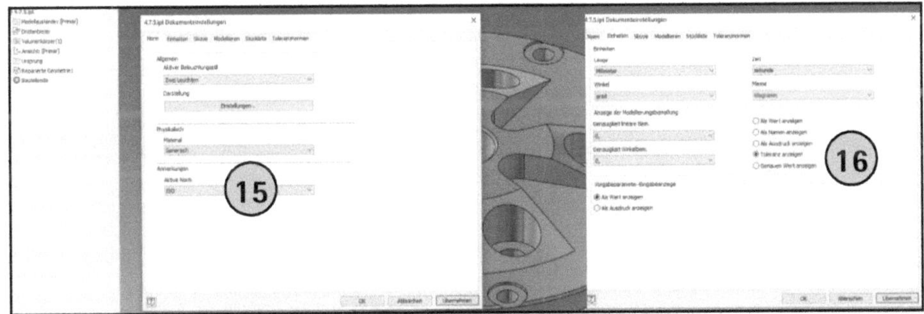

4.7.5 Maßliche Endkontrolle

Tragen Sie, zur maßlichen Kontrolle des importierten **IGES**-Bauteils, die entsprechenden Maße aus der Kontrollzeichnung an.

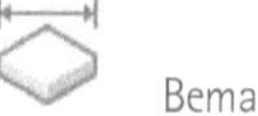

 Bemaßung

- **Bemaßung** (Multifunktionsleiste **Mit Anmerkungen versehen**)
  Wählen Sie die entsprechenden Kanten oder Durchmesser aus (17).

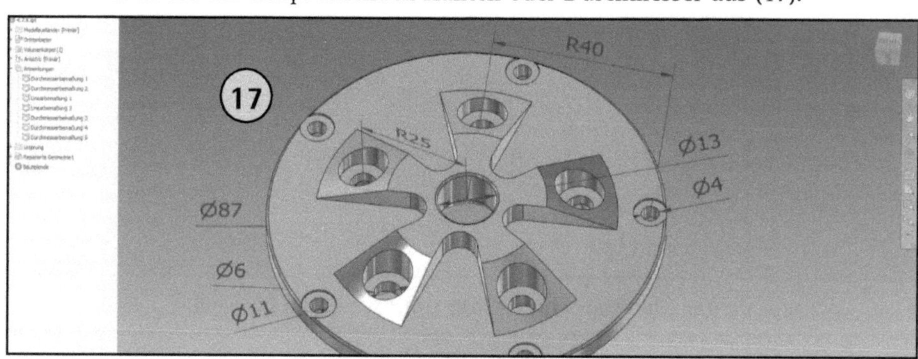

4.7.6 Bauteil speichern

- Aufruf über den **Menü-Browser**, Register **Datei**.

 Speichern
unter

Speichern unter

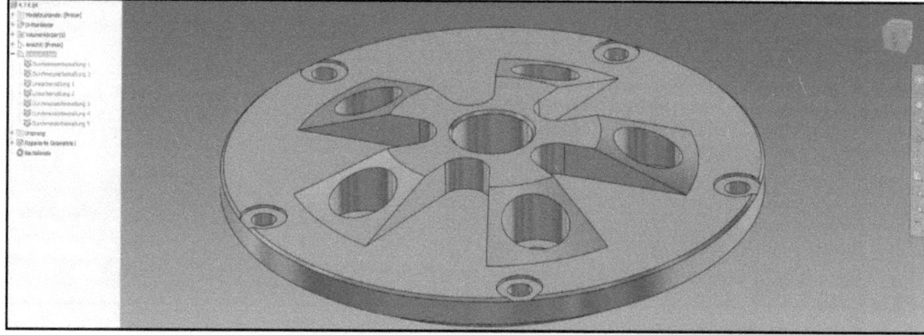

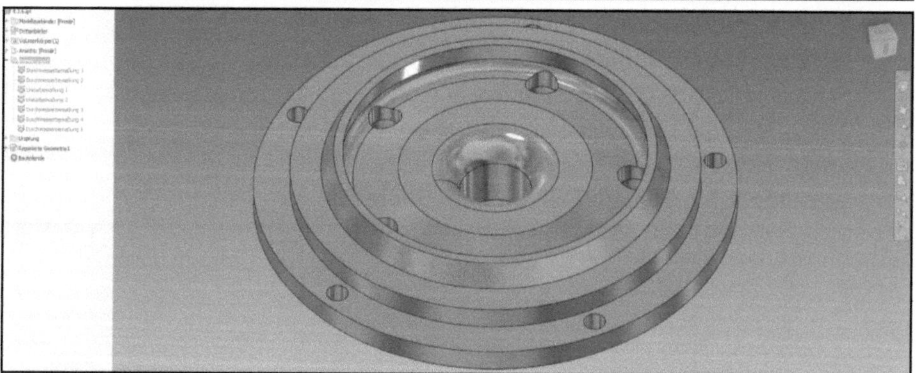

4.8 STL-Bauteil „Flanschgelenk" importieren

4.8.1 STL-Bauteil „Flanschgelenk"
Zeichnungsableitung als Kontrollvorlage

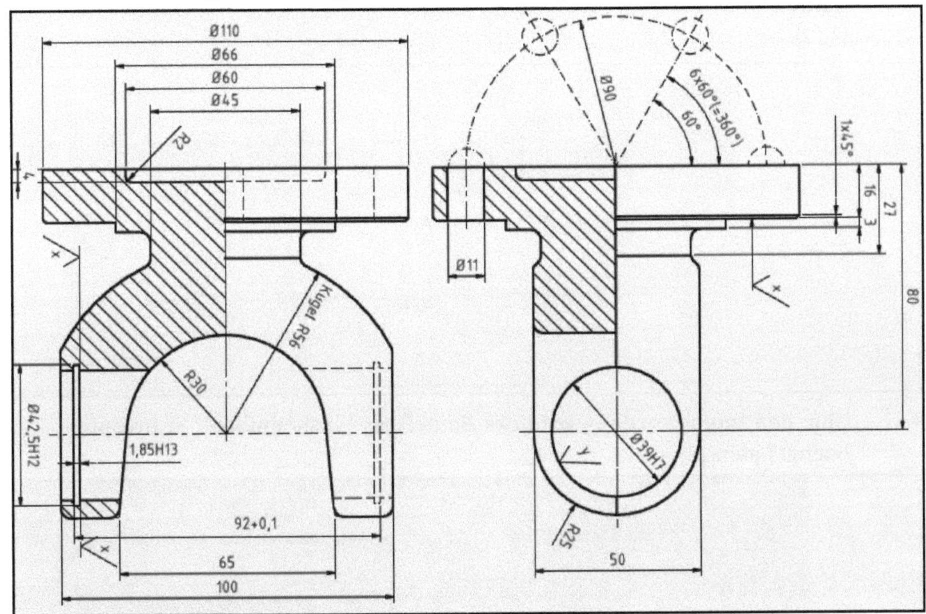

4.8.2 STL-Bauteil „Flanschgelenk", Importablauf

4.8.2.1 Importablauf, Vorbemerkungen

STL-Dateien können in Inventar mit dem Befehl **Öffnen** importiert werden. Das resultierende Modell ist ein 3D-Netz, das in Inventar nicht bearbeitet oder in bearbeitbare Objekte konvertiert werden kann.

Netzdaten können in Inventor nicht bearbeitet und derzeit auch nicht direkt in Flächen oder Volumenkörper konvertiert werden. Für letzteres gibt es jedoch alternative Methoden und Werkzeuge.

4.8.2.2 Dienstprogramm „Mesh Enabler for Autodesk Inventor"

Für Inventor-Benutzer gibt es das Dienstprogramm **Mesh Enabler for Autodesk Inventor**, das jedoch nur für Abonnenten und Studenten kostenlos über den Autodesk App Store verfügbar ist.

Dieses Werkzeug ermöglicht die Konvertierung von importierten STL-Netzen in Basiselemente. Die Konvertierung kann einige Zeit in Anspruch nehmen, je nach Komplexität und Größe des Netzes.

4.8.3 STL-Bauteil „Flanschgelenk", Basis-Importablauf

4.8.3.1 STL-Bauteil „Flanschgelenk" öffnen

Projekte

Öffnen

- Einrichten einer Projektumgebung, aus der Inventor-Ebene.
- **Öffnen** der STL-Bauteildatei über AutoDesk Inventor ohne Optionsänderung (1, 2).

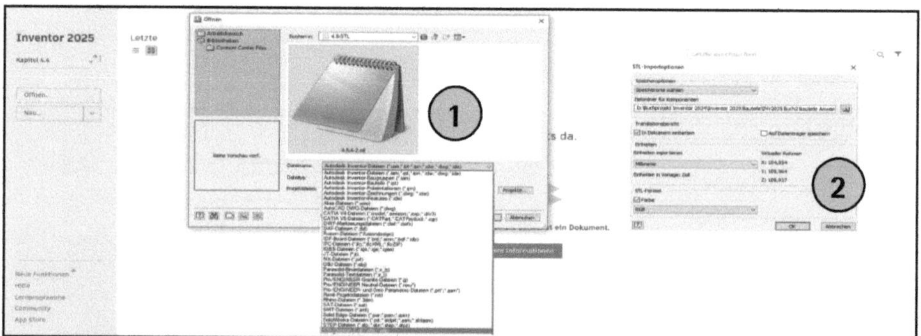

- Über den Importvorgang wird das Bauteil als Flächenmodell in Inventor hochgeladen (3).

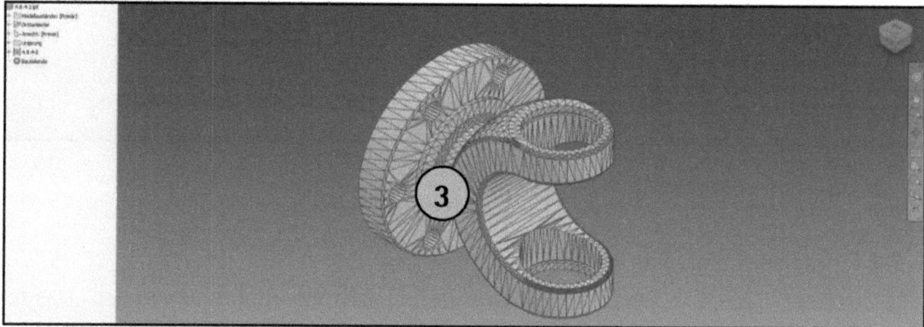

4.8.4 STL-Bauteil „Flanschgelenk", Bearbeitung mit „Mesh Enabler for Autodesk Inventor"

4.8.4.1 Installationskontrolle des Zusatzmoduls „Mesh Enabler for Autodesk Inventor"

Die Installation des **Mesh Enabler for Autodesk Inventor** ist im DVD-Support-Kapitel **Programm-Grundlagen** näher dargestellt.

Zusatzmodule

Zusatzmodule (Multifunktionsleiste **Umgebung**)
Kontrollieren Sie den Eintrag
Mesh Enabler for Autodesk Inventor
Ladeverhalten **Automatisch/Geladen** (4).

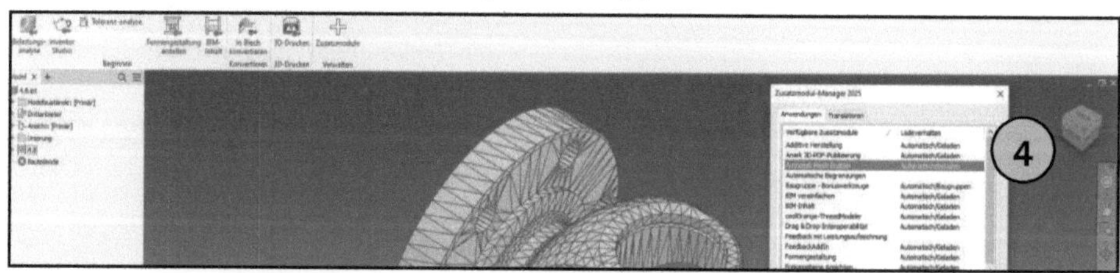

4.8.4.2 Solid-Erstellung mit „Mesh Enabler for Autodesk Inventor"

- Aktivieren Sie, im **Bauteil-Browser**, im Kontextmenü, den Eintrag **Convert to Base Feature** (5).

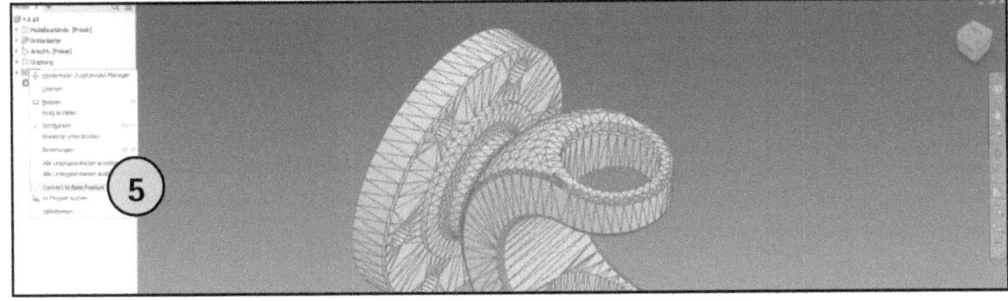

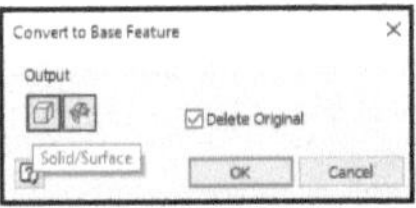

- Wählen Sie, als **Output** die Option **Solid** (6).

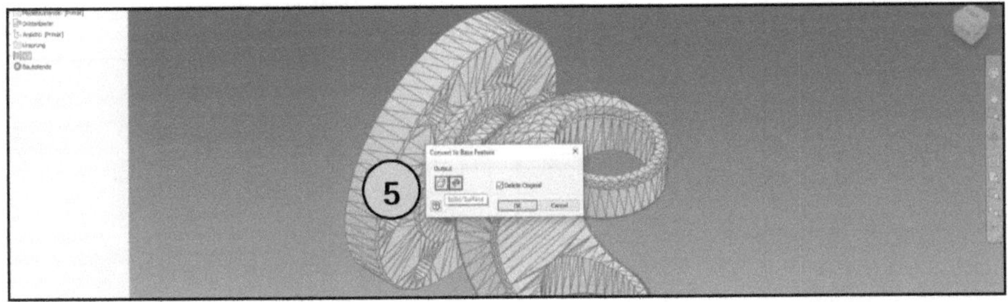

- Die Konvertierung in ein **Solid-Feature** wird als Eintrag im **Bauteil-Browser** gesetzt (6, 7).

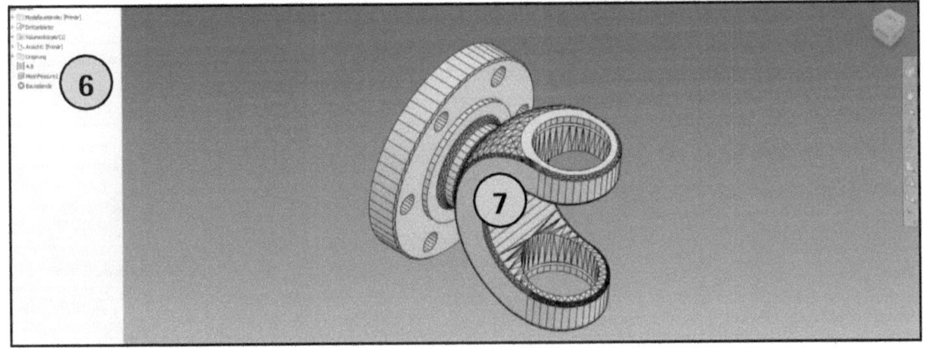

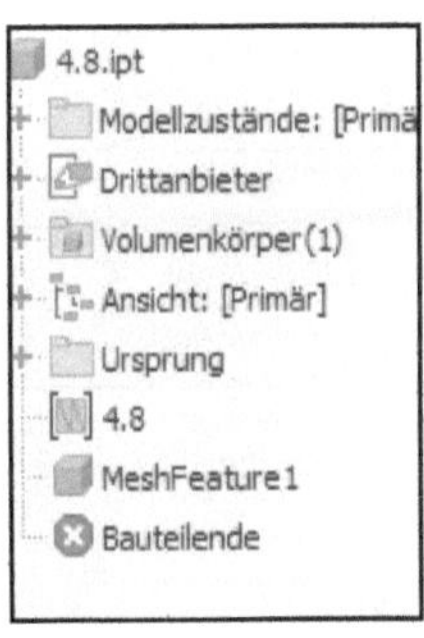

4.8.4.3 „Reparaturumgebung" öffnen

- Aktivieren Sie das Bauteilelement unterhalb des Eintrags **Ursprung** im **Bauteil-Browser**, wählen Sie **Körper reparieren** im Kontextmenü (8).
- AutoDesk Inventor öffnet die **Reparaturumgebung**.

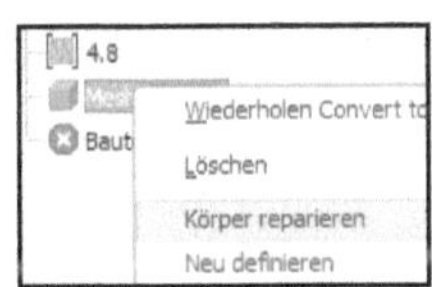

Fehler suchen

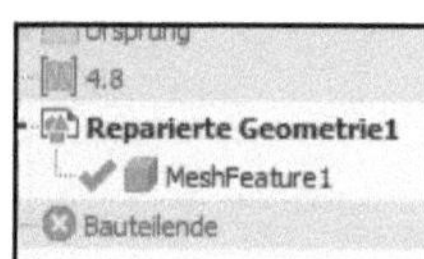

- **Fehler suchen** (Multifunktionsleiste **Reparaturumgebung**)
- Wählen Sie das Bauteil als **Körper** an, Abschluss mit **OK**.
- Die überprüfte Geometrie erhält den Eintrag **Fehlerfrei**
  im **Bauteil-Browser**, schließen Sie die **Reparaturumgebung** (9, 10).

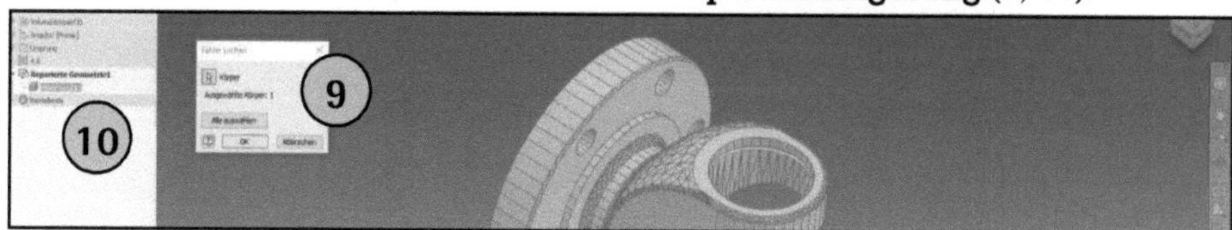

4.8.5 Bauteil-Basisanpassung

4.8.5.1 Bauteil-Basisanpassung, Ansichtsanpassung

Beleuchtungs-stil

Schattiert
mit Kanten

- Setzen Sie den visuellen Stil **Schattiert mit Kanten** (wahlweise) (11).
- Setzen Sie den Beleuchtungsstil **Zwei Leuchten** (wahlweise) (12).

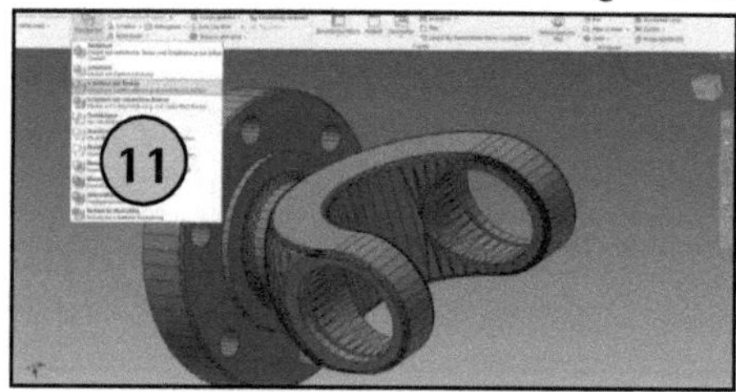
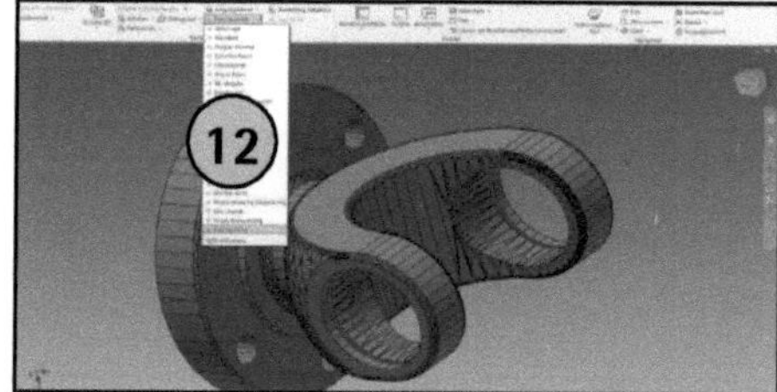

4.8.5.2 Bauteil-Basisanpassung, Materialzuweisung

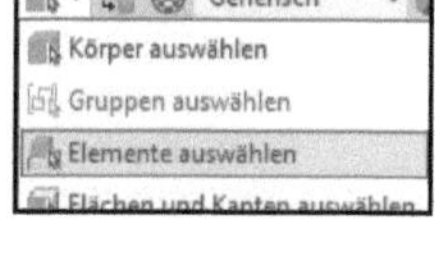

- Aktivieren Sie das importierte Bauteil über **Elemente auswählen**.
- Weisen Sie das Material **Stahl-Guss** zu (13).

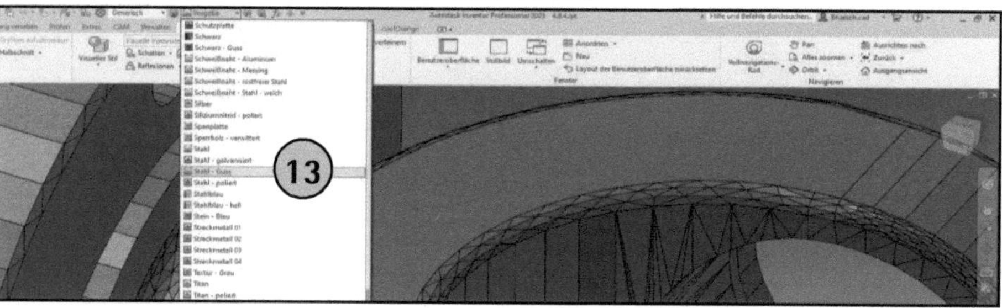

4.8.5.3 Bauteil-Basisanpassung, Dokumenteinstellungen

Dokument-Einstellungen

- **Dokumenteinstellungen** (Multifunktionsleiste **Extras**)
- Aktivieren Sie **ISO** als **Aktive Norm** (14), Längeneinheit **Millimeter**.
- Aktivieren Sie Masse **Kilogramm**, **Genauigkeit** auf **Eine Stelle** (15).

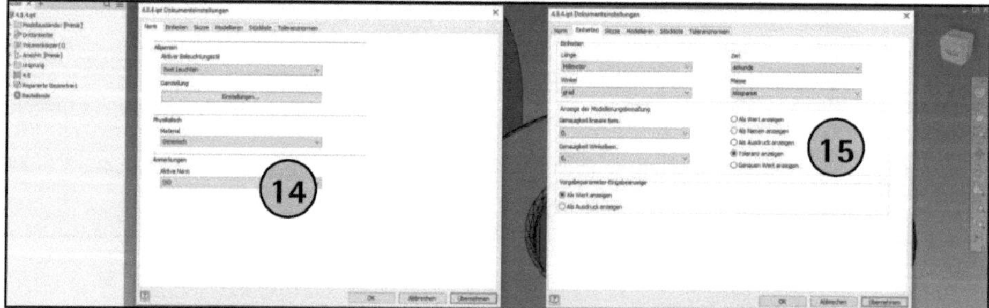

4.8.6 Maßliche Kontrolle

Tragen Sie, zur maßlichen Kontrolle des importierten **STL**-Bauteils, die entsprechenden Maße aus der Kontrollzeichnung an.

- **Bemaßung** (Multifunktionsleiste **Mit Anmerkungen versehen**)
  Wählen Sie die entsprechenden Flächen oder Knotenpunkte aus (16).

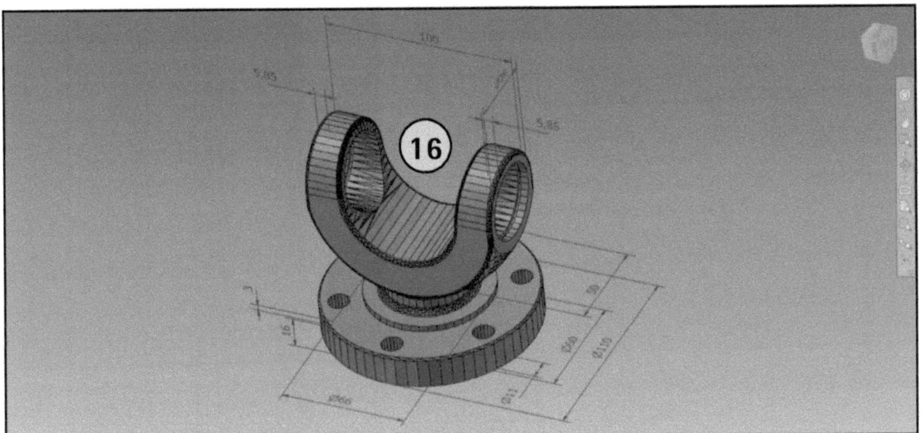

- Aktivieren Sie den Eintrag **Anmerkungen** im **Bauteil-Browser**.
- Wählen Sie **Alle Anmerkungen ausblenden** nach erfolgter Maßkontrolle.

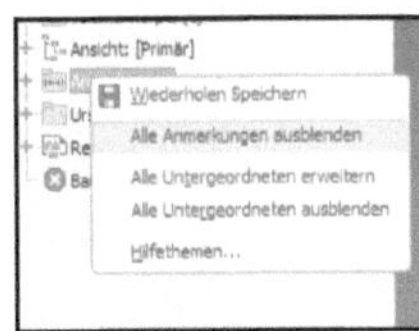

4.8.7 Bauteil speichern

- Aufruf über den **Menü-Browser**, Register **Datei**.

Speichern unter

4.9 STL-Bauteil „Filterblech" importieren
Verkleinertes 3D-Druck-Bauteil maßstäblich anpassen

4.9.1 STL-Bauteil „Filterblech" Zeichnungsableitung als Kontrollvorlage

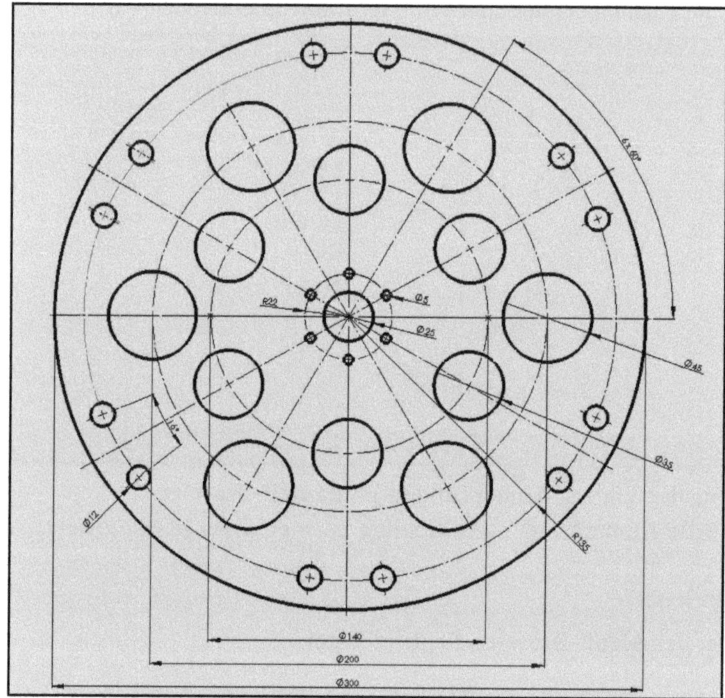

4.9.2 STL-Bauteil „Filterblech", Basis-Importablauf

4.9.2.1 STL-Bauteil „Filterblech" öffnen

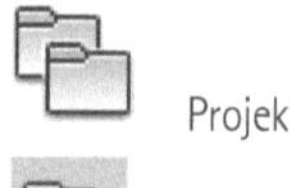

Projekte

Öffnen

- Einrichten einer Projektumgebung, aus der Inventor-Ebene.

- **Öffnen** der STL-Bauteildatei über AutoDesk Inventor ohne Optionsänderung (1, 2).

- Über den Importvorgang wird das Bauteil als Flächenmodell in Inventor hochgeladen (3).

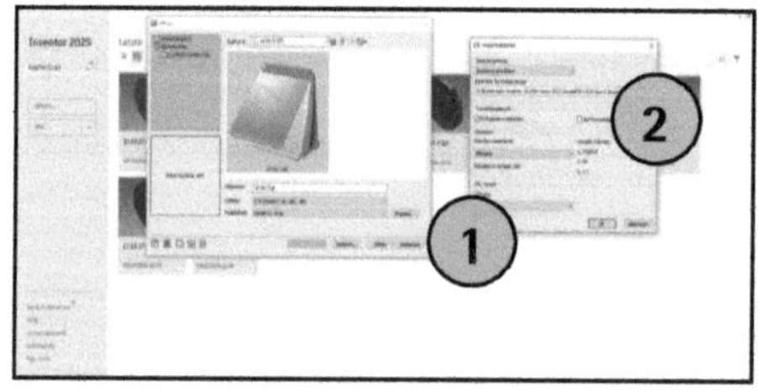

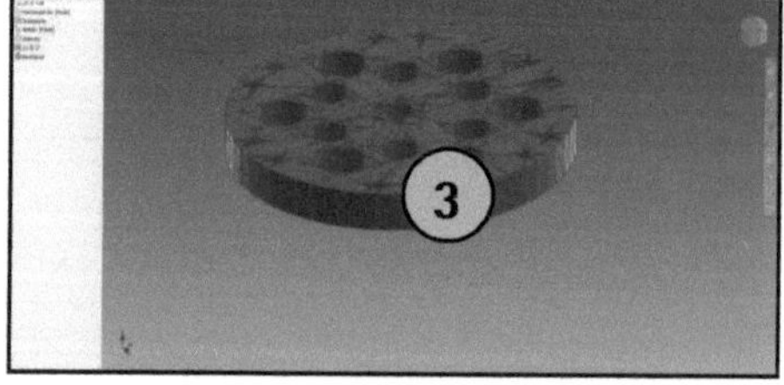

4.9.3 Solid-Anpassungen über „Mesh Enabler"

4.9.3.1 Solid-Erstellung mit „Mesh Enabler for Autodesk Inventor"

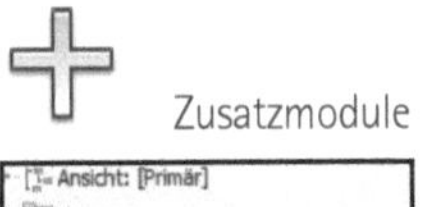

- Aktivieren Sie, im **Bauteil-Browser**, im Kontextmenü, den Eintrag **Convert to Base Feature**.
- Wählen Sie, als **Output** die Option **Solid**.
- Die Konvertierung in ein **Solid-Feature** wird als Eintrag im **Bauteil-Browser** gesetzt (4).

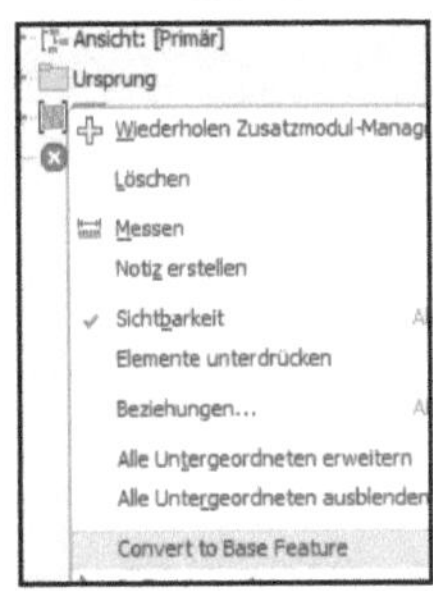

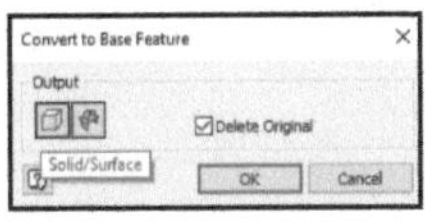

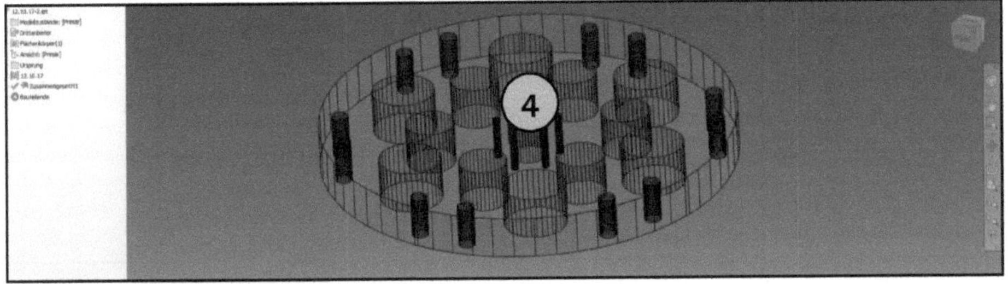

4.9.3.2 Durchsichtigkeit entfernen

- Deaktivieren Sie, im **Bauteil-Browser**, im Kontextmenü, den Eintrag **Durchsichtigkeit** (5, 6).

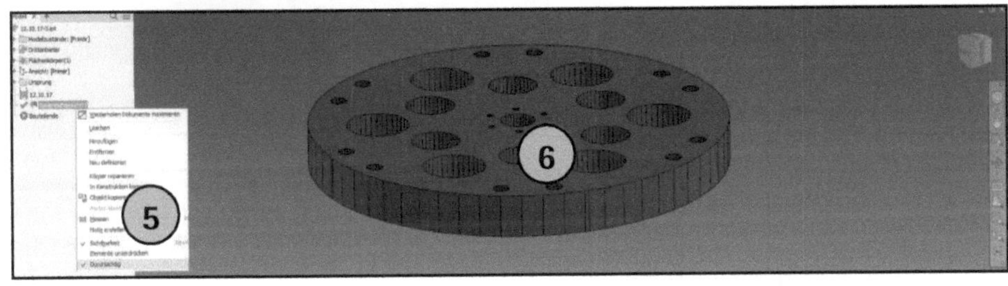

4.9.3.3 „Reparaturumgebung" öffnen

- Aktivieren Sie das Bauteilelement unterhalb des Eintrags **Ursprung** im **Bauteil-Browser**, wählen Sie **Körper reparieren** im Kontextmenü (6).
- AutoDesk Inventor öffnet die **Reparaturumgebung**.

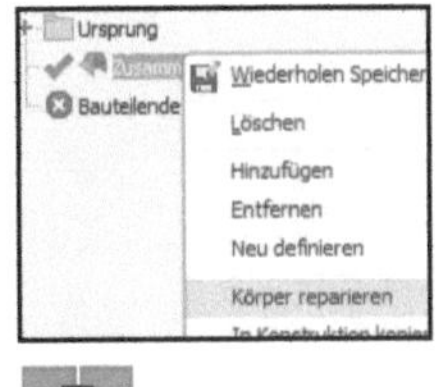

Heften (Multifunktionsleiste **3D-Modell/Fläche**)
Wählen Sie das ganze Bauteil über Auswahl mit **Fenster** (7).
Schließen Sie die Reparaturumgebung (8).

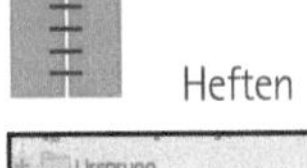

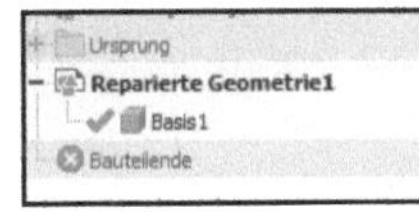

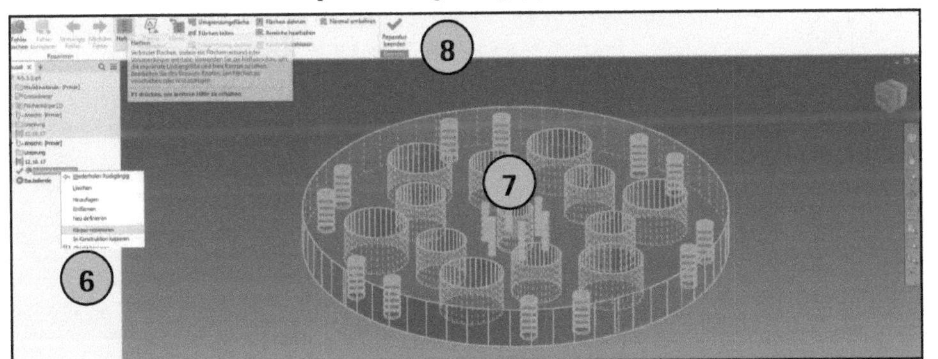

4.9.4 Bauteil-Basisanpassung

Beleuchtungs-
stil

Schattiert
mit Kanten

Dokument-
Einstellungen

4.9.4.1 Bauteil-Basisanpassung, Ansichtsanpassung

- Setzen Sie den visuellen Stil **Schattiert mit Kanten** (wahlweise).
- Setzen Sie den Beleuchtungsstil **Zwei Leuchten** (wahlweise).

4.9.4.2 Bauteil-Basisanpassung, Dokumenteinstellungen

- **Dokumenteinstellungen** (Multifunktionsleiste **Extras**)
  Aktivieren Sie **ISO** als **Aktive Norm**.
  Aktivieren Sie **Genauigkeit** auf **Eine Stelle**.

4.9.4.3 Bauteil-Basisanpassung, Materialzuweisung

- Wählen Sie, über das **Fenster** als Auswahl, das importierte Bauteil.
- Der Material-Eintrag in der Schnellzugriff-Werkzeugleiste **Vorgabe**
  ist ein Farbeintrag **0,0,0**.
- Weisen Sie das Material **Stahl poliert** zu (9).

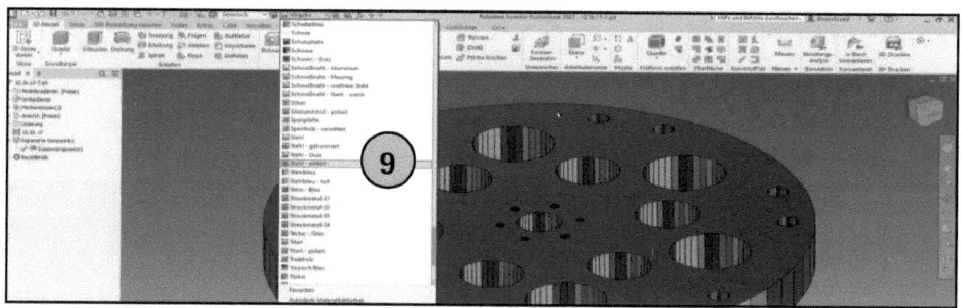

4.9.5 Maßliche Vorkontrolle

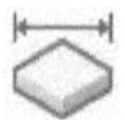
Bemaßung

- Tragen Sie, zur maßlichen Vorkontrolle des importierten **STL**-Bauteils, das
  gezeigte Durchmessermaß an.
  Die Maßkontrolle zeigt, dass die **STL**-Druckdatei um den Faktor **4** kleiner ist,
  als das geforderte Original (10).

4.9.6 Bauteilvergrößerung über Bearbeitung „Direktbearbeitung"

Direkt-
bearbeitung/
Maßstab

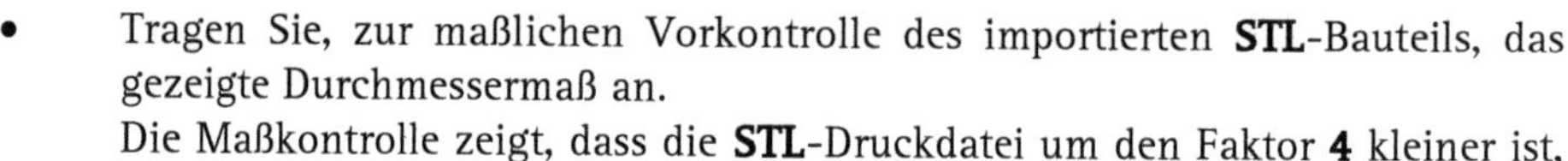

Direktbearbeitung (Multifunktionsleiste **3D-Model/Ändern**)
Aktivieren Sie, im **Mini-Werkzeugkasten** die Option **Maßstab** (11).
Wählen Sie das Bauteil für die Vergrößerung (12).

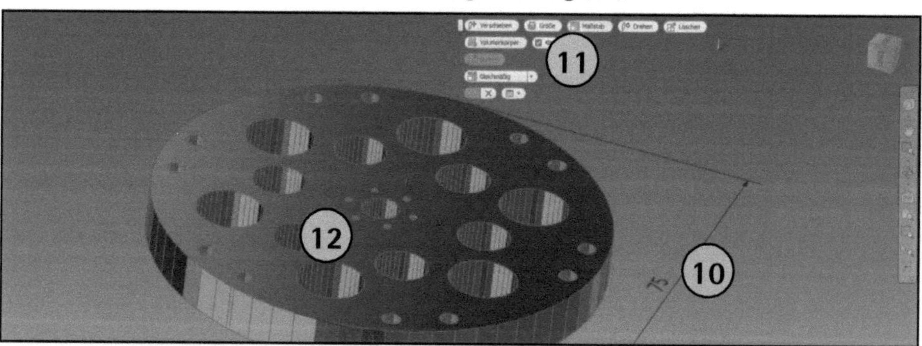

- Tragen Sie den Faktor **4** ein, Option **Gleichmäßig**.
- Schließen Sie die Bauteilvergrößerung mit **OK**.

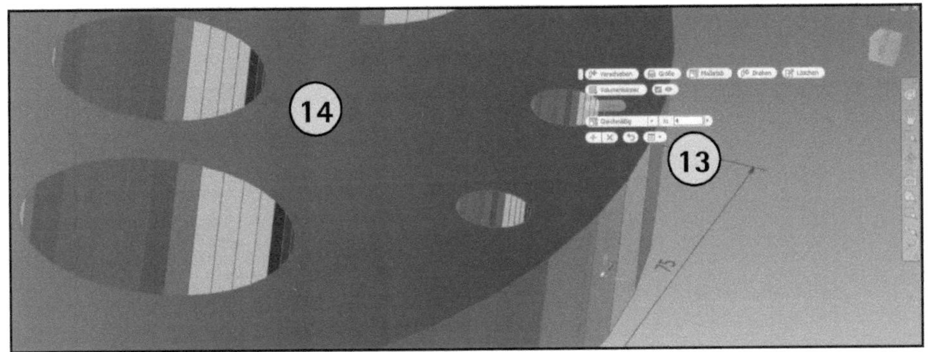

4.9.7 Maßliche Endkontrolle

- Tragen Sie, zur maßlichen Endkontrolle des importierten **STL**-Bauteils, das gezeigte Durchmessermaß an.
- **Bemaßung** (Multifunktionsleiste **Mit Anmerkungen versehen**)
  Wählen Sie die entsprechenden Flächen oder Knotenpunkte aus (15).

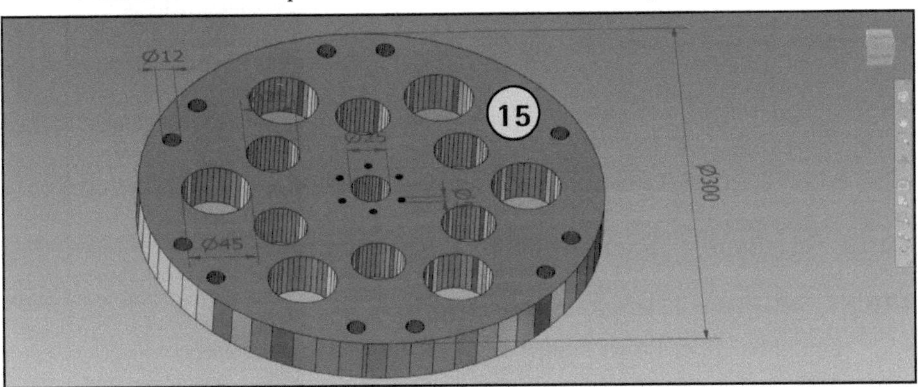

4.9.8 Bauteil speichern

- Aktivieren Sie den Eintrag **Anmerkungen** im **Bauteil-Browser**.
- Wählen Sie **Alle Anmerkungen ausblenden** nach erfolgter Maßkontrolle.
- Aufruf über den **Menü-Browser**, Register **Datei**.

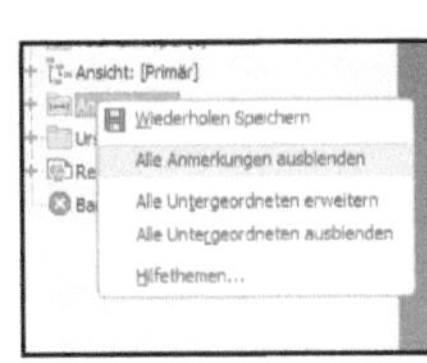

 **Speichern unter**

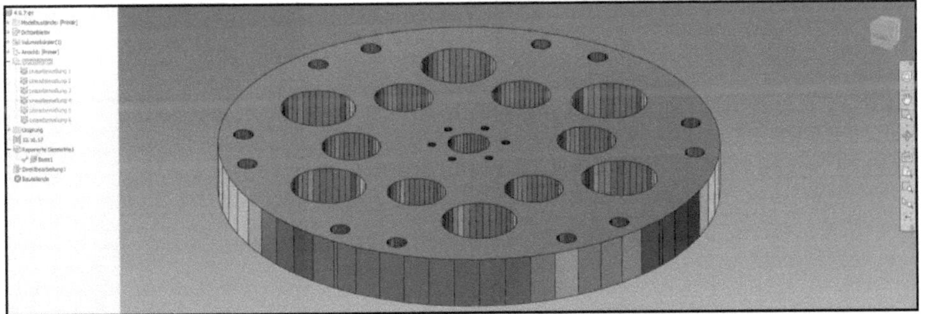

4.10 OBJ-Bauteil „Schaltelement" importieren

4.10.1 OBJ-Bauteil „Schaltelement"
Zeichnungsableitung als Kontrollvorlage

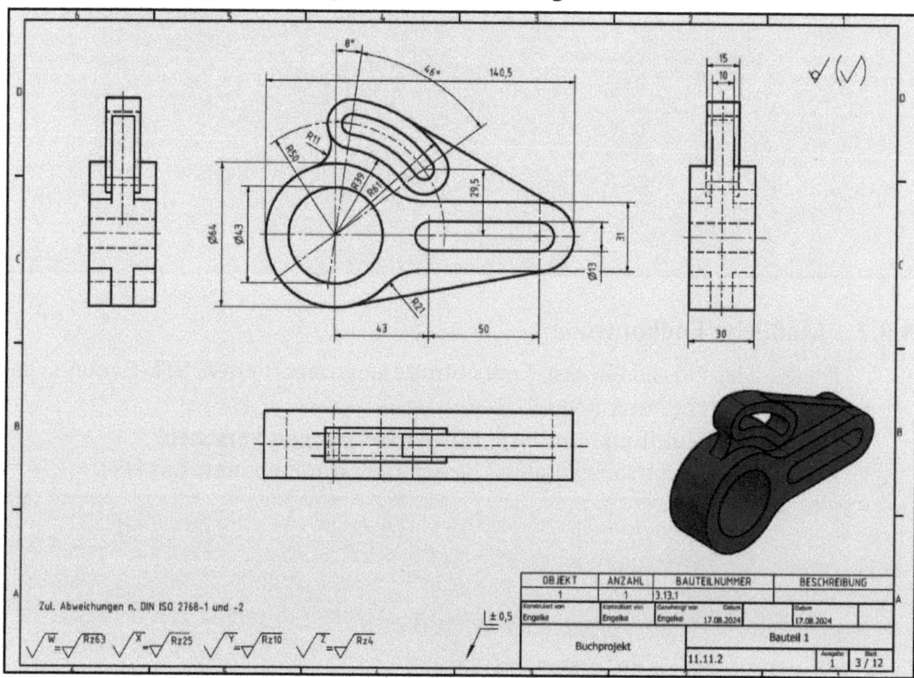

4.10.2 OBJ-Bauteil „Schaltelement", Basis-Importablauf

4.10.2.1 OBJ-Bauteil „Schaltelement" öffnen

Projekte

Öffnen

- Einrichten einer Projektumgebung, aus der Inventor-Ebene.

- **Öffnen** der OBJ-Bauteildatei über AutoDesk Inventor, ohne Optionsanpassungen (2).

- Über den Importvorgang wird das Bauteil als Flächenmodell in Inventor hochgeladen (3).

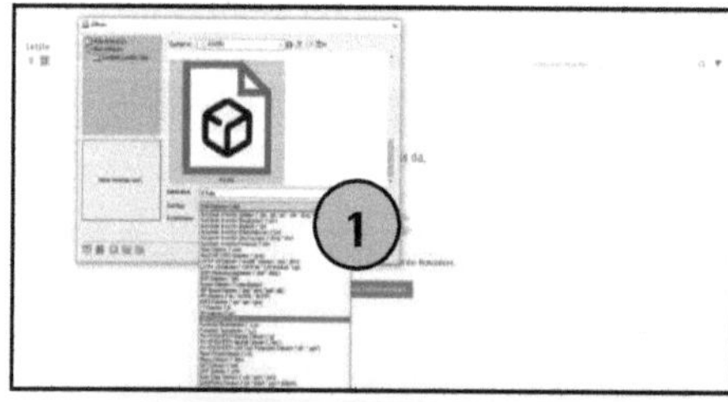

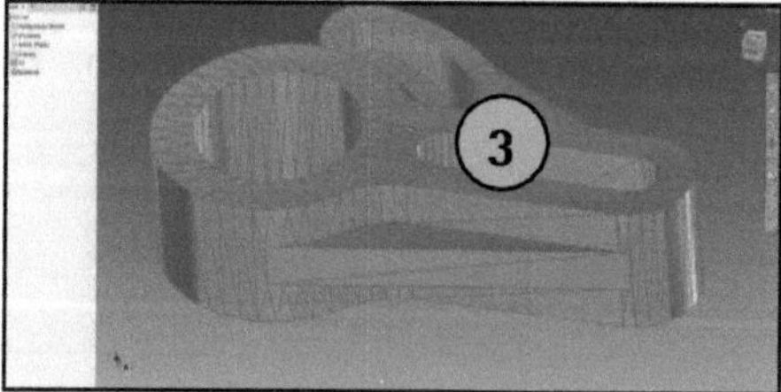

4.10.3 OBJ-Bauteil „Schaltelement",
Bearbeitung mit „Mesh Enabler for Autodesk Inventor"

Zusatzmodule

4.10.3.1 Solid-Erstellung mit
„Mesh Enabler for Autodesk Inventor"

* Aktivieren Sie, im **Bauteil-Browser**, im Kontextmenü, den Eintrag
  Convert to Base Feature (4).

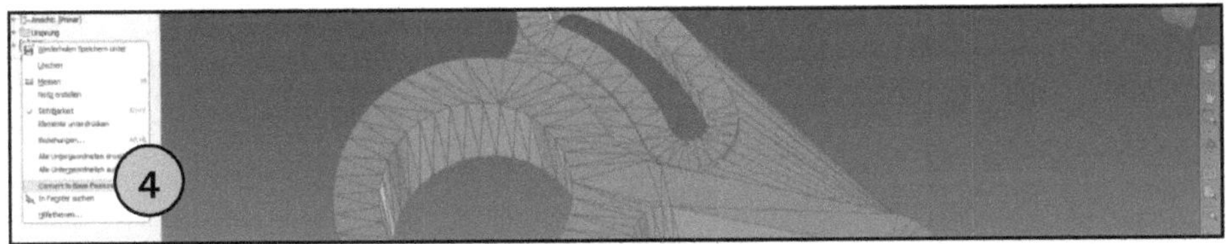

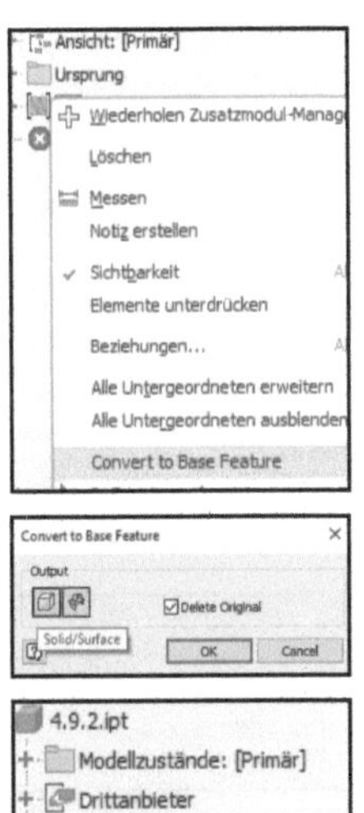

* Wählen Sie, als **Output**, die Option, **Solid** (5).

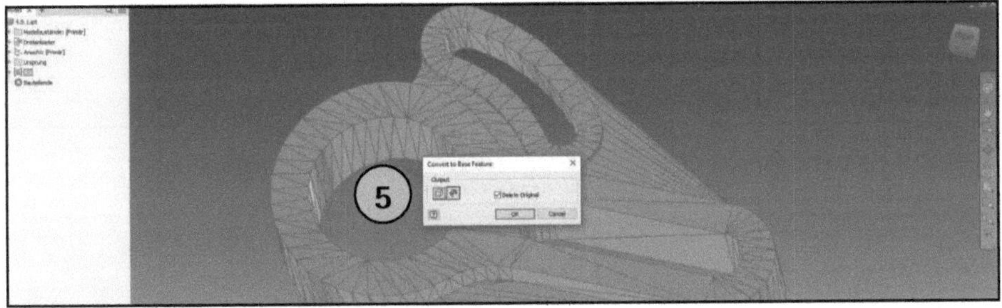

* Die Konvertierung in ein **Solid-Feature** wird als Eintrag im **Bauteil-Browser**
  gesetzt.

4.10.4 „Reparaturumgebung" öffnen

* Aktivieren Sie das Bauteilelement unterhalb des Eintrags **Ursprung**
  im **Bauteil-Browser**, wählen Sie **Körper reparieren** im Kontextmenü (6).
* AutoDesk Inventor öffnet die **Reparaturumgebung**.

* **Fehler suchen** (Multifunktionsleiste **Reparaturumgebung**)
* Wählen Sie das Bauteil als **Körper** an, Abschluss mit **OK**.
* Die überprüfte Geometrie erhält den Eintrag **Fehlerfrei**
  im **Bauteil-Browser**, schließen Sie die **Reparaturumgebung** (7, 8).

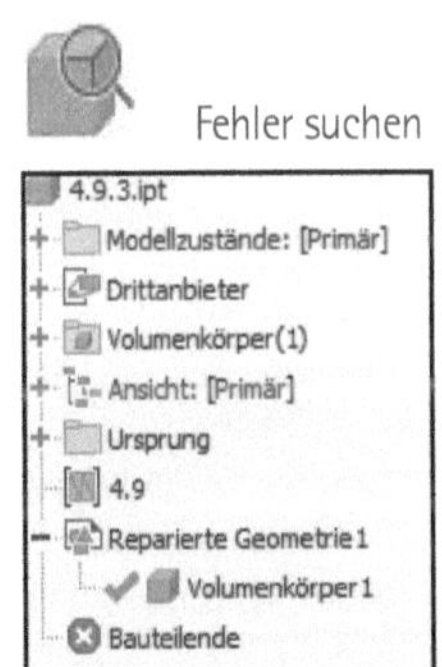
Fehler suchen

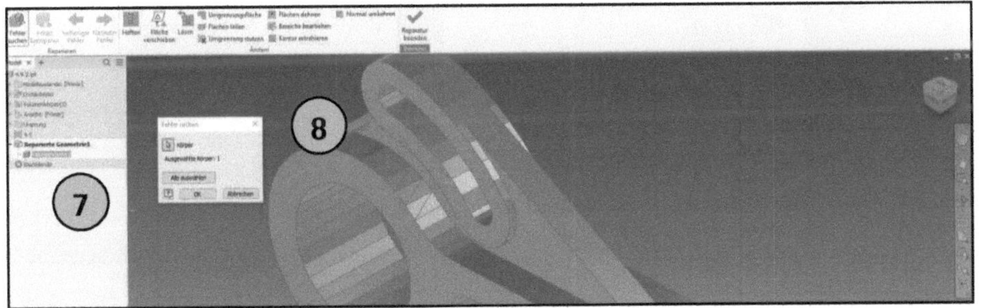

4.10.5 Bauteil-Basisanpassung

4.10.5.1 Bauteil-Basisanpassung, Ansichtsanpassung

Beleuchtungs-
stil

Schattiert
mit Kanten

- Setzen Sie den visuellen Stil **Schattiert mit Kanten** (wahlweise) (9).
- Setzen Sie den Beleuchtungsstil **Zwei Leuchten** (wahlweise) (10).

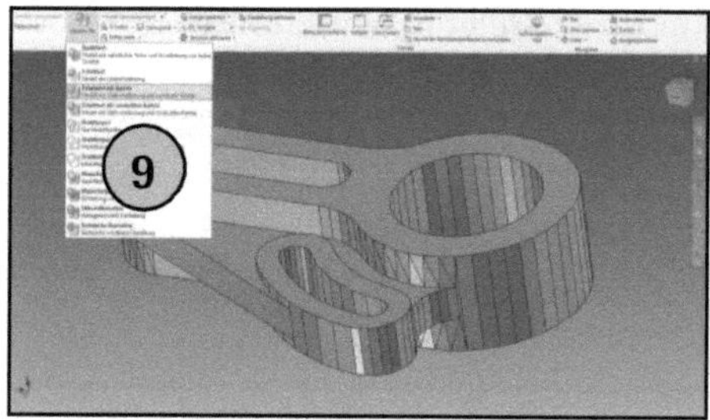
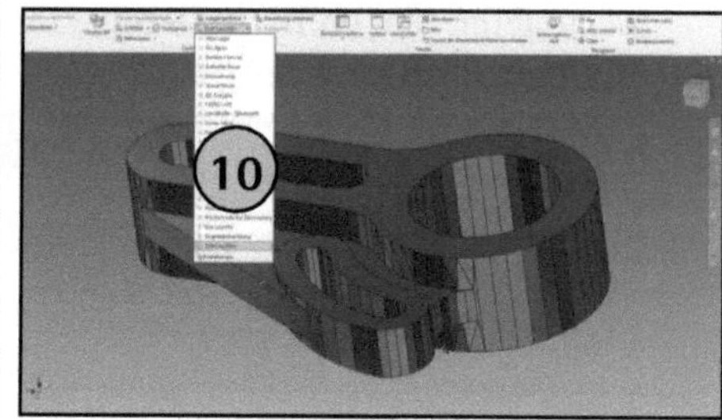

4.10.5.2 Bauteil-Basisanpassung, Materialzuweisung

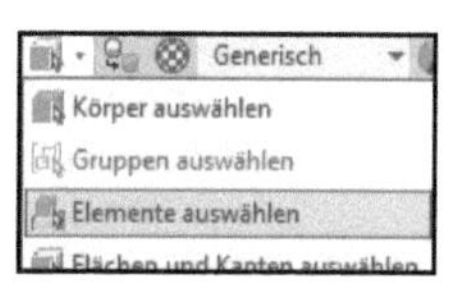

- Aktivieren Sie das importierte Bauteil über **Elemente auswählen**.
- Weisen Sie das Material **Stahl-poliert** zu (11).

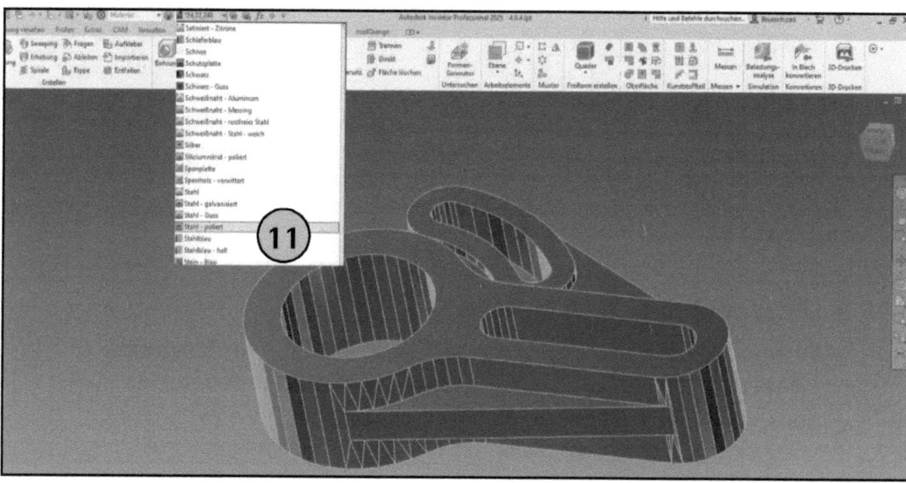

4.10.5.3 Bauteil-Basisanpassung, Dokumenteinstellungen

- **Dokumenteinstellungen** (Multifunktionsleiste **Extras**)
- Aktivieren Sie **ISO** als **Aktive Norm** (12), Längeneinheit **Millimeter**.
- Aktivieren Sie Masse **Kilogramm**, **Genauigkeit** auf **Eine Stelle** (13).

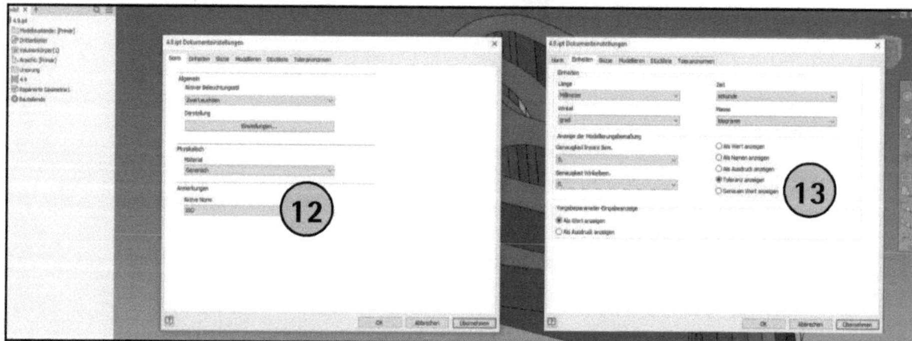

4.10.6 Maßliche Kontrolle, Auszug

Tragen Sie, zur maßlichen Kontrolle des importierten OBJ-Bauteils, die entsprechenden Maße aus der Kontrollzeichnung an.

- **Bemaßung** (Multifunktionsleiste **Mit Anmerkungen versehen**)
  Wählen Sie die entsprechenden Flächen oder Knotenpunkte aus (14).

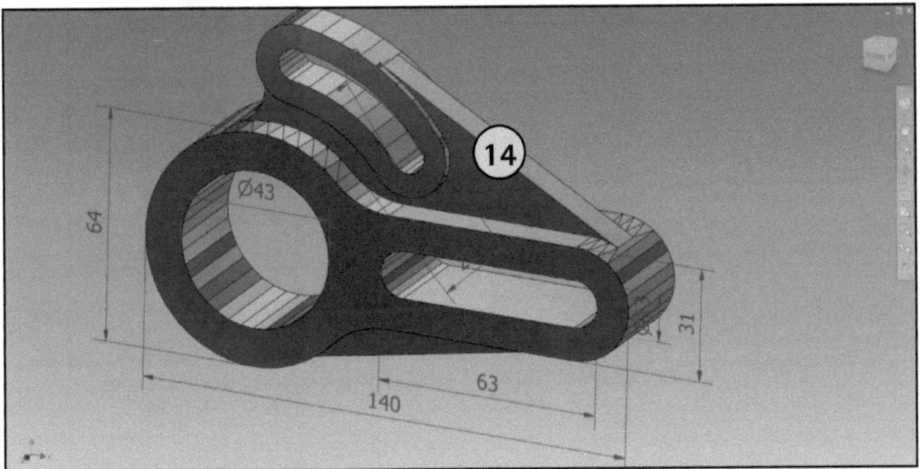

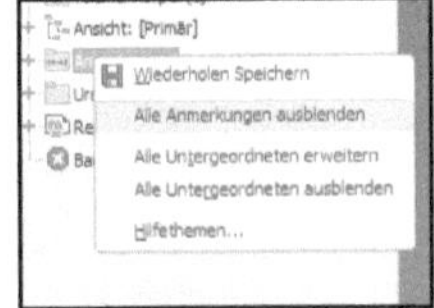

- Aktivieren Sie den Eintrag **Anmerkungen** im **Bauteil-Browser**.
- Wählen Sie **Alle Anmerkungen ausblenden** nach erfolgter Maßkontrolle.

4.10.7 Bauteil speichern

- Aufruf über den **Menü-Browser**, Register **Datei**.

Speichern unter

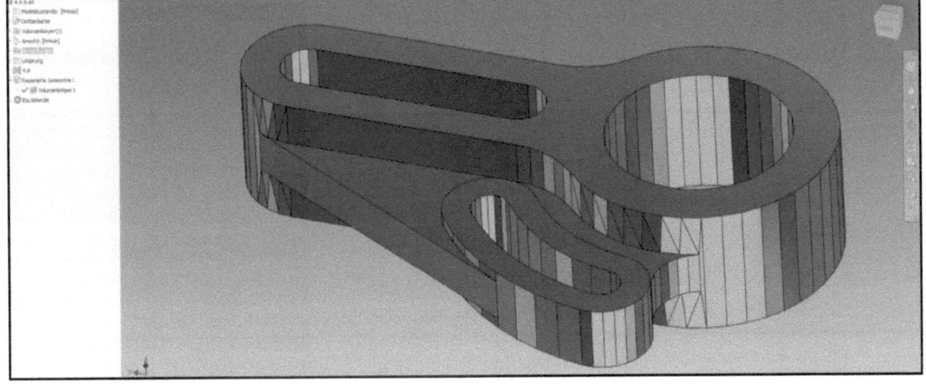

4.11 OBJ-Bauteil „Montageflansch" importieren
Fehlerhafte Bauteilreparatur

4.11.1 OBJ-Bauteil „Montageflansch"
Zeichnungsableitung als Kontrollvorlage

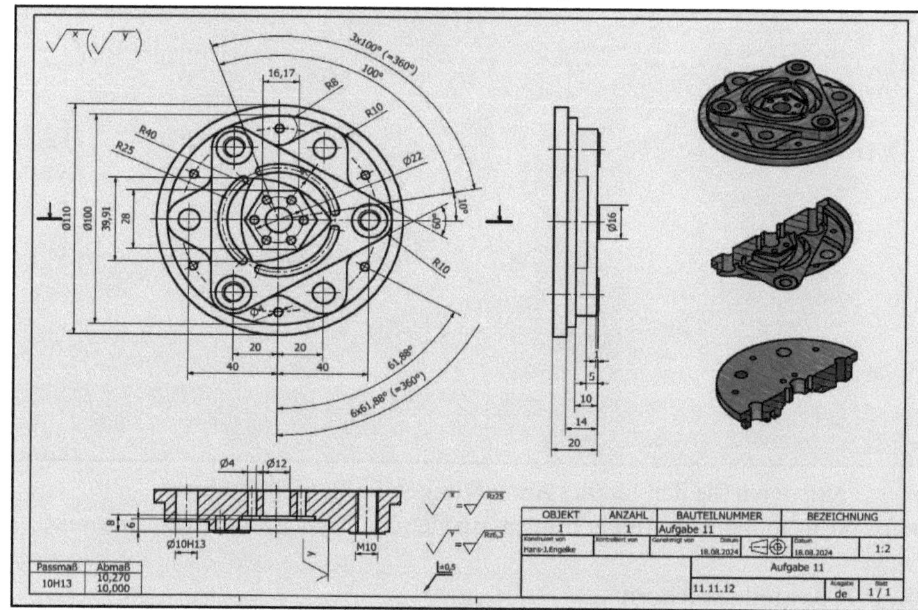

4.11.2 OBJ-Bauteil „Schaltelement", Basis-Importablauf

4.11.2.1 OBJ-Bauteil „Schaltelement" öffnen

Projekte

Öffnen

- Einrichten einer Projektumgebung, aus der Inventor-Ebene.
- **Öffnen** der OBJ-Bauteildatei über AutoDesk Inventor, ohne Optionsanpassungen (1, 2).

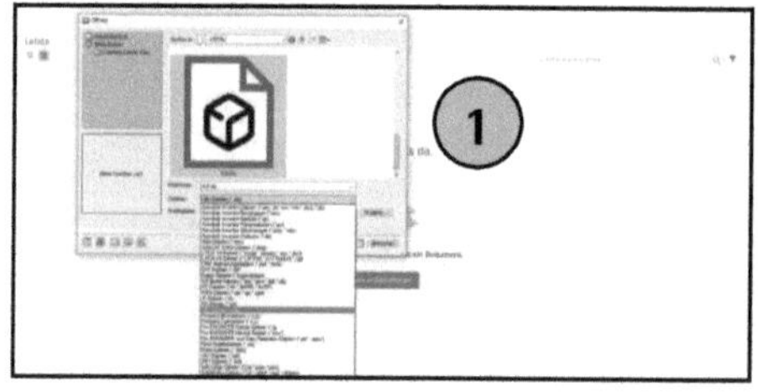
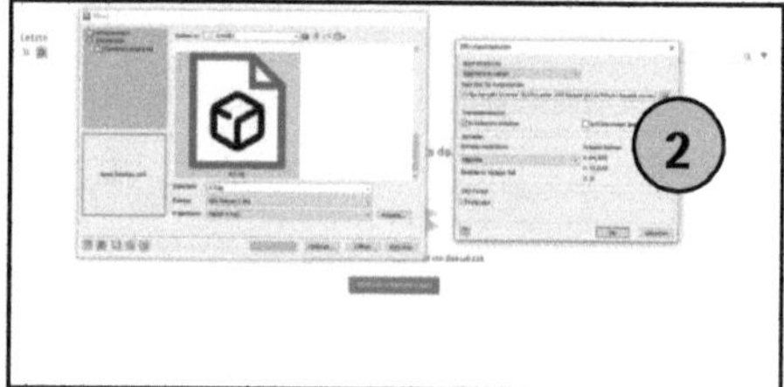

- Über den Importvorgang wird das Bauteil als Flächenmodell in Inventor hochgeladen (3).

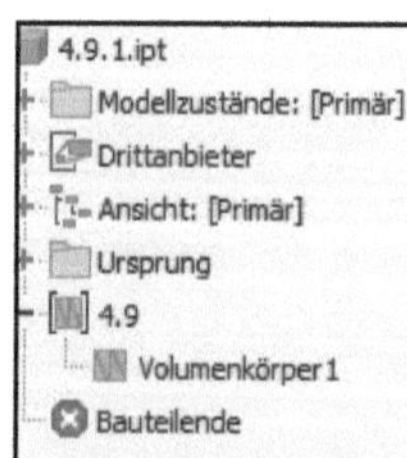

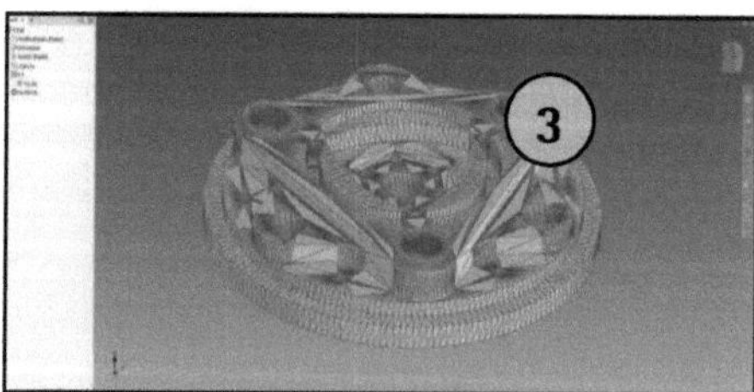

4.11.3 OBJ-Bauteil „Schaltelement",
Bearbeitung mit „Mesh Enabler for Autodesk Inventor"

4.11.3.1 Solid-Erstellung mit „Mesh Enabler for Autodesk Inventor"

- Aktivieren Sie, im **Bauteil-Browser**, im Kontextmenü, den Eintrag
  Convert to Base Feature (4).
- Wählen Sie, als **Output**, die Option, **Solid** (5).
- Die Konvertierung in ein **Solid-Feature** wird als Eintrag im **Bauteil-Browser**
  gesetzt.

Die Konvertierung zeigt einen deutlichen Bauteilfehler im Grundflansch (4, 5).

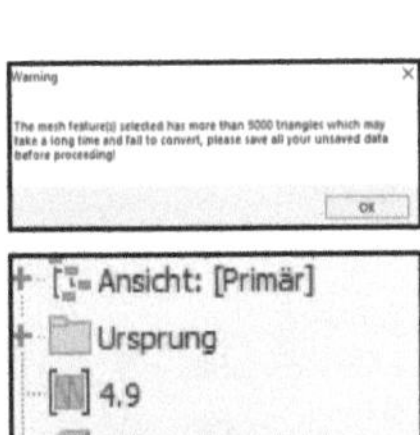

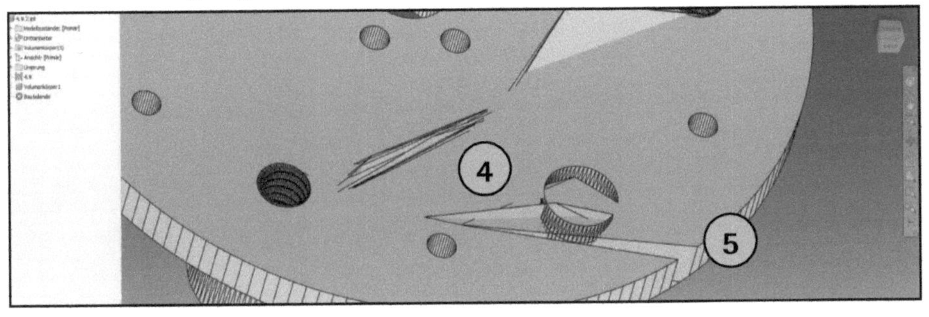

4.11.4 „Reparaturumgebung" öffnen

- Aktivieren Sie das Bauteilelement unterhalb des Eintrags **Ursprung**
  im **Bauteil-Browser**, wählen Sie **Körper reparieren** im Kontextmenü (6).
- AutoDesk Inventor öffnet die **Reparaturumgebung.**
- **Fehler suchen** (Multifunktionsleiste **Reparaturumgebung**)
- Wählen Sie das Bauteil als **Körper** an.

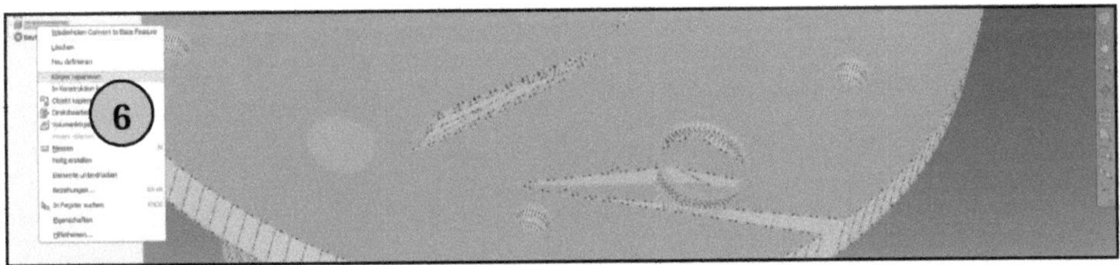

- Die überprüfte Geometrie erhält die nicht zu reparierenden Fehlereinträge
  im **Bauteil-Browser**, schließen Sie die **Reparaturumgebung** (7, 8).

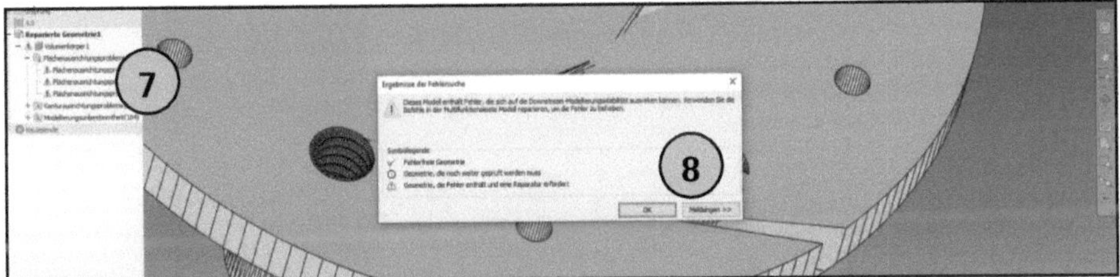

4.11.4.1 Fehleranalyse

Der Reparaturaufwand für diesen Import ist viel zu groß, wenn überhaupt möglich,
hier wäre ein eigener Neuaufbau des Bauteils unbedingt anzuraten.

5

AutoDesk
Inventor 2025

Bauteile
Anwendungen

Belastungsanalysen

5 Belastungsanalysen

5.1 Übersicht über die Belastungsanalyse

Die Spannungsanalyse von Autodesk Inventor geht davon aus, dass die simulierten Materialien und Bauteile ein elastisches, lineares, isotropes und homogenes Verhalten aufweisen.

5.1.1 Wichtige Funktionen der Belastungsanalyse

5.1.1.1 Wichtige Funktionen der Belastungsanalyse, Kurzdarstellungen

- Strukturelle statische und modale Belastungsanalyse für eine oder mehrere Simulationsstudien.
- Automatische adaptive Elemente zur Steuerung der Genauigkeit von Ergebnissen.
- Umfangreiche Auswahlmöglichkeiten für Begrenzungsbedingungen (Belastungen und Abhängigkeiten).
- Erfassung von Baugruppe / Bauteil / Element / Bemaßung in Inventor-Modellen für eine bessere Visualisierung des Modells und parametrischer Fallanalysen Analysen.
- Modellierung verschiedener Kontaktbedingungen (einschließlich Federn) zwischen verschiedenen Baugruppenteilen.
- Auswertung und Vergleich zahlreicher Konstruktionsalternativen Darstellung der Auswirkungen von Geometrieänderungen auf das funktionale Produktverhalten.
- Optimierung mehrerer Kriterien und direkte Validierung von Konstruktionsalternativen.
- Einfache Definition der verschiedenen lokalen und globalen Abhängigkeiten vor und nach der Simulation.
- Autodesk Material Library, zusätzlich können Sie weitere Materialien im Material-Editor definieren.
- Umfassende Nachverarbeitungsfunktionen für 3D-Anzeige, Prüfung der Ergebnisse und Publikation von Webberichten.

5.1.2 Belastungsanalyse, Auszüge aus dem „Simulationshandbuch"

5.1.2.1 Modellmaterialien im elastischen Bereich

Bei Modellmaterialien, die im elastischen Bereich bleiben, wird davon ausgegangen, dass diese ihren vorherigen Zustand wieder erlangen, wenn die Lasten wegfallen. Daher werden bei der Simulation Faktoren wie Nachdehnung, plastischen Verformungen, Hysterese usw. nicht berücksichtigt. Die Annahme der Linearität bezieht sich auf die Linearität des Materials, wobei Spannungs-Dehnungs-Verhältnisse während der Belastung konstant sind außerdem auf die geometrische Linearität, wobei die Bauteilsteifigkeit während der Belastung konstant bleibt. Die Annahme der Isotropie schließt die Auswirkungen von orthotropem, anisotropem oder laminiertem Materialverhalten aus, während die Homogenität von gleichbleibendem Materialverhalten in einem Bauteil ausgeht. Unterschiedliche physische Kontaktflächen bei verschiedenen Belastungswerten können die entsprechende Steifigkeit für das gesamte Modell ändern.

5.1.2.2 Numerische Genauigkeit der Ergebnisse

Wenn Sie an der numerischen Genauigkeit der Ergebnisse zweifeln, stellen Sie sicher, dass die Abhängigkeiten, Lasten, Materialeigenschaften und Bauteilinteraktionen angemessene physische Annäherungen sind.

Wenn die Spannungswerte korrekt erscheinen, aber unangemessene Verschiebungswerte auftreten, sollten Sie die Materialeigenschaften nochmals überprüfen.

5.1.2.3 Verformung des Modells

Wenn die Verformung des Modells relevant ist, können Sie der adaptiven Konvergenz die maximale Größe der Verschiebung zugrunde legen. Legen Sie eine relativ hohe Genauigkeit fest und stellen Sie sicher, dass das Modell angemessene Abhängigkeiten und stabile Bedingungen aufweist.

Eine große maximale Verschiebung relativ zur Modellgröße kann auf die Notwendigkeit einer umfangreichen Verformungsanalyse.

5.1.2.4 Verformbar

Verformbare Materialien weisen in der Regel bestimmte Streckgrenzen auf, die häufig bei Komprimierung und Spannung gleich sind. Verformbare Materialien können deutliche Streckungen aufweisen, bevor Fehler auftreten. Wenn Dauerbelastung kein Problem darstellt, können Spannungssteigungen und Spannungssingularitäten unter statischer Last lokale Streckung verursachen.

Da diese lokale, plastische Spannung in dem Bereich verstärkend wirkt, müssen keine Spannungskonzentrationsfaktoren verwendet werden. Wenn die Streckung jedoch breit gestreut erfolgt, z. B. durch einen Querschnitt, ist ein Fehler zu erwarten

5.1.2.5 Spröde Materialien

Spröde Materialien weisen in der Regel keine erkennbaren Streckgrenzen und möglicherweise auch keine wesentliche Streckung vor einem Bruch auf, der bei echten Versagensspannungen von weniger als 5 % auftritt. Spröde Materialien werden normalerweise nach Zugfestigkeit und Druckfestigkeit klassifiziert und können sich unter Druck stärker verhalten.

Lokale Spannungssteigungen und Konzentrationen spielen beim Versagen der meisten spröden Materialien eine sehr wichtige Rolle. Genaue Werte für lokale, hohe Spannungen werden benötigt. Sie müssen möglicherweise zusätzliche Spannungskonzentrationsfaktoren anwenden. Für vorhandene Risse, Oberflächenfehler, Ecken und Nute mit Spannungssingularitäten strengere Auswertungen der Bruchmechanik erforderlich.

Überprüfen Sie, in diesem Fall, die maximale 1. Hauptspannung und minimale 3. Hauptspannung sowie die Sicherheitsfaktor-Plots auf Basis der Zugfestigkeiten. Wenn Ihr Modell verschiedene spröde Materialien beinhaltet, ist der Plot für den Sicherheitsfaktor aussagekräftiger, da er die Zugfestigkeit der einzelnen Materialien berücksichtigt.

5.1.3 Umgebung für die Belastungsanalyse

Die Schnittstelle **Belastungsanalyse** ist in drei Hauptbereiche unterteilt:

Simulations-Browser, Grafikbereich und **parametrische Tabelle.**

In diesen Bereichen wird Inhalt für die aktive Simulation angezeigt. Inaktive Simulationen erhalten einen grauen Hintergrund.

5.1.3.1 Simulations-Browser

Der Simulations-Browser zeigt die Simulationen mit Bauteil oder Baugruppe und Simulationsparametern in einer hierarchischen Ansicht mit verschachtelten Element- und Attributinformationsebenen an. Sie haben folgende Möglichkeiten:

Kopieren Sie die gesamten Simulation oder Simulationsobjekte zwischen Simulationen.

Klicken Sie mit der rechten Maustaste auf einen Knoten, um die Kontextmenüoptionen einzublenden.

Wenn Sie die **Ordner erweitern** und **Knoten auswählen,** wird die Auswahl gleichzeitig im Grafikbereich hervorgehoben.

5.1.3.2 Grafikbereich

Im Grafikbereich werden die Modellgeometrie und die Simulationsergebnisse angezeigt. Die Ansicht wird aktualisiert, um den aktuellen Status der Simulation wiederzugeben. Der Grafikbereich beinhaltet Werkzeuge zur Bearbeitung der Ansicht.

5.1.3.3 Parametrische Tabelle

Diese Tabelle bietet zwei Modi für die Anzeige von Konstruktionsabhängigkeitskriterien, einschließlich Werten und Grenzwerten, sowie von Parameterbereichen. Im Modellanzeigemodus werden die Konstruktionsabhängigkeiten aufgeführt. Nach einer Simulation werden Bereiche innerhalb und außerhalb des angegebenen Bereichs farbig gekennzeichnet. Sie können die angezeigten Ergebnisse ändern, indem Sie die Werte in der Tabelle anpassen. Die parametrische Tabelle zeigt parametrische Werte und Konstruktionsabhängigkeiten an, wenn ein Modell angezeigt wird. Sie können optimierte Werte sowohl in der Modell- als auch in der Ergebnisansicht abrufen.

5.1.4 Grundsätzlicher Arbeitsablauf der Belastungsanalyse

Ein typischer Arbeitsablauf für eine Belastungsanalyse sieht allgemein betrachtet folgendermaßen aus:

- **Erwartungen festlegen:**

Einschätzen des physischen Verhaltens mithilfe eines Konzeptmodells.

- **Vorverarbeitung:**

Eingeben von physischen Daten in das digitale Modell und Definieren von auszuführenden Analysen.

- **Lösung:**

Lösen des mathematischen Modells.

- **Nachverarbeitung:**

Anzeigen und Auswerten der Ergebnisse.

- **Erwartungen überprüfen:**

Vergleichen der Ergebnisse mit den ursprünglichen Erwartungen.

5.1.5 Inventor-Belastungsanalyse, Arbeitsablauf

Die Inventor-Belastungsanalyse umfasst die Phasen Vorverarbeitung, Problemlösung, Nachverarbeitung, Überprüfung und Verbesserung der Eingaben dieses Prozesses.

Sie können die Umgebung für die Belastungsanalyse nicht aufrufen, während Sie eine Bearbeitung eines Bauteils in der Baugruppe durchführen. Die Ausnahme ist hier die Erstellung einer Simulation der Bewegungsbelastungen (statische Analyse) im Kontext einer Baugruppe. Sie können ein einzelnes Bauteil auf Bewegungsbelastungen analysieren.

Die Belastungsanalyseeinstellungen werden auf Dokumentbasis zugewiesen. Mit diesen Einstellungen werden die Standardeinstellungen für alle neuen Simulationen definiert. Wenn Sie die Einstellungen während der Verwendung einer Simulation ändern, wirkt sich dies nicht auf die Simulation aus. Die Einstellungen wirken sich nur auf Simulationen aus, die Sie nach der Änderung erstellen.

5.1.5.1 Vorverarbeitung:

- Öffnen Sie eine Komponente, ein Bauteil oder eine Baugruppe.
- Rufen Sie die Umgebung für die Belastungsanalyse auf.
- Klicken Sie auf Simulation erstellen.
- Geben Sie die Simulationseigenschaften an.
- Schließen Sie Komponenten aus, die in der Simulation nicht berücksichtigt werden sollen.
- Geben Sie für alle an der Analyse beteiligten Bauteile ein Material an.
- Geben Sie die Abhängigkeiten an, und weisen Sie sie zu. Dieser Schritt ist für eine Modalanalyse nicht erforderlich.
- Geben Sie die Position und die Größe von Belastungen an. Dieser Schritt ist für eine Modelanalyse nicht erforderlich.
- Bewerten Sie die Kontakte, und machen Sie bei Bedarf weitere Angaben.
- Führen Sie die Simulation aus.

5.1.5.2 Nachverarbeitung

- Zeigen Sie die Ergebnisse an.
- Nehmen Sie die erforderlichen Änderungen vor, um eine Feinabstimmung für das Bauteil oder die Baugruppe durchzuführen. Änderungen können zum Beispiel das Hinzufügen von Elementen oder das Unterdrücken problematischer Elemente beinhalten.
- Führen Sie die Simulation erneut aus, um die Ergebnisse zu aktualisieren.
- Verwenden Sie Konvergenz berechnen und Auflösen, um sicherzustellen, dass die Ergebnisse so genau wie möglich sind. Konvergenz berechnen ist für die Unterstützung mehrerer Zeitschritte und vorgespannte Modalergebnisse gesperrt.
- Wiederholen Sie den Prozess, bis die Komponente optimiert ist.
- Erstellen Sie anschließend Berichte für die Ergebnisse.

Projekt IV

Belastungsanalysen

5.2 Belastungsanalyse „Abgestufte Platte"

5.2.1 Bauteilerstellung

- Erstellen Sie die Grundplatte mit folgenden Maßen:
  Hintere Breite **50** mm, vordere Breite **24** mm, Ansatzabstand **50** mm,
  Blechdicke **10** mm.

5.2.1.1 Basisskizze auf Ebene „Oben" anlegen

Neu

Engelke-2025
.ipt

2D-Skizze
starten

Linie

- Öffnen Sie eine neue Vorlagendatei über **Neu**.
- **2D-Skizze starten** (Multifunktionsleiste)
- Wählen Sie die Ursprungsskizze **XY-Ebene**.
- Erstellen Sie die gezeigte Basisfläche über **Linie** (1).

5.2.1.2 Bauteilerstellung über „Extrusion"

Extrusion

- Bilden Sie, aus der automatisch ausgewählten Fläche, eine **Extrusion** mit
  Abstand **10** mm (2, 3).

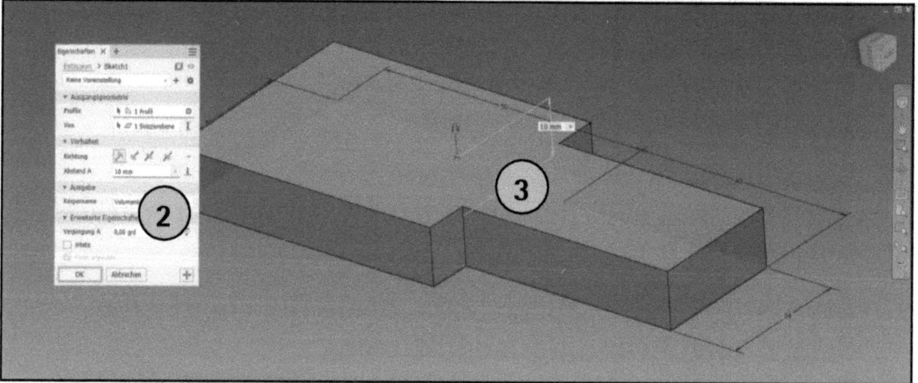

5.2.2 Bauteil speichern

- Aufruf über den **Menü-Browser**, Register **Datei**.

Speichern
unter

Speichern unter
Das Dialogfeld **Speichern unter** wird eingeblendet.
Geben Sie einen Dateinamen Ihrer Wahl ein.

5.2.3 Durchführung der Belastungsanalyse

5.2.3.1 Die Belastungsanalyse, Laden der Umgebung

Belastungsanalyse (Multifunktionsleiste **Umgebung**) (4)

Belastungs-
analyse

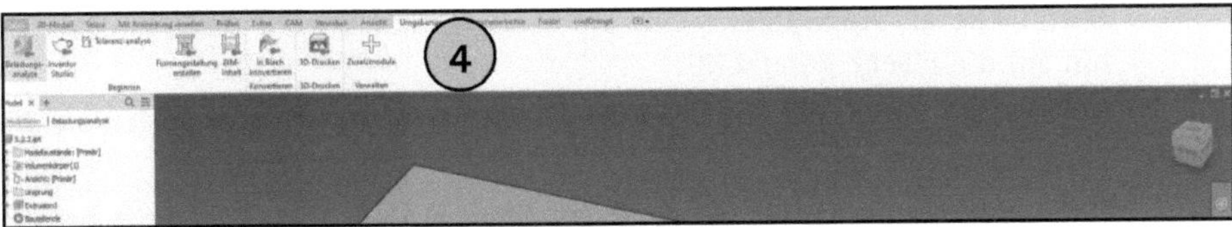

Studie erstellen (Multifunktionsleiste **Analyse / Verwalten**)
Erstellen Sie eine neue Simulation (5).

Studie
erstellen

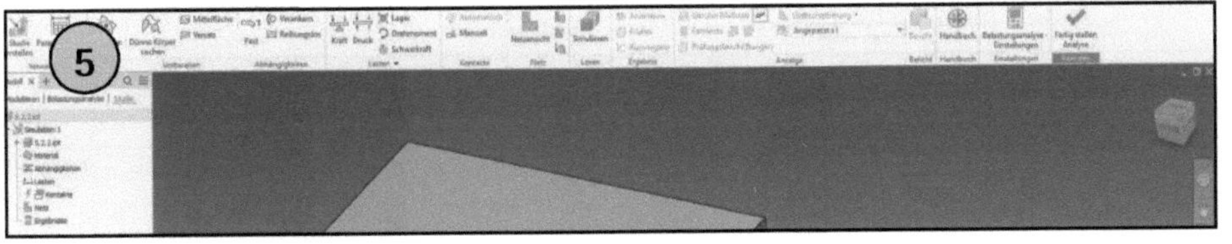

5.2.3.2 Die Materialzuweisung

Material
zuweisen

Zuweisen (Multifunktionsleiste **Analyse / Material**)
Der Dialog **Material auswählen** wird angezeigt, da noch kein Material für
das Modell definiert wurde (6).
Wählen Sie aus der Materialliste **Stahl, weich, unlegiert** (7) / **OK**.

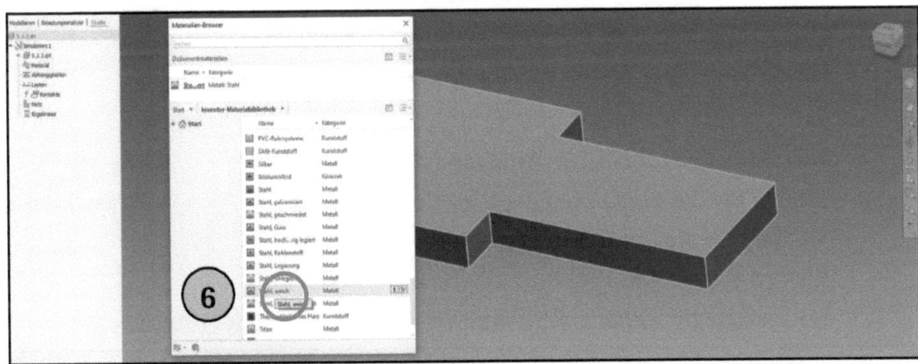

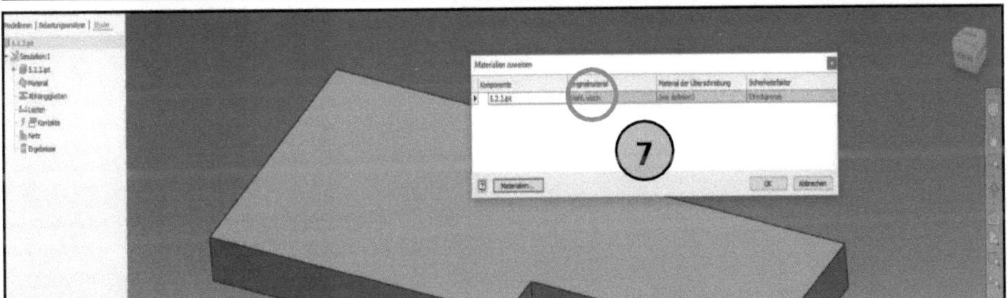

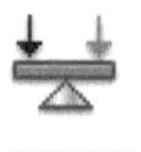
Kraft

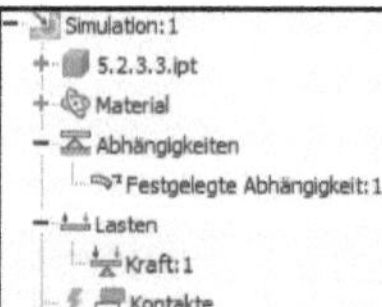

5.2.3.3 Eine Angriffskraft definieren

Kraft (Multifunktionsleiste **Analyse / Lasten**)

Bewegen Sie den Cursor über Eckpunkte, Kanten oder Flächen, um die möglichen Auswahlelemente darzustellen (2). Klicken Sie die rechte vordere Stirnfläche als Auswahlelement, die Kraft wird senkrecht und zum Bauteil hin auf die Fläche gesetzt (8).

Klicken Sie im Dialog **Kraftrichtung umkehren**, der Vektor zeigt von der Fläche weg (9).

Definieren Sie die Größe der Kraft mit **5000 N** (10), Tipp, geben Sie bei der Eingabe von Werten die Einheiten mit an, dann wissen Sie immer, welche Einheiten benutzt werden.

Klicken Sie auf **OK**. Die Kraft wird im Browser unter Lasten und Abhängigkeiten aufgelistet (11).

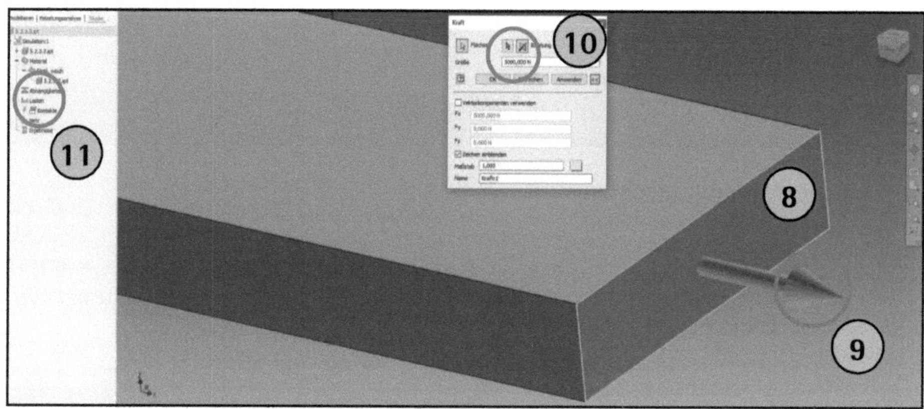

5.2.3.4 Hinzufügen einer festen Abhängigkeit

Abhängigkeit
Fest

Fest (Multifunktionsleiste **Analyse / Abhängigkeit**)

Drehen Sie die Platte über die **ViewCube**-Auswahl

Wählen Sie die Stirnfläche auf der linken Seite (12).

Klicken Sie auf **OK**.

Die festgelegte Abhängigkeit wird im Browser angefügt (13).

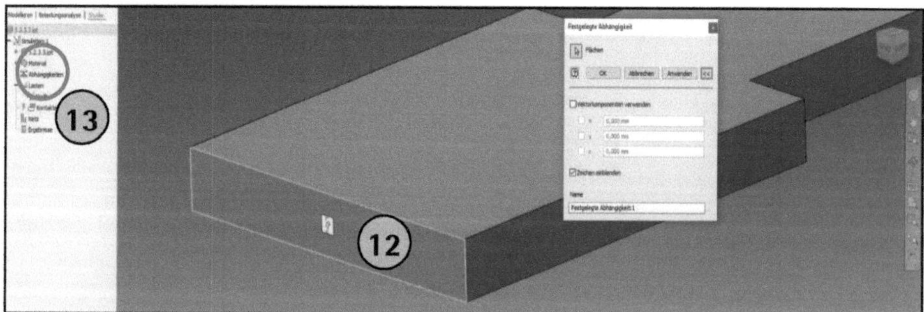

5.2.4 Die Belastungsanalyse, Einstellungen

5.2.4.1 Einstellungen für Belastungsanalyse

Einstellungen für Belastungsanalyse (Multifunktionsleiste **Analyse**)

Wählen Sie die Einstellungen entsprechend der Inventor-Voreinstellungen in den drei gezeigten Register (14, 15, 16).

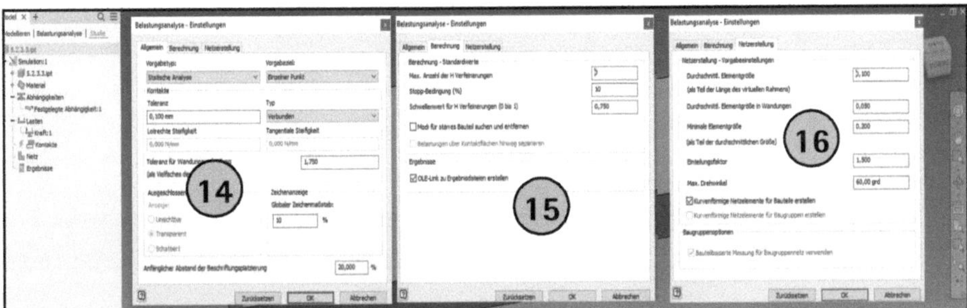

5.2.4.2 Zuweisung der Netzstruktur

Netzansicht (Multifunktionsleiste **Analyse / Netz**)

Klicken Sie, um die Vernetzung darzustellen (17, 18).

5.2.5 Bauteil speichern

Die Oberfläche für die Belastungsanalyse wird automatisch geschlossen.

- Aufruf über den **Menü-Browser**, Register **Datei**.

Speichern unter

Das Dialogfeld **Speichern unter** wird eingeblendet.

Geben Sie einen Dateinamen Ihrer Wahl ein.

"

5.2.6 Durchführung der Belastungsanalyse

5.2.6.1 Belastungsanalyse aktivieren

Belastungs-
Analyse

Simulieren

- Öffnen Sie die Oberfläche für die Belastungsanalyse wieder über:

Belastungsanalyse (Multifunktionsleiste **Umgebung**)

Simulieren (Multifunktionsleiste **Analyse / Lösen**)
Klicken Sie auf **Simulieren** aus der Funktionsleiste,
Wählen Sie **Ausführen**, die Berechnung beginnt(19).

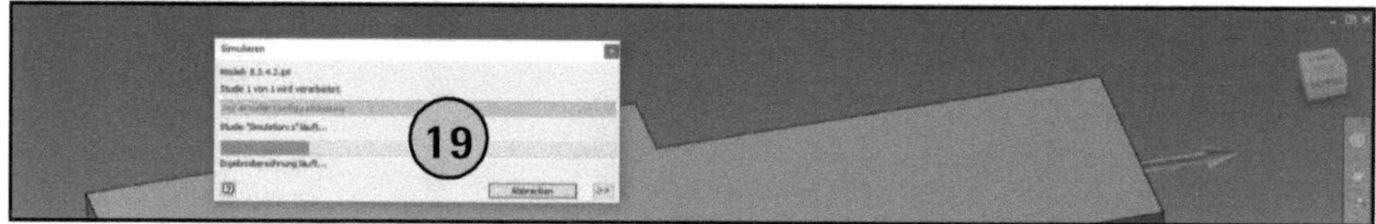

5.2.7 Belastungsanalyse, Darstellungen

5.2.7.1 Belastungsanalyse, Basisdarstellung

Sobald die Berechnung komplett ist, werden die Spannungen im deformierten Modell angezeigt.

Vergleichsspannungsanzeige (20), **Browser für Belastungsanalyse** (21), **Analysiertes Bauteil** (22)

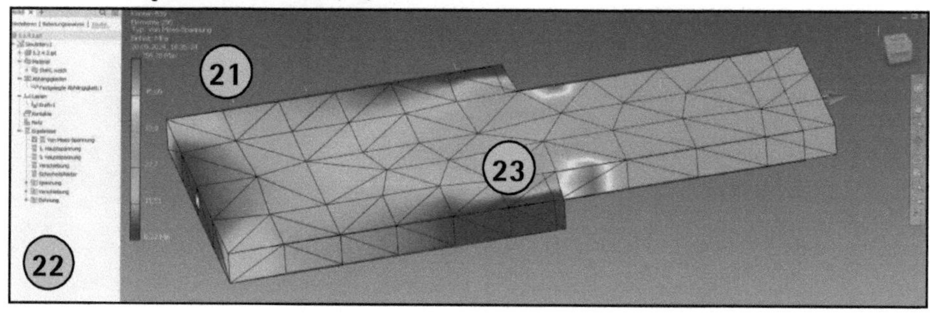

5.2.7.2 Belastungsanalyse, Einstellungen für die Darstellung

Glatt-
schattierung

Minimales
Ergebnis

Maximales
Ergebnis

Glattschattierung (Multifunktionsleiste **Analyse / Anzeige**)
Klicken Sie auf **Anzeige**, wählen Sie **Glattschattierung** (24).

Minimales Ergebnis (Multifunktionsleiste **Analyse / Anzeige**)
Klicken Sie auf **Anzeige**, aktivieren Sie **Minimales Ergebnis** (25).

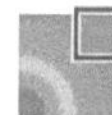

Maximales Ergebnis (Multifunktionsleiste **Analyse / Anzeige**)
Klicken Sie auf **Anzeige**, aktivieren Sie **Maximales Ergebnis** (26).

Farbleisteneinstellungen (Multifunktionsleiste **Analyse / Anzeige**)
Klicken Sie auf **Anzeige**, wählen Sie **Farbleisteneinstellungen** (27).

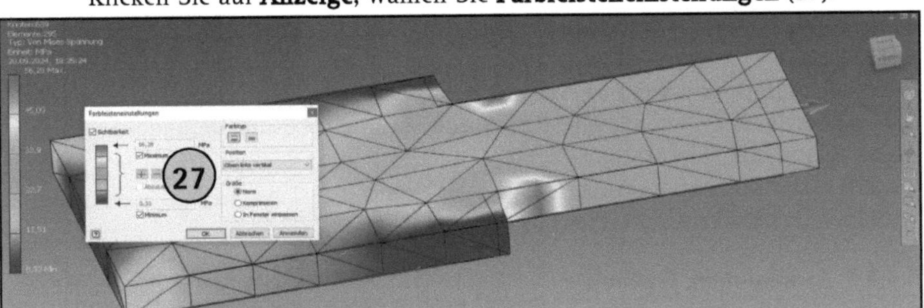

5.2.8 Ergebnisse der Belastungsanalyse

5.2.8.1 Spannungen, Vorbemerkungen

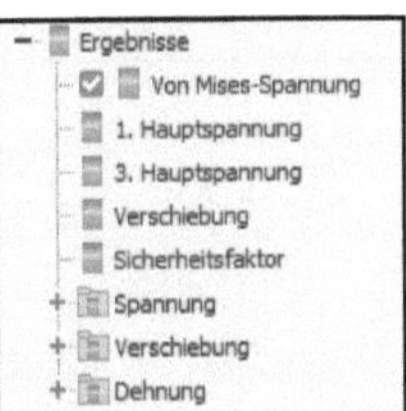

- **Von Mises**-Spannung
  Bei der **Von Mises**-Spannung handelt es sich um eine Kombination der drei
  Hauptspannungen an einer beliebig bestimmten Position. Dieser Ergebnis-
  wert wird gewöhnlich mit der Materialstreckfestigkeit verglichen, um festzu-
  stellen ob unter den definierten Lastbedingungen ein Versagen auftritt.
  Verwendet wird diese Hypothese für zähe Werkstoffe unter ruhender und
  wechselnder Beanspruchung. Die **Von-Mises**-Vergleichsspannung wird im
  Maschinenbau und im Bauwesen am häufigsten eingesetzt.

- **Hauptspannungen**
  An einem belasteten Teil besteht eine bestimmte Elementausrichtung, bei der
  alle Schubspannungskomponenten den Wert Null aufweisen. Die Normalen
  zu den Elementen in dieser Ausrichtung werden als Hauptrichtungen bezeichnet und die entlang dieser Normalen auftretenden Spannungen werden
  Hauptspannungen genannt.

- **Normalspannung**
  Durch eine aufgebrachte Last verursachte Normalspannungen wirken senk-
  recht auf das Teil ein Die Normalspannung ist immer senkrecht zur Schnitt-
  ebene. Eine Zugkraft auf ein Bauteil hat die gleiche Orientierung wie die
  Bauteilachse. Die Folge einer auf einem Bauteil wirkenden Zugkraft ist die
  Verlängerung des Bauteils, während er sich verschmälert

- **Schubspannung**
  Durch eine aufgebrachte Last verursachte Schubspannungen entwickeln sich
  entlang einer imaginären, durch das Teil verlaufenden Ebene. Eine Schubspannung ist eine durch eine Schubkraft ausgelöste Spannung in einer
  Schnittfläche. In Körpern werden Schubspannungen durch Biegung, Torsion
  oder durch Aufbringen von Querkräften erzeugt. Die erste Stelle des Indexes
  des Schubspannungsvektors gibt dessen Zugehörigkeit zu der Spannungs-
  normalen an, die zweite Stelle die Richtung des Schubspannungsvektors. In
  einem Balkenelement wirken Schubspannungen quer zu der Bauteilachse
  entgegen der wirkenden Querkraft.

- **Mittelspannung**
  Die Mittelspannung tritt bei einer sinusförmigen Spannung im Schwellbe-
  reich auf.

5.2.8.2 Sicherheitsfaktor, Vorbemerkungen

Für fast alle Branchen gibt es Standards für zulässige Sicherheitsfaktoren. Dieser Wert bezieht sich auf einen Zuverlässigkeitsmangel des Konstruktionsprozesses wie Berechnungen, Materialfestigkeit, Leistung und Fertigungsqualität. Der Sicherheitsfaktor ist das Verhältnis zwischen der maximal zulässigen Spannung und der Zugfestigkeit. AutoDesk Inventor berechnet den Sicherheitsfaktor aufgrund der in der Materialtabelle definierten Zugfestigkeit und der in der Lösung gefundenen maximalen Spannung.

<1.000 = Das Material an dieser Position hat versagt.

>1.000 = Das Material an dieser Position ist sicher.

5.2.8.3 Spannungen, Ergebnisse

Die Belastungsanalyse zeigt mehrere Ergebnisse im Belastungs-Browser:

5.2.8.4 Von Mises-Spannung

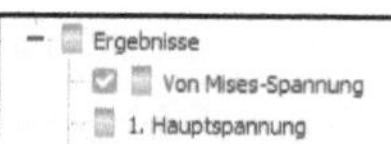

Nach der Gestaltänderungshypothese, auch Gestaltänderungsenergiehypothese (kurz: GEH) oder Mises-Vergleichsspannung genannt, tritt Versagen des Bauteils dann auf, wenn die Gestaltänderungsenergie einen Grenzwert überschreitet. Verwendet wird diese Hypothese für zähe Werkstoffe, wie Stahl, unter ruhender und wechselnder Beanspruchung. Die Mises-Vergleichsspannung wird im Maschinenbau und im Bauwesen am häufigsten eingesetzt (28).

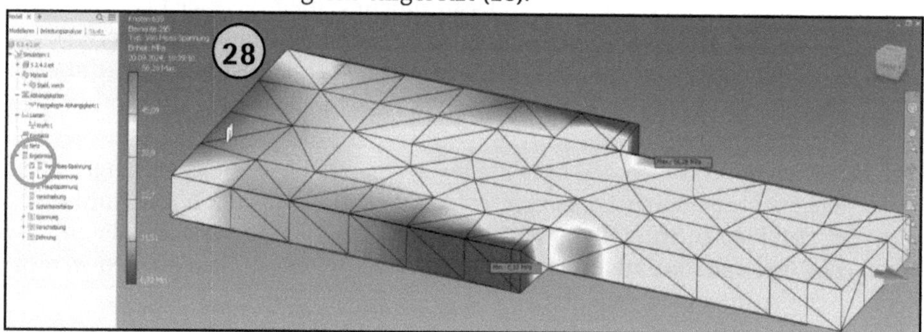

5.2.8.5 1. und 3. Hauptspannung

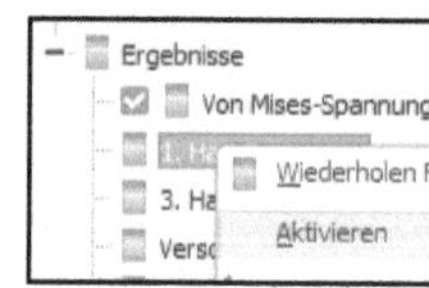

Die 1. Hauptspannung gibt den Wert der Spannung an, die zu der Fläche lotrecht ist, auf der die Scherspannung gleich Null ist. Die 1. Hauptspannung trägt zum Verständnis der aufgrund der Belastungsspannung im Bauteil erzeugten Bruchspannung bei. Die 3. Hauptspannung wirkt lotrecht zu der Fläche, auf der die Scherspannung gleich Null ist. Sie trägt zum Verständnis der aufgrund der Belastungsbedingungen im Bauteil erzeugten maximalen Druckspannung bei (29, 30).

* Aktivieren Sie, im **Browser für Belastungsanalyse**, die **1. Hauptspannung**.

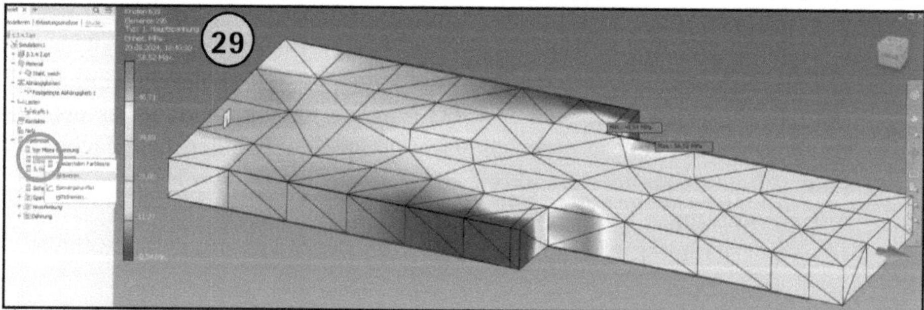

- Aktivieren Sie, im **Browser für Belastungsanalyse** die **3. Hauptspannung**.

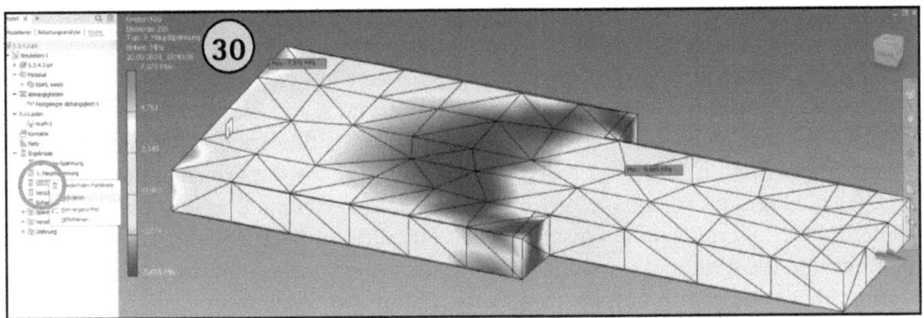

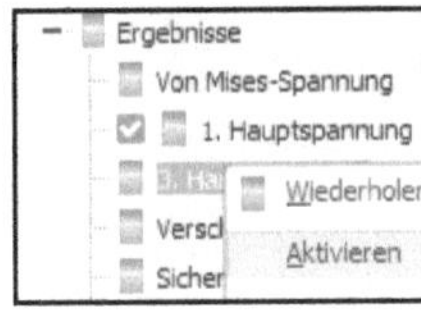

5.2.8.6 Verschiebung

Die Verschiebungsergebnisse zeigen die deformierte Form des Modells nach der Lösung an. Die Farbkonturen zeigen Ihnen den Umfang der Deformation im Vergleich zur Originalform. Die Farbkonturen entsprechen den in der Farbleiste definierten Werten. Die deformierte Kontur und die Verteilung der Deformation werden angezeigt. Die Konturen verlaufen parallel, da die Belastung gleichmäßig über die Angriffsfläche verteilt ist. Sie sind im breiteren Teil der Platte weiter auseinander als im schmaleren Teil, da im schmaleren Teil die Spannungskonzentration höher ist.

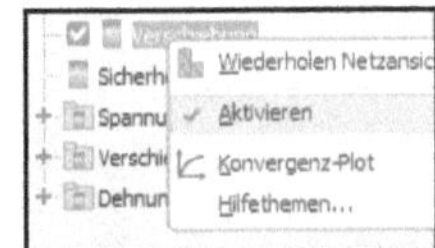

- Aktivieren Sie, im **Browser für Belastungsanalyse** die **Verschiebung**.
  Die Ergebnisse entsprechen der theoretischen Vorauslegung
  von **0,01156** mm (31).

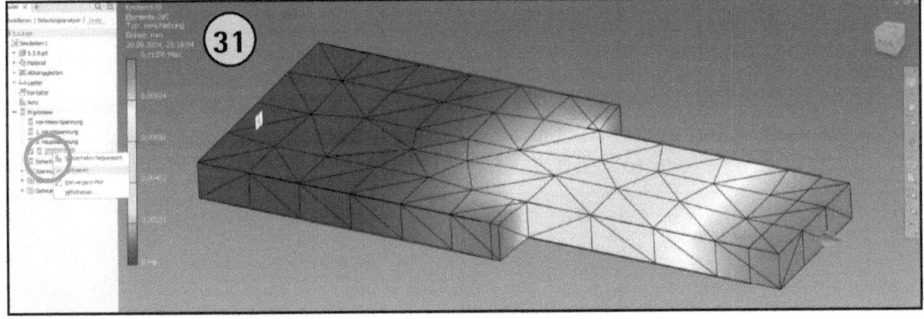

5.2.8.7 Sicherheitsfaktor

Der Sicherheitsfaktor zeigt Ihnen die Bereiche des Modells, die wahrscheinlich bei Belastung zu Fehlern führen. Die Farbkonturen entsprechen den in der Farbleiste definierten Werten. Für alle Objekte gilt unabhängig vom verwendeten Material eine Belastungsgrenze, die als Materialfließgrenze oder letztendliche Stärke bezeichnet wird. Bei der Annahme der Streckgrenze von 40.000 psi für Stahl würden Spannungen oberhalb dieser Grenze in der einen oder anderen Form eine permanente Deformation zur Folge haben. Wenn die Konstruktion durch Überschreitung dieser Grenze nicht permanent deformiert werden soll, beträgt die maximal zulässige Spannung in diesem Fall 40.000 psi. Sie können einen Sicherheitsfaktor aus dem Verhältnis der maximal zulässigen Spannung zur Vergleichsspannung Von Mises, bei Verwendung der Fließgrenzenstärke, berechnen. Er muss größer als 1 sein, damit die Konstruktion zulässig ist. Ein Faktor unter 1 bedeutet das Vorhandensein einer dauerhaften Deformation. Bei Verwendung von Ultimate Strength, wird Maximum Principal zur Definition der Sicherheitsfaktorverhältnisse verwendet.

Sicherheitsfaktorergebnisse weisen sofort auf Bereiche potenzieller Streckgrenzen hin. Vergleichsspannungsergebnisse zeigen Rot für den Bereich höchster Spannung an, ungeachtet der Höhe des Werts. Ein Sicherheitsfaktor von 1 bedeutet, dass das Material im Wesentlichen die Spannungsgrenze erreicht hat. Die meisten Konstrukteure streben einen Sicherheitsfaktor zwischen 2 und 4 an, basierend auf der maximal zu erwartenden Belastung. Wenn manche Konstruktionsbereiche die Materialgrenze überschreiten, bedeutet das nicht unbedingt, dass die Konstruktion des Bauteils fehlschlägt, es sei denn, die maximal zu erwartende Belastung wird häufig wiederholt. Wiederholt hohe Lasten können eine Ermüdung zur Folge haben, welche nicht durch die Autodesk Inventor Simulation-Belastungsanalyse simuliert wird. Werten Sie die Situation anhand von Konstruktionsprinzipien aus.

- Aktivieren Sie, im **Browser für Belastungsanalyse** den **Sicherheitsfaktor**. Der erreichte Sicherheitsfaktor beträgt in diesem Bauteil **3,68** als Durchschnittswert (32).

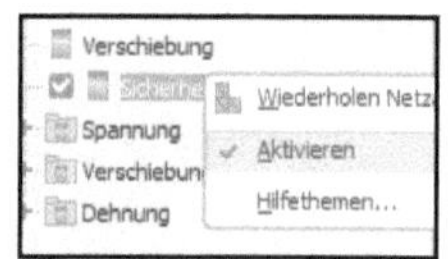

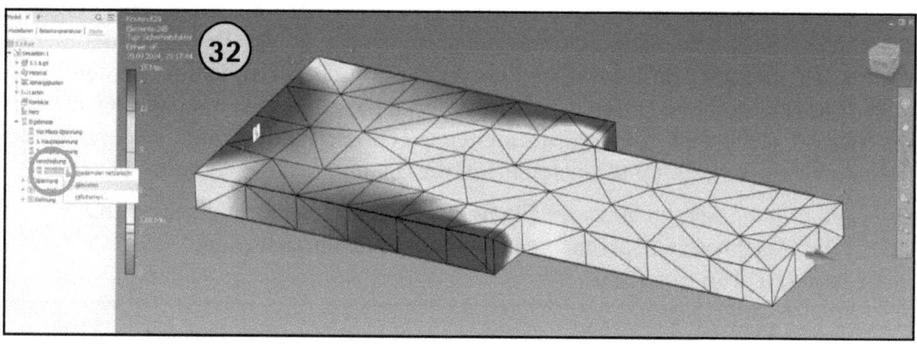

5.2.8.8 Spannungsergebnisse, eine Auswahl

- Aktivieren Sie, im **Browser für Belastungsanalyse** unter **Spannung** den Eintrag **Spannung XX** (33).

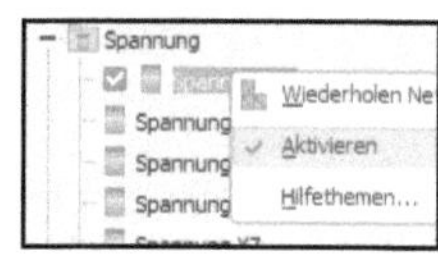

- Aktivieren Sie, im **Browser für Belastungsanalyse** unter **Verschiebung** den Eintrag **X-Verschiebung** (34).

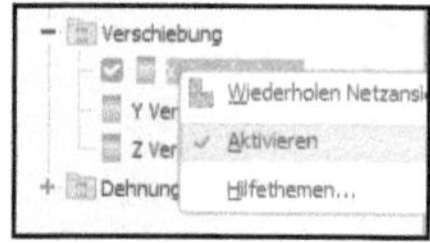

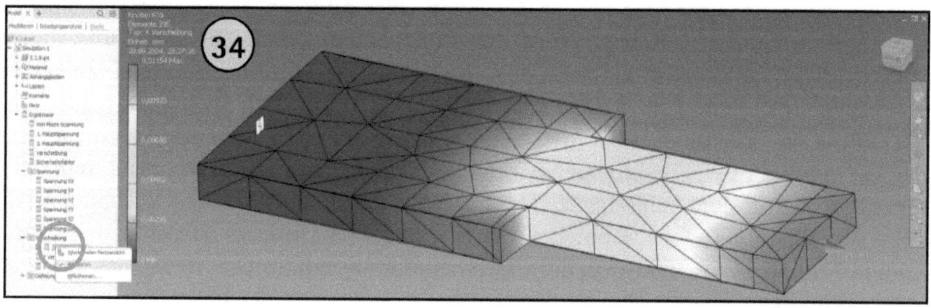

- Aktivieren Sie, im **Browser für Belastungsanalyse** unter **Dehnung** den Eintrag **Vergleichsbelastung** (35).

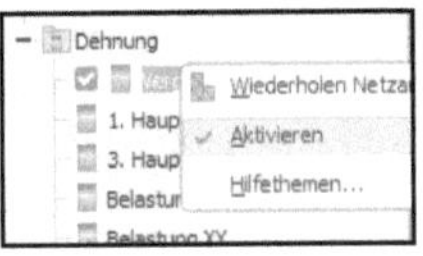

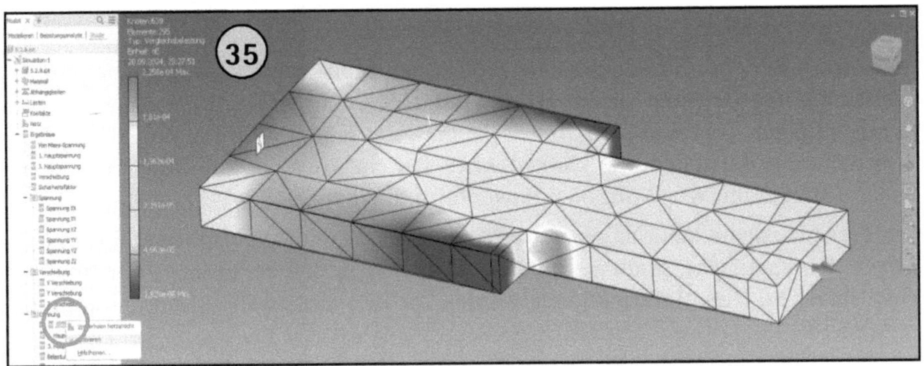

5.2.9 Prüfpunkte in den Simulationsergebnissen

Nach der Ausführung einer Simulation werden für bestimmte Punkte des Modells Ergebniswerte angezeigt.

Mit dem Befehl **Prüfen** legen Sie die Punkte fest, und mit dem Befehl Prüfungsbeschriftungen steuern Sie die Sichtbarkeit von Prüfungsbeschriftungen.

5.2.9.1 Ausführung der Prüfung

So prüfen Sie einen Punkt nach der Ausführung einer Simulation:

 **Prüfen** (Multifunktionsleiste **Analyse / Ergebnis**)

Klicken Sie auf dem Modell auf ausgewählte Punkte (36).

Es wird eine Beschriftung mit einer Führungslinie zu dem Punkt angezeigt.

 Prüfen

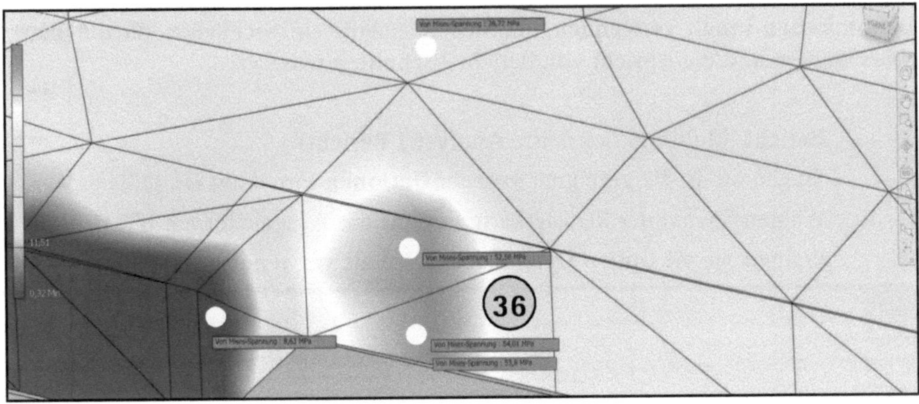

Bericht

5.2.10 Dokumentieren der Ergebnisse, „Berichte"

Sie können die Ergebnisse der Analyse auf mehrere Arten freigeben, Berichte publizieren und das Modell im DWF-Format publizieren.

Sie können Berichte für das gesamte Projekt, ein Modell oder eine einzelne Simulationsstudie erstellen und sie im HTML-, MHTML- oder RTF-Format ausgeben. Berichte enthalten Text und PNG-Bilder, die eine statische Momentaufnahme der Analyseergebnisse darstellen. Sie können einen Bericht drucken, und Ergebnisse in ein anderes Programm wie Word oder PowerPoint übernehmen.

Die Berichtausgabe kann angepasst werden, um nur relevante Informationen anzuzeigen. Parametrische Studien enthalten zusätzlich zu den angegebenen Ergebnissen eine Übersicht. Diese Informationen werden für jede ausgewählte Konfiguration bereitgestellt.

Sie können Belastungsstudien für eine Komponente im Kontext einer übergeordneten Baugruppe und gleichrangiger Komponenten durchführen. Übertragen Sie hierfür Bewegungslasten von Unterbaugruppen der obersten Ebene oder flexiblen Unterbaugruppen aus der dynamischen Simulation.

Der Prozess beginnt in der dynamischen Simulation, in der Sie Exemplar- und Zeitschrittinformationen mit dem Befehl **Exportieren nach FEM** übertragen. Anschließend legen Sie in der Belastungsanalyseumgebung die Simulationseigenschaften fest, um anzugeben, dass Bewegungslasten berücksichtigt werden.

Navigieren Sie zum Anzeigen eines HTML-Berichts im Internet-Browser zu dem Verzeichnis, und öffnen Sie die Datei im Browser. Verwenden Sie alternativ Windows Explorer, um zu dem Verzeichnis zu navigieren, und doppelklicken Sie dann auf den Dateinamen, um die Datei in Ihrem Internet-Browser zu öffnen.

5.2.10.1 Dokumentieren der Ergebnisse über „Bericht", Format „HTML"

Wählen Sie für die **HTML**- und **MHTML**-Webseitenformate die Option **Dynamischen Inhalt verwenden**, um Steuerelemente einzuschließen, die die Bildgröße ändern und die Ansicht von Berichtabschnitten reduzieren.

Bericht

Bericht (Multifunktionsleiste **Analyse** / **Bericht**)

Tragen Sie in die gezeigten Register **Optionen** Ihre Wahl ein (37).

Wählen Sie auf der Registerkarte **Format** das Ausgabeformat **HTML** (38).

Wählen Sie die Option **Dynamischen Inhalt verwenden** (39).

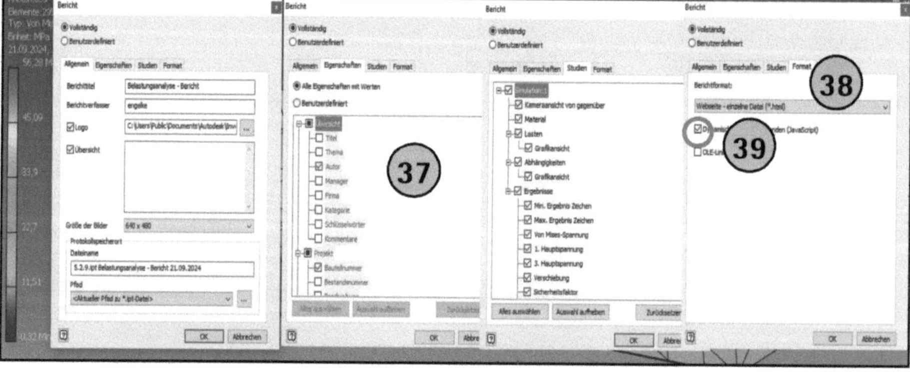

Darstellung des Berichtes der Belastungsanalyse in **HTML**-Format (40):

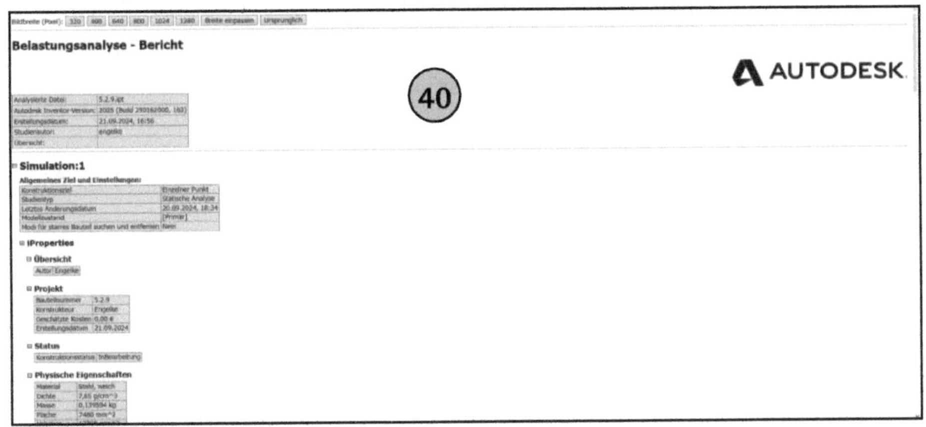

5.2.10.2 Dokumentieren der Ergebnisse über „Bericht", Format „RTF"

Bericht (Multifunktionsleiste **Analyse / Bericht**)
Tragen Sie in die gezeigten Register **Optionen** Ihre Wahl ein.
Wählen Sie auf der Registerkarte **Format** das Ausgabeformat **RTF**.

Bericht

Darstellung des Berichtes der Belastungsanalyse in **RTF**-Format (41):

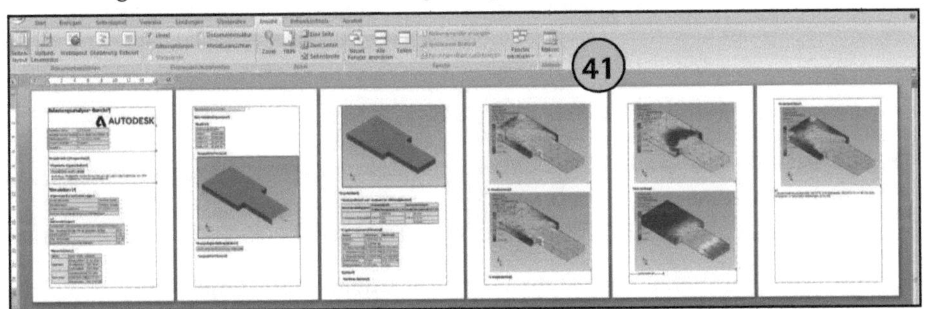

5.2.10.3 Dokumentieren der Ergebnisse über „Bericht", Format „PDF"

Bericht (Multifunktionsleiste **Analyse / Bericht**)
Tragen Sie in die gezeigten Register **Optionen** Ihre Wahl ein.
Wählen Sie auf der Registerkarte **Format** das Ausgabeformat **PDF**.

Bericht

Darstellung des Berichtes der Belastungsanalyse in **PDF**-Format (42):

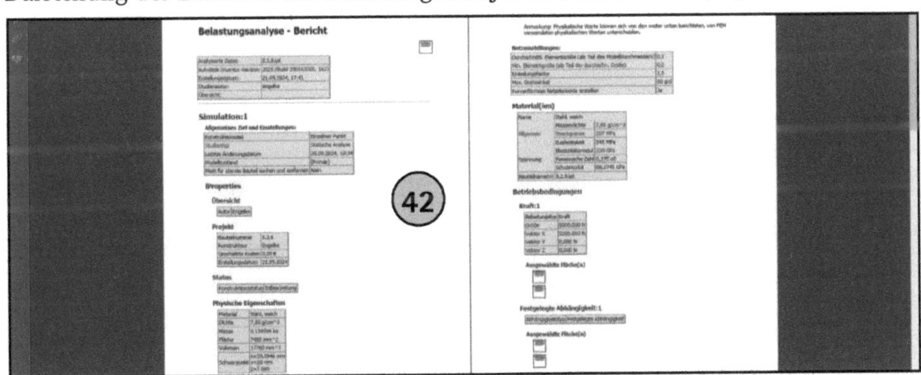

5.2.11 Dokumentieren der Ergebnisse, „Konvergenz-Plot"

5.2.11.1 Dokumentieren der Ergebnisse, „Konvergenz-Plot", Vorbemerkungen

Durch das Durchführen einer Konvergenzstudie in der Inventor-Belastungsanalyse wird das Netz verfeinert und die Größe der Elemente reduziert, wodurch theoretisch die Genauigkeit der nächsten Iteration der Ergebnisse erhöht wird. Da Netzelemente zwar kleiner, aber auch größer werden, steigen die Rechenanforderungen zum Lösen eines bestimmten Modells. Wenn Netzelemente kleiner werden, erreichen sie einen Punkt, an dem die Präzision im Vergleich zum Rechenaufwand und zur Berechnungszeit, die für die Berechnung des Ergebnisses erforderlich sind, abnimmt.

5.2.11.2 Dokumentieren der Ergebnisse, „Konvergenz-Plot", Einstellungen

Definieren Sie die Konvergenzkriterien, die zum Erreichen einer Lösung verwendet werden. Im resultierenden Konvergenz-Plot werden die Anzahl der verwendeten Verfeinerungen und die den einzelnen Verfeinerungen zugewiesenen Parameterwerte dargestellt. Zum Anzeigen eines XY-Plots der Ergebniskonvergenz legen Sie in den Konvergenzeinstellungen für **Max. Anzahl der H Verfeinerungen** einen Wert über **Null** fest.

Konvergenz-Einstellungen

Konvergenzeinstellungen (Multifunktionsleiste **Analyse / Bericht**)
Setzen Sie den Wert für **Max. Anzahl der H Verfeinerungen** auf 1 (43).

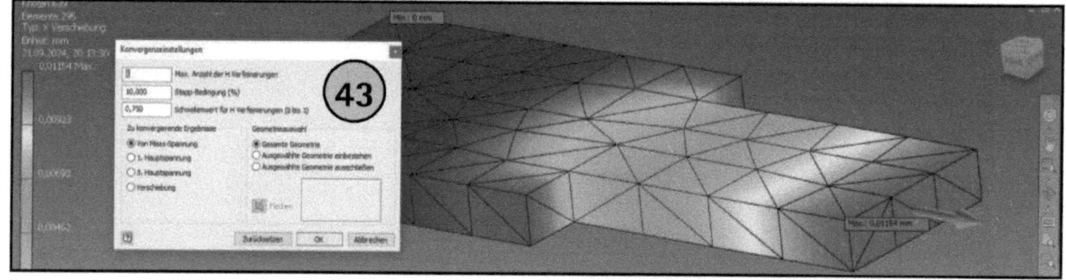

5.2.11.3 Dokumentieren der Ergebnisse, „Konvergenz-Plot", Ergebnisse

Konvergenz-Plot

Konvergenzplot (Multifunktionsleiste **Analyse / Ergebnis**)
Aktivieren Sie die entsprechenden Ergebnisse.

- **Von Mises-Spannung** (44)

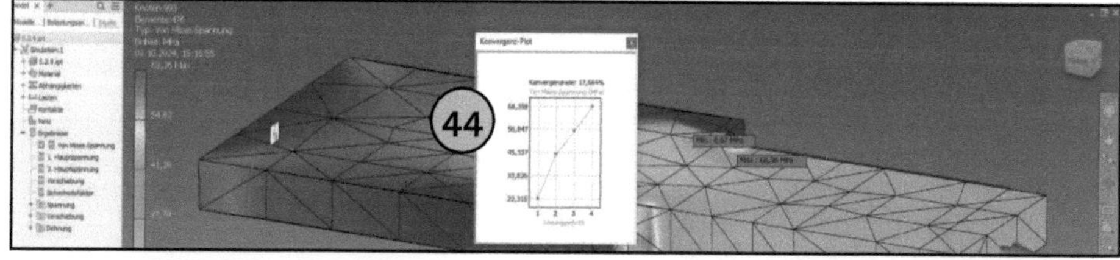

- **1. Hauptspannung** (45)

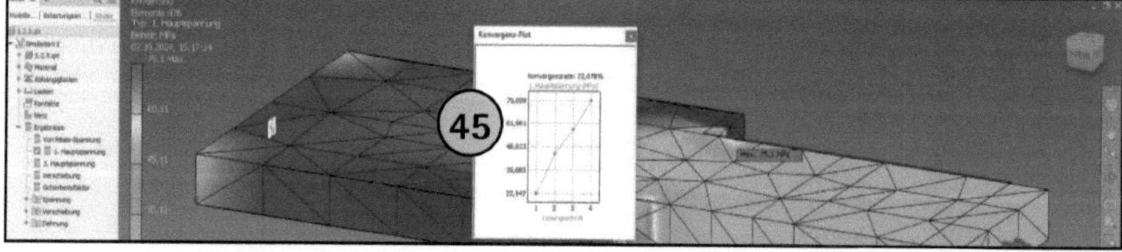

- **3. Hauptspannung** (46).

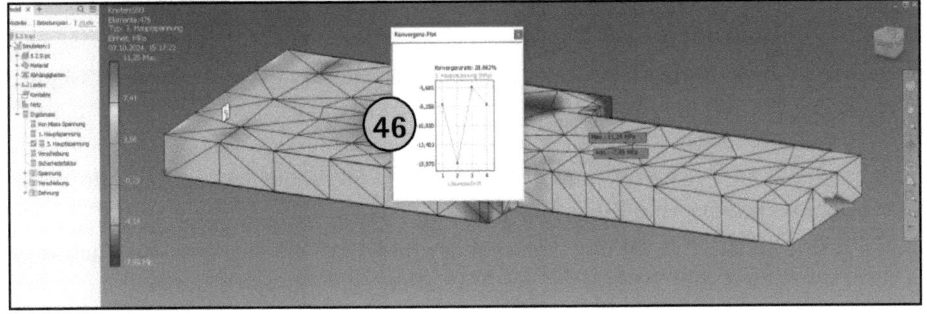

- **Verschiebung** (47).

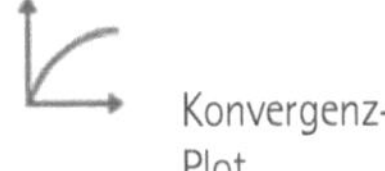

5.2.11.4 Dokumentieren der Ergebnisse, „Konvergenz-Plot", Diagramme

 **Konvergenzplot** (Multifunktionsleiste **Analyse / Ergebnis**)

Aktivieren Sie die entsprechenden Ergebnisse.

Von Mises-Spannung (44)
1. Hauptspannung (45)
3. Hauptspannung (46)
Verschiebung (47)

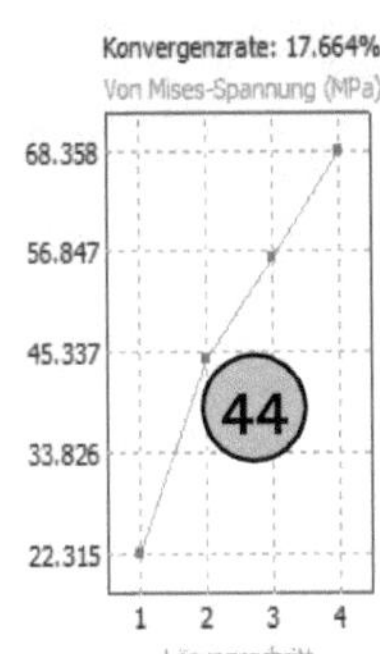

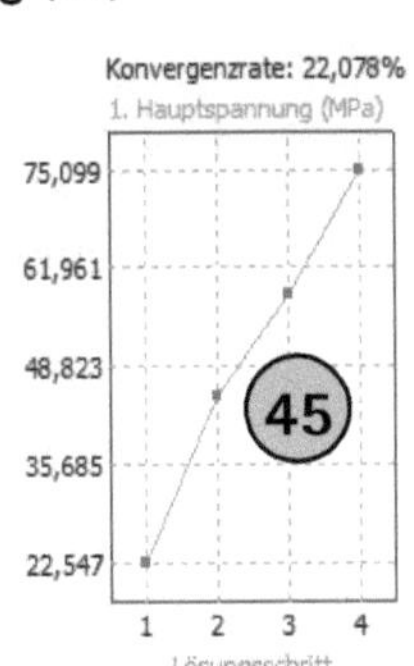

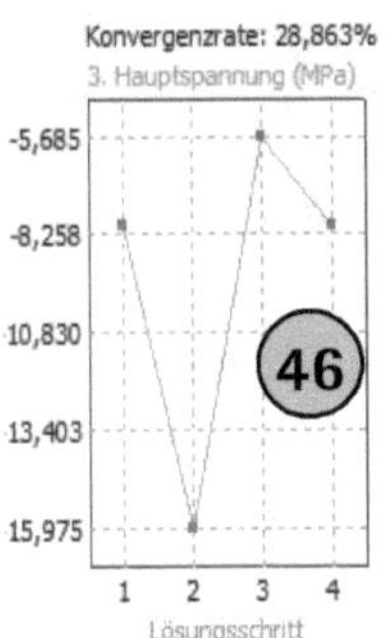

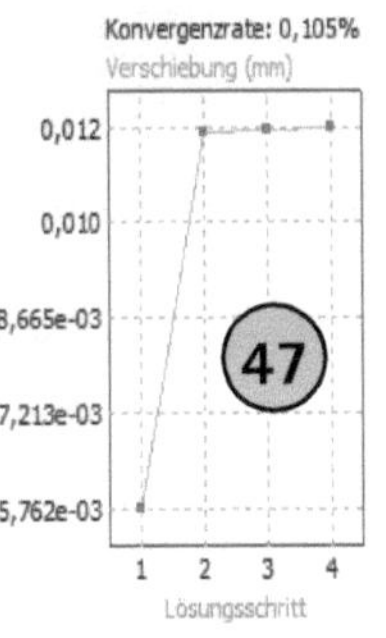

| Von Mises-Spannung | 1. Hauptspannung | 3. Hauptspannung | Verschiebung |

5.2.12 Dokumentieren der Ergebnisse, „Animation"

5.2.12.1 Dokumentieren der Ergebnisse, „Animation", Vorbemerkungen

 Animation

Erstellen Sie eine Animation, die das Bauteil in verschiedenen Verformungsstadien visualisiert. Sie können auch Belastung, Sicherheitsfaktor und Deformation unter Frequenzen animieren.

Animieren Sie die Ergebnisse, und beobachten Sie die Verschiebung bzw. die aufgebaute Spannung über eine Bilderfolge.

Dabei geben Sie die Anzahl und Auswahl der Bilder an, die die Animation der Reihe nach wiedergeben soll. Sie können die Animation als Film aufzeichnen.

5.2.12.2 Dokumentieren der Ergebnisse, „Animation", Ausführung für das Ergebnis „Von Mises-Spannung"

- Aktivieren Sie das Ergebnis für die **Von Mises-Spannung**.

Animation

Animieren (Multifunktionsleiste **Analyse / Ergebnis**)

Klicken Sie zum Aufzeichnen der Ergebnisanimation auf **Aufnahme**. Deaktivieren Sie **Original anzeigen** (48).

Geben Sie einen Dateinamen ein.

Wählen Sie das **AVI**-Format (49).

Wählen Sie als Codec **Microsoft Video 1**, **Qualität** auf **100** (50).

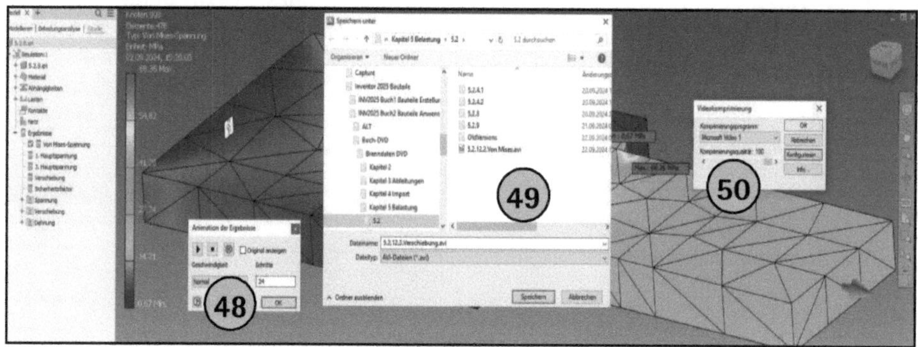

5.2.12.3 Ergebnis „Von Mises-Spannung", Videosequenz abspielen

Windows
Media Player

Windows Media Player©
Öffnen Sie die gespeicherte **AVI**-Datei und spielen diese zur Kontrolle ab.

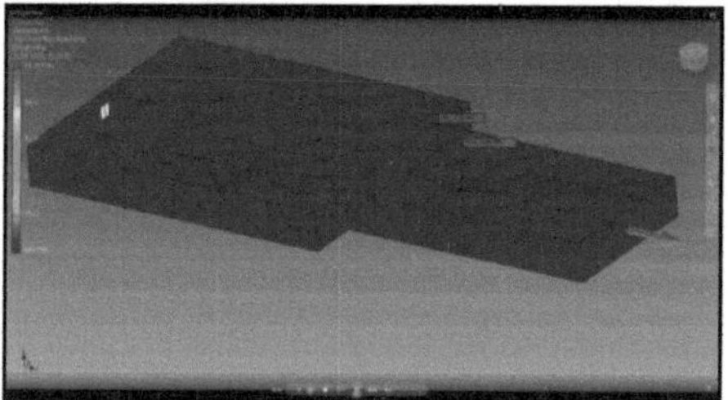

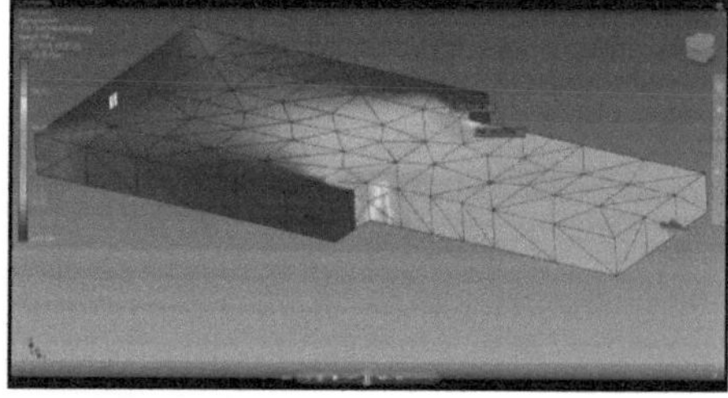

5.2.12.4 Dokumentieren der Ergebnisse, „Animation",
Ausführung für das Ergebnis „Verschiebung"

- Aktivieren Sie das Ergebnis für die **Verschiebung**.

Animieren (Multifunktionsleiste **Analyse / Ergebnis**)

Klicken Sie zum Aufzeichnen der Ergebnisanimation auf **Aufnahme**.
Deaktivieren Sie **Original anzeigen**.

Geben Sie einen Dateinamen ein.

Wählen Sie das **AVI**-Format.

Deaktivieren Sie **Original anzeigen**.

Wählen Sie als Codec **Microsoft Video 1**, Qualität auf **100** (51).

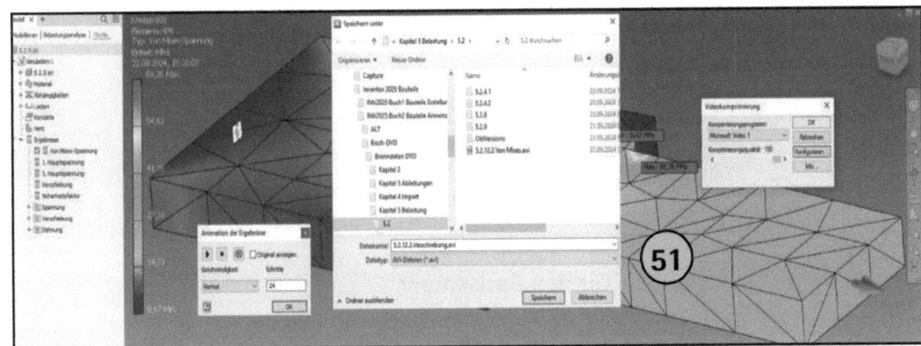

5.2.12.5 Ergebnis „Verschiebung", Videosequenz abspielen

Windows Media Player©
Öffnen Sie die gespeicherte **AVI**-Datei und spielen diese zur Kontrolle ab.

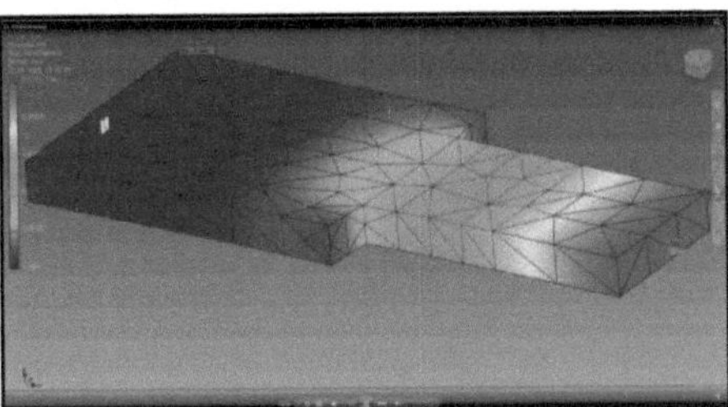

5.2.13 Bauteil speichern

- Aufruf über den **Menü-Browser**, Register **Datei**.

Speichern unter

Animation

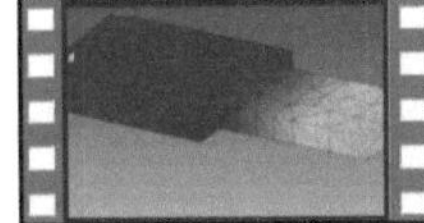

Windows
Media Player

Speichern
unter

5.3 Belastungsanalyse „Abgestufte Platte"
Bauteilmodifizierung mit „Bohrung"

5.3.1 Bauteilerstellung

Bearbeiten Sie die erstellte Grundplatte mit einer Durchgangsbohrung-Ø**12** mm, Bohrungsabstände Kantenabstand **35** mm, und Mitte des Bauteils.

5.3.1.1 Arbeitsdatei öffnen

Öffnen

Öffnen / Bauteildatei von der Buch-DVD / **OK** (1)

5.3.1.2 Bohrungszuweisung für den Basiskörper

2D-Skizze starten

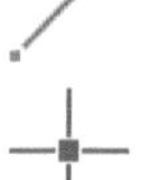
Linie

Punkt

Bohrung

- Neue **2D-Skizze** auf Blech-Ebene, Hilfskonstruktion mit **Linie**, Abstand über Mitte, **Punkt** auf gezeigten **Schnittpunkt** (2).
- Setzen Sie eine **Bohrung** Typ **Durchgangsbohrung** **Bohrung Ø12** mm, auf diesen **Punkt** (3).

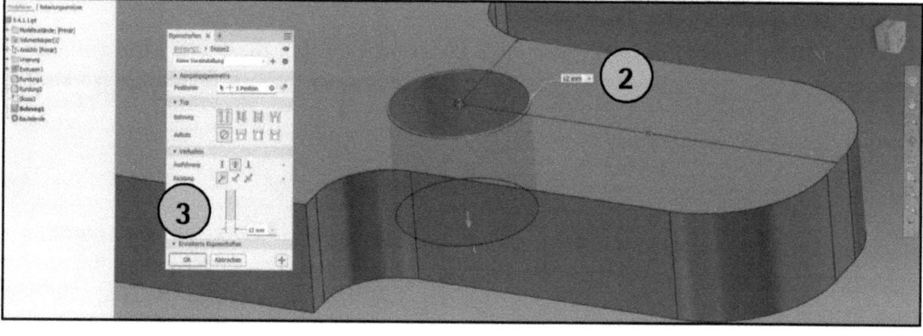

5.3.2 Bauteil speichern

- Aufruf über den **Menü-Browser**, Register **Datei**.

Speichern unter

Speichern unter

5.3.3 Durchführung der Belastungsanalyse

5.3.3.1 Die Belastungsanalyse, Laden der Umgebung

Belastungsanalyse (Multifunktionsleiste **Umgebung**)

Studie erstellen (Multifunktionsleiste **Analyse / Verwalten**)
Erstellen Sie eine neue Simulation.

Belastungs-
analyse

Studie
erstellen

5.3.3.2 Die Materialzuweisung

Zuweisen (Multifunktionsleiste **Analyse / Material**)
Der Dialog **Material auswählen** wird angezeigt, da noch kein Material für
das Modell definiert wurde.
Wählen Sie aus der Materialliste **Stahl, weich, unlegiert** (4) / **OK**.

Material
zuweisen

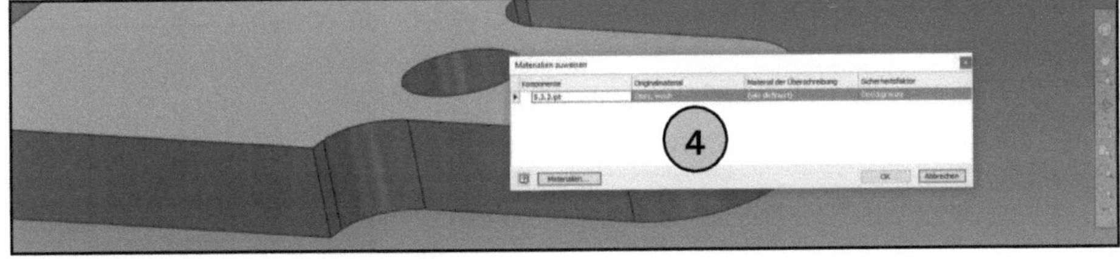

5.3.3.3 Eine Angriffskraft definieren

Kraft (Multifunktionsleiste **Analyse / Lasten**)
Definieren Sie die Größe der Kraft mit **5000 N** (5).
Klicken Sie im Dialog **Kraftrichtung umkehren**, klicken Sie auf **OK** (6).

Kraft

5.3.3.4 Hinzufügen einer festen Abhängigkeit

Fest (Multifunktionsleiste **Analyse / Abhängigkeit**)
Wählen Sie die Stirnfläche auf der linken Seite (7, 8).
Klicken Sie auf **OK**.

Abhängigkeit
Fest

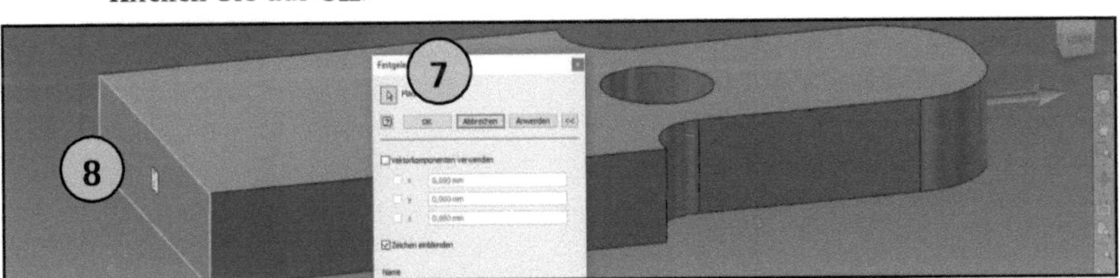

5.3.3.5 Einstellungen für Belastungsanalyse

 Einstellungen

Einstellungen für Belastungsanalyse (Multifunktionsleiste **Analyse**)

Wählen Sie die Einstellungen entsprechend der Inventor-Voreinstellungen in den drei gezeigten Register (9, 10, 11).

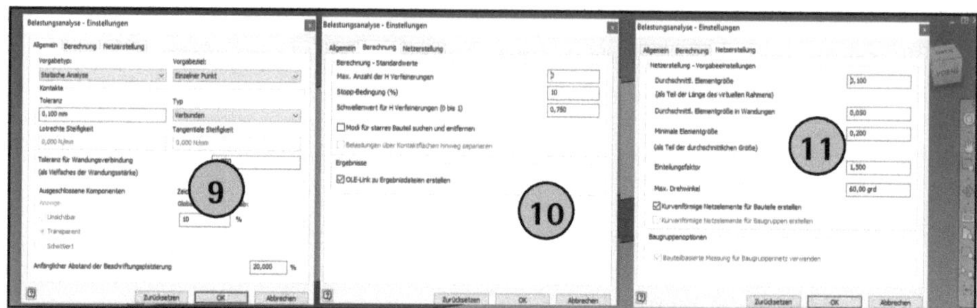

5.3.3.6 Zuweisung der Netzstruktur

 Netzansicht

Netzansicht (Multifunktionsleiste **Analyse / Netz**)

Klicken Sie, um die Vernetzung darzustellen (12).

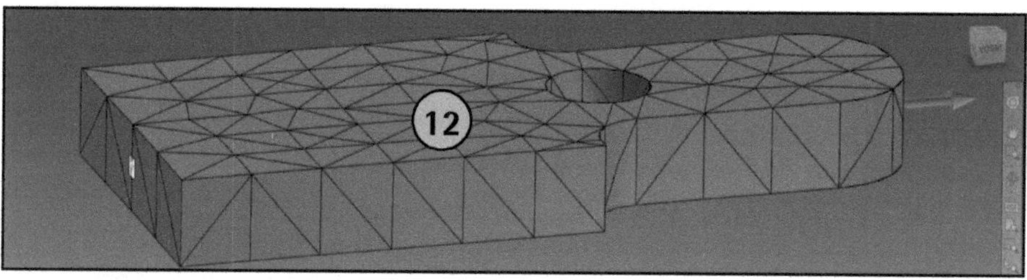

5.3.3.7 Bauteil speichern

Die Oberfläche für die Belastungsanalyse wird automatisch geschlossen.

- Aufruf über den **Menü-Browser**, Register **Datei**.

 Speichern unter

Speichern unter

Geben Sie einen Dateinamen Ihrer Wahl ein.

5.3.4   Durchführung der Belastungsanalyse

5.3.4.1 Belastungsanalyse aktivieren

- Öffnen Sie die Oberfläche für die Belastungsanalyse wieder über:

Belastungsanalyse (Multifunktionsleiste **Umgebung**)

Simulieren (Multifunktionsleiste **Analyse / Lösen**)
Klicken Sie auf **Simulieren** aus der Funktionsleiste.
Wählen Sie **Ausführen**, die Berechnung beginnt.

Belastungs-
Analyse

Simulieren

5.3.5 Ergebnisse der Belastungsanalyse

5.3.5.1 Belastungsanalyse, Einstellungen für die Darstellung

- Klicken Sie auf **Anzeige**, wählen Sie **Glattschattierung**.
- Klicken Sie auf **Anzeige**, aktivieren Sie **Minimales Ergebnis**.
- Klicken Sie auf **Anzeige**, aktivieren Sie **Maximales Ergebnis**.
- Klicken Sie auf **Anzeige**, wählen Sie **Farbleisteneinstellungen** (13).

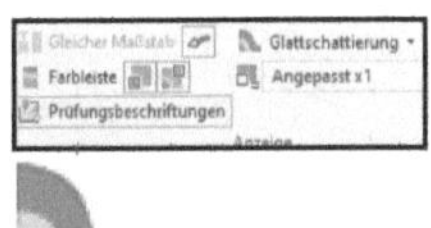

Glatt-
schattierung

Minimales
Ergebnis

Maximales
Ergebnis

Farbleisten-
einstellungen

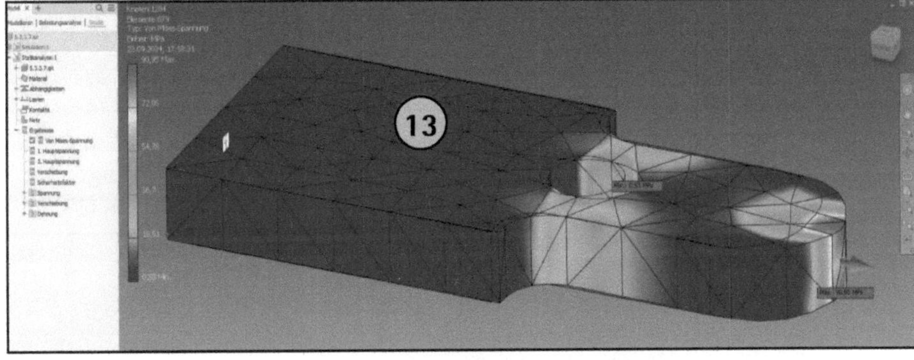

5.3.5.2 Ergebnisse der Belastungsanalyse im „Browser für Belastungsanalyse"

- **Von Mises-Spannung**
- Aktivieren Sie, im **Browser für Belastungsanalyse**,
  die **Von Mises-Spannung**.
  Das Ergebnis zeigt eine maximale Belastung von **90,95 MPa** (14).

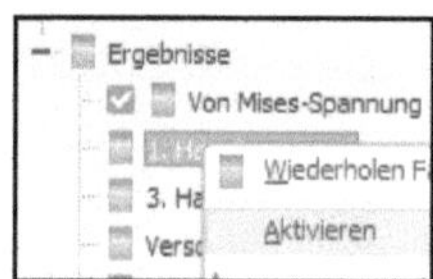

- **1. Hauptspannung**
- Aktivieren Sie, im **Browser für Belastungsanalyse**, die **1. Hauptspannung**. Das Ergebnis zeigt eine maximale Belastung von **125,4 MPa** (15).

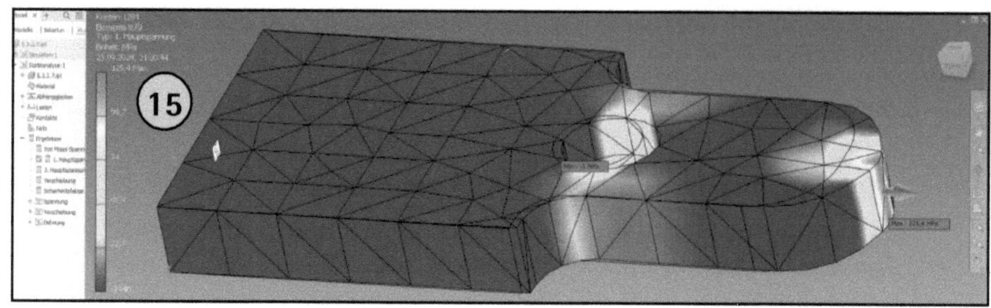

- **3. Hauptspannung**
- Aktivieren Sie, im **Browser für Belastungsanalyse** die **3. Hauptspannung**. Das Ergebnis zeigt eine maximale Belastung von **26,49 MPa** (16).

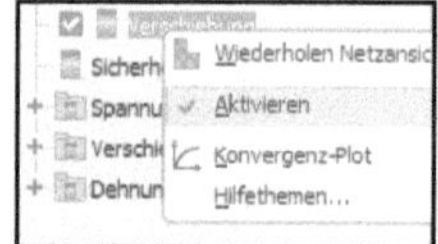

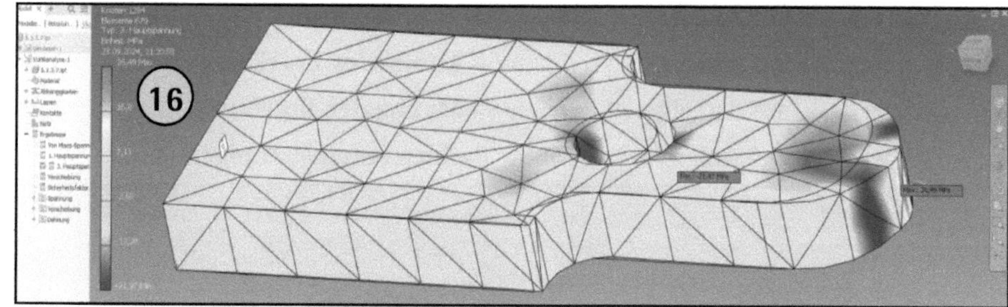

- **Verschiebung**
- Aktivieren Sie, im **Browser für Belastungsanalyse** die **Verschiebung**. Das Ergebnis zeigt eine theoretische Verschiebung von **0,01056** mm (17).

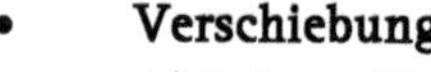

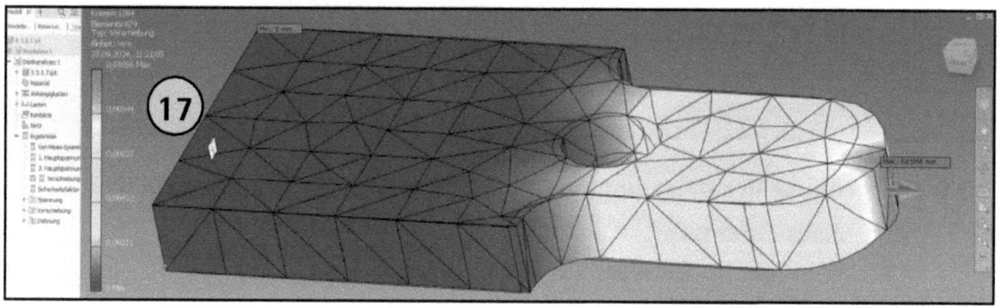

- **Sicherheitsfaktor**
- Aktivieren Sie, im **Browser für Belastungsanalyse** den **Sicherheitsfaktor**. Der minimale Sicherheitsfaktor beträgt in diesem Bauteil **2,28** als Durchschnittswert (18).

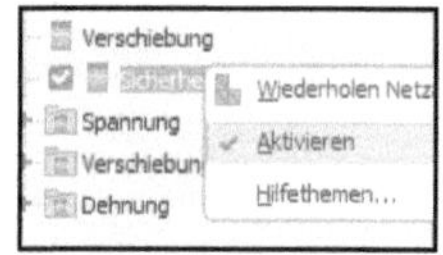

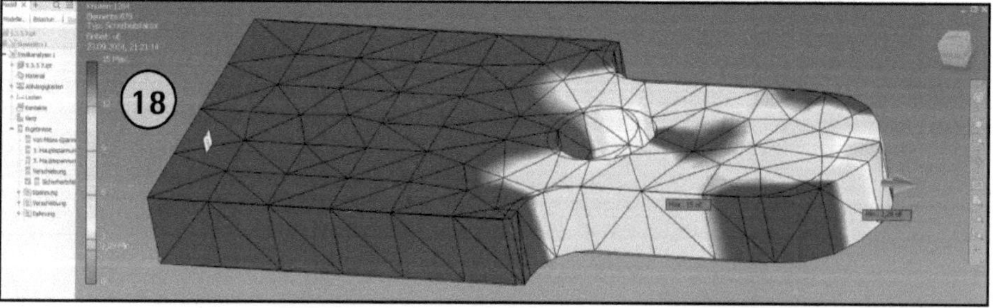

Bericht

5.3.6 Dokumentieren der Ergebnisse über „Bericht", Format „HTML"

Bericht (Multifunktionsleiste **Analyse / Bericht**)
Tragen Sie in die gezeigten Register **Optionen** Ihre Wahl ein.
Wählen Sie auf der Registerkarte **Format** das Ausgabeformat **HTML** (19).

Belastungsanalyse - Bericht

(19) **AUTODESK.**

Analysierte Datei:	5.3.6.ipt
Autodesk Inventor-Version:	2025 (Build 290162000, 162)
Erstellungsdatum:	23.09.2024, 21:52
Studienautor:	engelke
Übersicht:	

Statikanalyse:1

5.3.6.1 Ergebnisse über „Bericht", Format „HTML", PDF-Erstellung über Explorer „MicroSoft Edge©"

Explorer
MicroSoft
Edge©

- Aktivieren Sie, über Rechtsklick **Drucken** (20).
- Wählen Sie Format **Microsoft Print to PDF** (21).
- Klicken Sie **Drucken** (22).
- Wählen Sie den Bauteilpfad und **Speichern** (23).
- **Öffnen** Sie, zur Kontrolle die gespeicherte **PDF**-Datei (24).

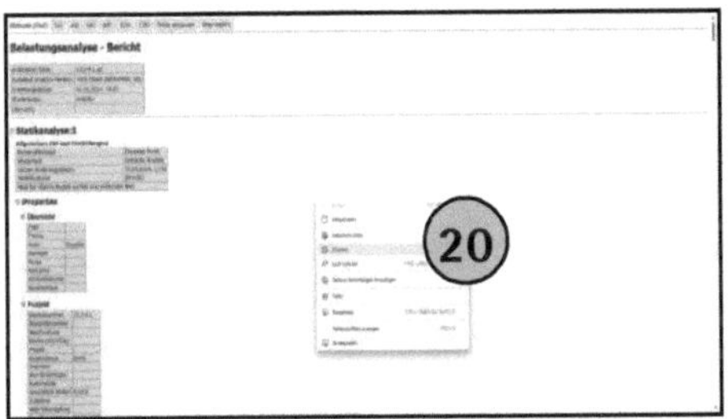

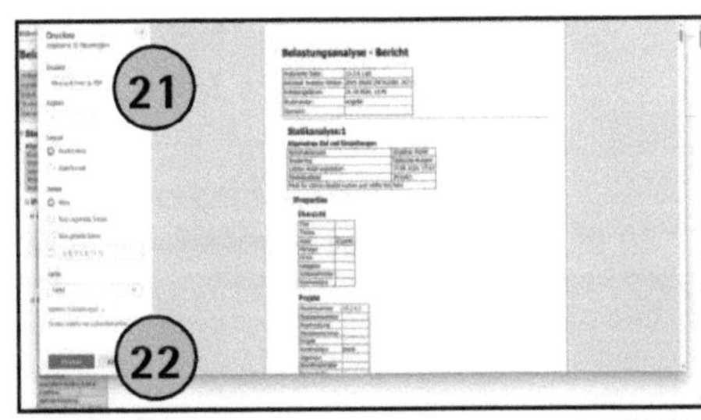

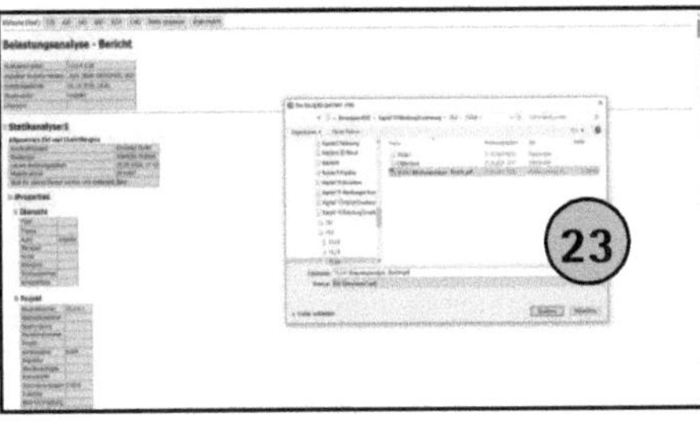

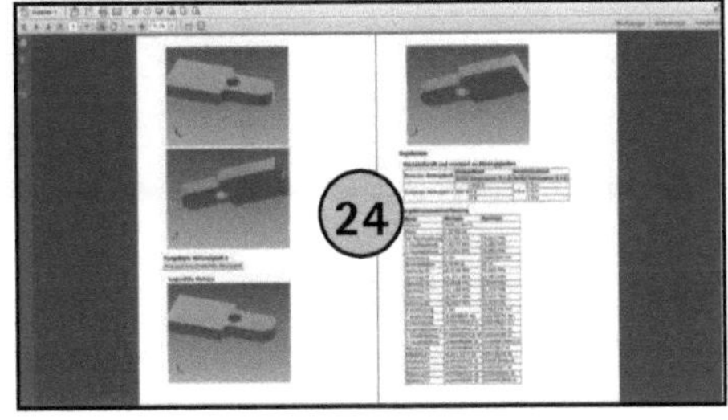

5.3.7 Dokumentieren der Ergebnisse, „Konvergenz-Plot", Ergebnisse

5.3.7.1 Dokumentieren der Ergebnisse, „Konvergenz-Plot", Voreinstellungen

Konvergenzeinstellungen (Multifunktionsleiste **Analyse / Bericht**)
Setzen Sie den Wert für **Max. Anzahl der H Verfeinerungen** auf **1**.

Konvergenz-
Einstellungen

5.3.7.2 Dokumentieren der Ergebnisse, „Konvergenz-Plot", Ablauf

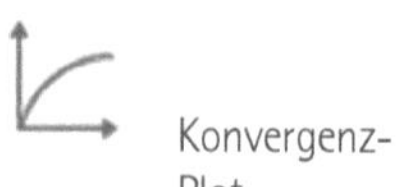
Konvergenz-Plot

Konvergenzplot (Multifunktionsleiste **Analyse / Ergebnis**)
Aktivieren Sie die entsprechenden Ergebnisse.
Von Mises-Spannung (25), **1. Hauptspannung** (26), **3. Hauptspannung** (27), **Verschiebung** (28).

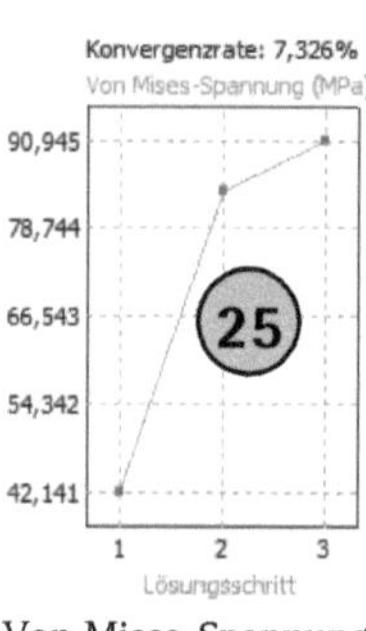
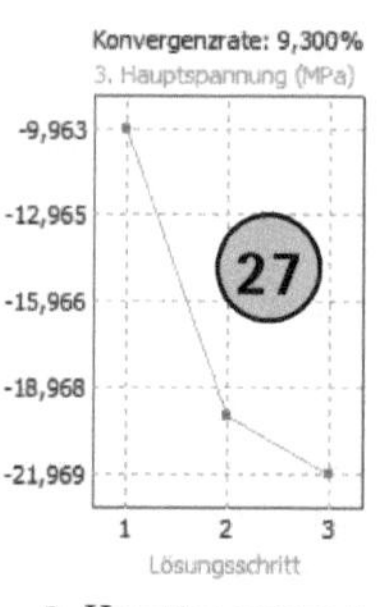
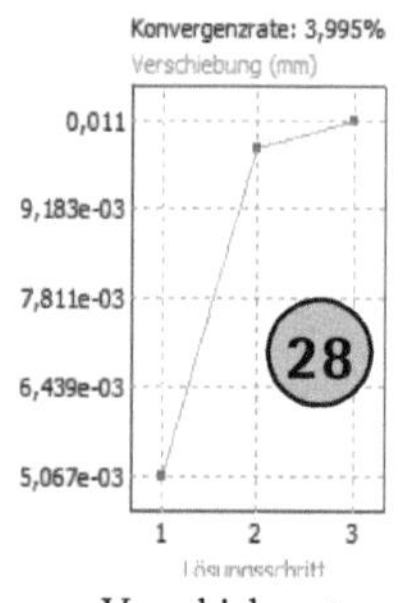

Von Mises-Spannung   1. Hauptspannung   3. Hauptspannung   Verschiebung

5.3.8 Dokumentieren das Ergebnis „Verschiebung" über „Animation"

*   Aktivieren Sie das Ergebnis für die **Verschiebung**.

Animation

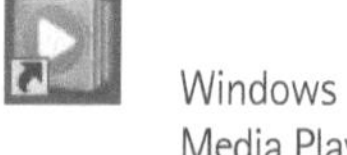
Windows
Media Player

Animieren (Multifunktionsleiste **Analyse / Ergebnis**)
Klicken Sie zum Aufzeichnen der Ergebnisanimation auf **Aufnahme**.
AVI-Format, Codec **Microsoft Video 1, Qualität** auf **100**.

Windows Media Player©
Öffnen Sie die gespeicherte **AVI**-Datei und spielen diese zur Kontrolle ab.

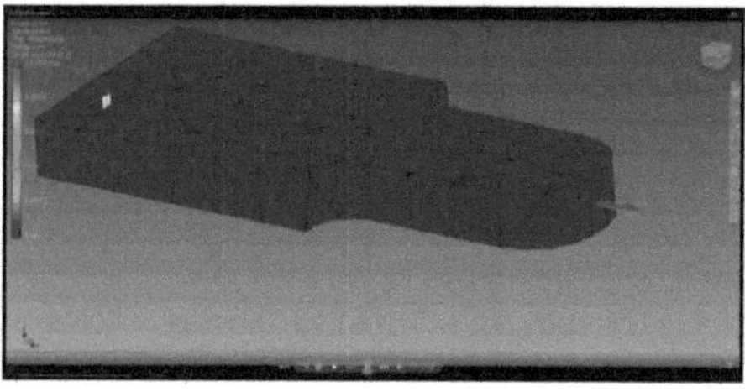
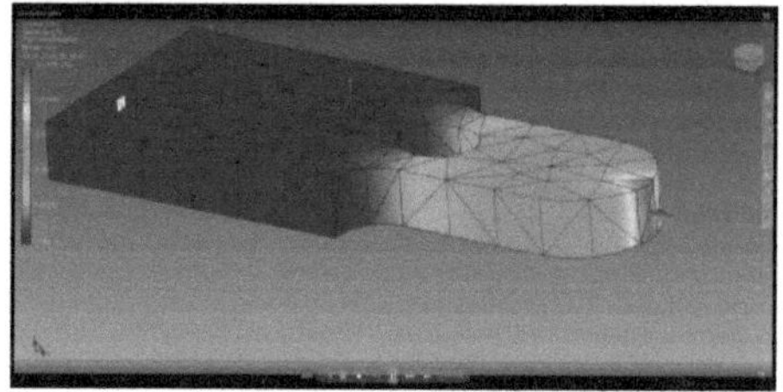

5.3.9 Bauteil speichern

*   Aufruf über den **Menü-Browser**, Register **Datei**.

Speichern unter

Speichern unter

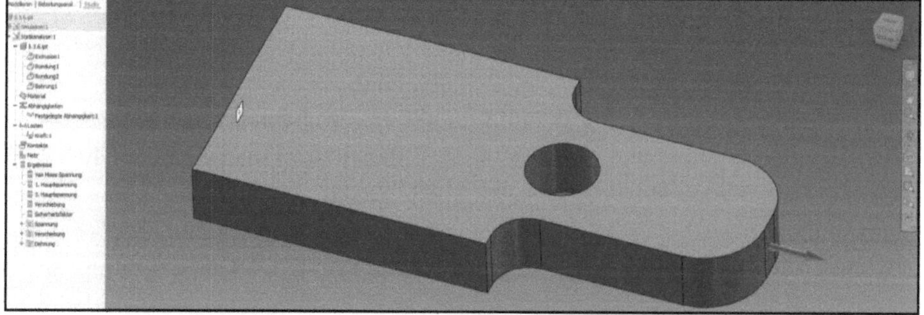

5.4 Belastungsanalyse „Abgestufte Platte"
Erhöhung des Sicherheitsfaktors
Bauteil- und Belastungsmodifizierung

5.4.1 Erhöhung des Sicherheitsfaktors, Vorbemerkungen

Für die Anpassung des Sicherheitsfaktors wären mehrere Möglichkeiten gegeben:

Querschnittsveränderung durch Vergrößerung der Bauteilmaße.
Streckgrenzenerhöhung durch bessere Materialauswahl.
Verringerung der Zugkraft.

5.4.2 Bauteil-Anpassung, Erhöhung der Bauteildicke auf 15 mm

5.4.2.1 Arbeitsdatei öffnen

Öffnen / Bauteildatei von der Buch-DVD / **OK** (1)

Öffnen

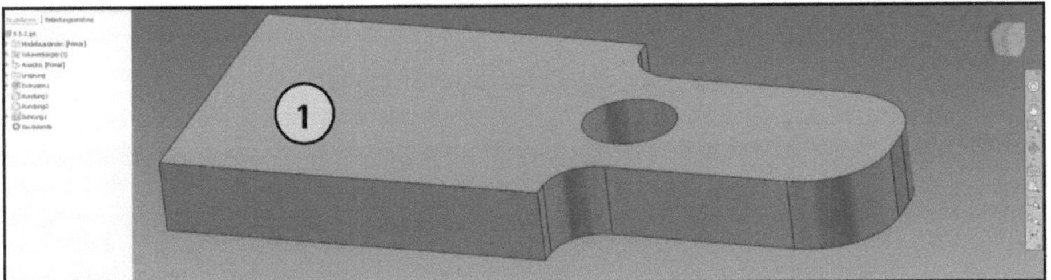

5.4.2.2 Bauteilanpassung über Extrusionshöhe

- Aktivieren Sie den Eintrag **Modellieren** im Bauteil-Browser.
- Aktivieren Sie den Eintrag **Extrusion** im Bauteil-Browser.
- Wählen Sie **Element bearbeiten** (2).

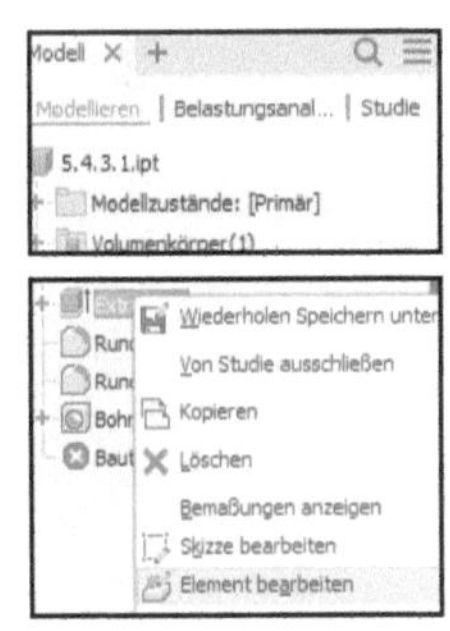

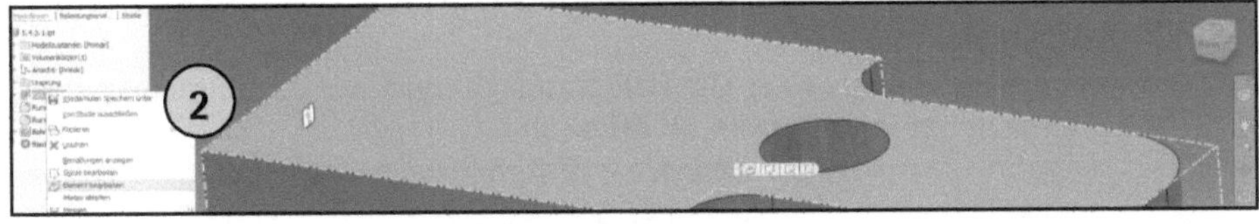

- Setzen Sie den Wert **Abstand** auf **15** mm (3).

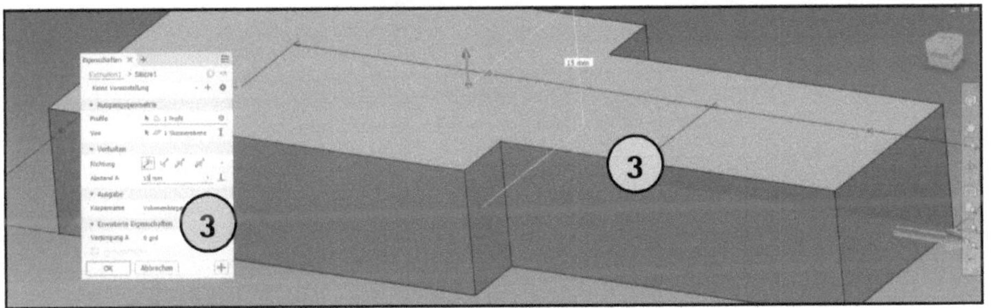

5.4.2.3 Bauteil speichern

Speichern unter

Speichern
unter

5.4.2.4 Durchführung der Belastungsanalyse, Belastungsanalyse aktivieren

Belastungs-
Analyse

Simulieren

Glatt-
schattierung

Minimales
Ergebnis

Maximales
Ergebnis

Farbleisten-
einstellungen

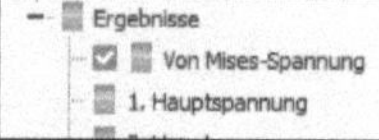

* Öffnen Sie die Oberfläche für die Belastungsanalyse wieder über:

Belastungsanalyse (Multifunktionsleiste **Umgebung**)

Simulieren (Multifunktionsleiste **Analyse / Lösen**)

Klicken Sie auf **Simulieren** aus der Funktionsleiste,
Wählen Sie **Ausführen**, die Berechnung beginnt.

5.4.2.5 Belastungsanalyse, Einstellungen für die Darstellung

* Klicken Sie auf **Anzeige**, wählen Sie **Glattschattierung**.
* Klicken Sie auf **Anzeige**, aktivieren Sie **Minimales Ergebnis**.
* Klicken Sie auf **Anzeige**, aktivieren Sie **Maximales Ergebnis**.
* Klicken Sie auf **Anzeige**, wählen Sie **Farbleisteneinstellungen**.

5.4.2.6 Ergebnisse der Belastungsanalyse im „Browser für Belastungsanalyse"

* **Von Mises-Spannung**
* Aktivieren Sie, im **Browser für Belastungsanalyse**,
  die **Von Mises-Spannung**, die maximale Belastung ist **65,73 MPa** (4).

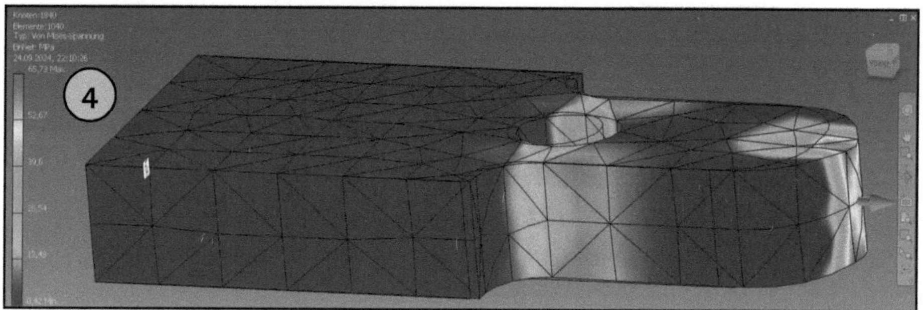

* **1. Hauptspannung**
* Aktivieren Sie, im **Browser für Belastungsanalyse**, die **1. Hauptspannung**,
  die maximale Belastung ist **84,38 MPa** (5).

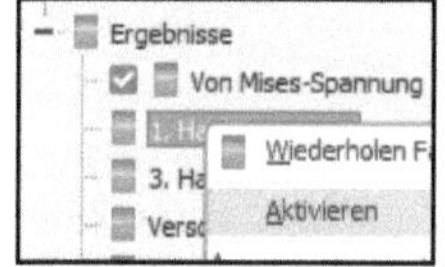

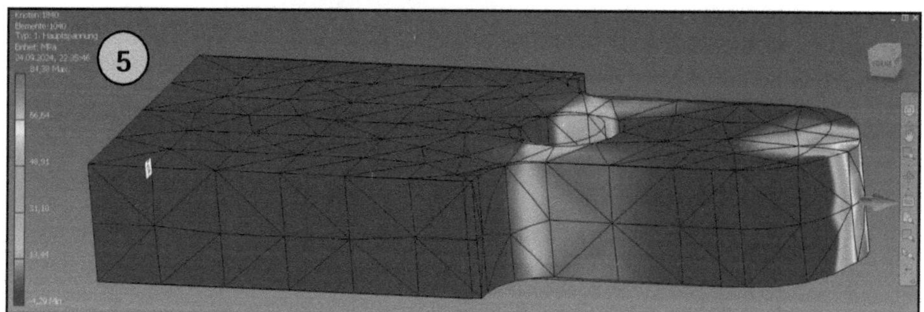

- **3. Hauptspannung**
- Aktivieren Sie, im **Browser für Belastungsanalyse** die **3. Hauptspannung**. Das Ergebnis zeigt eine maximale Belastung von **23,17 MPa** (6).

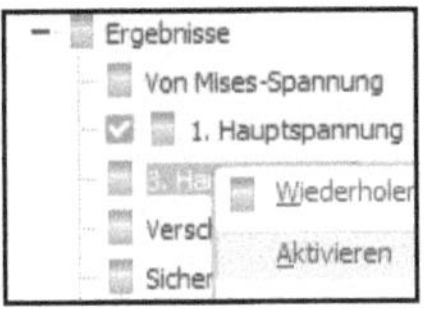

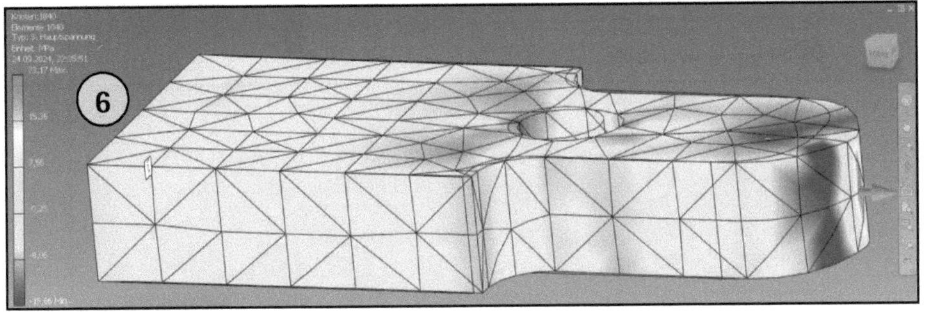

- **Verschiebung**
- Aktivieren Sie, im **Browser für Belastungsanalyse** die **Verschiebung**. Das Ergebnis zeigt eine theoretische Verschiebung von **0,0071** mm (7).

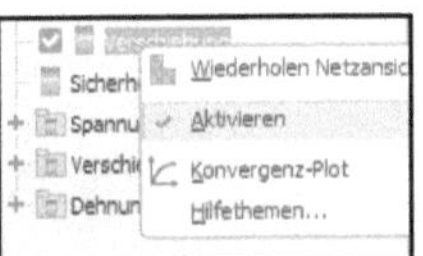

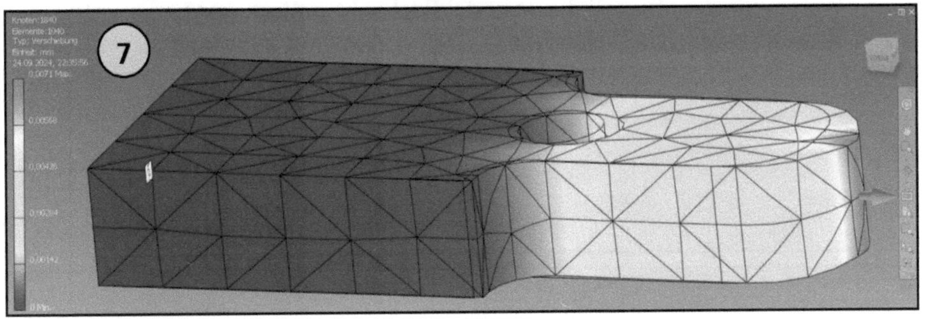

- **Sicherheitsfaktor**
- Aktivieren Sie, im **Browser für Belastungsanalyse** den **Sicherheitsfaktor**. Der minimale Sicherheitsfaktor beträgt in diesem Bauteil **3,15** als Durchschnittswert, das sind bei ca. **30%** mehr Querschnittsfläche auch ca. **30%** mehr Sicherheitsfaktor (8).

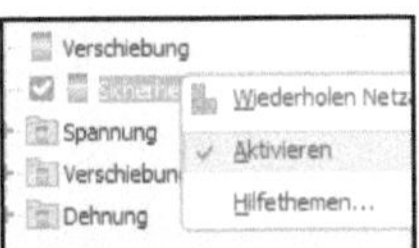

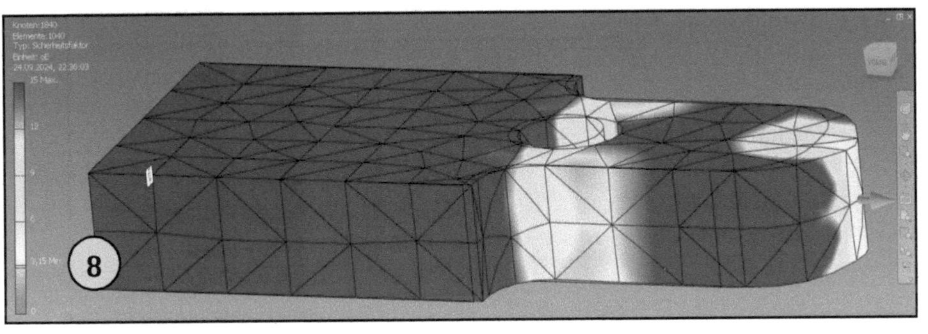

5.4.2.7 Bauteil speichern

- Aufruf über den **Menü-Browser**, Register **Datei**.

Speichern unter

Speichern
unter

5.4.3 Bauteil-Anpassung, Streckgrenzenerhöhung

5.4.3.1 Arbeitsdatei öffnen

Öffnen / Bauteildatei von der Buch-DVD / **OK** (1)

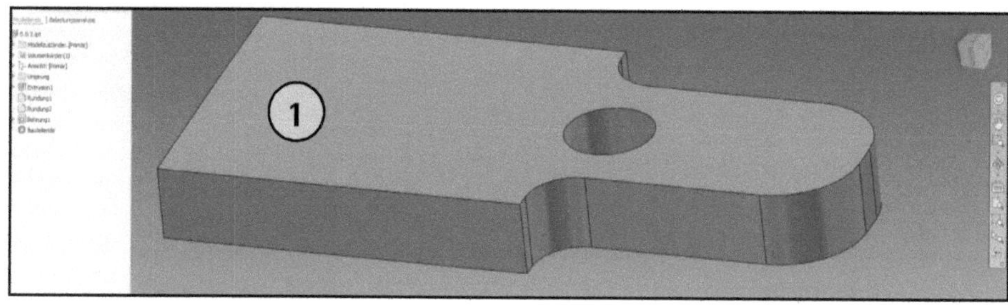

5.4.3.2 Materialanpassung

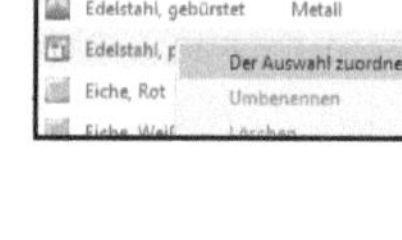

*   Weisen Sie dem Bauteil das Material **Edelstahl poliert** aus der
    AutoDesk-Materialbibliothek (2, 3) über **Auswahl zuordnen** zu.

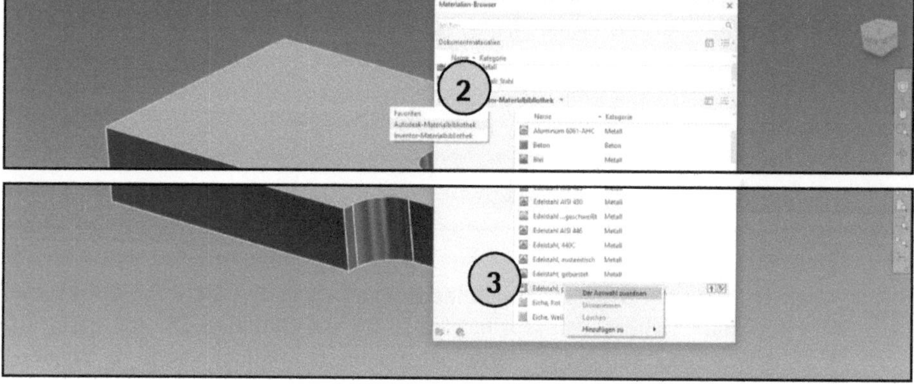

5.4.3.3 Bauteil speichern

*   Aufruf über den **Menü-Browser**, Register **Datei**.

Speichern unter

5.4.3.4 Durchführung der Belastungsanalyse, Belastungsanalyse aktivieren

* Öffnen Sie die Oberfläche für die Belastungsanalyse wieder über:

Belastungsanalyse (Multifunktionsleiste **Umgebung**)

Simulieren (Multifunktionsleiste **Analyse / Lösen**)
Klicken Sie auf **Simulieren** aus der Funktionsleiste
Wählen Sie **Ausführen**, die Berechnung beginnt.

5.4.3.5 Belastungsanalyse, Einstellungen für die Darstellung

* Klicken Sie auf **Anzeige**, wählen Sie **Glattschattierung**.
* Klicken Sie auf **Anzeige**, aktivieren Sie **Minimales Ergebnis**.
* Klicken Sie auf **Anzeige**, aktivieren Sie **Maximales Ergebnis**.
* Klicken Sie auf **Anzeige**, wählen Sie **Farbleisteneinstellungen**.

5.4.3.6 Ergebnisse der Belastungsanalyse im „Browser für Belastungsanalyse"

* **Von Mises-Spannung**

* Aktivieren Sie, im **Browser für Belastungsanalyse**,
  die **Von Mises-Spannung**, die maximale Belastung ist **90,91 MPa** (4).

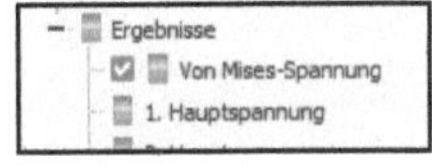

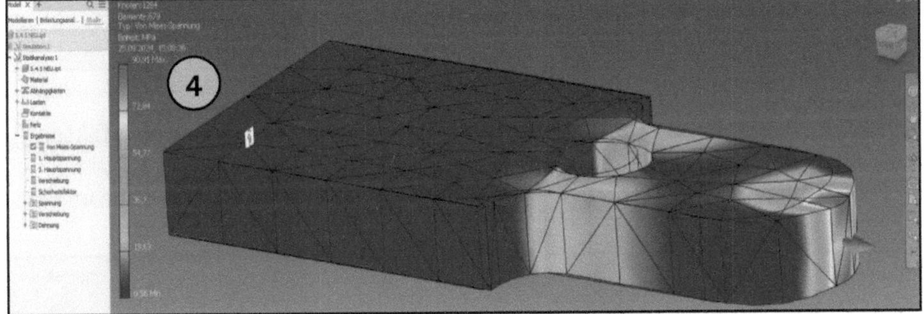

* **1. Hauptspannung**

* Aktivieren Sie, im **Browser für Belastungsanalyse**, die **1. Hauptspannung**,
  die maximale Belastung ist **125,9 MPa** (5).

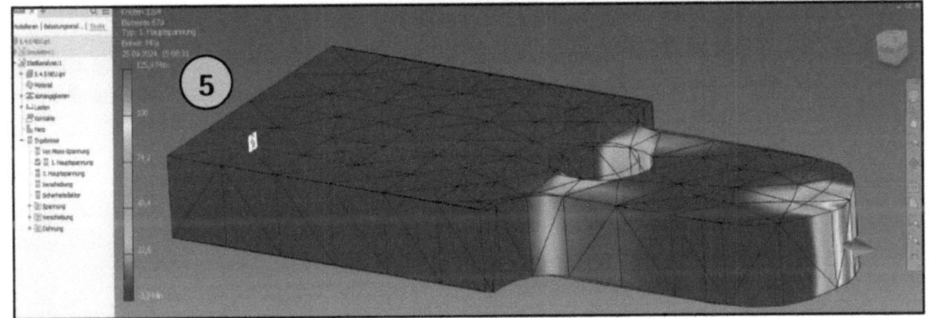

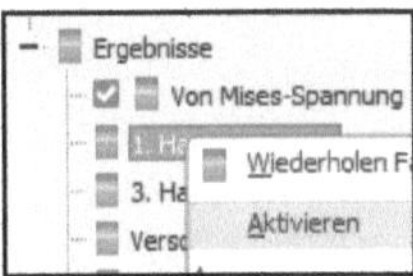

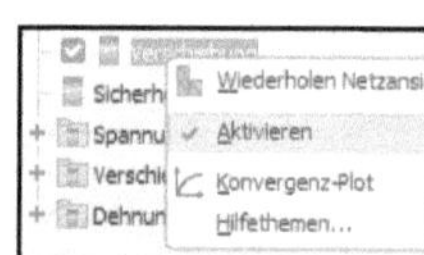

- **3. Hauptspannung**
- Aktivieren Sie, im **Browser für Belastungsanalyse** die **3. Hauptspannung**. Das Ergebnis zeigt eine maximale Belastung von **28,23 MPa** (6).

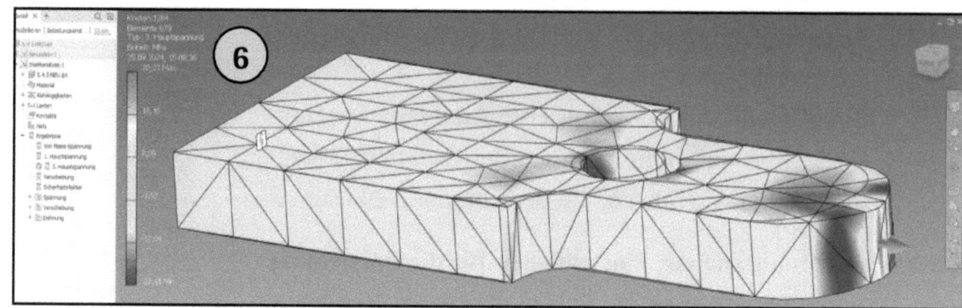

- **Verschiebung**
- Aktivieren Sie, im **Browser für Belastungsanalyse** die **Verschiebung**. Das Ergebnis zeigt eine theoretische Verschiebung von **0,01191** mm (7).

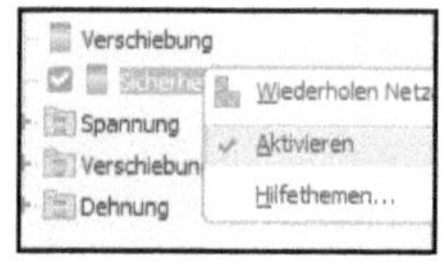

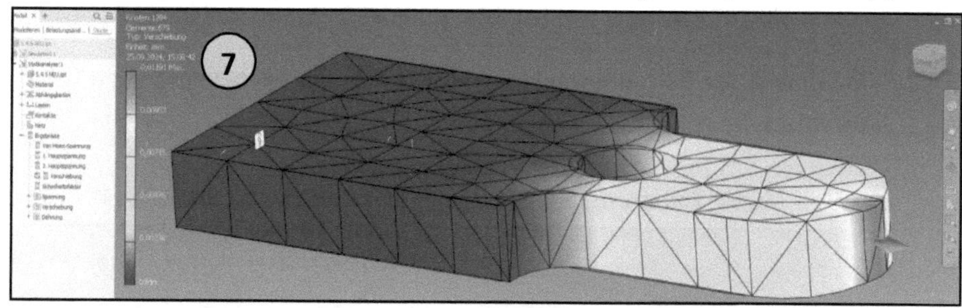

- **Sicherheitsfaktor**
- Aktivieren Sie, im **Browser für Belastungsanalyse** den **Sicherheitsfaktor**. Der minimale Sicherheitsfaktor beträgt in diesem Bauteil **2,36** als Durchschnittswert, der Sicherheitsfaktor ist durch das bessere Material nur unwesentlich erhöht (8).

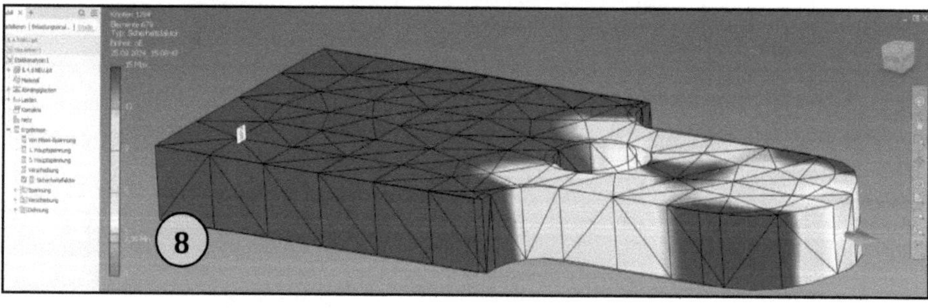

5.4.3.7 Bauteil speichern

- Aufruf über den **Menü-Browser**, Register **Datei**.

Speichern
unter

Speichern unter

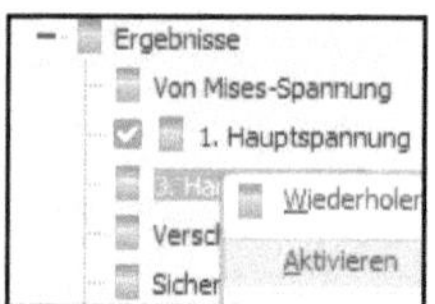

5.4.4 Bauteil-Anpassung, Lastreduzierung

5.4.4.1 Arbeitsdatei öffnen

 **Öffnen** / Bauteildatei von der Buch-DVD / **OK** (1)

 Öffnen

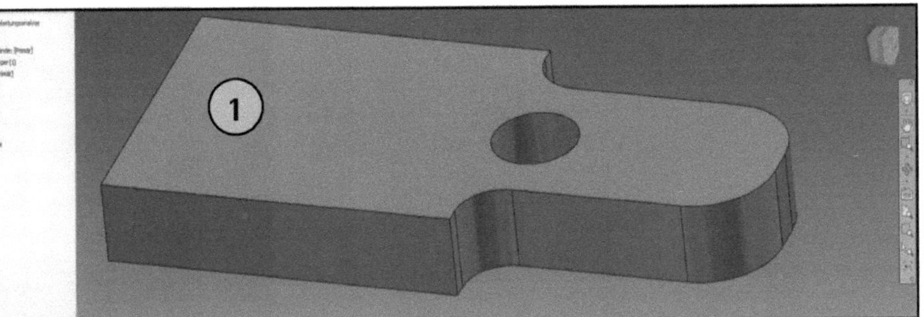

5.4.4.2 Lastanpassung

* **Öffnen** Sie die Oberfläche für die Belastungsanalyse wieder über:

 **Belastungsanalyse** (Multifunktionsleiste **Umgebung**)

Aktivieren Sie den Eintrag **Lasten** im Bauteil-Browser.

Aktivieren Sie den Eintrag **Kraft** im Bauteil-Browser (2).

Reduzieren Sie die Kraft auf **3000 N** (3).

 Belastungs-Analyse

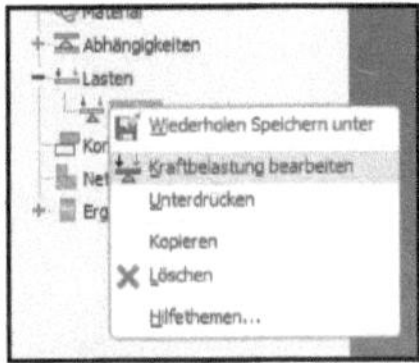

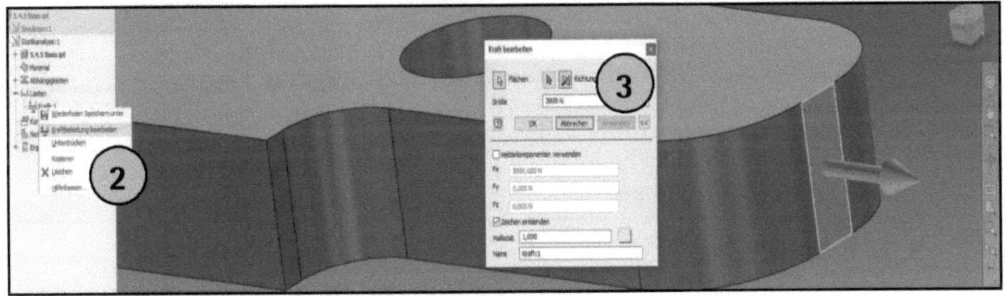

5.4.4.3 Durchführung der Belastungsanalyse, Start der Simulation

 **Simulieren** (Multifunktionsleiste **Analyse** / **Lösen**)

Klicken Sie auf **Simulieren** aus der Funktionsleiste

Wählen Sie **Ausführen**, die Berechnung beginnt.

 Simulieren

5.4.4.4 Belastungsanalyse, Einstellungen für die Darstellung

* Klicken Sie auf **Anzeige**, wählen Sie **Glattschattierung**.
* Klicken Sie auf **Anzeige**, aktivieren Sie **Minimales Ergebnis**.
* Klicken Sie auf **Anzeige**, aktivieren Sie **Maximales Ergebnis**.
* Klicken Sie auf **Anzeige**, wählen Sie **Farbleisteneinstellungen**.

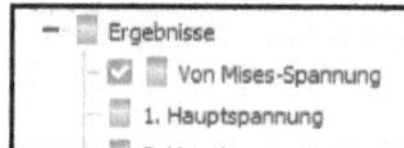

5.4.4.5 Ergebnisse der Belastungsanalyse im „Browser für Belastungsanalyse"

- **Von Mises-Spannung**
- Aktivieren Sie, im **Browser für Belastungsanalyse**
- Die **Von Mises-Spannung**, die maximale Belastung ist **54,57 MPa** (4).

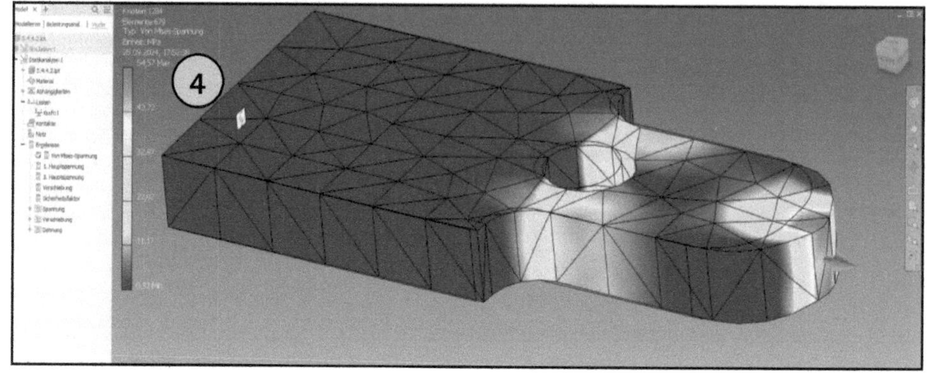

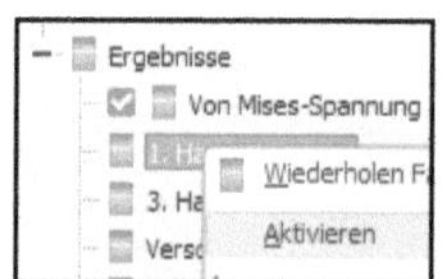

- **1. Hauptspannung**
- Aktivieren Sie, im **Browser für Belastungsanalyse**, die **1. Hauptspannung**. Die maximale Belastung ist **75,27 MPa** (5).

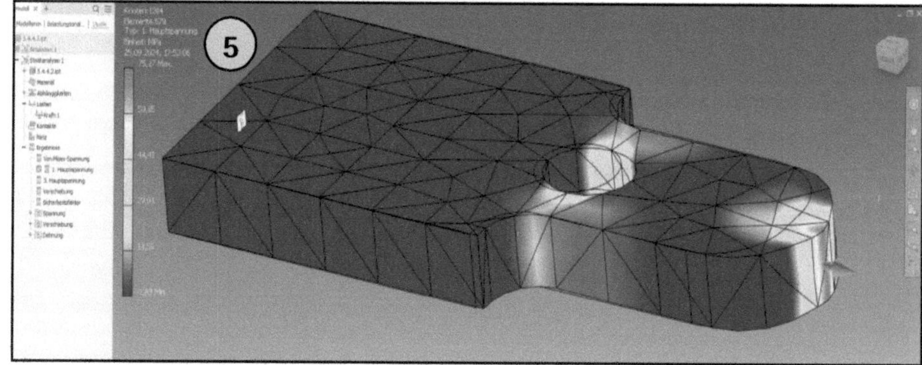

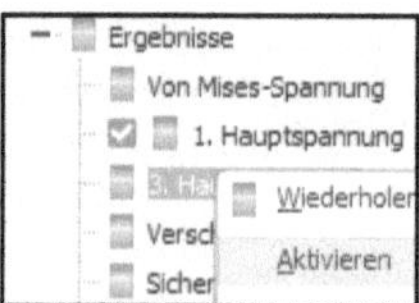

- **3. Hauptspannung**
- Aktivieren Sie, im **Browser für Belastungsanalyse** die **3. Hauptspannung**. Das Ergebnis zeigt eine maximale Belastung von **15,9 MPa** (6).

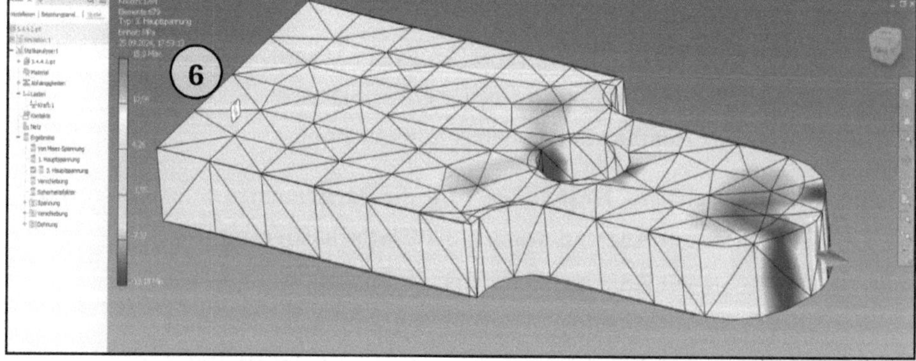

- **Verschiebung**
- Aktivieren Sie, im **Browser für Belastungsanalyse** die **Verschiebung**.
  Das Ergebnis zeigt eine theoretische Verschiebung von **0,006333** mm (7).

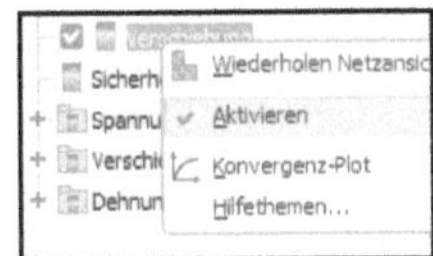

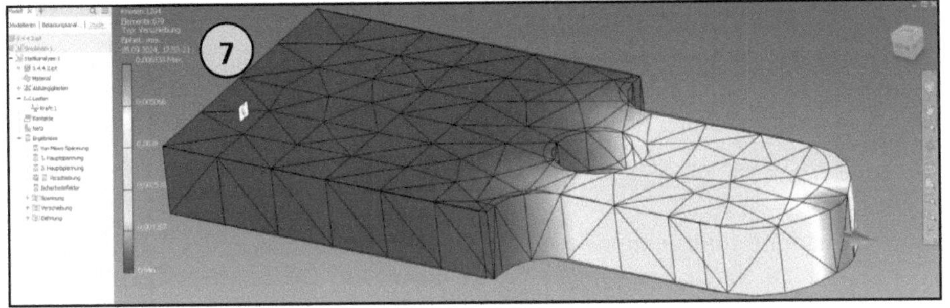

- **Sicherheitsfaktor**
- Aktivieren Sie, im **Browser für Belastungsanalyse** den **Sicherheitsfaktor**.
  Der minimale Sicherheitsfaktor beträgt in diesem Bauteil **3,79** als Durch-
  schnittswert
  Der Sicherheitsfaktor ist die reduzierte Last wesentlich erhöht (8).

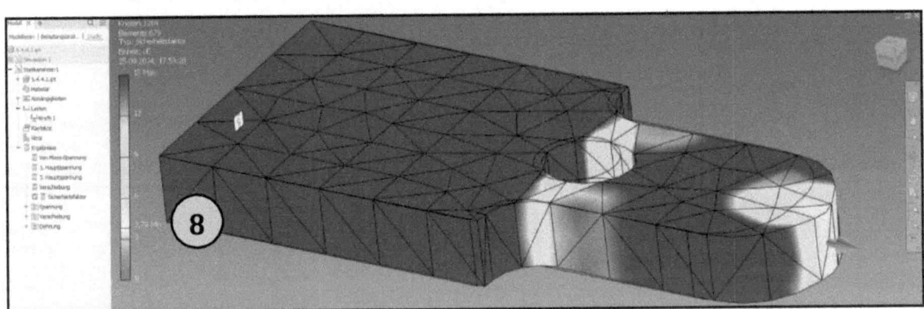

5.4.4.6 Bauteil speichern

- Aufruf über den **Menü-Browser**, Register **Datei**.

Speichern unter

Speichern
unter

5.5 Belastungsanalyse „Biegeträger, beidseitig eingespannt"

5.5.1 Bauteilerstellung

- Erstellen Sie einen Stabstahl mit folgenden Maßen:
  Quader **10** mm x **10** mm, Länge **100** mm.

5.5.1.1 Bauteilerstellung über Grundkörper „Quader"

Neu

Engelke-2025
.ipt

Quader

- Öffnen Sie eine neue Vorlagendatei über **Neu**.

Quader (Multifunktionsleiste **3D-Modell / Grundkörper**)
Wählen Sie die Ursprungsskizze **YZ-Ebene**.
Bilden Sie eine Quadergrundfläche mit Kantenlänge **10** mm (1).
Setzen Sie die **Richtung** auf **Symmetrisch**.
Tragen Sie die Quaderlänge mit **100** mm ein (2, 3).

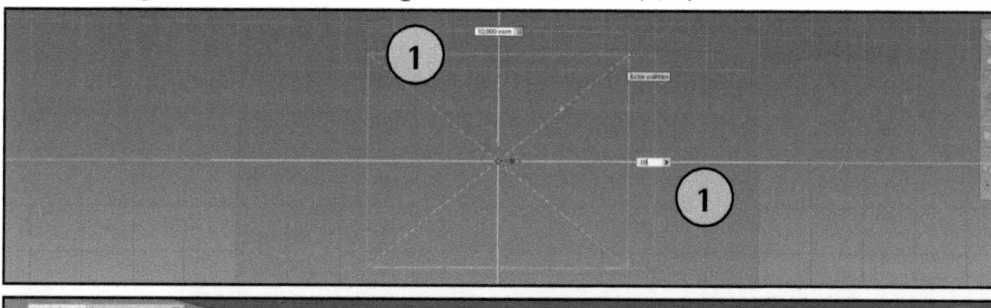

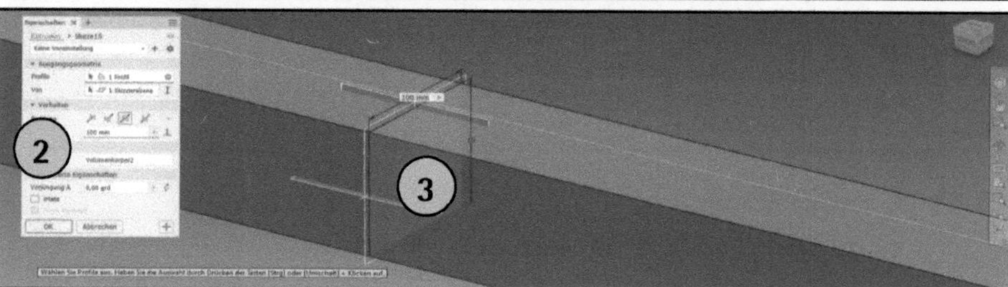

5.5.2 Auflager und Laststelle anlegen

5.5.2.1 Basisskizze

2D-Skizze
starten

Linie

Kreis über
Mittelpunkt

- Erzeugen Sie eine Skizzendarstellung auf der Oberfläche des Quaders (4).
- Einzeichnen einer Mittellinie (5).
- Einzeichnen eines Mittelkreises mit Ø**5** mm (6, 7).

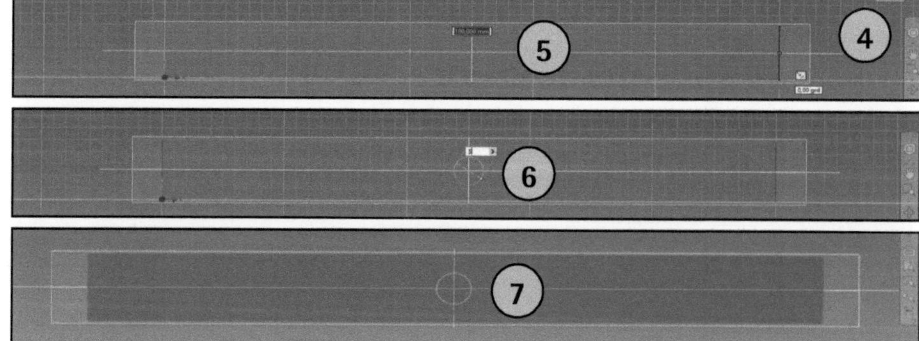

5.5.2.2 Flächenkonstruktion für die Wirkkraft

Trennen (Multifunktionsleiste **3D-Modell / Ändern**)
Als **Werkzeug** den Umfang des Kreises klicken (8).
Flächen auswählen, gezeigte Quaderfläche klicken (9) / **OK**

Trennen

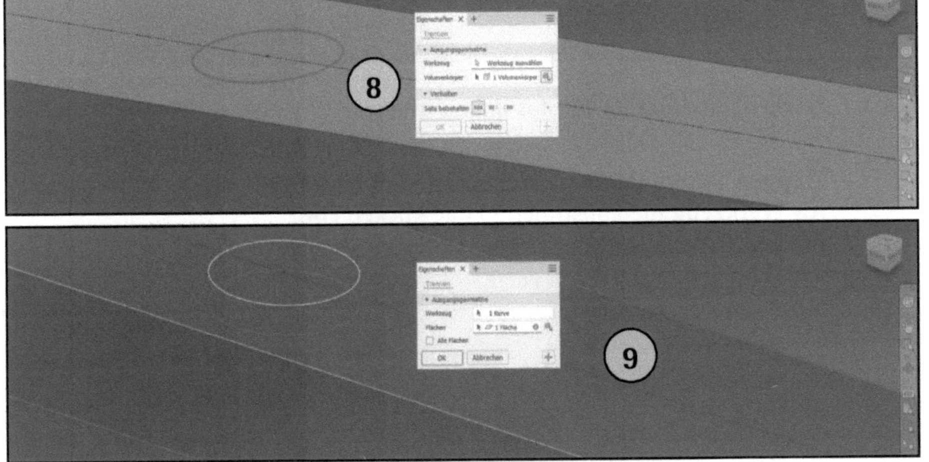

5.5.3 Auflager-Konstruktion

5.5.3.1 Skizzenkonstruktion für die Auflager

* Erzeugen Sie eine Skizzendarstellung auf der Oberfläche des Quaders über:
* **Skizze wiederverwenden** (10).
* **Versatz** der Mittellinie um **45** mm (11).

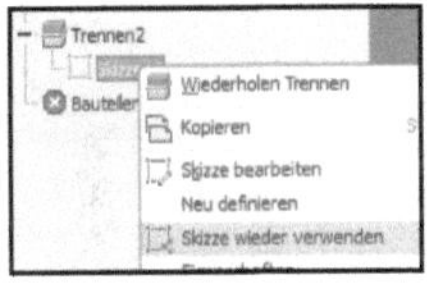

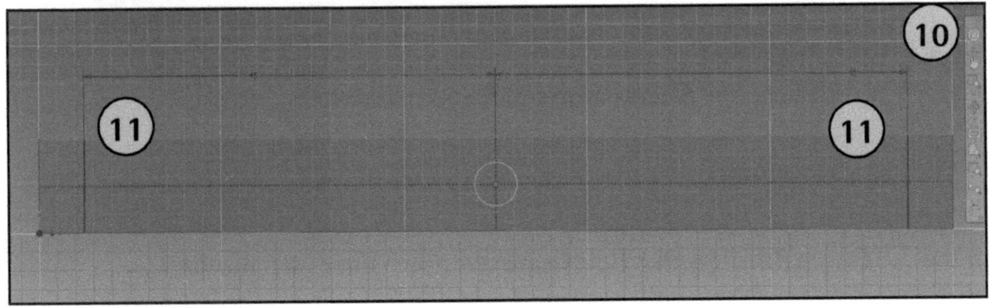

5.5.3.2 Flächenkonstruktion für das rechte Auflager

Trennen (Multifunktionsleiste **3D-Modell / Ändern**)
Als **Werkzeug** die konstruierte Linie klicken (12).
Flächen auswählen, gezeigte Quaderfläche klicken (13) / **OK**

Trennen

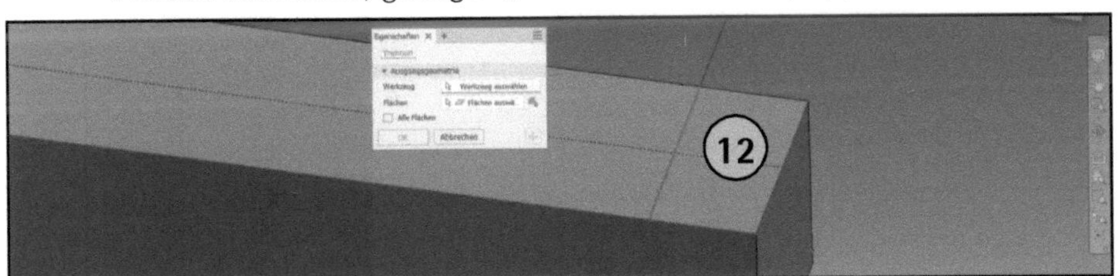

5.5.3.3 Flächenkonstruktion für das linke Auflager

Trennen

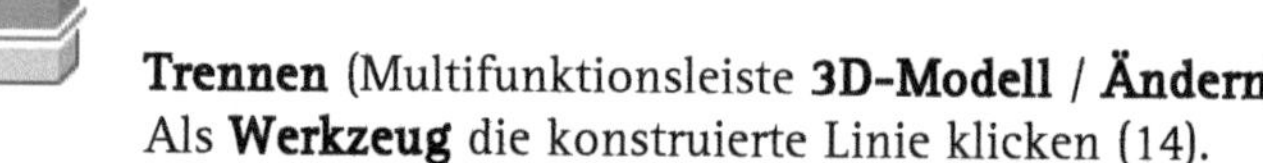

Trennen (Multifunktionsleiste **3D-Modell / Ändern**)
Als **Werkzeug** die konstruierte Linie klicken (14).
Flächen auswählen, gezeigte Quaderfläche klicken (15) / **OK**

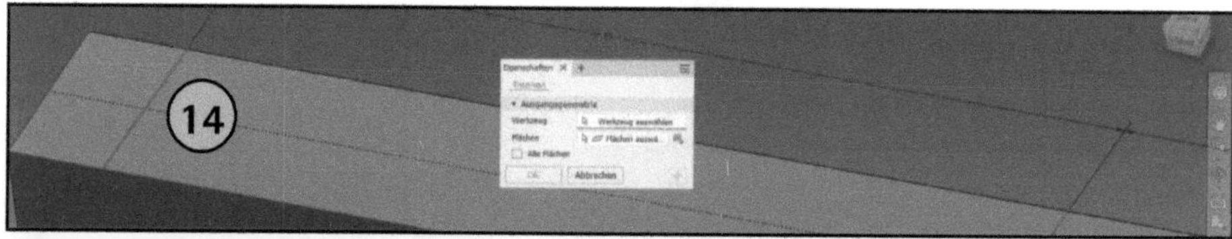

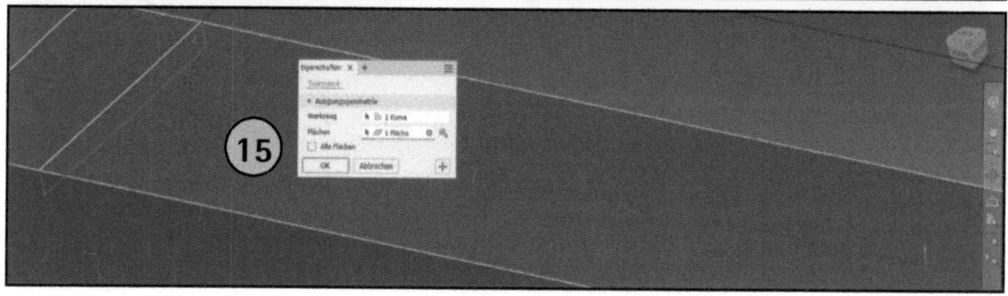

5.5.3.4 Bauteil speichern

- Aufruf über den **Menü-Browser**, Register **Datei**.

Speichern
unter

Speichern unter

5.5.4   Durchführung der Belastungsanalyse, Voreinstellungen

5.5.4.1 Die Belastungsanalyse, Laden der Umgebung

Belastungs-
analyse

Belastungsanalyse (Multifunktionsleiste **Umgebung**)

Simulation
erstellen

Studie erstellen (Multifunktionsleiste **Analyse / Verwalten**)
Erstellen Sie eine neue Simulation.

5.5.4.2 Die Materialzuweisung

Zuweisen (Multifunktionsleiste **Analyse / Material**)

Der Dialog **Material auswählen** wird angezeigt, da noch kein Material für das Modell definiert wurde.

Wählen Sie aus der Materialliste **Stahl unlegiert** (16).

Klicken Sie auf **OK**.

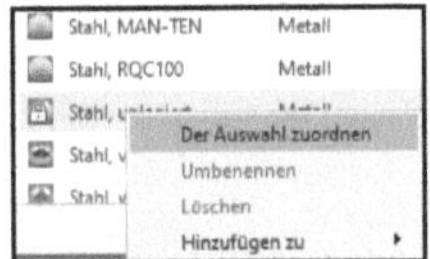

5.5.4.3 Auflager einspannen, Hinzufügen einer festen Abhängigkeit

Fest (Multifunktionsleiste **Analyse / Abhängigkeit**)

Wählen Sie die gezeigte Seitenfläche links (17).

Klicken Sie auf **OK**.

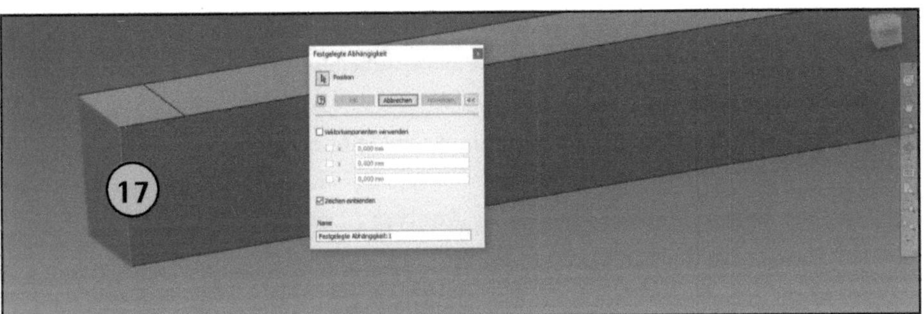

5.5.4.4 Auflager einspannen, Hinzufügen einer reibungslosen Abhängigkeit

Das Hinzufügen einer reibungslosen Abhängigkeit ist anwendbar auf eine ebene oder zylindrische Fläche und verhindert, dass die Oberfläche in die Normalenrichtung relativ zur Oberfläche verschoben oder deformiert wird.

Reibungslos (Multifunktionsleiste **Analyse / Abhängigkeit**)

Wählen Sie die gezeigte Fläche rechts oben (18).

Klicken Sie auf **OK**.

Kraft

5.5.4.5 Eine Angriffskraft definieren

Kraft (Multifunktionsleiste **Analyse / Lasten**)
Definieren Sie die Größe der Kraft mit **5000 N** (19).
Klicken Sie in Kreisfläche (20).
Klicken Sie auf **OK**.

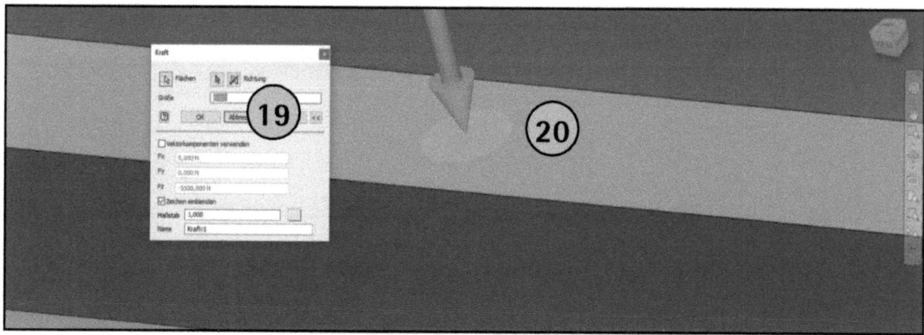

5.5.5 Durchführung der Belastungsanalyse, Simulationsergebnisse

5.5.5.1 Durchführung der Belastungsanalyse, Belastungsanalyse aktivieren

* Öffnen Sie die Oberfläche für die Belastungsanalyse wieder über:

Belastungs-
Analyse

Belastungsanalyse (Multifunktionsleiste **Umgebung**)

Simulieren

Simulieren (Multifunktionsleiste **Analyse / Lösen**)
Klicken Sie auf **Simulieren** aus der Funktionsleiste
Wählen Sie **Ausführen**, die Berechnung beginnt.

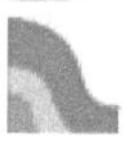
Glatt-
schattierung

5.5.5.2 Belastungsanalyse, Einstellungen für die Darstellung

* Klicken Sie auf **Anzeige**, wählen Sie **Glattschattierung**.
* Klicken Sie auf **Anzeige**, aktivieren Sie **Minimales Ergebnis**.
* Klicken Sie auf **Anzeige**, aktivieren Sie **Maximales Ergebnis**.
* Klicken Sie auf **Anzeige**, wählen Sie **Farbleisteneinstellungen**.

Minimales
Ergebnis

Maximales
Ergebnis

Farbleisten-
einstellungen

5.5.5.3 Ergebnisse der Belastungsanalyse im „Browser für Belastungsanalyse"

* **Von Mises-Spannung**
* Aktivieren Sie, im **Browser für Belastungsanalyse**,
  die **Von Mises-Spannung**, die maximale Belastung ist **557,7 MPa** (21).

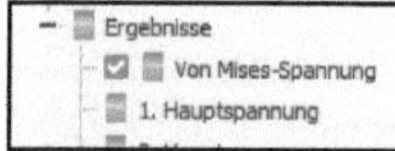

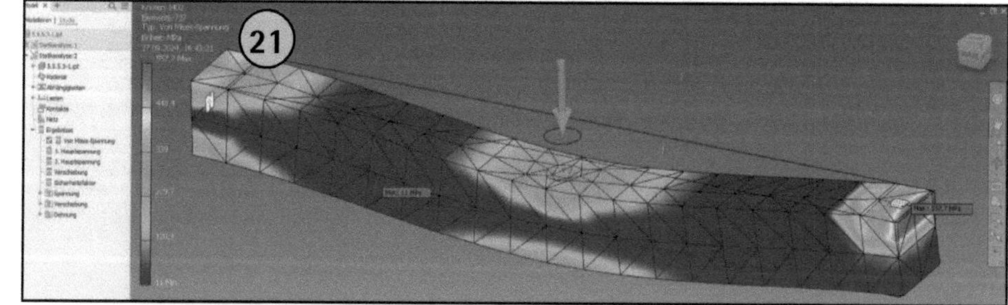

- **1. Hauptspannung**
- Aktivieren Sie, im **Browser für Belastungsanalyse**, die **1. Hauptspannung**, die maximale Belastung ist **849 MPa** (22).

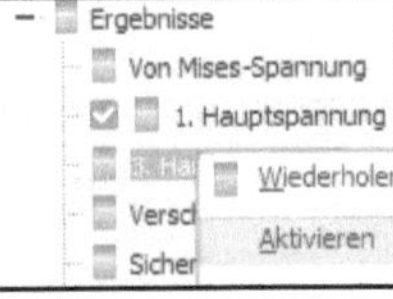

- **3. Hauptspannung**
- Aktivieren Sie, im **Browser für Belastungsanalyse** die **3. Hauptspannung**. Das Ergebnis zeigt eine maximale Belastung von **335,7 MPa** (23).

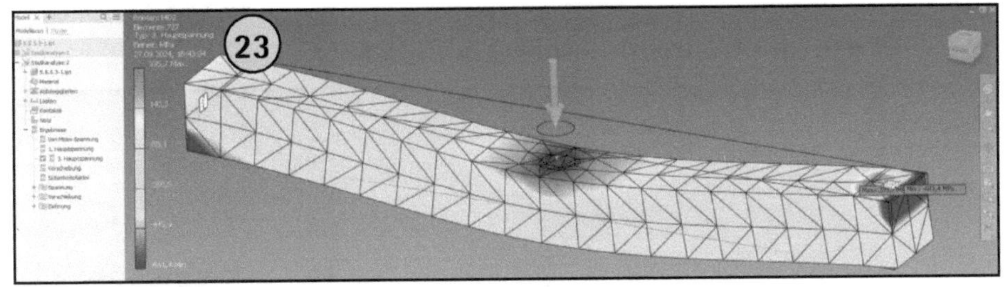

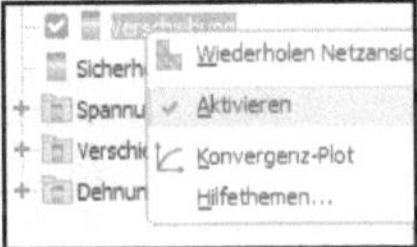

- **Verschiebung**
- Aktivieren Sie, im **Browser für Belastungsanalyse** die **Verschiebung**. Das Ergebnis zeigt eine theoretische Verschiebung von **0,1981** mm (24).

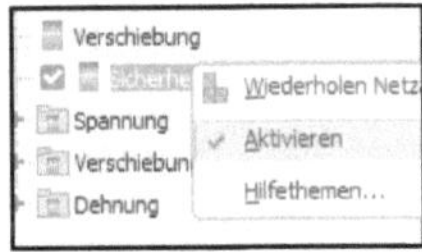

- **Sicherheitsfaktor**
- Aktivieren Sie, im **Browser für Belastungsanalyse** den **Sicherheitsfaktor**. Der minimale Sicherheitsfaktor beträgt in diesem Bauteil **0,45** als Durchschnittswert, der Sicherheitswert ist beeindruckend gering, es ist eine Überarbeitung des Bauteils oder der Belastung unbedingt nötig, da die Belastung zu einer Bauteildeformierung führen würde (25).

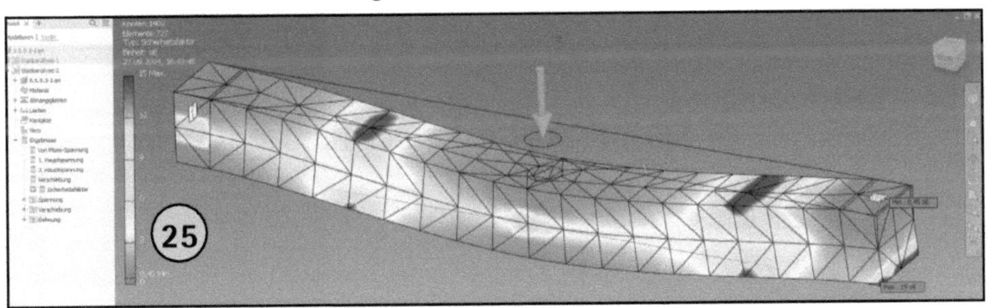

5.6 Belastungsanalyse „Biegeträger, beidseitig eingespannt" Erhöhung des Sicherheitsfaktors Bauteil- und Belastungsmodifizierung

5.6.1 Erhöhung des Sicherheitsfaktors, Vorbemerkungen

Für die Anpassung des Sicherheitsfaktors wären mehrere Möglichkeiten gegeben:

Querschnittsveränderung.
Streckgrenzenerhöhung durch bessere Materialauswahl.
Verringerung der Druckkraft.

5.6.2 Bauteil-Anpassung, Hohlkörper über „Wandstärke"

5.6.2.1 Arbeitsdatei öffnen

Öffnen

 **Öffnen** / Bauteildatei von der Buch-DVD / **OK** (1)

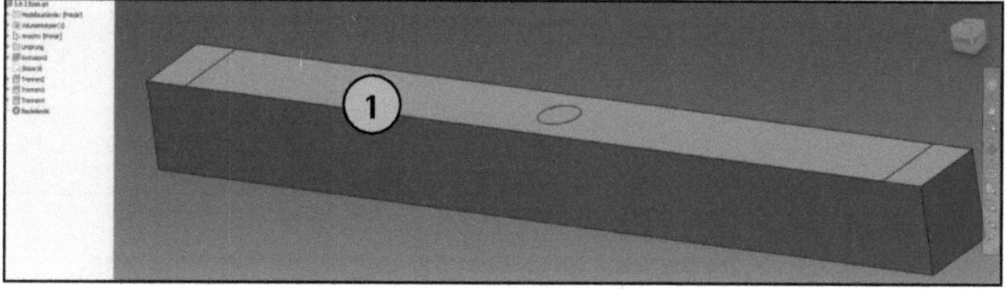

5.6.2.2 Bauteil-Anpassung über „Wandung"

Wandung

 **Wandung** (Multifunktionsleiste **3D-Modell / Ändern**)
Tragen Sie die **Wandstärke 2** mm ein (2).
Wählen Sie **Flächen entfernen**, klicken Sie die beiden Außenflächen (3).
Klicken Sie auf **OK**.

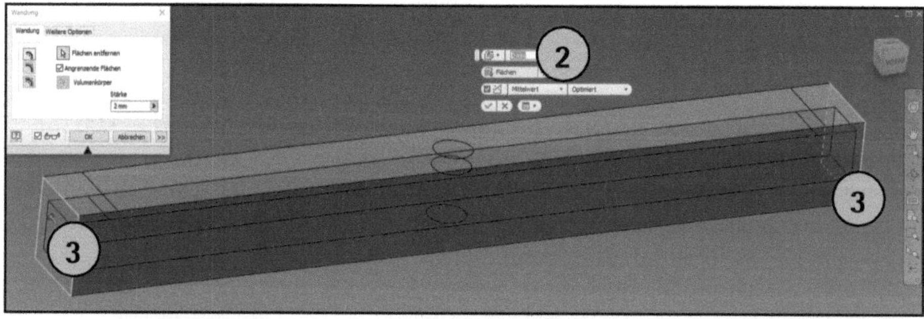

5.6.2.3 Bauteil speichern

*   Aufruf über den **Menü-Browser**, Register **Datei**.

Speichern
unter

 **Speichern unter**

5.6.2.4 Durchführung der Belastungsanalyse, Belastungsanalyse aktivieren

* Öffnen Sie die Oberfläche für die Belastungsanalyse wieder über:

Belastungsanalyse (Multifunktionsleiste **Umgebung**)

Simulieren (Multifunktionsleiste **Analyse / Lösen**)
Klicken Sie auf **Simulieren** aus der Funktionsleiste.
Wählen Sie **Ausführen**, die Berechnung beginnt.

5.6.2.5 Belastungsanalyse, Einstellungen für die Darstellung

* Klicken Sie auf **Anzeige**, wählen Sie **Glattschattierung**.
* Klicken Sie auf **Anzeige**, aktivieren Sie **Minimales Ergebnis**.
* Klicken Sie auf **Anzeige**, aktivieren Sie **Maximales Ergebnis**.
* Klicken Sie auf **Anzeige**, wählen Sie **Farbleisteneinstellungen**.

5.6.2.6 Ergebnisse der Belastungsanalyse im „Browser für Belastungsanalyse"

* **Von Mises-Spannung**

* Aktivieren Sie, im **Browser für Belastungsanalyse**,
  die **Von Mises-Spannung**, die maximale Belastung ist **796,9 MPa** (4).

Belastungs-
Analyse

Simulieren

Glatt-
schattierung

Minimales
Ergebnis

Maximales
Ergebnis

Farbleisten-
einstellungen

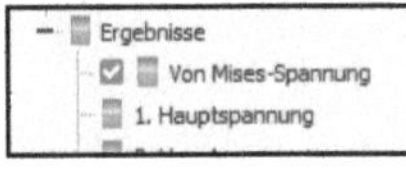

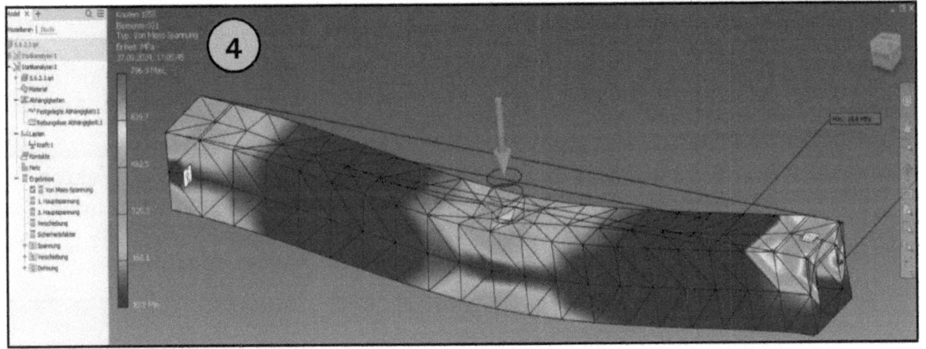

* **1. Hauptspannung**

* Aktivieren Sie, im **Browser für Belastungsanalyse**, die **1. Hauptspannung**,
  die maximale Belastung ist **941,9 MPa** (5).

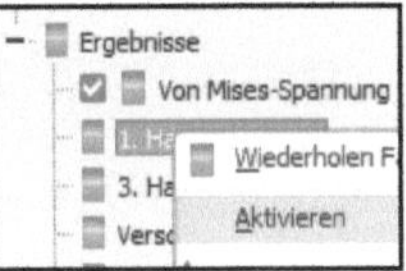

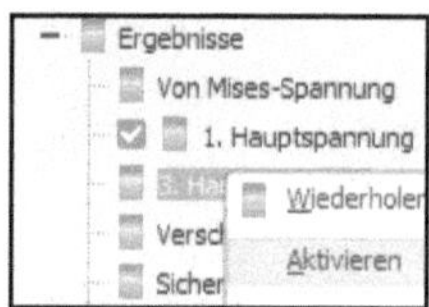

- **3. Hauptspannung**
- Aktivieren Sie, im **Browser für Belastungsanalyse** die **3. Hauptspannung**. Das Ergebnis zeigt eine maximale Belastung von **274 MPa** (6).

- **Verschiebung**
- Aktivieren Sie, im **Browser für Belastungsanalyse** die **Verschiebung**. Das Ergebnis zeigt eine theoretische Verschiebung von **0,2797** mm (7).

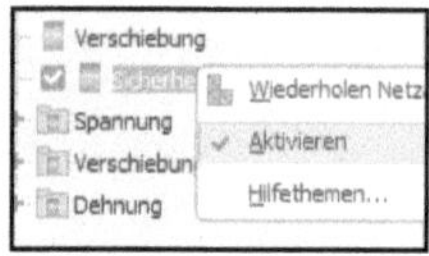

- **Sicherheitsfaktor**
- Aktivieren Sie, im **Browser für Belastungsanalyse** den **Sicherheitsfaktor**. Der minimale Sicherheitsfaktor beträgt in diesem Bauteil **0,31** als Durchschnittswert, der Sicherheitswert ist ebenso beeindruckend gering, die Belastung würde zu einer Bauteildeformierung führen (8).

5.6.2.7 Bauteil speichern

- Aufruf über den **Menü-Browser**, Register **Datei**.

Speichern unter

Speichern unter

5.6.3 Bauteil-Anpassung, Erhöhung der Bauteilhöhe auf 40 mm

5.6.3.1 Arbeitsdatei öffnen

 **Öffnen** / Bauteildatei von der Buch-DVD / **OK** (1)

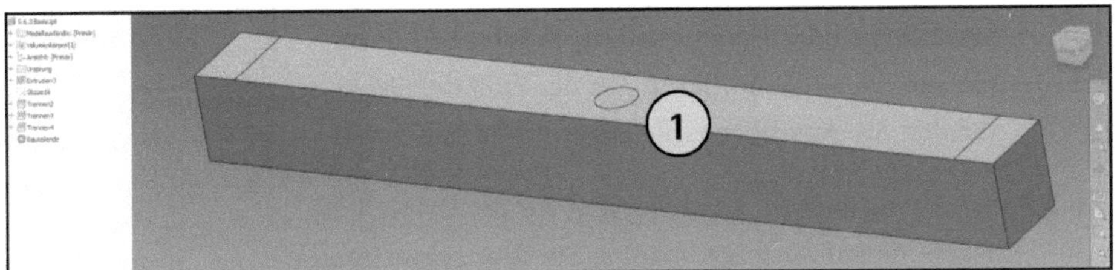

5.6.3.2 Bauteilanpassung über Extrusionshöhe

- Aktivieren Sie den Eintrag **Extrusion** im Bauteil-Browser.
- Wählen Sie **Skizze bearbeiten** (2, 3).

- Aktivieren Sie den Maßeintrag **10** mm.
- Setzen Sie den Maßwert auf **40** mm (4, 5).
- Wählen Sie **Skizze beenden** (6).

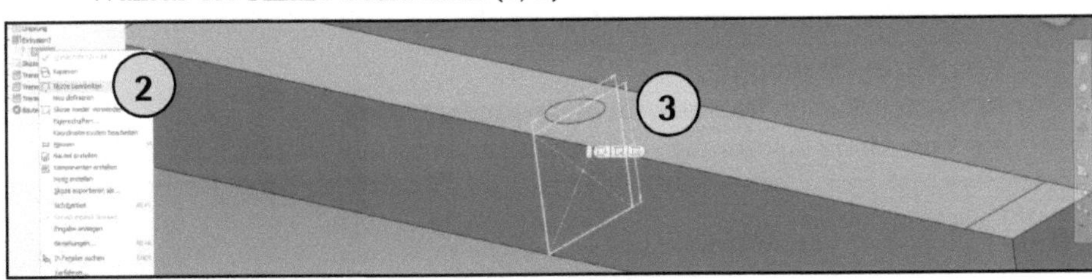

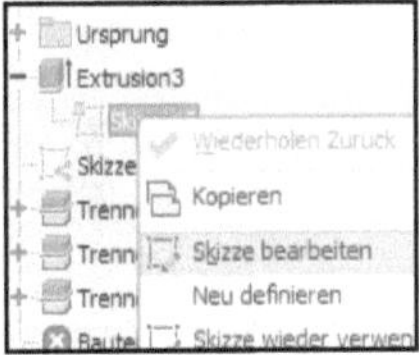

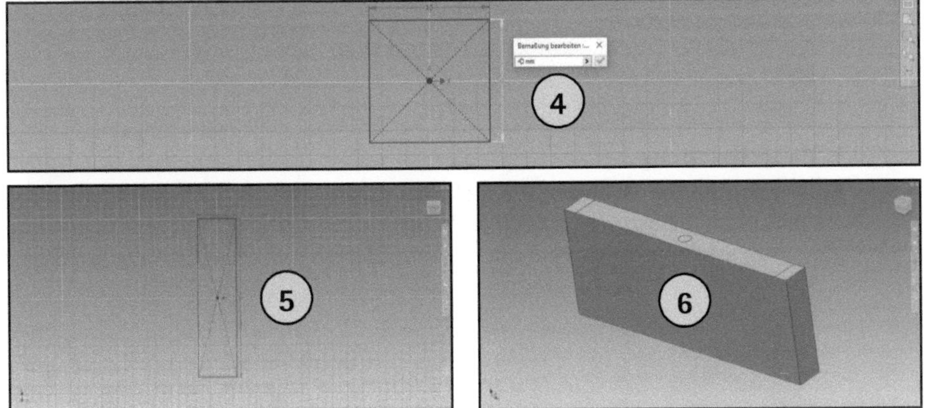

5.6.3.3 Bauteil speichern

 **Speichern unter**

 Belastungs-
Analyse

 Simulieren

 Glatt-
schattierung

 Minimales
Ergebnis

 Maximales
Ergebnis

 Farbleisten-
einstellungen

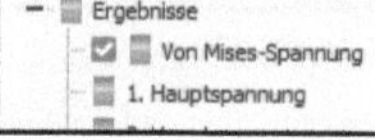

5.6.3.4 Durchführung der Belastungsanalyse, Belastungsanalyse aktivieren

- **Öffnen** Sie die Oberfläche für die Belastungsanalyse wieder über:

 **Belastungsanalyse** (Multifunktionsleiste **Umgebung**)

 **Simulieren** (Multifunktionsleiste **Analyse / Lösen**)
  Klicken Sie auf **Simulieren** aus der Funktionsleiste
  Wählen Sie **Ausführen**, die Berechnung beginnt.

5.6.3.5 Belastungsanalyse, Einstellungen für die Darstellung

- Klicken Sie auf **Anzeige**, wählen Sie **Glattschattierung**.
- Klicken Sie auf **Anzeige**, aktivieren Sie **Minimales Ergebnis**.
- Klicken Sie auf **Anzeige**, aktivieren Sie **Maximales Ergebnis**.
- Klicken Sie auf **Anzeige**, wählen Sie **Farbleisteneinstellungen**.

5.6.3.6 Ergebnisse der Belastungsanalyse im „Browser für Belastungsanalyse"

- **Von Mises-Spannung**
- Aktivieren Sie, im **Browser für Belastungsanalyse**,
  die **Von Mises-Spannung**, die maximale Belastung ist **254,3 MPa** (7).

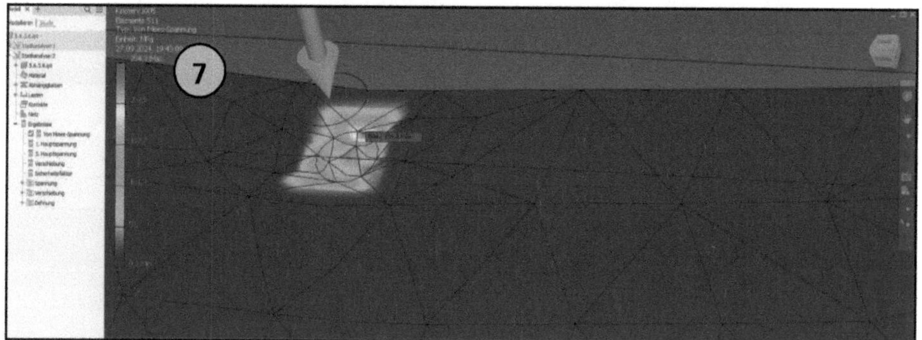

- **1. Hauptspannung**
- Aktivieren Sie, im **Browser für Belastungsanalyse**, die **1. Hauptspannung**,
  die maximale Belastung ist **65,6 MPa** (8).

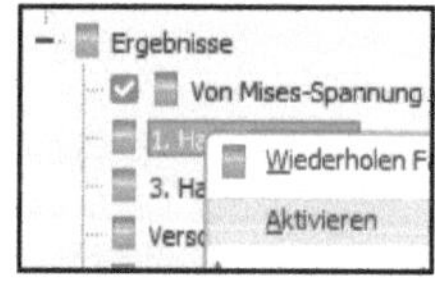

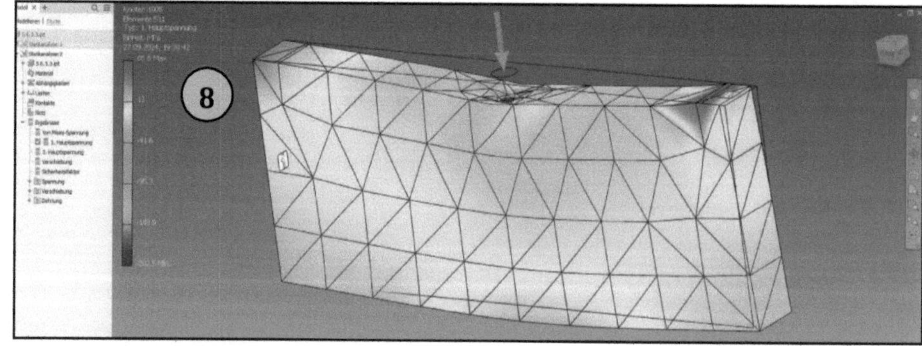

- **3. Hauptspannung**
- Aktivieren Sie, im **Browser für Belastungsanalyse** die **3. Hauptspannung**.
  Das Ergebnis zeigt eine maximale Belastung von **18,2 MPa** (9).

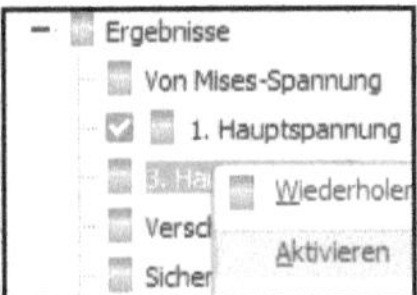

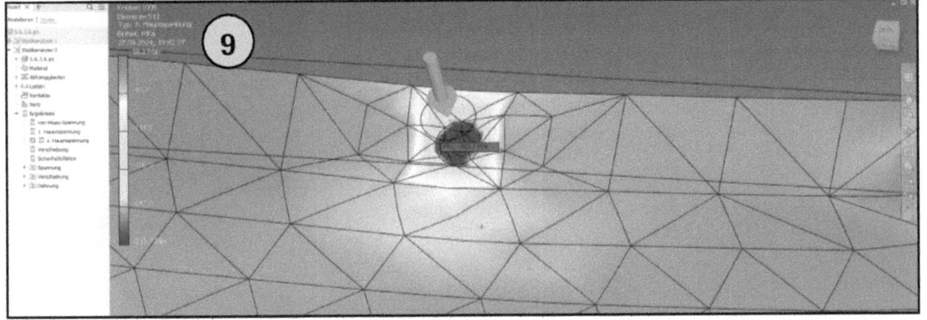

- **Verschiebung**
- Aktivieren Sie, im **Browser für Belastungsanalyse** die **Verschiebung**.
  Das Ergebnis zeigt eine theoretische Verschiebung von **0,01368** mm (10).

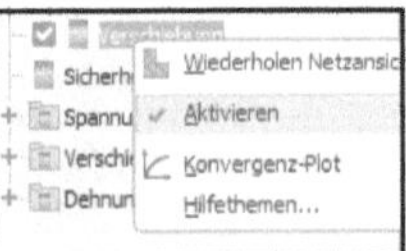

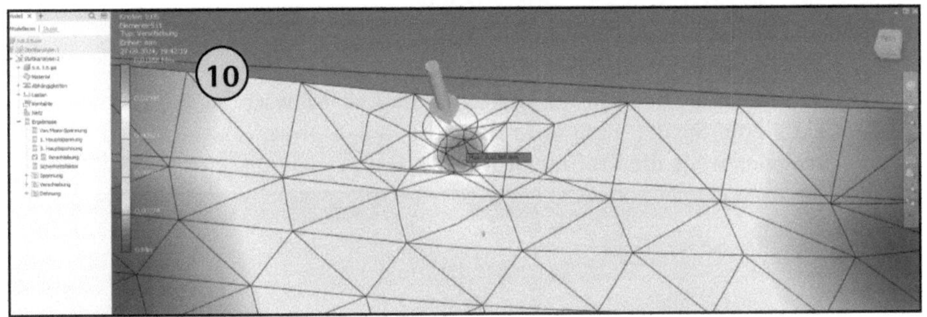

- **Sicherheitsfaktor**
- Aktivieren Sie, im **Browser für Belastungsanalyse** den **Sicherheitsfaktor**.
  Der minimale Sicherheitsfaktor beträgt in diesem Bauteil **0,98** als Durchschnittswert. Der Sicherheitsfaktor ist durch die vergrößerte Fläche leicht erhöht, aber immer noch nicht ausreichend, die Belastung führt immer noch zu
  einer Bauteilverformung (11, 12).

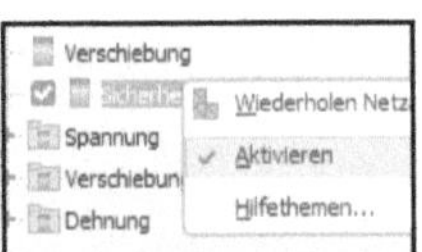

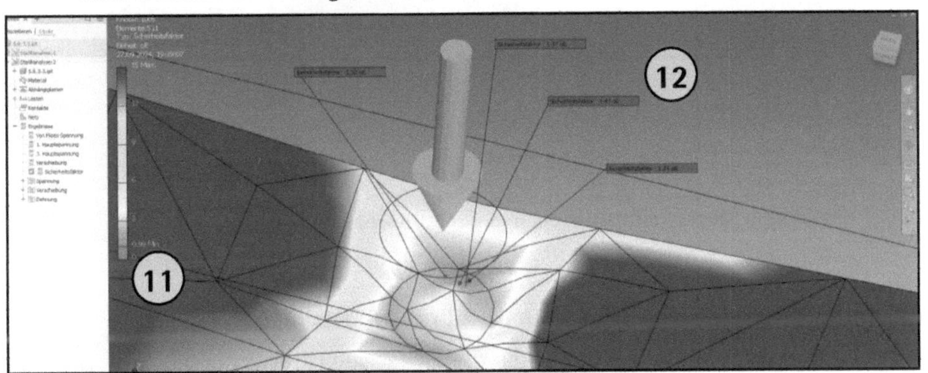

5.6.3.7 Bauteil speichern

- Aufruf über den **Menü-Browser**, Register **Datei**.

Speichern unter

Speichern
unter

5.6.4 Bauteil-Anpassung, Lastreduzierung

5.6.4.1 Arbeitsdatei öffnen

 Öffnen

 **Öffnen** / Bauteildatei von der Buch-DVD / **OK** (1)

5.6.4.2 Lastanpassung

- Öffnen Sie die Oberfläche für die Belastungsanalyse wieder über:

 Belastungs-Analyse

Belastungsanalyse (Multifunktionsleiste **Umgebung**)

Aktivieren Sie den Eintrag **Lasten** im Bauteil-Browser.
Aktivieren Sie den Eintrag **Kraft** im Bauteil-Browser (2).
Reduzieren Sie die Kraft auf **1000 N** (3).

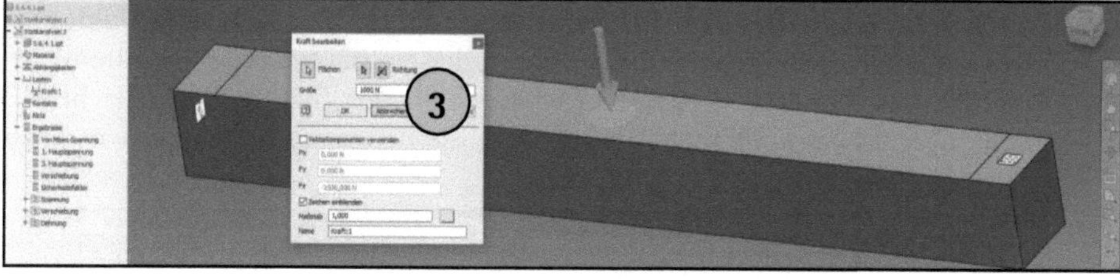

5.6.4.3 Durchführung der Belastungsanalyse, Start der Simulation

 Simulieren

 **Simulieren** (Multifunktionsleiste **Analyse / Lösen**)
Klicken Sie auf **Simulieren** aus der Funktionsleiste
Wählen Sie **Ausführen**, die Berechnung beginnt.

5.6.4.4 Belastungsanalyse, Einstellungen für die Darstellung

- Klicken Sie auf **Anzeige**, wählen Sie **Glattschattierung**.
- Klicken Sie auf **Anzeige**, aktivieren Sie **Minimales Ergebnis**.
- Klicken Sie auf **Anzeige**, aktivieren Sie **Maximales Ergebnis**.
- Klicken Sie auf **Anzeige**, wählen Sie **Farbleisteneinstellungen**.

5.6.4.5 Ergebnisse der Belastungsanalyse im „Browser für Belastungsanalyse"

- **Von Mises-Spannung**
- Aktivieren Sie, im **Browser für Belastungsanalyse**
- Die **Von Mises-Spannung**, die maximale Belastung ist **111,5 MPa** (4).

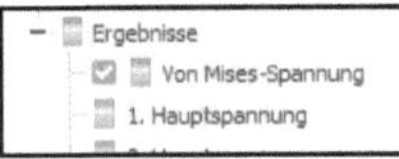

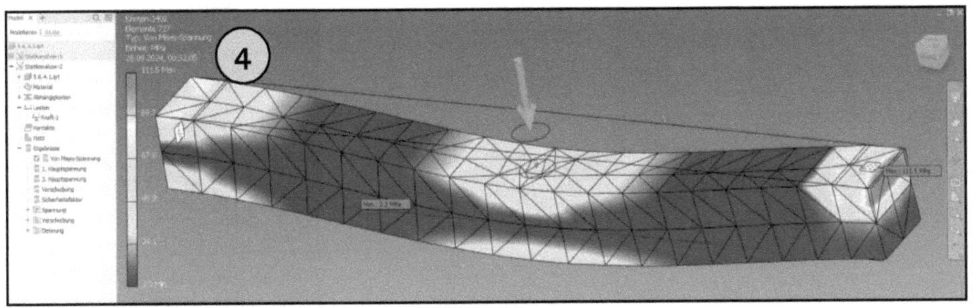

- **1. Hauptspannung**
- Aktivieren Sie, im **Browser für Belastungsanalyse**, die **1. Hauptspannung**.
  Die maximale Belastung ist **169,8 MPa** (5).

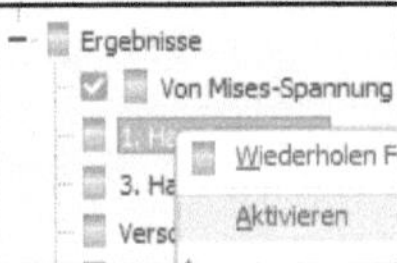

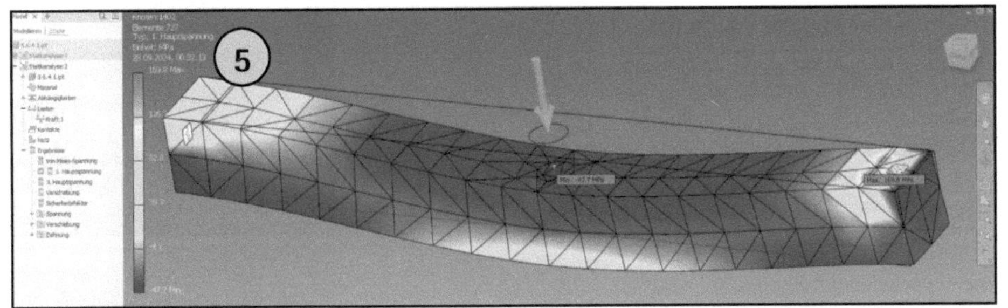

- **3. Hauptspannung**
- Aktivieren Sie, im **Browser für Belastungsanalyse** die **3. Hauptspannung**.
  Das Ergebnis zeigt eine maximale Belastung von **67,1 MPa** (6).

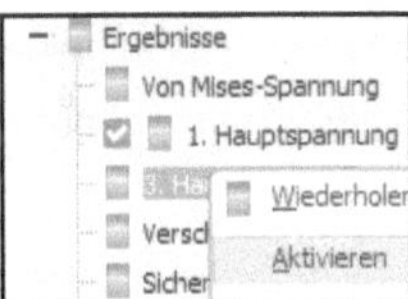

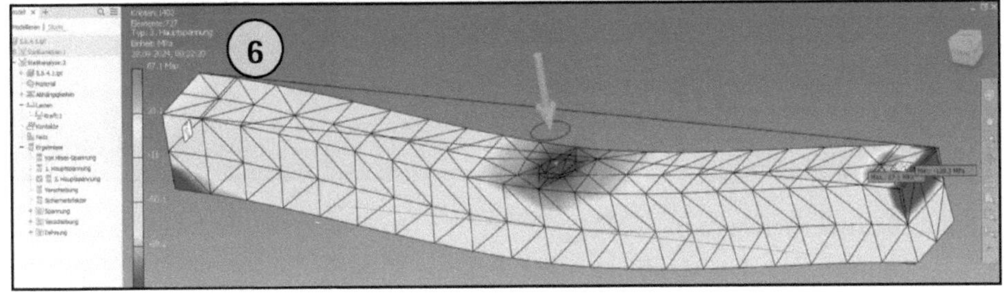

- **Verschiebung**
- Aktivieren Sie, im **Browser für Belastungsanalyse** die **Verschiebung**.
  Das Ergebnis zeigt eine theoretische Verschiebung von **0,03962** mm (7).

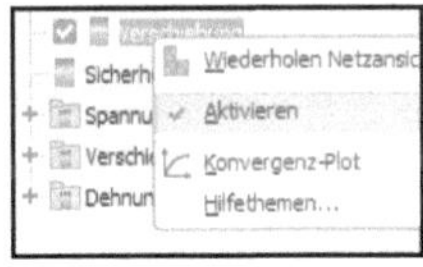

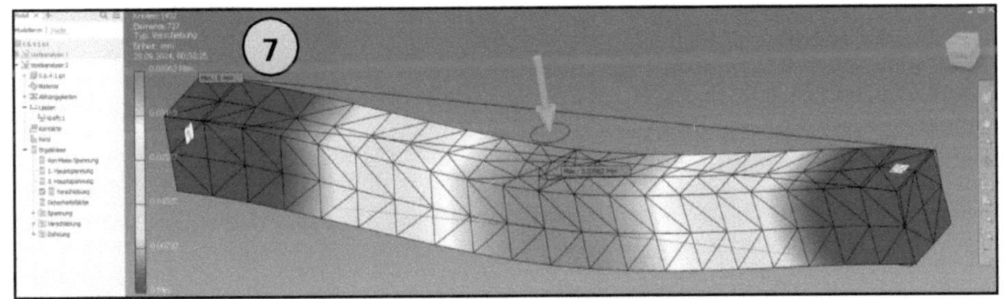

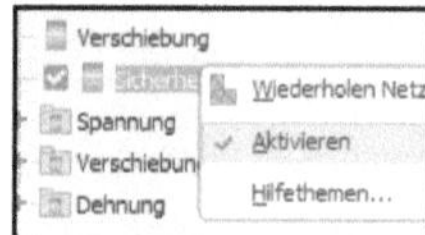

- **Sicherheitsfaktor**

- Aktivieren Sie, im **Browser für Belastungsanalyse** den **Sicherheitsfaktor**.
  Der minimale Sicherheitsfaktor beträgt in diesem Bauteil **2,24** als Durchschnittswert.
  Der Sicherheitsfaktor ist die reduzierte Last wesentlich erhöht (8).

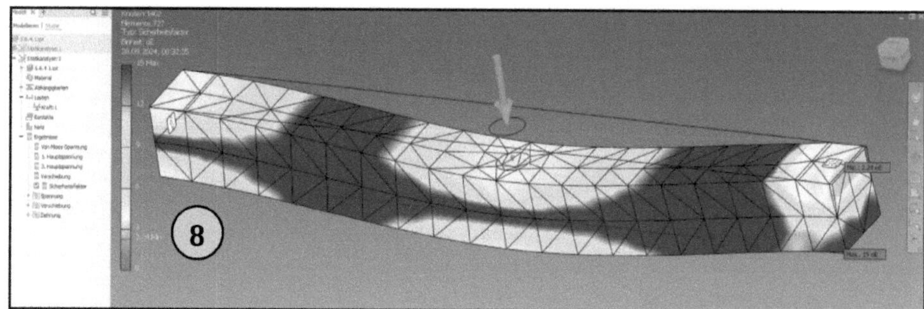

- **Einzelpunkt-Überprüfung**

- Die Einzelpunkt-Überprüfung ergibt an den gefährdeten Stellen die gezeigten Sicherheitswerte (9, 10, 11).

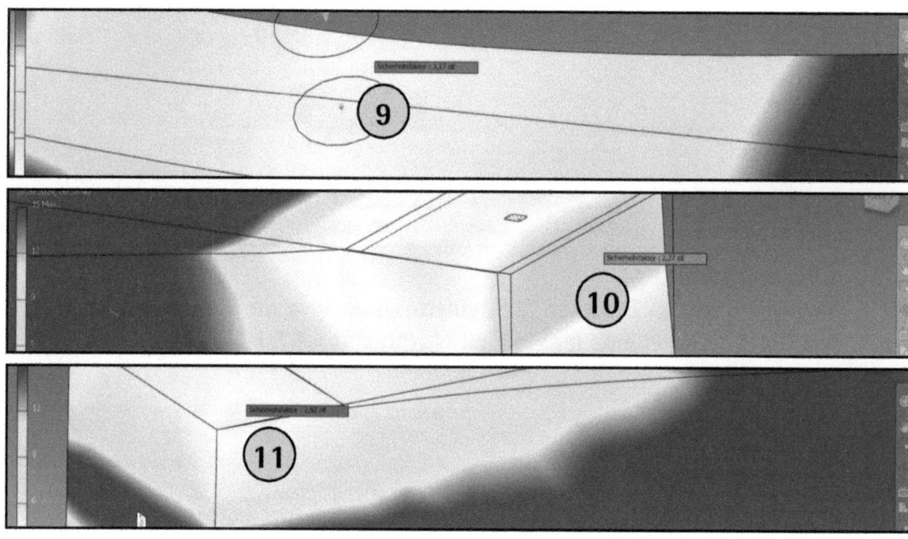

5.6.4.6 Bauteil speichern

- Aufruf über den **Menü-Browser**, Register **Datei**.

 Speichern unter

 **Speichern unter**

5.7 Belastungsanalyse „Hohlsäule mit Querbohrung"
Belastung durch Biegung

5.7.1 Die Bauteilerstellung

5.7.1.1 Bauteilerstellung über Grundkörper „Zylinder"

- Öffnen Sie eine neue Vorlagendatei über **Neu**.

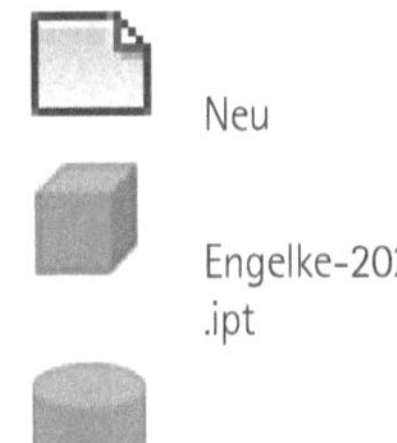

Zylinder (Multifunktionsleiste **3D-Modell / Grundkörper**)
Wählen Sie die Ursprungsskizze **YZ-Ebene**.
Bilden Sie eine Zylindergrundfläche mit Ø**50** mm (1).
Setzen Sie die **Richtung** auf **Symmetrisch**.
Tragen Sie die Zylinderlänge mit **200** mm ein (2, 3).
Klicken Sie auf **OK**.

Neu

Engelke-2025
.ipt

Zylinder

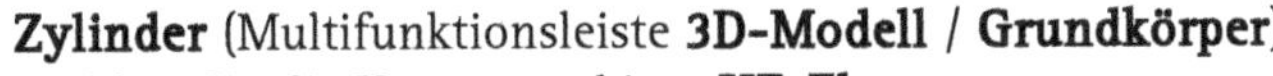

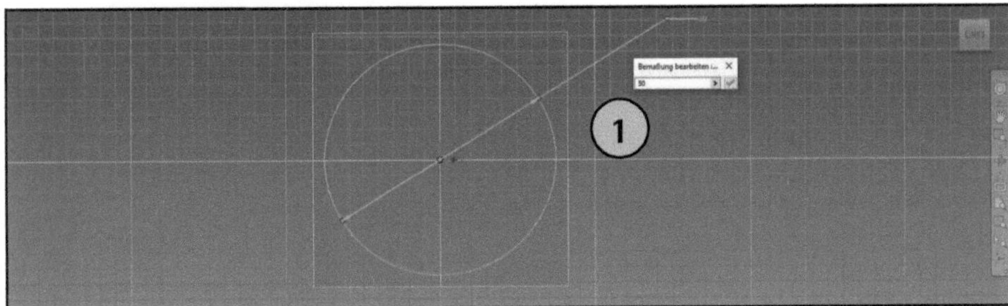

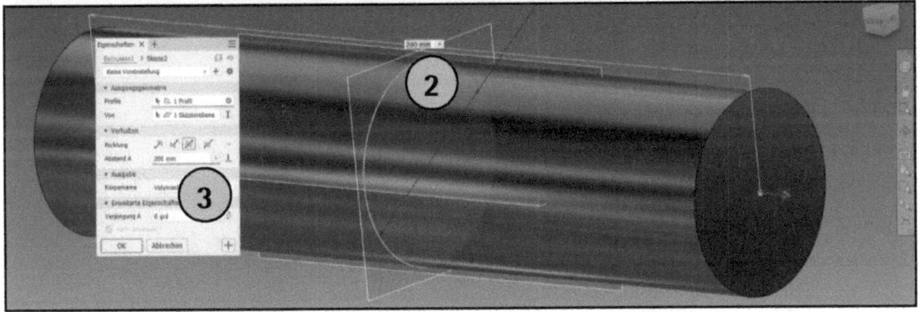

5.7.1.2 Zentrale Bohrung einbringen

- Setzen Sie eine **Bohrung** Typ **Durchgangsbohrung**
  Bohrung Ø**40** mm, auf den zentralen **Mittelpunkt** (4, 5).
  Beenden Sie mit **OK**.

Bohrung

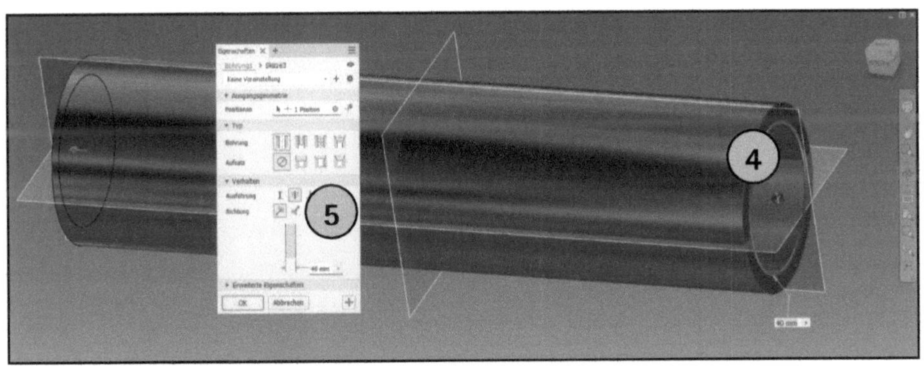

2D-Skizze
starten

Linie

Kreis über
Mittelpunkt

5.7.1.3 Querbohrung über „Differenz-Extrusion" einbringen

- Erzeugen Sie eine Skizzendarstellung auf der Ursprungsebene **XZ** des Zylinders (6).
- Einzeichnen einer Mittellinie, Länge **185** mm (7).
- Einzeichnen eines Mittelkreises mit Ø**10** mm (8).

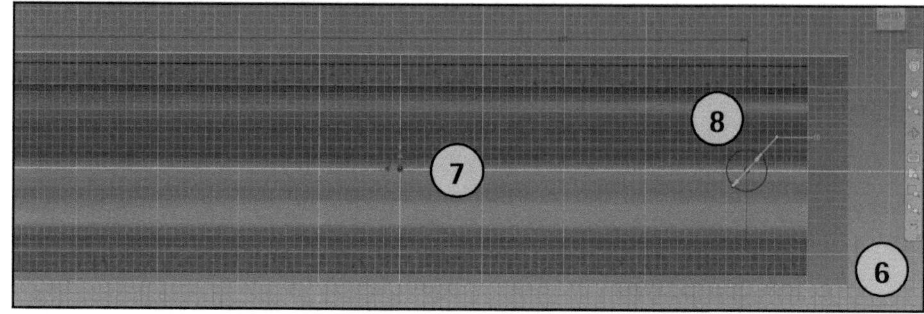

Extrusion
Differenz

Extrusion (Multifunktionsleiste **3D-Modell / Grundkörper**)
Wählen Sie die Zylindergrundfläche (9).
Aktivieren Sie die Option **Differenz** (10).
Wählen Sie die Zylinderlänge **Über alles** (11).
Klicken Sie auf **OK**.

5.7.1.4 Bauteil speichern

- Aufruf über den **Menü-Browser**, Register **Datei**.

Speichern
unter

Speichern unter

5.7.2 Durchführung der Belastungsanalyse, Voreinstellungen

5.7.2.1 Die Belastungsanalyse, Laden der Umgebung

Belastungsanalyse (Multifunktionsleiste **Umgebung**)

Studie erstellen (Multifunktionsleiste **Analyse / Verwalten**)
Erstellen Sie eine neue Simulation.

5.7.2.2 Die Materialzuweisung

Zuweisen (Multifunktionsleiste **Analyse / Material**)
Der Dialog **Material auswählen** wird angezeigt, da noch kein Material für
das Modell definiert wurde (12).
Wählen Sie aus der Materialliste **Stahl, hochfest, niedrig legiert** (13) / **OK**.

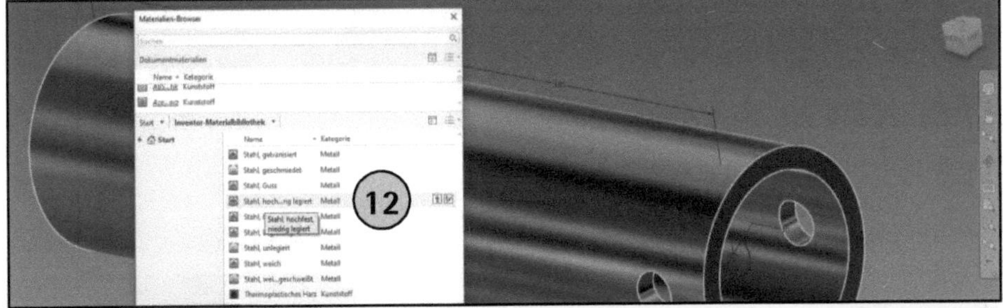

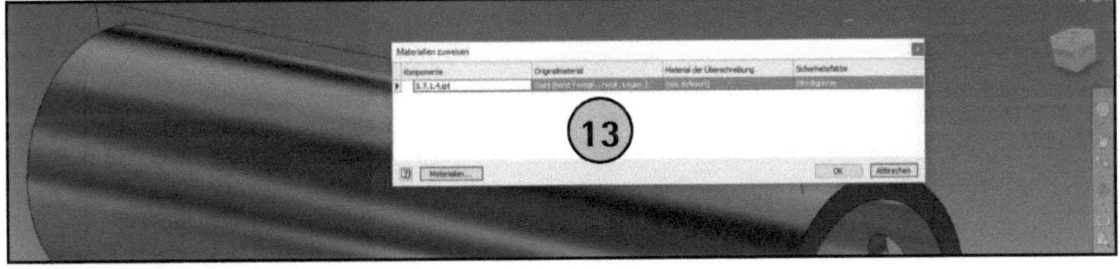

5.7.2.3 Hinzufügen einer festen Abhängigkeit

Fest (Multifunktionsleiste **Analyse / Abhängigkeit**)
Wählen Sie die Stirnfläche auf der linken Seite (14).
Klicken Sie auf **OK**.

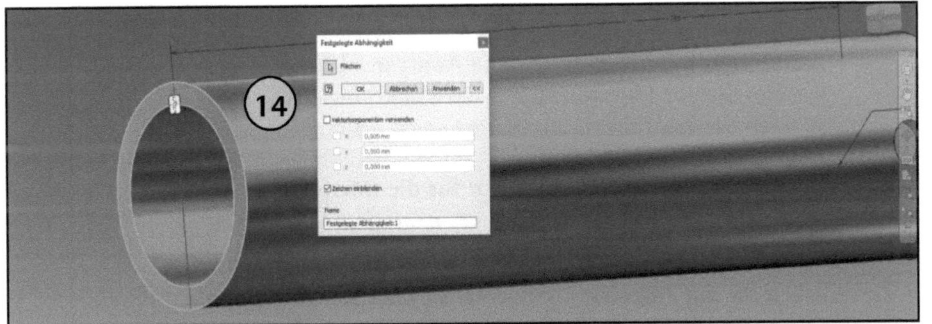

Belastungs-
analyse

Studie
erstellen

Material
zuweisen

Abhängigkeit
Fest

Kraft

5.7.2.4 Eine Angriffskraft definieren

Kraft (Multifunktionsleiste **Analyse / Lasten**)
Klicken Sie die beiden Bohrungsflächen.
Wählen Sie das Kraftfeld für die **FZ-Komponente** (15)
Definieren Sie die Größe der Kraft mit **-2500 N** (16).
Klicken Sie im Dialog **Kraftrichtung umkehren** (17).
Klicken Sie auf **OK**.

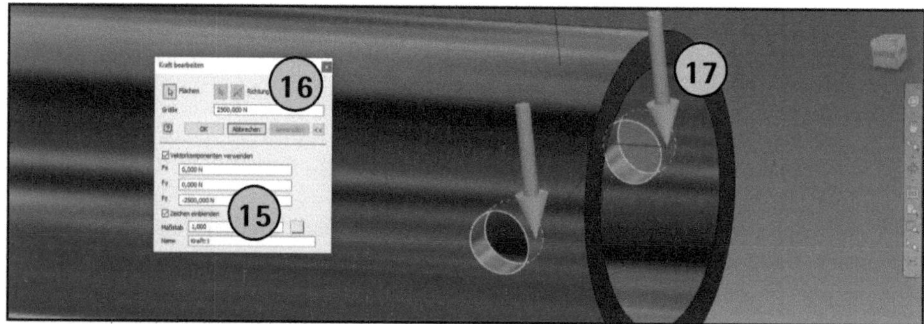

5.7.2.5 Zuweisung der Netzstruktur

Netzansicht

Netzansicht (Multifunktionsleiste **Analyse / Netz**)
Klicken Sie, um die Vernetzung darzustellen (18).

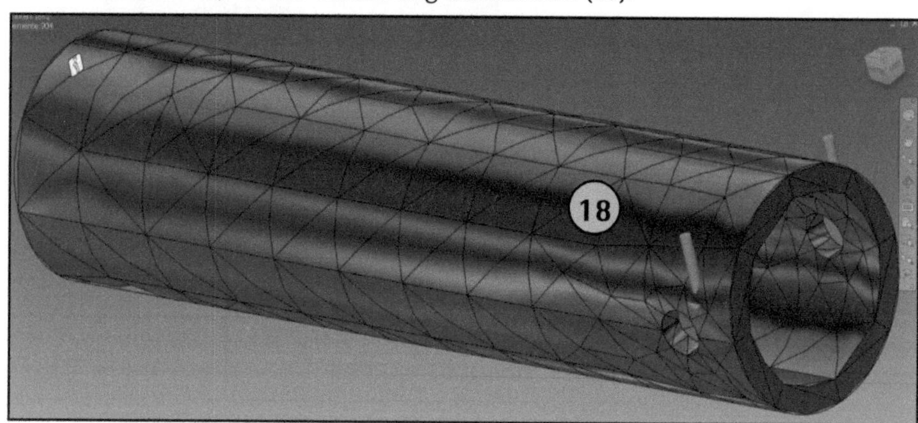

Simulieren

5.7.2.6 Durchführung der Belastungsanalyse, Belastungsanalyse aktivieren

Glatt-
schattierung

Simulieren (Multifunktionsleiste **Analyse / Lösen**)
Klicken Sie auf **Simulieren** aus der Funktionsleiste.
Wählen Sie **Ausführen**, die Berechnung beginnt.

Minimales
Ergebnis

5.7.2.7 Belastungsanalyse, Einstellungen für die Darstellung

Maximales
Ergebnis

Farbleisten-
einstellungen

- Klicken Sie auf **Anzeige**, wählen Sie **Glattschattierung**.
- Klicken Sie auf **Anzeige**, aktivieren Sie **Minimales Ergebnis**.
- Klicken Sie auf **Anzeige**, aktivieren Sie **Maximales Ergebnis**.
- Klicken Sie auf **Anzeige**, wählen Sie **Farbleisteneinstellungen**.

5.7.2.8 Ergebnisse der Belastungsanalyse im „Browser für Belastungsanalyse"

- **Von Mises-Spannung**
- Aktivieren Sie, im **Browser für Belastungsanalyse**,
  die **Von Mises-Spannung**, die maximale Belastung ist **77,99 MPa** (19).

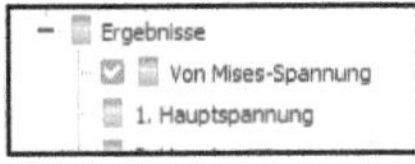

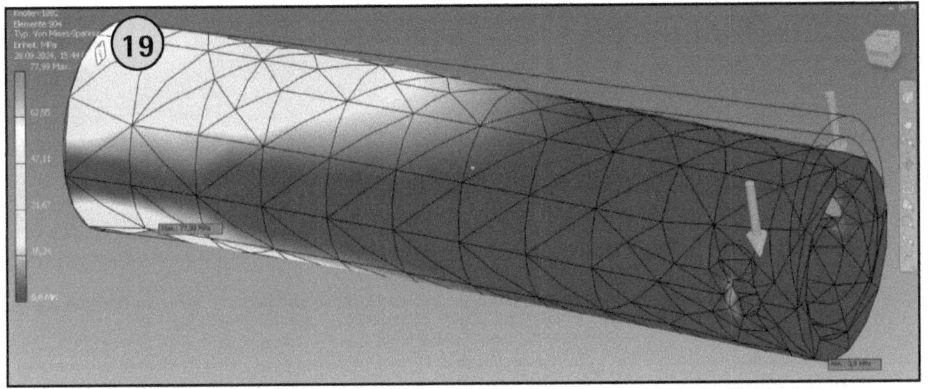

- **1. Hauptspannung**
- Aktivieren Sie, im **Browser für Belastungsanalyse**, die **1. Hauptspannung**,
  die maximale Belastung ist **95,23 MPa** (20).

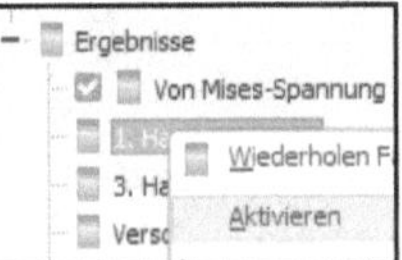

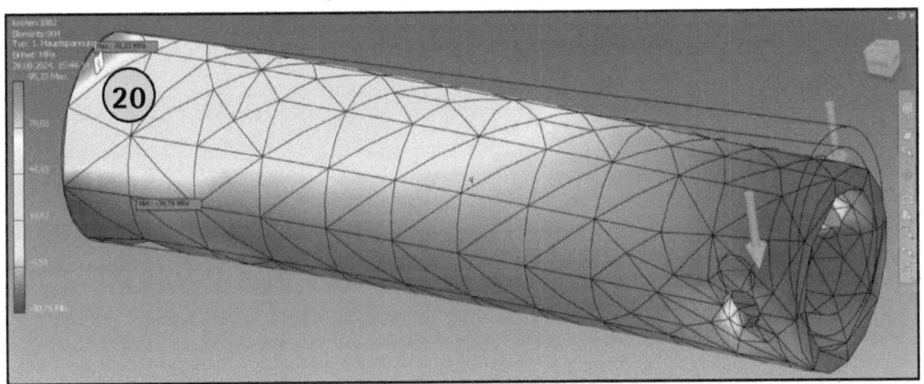

- **3. Hauptspannung**
- Aktivieren Sie, im **Browser für Belastungsanalyse** die **3. Hauptspannung**.
  Das Ergebnis zeigt eine maximale Belastung von **31,49 MPa** (21).

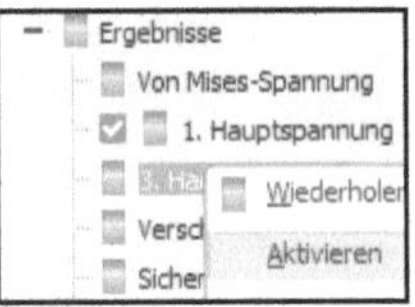

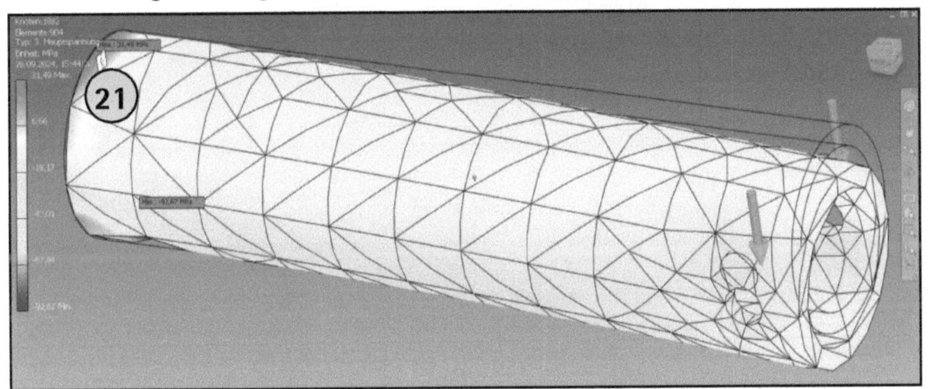

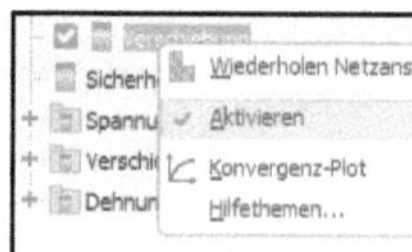

- **Verschiebung**
- Aktivieren Sie, im **Browser für Belastungsanalyse** die **Verschiebung**.
  Das Ergebnis zeigt eine theoretische Verschiebung von **0,1758** mm (22).

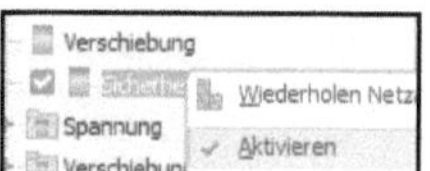

- **Sicherheitsfaktor**
- Aktivieren Sie, im **Browser für Belastungsanalyse** den **Sicherheitsfaktor**.
  Der minimale Sicherheitsfaktor beträgt in diesem Bauteil **3,54** als Durchschnittswert (23).

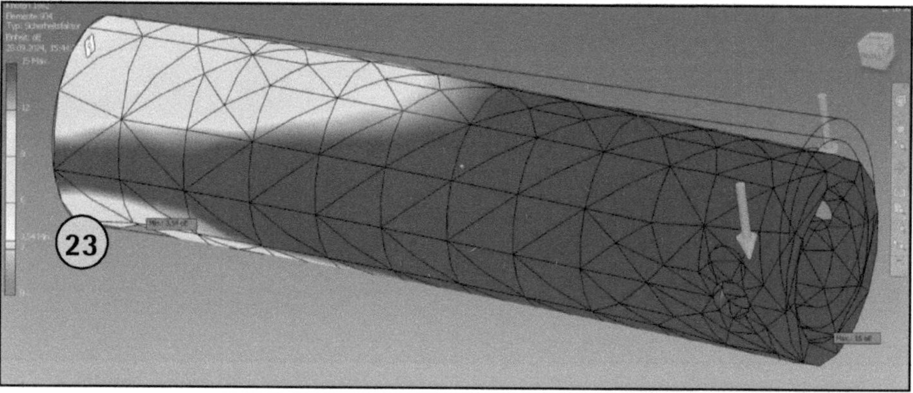

5.7.2.9 Bauteil speichern

- Aufruf über den **Menü-Browser**, Register **Datei**.

Speichern unter

Speichern
unter

5.8 Belastungsanalyse „Hohlsäule mit Querbohrung"
Belastung durch Torsion

5.8.1 Bauteil-Anpassung, Drehmoment zuweisen

5.8.1.1 Arbeitsdatei öffnen

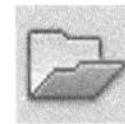

Öffnen / Bauteildatei von der Buch-DVD / **OK** (1)

Öffnen

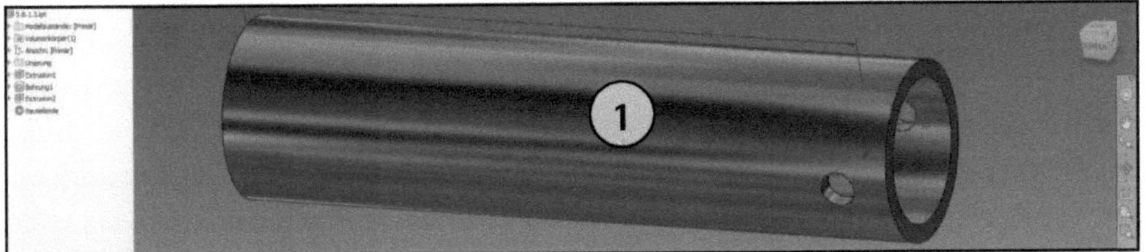

5.8.1.2 Lastanpassung

* **Öffnen** Sie die Oberfläche für die Belastungsanalyse wieder über:

Belastungsanalyse (Multifunktionsleiste **Umgebung**)

* Aktivieren Sie den Eintrag **Lasten** im Bauteil-Browser.
* **Löschen** Sie den Eintrag **Kraft** im Bauteil-Browser (2).

Belastungs-
analyse

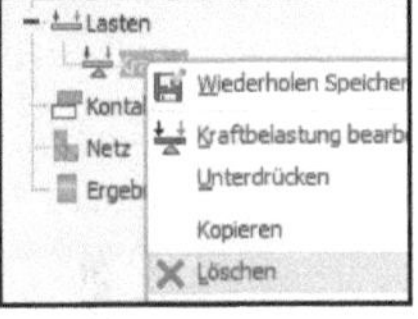

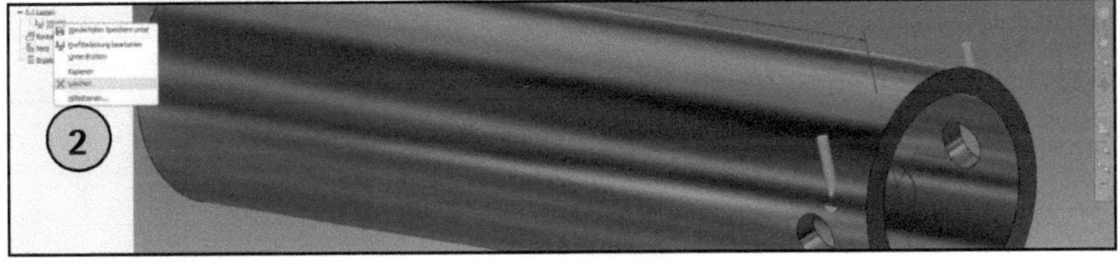

5.8.1.3 Hinzufügen einer Drehmoment-Belastung

Drehmoment (Multifunktionsleiste **Analyse** / **Abhängigkeit**)
Wählen Sie die gezeigte, vordere Fläche (3).
Definieren Sie die Größe des Drehmoments mit **10000 Nmm** (4).
Klicken Sie auf **OK**.

Drehmoment

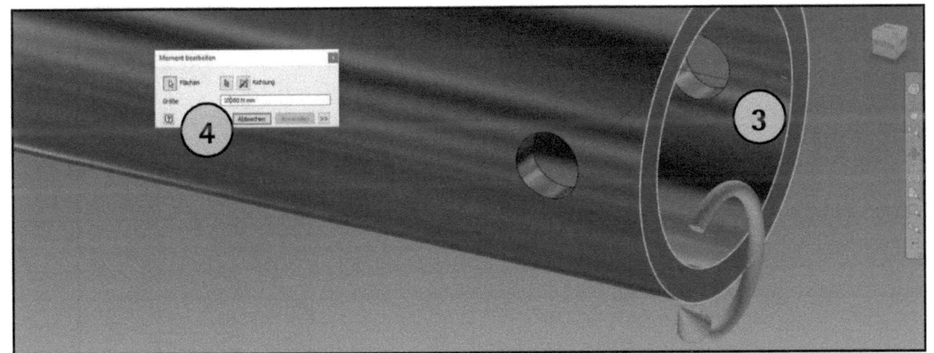

Netzansicht

5.8.1.4 Zuweisung der Netzstruktur

Netzansicht (Multifunktionsleiste **Analyse / Netz**)
Klicken Sie, um die Vernetzung darzustellen.

5.8.1.5 Durchführung der Belastungsanalyse, Belastungsanalyse aktivieren

Simulieren (Multifunktionsleiste **Analyse / Lösen**)
Klicken Sie auf **Simulieren** aus der Funktionsleiste
Wählen Sie **Ausführen**, die Berechnung beginnt.

Simulieren

Glatt-
schattierung

5.8.1.6 Belastungsanalyse, Einstellungen für die Darstellung

- Klicken Sie auf **Anzeige**, wählen Sie **Glattschattierung**.
- Klicken Sie auf **Anzeige**, aktivieren Sie **Minimales Ergebnis**.
- Klicken Sie auf **Anzeige**, aktivieren Sie **Maximales Ergebnis**.
- Klicken Sie auf **Anzeige**, wählen Sie **Farbleisteneinstellungen**.

Minimales
Ergebnis

Maximales
Ergebnis

5.8.1.7 Ergebnisse der Belastungsanalyse im „Browser für Belastungsanalyse"

- **Von Mises-Spannung**
- Aktivieren Sie, im **Browser für Belastungsanalyse**,
  die **Von Mises-Spannung**, die maximale Belastung ist **2,958 MPa** (5).

Farbleisten-
einstellungen

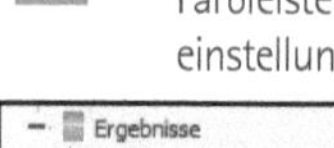

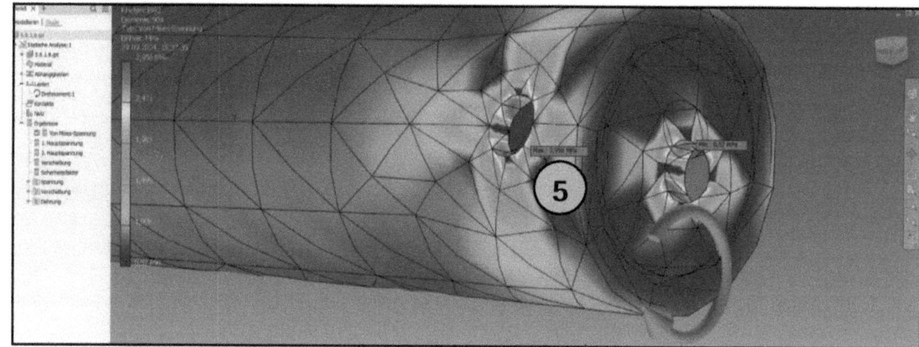

- **1. Hauptspannung**
- Aktivieren Sie, im **Browser für Belastungsanalyse**, die **1. Hauptspannung**,
  die maximale Belastung ist **3,181 MPa** (6).

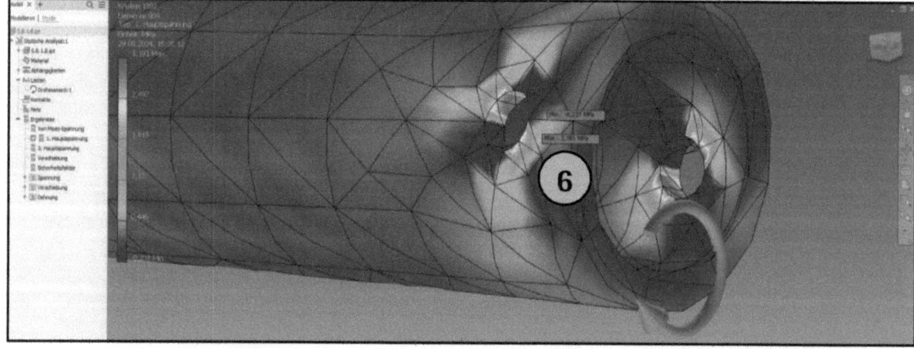

- **3. Hauptspannung**
- Aktivieren Sie, im **Browser für Belastungsanalyse** die **3. Hauptspannung**.
  Das Ergebnis zeigt eine maximale Belastung von **3,145 MPa** (7).

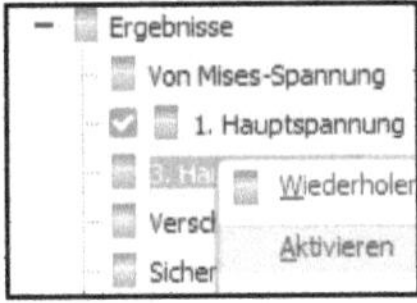

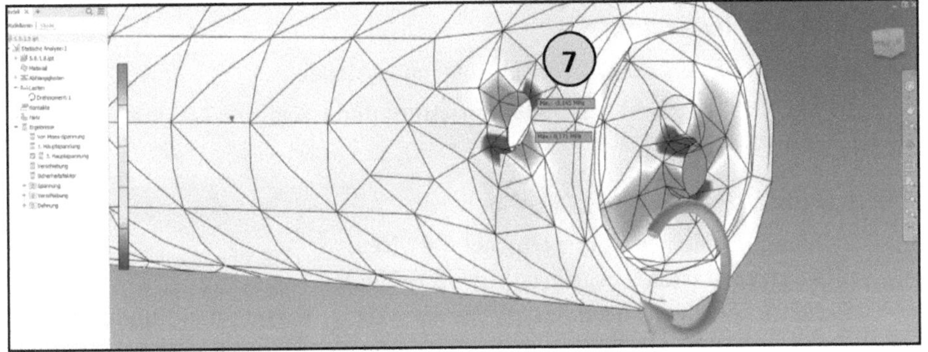

- **Verschiebung**
- Aktivieren Sie, im **Browser für Belastungsanalyse** die **Verschiebung**.
  Das Ergebnis zeigt eine theoretische Verschiebung von **0,001926** mm (8).

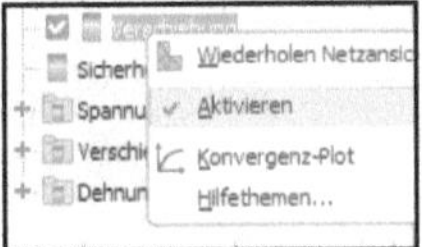

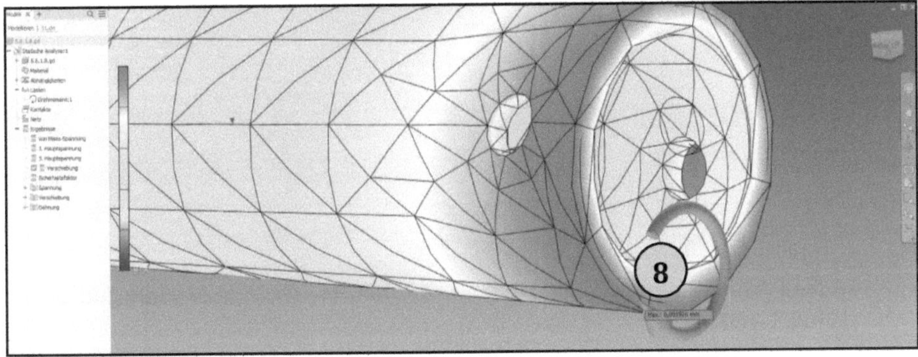

- **Sicherheitsfaktor**
- Aktivieren Sie, im **Browser für Belastungsanalyse** den **Sicherheitsfaktor**.
  Der minimale Sicherheitsfaktor für die reine Torsionsbelastung beträgt in
  diesem Bauteil mehr als **15** als Durchschnittswert (9).

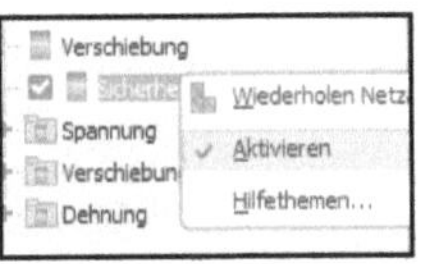

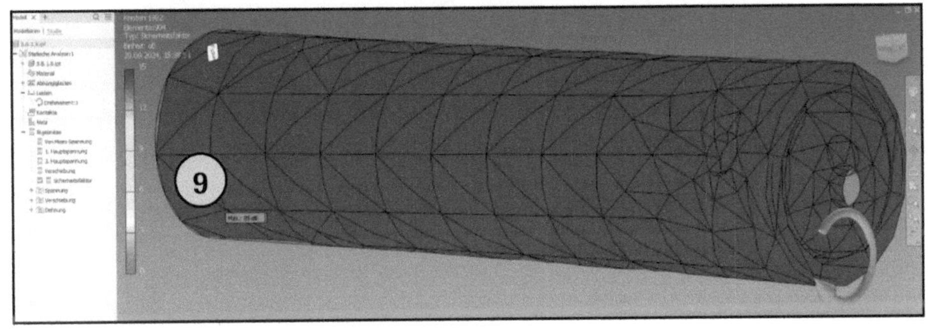

5.8.1.8 Bauteil speichern

- Aufruf über den **Menü-Browser**, Register **Datei**.

Speichern unter

Speichern
unter

5.9 Belastungsanalyse „Behälter-Studie" Innendruck-Belastung

5.9.1 Bauteilerstellung

Neu

Engelke-2025
.ipt

2D-Skizze
starten

Linie

Versatz

Rundung

- Erstellen Sie den Hohlkörper mit folgenden Maßen:

  Länge **860** mm, Behälter-Ø**500** mm, Abrundungen mir R=**220** mm
  Blechdicke **20** mm.

5.9.1.1 Basisskizze auf Ebene „Oben" anlegen

- Öffnen Sie eine neue Vorlagendatei über **Neu**.
- **2D-Skizze starten**, Ursprungsskizze **XY-Ebene**
- Erstellen Sie die gezeigte Basisfläche über **Linie**, **Versatz** und **Rundung** (1).

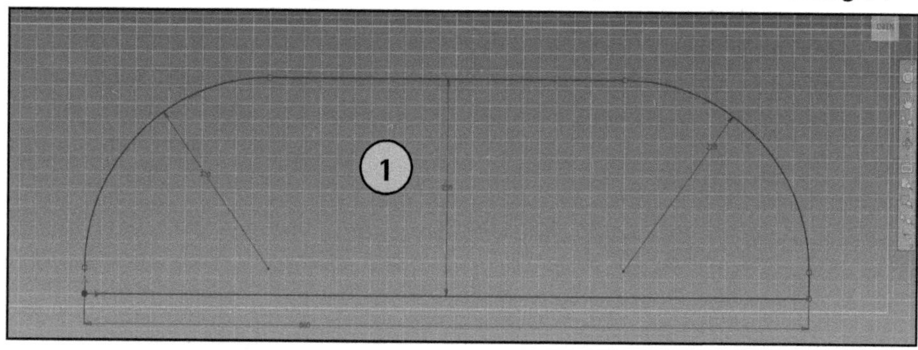

5.9.1.2 Bauteilerstellung über „Drehung"

- Bilden Sie, aus der automatisch ausgewählten Fläche, eine **Drehung** mit Winkel **360°** (2, 3).

Drehung

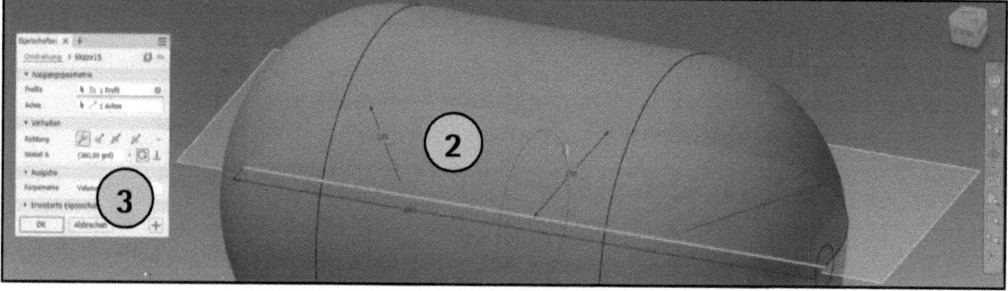

5.9.1.3 Hohlkörpererstellung über „Wandung"

- Bilden Sie, über **Wandung** Option **Innerhalb 20** mm einen Hohlkörper (4, 5).

Wandung

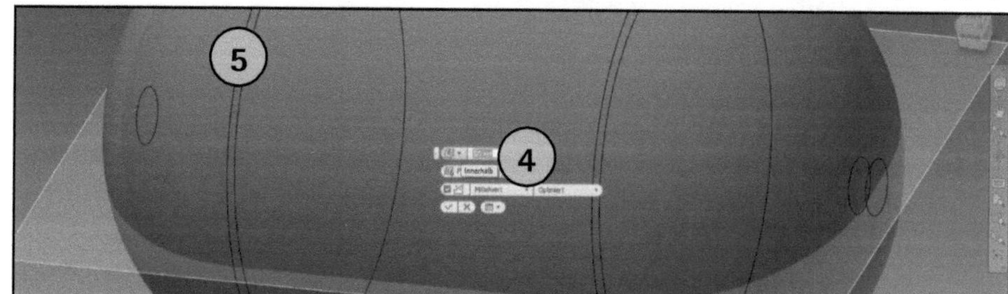

5.9.1.4 Materialzuweisung für den Hohlkörper

* Weisen Sie, über die Schnellzugriff-Werkzeugleiste **Vorgabe,** das Material
  Stahl poliert, aus der **AutoDesk Darstellungs-Bibliothek**, zu (6).

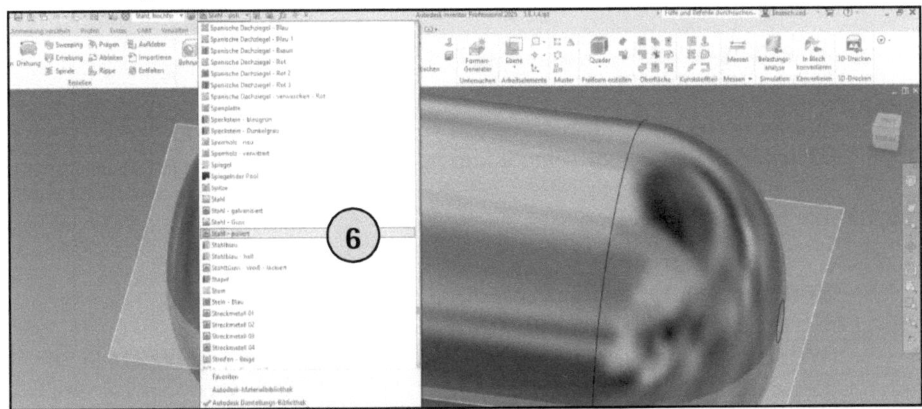

* Weisen Sie, über die Schnellzugriff-Werkzeugleiste **Anpassen** das Material
  Stahl hochfest, niedrig legiert, aus der **AutoDesk Darstellungs-Bibliothek**,
  zu (7).

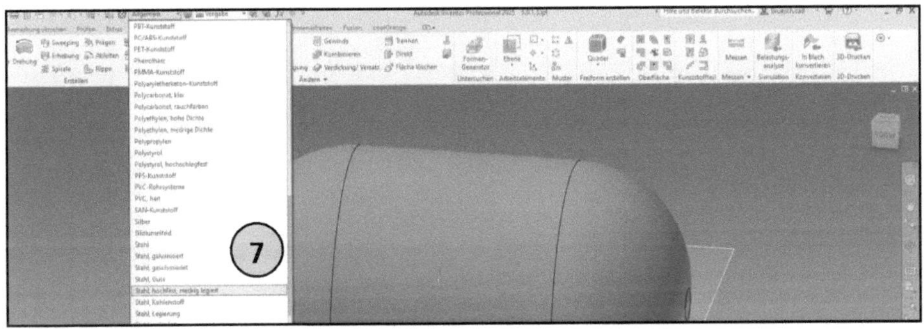

5.9.1.5 Bauteil speichern

* Aufruf über den **Menü-Browser**, Register **Datei**.

 **Speichern unter**

5.9.2 Durchführung der Belastungsanalyse, Voreinstellungen

5.9.2.1 Die Belastungsanalyse, Laden der Umgebung

Belastungs-
analyse

Belastungsanalyse (Multifunktionsleiste **Umgebung**)

Studie
erstellen

Studie erstellen (Multifunktionsleiste **Analyse / Verwalten**)
Erstellen Sie eine neue Simulation.

5.9.2.2 Die Materialzuweisung

Material
zuweisen

Zuweisen (Multifunktionsleiste **Analyse / Material**)
Der Dialog **Material auswählen** wird angezeigt.
Wählen Sie, aus der Materialliste, **Stahl, hochfest, niedrig legiert** (8, 9)
Klicken Sie auf **OK**.

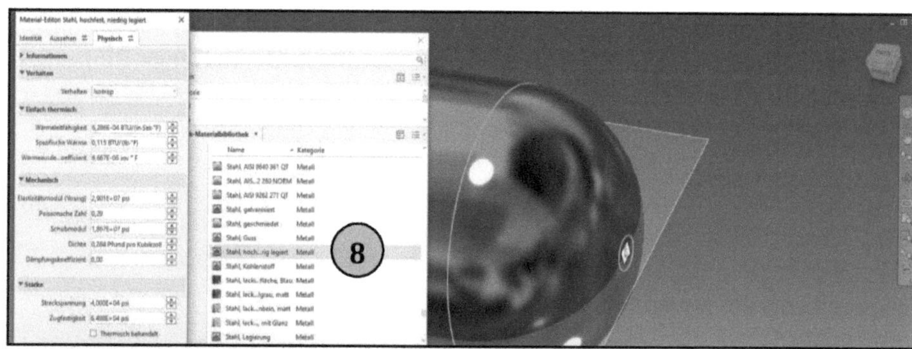

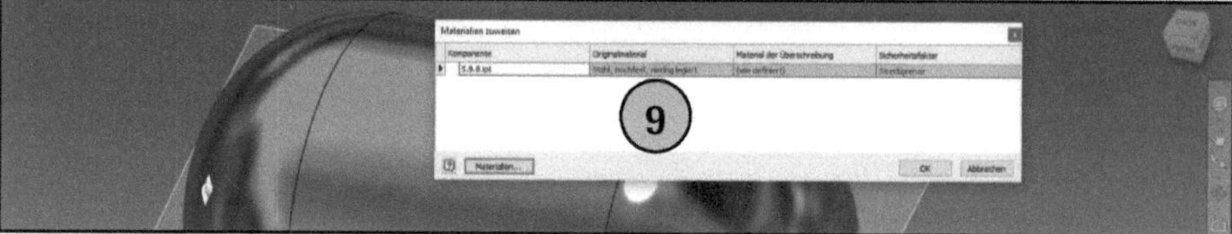

5.9.2.3 Hinzufügen der festen Abhängigkeiten

Abhängigkeit
Fest

Fest (Multifunktionsleiste **Analyse / Abhängigkeit**)
Wählen Sie die beiden Stirnflächen auf der linken und rechten Seite
(10, 11).
Klicken Sie auf **OK**.

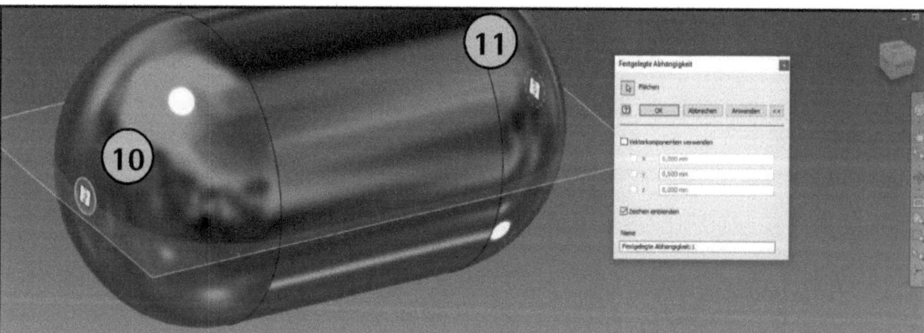

5.9.2.4 Die Innen-Druckkraft definieren

Druckkraft (Multifunktionsleiste **Analyse / Lasten**)

Klicken Sie die drei Innenflächen über **Auswahl 2. Fläche** (12).

Deaktivieren Sie die Option **Angrenzende Flächen** (13).

Definieren Sie die Größe der Kraft mit **10 MPa** (14).

Klicken Sie auf **OK**.

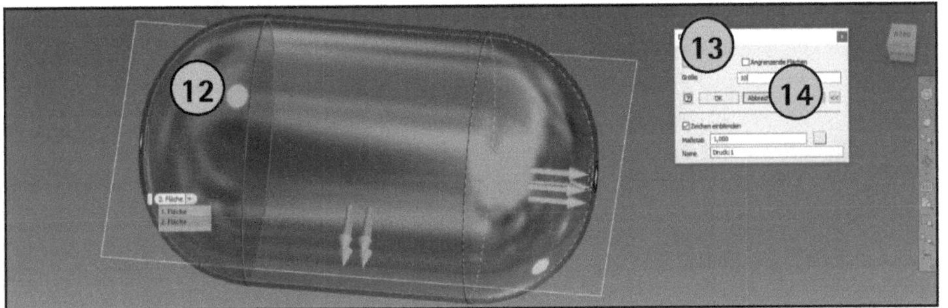

5.9.2.5 Zuweisung der „Automatischen Kontakte"

- Aktivieren Sie, im **Analyse-Browser**, den Eintrag **Automatische Kontakte** (15).

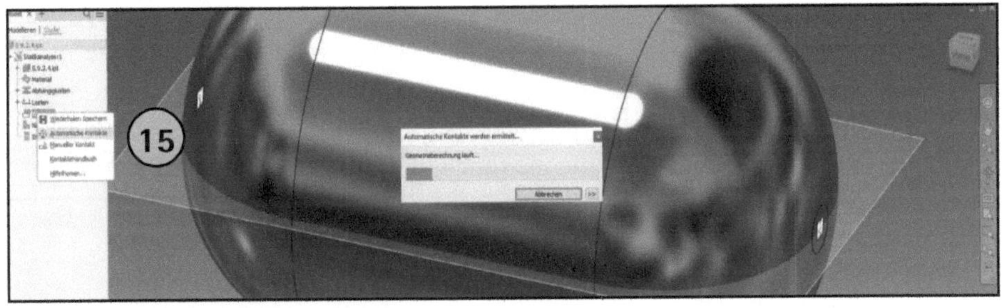

5.9.2.6 Zuweisung der Netzstruktur

Netzansicht (Multifunktionsleiste **Analyse / Netz**)

Klicken Sie, um die Vernetzung darzustellen (16).

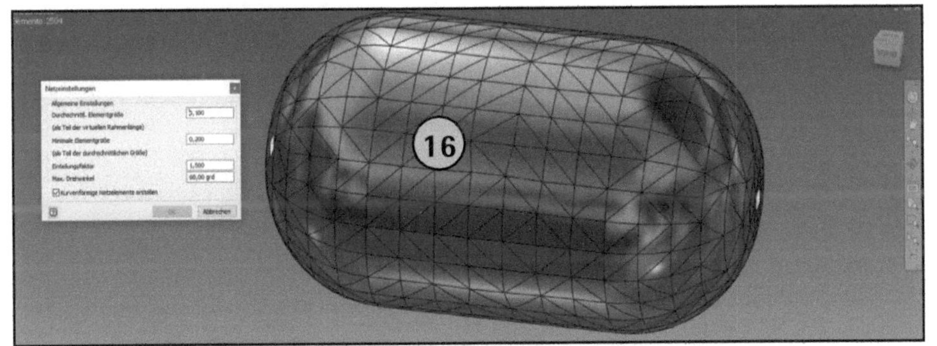

Druckkraft

Netzansicht

5.9.3 Durchführung der Belastungsanalyse

5.9.3.1 Belastungsanalyse aktivieren

Simulieren

Simulieren (Multifunktionsleiste **Analyse / Lösen**)
Klicken Sie auf **Simulieren** aus der Funktionsleiste.
Wählen Sie **Ausführen**, die Berechnung beginnt.

5.9.3.2 Belastungsanalyse, Einstellungen für die Darstellung

Glatt-
schattierung

Minimales
Ergebnis

Maximales
Ergebnis

Farbleisten-
einstellungen

- Klicken Sie auf **Anzeige**, wählen Sie **Glattschattierung**.
- Klicken Sie auf **Anzeige**, aktivieren Sie **Minimales Ergebnis**.
- Klicken Sie auf **Anzeige**, aktivieren Sie **Maximales Ergebnis**.
- Klicken Sie auf **Anzeige**, wählen Sie **Farbleisteneinstellungen** (17).

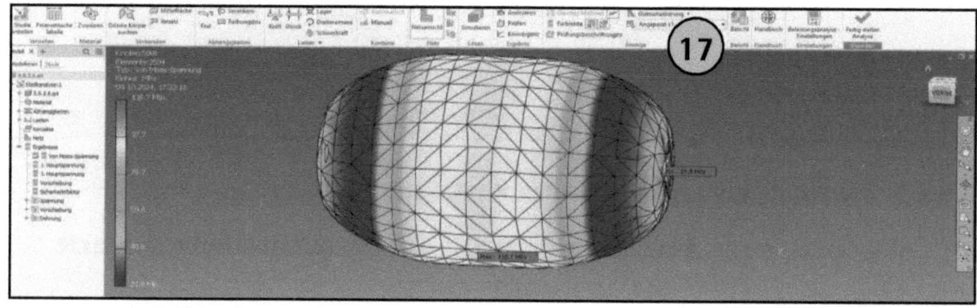

5.9.3.3 Ergebnisse der Belastungsanalyse im „Browser für Belastungsanalyse"

- **Von Mises-Spannung**
- Aktivieren Sie, im **Browser für Belastungsanalyse**,
  die **Von Mises-Spannung**, die maximale Belastung ist **116,7 MPa** (18).

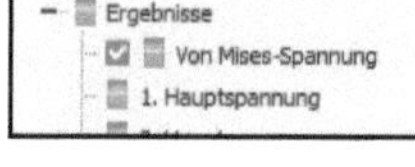

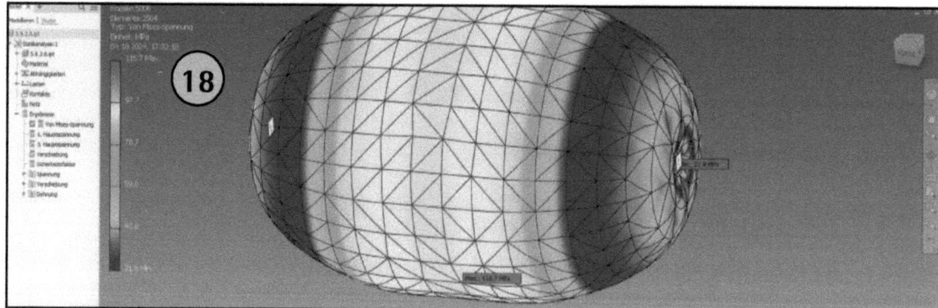

- **1. Hauptspannung**
- Aktivieren Sie, im **Browser für Belastungsanalyse**, die **1. Hauptspannung**,
  die maximale Belastung ist **129,2 MPa** (19).

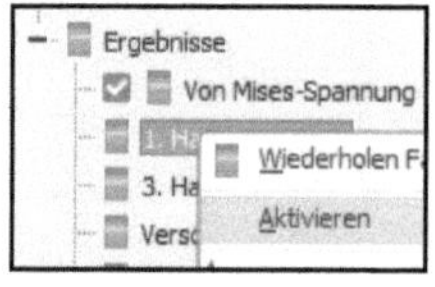

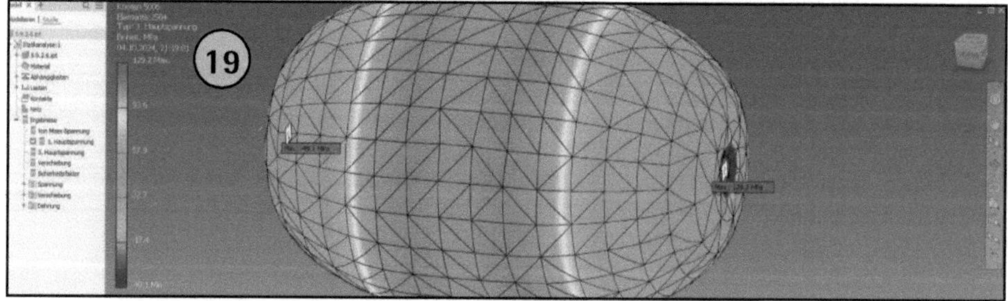

- **3. Hauptspannung**

- Aktivieren Sie, im **Browser für Belastungsanalyse** die **3. Hauptspannung**.
  Das Ergebnis zeigt eine maximale Belastung von **15,1 MPa** (20).

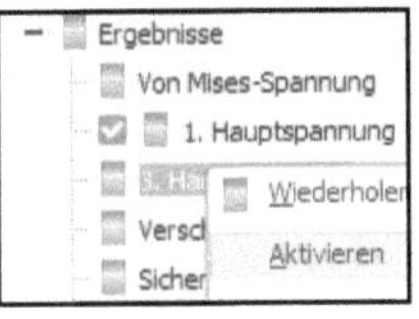

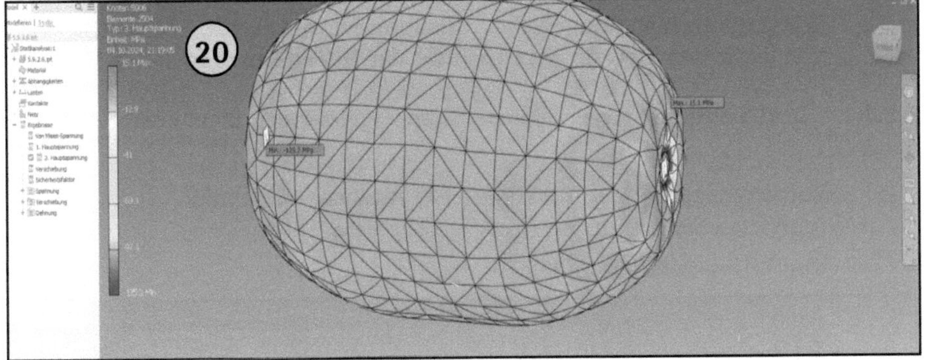

- **Verschiebung**

- Aktivieren Sie, im **Browser für Belastungsanalyse** die **Verschiebung**.
  Das Ergebnis zeigt eine theoretische Verschiebung von **0,1274** mm (21).

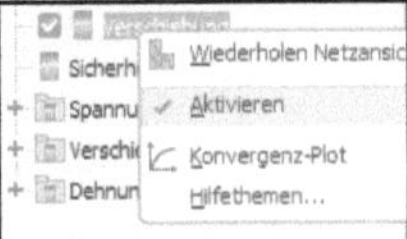

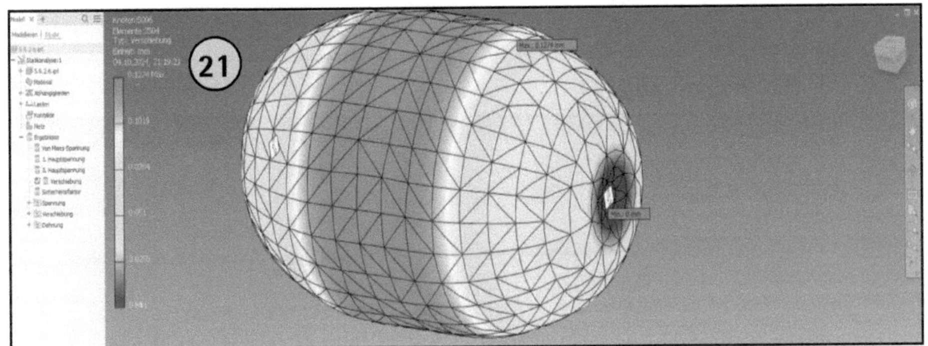

- **Sicherheitsfaktor**

- Aktivieren Sie, im **Browser für Belastungsanalyse** den **Sicherheitsfaktor**.
  Der minimale Sicherheitsfaktor beträgt in diesem Bauteil **2,36** als Durchschnittswert (22).

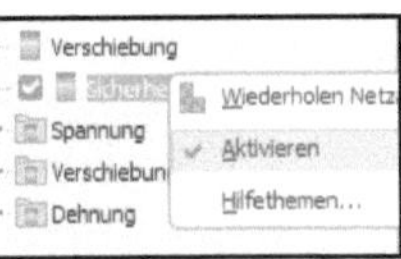

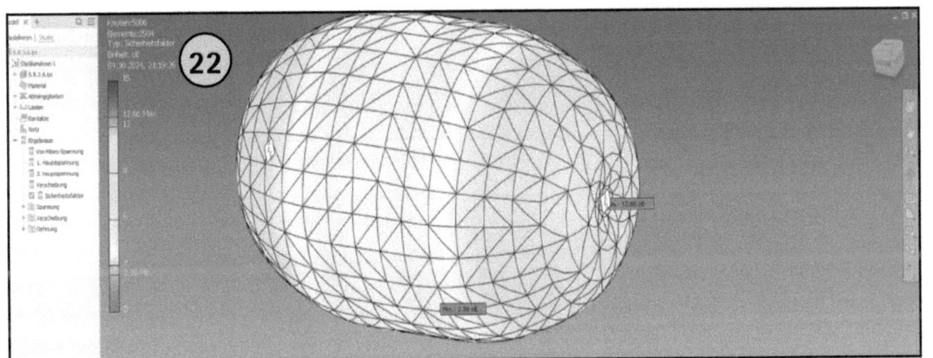

Konvergenz-
Einstellungen

5.9.4 Dokumentieren der Ergebnisse, „Konvergenz-Plot"

5.9.4.1 Dokumentieren der Ergebnisse, „Konvergenz-Plot", Einstellungen

Konvergenzeinstellungen (Multifunktionsleiste **Analyse / Bericht**)
Setzen Sie den Wert für **Max. Anzahl der H Verfeinerungen** auf 1.

5.9.4.2 Dokumentieren der Ergebnisse, „Konvergenz-Plot", Ergebnisse

Konvergenz-
Plot

Konvergenzplot (Multifunktionsleiste **Analyse / Ergebnis**)
Aktivieren Sie die entsprechenden Ergebnisse.

- **Von Mises-Spannung** (23)

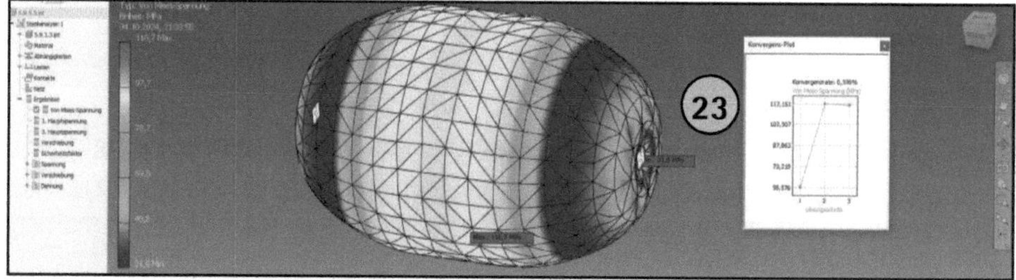

- **1. Hauptspannung** (24)

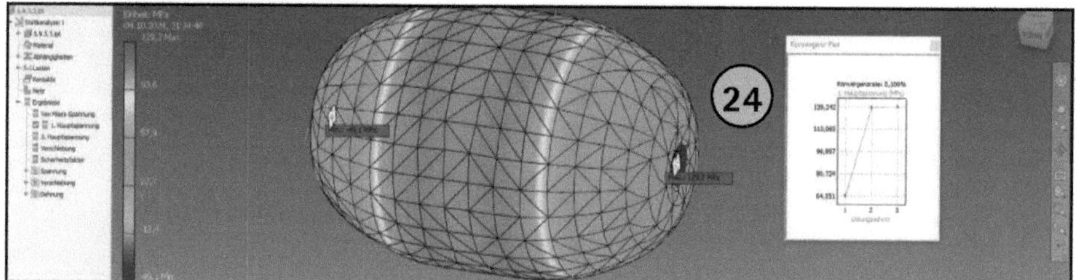

- **3. Hauptspannung** (25).

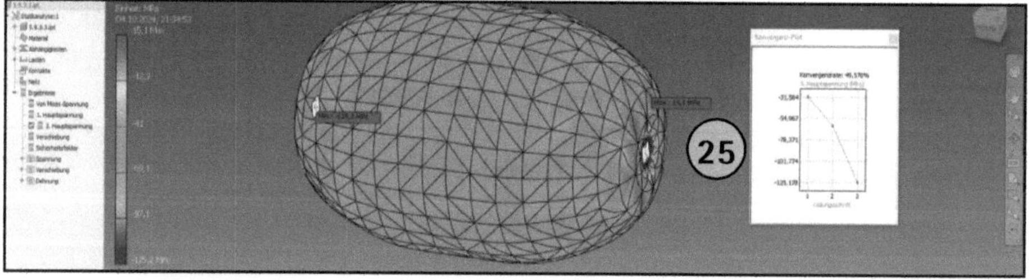

- **Verschiebung** (26).

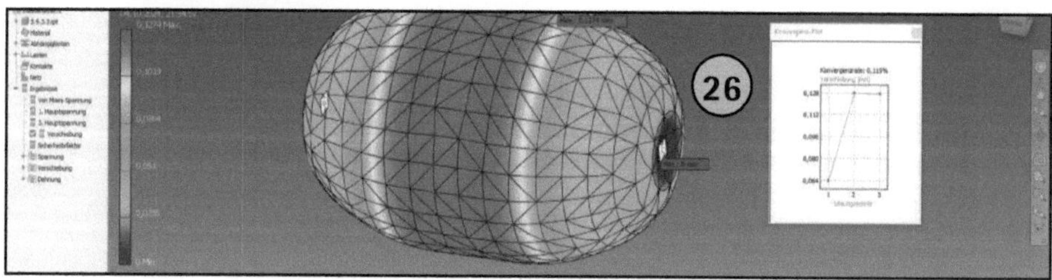

5.9.4.3 Dokumentieren der Ergebnisse, „Konvergenz–Plot", Diagramme

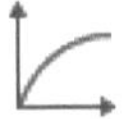

Konvergenzplot (Multifunktionsleiste **Analyse / Ergebnis**)
Aktivieren Sie die entsprechenden Ergebnisse.

Von Mises-Spannung (23)
1. Hauptspannung (24)
3. Hauptspannung (25)
Verschiebung (26)

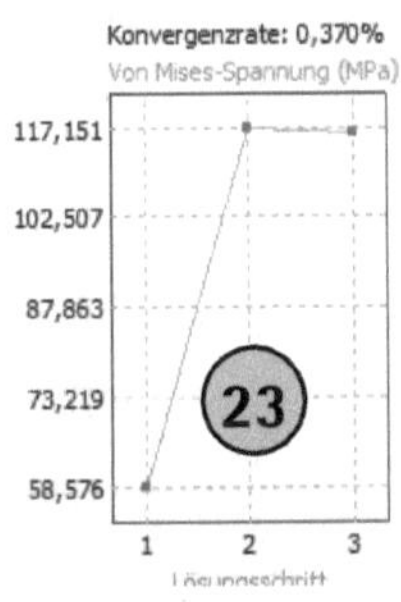

**Von Mises-
Spannung**

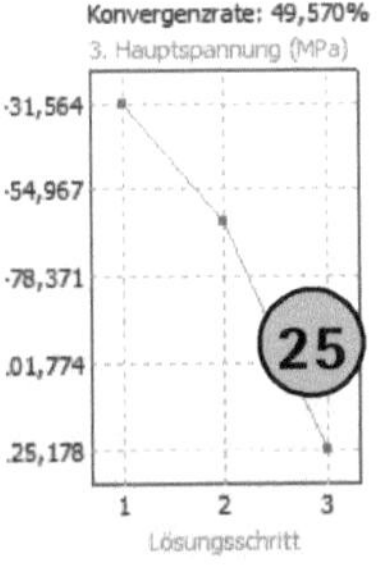

**1. Hauptspan-
nung**

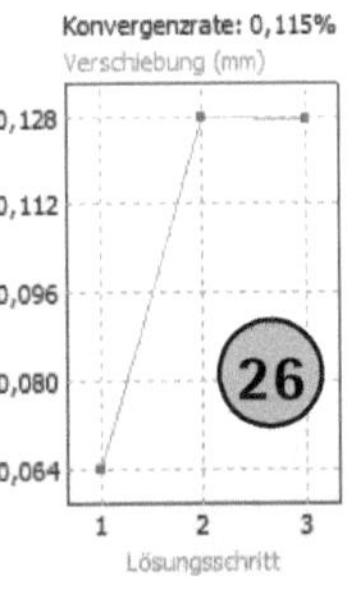

**3. Hauptspan-
nung**

Verschiebung

5.9.5 Dokumentieren der Ergebnisse, „Bericht"

5.9.5.1 Dokumentieren der Ergebnisse über „Bericht", Format „HTML"

Bericht (Multifunktionsleiste **Analyse / Bericht**)
Tragen Sie in die gezeigten Register **Optionen** Ihre Wahl ein (27).
Wählen Sie auf der Registerkarte **Format** das Ausgabeformat **HTML** (28).
Wählen Sie die Option **Dynamischen Inhalt verwenden**.
Darstellung des Berichtes der Belastungsanalyse in **HTML**-Format (29):

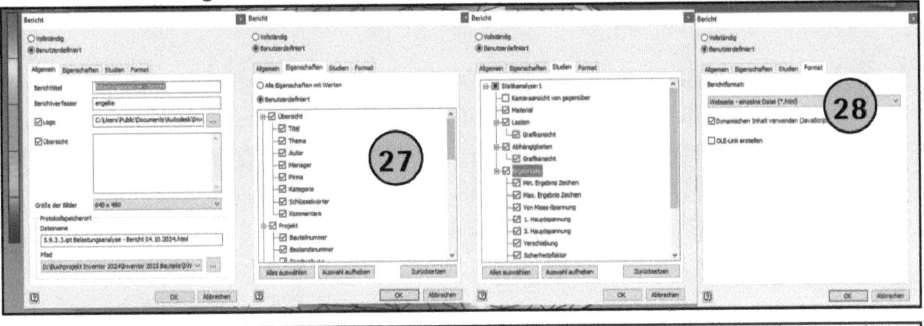

5.9.5.2 Ergebnisse über „Bericht", Format „HTML", PDF-Erstellung über Explorer „MicroSoft Edge©"

- Aktivieren Sie, über Rechtsklick **Drucken** (28).
- Wählen Sie Format **Microsoft Print to PDF**.
- Klicken Sie **Drucken**.
- Wählen Sie den Bauteilpfad und **Speichern**.
- **Öffnen** Sie, zur Kontrolle die gespeicherte **PDF**-Datei (29).

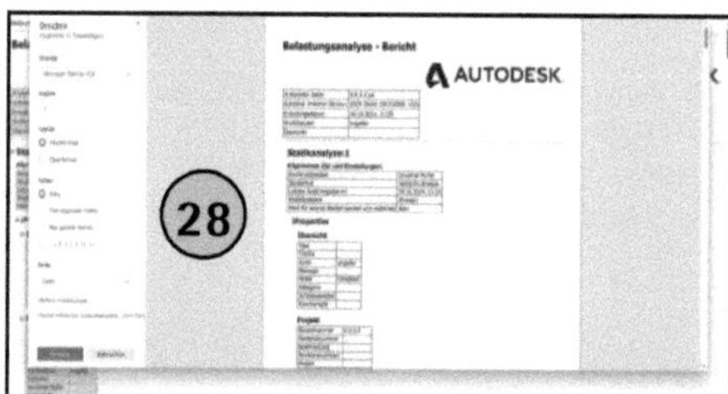
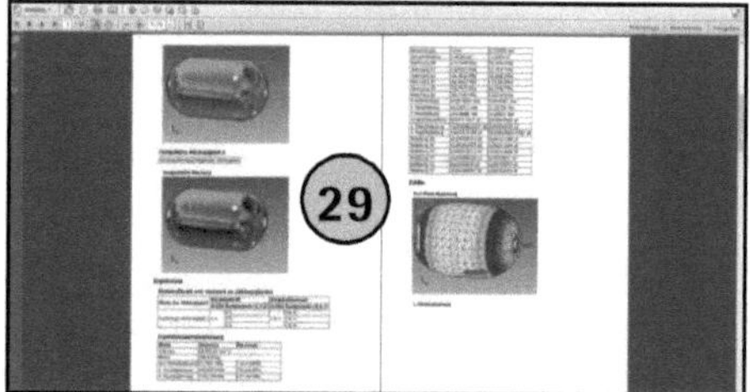

5.9.6 Dokumentieren das Ergebnis „Verschiebung" über „Animation"

- Aktivieren Sie das Ergebnis für die **Verschiebung**.

 Animation

Animieren (Multifunktionsleiste **Analyse / Ergebnis**)
Klicken Sie zum Aufzeichnen der Ergebnisanimation auf **Aufnahme**.
AVI-Format, Codec **Microsoft Video 1**, **Qualität** auf **100** (30, 31, 32)

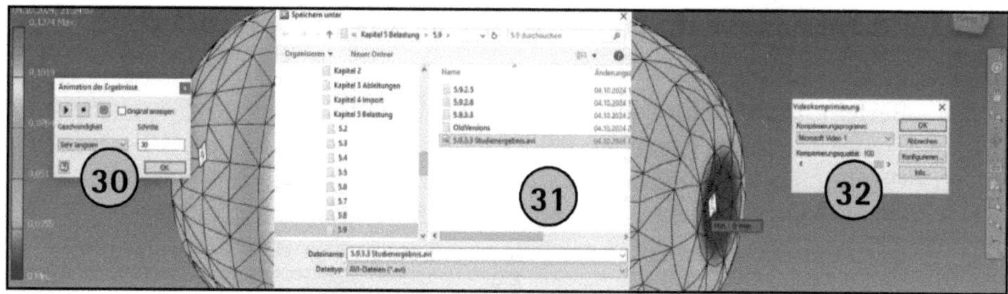

 Windows Media Player

Windows Media Player©
Öffnen Sie die gespeicherte **AVI**-Datei und spielen diese zur Kontrolle ab.

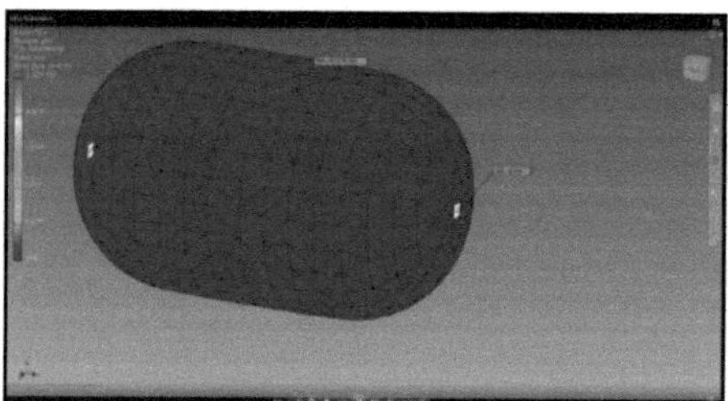
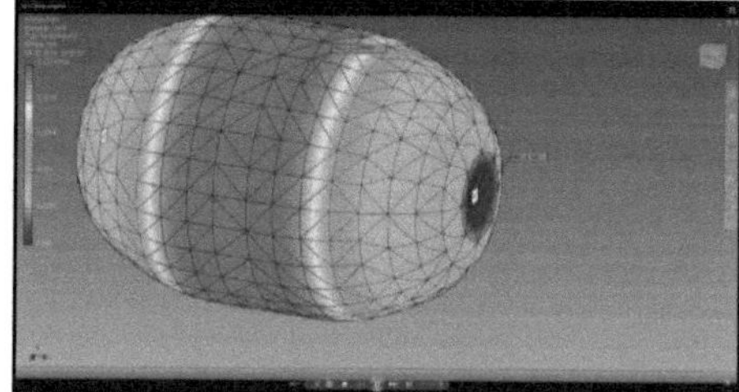

5.9.7 Bauteil speichern

- Aufruf über den **Menü-Browser**, Register **Datei**.

 Speichern unter

Speichern unter

6

AutoDesk
Inventor 2025

Bauteile
Anwendungen

3D-Druck von Bauteilen

6   3D-Druck von Bauteilen

Projekt V

3D-Druck von Bauteilen
3D-Druck Gerätesoftware
Druckdatei-Erstellung
Seite 312 bis 322

- 3D-Druck eines Normteils
  „Stiftschraube mit echtem Gewinde"
  STL-Direktformat

- 3D-Druck eines Normteils
  „Zylinderschraube mit echtem Gewinde"
  OBJ-Direktformat

- 3D-Druckdatei eines Normteils
  „Kronenmutter mit echtem Gewinde"
  Inventor 3D-Druck-Umgebung
  STL-Format

- 3D-Druckdatei eines Bauteils
  Inventor 3D-Druck-Umgebung
  STL-Format

6.1   3D-Druck eines Normteils „Stiftschraube mit echtem Gewinde" STL-Direktformat

6.1.1   „ThreadModeler"-Tool, Erstellen eines echten Gewindes

6.1.1.1 „ThreadModeler"-Tool, Erstellen eines echten Außengewindes

Öffnen

- **Starten** Sie Autodesk Inventor.
- **Öffnen** Sie das Toolbox-Normteil **Stiftschraube, M24** DIN **835** Länge **70** mm, von der Buch-DVD (1).
- **Löschen** Sie die beidseitigen **Fasen** (2).

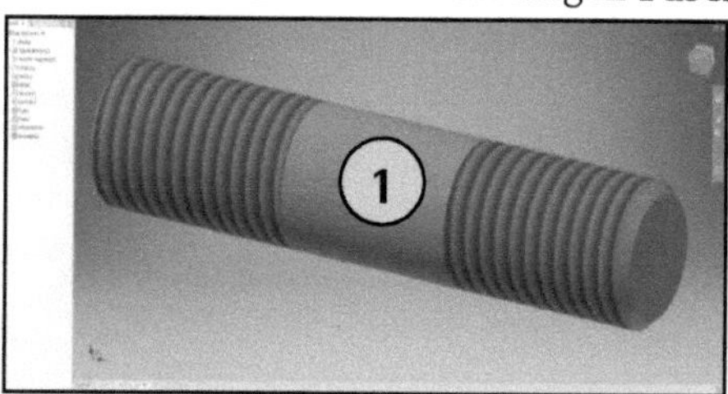
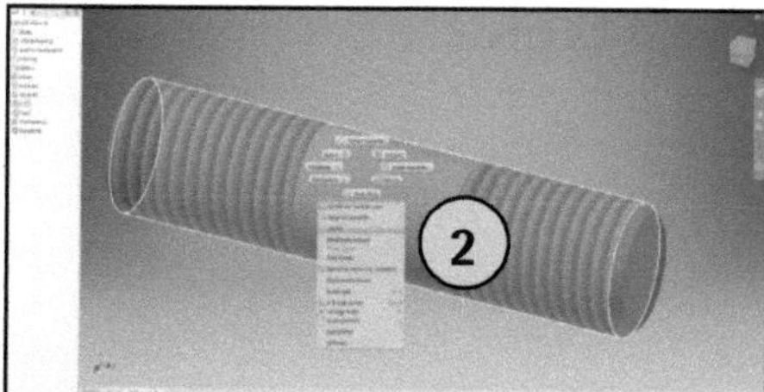

- Klicken Sie auf die Registerkarte **CoolOrange**, Befehl **ThreadModeller** (3).

ThreadModeler

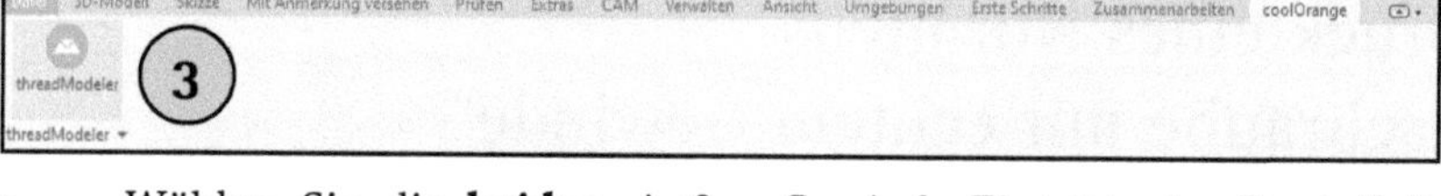

- Wählen Sie die **beiden** Außen-Gewinde-Einträge im **Bauteil-Browser** (4), die Auswahl wird in die Dialogbox übernommen (5).

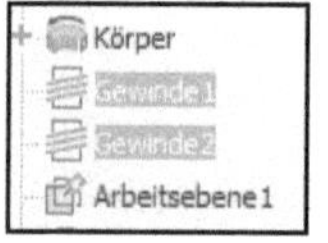

- Mit **OK** werden die **Gewinde** gesetzt (6, 7), diese Gewinde werden automatisch aus der Funktion **Spirale** und **Umdrehung** gebildet (8).

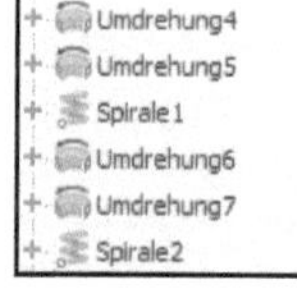
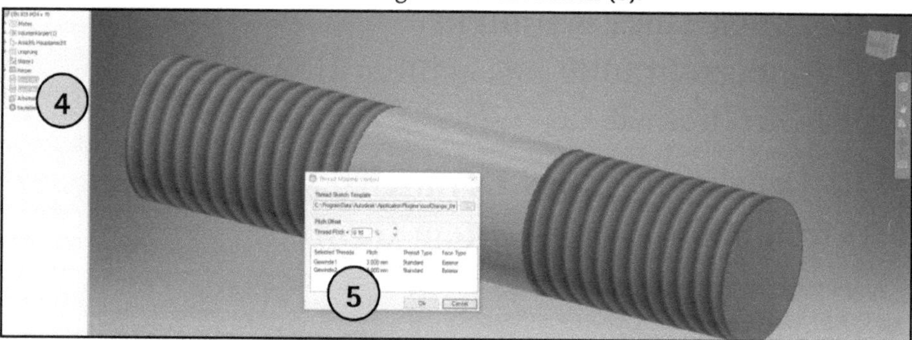

6.1.1.2 Erstellen eines echten Außengewindes über „Kombinieren"

* Bilden Sie eine **Volumen-Addition** über **Kombinieren**, Option **Verbinden**.
  Wählen Sie den Grundkörper (10).
  Wählen Sie den Werkzeugkörper (11, 12).

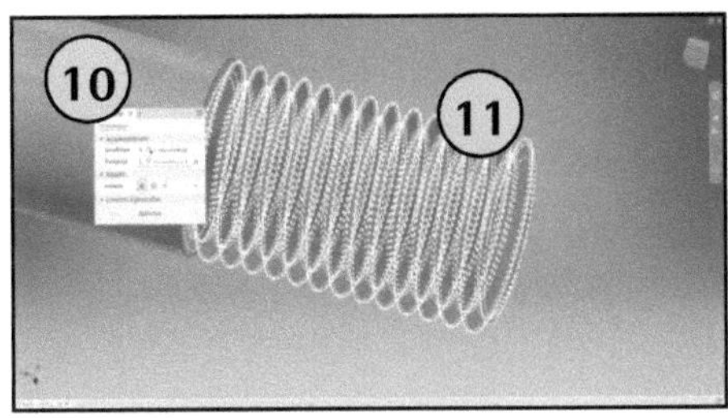

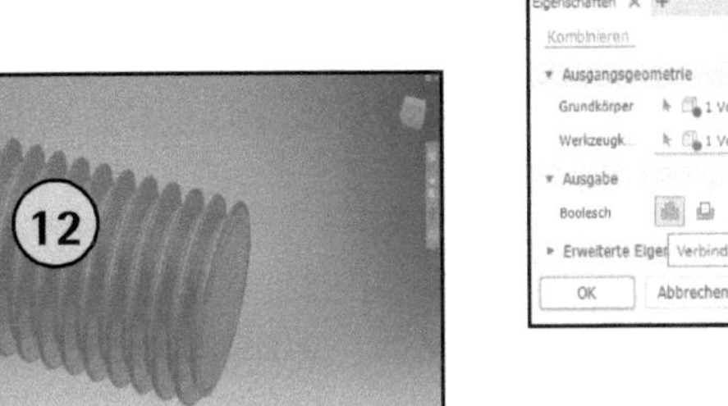

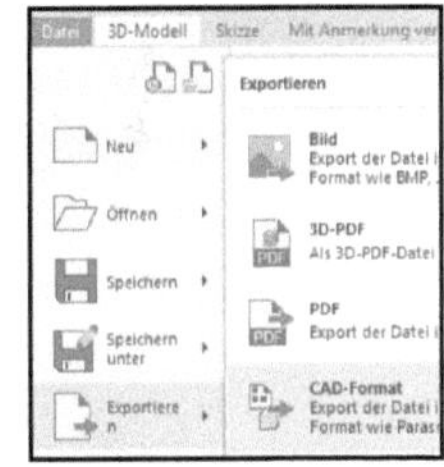

* **Speichern** Sie das neue Normteil mit echtem Gewinde.

6.1.1.3 Export des Normteils als STL–3D–Druck–Datei

* Wählen Sie unter **Datei** das Register **Exportieren**
  Auswahl **CAD-Formate** (13).
* Wählen Sie das Exportfilter **STL** (14).

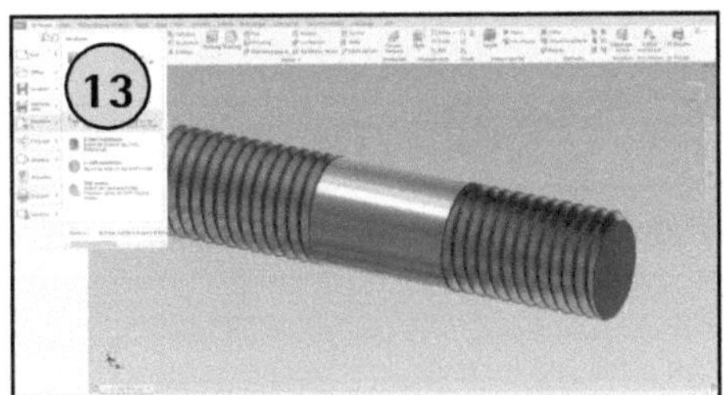
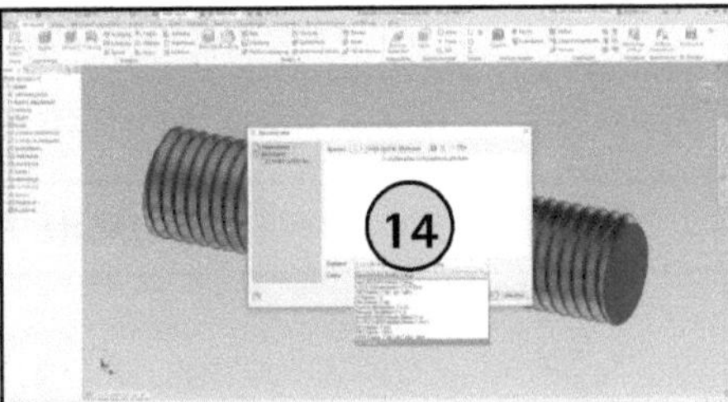

* Aktivieren Sie unter **Optionen** Einstellungen nach Wahl (15).
* **Speichern** Sie das Normteil mit echtem Gewinde im Exportfilter **STL** (16).

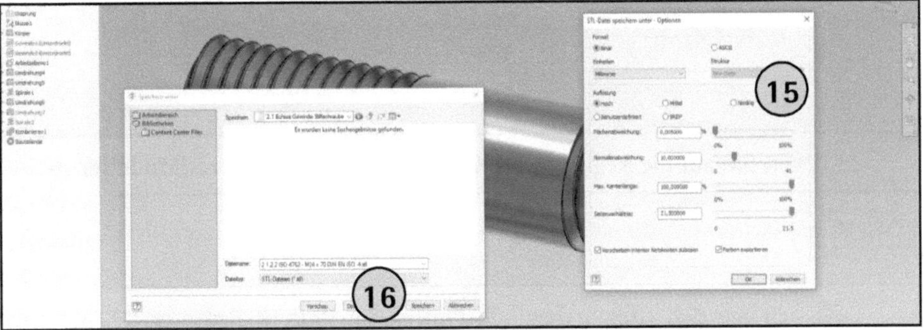

6.2   3D-Druck eines Normteils „Zylinderschraube mit echtem Gewinde" OBJ-Direktformat

6.2.1   „ThreadModeler"-Tool, Erstellen eines echten Gewindes

6.2.1.1 „ThreadModeler"-Tool, Erstellen eines echten Außengewindes

Öffnen

- **Starten** Sie Autodesk Inventor.
- **Öffnen** Sie das Toolbox-Normteil **Zylinderschraube, M36** ISO **4762** Länge **120** mm, von der Buch-DVD (1).
- **Löschen** Sie die **Fase** am Gewindeende (2).

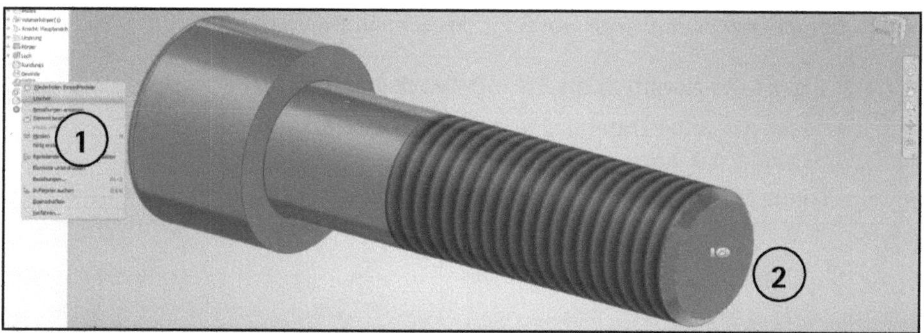

- **Löschen** Sie das störende **iMate Ausrichtung1** im Bauteil-Browser (3, 4, 5).

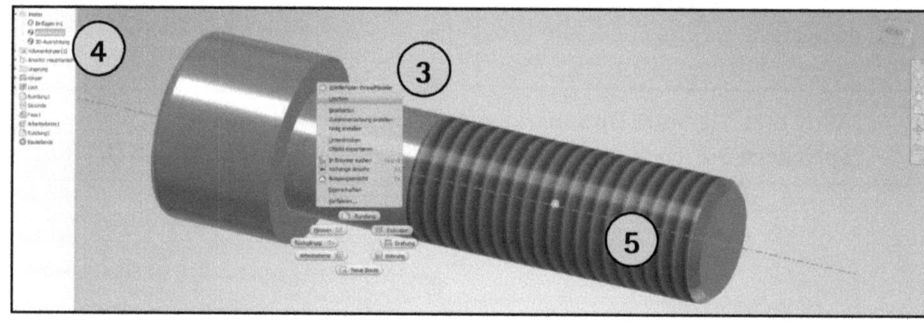

- Klicken Sie auf die Registerkarte **CoolOrange**, Befehl **ThreadModeller** (6).

ThreadModeler

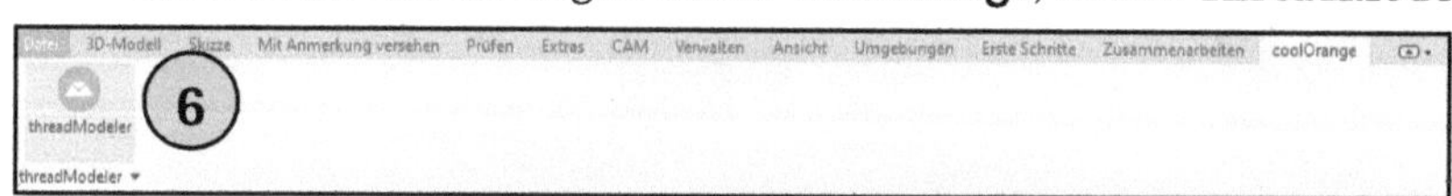

- Wählen Sie den Außen-Gewinde-Eintrag im **Bauteil-Browser** (7), die Auswahl wird in die Dialogbox übernommen (8).

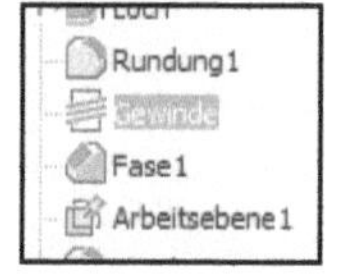

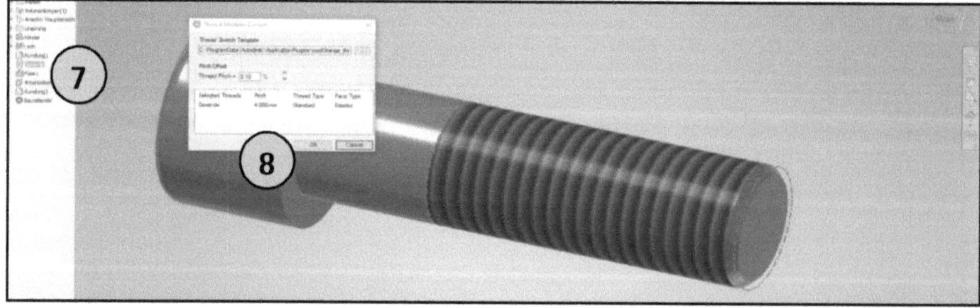

- Mit **OK** wird das **Gewinde** gesetzt (9), das Gewinde wird automatisch aus der Funktion **Spirale** und **Umdrehung** gebildet (10).

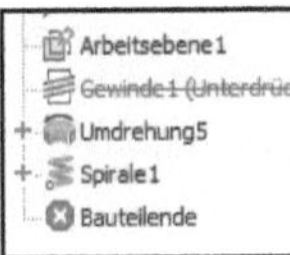

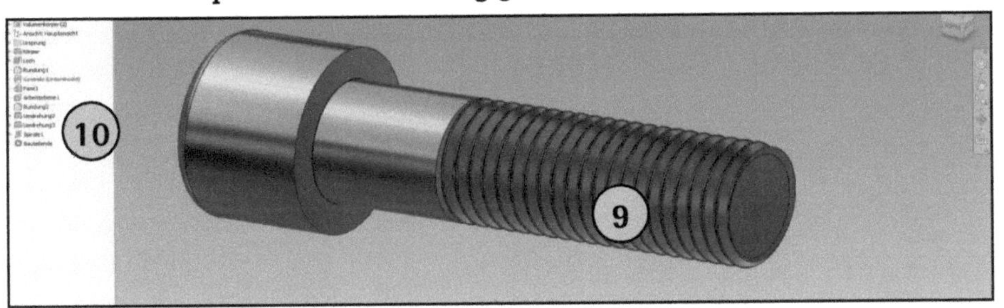

6.2.1.2 Erstellen eines echten Außengewindes über „Kombinieren"

- Bilden Sie eine Volumen-Addition über **Kombinieren**, Option **Verbinden**.
  Wählen Sie den Grundkörper (11).
  Wählen Sie den Werkzeugkörper (12, 13, 14).

Kombinieren

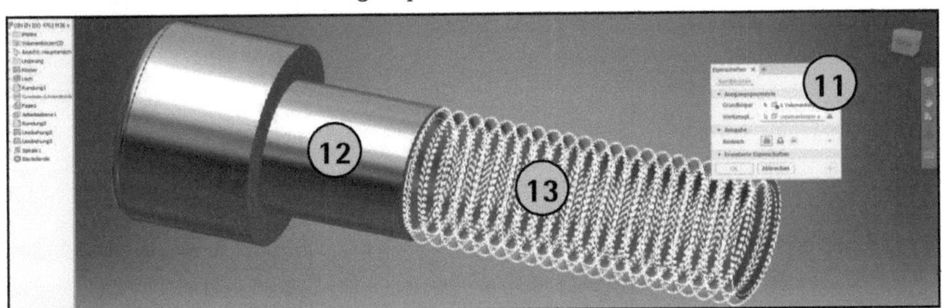

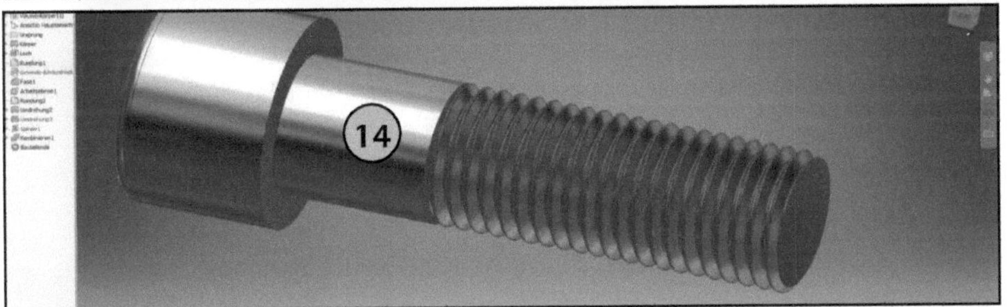

6.2.1.3 Erstellen einer Fase am Gewindeende

- Bilden Sie die Gewinde-Abschlussfase mit der Funktion **Umdrehung** Option **Differenz** (15, 16) über eine Skizzenkonstruktion (17).

Drehung

Option
Differenz

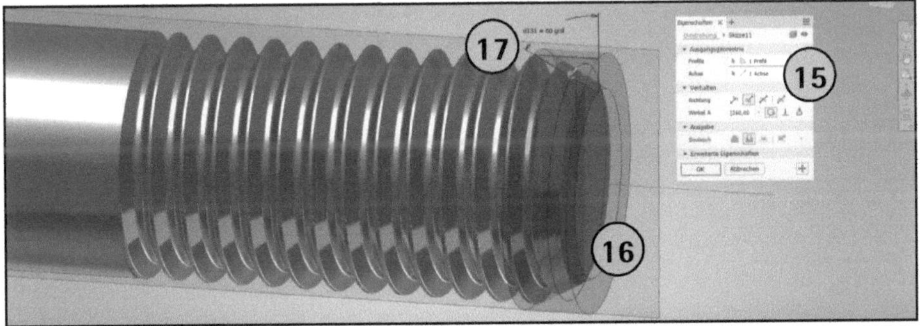

- **Speichern** Sie das neue Normteil mit echtem Gewinde.

Speichern
unter

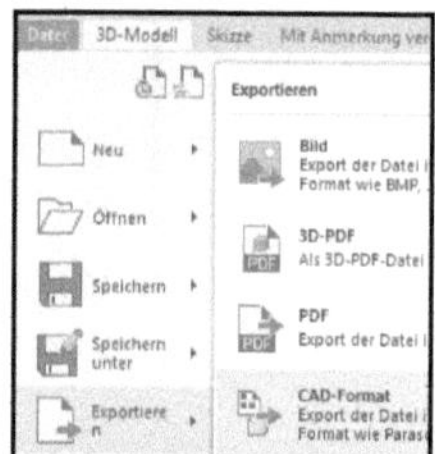

6.2.1.4 Export des Normteils als OBJ-3D-Druck-Datei

- Wählen Sie unter **Datei** das Register **Exportieren**
  Auswahl **CAD-Formate** (18).
- Wählen Sie das Exportfilter **OBJ** (19).

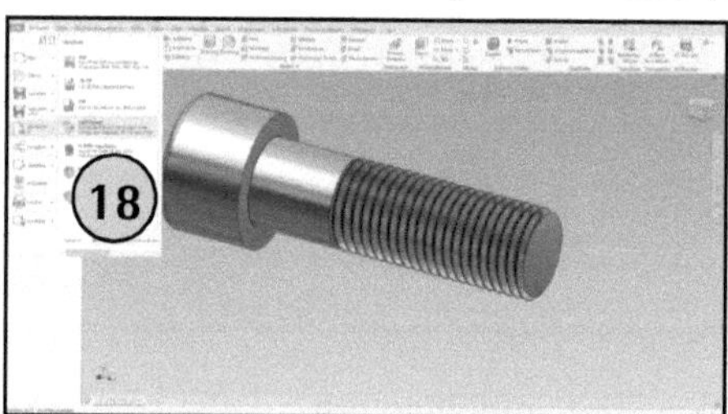

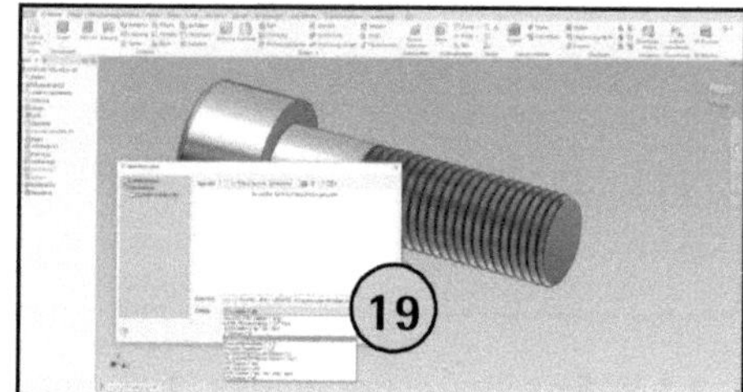

- Aktivieren Sie unter **Optionen** Einstellungen nach Wahl (20).
- **Speichern** Sie das Normteil mit echtem Gewinde im Exportfilter **OBJ** (21).

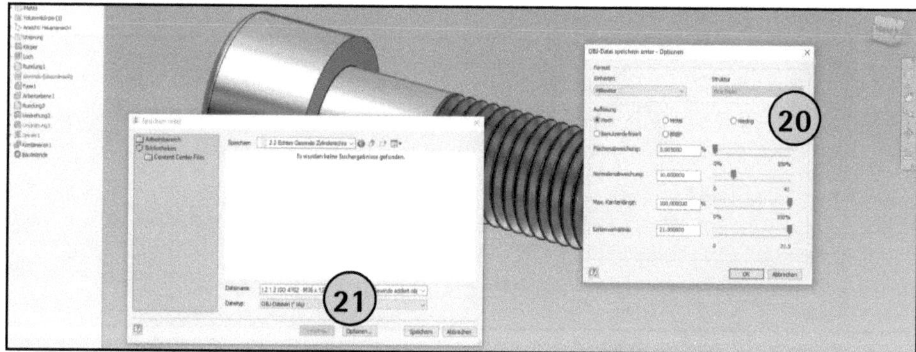

6.3 3D-Druckdatei eines Normteils „Kronenmutter mit echtem Gewinde" Inventor 3D-Druck-Umgebung STL-Format

6.3.1 Anpassen der Kronenmutter-Konstruktion

6.3.1.1 Normteil-Bereitstellung

- **Starten** Sie Autodesk Inventor.
- **Öffnen** Sie das Toolbox-Normteil **Kronenmutter, M36** DIN **935,** von der Buch-DVD.

Öffnen

6.3.1.2 Anpassen der Innen-Bohrung

- Aktivieren Sie die Innenbohrung der **Ringmutter** (1).
- Wandeln Sie den **Gewindeeintrag** in eine **Durchgangsbohrung** um (2, 3).

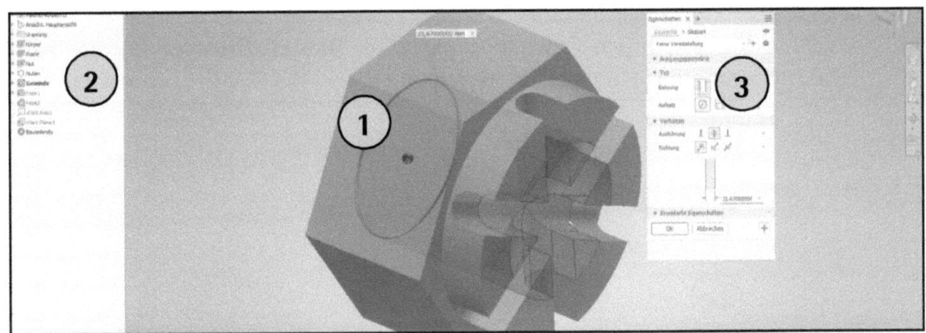

- Weisen Sie der Innenfläche der Bohrung ein **Gewinde** Größe **M36** zu (4).

Gewinde

6.3.1.3 Entfernen der Quernuten

- Löschen Sie die runde Anordnung der Nuten (5).
- **Löschen** Sie die Quernut unter Beibehaltung der Basisskizze (6).

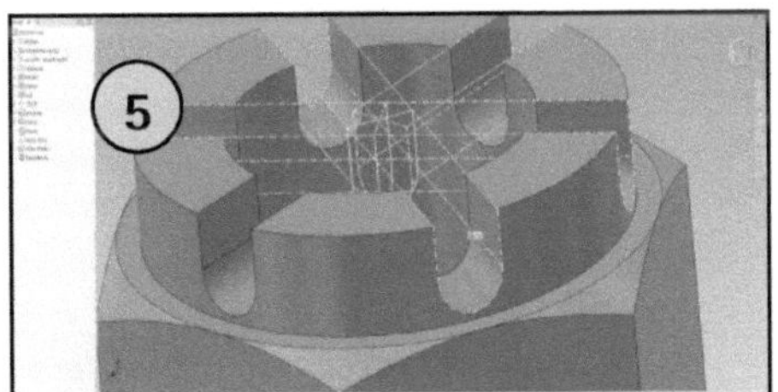

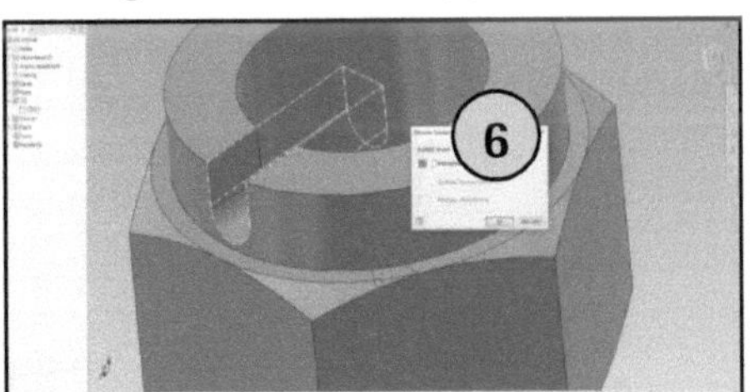

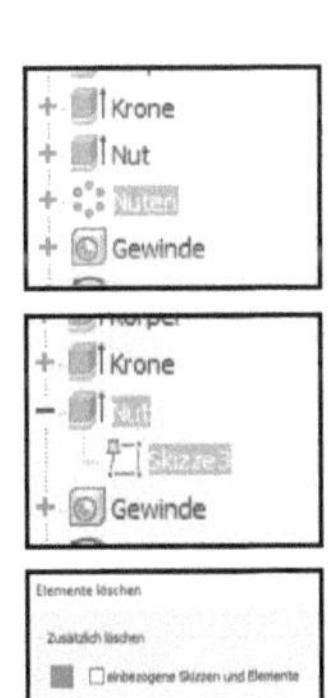

6.3.2 „ThreadModeler"-Tool, Erstellen eines echten Gewindes

6.3.2.1 „ThreadModeler"-Tool, Erstellen eines echten Innengewindes

Gewinde

- Weisen Sie der Innenfläche der Bohrung ein **Gewinde** Größe **M36** zu (7).

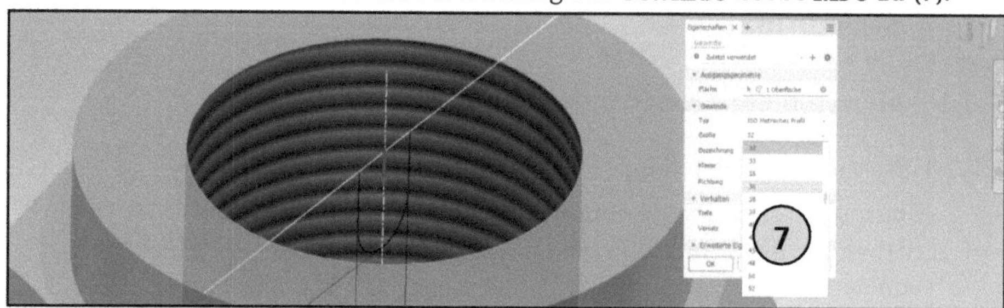

- Klicken Sie auf die Registerkarte **CoolOrange**, Befehl **ThreadModeller** (8).

ThreadModeler

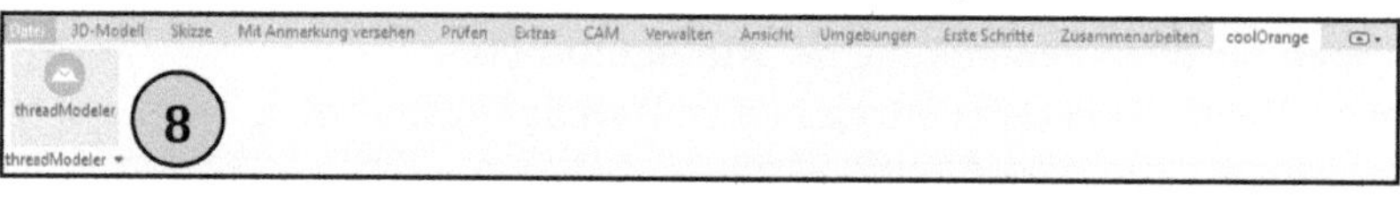

Gewinde

- Wählen Sie den Innen-Gewinde-Eintrag im **Bauteil-Browser** (9), die Auswahl wird in die Dialogbox übernommen (10).

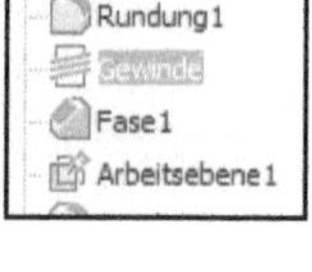

- Mit **OK** wird das **Gewinde** gesetzt (11), das Gewinde wird automatisch aus der Funktion **Spirale** und **Umdrehung** gebildet (12).

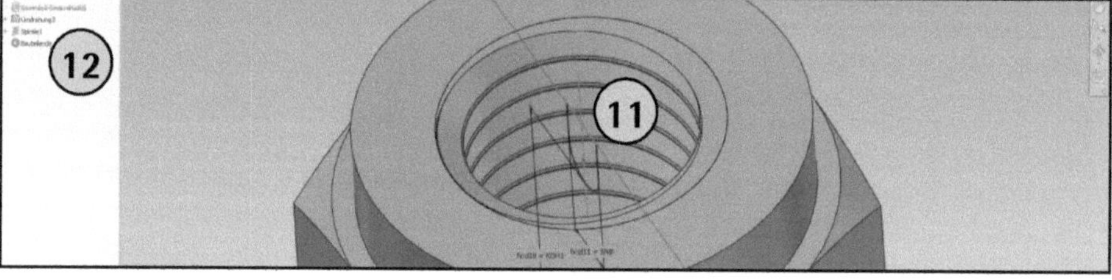

6.3.2.2 Erstellen eines echten Innengewindes über „Kombinieren"

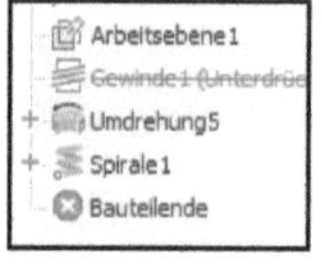
Kombinieren

- Bilden Sie eine Volumen-Addition über **Kombinieren**, Option **Verbinden**.
  Wählen Sie den Grundkörper (13).
  Wählen Sie den Werkzeugkörper (14, 15).

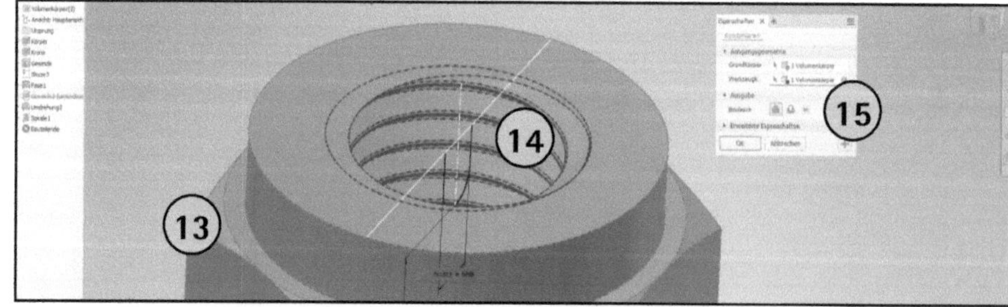

6.3.3 Nachsetzen der Krone nach der Zuweisung des echten Gewindes

6.3.3.1 Erstellen der ersten Quernut

- Bilden Sie eine **Extrusion** Option **Differenz** Richtung **einseitig** zur nächsten
  Fläche (16), über die verbliebene **Skizze** (17) auf Mitte des Normteils.

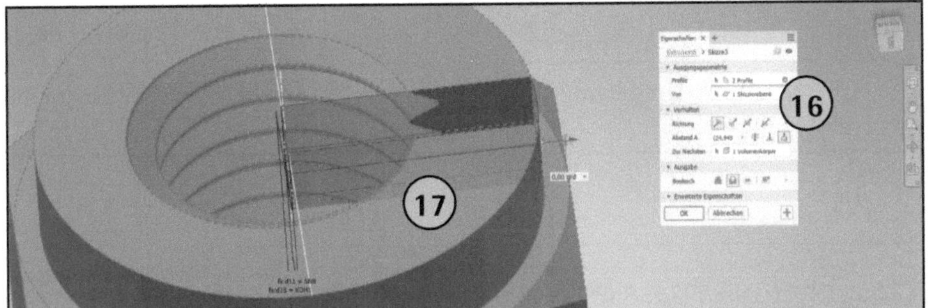

Extrusion

Richtung
Einseitig

Option
Differenz

- Bilden Sie, aus der erstellten Nut, über **Runde Anordnung 6 Elemente** (18),
  die Krone der Kronenmutter neu (19).

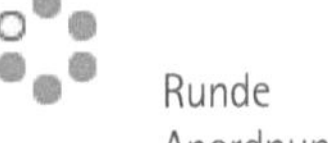
Runde
Anordnung

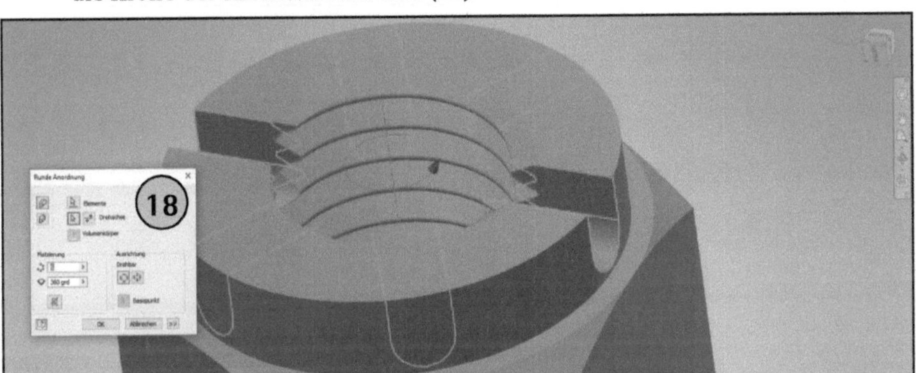

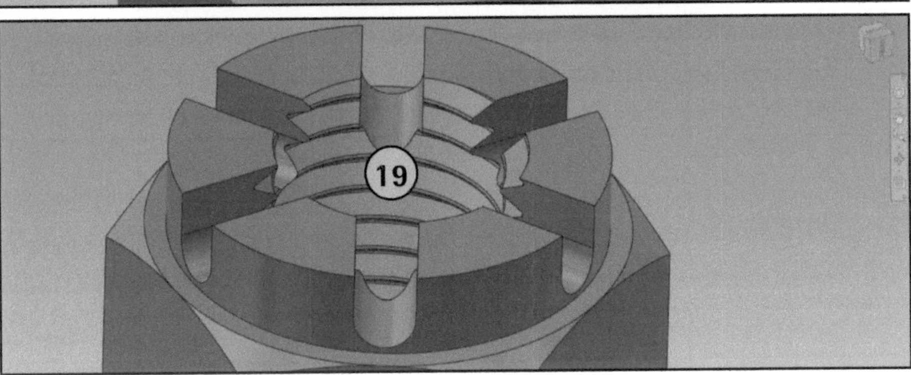

6.3.4 Datensicherung des Bauteils

Speichern
unter

- **Speichern** Sie das neue Normteil mit echtem Gewinde.

3D-Druck-
Umgebung

6.3.5 3D-Druckdatei über Inventor 3D-Druck-Umgebung, Möglichkeit I

6.3.5.1 INVENTOR 2025, Aufruf der 3D-Druck-Umgebungen

- Klicken Sie auf die Registerkarte **Umgebung**, Befehl **3D-Drucken** (1).

- Die **3D-Druck-Umgebung** für Bauteile generiert eine eigene Multifunktionsleiste (2).

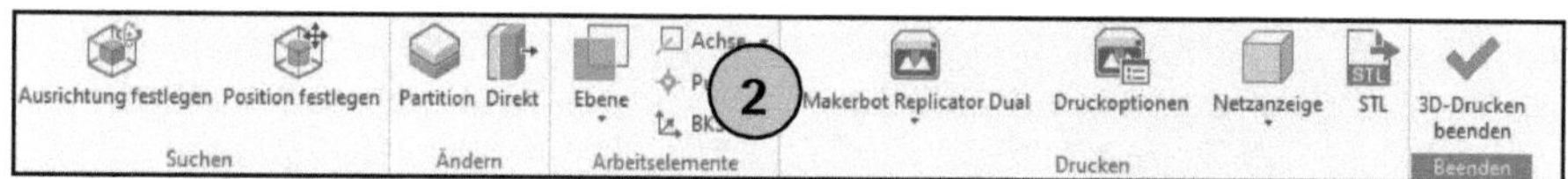

6.3.5.2 INVENTOR 2025, Aufruf der 3D-Druck-Umgebung, Druckerauswahl

- Wählen Sie den 3D-Druckertyp **Makerbot Replicator 5th Generation** wahlweise aus (3).

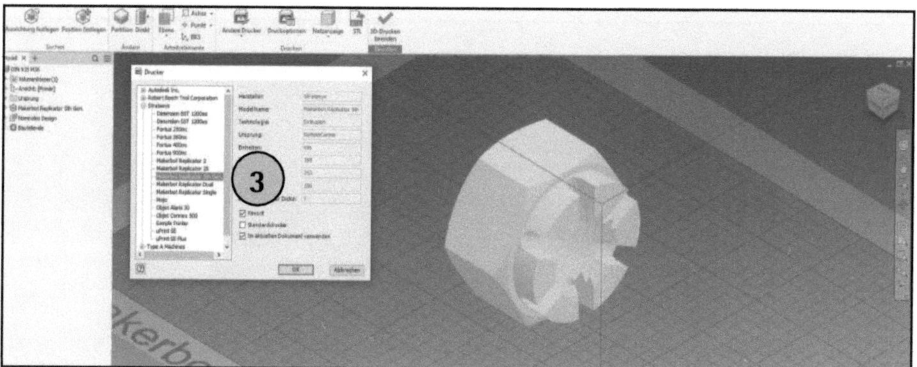

Ausrichtung
festlegen

6.3.5.3 INVENTOR 2025, 3D-Druck-Umgebung, Ausrichtung festlegen

- Aktivieren Sie **Ausrichtung festlegen**.
- Wählen Sie die gezeigte Bauteilfläche (4) für die Lage zur Grundplatte (5).

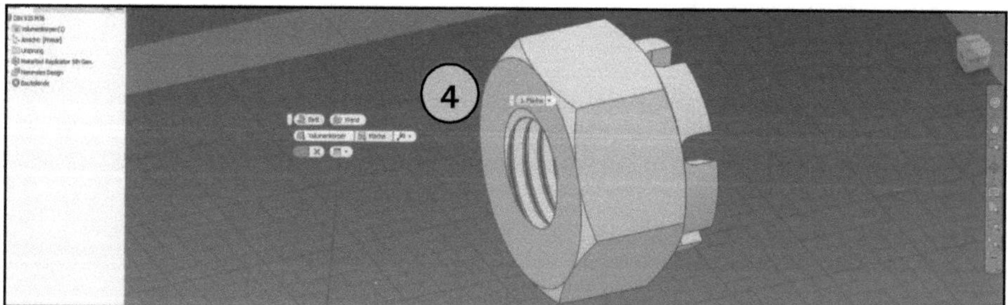

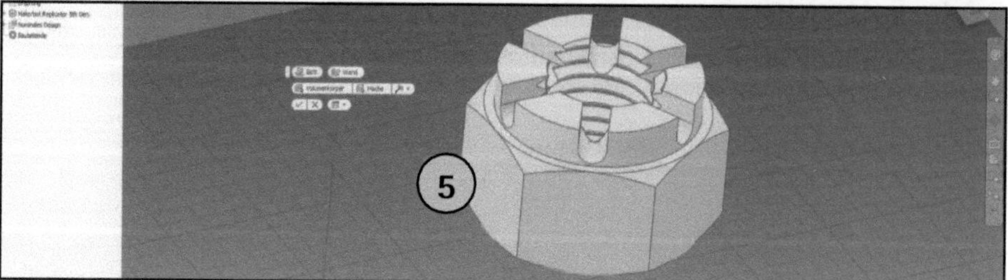

6.3.5.4 INVENTOR 2025, 3D-Druck-Umgebung, Netzanzeige

- Aktivieren Sie, aus der Befehlsleiste **Netzanzeige** Option **Netzkanten** (6).

Netzkanten
anzeigen

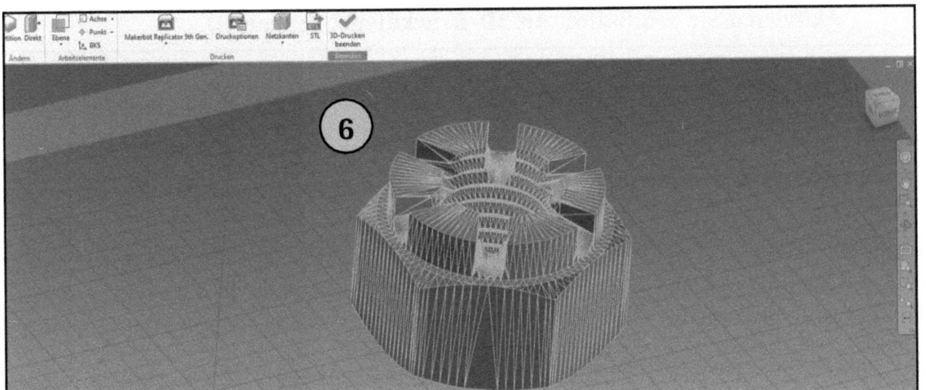

6.3.5.5 INVENTOR 2025, 3D-Druck-Umgebung, Generierung der STL-Druck-Datei

- Tragen Sie unter **Optionen** die Einheit **Millimeter, Auflösung Hoch** ein (7).

Druck-
Optionen

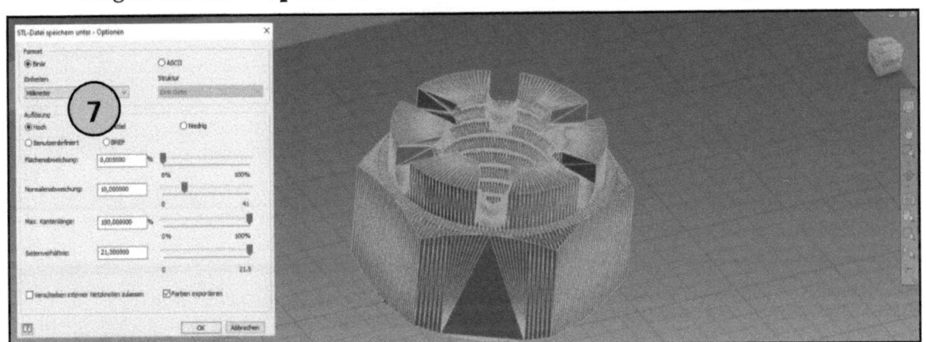

- Wählen Sie **Kopie speichern unter** zur **STL**-Datengenerierung.
- Wählen Sie den Exporttyp **.stl** (8).
- **Beenden** Sie die Generierung.

STL-Daten-
Generierung

Beenden

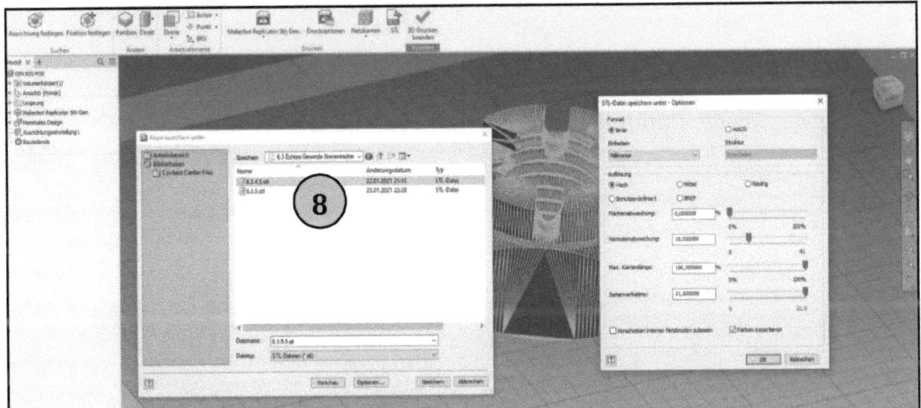

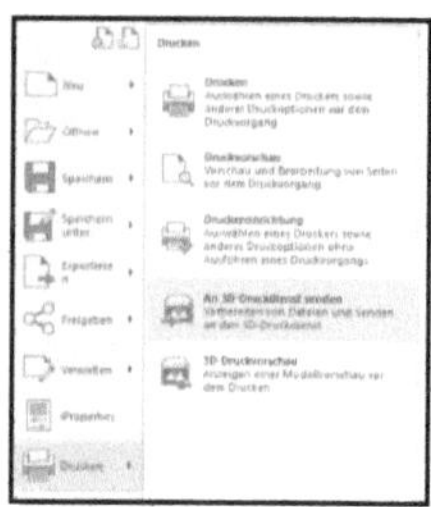

An 3D-
Druckdienst
senden

6.3.6 3D-Druckdatei über „An 3D-Druckdienst senden", Möglichkeit II

- Aktivieren Sie über **Datei / Drucken**.
- Aktivieren Sie den Button **An 3D-Druckdienst senden** (1).

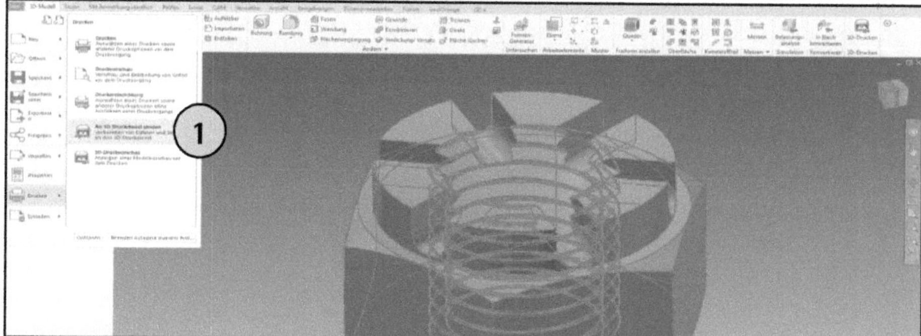

- Tragen Sie unter **Optionen** die Einheit **Millimeter, Auflösung Hoch** ein (2).

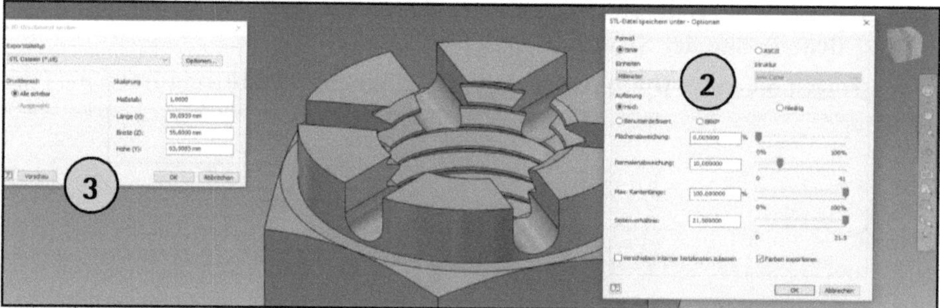

- Aktivieren Sie **Vorschau** (3, 4)

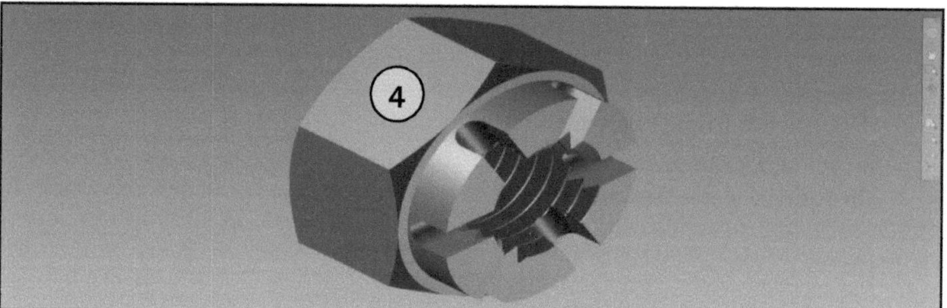

- Setzen Sie die Option **Facettenkanten einschalten** (5)

- Beenden Sie die Speicherung als STL-Datei über **Schließen** und **OK**.

Projekt VI

3D-Druck von Bauteilen
Online-Übergabe der Druckdatei
Seite 324 bis 329

- 3D-Druck eines Normteils
  „Stiftschraube mit echtem Gewinde"
  Windows10 „Print-3D©", veraltet
  direkte Online-Übertragung nicht mehr möglich
  Format STL

- 3D-Druck eines Normteils
  „Zylinderschraube mit echtem Gewinde"
  Windows „3D-Builder©"
  Online-Übertragung an „i.materialise"
  Format OBJ

- 3D-Druck eines Normteils
  „Kronenmutter mit echtem Gewinde"
  Online-Druckdienst an „Protiq"
  STL-Format

6.4 3D-Druck eines Normteils „Stiftschraube mit echtem Gewinde" Windows10 „Print-3D"©, veraltet Online-Übertragung, Format STL

6.4.1 Windows Print-3D©, Vorbemerkungen

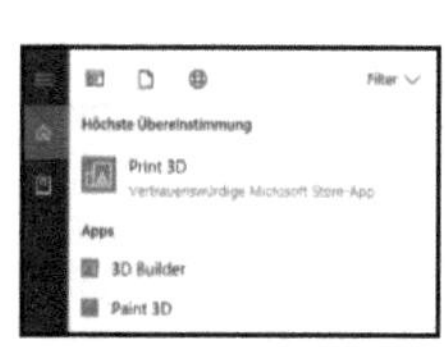

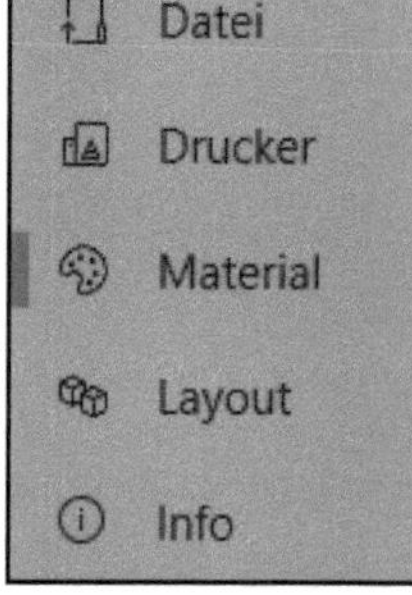

Print-3D

- Datei
- Drucker
- Material
- Layout
- Info

Mithilfe der Microsoft-Anwendung **Print-3D©** konnten Sie Ihre **STL**-Druck-Datei anzeigen und bearbeiten, bevor Sie diese an einen 3D-Drucker senden.

Wichtig: Der Support für die **Print-3D-App** wurde eingestellt. Partnerdienste, die mit der **Print-3D-App** funktionieren, bleiben betriebsbereit. Wir empfehlen Ihnen, sich für laufende 3D-Druckanforderungen direkt an Ihren Dienstleister zu wenden.

6.4.2 3D-Druck eines Normteils „Stiftschraube mit echtem Gewinde", Bauteilbearbeitung

- Verwenden Sie das Windows10-Programm **Print-3D©**.
- Starten Sie das Windows10-Programm **Print-3D©**.
- **Öffnen** Sie die **STL**-Datei der **Stiftschraube** von der Buch-DVD (1).
- Wählen Sie die Einheit **mm** an (2).

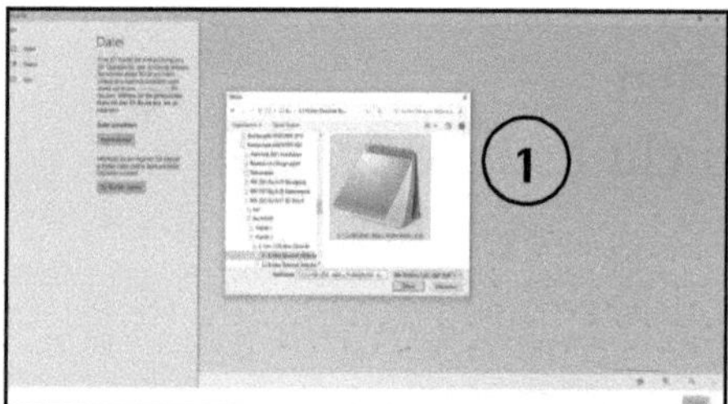
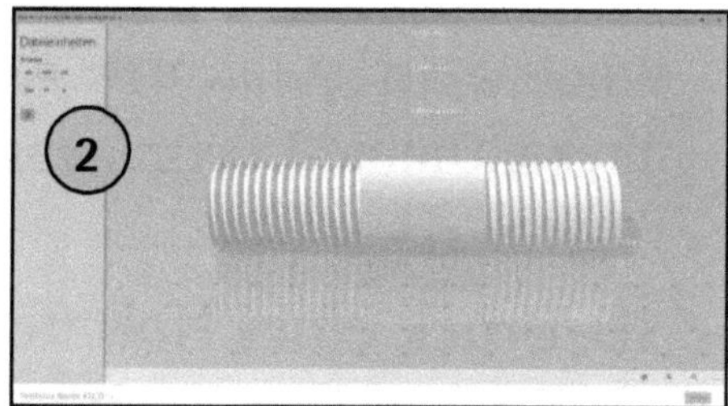

- Aktivieren Sie das eingefügte Normteil durch Klicken, Register **Layout**.
- **Drehen** Sie die Bauteillage um **90°** (3, 4).

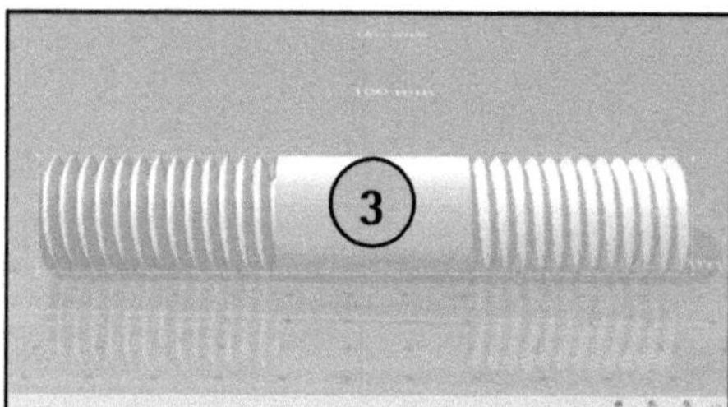
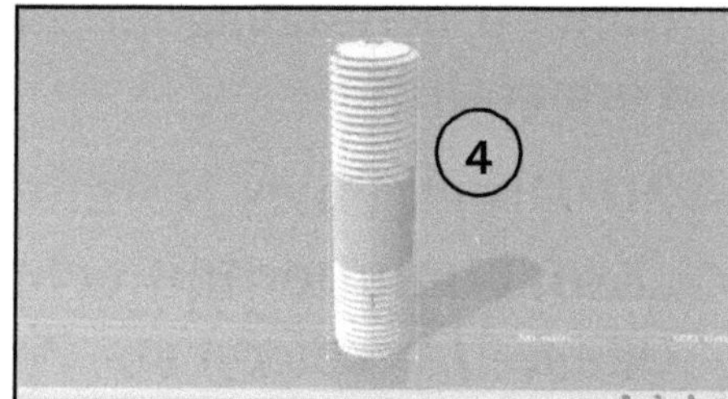

6.4.3 Druckdienst Fehlermeldung

Da dieses veraltete Programm keine Internetverbindung mehr aufbaut, kann die Änderung weder gespeichert noch eine Materialzuweisung erfolgen (5, 6).

6.4.4 3D-Druck eines Normteils „Stiftschraube mit echtem Gewinde" Online-Direkt-Übergabe

6.4.4.1 Online bestellen

- Klicken Sie den Button **Online bestellen** (7).

- Über **Weiter** wird der Bestellvorgang abgebrochen (8).
- Über **Datenschutzbestimmungen** (9) wird man an die Homepage von **i.materialise** weiter geleitet (10).

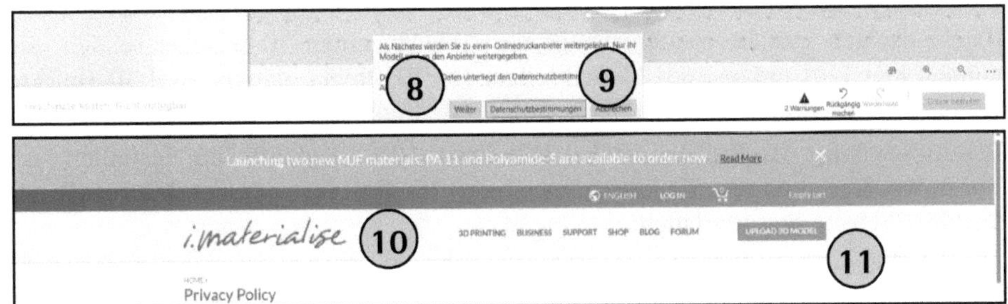

- Aktivieren Sie **Upload 3D Model** (11).
- Wählen Sie das generierte **STL**-Bauteil (12).
  Das Modell wird analysiert und an den Druckdienst in den Warenkorb übergeben.

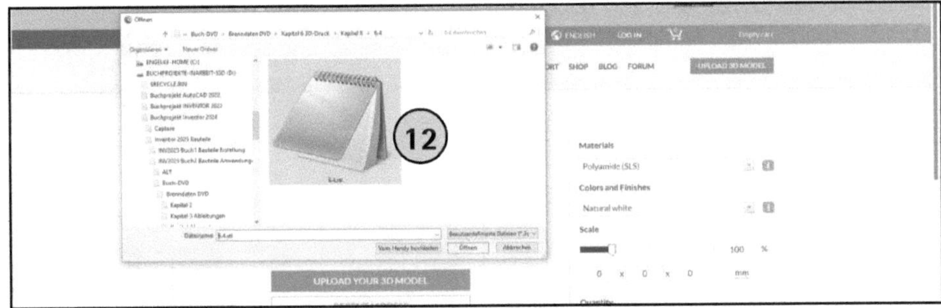

- Weisen Sie dem übertragenen Bauteil das benötigte Material zu (13).

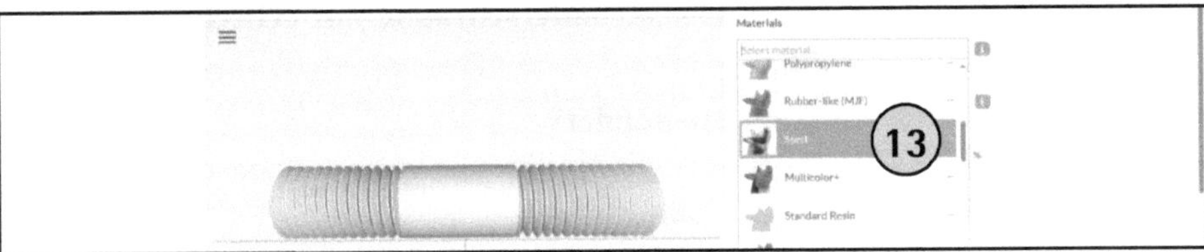

- Der Bestellvorgang kann nun ausgelöst werden (14).

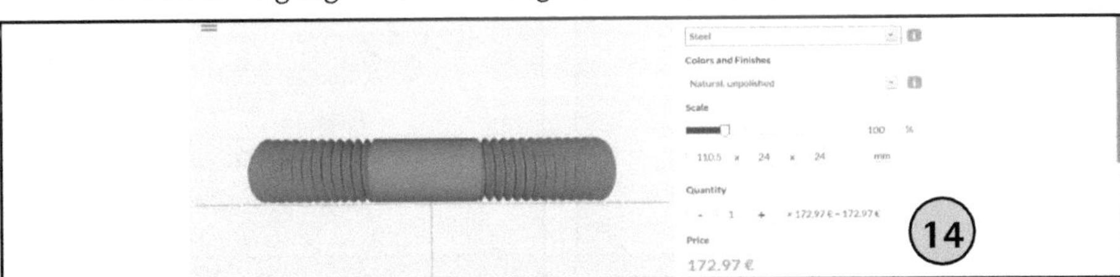

6.5 3D-Druck eines Normteils „Zylinderschraube mit echtem Gewinde" Windows „3D-Builder"©, Online-Übertragung, Format OBJ

6.5.1 Windows 3D-Builder©, Vorbemerkungen

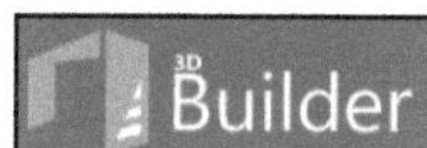

Wichtig: Der Support für die **3D Builder-App** wurde eingestellt. Partnerdienste, die mit der 3D Builder-App funktionieren, bleiben betriebsbereit. Wir empfehlen Ihnen, sich für laufende 3D-Druckanforderungen direkt an Ihren Dienstleister zu wenden.

Mithilfe der Microsoft-Anwendung **3D Builder** können Sie Ihre **STL**- oder **3MF**-Datei anzeigen und bearbeiten, bevor Sie diese an einen 3D-Drucker senden. Sie können hier Text prägen, das Modell teilen, ein 3D-Objekt glätten, zwei 3D-Objekte zusammenführen und eine sich überschneidende Geometrie subtrahieren.

Die Anwendung **3D Builder** ist bei **Windows 10**® standardmäßig installiert. Ab **Windows 8.1**® können Sie die Anwendung **3D Builder** von der **Microsoft 3D Builder**-Website herunterladen.

Die **Windows-3D Builder**-App verfügt über viele Optionen und Bearbeitungsfunktionen für die Modellvisualisierung und ermöglicht das Drucken auf einem 3D-Drucker mit einem Windows-kompatiblen Druckertreiber. Die App kann als Referenz und Testtool für die 3D-Bearbeitung und zum Überprüfen der von Ihnen erstellten 3MF-Dateien verwendet werden. **Windows 3D Builder** kann die Dateitypen **3MF, OBJ, STL, BRML** und **PLY** öffnen und bearbeiten außerdem lassen sich auch die Dateitypen **DAE, 3DS** und **DXF** öffnen.

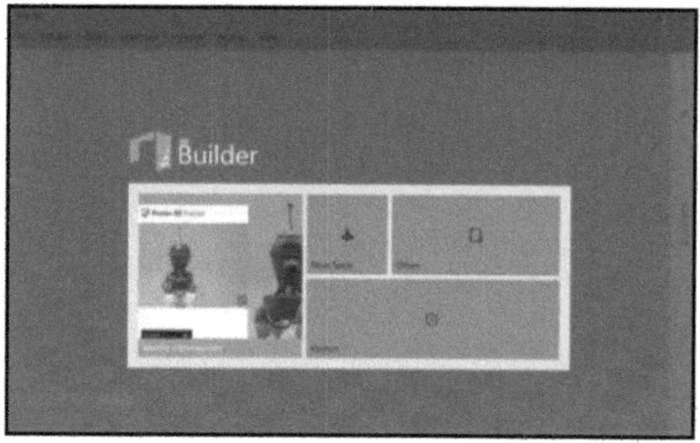

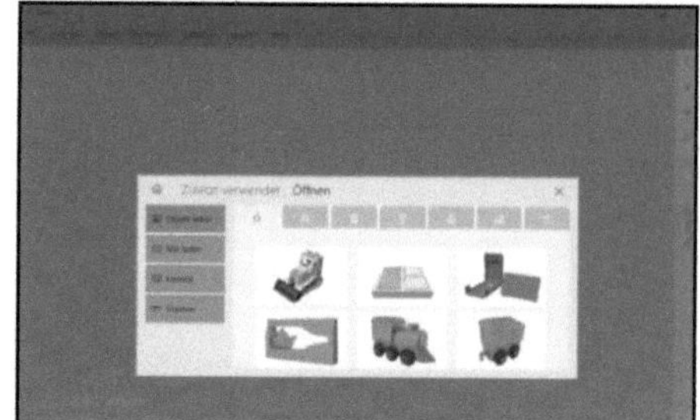

6.5.2 3D-Druck eines Normteils „Zylinderschraube mit echtem Gewinde", Bauteilbearbeitung

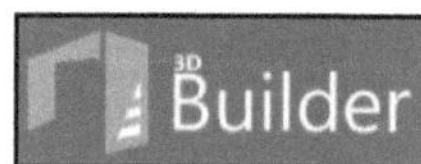

- Starten Sie den **Windows 3D-Builder**©.
- Öffnen Sie die **OBJ**-Datei der Zylinderschraube von der Buch-DVD (1).
- Wählen Sie die Einstellung **mm** (2).
- Klicken Sie **Modell importieren**.

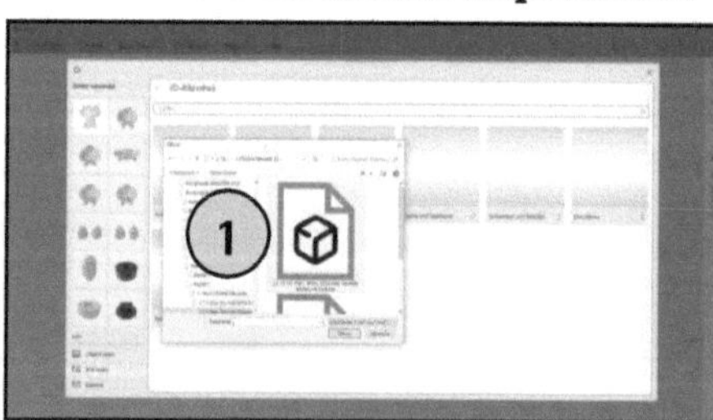

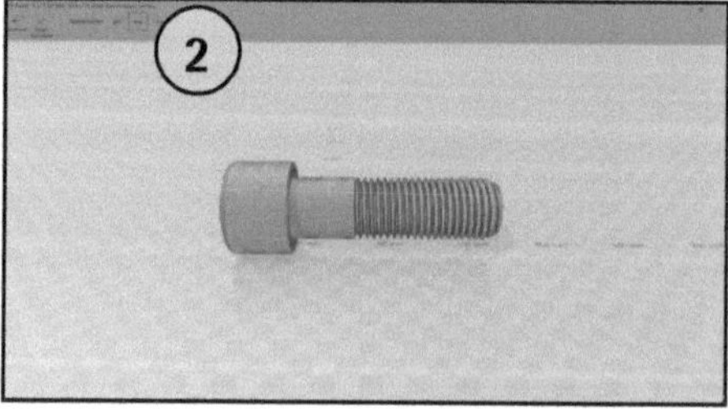

- Klicken Sie auf das Bauteil zur **Auswahl** (3).
- **Drehen** Sie die Zylinderschraube um **90°** (4).

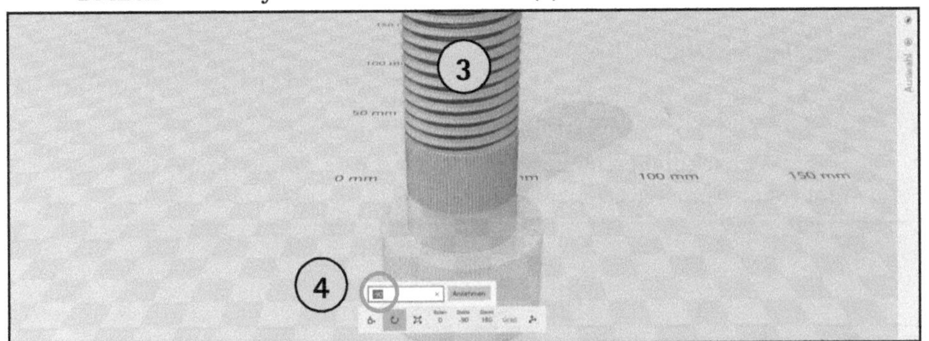

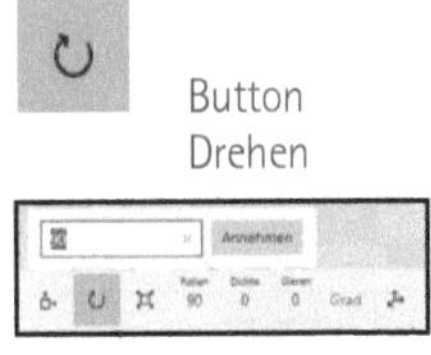

Button
Drehen

- Klicken Sie auf das Bauteil zur **Auswahl** (5).
- Klicken Sie im Register **Objekt** auf **Platzieren** (6).

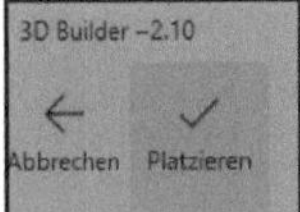

6.5.3 Druckmaterialzuweisung

- Klicken Sie im Register **Ansicht** auf **Typ**, Auswahl **Realistisch** (7).

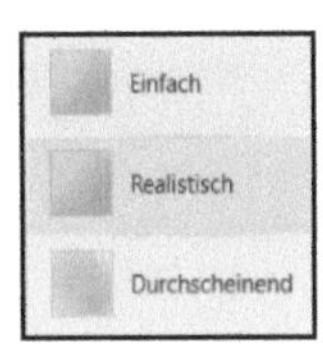

- Wählen Sie Option **Metallisch** (8), Farbauswahl nach Wahl (9).

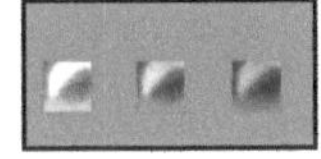

- **Speichern** Sie das 3D-Modell im 3D-Druck-Dateiformat **3MF** (10).

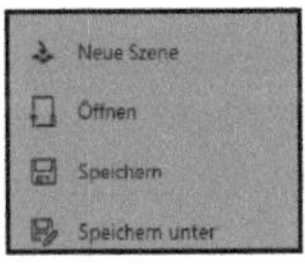

6.5.4   3D-Druck eines Normteils „Zylinderschraube mit echtem Gewinde" Online-Direkt-Übergabe

6.5.4.1 Online bestellen

- Klicken Sie den Button **Online bestellen** (10).
- Über **Weiter** wird der Bestellvorgang abgebrochen (11).
- Über **Datenschutzbestimmungen** (12) wird man an die Homepage von **i.materialise** weiter geleitet (13).

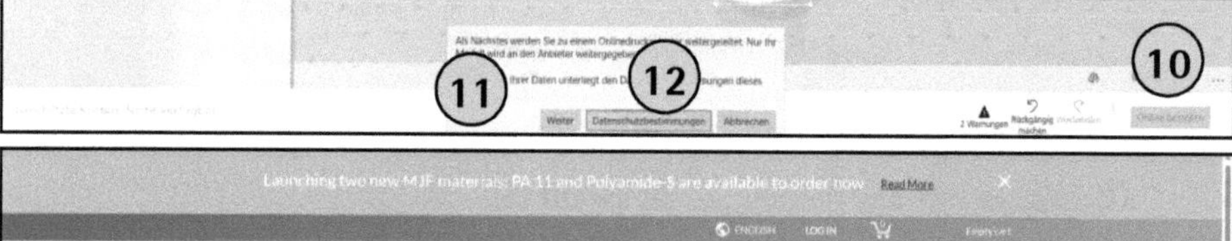

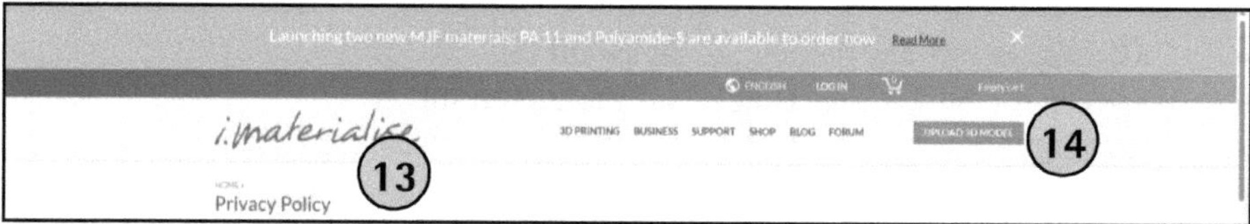

- Aktivieren Sie **Upload 3D Model** (14).
- Wählen Sie das generierte **3MF**-Bauteil (12).
- Definieren Sie das **Herstellungsmaterial** und das gewünschte **Finish** (15).
- Das Modell wird analysiert und an den Druckdienst in den Warenkorb übergeben.

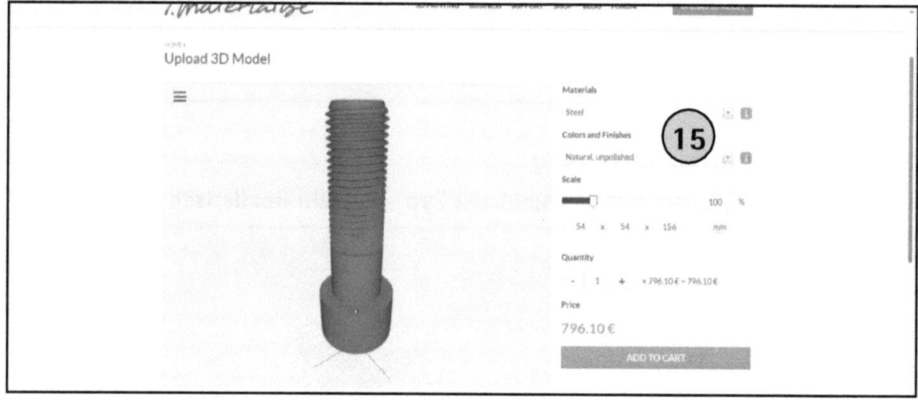

6.6 3D-Druck eines Normteils „Kronenmutter mit echtem Gewinde" Inventor 3D-Druckdienst, Online-3D-Druck Anbieter, STL-Format

6.6.1 Übergabe der 3D-Druckdatei an Online-Anbieter

6.6.1.1 Aufruf des Online Anbieters für die 3D-Druck-Erstellung, Beispiel

- Wählen Sie den link **https://www.protiq.com**.
- **Öffnen** Sie die entsprechende Homepage (1).
- Schieben Sie die **STL**-Druckdatei von der Buch-DVD in die Arbeitsebene der Homepage (2).

- Die 3D-Druckdatei wird hochgeladen (3).

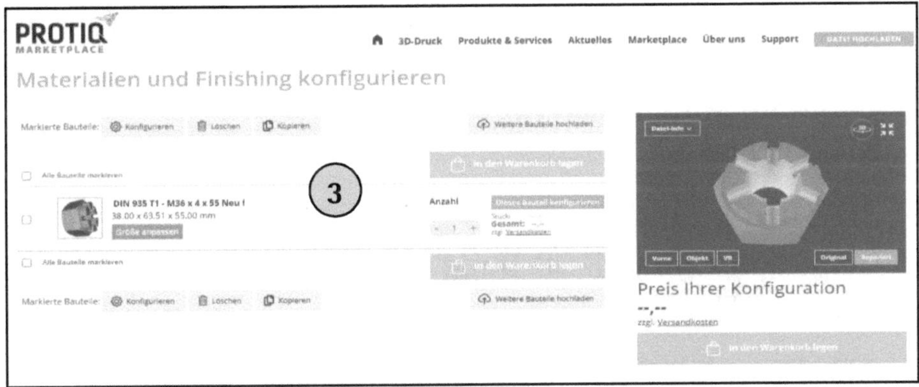

- Wählen Sie den Button **Dieses Bauteil konfigurieren**.
- Aktivieren Sie das Register **Lasersintern**.
- Wählen Sie das Material **Werkzeugstahl**.
- Wählen Sie aus dem Angebot der 3D-Druck-Auflistung den entsprechenden 3D-Druck-Anbieter (4).

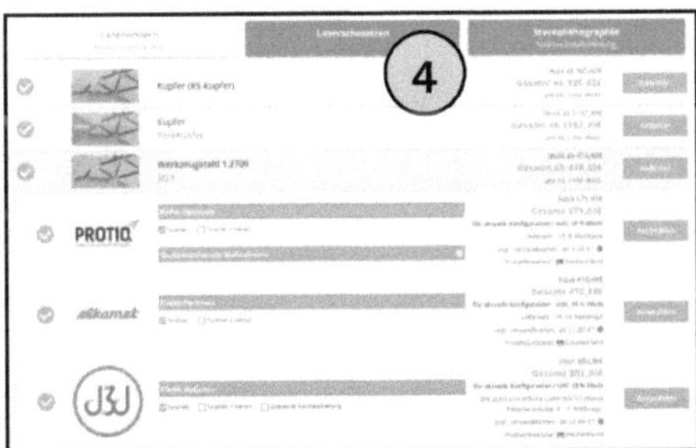

Projekt VII

3D-Druck von Bauteilen
3D-Druck Gerätesoftware
Seite 331 bis 352

- 3D-Druck eines Bauteils „Bohrplatte"
  Gerätesoftware „MakerWare©"
  STL-Format

- 3D-Druck eines Bauteils „Filterplatte"
  Gerätesoftware „MakerBotPrint©"
  STL-Format

- 3D-Druck eines Bauteils „Lagergehäuse"
  Gerätesoftware „HP 3D Build Manager©"
  Format STL

- 3D-Druck eines Bauteils „Düsendeckel"
  Gerätesoftware „PrusaSlicer©"
  Format 3MF

6.7 3D-Druck eines Bauteils „Bohrplatte"
STL-Format, Gerätesoftware „MakerWare"

6.7.1 Anpassen der Bohrplatten-Konstruktion

6.7.1.1 Bauteil-Bereitstellung

- **Starten** Sie Autodesk Inventor.
- **Öffnen** Sie das Bauteil **Bohrplatte** von der Buch-DVD.

Öffnen

6.7.1.2 Innen-Bohrungen auf der Oberseite Zuweisung über Funktion „Gewinde"

- Aktivieren Sie die jeweilige Innenbohrung der Oberseite (1).
- Wandeln Sie den **Gewindeeintrag** in eine **Durchgangsbohrung** um (2).
- Weisen Sie der jeweiligen Innenfläche der Bohrung ein **Gewinde** Größe **M10** zu (3).

Gewinde

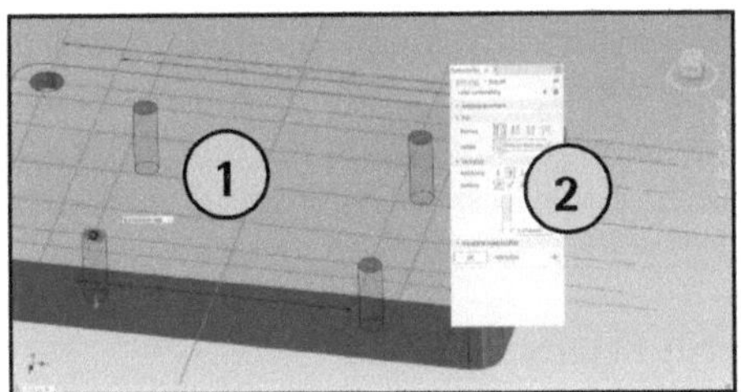
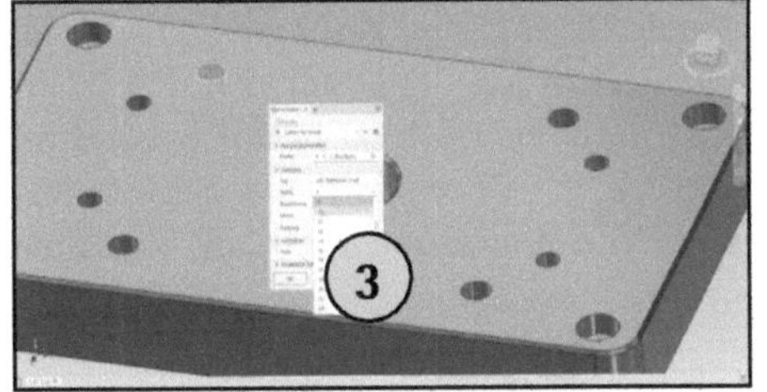

6.7.1.3 Innen-Bohrungen auf der Oberseite
Zuweisung „Echtes Gewinde" über Befehl „ThreadModeller"

- Klicken Sie auf die Registerkarte **CoolOrange**, Befehl **ThreadModeller**.
- Wählen Sie den Innen-Gewinde-Eintrag im **Bauteil-Browser** (4), die Auswahl wird in die Dialogbox übernommen (5).
- Mit **OK** wird das **Gewinde** gesetzt, das Gewinde wird automatisch aus der Funktion **Spirale** und **Umdrehung** gebildet (6).

ThreadModeler

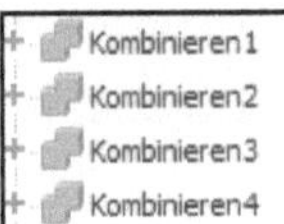

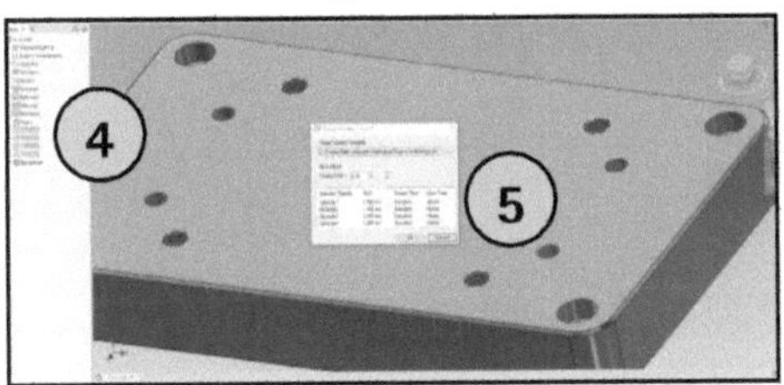
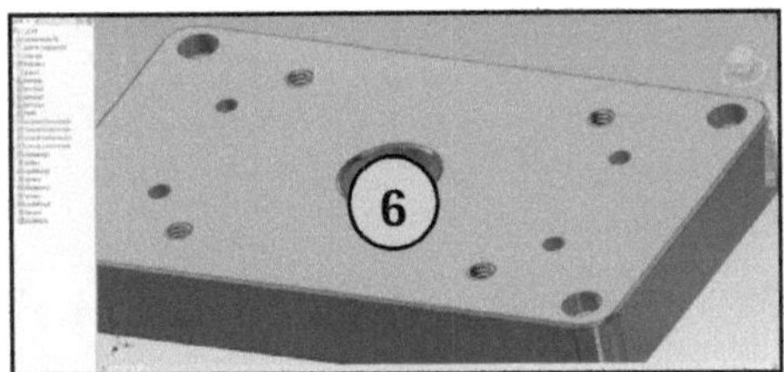

- Bilden Sie eine Volumen-Addition über **Kombinieren**, Option **Verbinden**. (7)
- Tragen Sie unter **Optionen** die Einheit **Millimeter, Auflösung Hoch** ein (8).
- Wählen Sie **Speichern unter** zur **STL**-Datengenerierung.
- Wählen Sie den Exporttyp **.stl** (9).

Speichern
unter

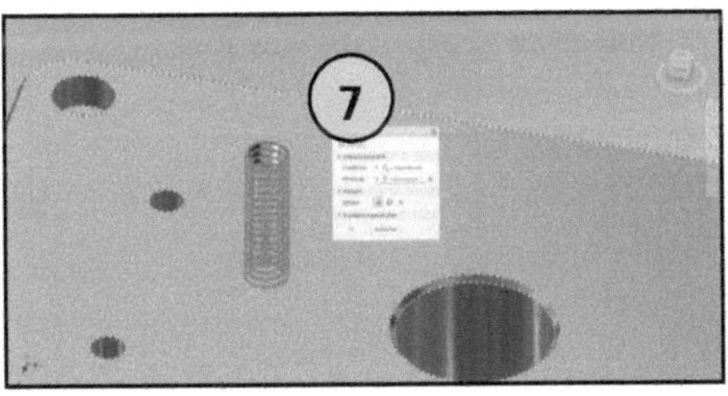
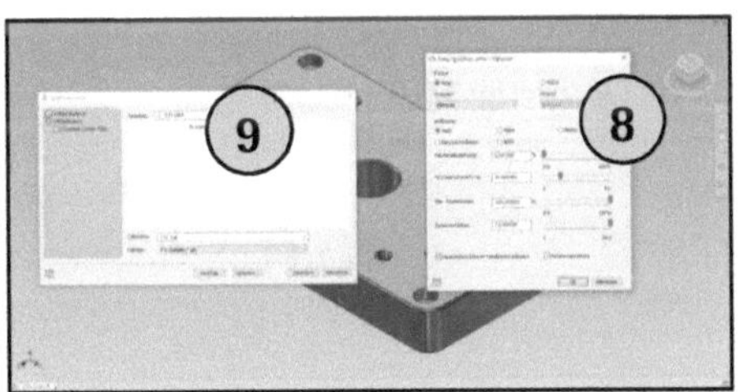

6.7.2 3D-Druck „Bohrplatte"
über 3D-Drucker-Software „MakerWare©"

6.7.3 3D-Drucker „Makerbot Replicator 2, Vorbemerkungen

Das Unternehmen **MakerBot** ist seit einigen Jahren für ihre führende Rolle im Bereich der 3D-Drucktechnologien zu einer lukrativen Anlaufstelle geworden. Mit seiner einfachen Anwendung punktet der 3D-Drucker und macht das Herstellen von Objekten einfacher denn je. Aus dem Hause **MakerBot** kommt mit dem **MakerBot Replicator 2** jetzt ein 3D-Drucker, der nicht nur auf dem neusten Stand der Technik ist, sondern auch mittlerweile zu einem der Druckgeräte zählt, das auch für Privatverbraucher bezahlbar ist. Bei dem Replicator 2 handelt es sich um ein Fertiggerät, kein Bausatz. Der 3D-Drucker verfügt über ein stabiles Gehäuse aus Stahl, ein Display zur einfachen Bedienung und Steuerung des Geräts sowie Extruder, Schrittmotor und Bauplattform. Seine Beliebtheit erlangt der MakerBot Replicator 2 nicht nur aufgrund seines Markennamens. Der **MakerBot Replicator 2** stellt feste, dreidimensionale Objekte aus geschmolzenem Filament her. Die 3D-Design-Dateien werden in Befehle für den 3D-Drucker übersetzt und von der Maschine via SD-Karte gelesen. Der 3D-Drucker erhitzt in der Folge das Filament und drückt es durch eine Düse auf eine erhitzte Oberfläche, um Schicht für Schicht einen festen Gegenstand aufbauen. Diese Verschmelzung-Methode wird **Fused** genannt.

6.7.3.1 3D-Druck über 3D-Drucker „Makerbot Replicator 2"
3D-Drucker-Software „MakerWare©" starten

MakerWare©

Starten Sie, mit Doppelklick, vom Windows-Desktop aus die 3D-Drucker-Software **MakerWare** (10).

MakerWare
3D-Drucker-
Software

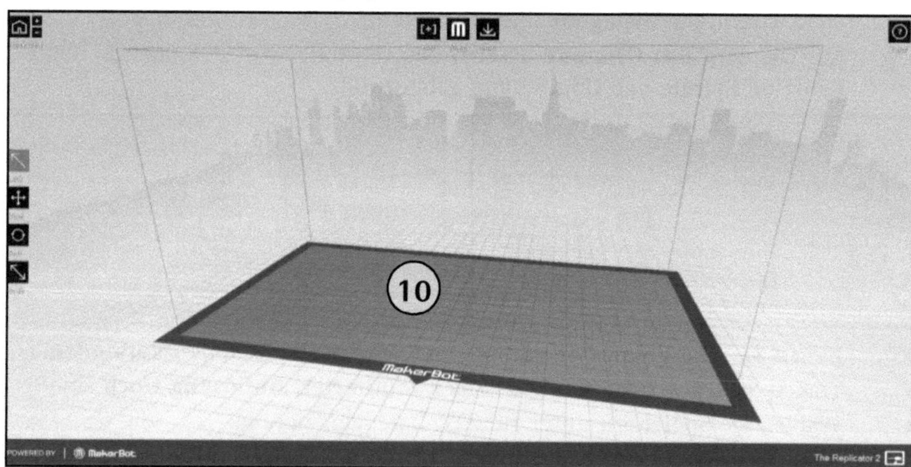

- Wählen Sie den genannten 3D-Drucker **Makerbot Replicator 2** aus dem Register **MakerBots** (11).

Add

Öffnen Sie die **STL**-Bauteildatei (12).

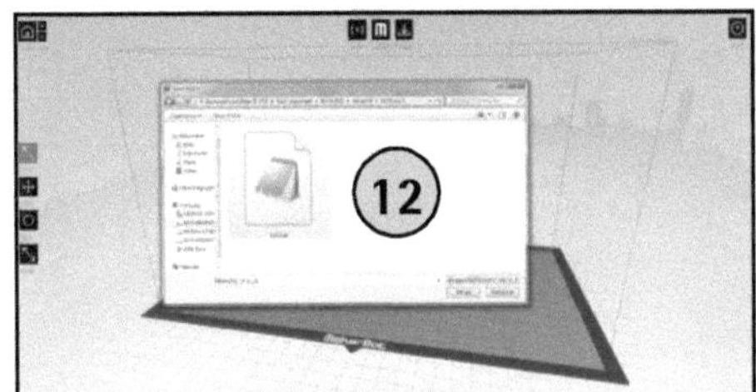

- Passen Sie die Größe des Bauteils Meldung **Put object on platform** über den Button **Move to platform** an (13, 14).

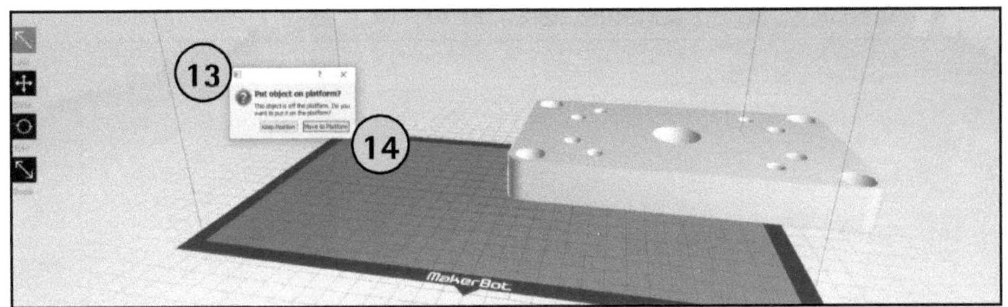

Über die Seitenleiste sind die Positionierbefehle für das 3D-Modell aufrufbar:

Move

Wählen Sie für die Lageausrichtung **Center** und **On Platform** (15, 16).

Turn

Drehen Sie **X** um zweimal **+90°** (16, 17)

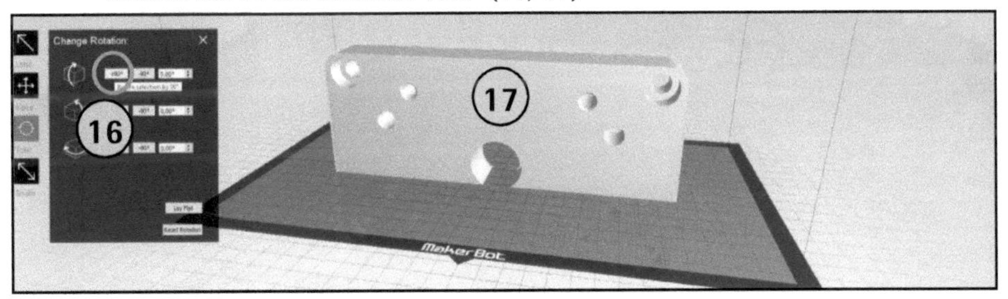

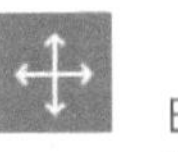

Button
Add

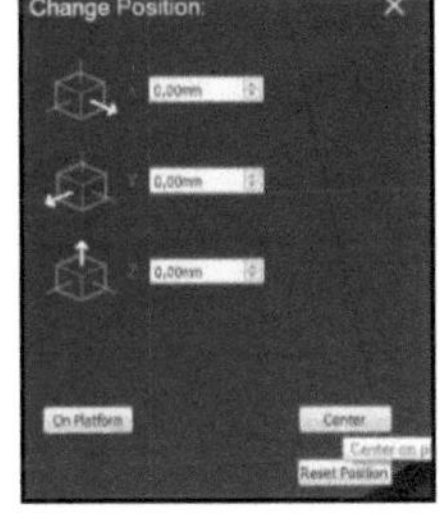

Button
Move

Button
Turn

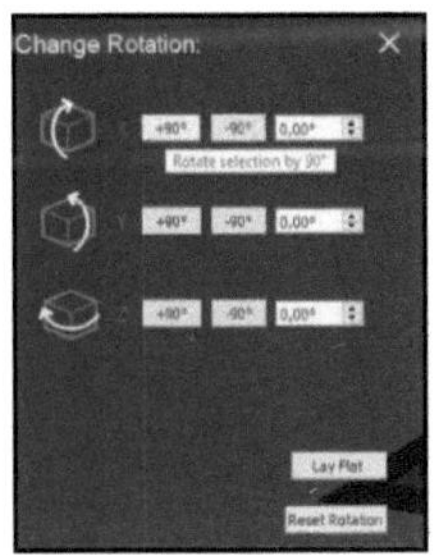

Button
Turn

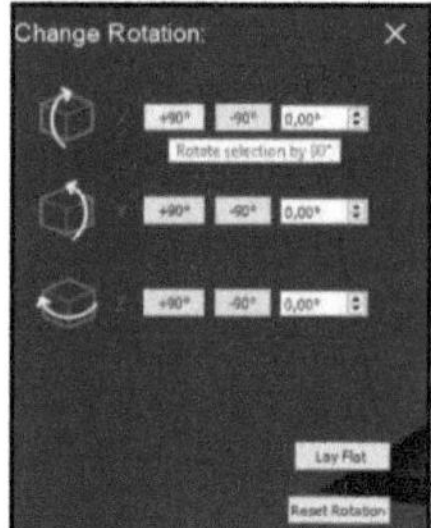

- Aktivieren Sie: **Lay Flat** (17, 18)

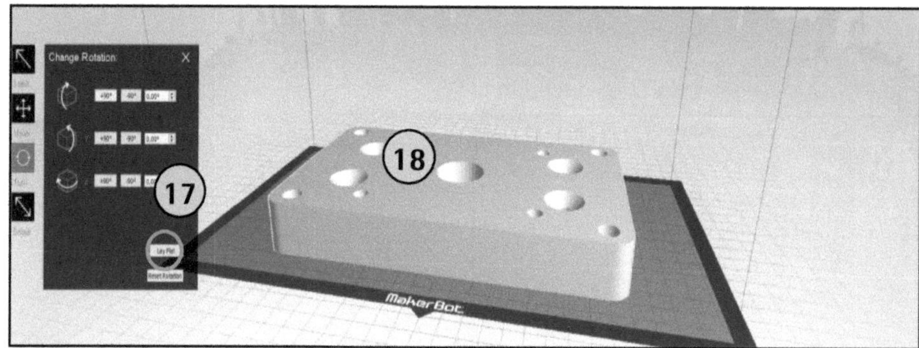

Button
Scale

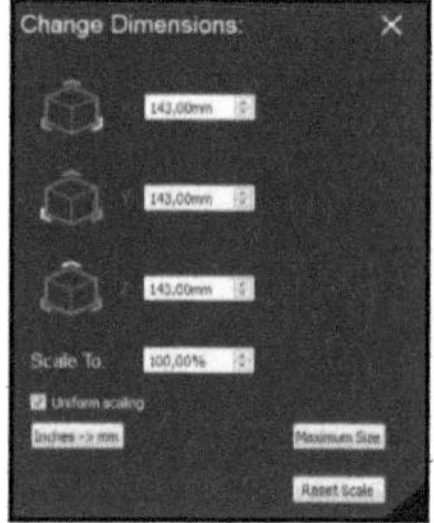

Scale

Aktivieren Sie: **Maximum Size** (19, 20).

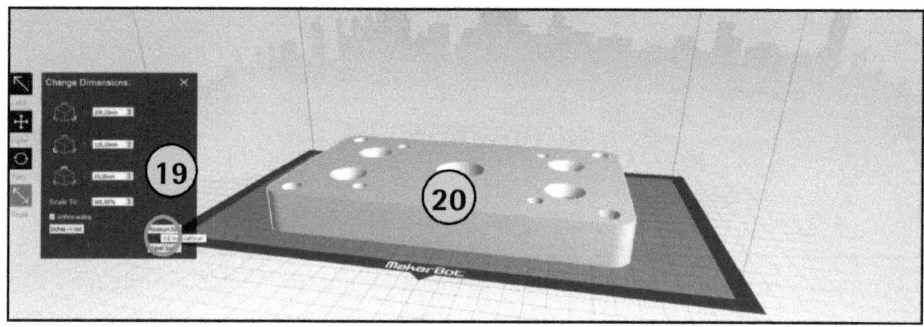

6.7.3.3 3D-Bauteil Druckdatei erstellen

Button
Make

Make

Passen Sie die Optionen für die Druckdatei in den Registern an.
Hierzu sind die Geräte und Materialbedingungen genau einzutragen (21).

Quality (22)	Kann ohne Veränderung bleiben.
Temperature (23)	Kann ohne Veränderung bleiben.
Speed (24)	Extrudier-Geschwindigkeit: max. **10** mm/s
	Traveling-Geschwindigkeit: max. **50** mm/s

- Klicken Sie den Button **Preview before Printing** (24).
- Klicken Sie den Button **Export** (25).

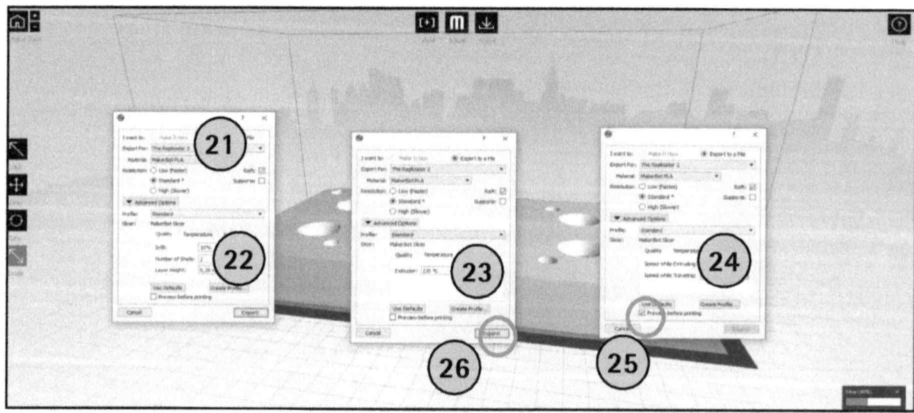

- Klicken Sie den Button **Show Travel Moves** (27).

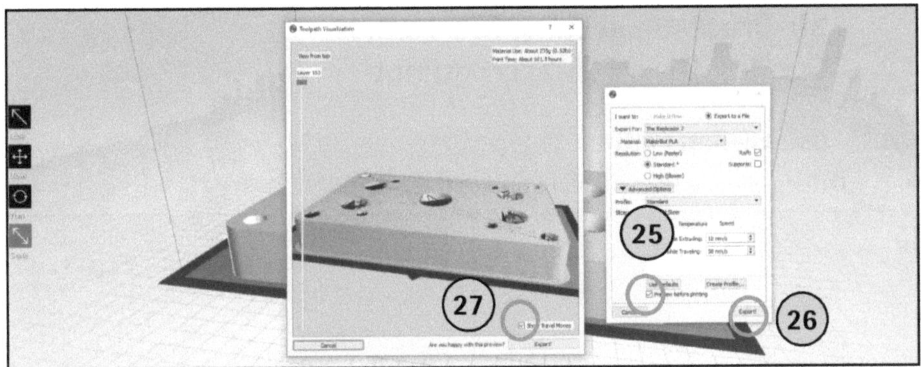

6.7.3.4 Datensicherung der Druckdatei erstellen

- Klicken Sie den Button **Export** (27).
- Die **.X3G**-Druckdatei wird erstellt.

Save

Speichern Sie die fixierten Optionen der **Thing**-Druckdatei.

Button
Save

6.8   3D-Druck eines Bauteils „Filterplatte"
3D-Druck-Umgebung, STL-Format
Gerätesoftware „MakerBotPrint©"

Öffnen

6.8.1   Bauteil-Datei öffnen

- **Öffnen** Sie die Bauteildatei von der **Buch-DVD** (1, 2).

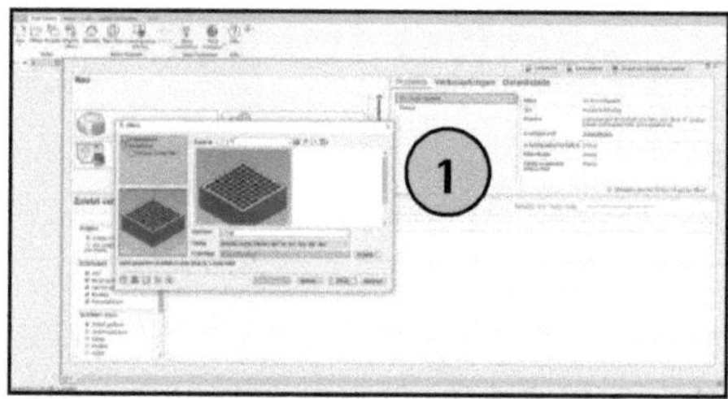 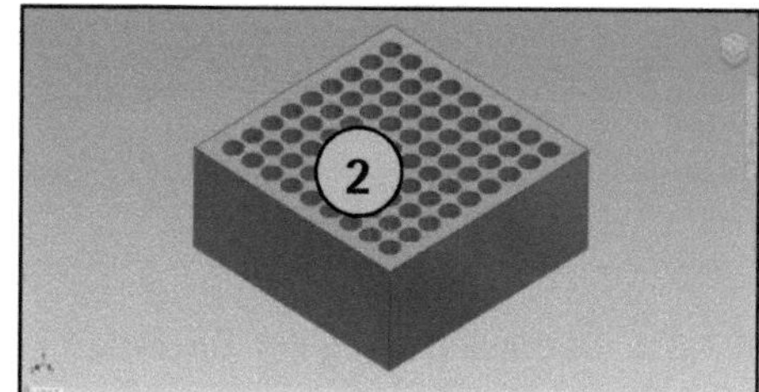

6.8.2   STL-Datei erstellen

6.8.2.1 Aufruf der 3D-Druck-Umgebung

3D-Druck-
Umgebung

Ausrichtung
festlegen

- Klicken Sie auf die Registerkarte **Datei**, Befehl **3D-Druck**.
- Wählen Sie den 3D-Druckertyp **Makerbot Replicator 2** wahlweise aus.
- Aktivieren Sie **Ausrichtung festlegen**.
- Wählen Sie die gezeigte unter Bauteilfläche (3) für die Lage zur Grundplatte (4).

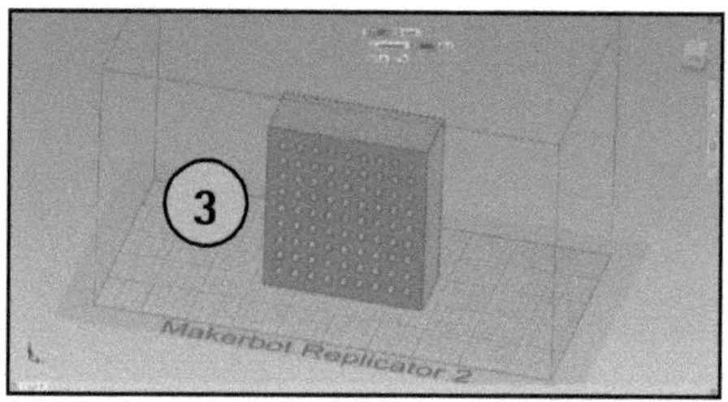 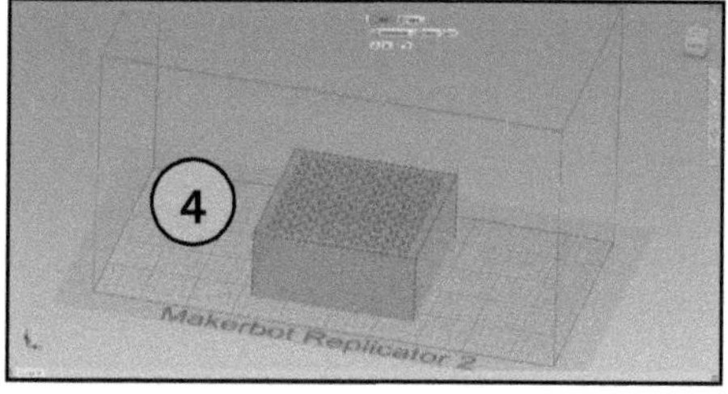

Netzkanten
Anzeigen

STL-Daten-
Generierung

Beenden

- Aktivieren Sie, aus der Befehlsleiste **Netzanzeige** Option **Netzkanten** (5).
- Generieren Sie die **STL**-Druck-Datei, tragen Sie unter **Optionen** die Einheit **Millimeter, Auflösung Hoch** ein (6).
- Wählen Sie **Kopie speichern unter** zur **STL**-Datengenerierung.
- Wählen Sie den Exporttyp **.stl** (7).

 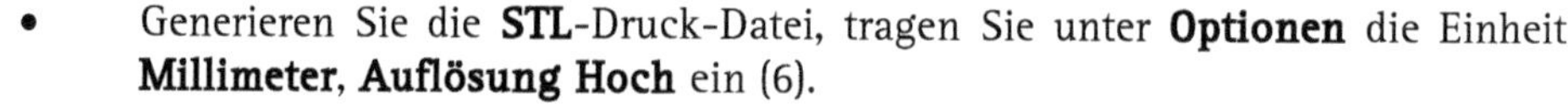

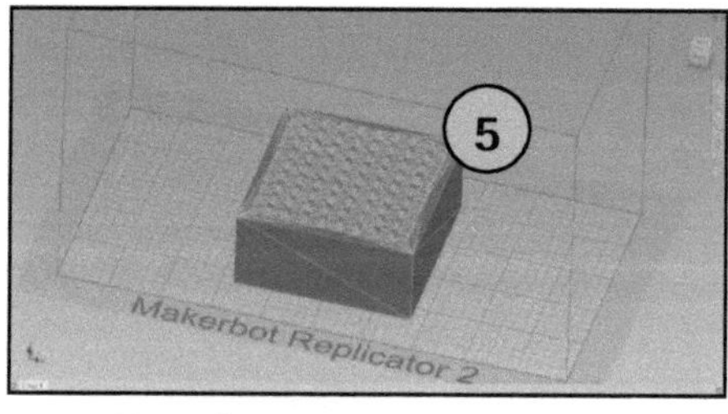 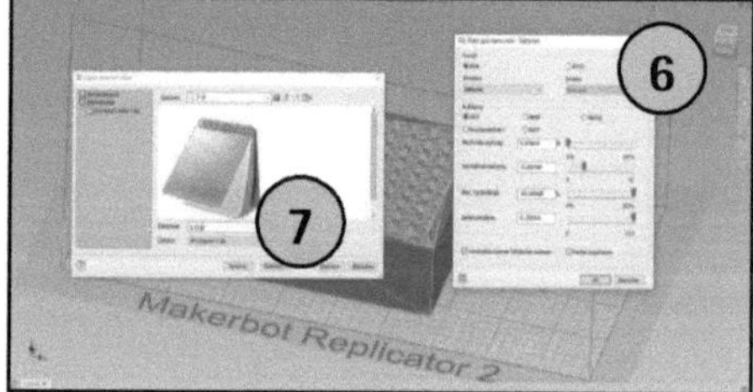

- **Beenden** Sie die Generierung.

6.8.3 3D-Druck „Bohrplatte"
über 3D-Drucker-Software „MakerBotPrint©"

6.8.3.1 3D-Druck über 3D-Drucker „Makerbot Replicator 2
3D-Drucker-Software „MakerBotPrint©" starten

MakerBotPrint©

Starten Sie, mit Doppelklick, vom Windows-Desktop aus die 3D-Drucker-Software **MakerBOTPrint**.

- Legen Sie über **New Project** ein Basisprojekt an (8).

- Speichern Sie dieses Basisprojekt über **Save Project as** (9).

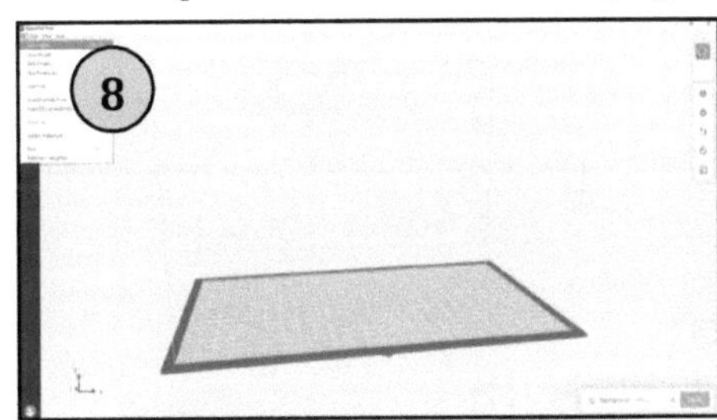
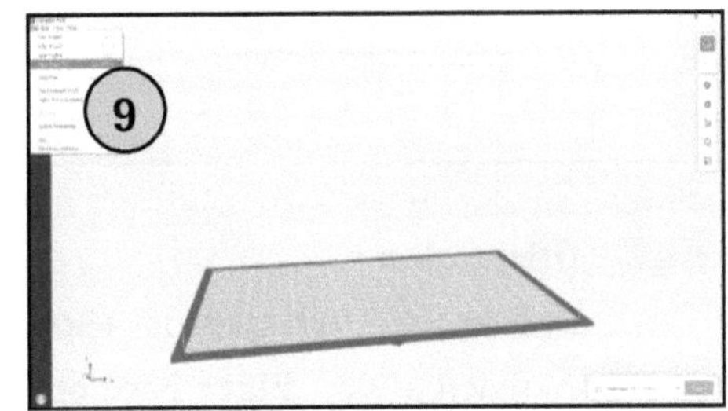

- Aktivieren Sie den den Eintrag rechts unten für den zu wählenden
3D-Drucker (10).

- Wählen Sie den Eintrag **Add an Unconnected Printer** (11).

- Wählen Sie, wahlweise, den 3D-Drucker **Replicator 5th Gen** (12).

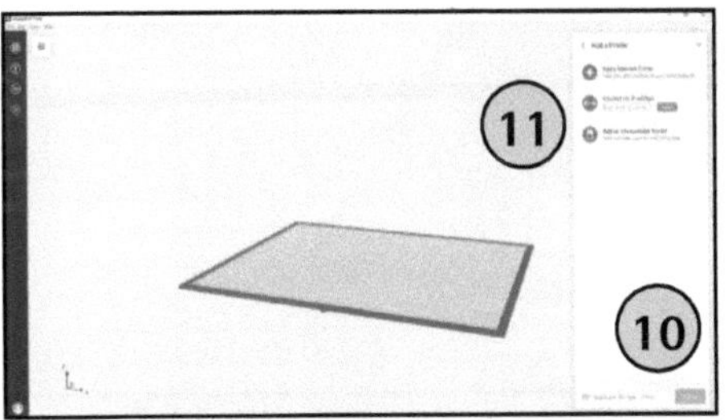
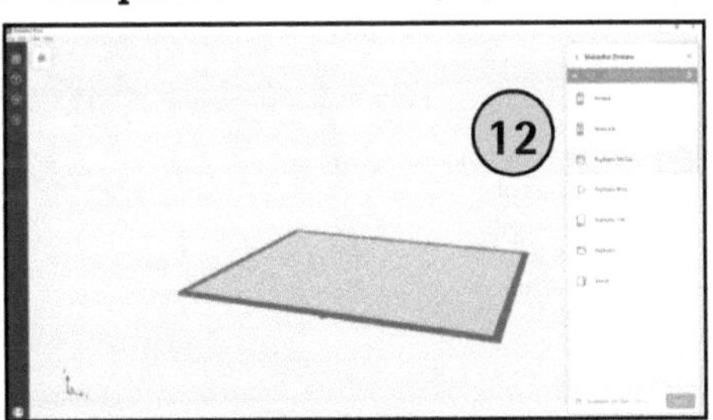
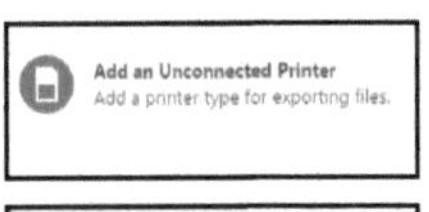
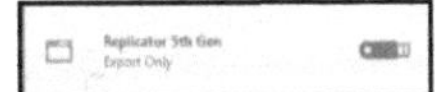

- Laden Sie die generierte **STL**-Datei über **Insert File** (13, 14).

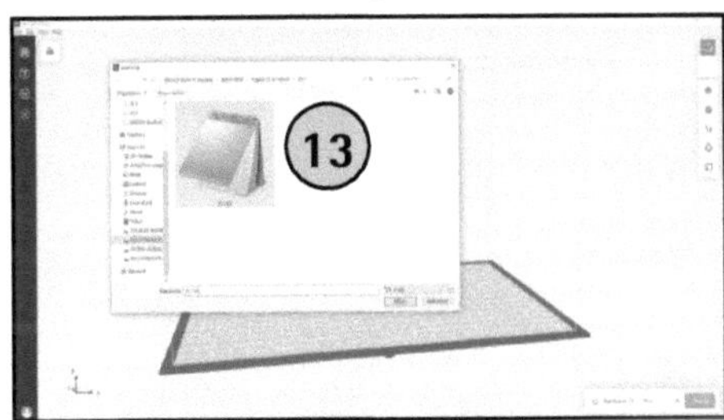
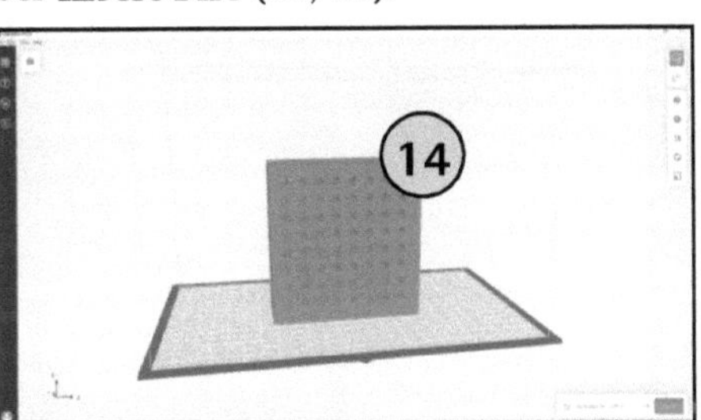
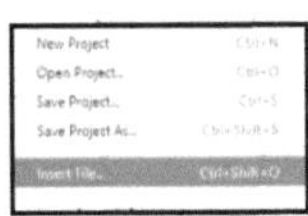

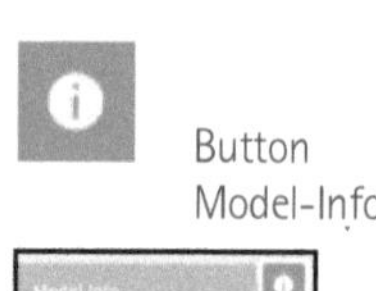

Button
Model-Info

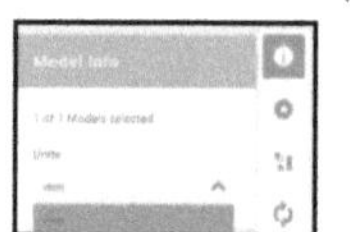

Model Info

Setzen Sie die Maßeinheit für das Modell, hier **mm** (15).

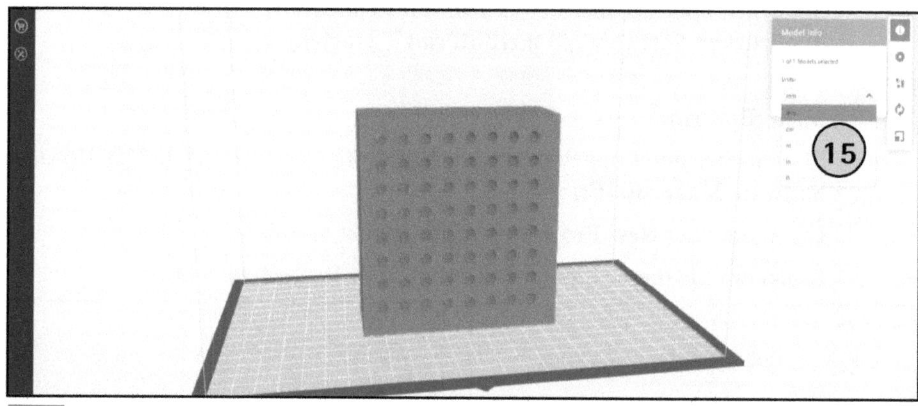

Button
Orientation

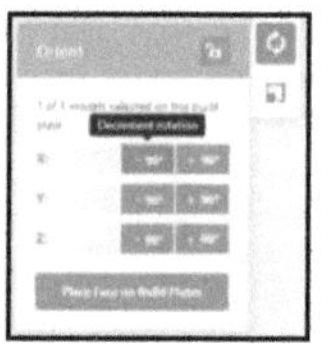

Orientation

Drehen Sie **X** um zweimal **+90°** (16)

Aktivieren Sie: **Place Face on Build Plates** (17)

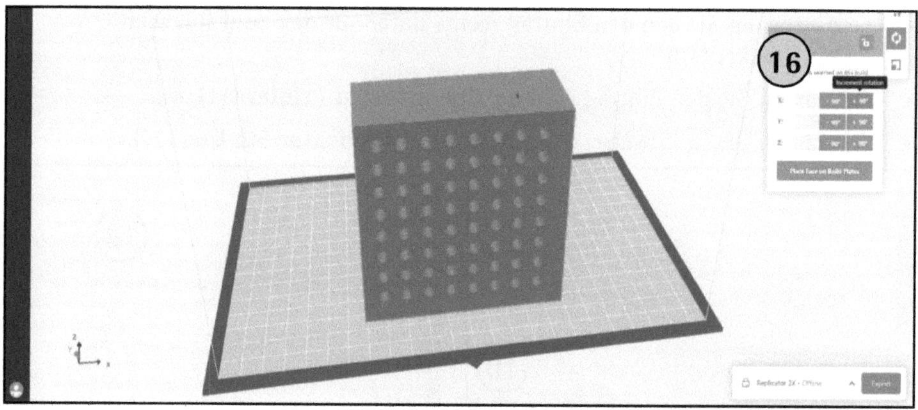

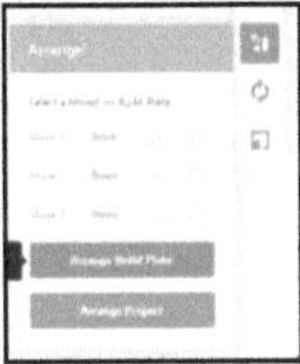

Arrange Items

Positionieren Sie das Bauteil nach Wahl, hier **Automatically** (18).

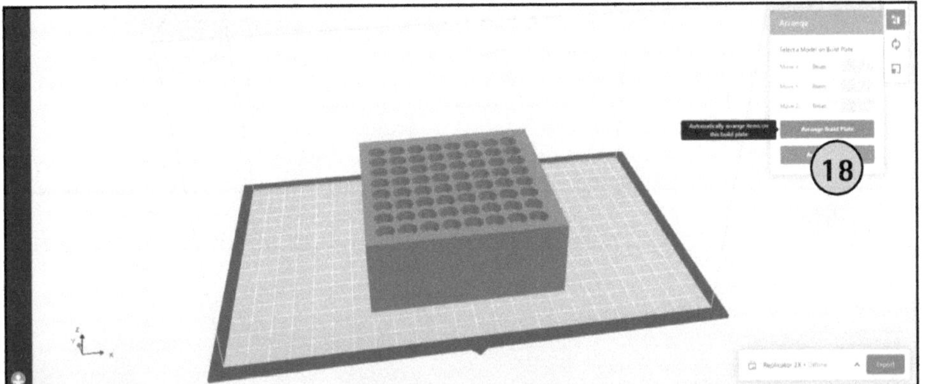

Scale

Setzen Sie den Maßstab auf Originalmaße (19).

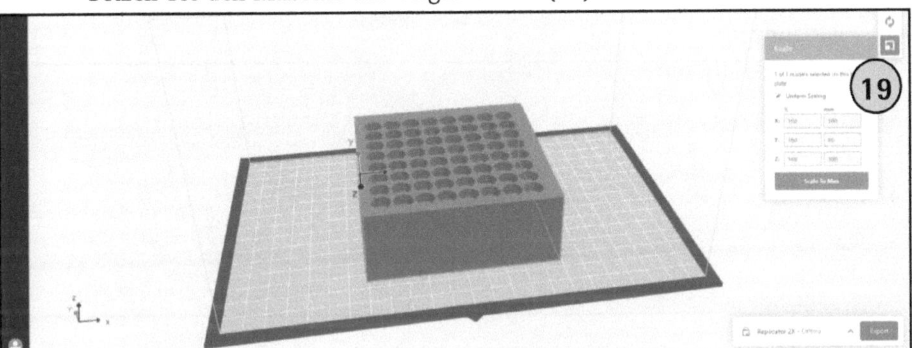

6.8.4 3D-Bauteil Druckdatei erstellen

Print Settings

Passen Sie die Optionen für die Druckdatei in den Registern an. Hierzu sind die Geräte und Materialbedingungen über **Custom Settings** genau einzutragen (20).

- **Quick Settings:**

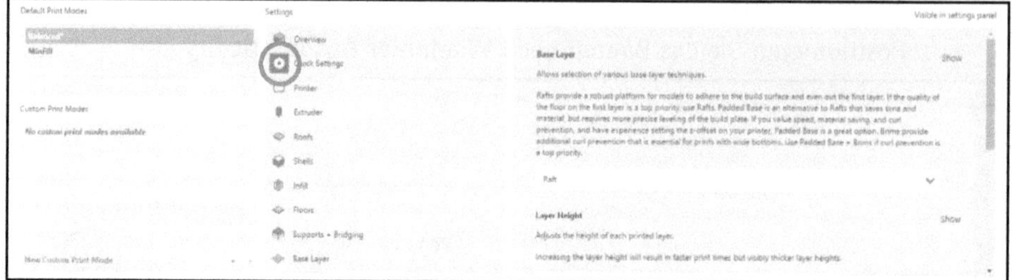

- **Printer:**

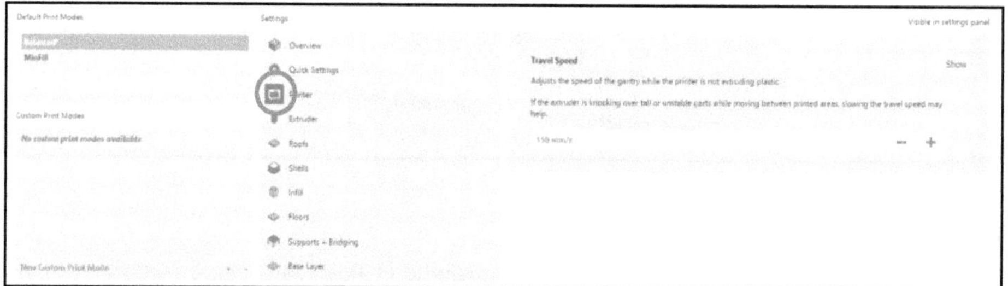

- **Extruder:**

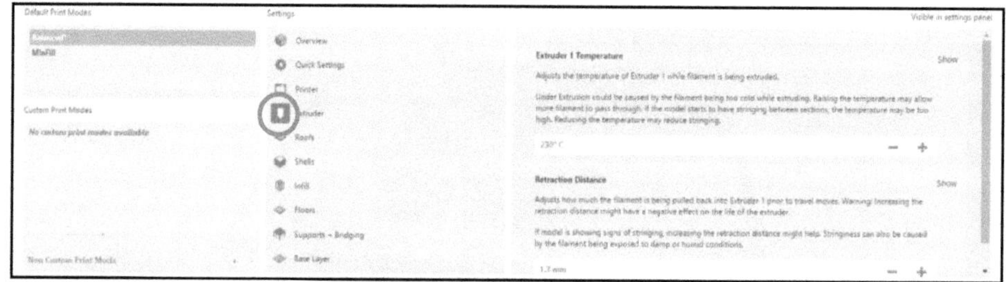

- **Roofs:**

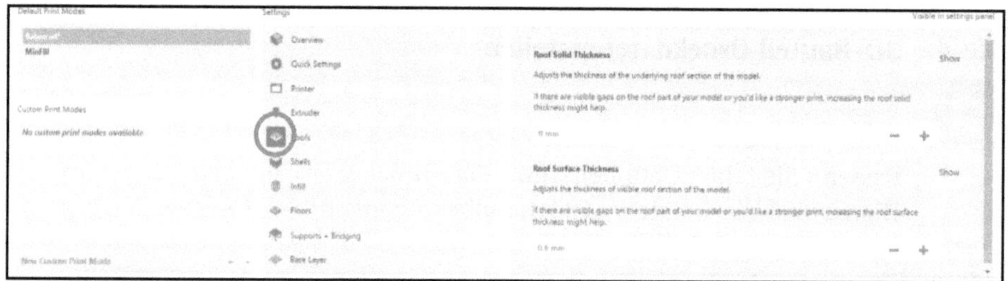

- **Shells:**

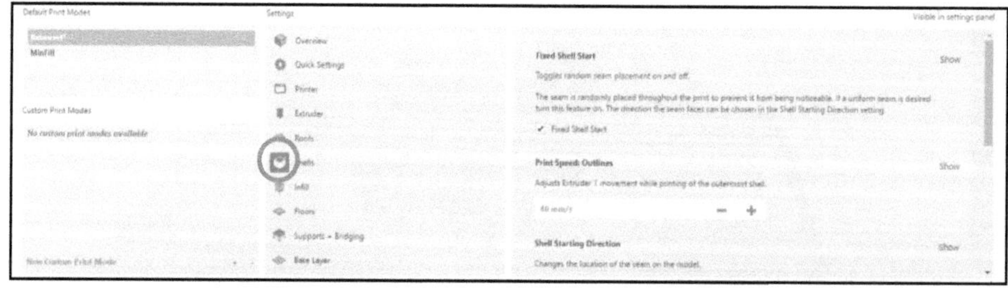

- ## **Infill**:

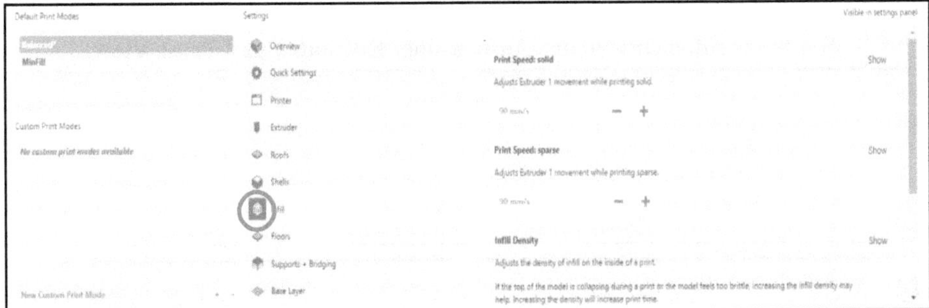

- ## **Floors**:

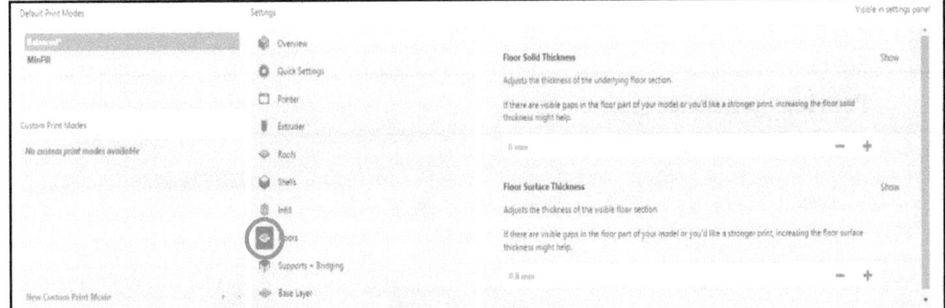

- ## **Support-Bridging**:

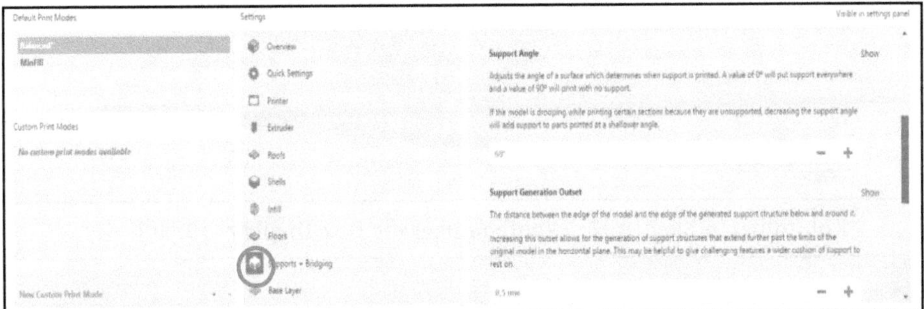

- ## **Base Layer**:

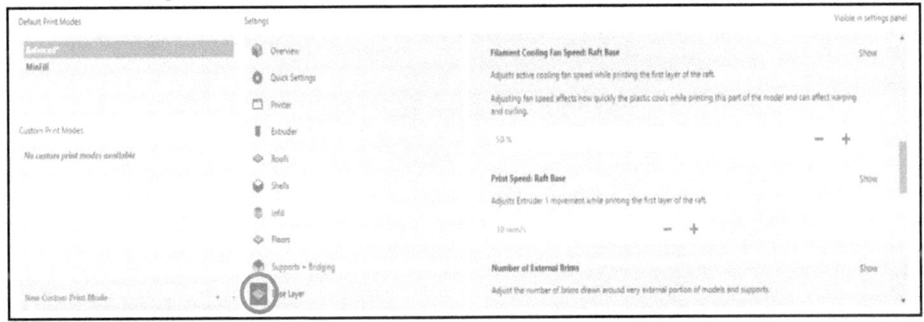

Button
Estimates and
Print View

Ablauf
gestartet

Estimates and Print View

Starten Sie den Druckdatei-Aufbau über **Estimates and Print View**.

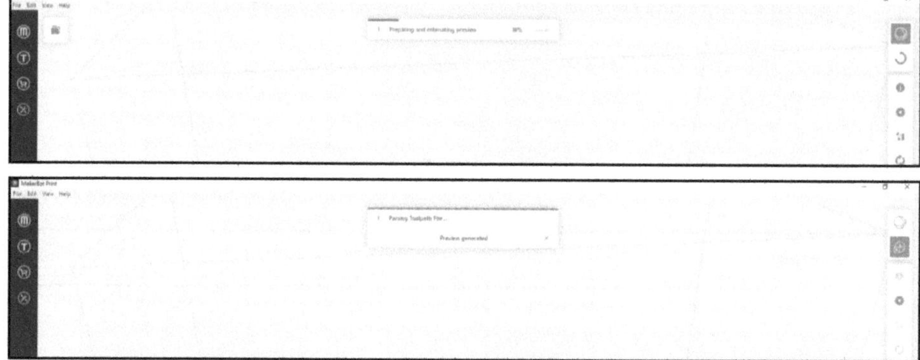

- **Preview generatet** (18):

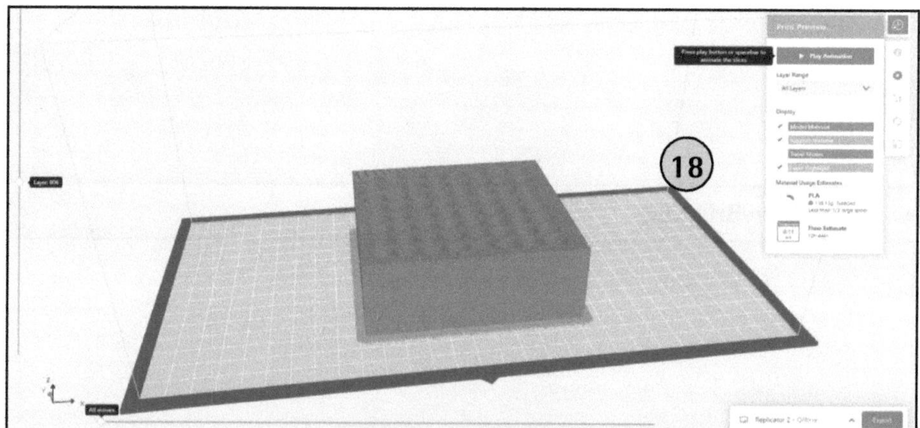

- Kontrollieren Sie den Druckaufbau über die Box **Display** (19, 20).

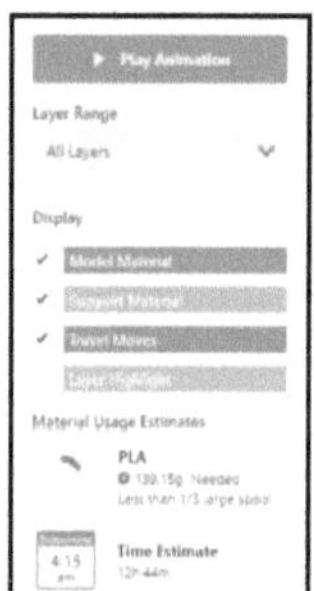

6.8.4.1 Datensicherung der Druckdatei erstellen

* Klicken Sie den Button **Export** (21).
  Die **Makerbot**-Druckdatei wird erstellt und die Daten für die Erstellung werden dargestellt.

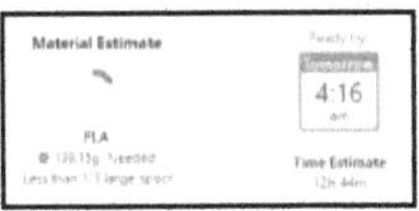

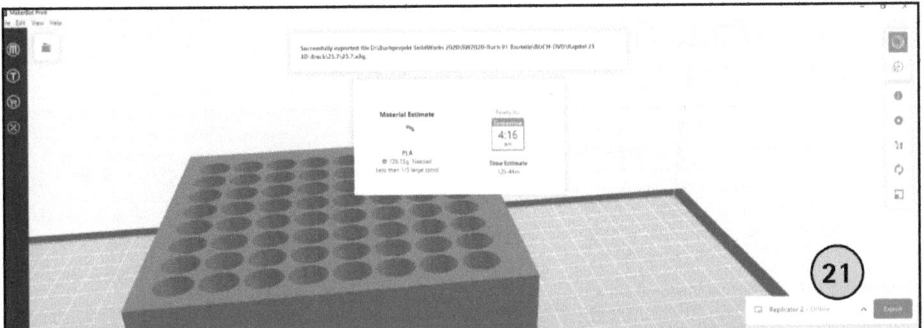

* Speichern Sie dieses Basisprojekt über **Save Project as** .
  Der Datensatz kann nun an den 3D-Drucker übertragen werden.

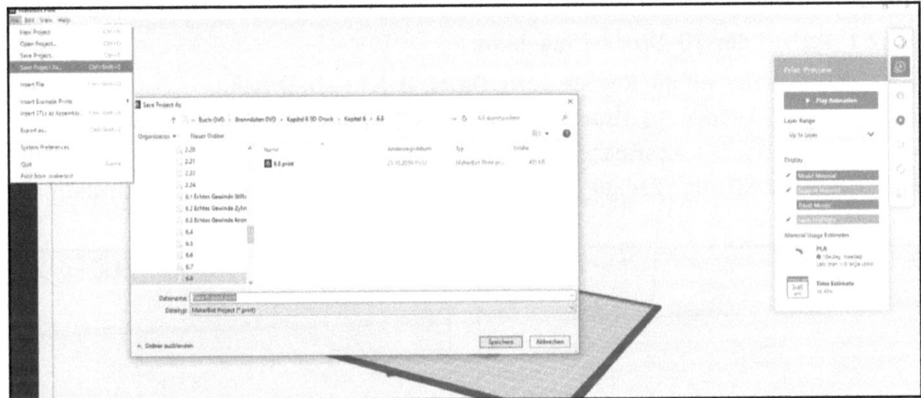

6.9 3D-Druck eines Bauteils „Lagergehäuse"
3D-Druck-Umgebung, STL-Format
Gerätesoftware „HP 3D Build Manager©"

Öffnen

6.9.1 Bauteil-Datei öffnen

- **Öffnen** Sie die Bauteildatei von der **Buch-DVD** (1).

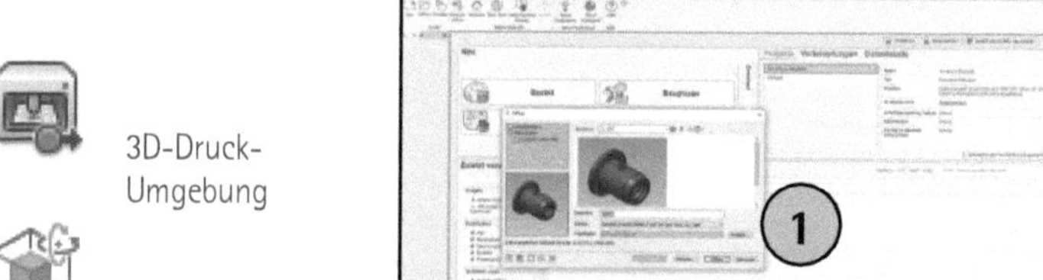

3D-Druck-
Umgebung

Ausrichtung
festlegen

6.9.2 STL-Datei erstellen

6.9.2.1 Aufruf der 3D-Druck-Umgebung

- Klicken Sie auf die Registerkarte **Datei**, Befehl **3D-Druck**.
- Wählen Sie den 3D-Druckertyp **Makerbot Replicator 2** wahlweise aus.
- Aktivieren Sie **Ausrichtung festlegen**.
- Wählen Sie die gezeigte unter Bauteilfläche (3) für die Lage zur Grundplatte (4).

Netzkanten
Anzeigen

STL-Daten-
Generierung

Beenden

- Aktivieren Sie, aus der Befehlsleiste **Netzanzeige** Option **Netzkanten** (5).
- Generieren Sie die STL-Druck-Datei, tragen Sie unter **Optionen** die Einheit **Millimeter, Auflösung Hoch** ein (6).
- Wählen Sie **Kopie speichern unter** zur **STL**-Datengenerierung.
- Wählen Sie den Exporttyp **.stl** (7).

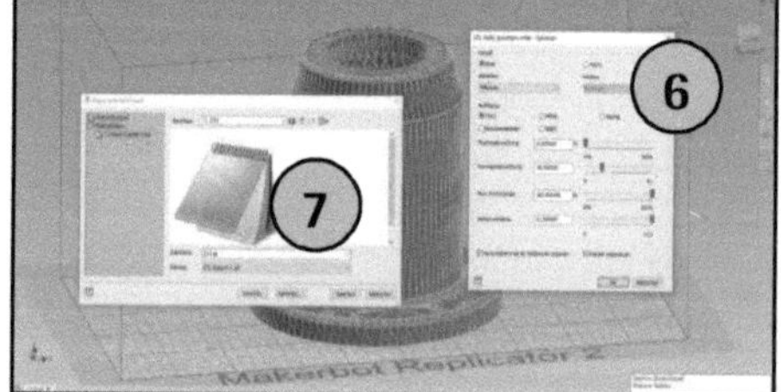

- **Beenden** Sie die Generierung.

6.9.3 3D-Drucker-Software „HP 3D Build Manager©" starten

- Starten Sie den **HP 3D Build Manager**.
- Verändern Sie die Ansicht, für das dargestellte Raumgitter, nach Bedarf.

Teile hinzufügen

Wählen Sie **Teile hinzufügen** aus dem Register **Datei** (8).

Das Bauteil wird in den Bearbeitungsraum eingefügt (9).

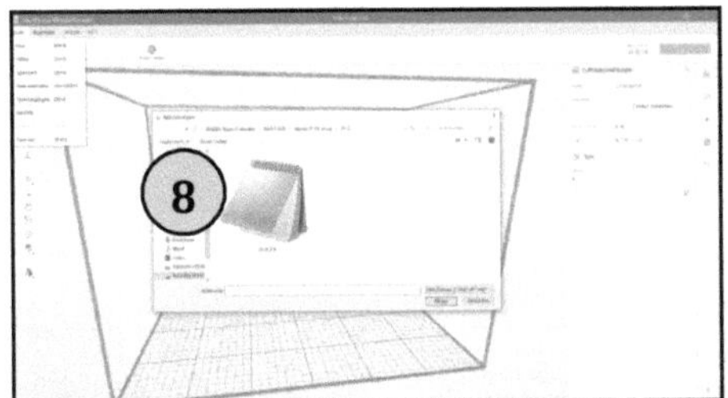
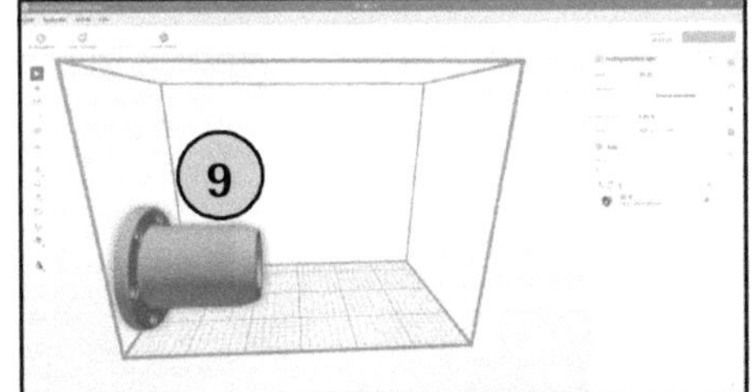

Drehen

Drehen Sie, am gezeigten Pfeilsystem (10), das Bauteil um **90°** (11).

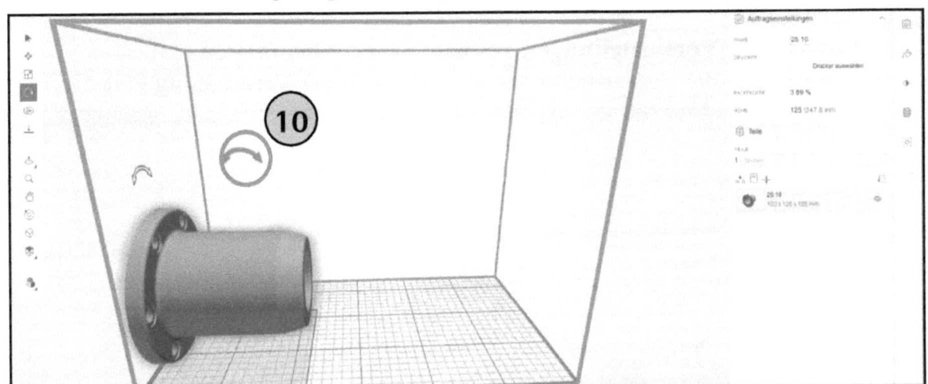

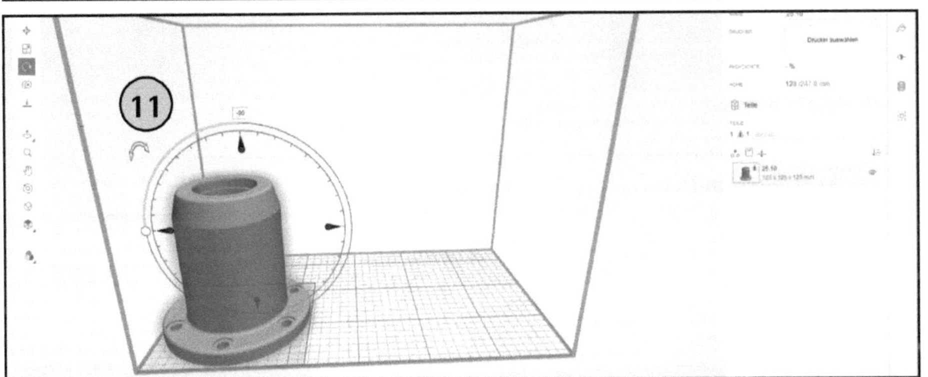

Button
Verschieben

Verschieben

Positionieren Sie, nach Wahl,

80 mm in Richtung X, **30** mm in Richtung Y (12).

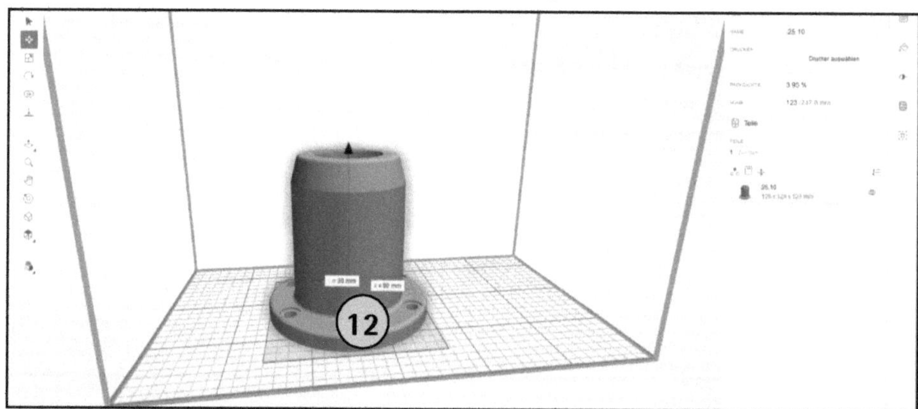

6.9.4 3D-Druck des Bauteils über „HP 3D Build Manager©",
Druckdatei anpassen

- Wählen Sie **Voreinstellungen** aus dem Register **Bearbeiten** (13).
  Wählen Sie die Voreinstellungen entsprechend der Verwendung (14).

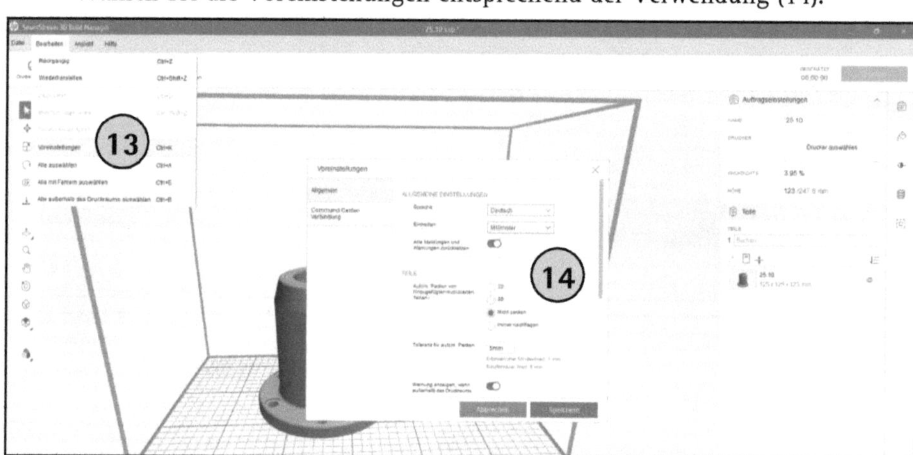

- **Auftragseinstellungen** (15) und **Bauteilfarbe** (16):

Button
Auftrags-
einstellungen

Button
Bauteilfarbe

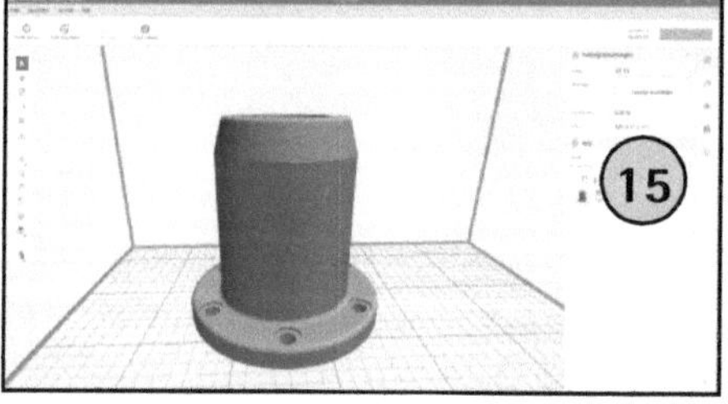

- **Farbanpassung** (17) und **Aushöhlung** (18)

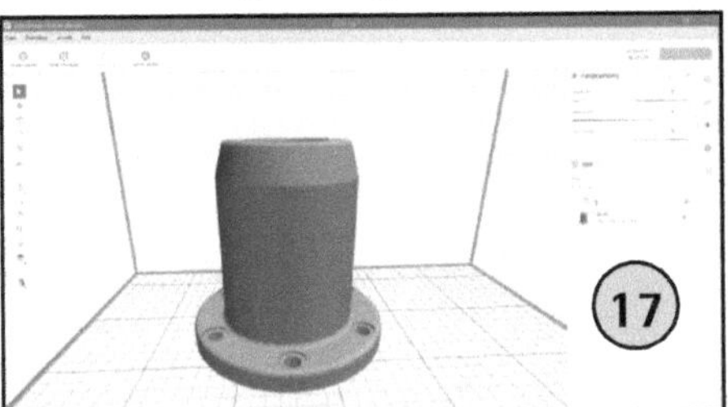
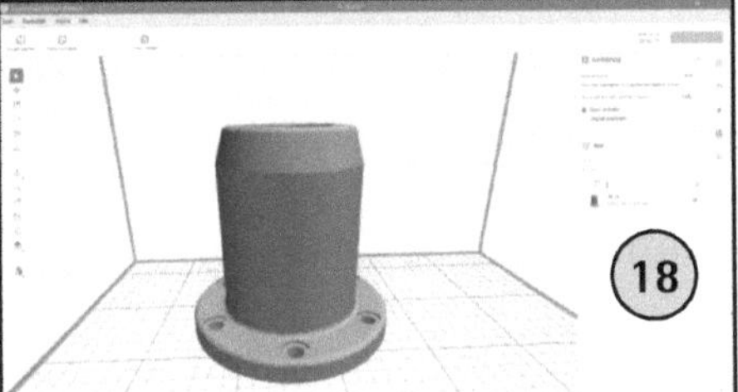

Button
Farbanpassung

Button
Aushöhlung

- **Käfigeinstellung** (19):

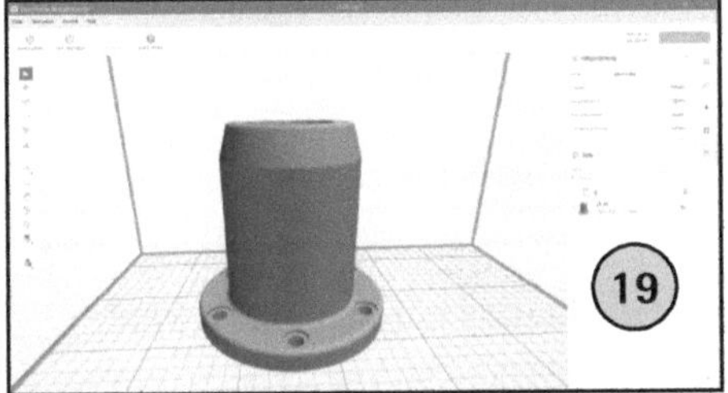

Button
Käfig-
einstellung

6.9.4.1 Datensicherung der Druckdatei erstellen

- Speichern Sie das Bauteil-Projekt über **Speichern unter**
  aus dem Register **Datei** (20, 21).

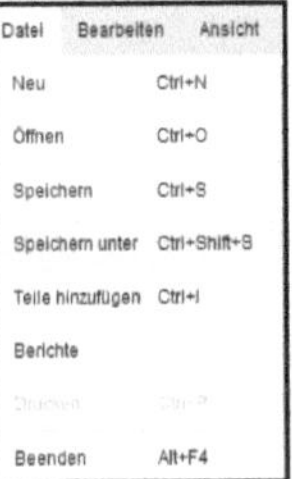

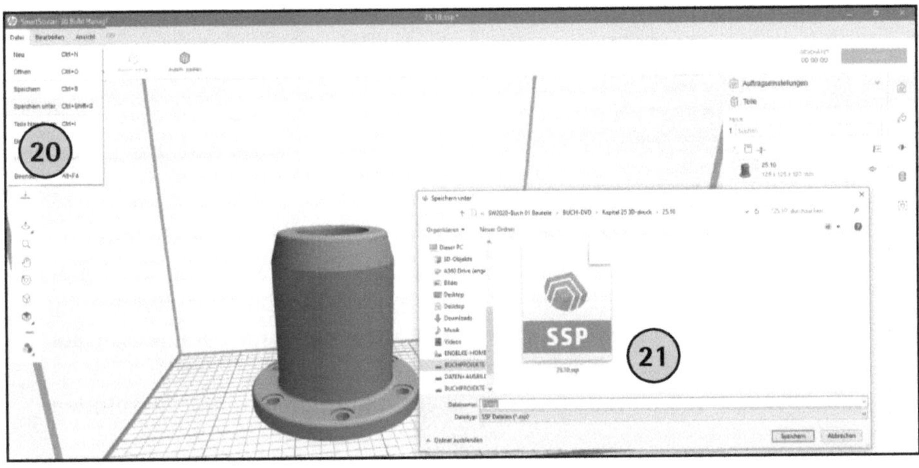

6.9.5 Online-Übertragung und Kontrolle der generierten Druckdatei

Für die Übertragung an das HP-Command Center ist ein Zugang zu einen 3D-Drucker bei HP einzurichten. Hierzu ist ein HP-Account nötig.

Die Registerkarte **Command Center**-Verbindung ermöglicht Ihnen, eine **IP-Adresse** und Portnummer zu verwenden, um eine Verbindung zum **Command Center** herzustellen und die aufgelisteten Drucker zu verwenden.

Wenn Sie den **HP SmartStream 3D Build Manager** zum ersten Mal, zu einer Online-Übertragung starten, müssen Sie eine Verbindung zu einem Command Center-Drucker herstellen.

6.10 3D-Druck eines Bauteils „Düsenscheibe"
Format OBJ, Gerätesoftware „PrusaSlicer©"

6.10.1 Arbeitsdatei bereitstellen und anpassen

6.10.1.1 Bauteildatei öffnen

Öffnen

- **Öffnen** Sie die Bauteildatei von der **Buch-DVD** (1, 2).

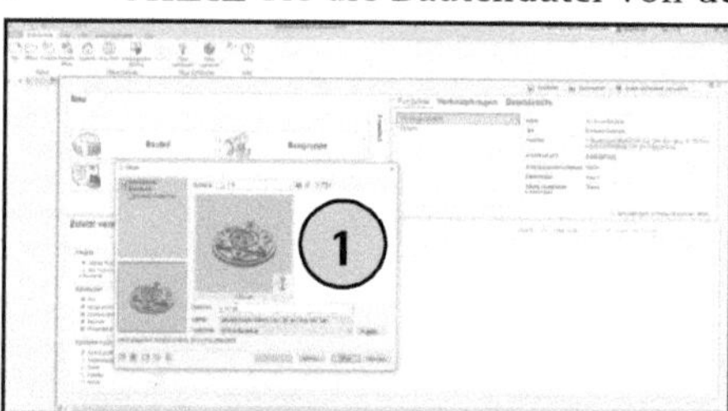
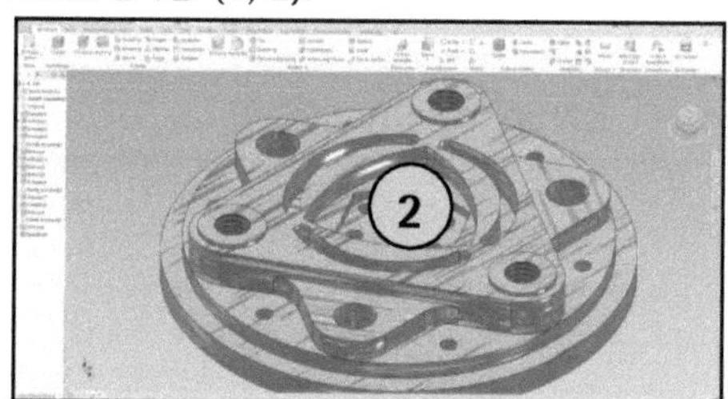

6.10.1.2 Anpassen der Innen-Bohrungen des Lochkreises mit echtem Gewinde

- Aktivieren Sie die jeweilige Innenbohrung des Lochkreises.
- Wandeln Sie den **Gewindeeintrag** in eine **Durchgangsbohrung** um (3).
- Weisen Sie der Innenfläche der Bohrung ein **Gewinde** Größe **M10** zu (4).
- Verfahren Sie mit den **beiden** weiteren Gewindezuweisungen entsprechend.

Speichern
unter

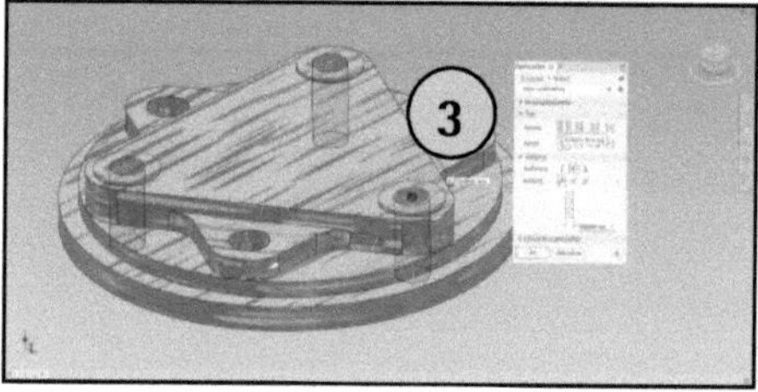
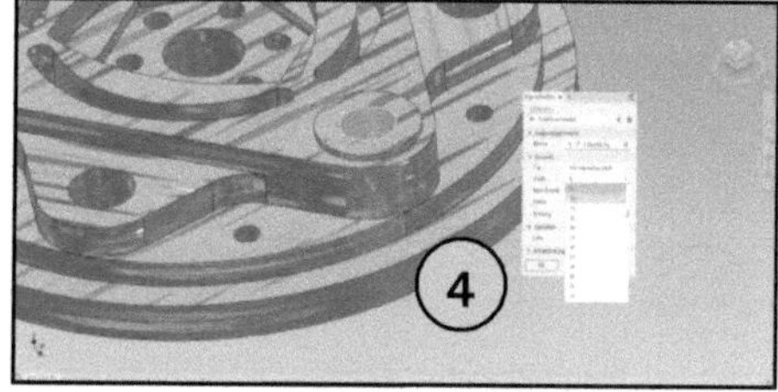

- Klicken Sie auf die Registerkarte **CoolOrange**, Befehl **ThreadModeller**.
- Wählen Sie den Innen-Gewinde-Eintrag des Lochkreises und der Unterseite im **Bauteil-Browser**, die Auswahl wird in die Dialogbox übernommen (5).
- Mit **OK** wird das **Gewinde** gesetzt, das Gewinde wird automatisch aus der Funktion **Spirale** und **Umdrehung** gebildet.
- Bilden Sie eine Volumen-Addition über **Kombinieren**, Option **Verbinden**. (6).

HP 3D Build
Manager

Button
Teile hinzu-
fügen

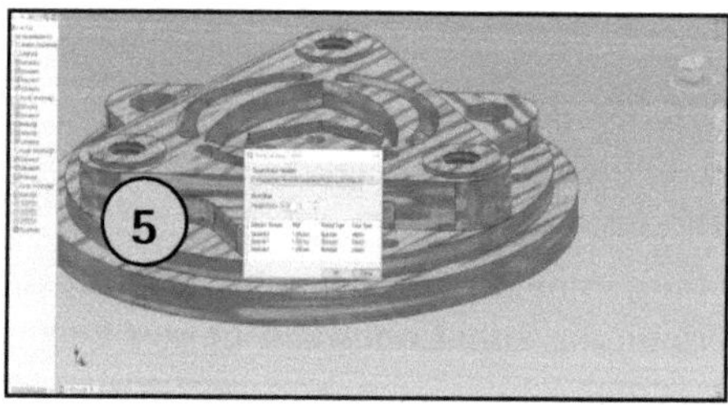
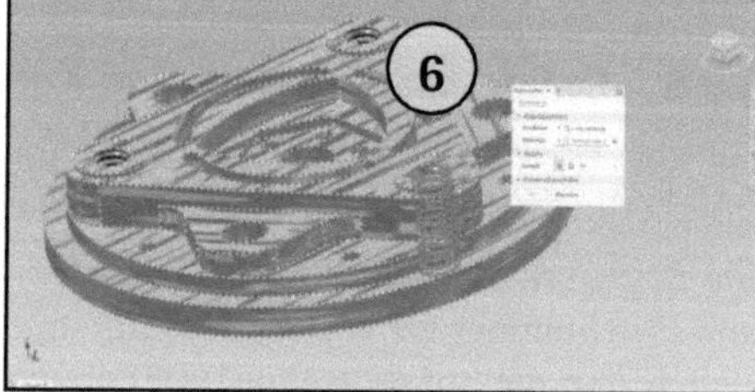

- Wählen Sie unter **Datei** das Register **Exportieren** Auswahl **CAD-Formate**.
- Aktivieren Sie unter **Optionen** Einstellungen nach Wahl.
- **Speichern** Sie das Bauteil mit echtem Gewinde im Exportfilter **OBJ**.

6.10.2 3D-Druck „Düsenscheibe"
über 3D-Drucker-Software „PrusaSlicer©"

6.10.2.1 3D-Druck über 3D-Drucker „Original Prusa Mini"
3D-Drucker-Software „PrusaSlicer©" starten

PrusaSlicer©
Starten Sie, mit Doppelklick, vom Windows-Desktop aus die 3D-Drucker-
Software **PrusaSlicer** (7).
Weisen Sie der Software einen 3D-Drucker Typ **Original Prusa Mini** zu.

Hinzufügen
Schieben Sie das zu druckende Bauteil, 3D-Druck-Format **OBJ** auf die Arbeitsplatte (8).

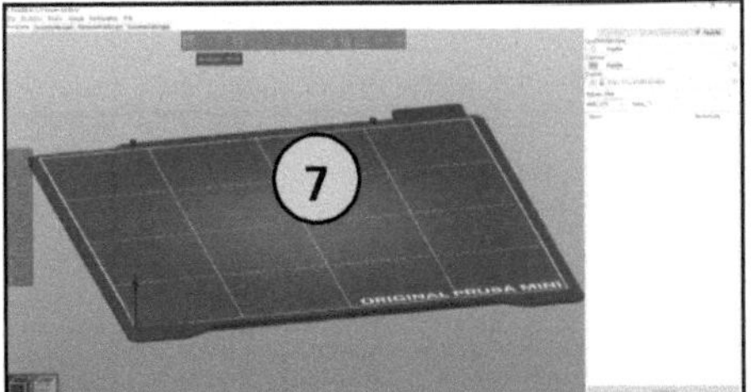

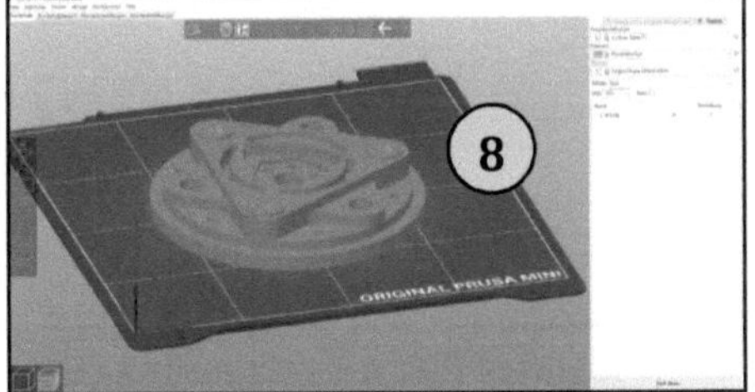

Auf Fläche legen
Wählen Sie das eingefügte Bauteil, aktivieren Sie die Funktion (9).

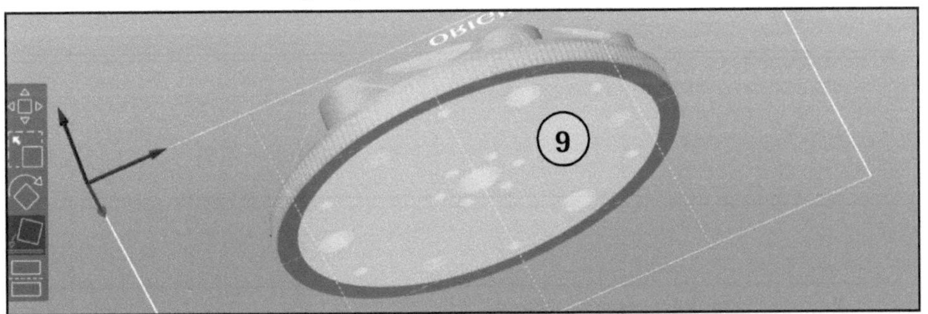

6.10.3 3D-Bauteil Druckdatei erstellen

Passen Sie die Optionen für die Druckdatei in den Registern an. Hierzu sind die Geräte und Materialbedingungen über Register **Konfiguration** einzutragen (10).

6.10.3.1 3D-Bauteil Druckdatei erstellen, Konfigurations-Einstellungen

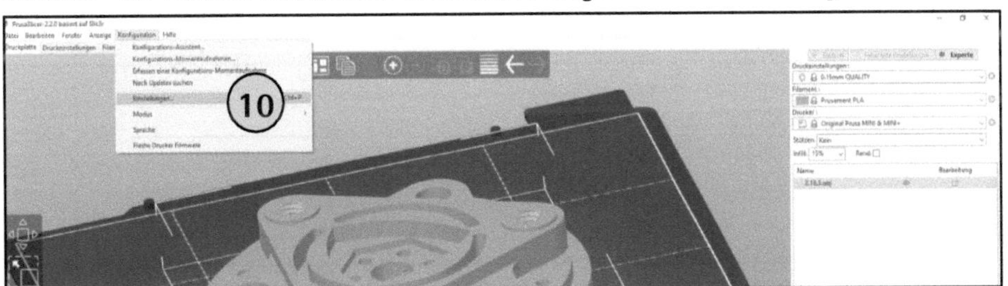

PrusaSlicer

Button
Hinzufügen

Button
Auf Fläche
legen

- Register **Druckeinstellungen**:

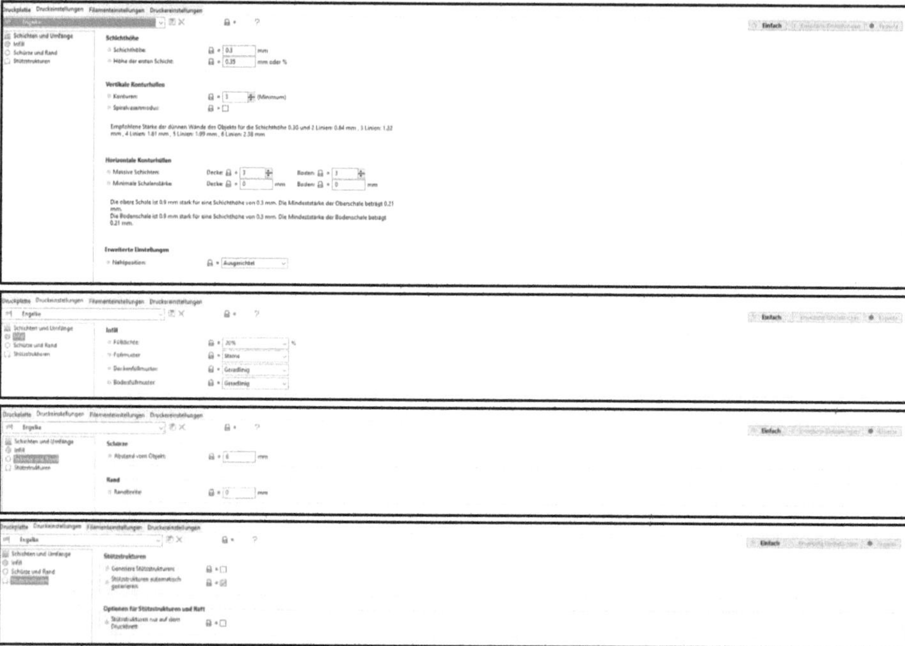

- Register **Filamenteinstellungen**:

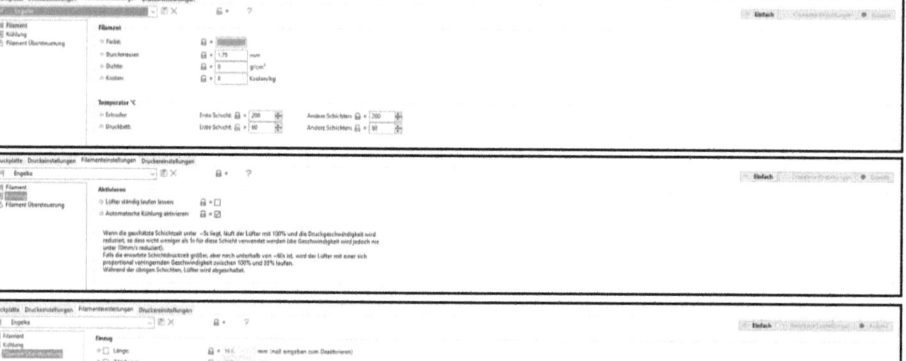

- Register **Druckereinstellungen**:

Wählen Sie in diesem Register die **Drahtfarbe** des Extruders (11).

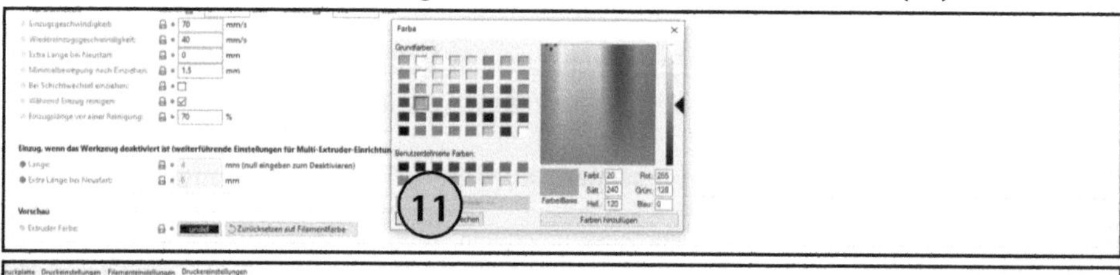

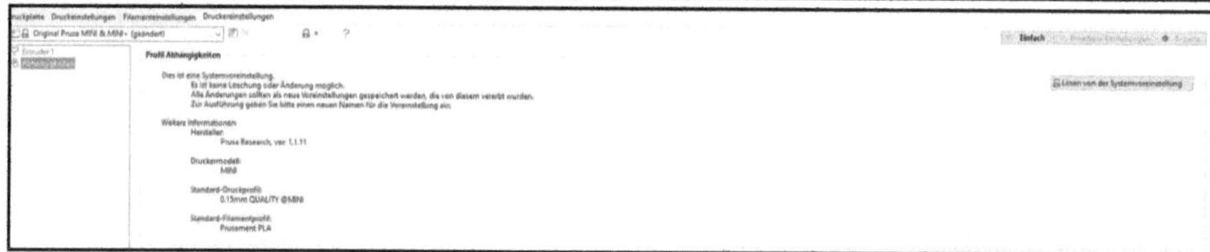

6.10.3.2 3D-Bauteil Druckdatei erstellen mit Ansichtsanpassung

- Aktivieren Sie **Jetzt Slicen**.
- Aktivieren Sie die Einstellungen **Eilgang, Einzüge, Wiedereinzüge, Konturhüllen** und **Legende** (12).

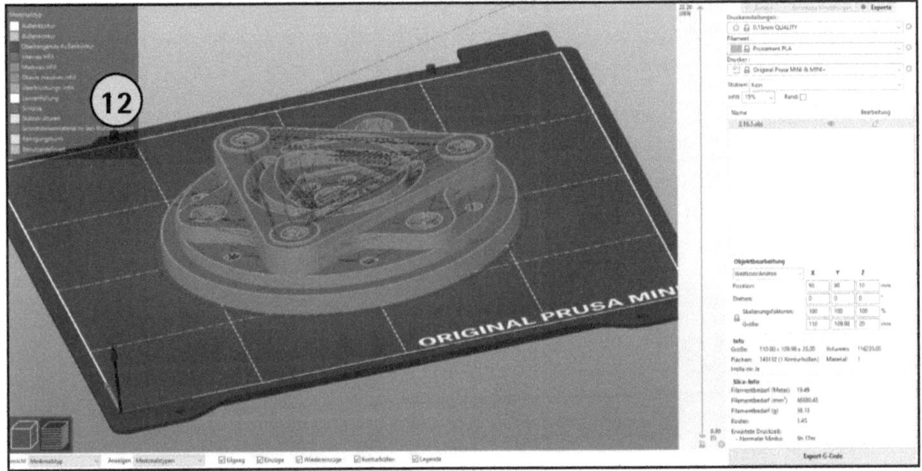

6.10.3.3 Ansichten der 3D-Bauteil Druckdatei:

- **Merkmaltyp** (13) und **Höhe** (14)

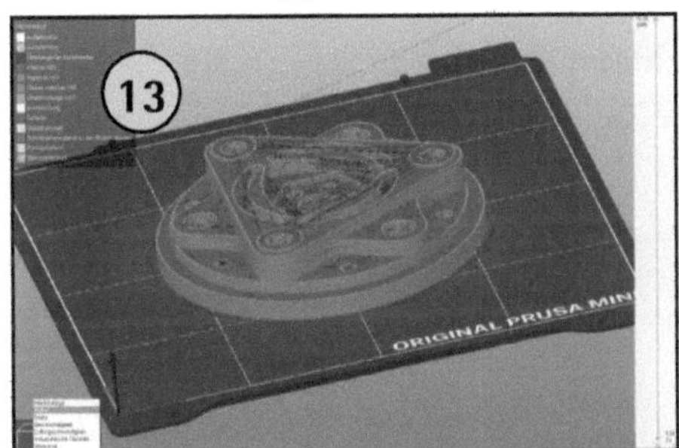
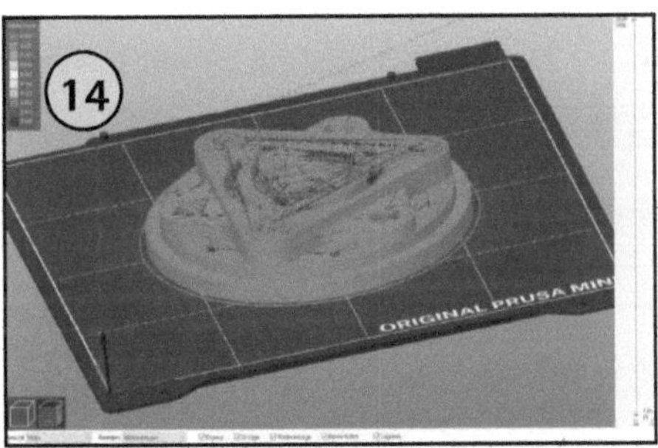

- **Breite** (15) und **Geschwindigkeit** (16)

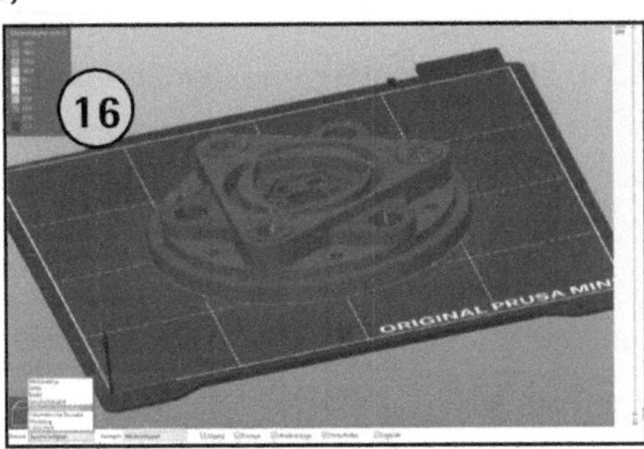

- **Lüftergeschwindigkeit** (17) und **Volumetrische Flussrate** (18).

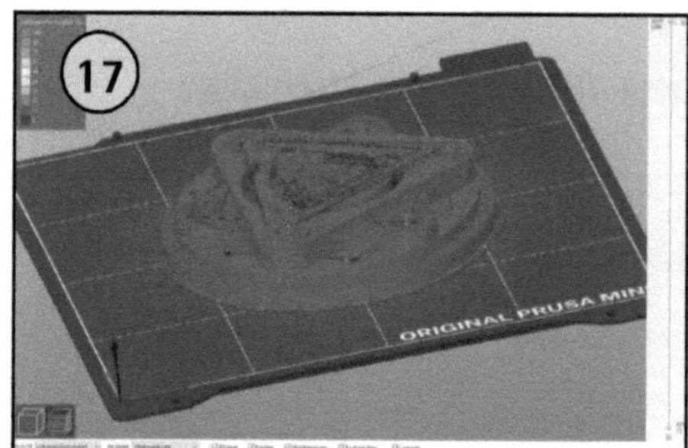 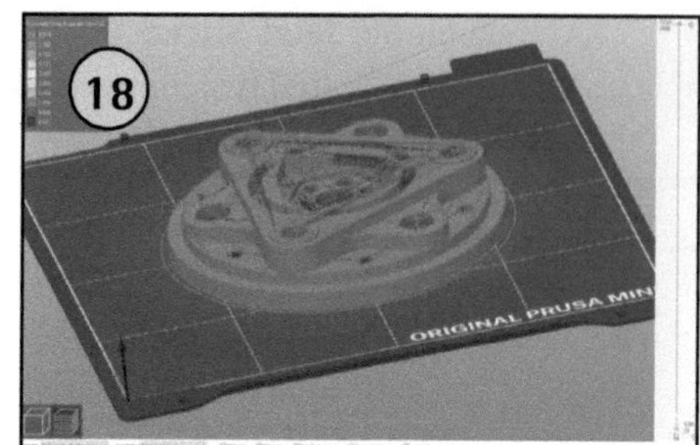

- **Werkzeug** (19)

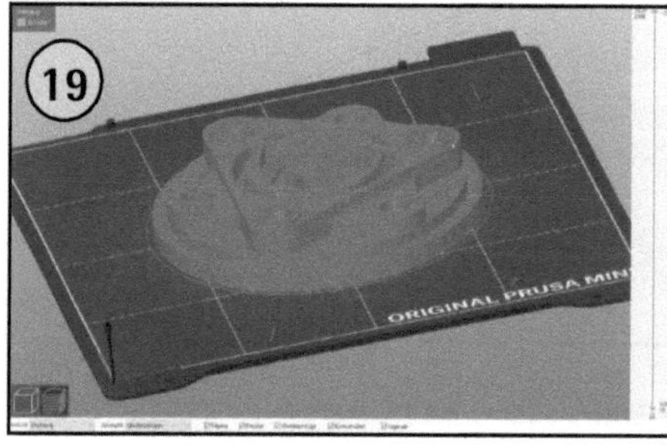

6.10.3.4 Darstellung der einzelnen Filamentlagen

- Darstellung der einzelnen **Layerschichten** (20, 21).

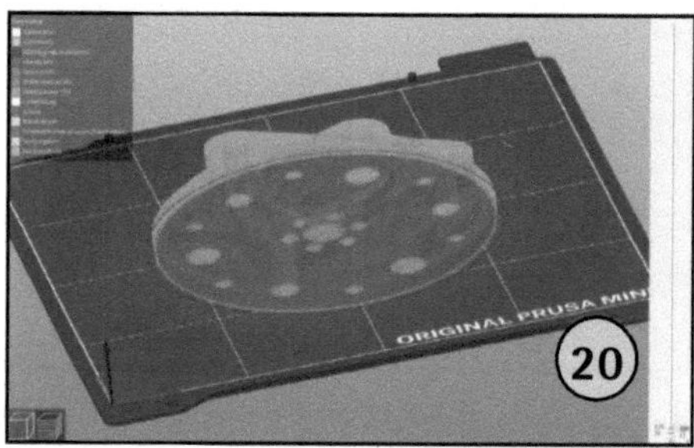 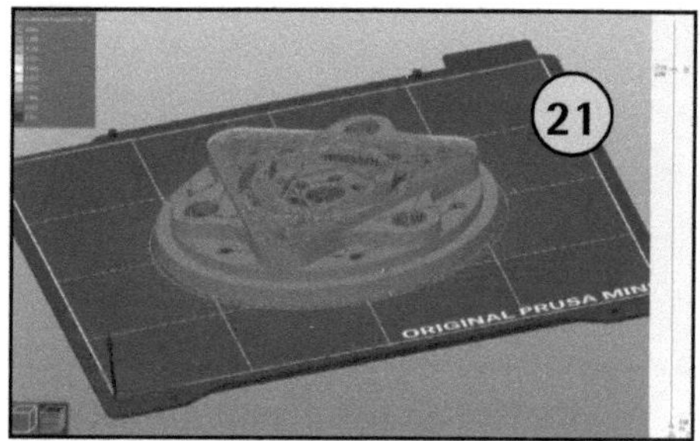

6.10.3.5 Datensicherung der 3D-Bauteil Druckdatei

- Speichern Sie dieses Bauteilprojekt über **Save Project as** .
- **Exportieren** Sie den **G-Code** Register **Datei**, Befehl **Export** (22, 23).

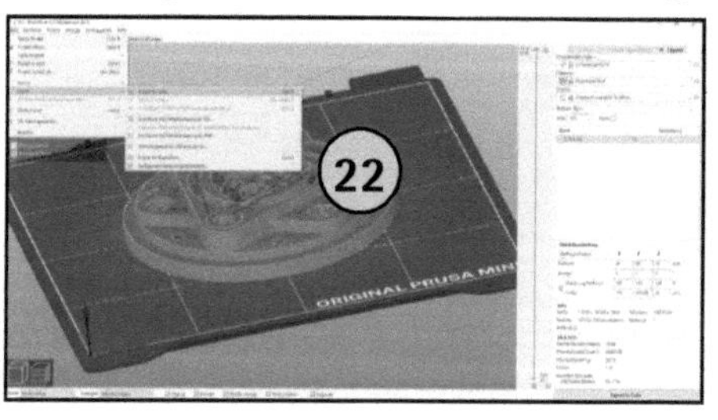 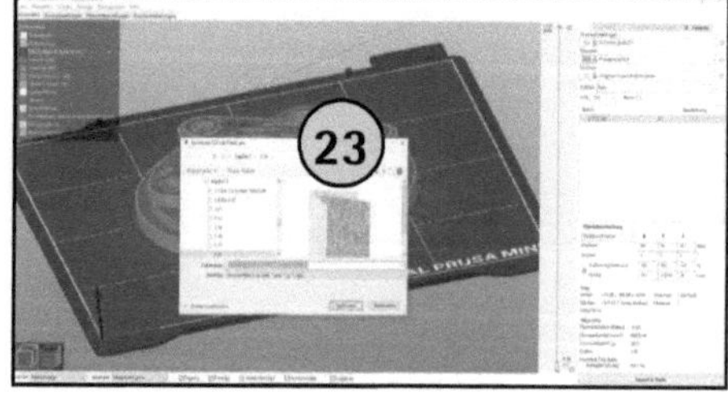

Projekt VIII

3D-Druck von Bauteilen
3D-Druck Gerätesoftware
Dualextruder
Seite 354 bis 378

- **3D-Druck-Erstellung „Zwei Hohlkörper"**
  3D-Druck-Software „MakerWare©"
  Dual-Extruder

- **3D-Druck-Erstellung „Zwei Normteile"**
  3D-Drucker-Software „HP 3D Build Manager©"
  Mehrfarbzuweisung

- **3D-Druck-Erstellung „Zwei Kunststoff-Bauteile"**
  3D-Druck-Software „PrusaSlicer©"
  Mehrfach-Extruder

- **3D-Druck-Erstellung „Bauteil aus zwei Teilen"**
  AutoDesk Inventor Funktion „Drehung" auf 180°
  3D-Druck-Software „MakerWare©"
  Dual-Extruder

- **3D-Druck-Erstellung**
  „Unmöglicher Knoten" und „Rotationskörper"
  STL-Direkt-Import, Gerätesoftware „MakerWare©"
  Dual-Extruder

6.11 3D-Druck-Erstellung „Zwei Hohlkörper" Gerätesoftware „MakerWare©" mit Dual-Extruder

6.11.1 Bauteile bereitstellen und Druckdatei erstellen

6.11.1.1 Bearbeiten des ersten Hohlkörpers

 Öffnen

 Speichern unter

- **Öffnen** Sie die Bauteildatei von der **Buch-DVD** (1).
- **Speichern** Sie die Baugruppendatei im **STL**-3D-Druck-Dateiformat (2, 3).

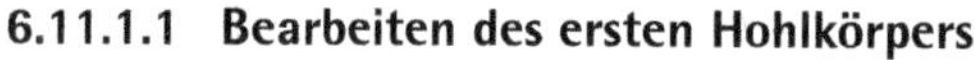

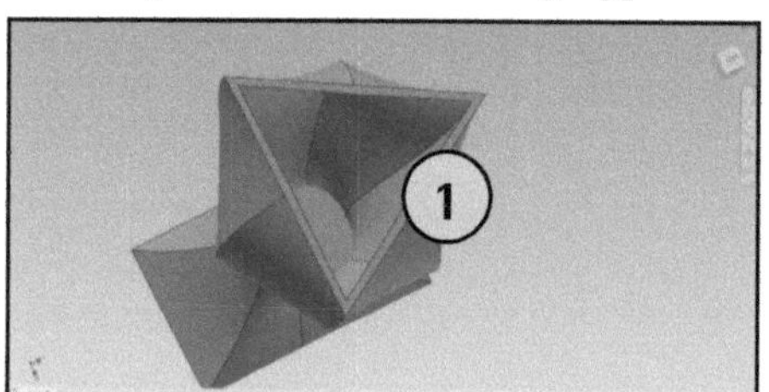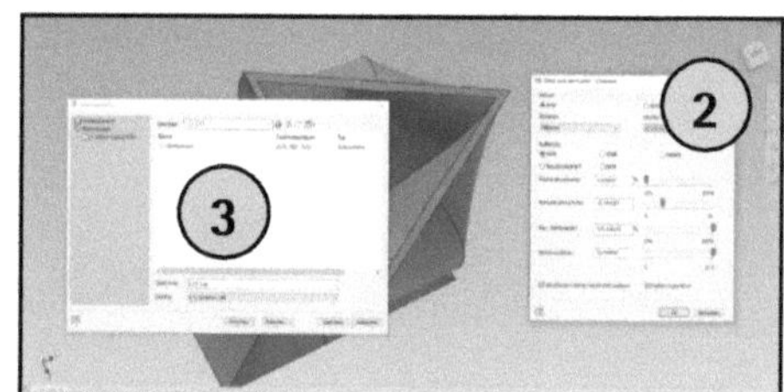

6.11.1.2 Bearbeiten des zweiten Hohlkörpers

 Öffnen

 Speichern unter

- **Öffnen** Sie die Bauteildatei von der **Buch-DVD** (4).
- **Speichern** Sie die Baugruppendatei im **STL**-3D-Druck-Dateiformat (5, 6).

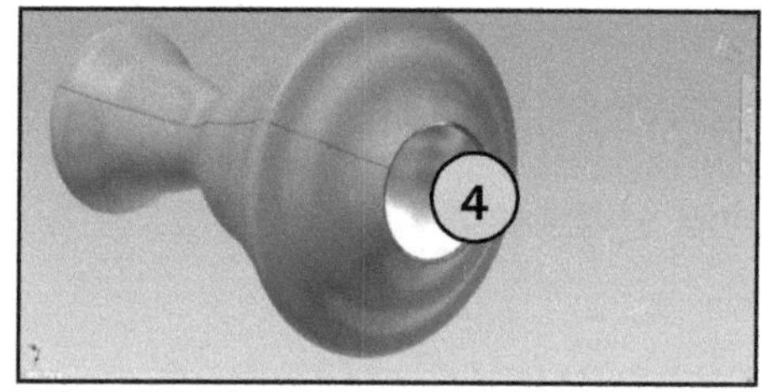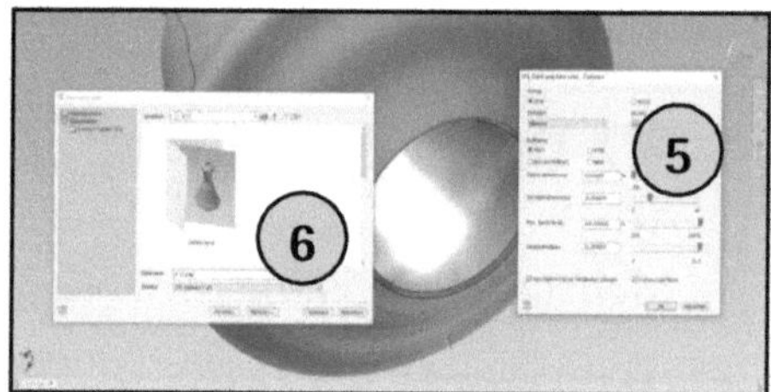

6.11.2 3D-Druck „Zwei Hohlkörper" Gerätesoftware „MakerWare"© Dualextruder

6.11.2.1 3D-Druck über 3D-Drucker „Replicator 2X Dual" 3D-Drucker-Software „MakerWare©" starten

 MakerWare 3D-Drucker-Software

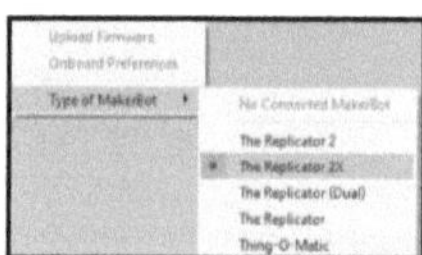

 **MakerWare©**

Starten Sie, mit Doppelklick, vom Windows-Desktop aus die 3D-Drucker-Software **MakerWare** (7).

Weisen Sie der Software einen 3D-Drucker Typ **Replicator 2X Dual** zu (8).

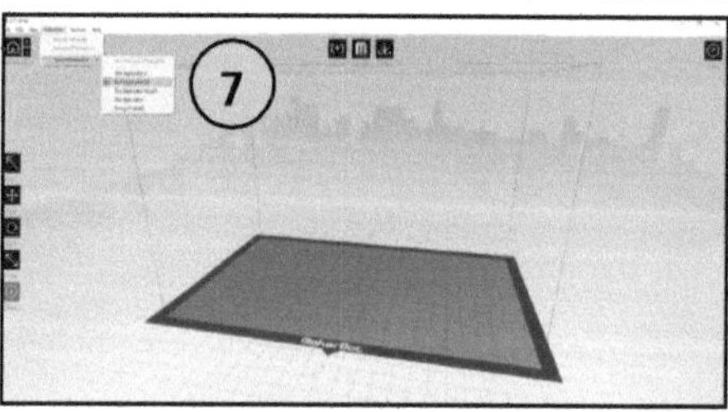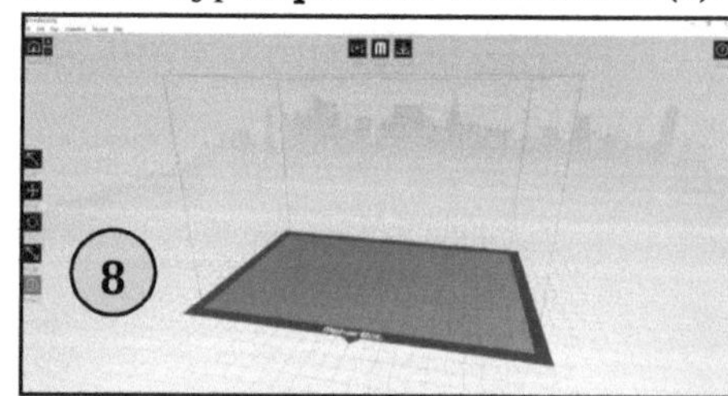

- Weisen Sie den beiden Druckextrudern Farben, hier **Rot** (9) und **Grün** (10), nach Wahl zu, die dann bestückt werden.

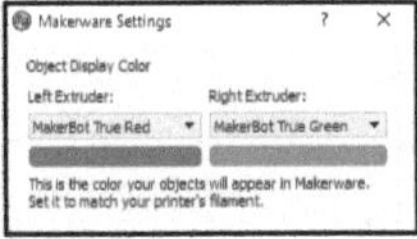

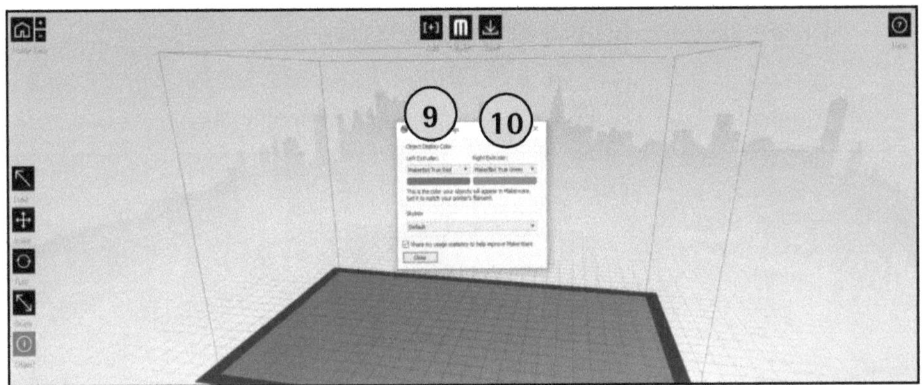

6.11.2.2 3D-Bauteile übertragen und positionieren

Add

Öffnen Sie die **STL**-Bauteildatei (11).

Passen Sie die Größe des Bauteils Meldung **Put object on platform** über den Button **Move to platform** an (12).

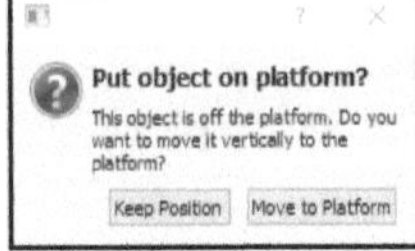

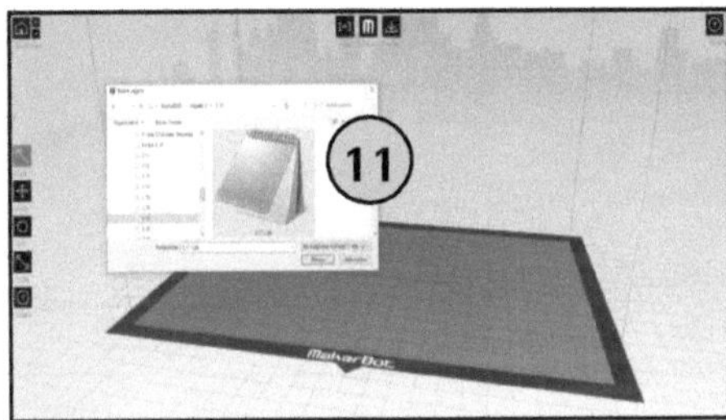
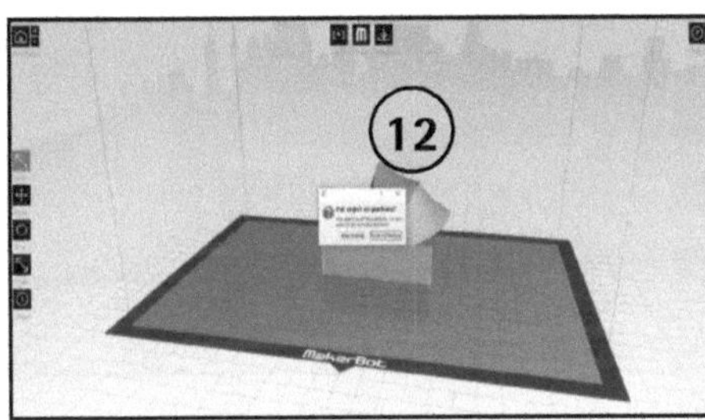

Add

Öffnen Sie die **STL**-Bauteildatei (13).

Passen Sie die Größe des Bauteils Meldung **Object to large** über den Button **Scale to Fit** an (14).

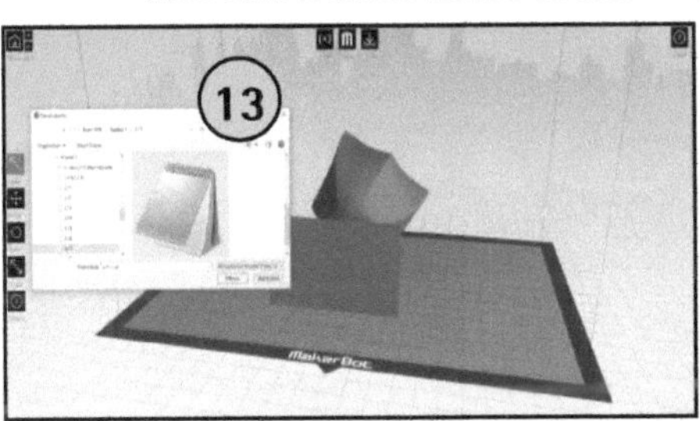
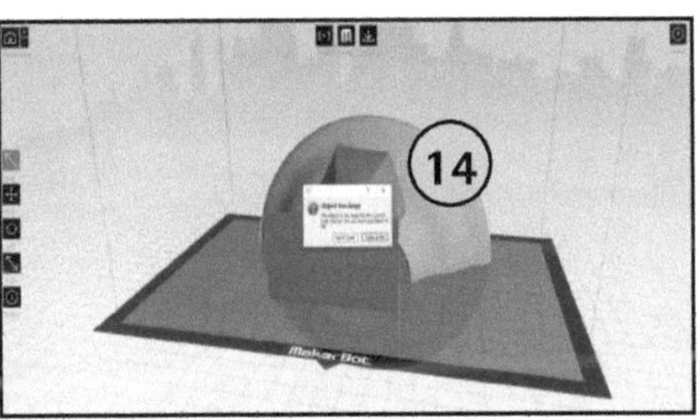

Button
Turn

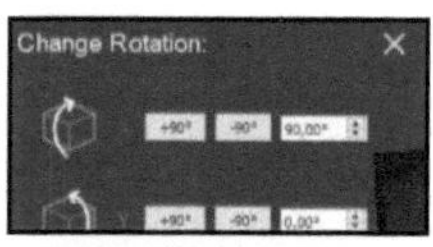

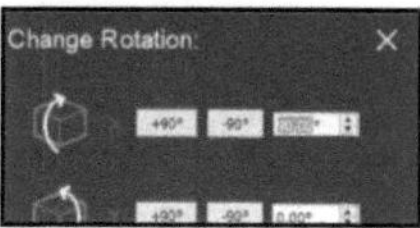

Turn

Drehen Sie das rechte Bauteil **X** um **+90°** (15).

Drehen Sie das linke Bauteil **X** um **+90°** (16).

Aktivieren Sie: **Lay Flat**.

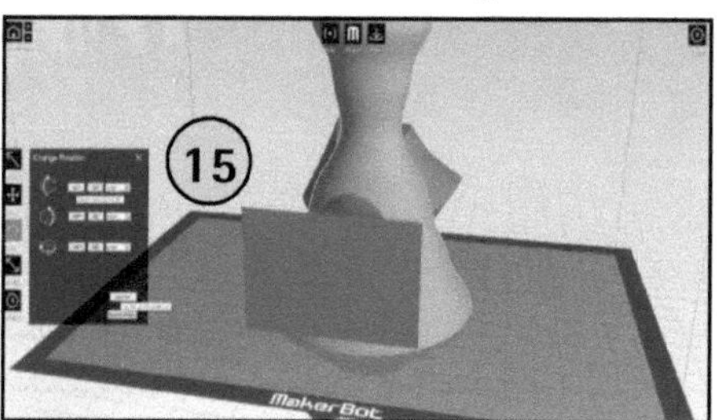

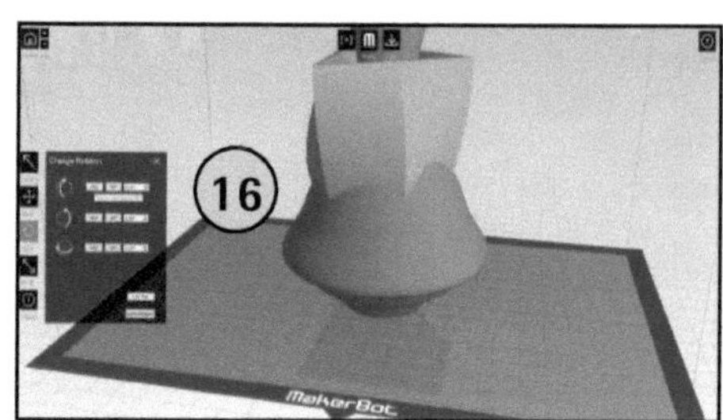

Duplicate   Ctrl+D
Delete   Del
Select All   Ctrl+A
Deselect All   Ctrl+Shift+A

Button
Move

Move

Verschieben Sie die beiden Bauteile über **Select All**.

Wählen Sie für die Lageausrichtung **On Platform** und **Center** (17).

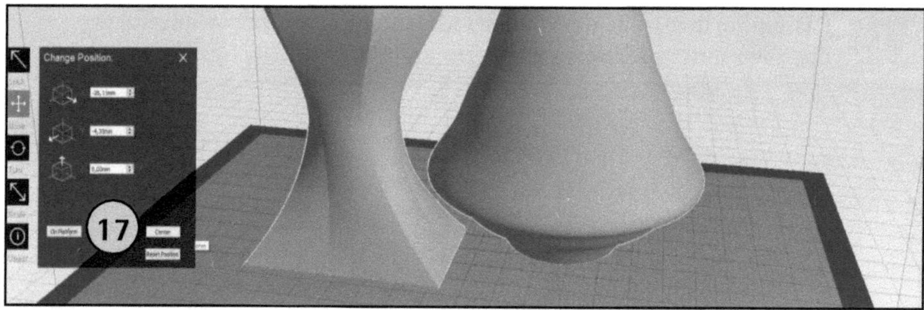

Duplicate   Ctrl+D
Delete   Del
Select All   Ctrl+A
Deselect All   Ctrl+Shift+A

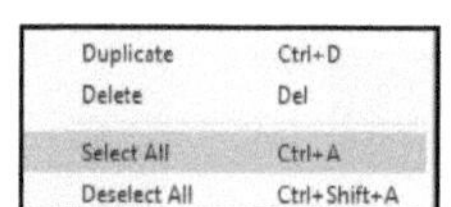

Button
Scale

Scale

Wählen Sie beide Bauteile über **Select All**.

Aktivieren Sie: **Maximum Size** (18).

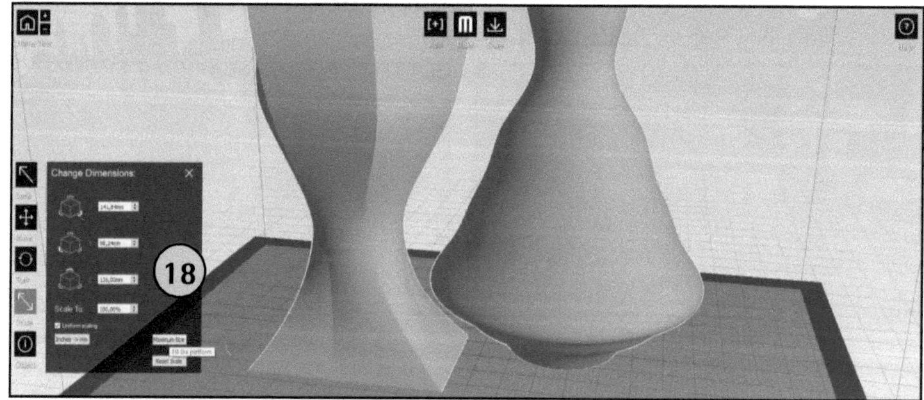

Object

Wählen Sie das linke Bauteil über **Left** (19).

Weisen Sie die Farbe **Rot** zu (20).

Wählen Sie das rechte Bauteil über **Right** (21).

Weisen Sie die Farbe **Grün** zu (22).

6.11.2.3 3D-Bauteil Druckdatei erstellen

Make

Passen Sie die Optionen für die Druckdatei in den Registern an.
Hierzu sind die Geräte und Materialbedingungen genau einzutragen (23).

Quality (24), **Temperature** (25) und **Speed** (26)
Kann ohne Veränderung bleiben.

Klicken Sie den Button **Preview before Printing** (27).

Klicken Sie den Button **Export** (28, 29).

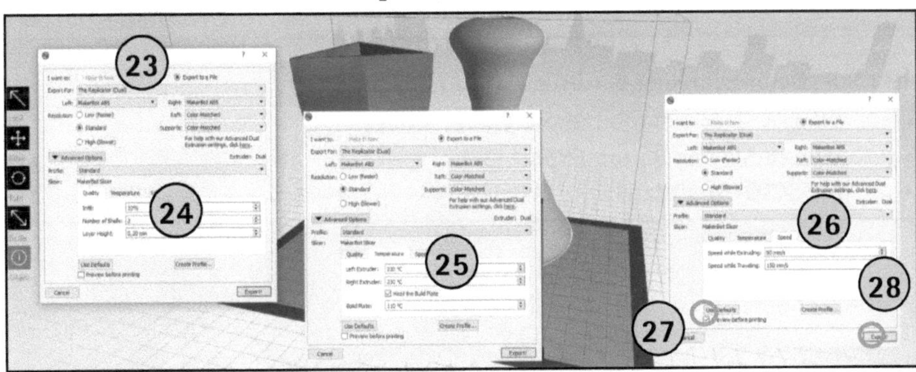

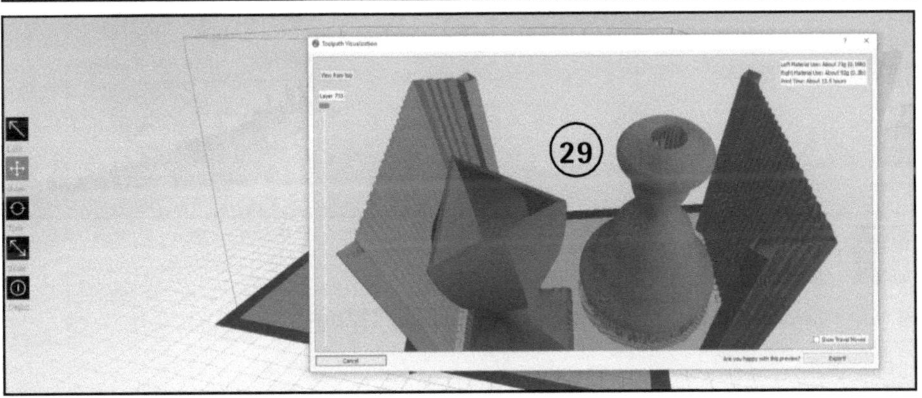

6.11.2.4 Darstellung der einzelnen Filamentlagen

- Darstellung der einzelnen **Layerschichten** (30, 31).

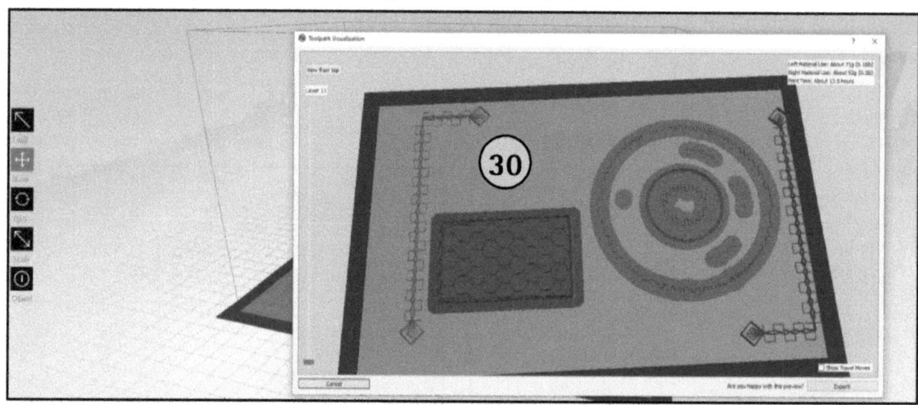

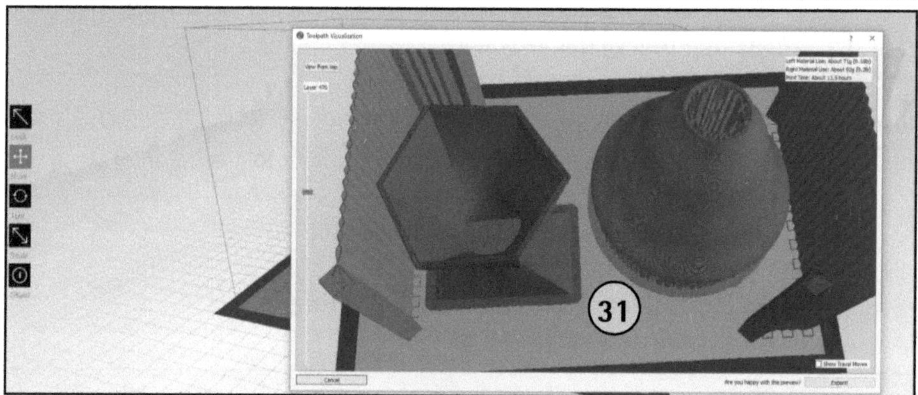

6.11.2.5 Datensicherung der Druckdatei erstellen

- Klicken Sie den Button **Show Travel Moves** (32).
- Klicken Sie den Button **Export** (33).
- Die **.X3G**-Druckdatei wird erstellt.

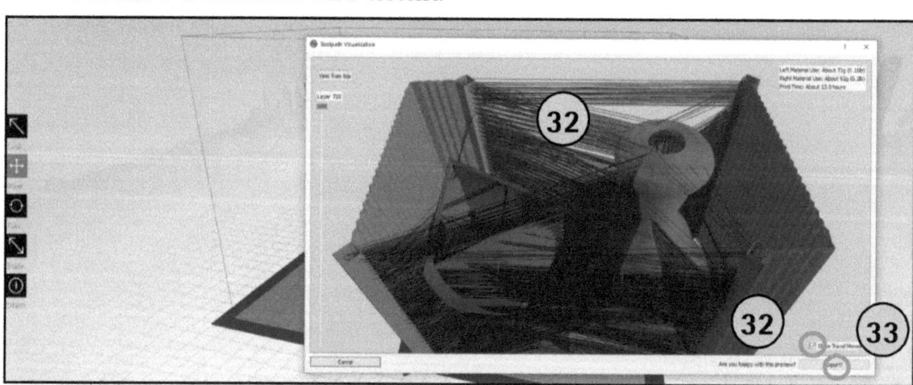

Button
Save

Save

Speichern Sie die fixierten Optionen der **Thing**-Druckdatei.

6.12 3D-Druck-Erstellung „Zwei Normteile"
Gerätesoftware „HP 3D Build Manager©"
Mehrfarbzuweisung

6.12.1 3D-Druck-Erstellung, „Zwei Normteile", Vorbemerkungen

Für die Übergabe an die Gerätesoftware **HP 3D Build Manager**® finden die bereits,
in diesem Kapitel, erstellten 3D-Druck-Dateien.

6.12.2 3D-Druck-Erstellung „Zwei Normteile"
HP 3D Build Manager©, Bauteilbearbeitung

HP 3D Build
Manager

- Starten Sie den **HP 3D Build Manager.**
- Verändern Sie die Ansicht für das dargestellte Raumgitter nach Bedarf
  (1, 2).

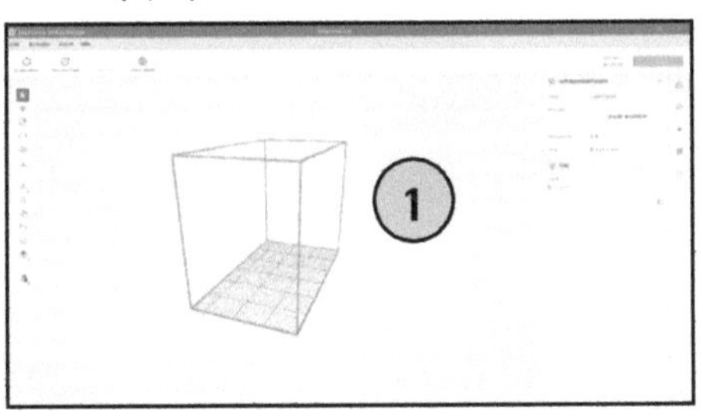
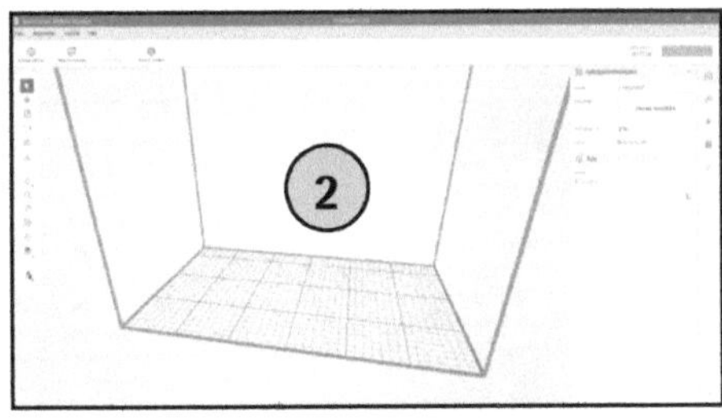

Teile hinzufügen

Wählen Sie **Teile hinzufügen** aus dem Register **Datei.**
Fügen Sie die 3D-Druck-Datei **Zylinderschraube** in den Bearbeitungsraum
ein (3, 4).

Button
Teile hinzu-
fügen

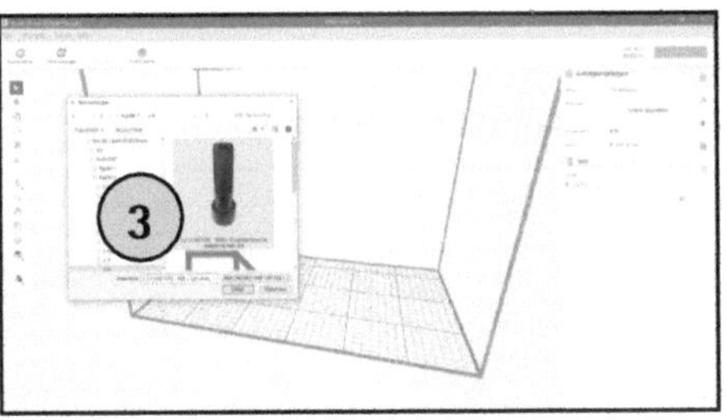
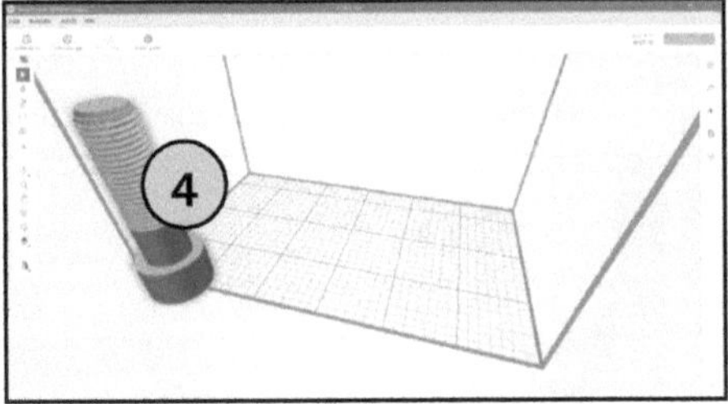

Teile hinzufügen
Fügen Sie die 3D-Druck-Datei **Kronenmutter** in den Bearbeitungsraum ein
(5, 6).

Button
Teile hinzu-
fügen

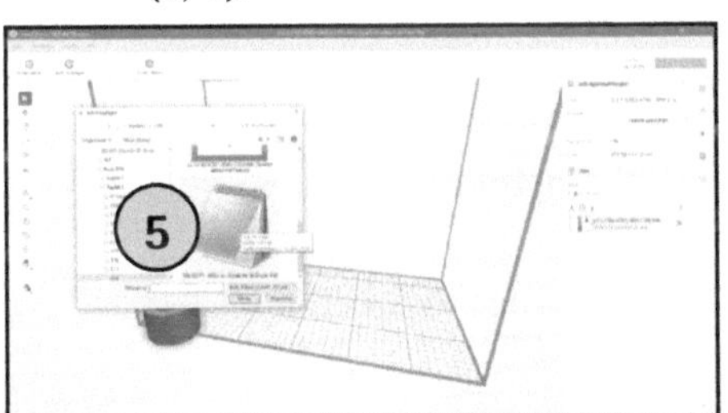
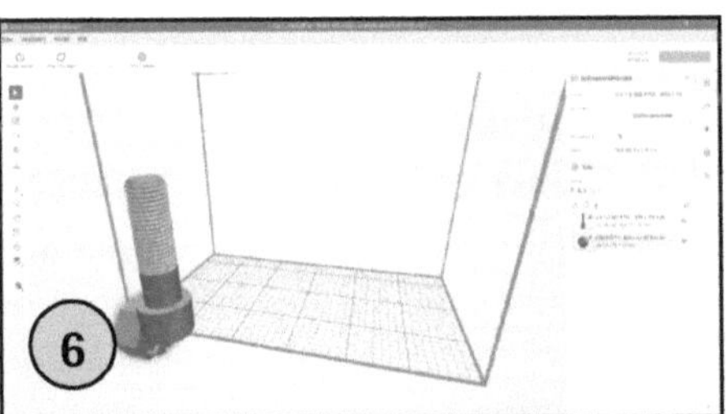

Button
Verschieben

Verschieben

Wählen Sie die Normteile nach Wahl (7, 8).

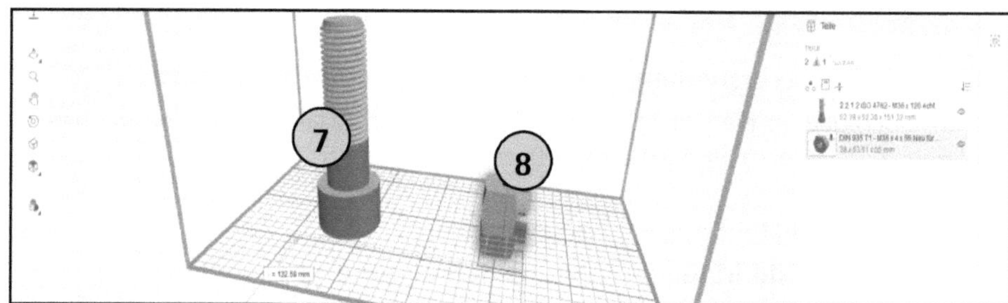

Button
Auf Funda-
ment
verschieben

Auf Fundament verschieben

Wählen Sie das Normteil (9) und platzieren Sie dieses auf die Unterseite des Druckvolumens.

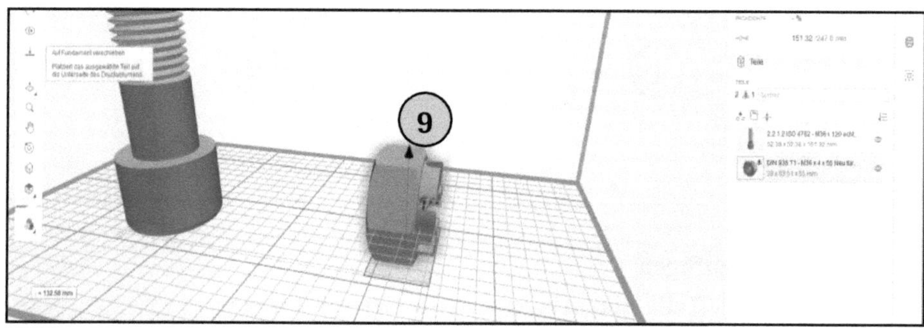

Button
Drehen

Drehen

Wählen Sie das Normteil **Kronenmutter**.

Drehen Sie, am gezeigten Pfeilsystem, das Bauteil um **90°** (10).

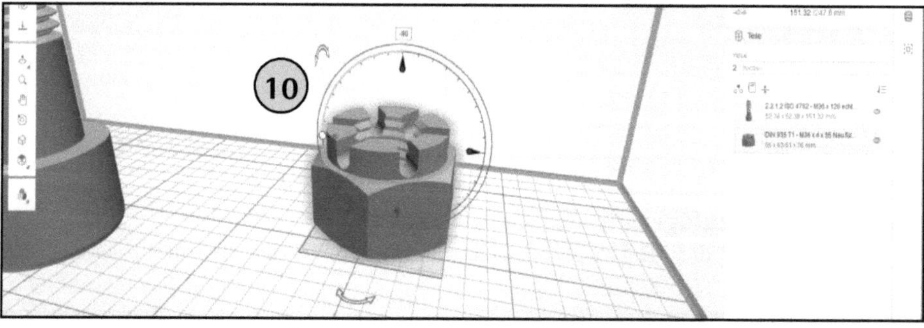

6.12.3 3D-Druck-Erstellung „Zwei Normteile"
über „HP 3D Build Manager©", Druckeinstellungen

- Wählen Sie **Voreinstellungen** aus dem Register **Bearbeiten**.
  Wählen Sie die Voreinstellungen entsprechend der Verwendung.

6.12.3.1 Farbzuweisungen

* Wählen Sie das entsprechende Normteil an und weisen Sie die ausgewählte **Bauteilfarbe** zu (11, 12).

Button
Bauteilfarbe

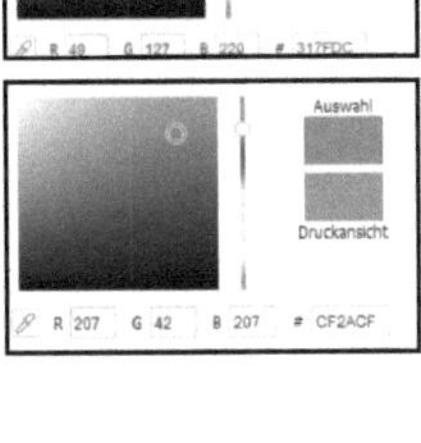

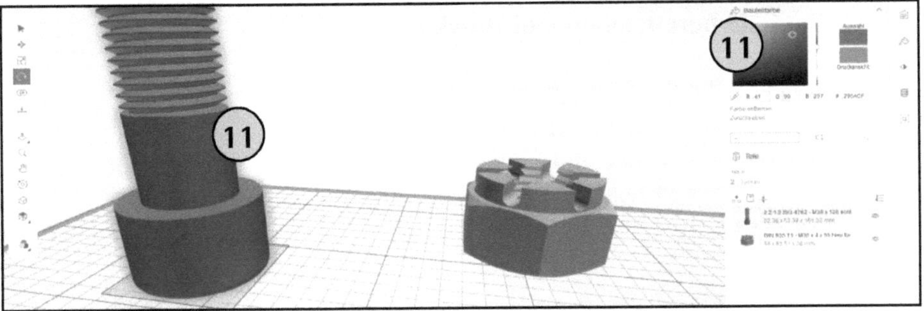

6.12.3.2 Aushöhlung

* Wählen Sie beide Normteile über **Alle auswählen** an und weisen Sie eine Aushöhlung über **Original Aushöhlen** und **Anwenden** zu (13).

Button
Aushöhlung

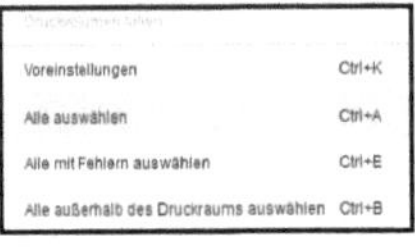

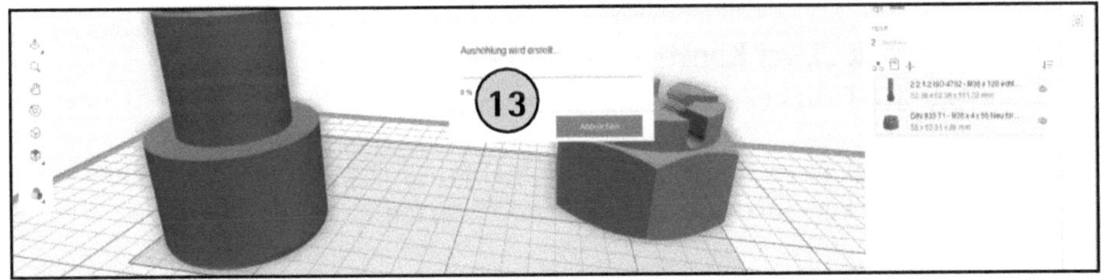

6.12.3.3 Datensicherung und HP-Online-Übertragung

* Speichern Sie das Bauteil-Projekt über **Speichern unter** aus dem Register **Datei** (14).

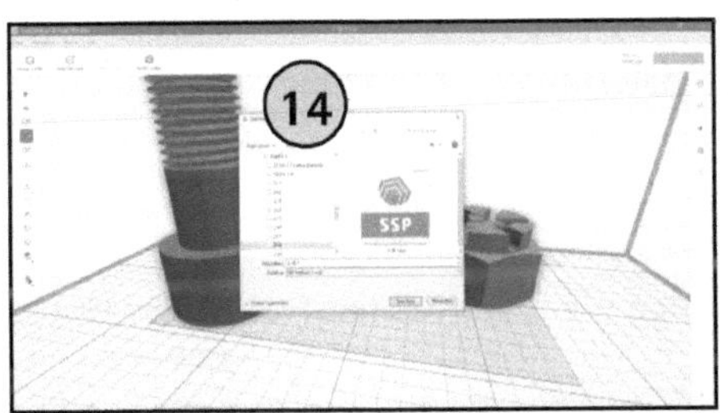

* Übertragen Sie die Druckdatei an die **Command Center-Verbindung**.

6.13 3D-Druck-Erstellung „Zwei Kunststoff-Bauteile" Gerätesoftware „PrusaSlicer©", mit Mehrfach-Extruder

6.13.1 Bauteile bereitstellen und Druckdatei erstellen

6.13.1.1 Bearbeiten des ersten Kunststoff-Bauteils

 Öffnen

 Speichern unter

- **Öffnen** Sie die Bauteildatei von der **Buch-DVD** (1).
- **Speichern** Sie die Bauteildatei im **STL**-3D-Druck-Dateiformat (2, 3).

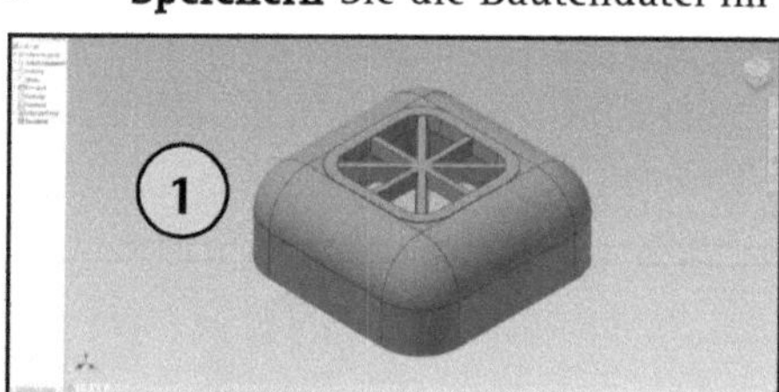
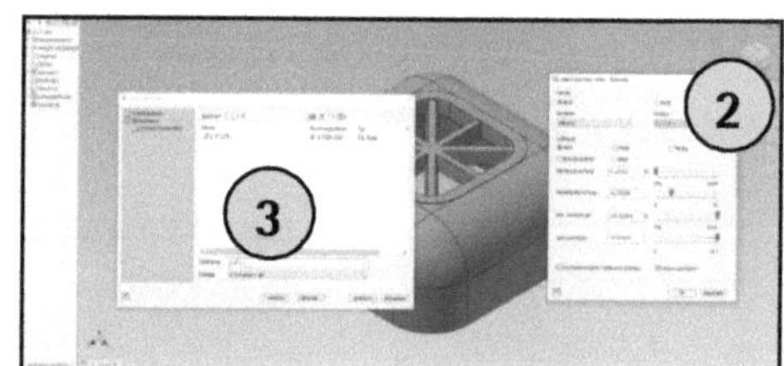
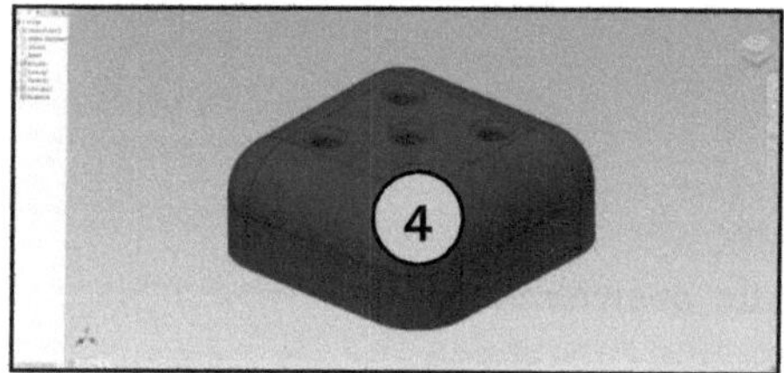

6.13.1.2 Bearbeiten des zweiten Kunststoff-Bauteils

 Öffnen

 Speichern unter

- **Öffnen** Sie die Bauteildatei von der **Buch-DVD** (4).
- **Speichern** Sie die Bauteildatei im **OBJ**-3D-Druck-Dateiformat (5, 6).

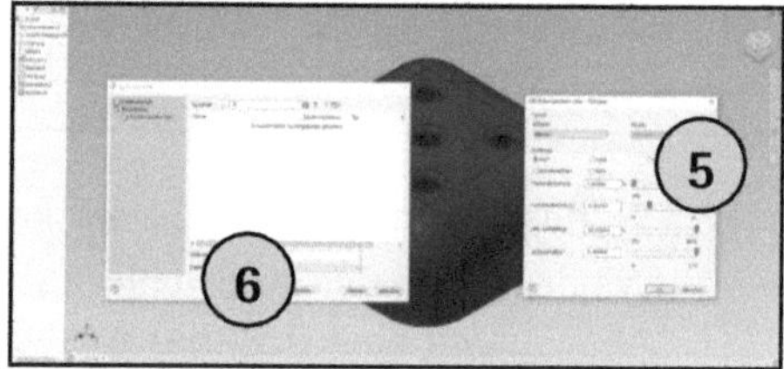

6.13.2 3D-Druck „Zwei Kunststoff-Bauteile" über 3D-Drucker-Software „PrusaSlicer©"

6.13.2.1 3D-Druck über 3D-Drucker „Original Prusa i3 MK3, zwei Extruder" 3D-Drucker-Software „PrusaSlicer©" starten

 PrusaSlicer

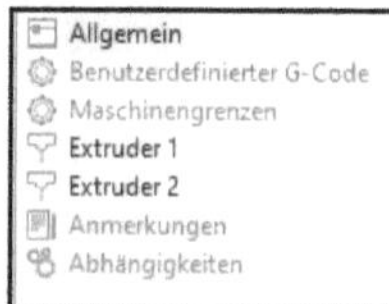

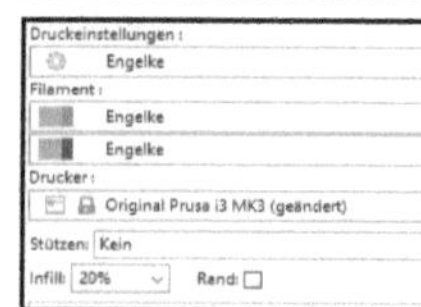

 **PrusaSlicer©**

Starten Sie, mit Doppelklick, vom Windows-Desktop aus die 3D-Drucker-Software **PrusaSlicer**.
Weisen Sie der Software einen 3D-Drucker
Typ **Original Prusa i3 MK3**, mit zwei Extrudern, zu (7).
Wählen Sie, über Register **Druckereinstellungen 2 Extruder**.

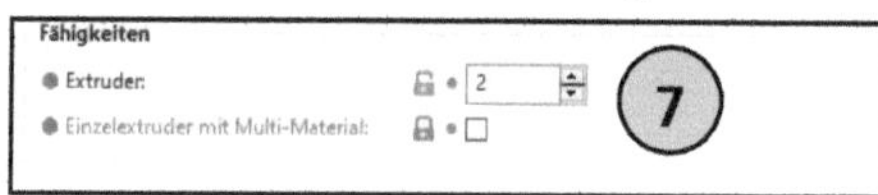

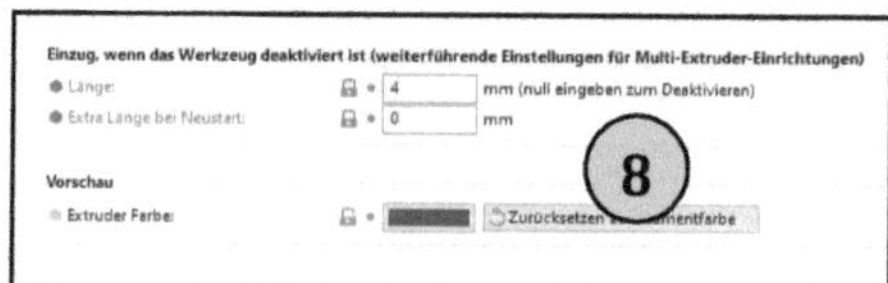

- Definieren Sie, über **Extruder** anwählen die gewünschten Farben des Filaments (8).

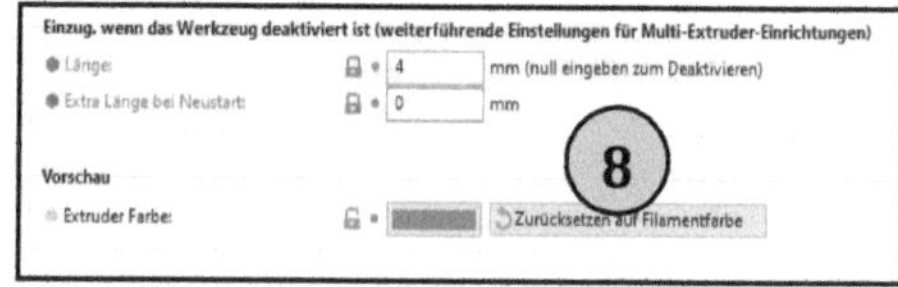

6.13.3 3D-Drucker-Software „PrusaSlicer©", Bauteile hinzufügen

Hinzufügen

Schieben Sie das erste, zu druckende Bauteil, 3D-Druck-Format **STL** auf die Arbeitsplatte (9, 10).

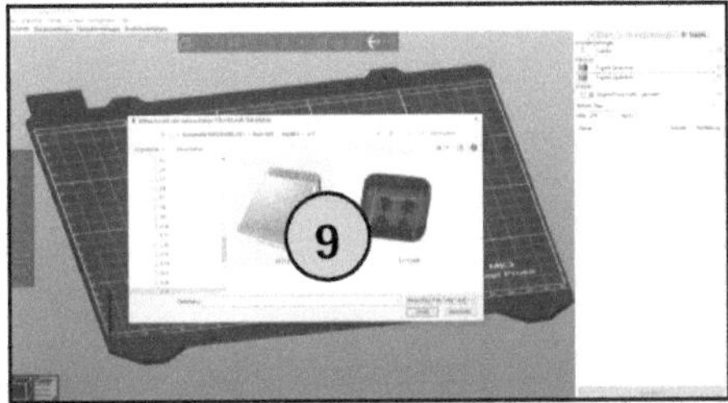

Drehen

Wählen Sie das eingefügte Bauteil.

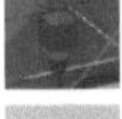

Klicken Sie den **roten** Kegel Richtung **Oben** (11).

Drehen Sie die Lage auf **270°** (12).

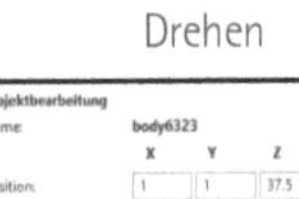

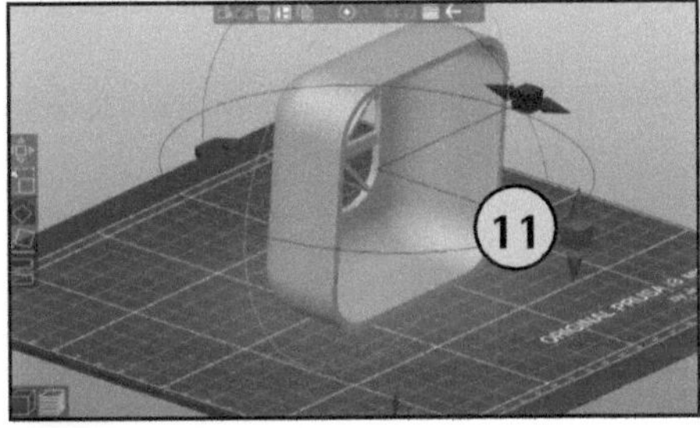
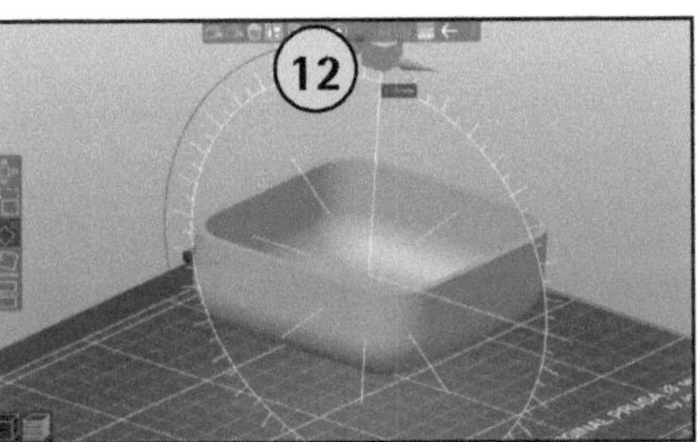

Bewegen

Wählen Sie das eingefügte Bauteil.

Schieben Sie das Bauteil auf die Arbeitsplatte, Lage nach Wahl (13, 14).

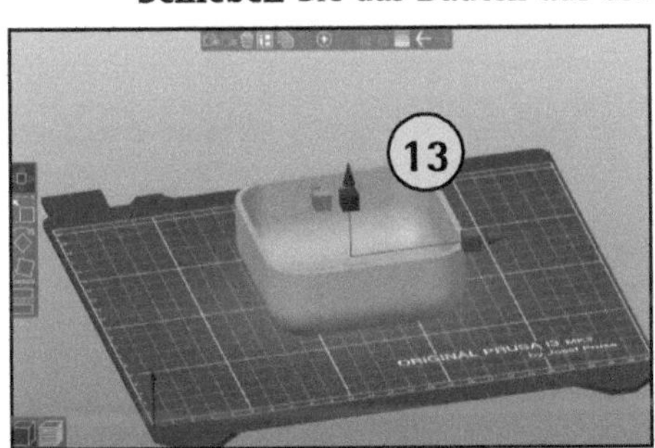

Button
Hinzufügen

Hinzufügen

Schieben Sie das zweite, zu druckende Bauteil, 3D-Druck-Format **OBJ** auf die Arbeitsplatte (15, 16).

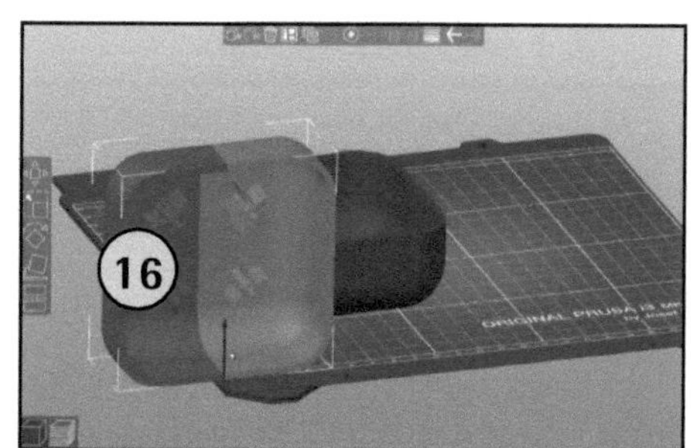

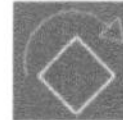

Button
Drehen

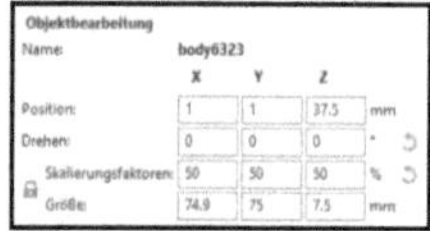

Drehen

Wählen Sie das eingefügte Bauteil.

Klicken Sie den **roten** Kegel Richtung **Oben**.

Drehen Sie die Lage auf **270°** (17, 18).

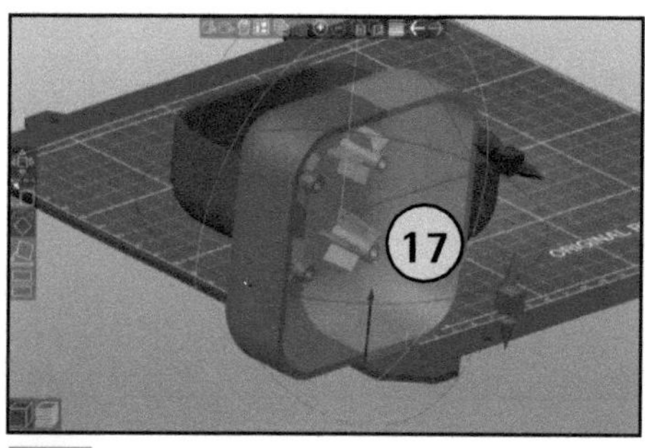
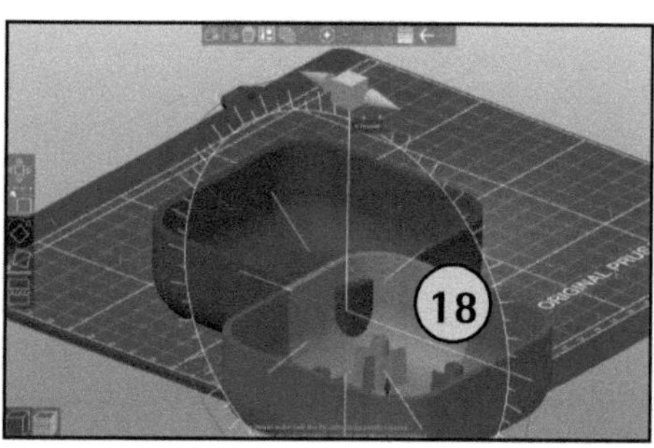

Button
Bewegen

Bewegen

Wählen Sie das zweite, eingefügte Bauteil.

Schieben Sie das Bauteil auf die Arbeitsplatte, Lage nach Wahl (19, 20).

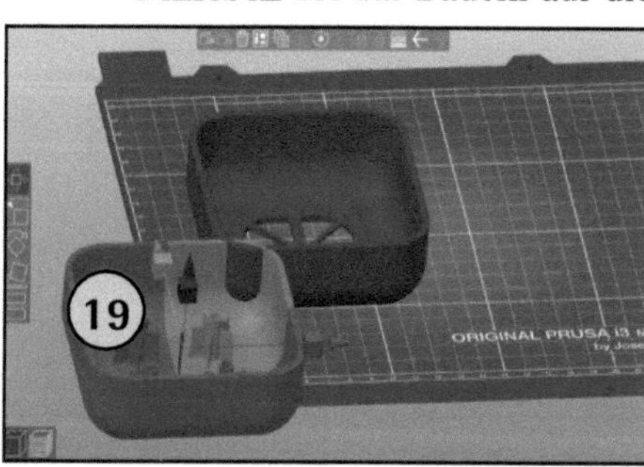
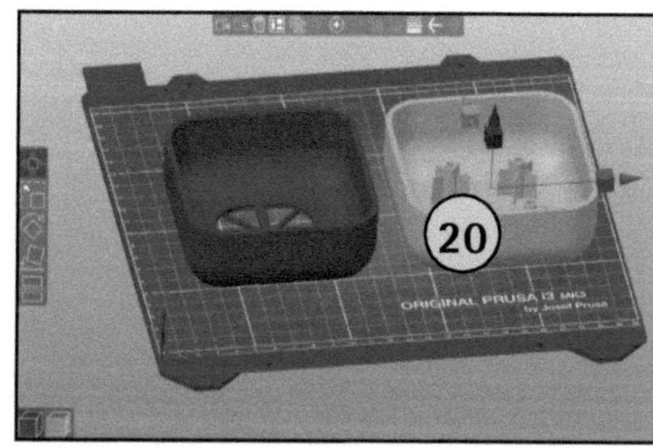

Auswahl anordnen (Symbolleiste Oben)

Wählen Sie beide eingefügten Bauteile zur automatischen Anordnung an (21, 22, 23).

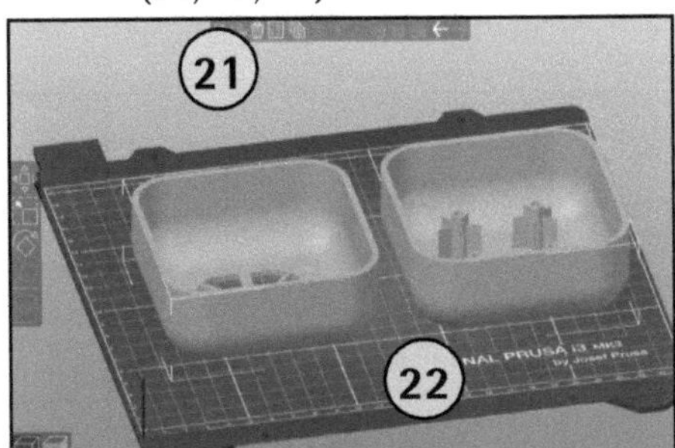
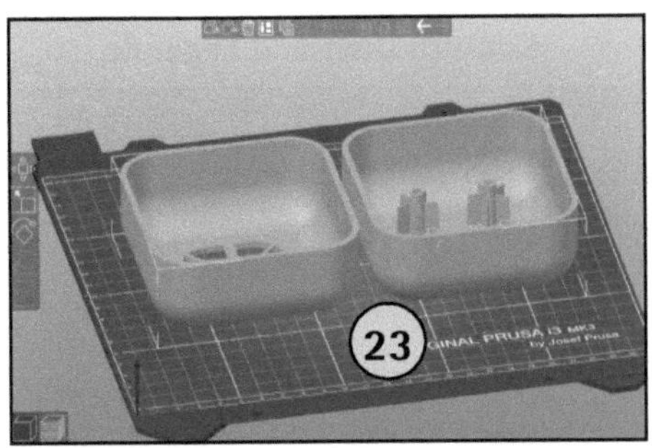

6.13.4 3D-Drucker-Software „PrusaSlicer©", zweiten Extruder zuweisen

- Wählen Sie das zweite Bauteil an (24).
- Aktivieren Sie, im Seitenmenü, für dieses Bauteil den zweiten Extruder (25).

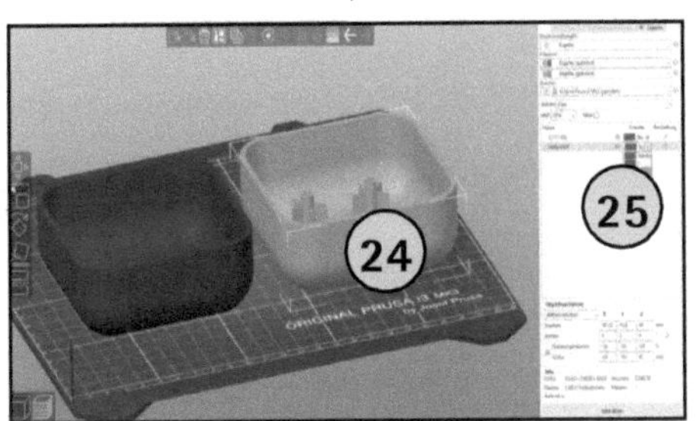
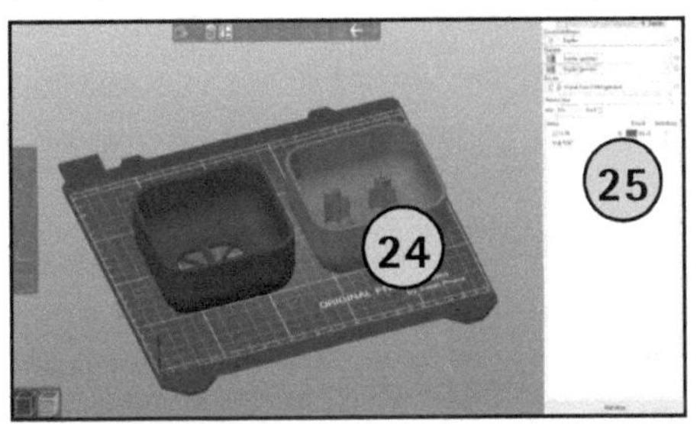
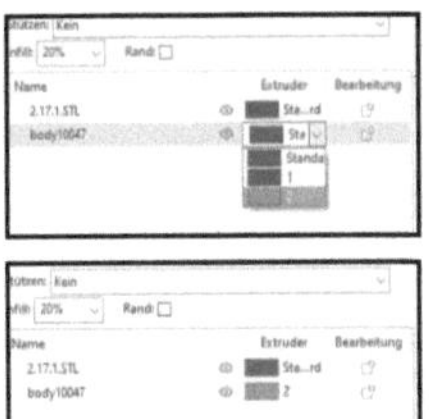

6.13.5 3D-Drucker-Software „PrusaSlicer©", Stützstrukturen

- Wählen Sie das jeweilige Bauteil an (26, 27, 28).
- Aktivieren Sie, im Seitenmenü, für dieses Bauteil die Optionen
Generische Stützstrukturen und
Stützstrukturen automatisch generieren (29).

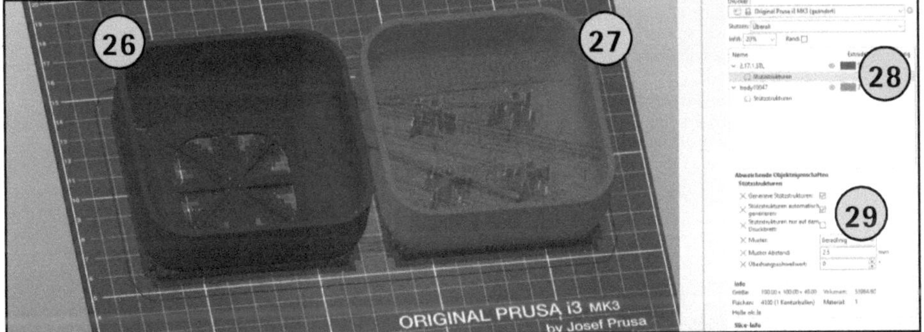

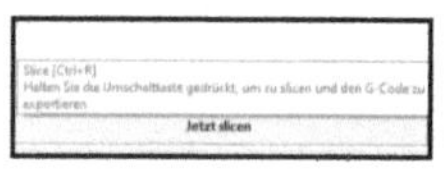

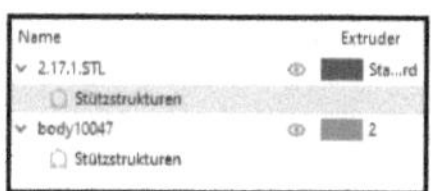

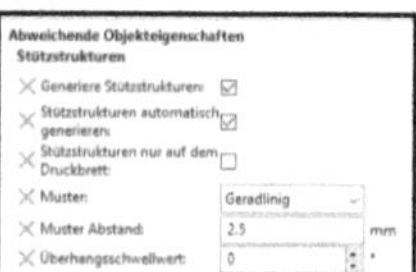

6.13.6 3D-Drucker-Software „PrusaSlicer©", Kontrollansichten und Daten sichern

- Aktivieren Sie, im Seitenmenü die Erstellungsfunktion **Jetzt slicen**.
- Aktivieren Sie die Einstellungen **Eilgang, Einzüge, Wiedereinzüge, Konturhüllen** und **Legende** (30, 31).

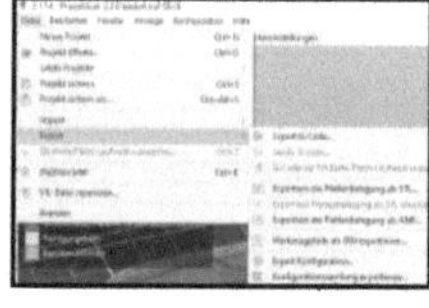

- Speichern Sie dieses Bauteilprojekt über **Save Project as** .
- **Exportieren** Sie den **G-Code** Register **Datei**, Befehl **Export** (32).

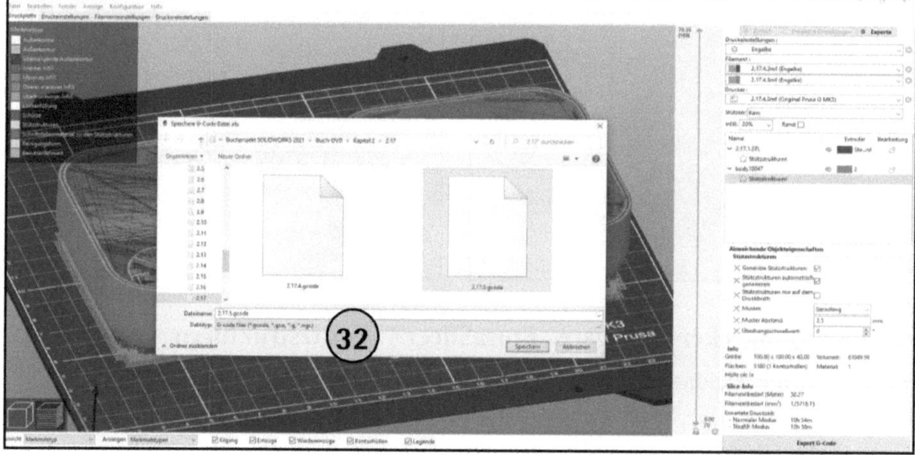

6.14 3D-Druck „Bauteil aus zwei Teilen"
Aufteilung über Windows10 „3D-Builder©"
Druckformat STL
3D-Druck mit Software „PrusaSlicer©"
Zwei Extruder

6.14.1 3D-Druck „Bauteil aus zwei Teilen", Vorbemerkungen

Eine komplett rundes Bauteil, hier ein Ellipsoid, zu drucken ist recht komplexe Aufgabe, die abgewandelte Kugelform hat eine nur minimale Auflagefläche auf dem Druckbett, das Bauteil hält nicht gut und fällt dann häufig mal mitten im Druck zusammen.

Zudem stellt dieses Bauteil auf der dem Druckbett zugewandten Seite einen extremen Überhang dar, der eine hohe Anzahl von Stützstrukturen erfordert, die dann alle entfernt werden müssen.

Das Zerschneiden von STL Dateien kann sehr oft den Druck schwierig zu druckender Teile vereinfachen, in dem es die Notwendigkeit von Supportstrukturen minimiert und so bessere Resultate liefert.

Auch kann man durch das Zerschneiden der Bauteile Teile drucken, die durch die Größe nicht aufs Druckbett passen würden.

6.14.1.1 3D-Druck „Bauteil aus zwei Teilen", Erstellungsablauf

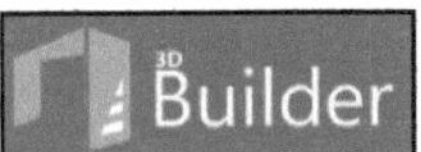

- Starten Sie den **Windows 3D-Builder©**.
- **Öffnen** Sie die **STL**-Datei von der Buch-DVD (1).
- Wählen Sie die Einstellung **mm** (2).
- Klicken Sie **Modell importieren**.

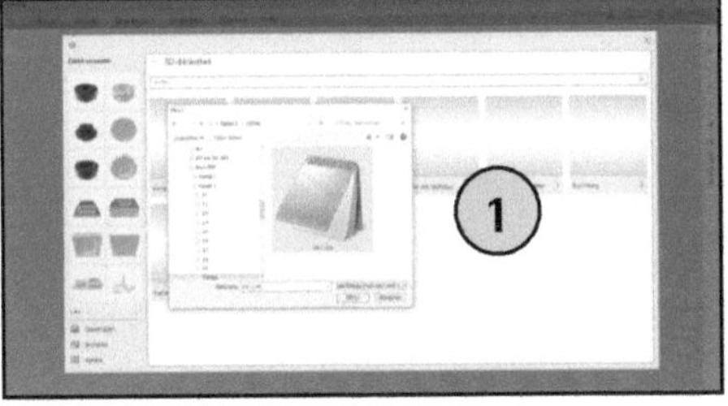
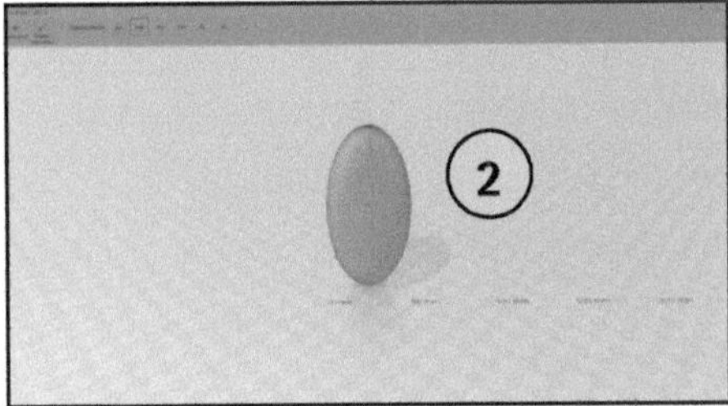

- Wählen Sie das importierte Model durch Klicken (3).

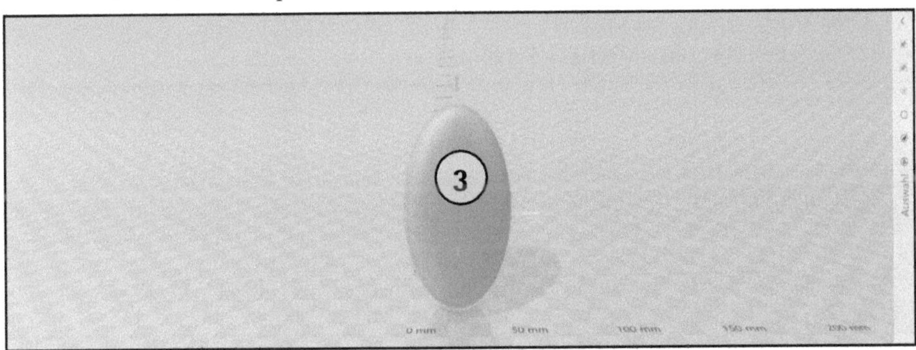

- Wählen Sie aus dem Register **Bearbeiten** die Funktion **Aufteilen** (4).

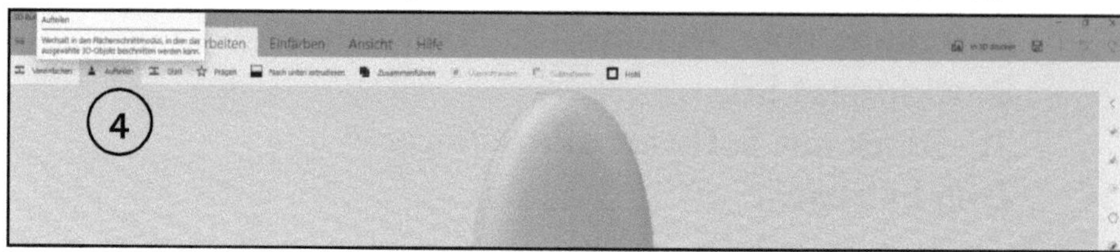

- Aktivieren Sie die Option **Beide beibehalten** (5, 6).
- Klicken Sie **Aufteilen**. (7).

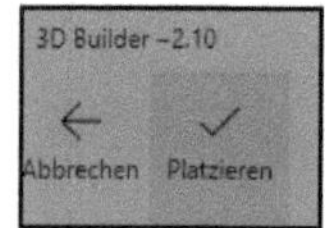

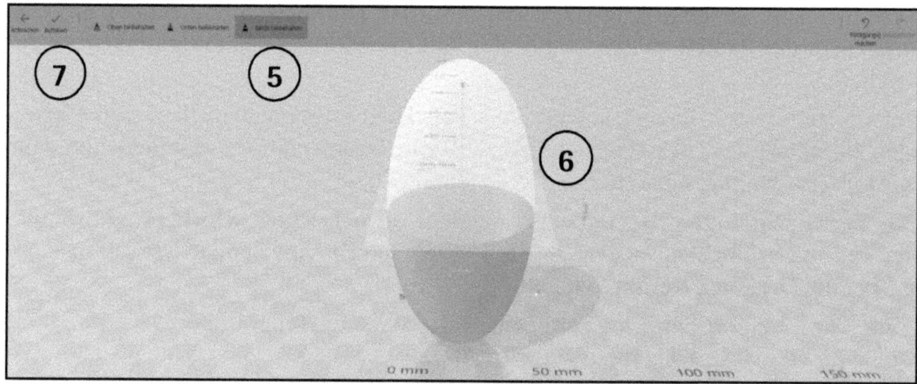

- Klicken Sie auf das gezeigte, obere Bauteil zur **Auswahl** (8).
- Klicken Sie im Register **Objekt** auf **Platzieren** (9, 10).

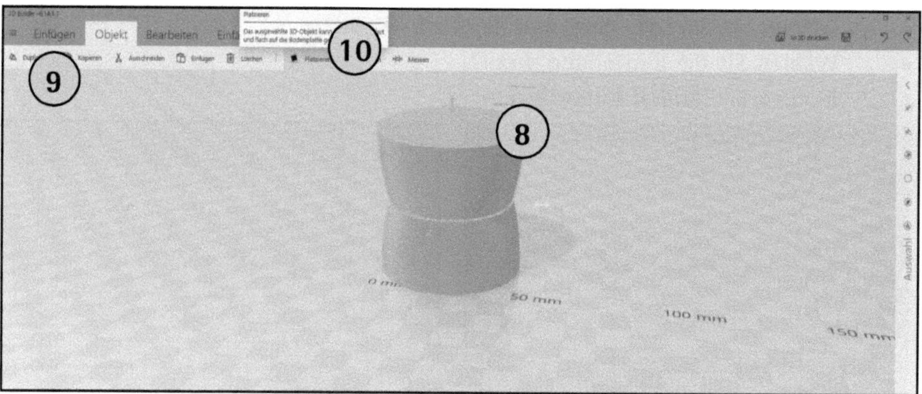

- Klicken Sie auf das gezeigte, obere Bauteil zur **Auswahl**.
- Schieben das obere Teil zur Seite (11).

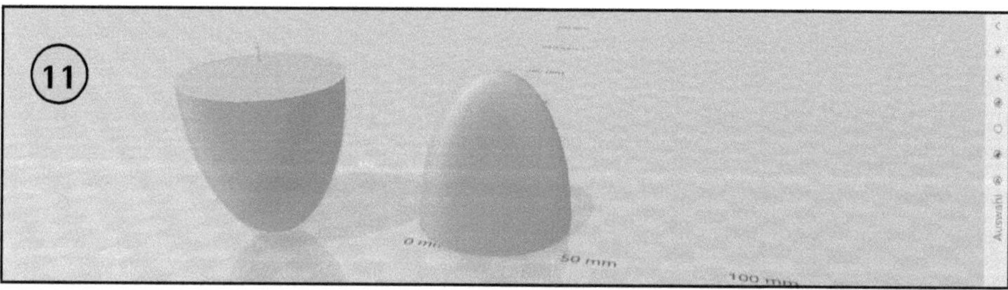

- Klicken Sie auf das Bauteil zur **Auswahl** (12).
- **Drehen** Sie den Hohlkörper um **180°** (13, 14).

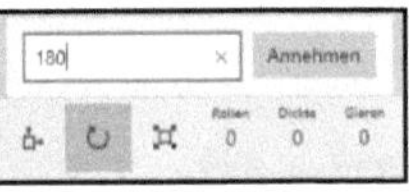

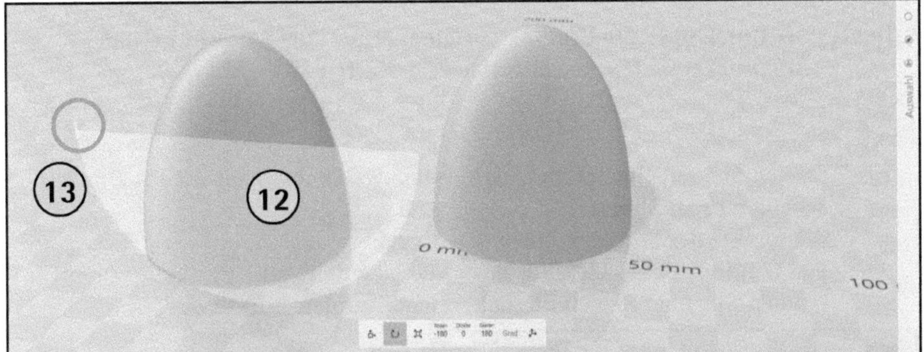

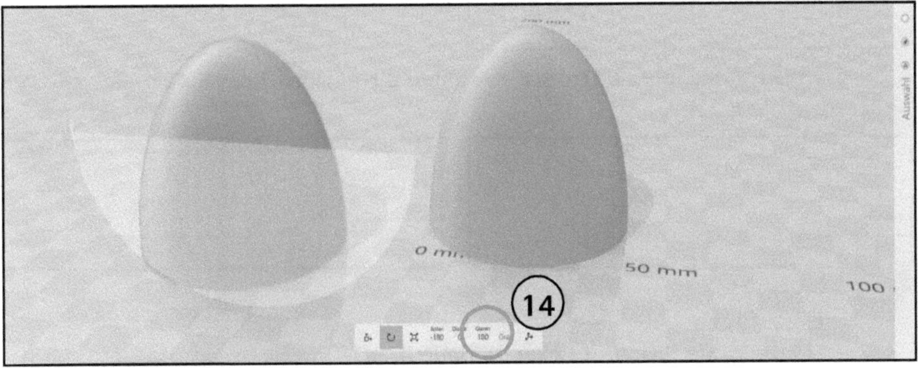

- Klicken Sie auf das gezeigte Bauteil zur **Auswahl** (15).
- Klicken Sie im Register **Objekt** auf **Platzieren** (16, 17).

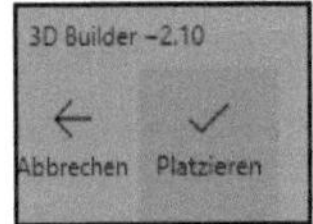

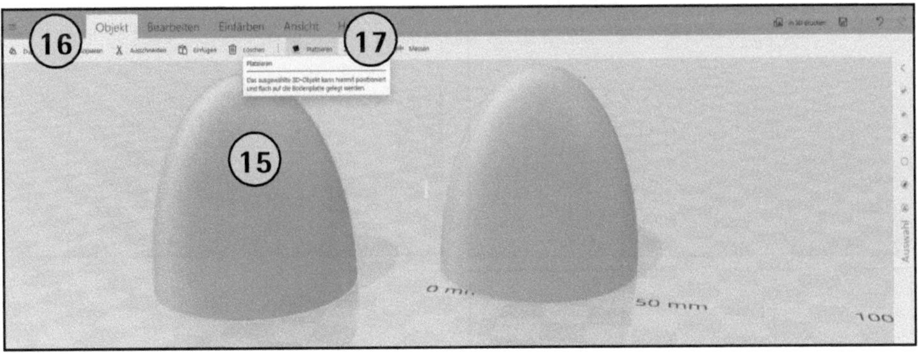

- **Speichern** Sie das bearbeitete 3D-Modell **Bauteil aus zwei Teilen** als
  3D-Druck-Dateiformat **3MF** (18).

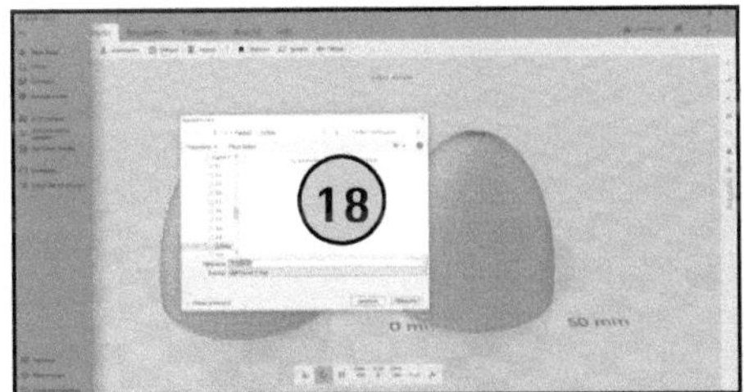

6.14.2 3D-Druck „Bauteil aus zwei Teilen"
über 3D-Drucker-Software „PrusaSlicer©"

6.14.2.1 3D-Druck über 3D-Drucker „Original Prusa i3 MK3, zwei Extruder"
3D-Drucker-Software „PrusaSlicer©" starten

PrusaSlicer©
Starten Sie, mit Doppelklick, vom Windows-Desktop aus die 3D-Drucker-Software **PrusaSlicer**.
Weisen Sie der Software einen 3D-Drucker
Typ **Original Prusa i3 MK3**, mit zwei Extrudern, zu (19).
Wählen Sie, über Register **Druckereinstellungen 2 Extruder**.

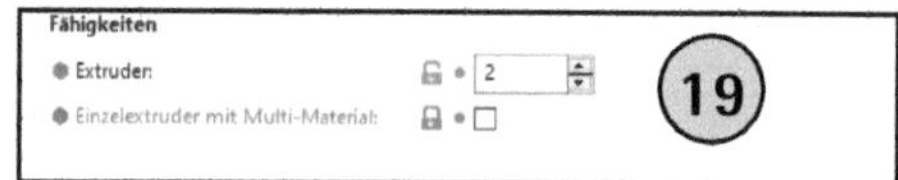

- Definieren Sie, über **Extruder** anwählen die gewünschten Farben des Filaments (20, 21).

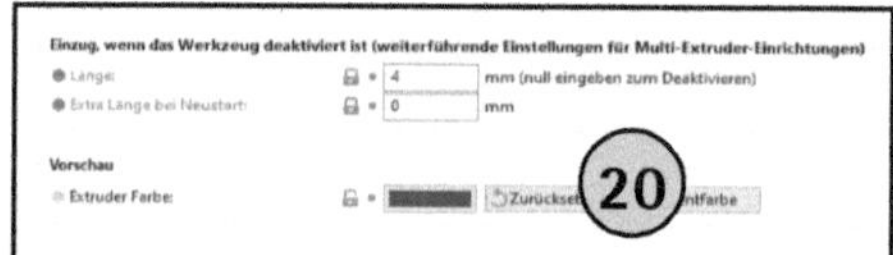

Hinzufügen
Schieben Sie das zu druckende Bauteil, 3D-Druck-Format **3MF** auf die Arbeitsplatte (22, 23).
Um die Baugruppe als Einzelteile zu platzieren quittieren Sie die Dialogboxmeldung mit **Nein** (24).

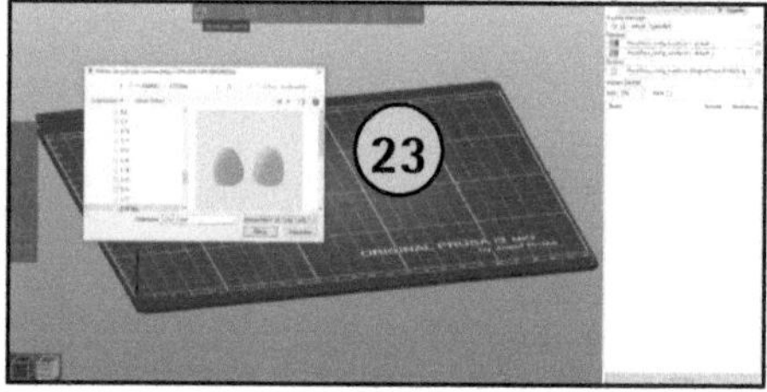

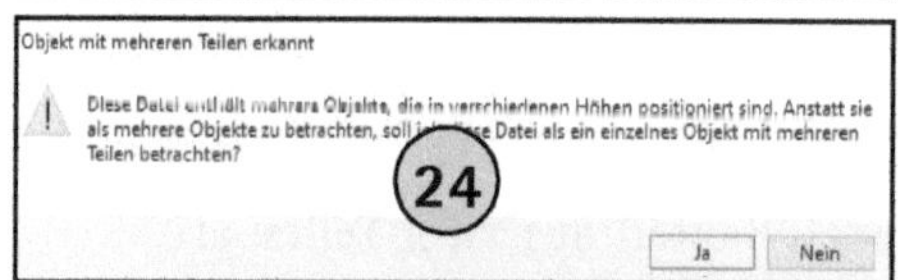

- Die Zuweisung der Extruder erfolgt automatisch (25, 26).

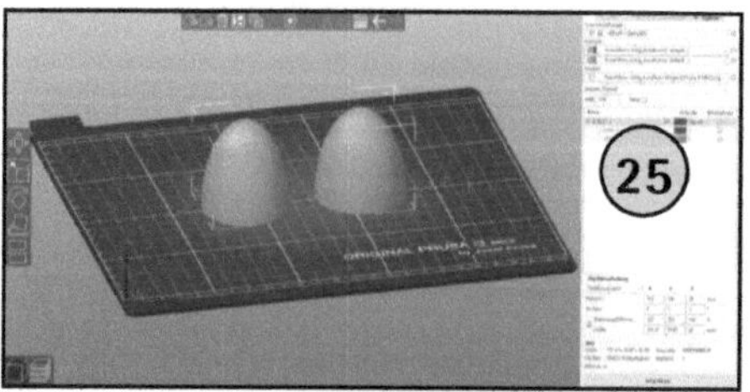
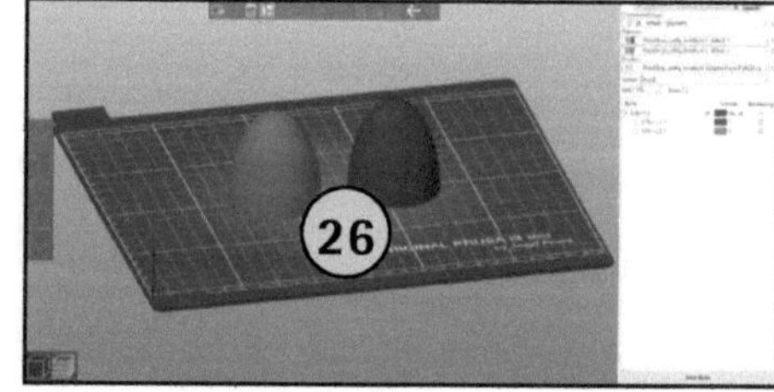

6.14.3 3D-Drucker-Software „PrusaSlicer©", Mehrfach-Extruder zuweisen, Stützstrukturen aktivieren

- Wählen Sie die beiden Bauteile an (27).
- Weisen Sie jedem Bauteil die entsprechenden Stützstrukturen zu (28).

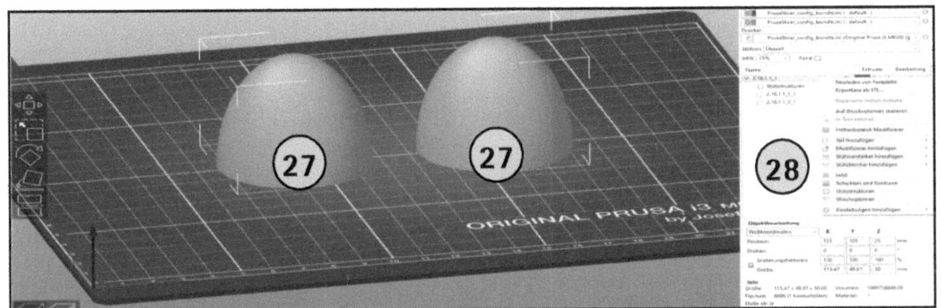

6.14.4 3D-Drucker-Software „PrusaSlicer©", Kontrollansichten und Daten sichern

- Aktivieren Sie, für jede der folgenden Darstellungen, im Seitenmenü, die Erstellungsfunktion **Jetzt slicen**.

6.14.4.1 Darstellung der einzelnen Filamentlagen

- Darstellung der einzelnen **Layerschichten** (29, 30, 31).

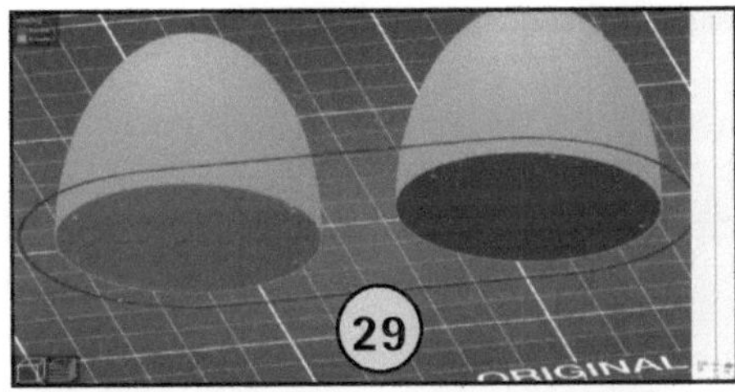

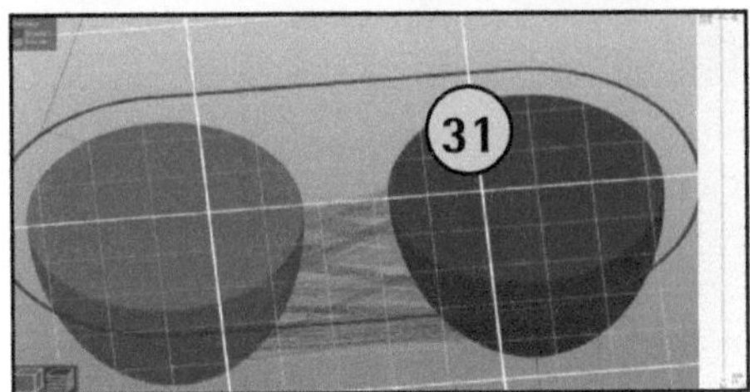

6.14.4.2 Datensicherung

- **Speichern** Sie dieses Bauteilprojekt über **Save Project as** .
- Exportieren Sie den G-Code Register **Datei**, Befehl **Export** (32).

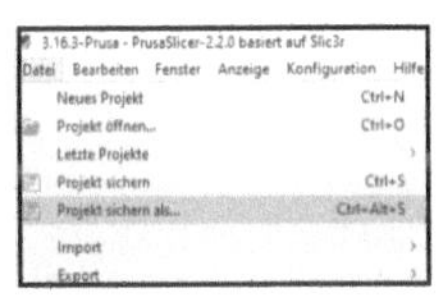

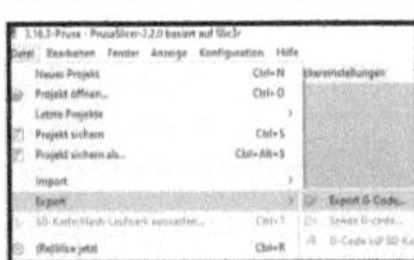

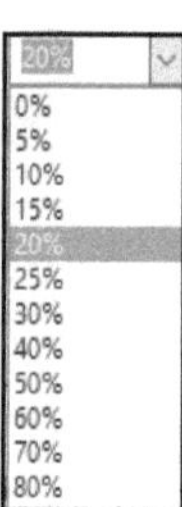

6.14.5 3D-Drucker-Software „PrusaSlicer©", Fülldichte und Füllmuster

Für die Darstellungs-Änderung der jeweiligen Fülldichte und dem Füllmuster ist die Funktion **Jetzt Slicen** aufzurufen.

6.14.5.1 3D-Drucker-Software „PrusaSlicer©", Fülldichte, Beispiele

10% Fülldichte (33)

80% Fülldichte (34)

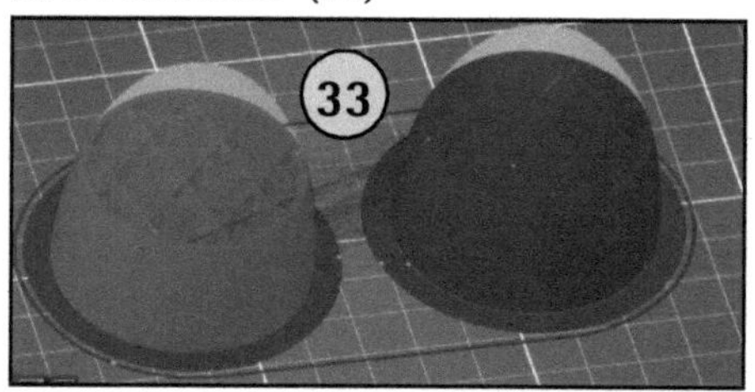

6.14.5.2 3D-Drucker-Software „PrusaSlicer©", Füllmuster, Beispiele

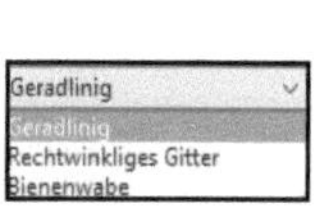

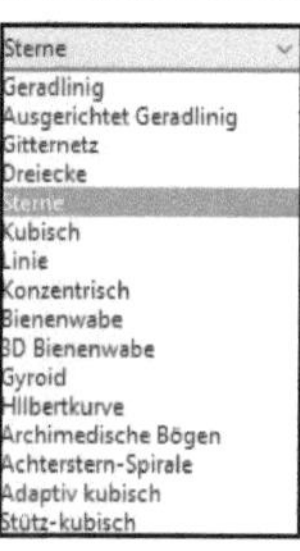

- **3D-Druck-Parameter:**
  25% Füllung, Muster **Gyroid**, Filament **19,24 m**, Zeit ca. **3:02 h** (35).

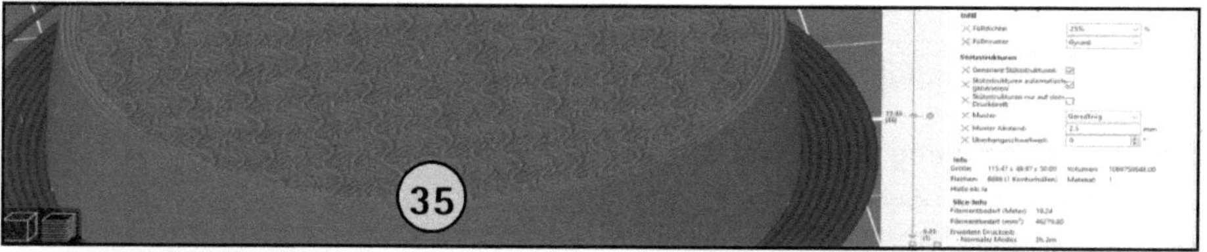

- **3D-Druck-Parameter:**
  25% Füllung, Muster **Dreiecke**, Filament **20,53 m**, Zeit ca. **2:20 h** (36).

- **3D-Druck-Parameter:**
  25% Füllung, Muster **Gradlinig**, Filament **19,98 m**, Zeit ca. **2:15 h** (37).

- **3D-Druck-Parameter:**
  25% Füllung, Muster **Achtersten-Spiral**, Filament **19,21 m**, Zeit **2:21 h** (38).

6.15 3D-Druck, Bauteile
„Unmöglicher Knoten" und „Rotationskörper"
STL-Direkt-Import, Basisdateien aus Solid Edge©
Gerätesoftware „MakerWare©" mit Dual-Extruder

6.15.1 Basisdatei „Unmöglicher Knoten" und „Rotationskörper" aus Solid Edge©, Exportformat STL

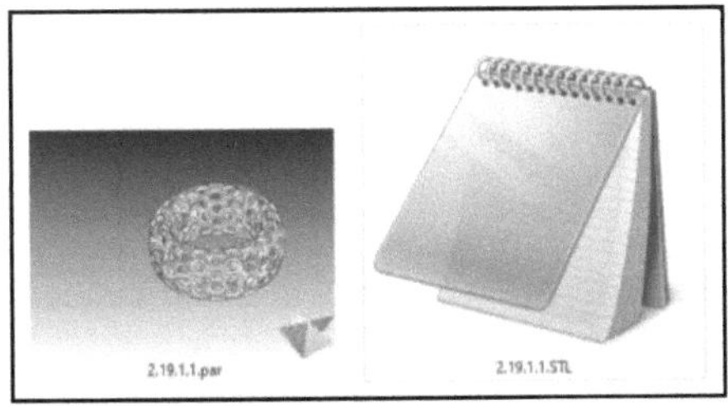
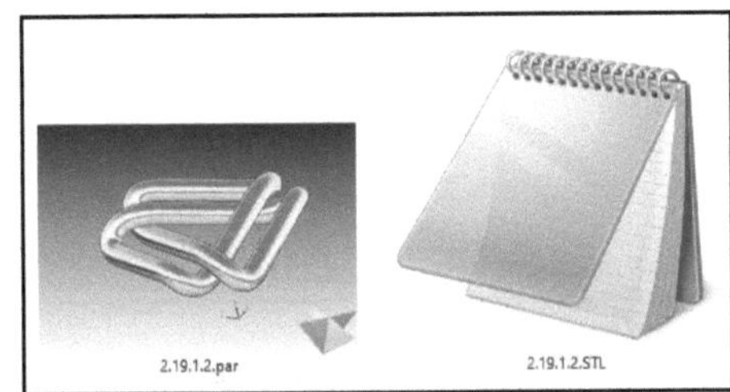

6.15.2 Darstellung der Datengrundlage für das Bauteil „Rotationskörper"

Das Importieren der gezeigten Solid Edge-Datei erzeugt in AutoDesk Inventor ein Netzkörper.

Die Umwandlung in **AutoDesk Fusion 360** lässt eine Konvertierung in einen **BRep**-Körper auf Grund der hohen Anzahl von Facetten nicht zu.

Die Konvertierung mit Hilfe des AutoDesk **MeshEnablers®** hilft ebenfalls nicht, denn hier ist die Anzahl der Facetten auf ca. 5000 begrenzt und die Zeitdauer für den Import ist nicht akzeptabel.

Als Folge daraus ist die Solid Edge-**STL**-3D-Druckdatei direkt zu verwenden.

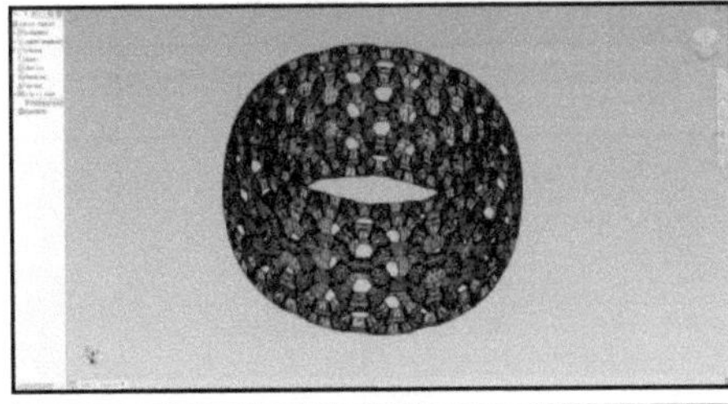

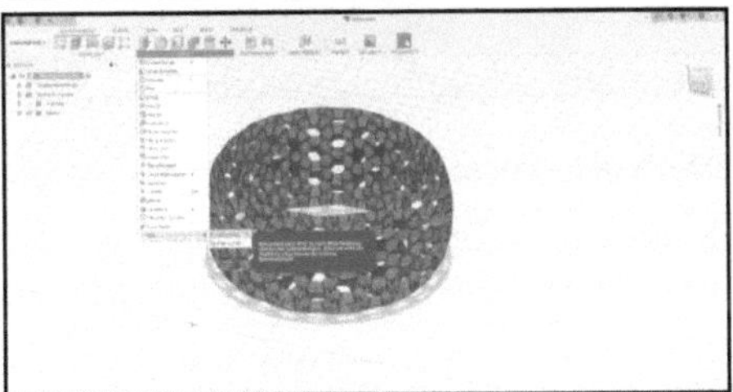
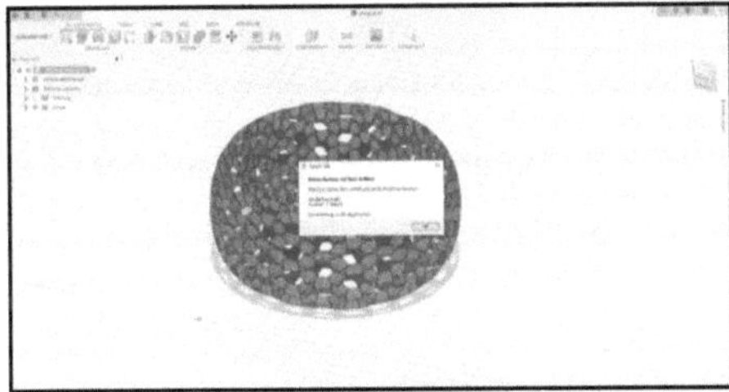

6.15.3 Darstellung der Datengrundlage für das Bauteil „Unmöglicher Knoten"

Öffnen

6.15.3.1 Basisbauteil öffnen

- **Öffnen** Sie die Solid Edge-STL-3D-Druckdatei von der **Buch-DVD** (1, 2).
- Wählen Sie die Optionseinstellungen nach Bedarf, hier Einstellung **mm**.

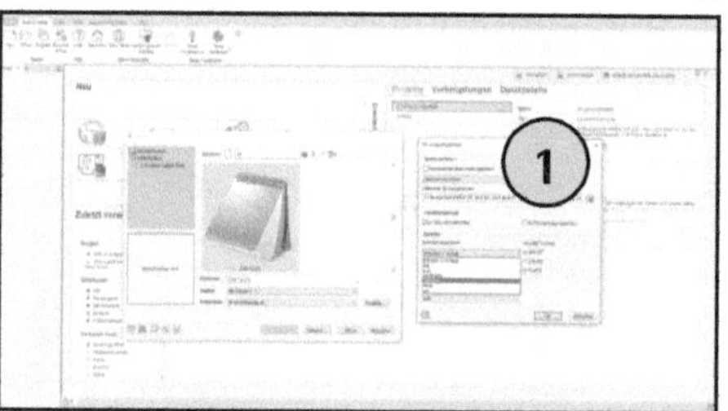
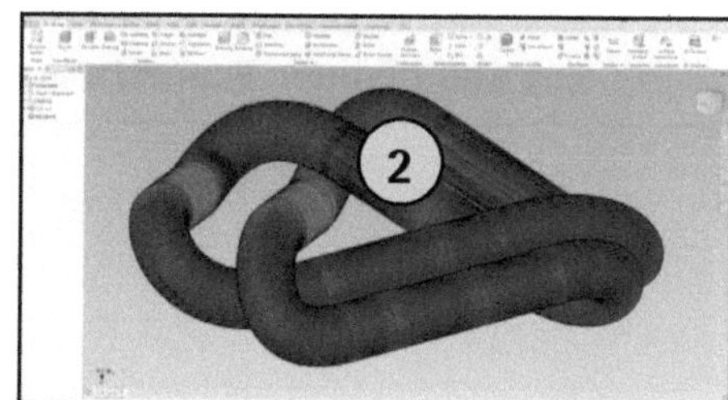

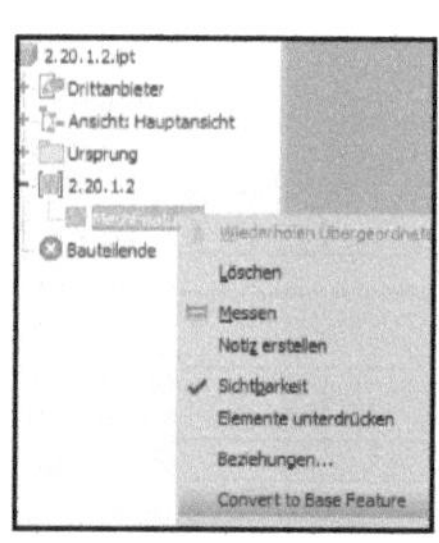

6.15.3.2 Basisbauteil anpassen

- Aktivieren Sie, im **Bauteil-Browser**, den Eintrag **MeshFeature**, wählen Sie im Kontextmenü **Convert to Base Feature** (3).

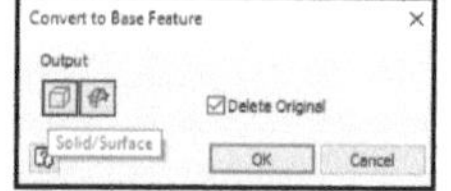

- Wählen Sie, als **Output**, **Solid/Surface** (4).

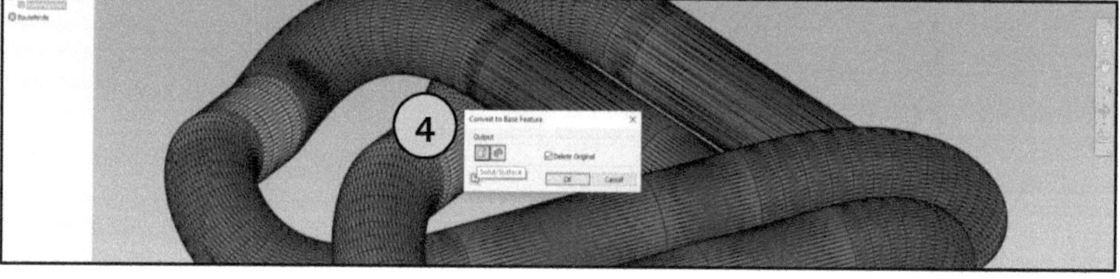

6.15.3.3 Umgewandeltes Basisbauteil als 3D-Druck-Format speichern

- **Speichern** Sie die Bauteildatei im **STL**-3D-Druck-Dateiformat, Basis auf Metrisch, sonstige Anpassungen nach Bedarf (5, 6).

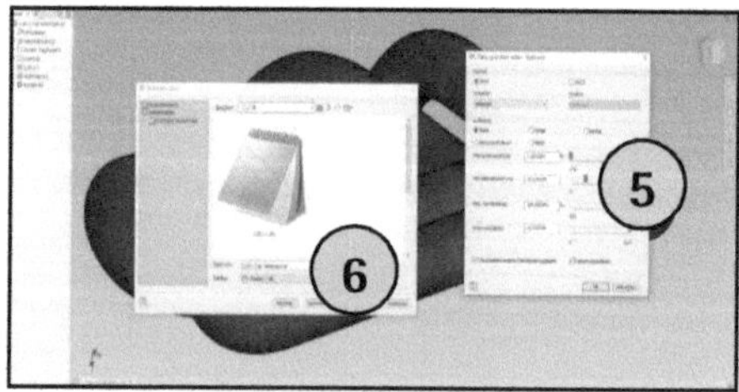

6.15.4 3D-Druck „Unmöglicher Knoten" und „Rotationskörper"
Gerätesoftware „MakerWare"© Dualextruder

6.15.4.1 3D-Druck über 3D-Drucker „Replicator 2X Dual"
3D-Drucker-Software „MakerWare©" starten

MakerWare©

Starten Sie, mit Doppelklick, vom Windows-Desktop aus die 3D-Drucker-Software **MakerWare**.

Weisen Sie der Software einen 3D-Drucker Typ **Replicator 2X Dual** zu.

Weisen Sie den beiden Druckextrudern Farben, hier **Blau** und **Weiß** (7), nach Wahl zu, die dann bestückt werden.

Aktivieren Sie die neue Hintergrundansicht **Skybox** Option **Subtle** (8).

MakerWare
3D-Drucker-
Software

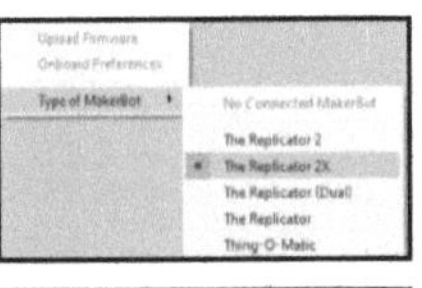

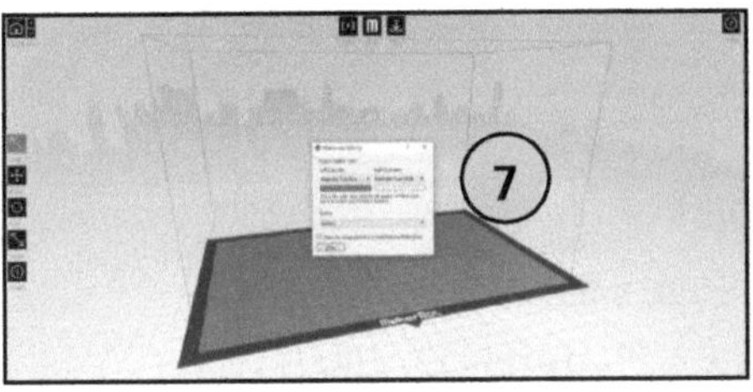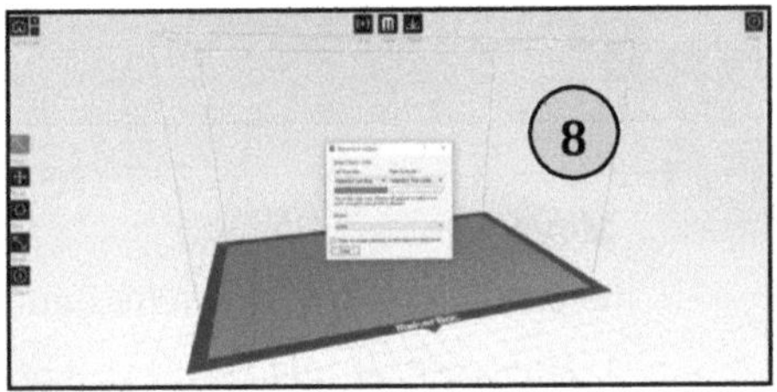

6.15.4.2 3D-Bauteile übertragen und positionieren

Add

Öffnen Sie die **STL**-Bauteildatei (9).

Passen Sie die Größe des Bauteils Meldung **Put object on platform** über den Button **Move to platform** an (10).

Add
Button

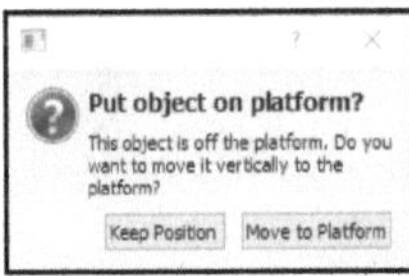

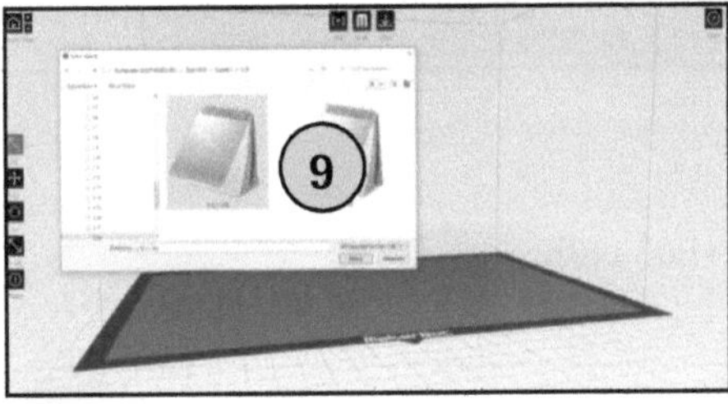

Add

Öffnen Sie die **STL**-Bauteildatei (11).

Behalten Sie die Größe des Bauteils, Meldung **Object too large**, über den Button **Don't Scale** bei (12).

Add
Button

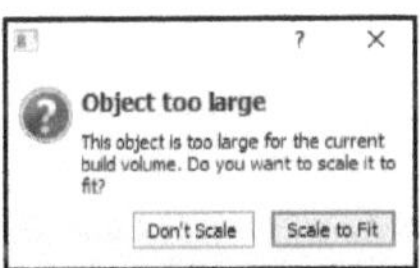

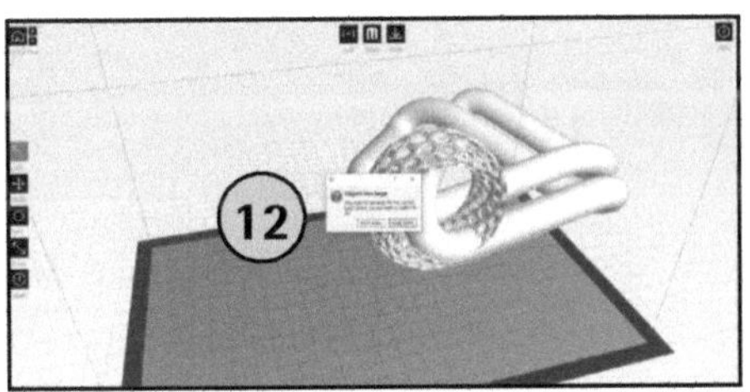

Scale
Button

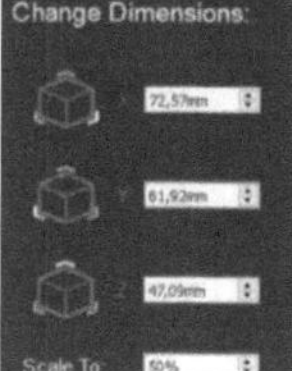

Scale

Wählen Sie das zweite Bauteil (13).

Aktivieren Sie: **50%** (14).

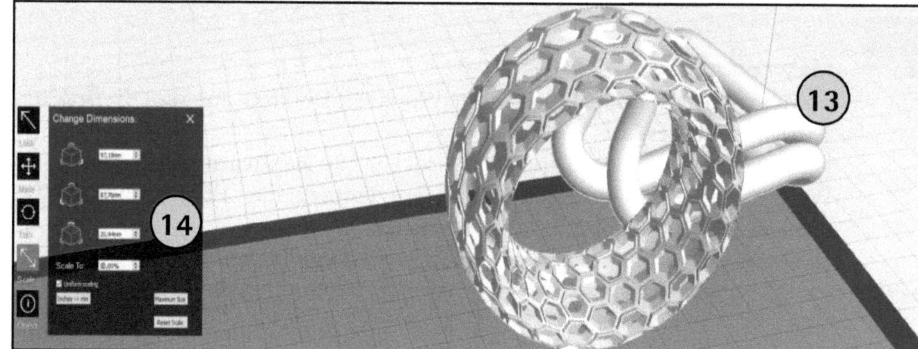

Button
Move

Move

Verschieben Sie das zweite Bauteil, Lage nach Wahl.

Wählen Sie für die Lageausrichtung **On Platform** (15, 16).

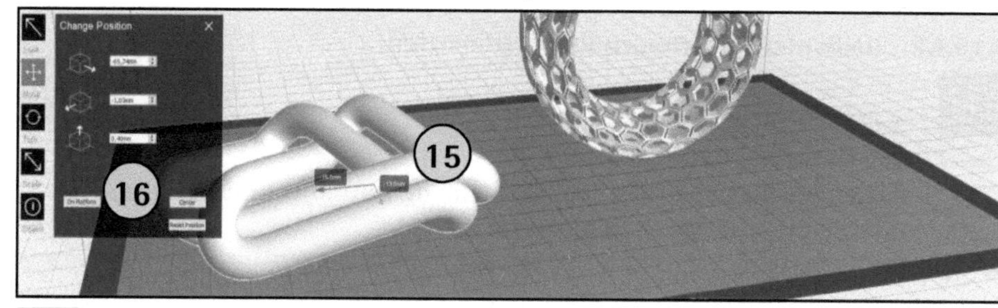

Button
Turn

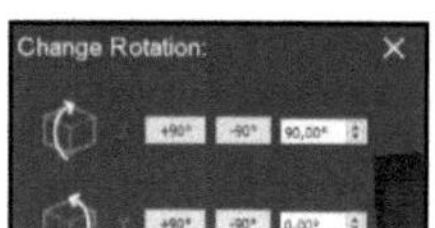

Turn

Drehen Sie das linke Bauteil **X** um **+90°** (17).

Aktivieren Sie: **Lay Flat** (18).

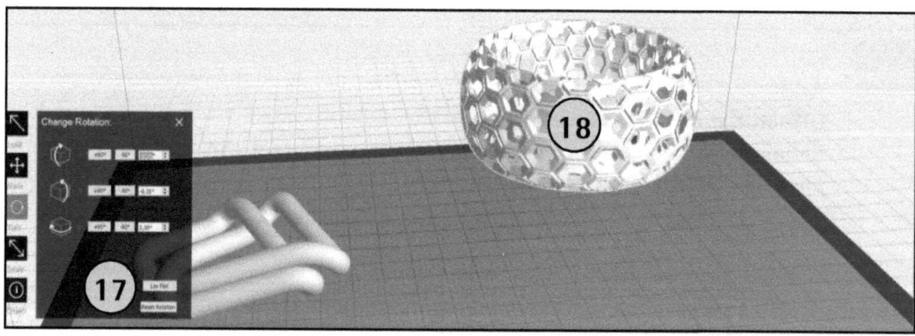

Scale

Wählen Sie beide Bauteile über **Select All**

Aktivieren Sie: **Maximum Size** (19).

Aktivieren Sie: **Center** und **On Platform** (20).

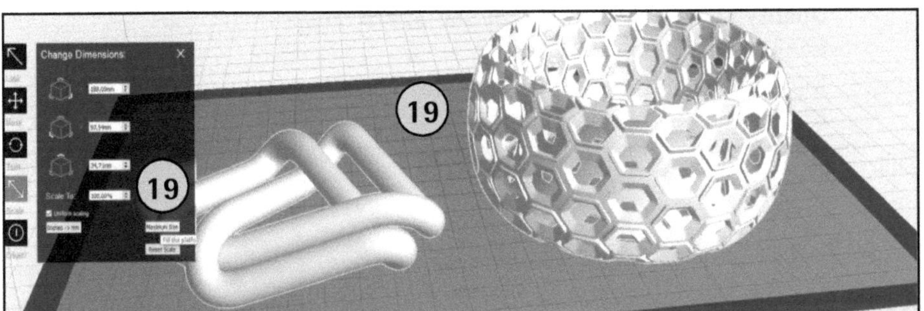

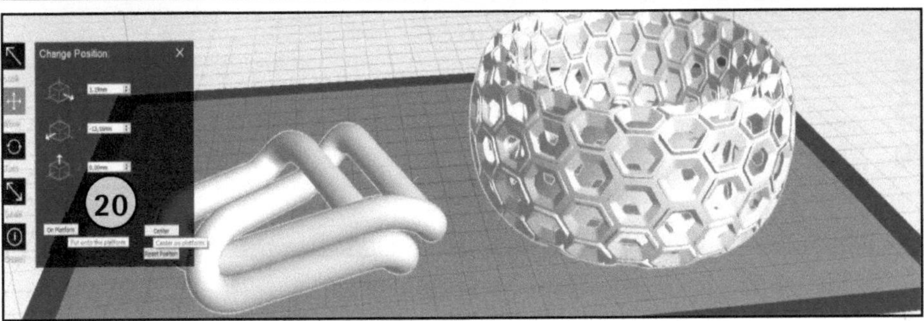

Object

Wählen Sie das linke Bauteil über **Left**.
Weisen Sie die Farbe **Blau** zu (21).

Wählen Sie das rechte Bauteil über **Right**.
Weisen Sie die Farbe **Weiss** zu (22).

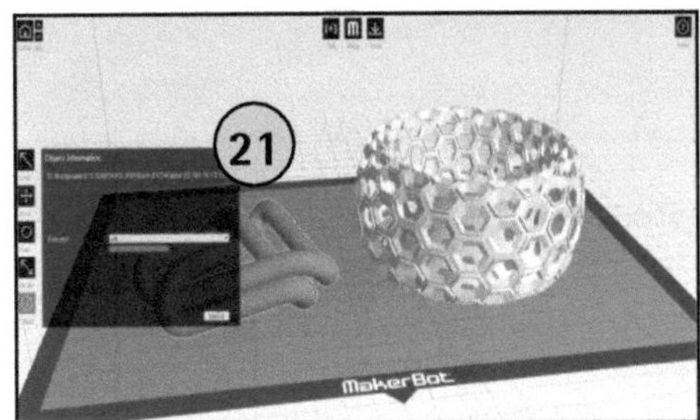

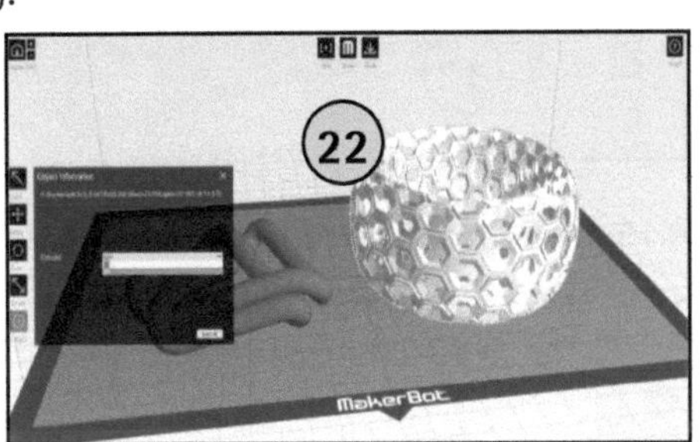

Button
Make

6.15.4.3   3D-Bauteil Druckdatei erstellen

Make

Passen Sie die Optionen für die Druckdatei in den Registern an.
Hierzu sind die Geräte und Materialbedingungen genau einzutragen (23).

Quality (24), **Temperature** (25) und **Speed** (26)
Kann ohne Veränderung bleiben.

Klicken Sie den Button **Preview before Printing** (27).
Klicken Sie den Button **Export** (28).

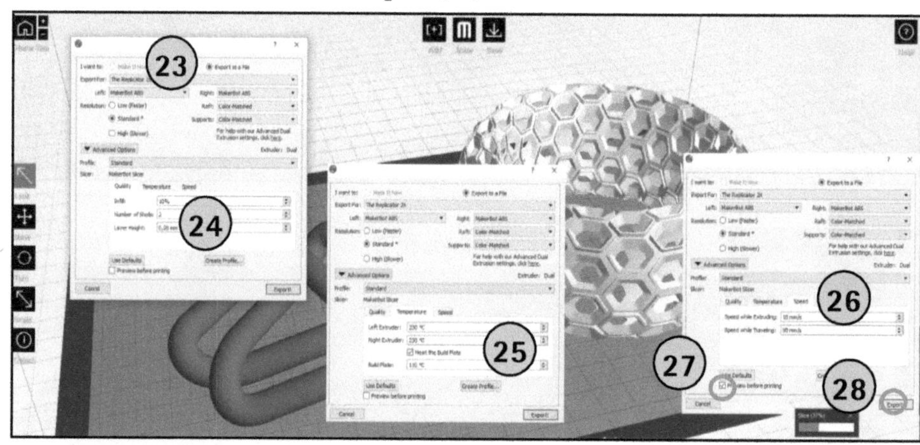

- Klicken Sie den Button **Show Travel Moves** (29).

  Layer 2 zeigt die Basislagen für den 3D-Druck (30).

  Layer 224 zeigt die Abschlusslagen für den 3D-Druck (31).

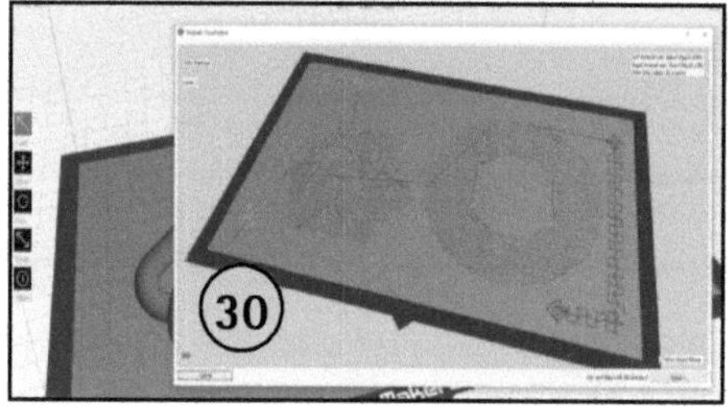

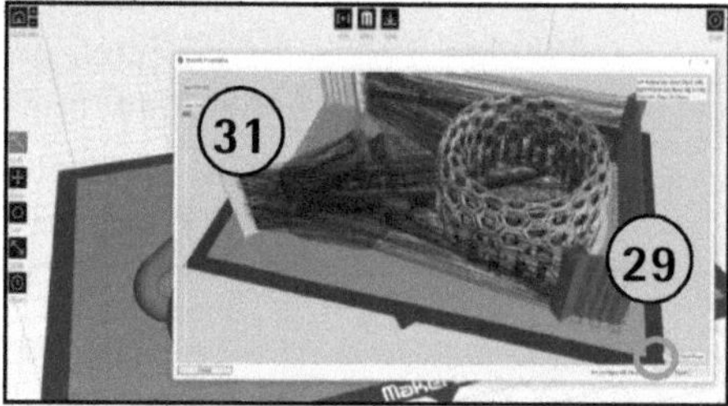

6.15.4.4   Datensicherung der Druckdatei erstellen

- Klicken Sie den Button **Export**.
- Die **.X3G**-Druckdatei wird erstellt.

Button
Save

Save

Speichern Sie die fixierten Optionen der **Thing**-Druckdatei.

7

AutoDesk

Inventor 2025

Bauteile
Anwendungen

Die DVD zum Buch
Bestellmöglichkeit

7 Die DVD zum Buch, Bestellmöglichkeit

7.1 DVD zum Buch, Vorbemerkungen

Dies Buch erscheint über BOD, da es für Fachbuchverlage nicht gewinnbringend ist, CAD Bücher in hoher Druckqualität für einen kleineren Anwenderbereich zu verlegen. Um dieses Buch auch kostenüberschaubar einem kleineren Anwenderkreis zur Verfügung zu stellen habe ich auf ein Druckformat in Farbe verzichtet.

7.2 Die Buch-DVD, Preis und Bestellmöglichkeit

Für interessierte Käufer dieses Buches biete ich die Möglichkeit an, eine DVD mit allen erstellten Bauteildaten für die Version **INVENTOR PRO 2025** und der **farbigen** PDF-Ausgabe dieses Buches zu bestellen.
Die Bestellung der Buch-DVD kann per Email, **engelke.cad@web.de**, erfolgen, eine Kaufbestätigung des Buches ist der Email als Anlage der Bestellung mitzugeben, die Lieferung dieser DVD-Version erfolgt kostenfrei.

7.3 Die Buch-DVD, Inhalte im Überblick

7.3.1 Die Buch-DVD, INVENTOR PRO 2025, Dateien zu den Lerneinheiten

Die Buch-DVD beinhaltet die, in den Kapiteln **3** bis **6** und Kapitel **8** bis **14** beschriebenen Arbeitsdateien, in den Kapitel-Verzeichnissen auf dieser Buch-DVD.

7.3.2 Die Buch-DVD, INVENTOR PRO 2025, PDF-Dateien

Die komplette Papierausgabe des Buches, sowie alle Support-Kapitel, sind auf der Buch-DVD in einer Farbausgabe, im PDF-Format, beigegeben, um die Nachteile der Graustufen-Ausgabe des Buches zu mildern.

7.3.3 Die Buch-DVD, Auflistung der Inhalte, Kurzüberblick

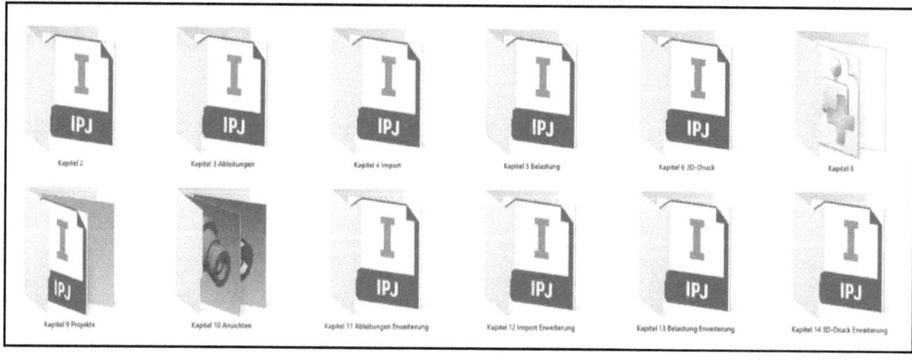

AutoDesk
Inventor 2025

Bauteile
Anwendungen

Buch-Index